东北亚和平与发展研究丛书

崛起大国战略转型的动力机制与历史启示

—— 体系变革与战略塑造

秦立志 著

中国财经出版传媒集团
经济科学出版社
Economic Science Press

图书在版编目（CIP）数据

崛起大国战略转型的动力机制与历史启示：体系变革与战略塑造/秦立志著. —北京：经济科学出版社，2021.3
ISBN 978 – 7 – 5218 – 2382 – 0

Ⅰ.①崛… Ⅱ.①秦… Ⅲ.①国家战略 – 研究 Ⅳ.①D50

中国版本图书馆 CIP 数据核字（2021）第 031267 号

责任编辑：孙丽丽　纪小小
责任校对：蒋子明
版式设计：陈宇琰
责任印制：范　艳　张佳裕

崛起大国战略转型的动力机制与历史启示
——体系变革与战略塑造
秦立志◎著
经济科学出版社出版、发行　新华书店经销
社址：北京市海淀区阜成路甲28号　邮编：100142
总编部电话：010 – 88191217　发行部电话：010 – 88191522
网址：www.esp.com.cn
电子邮箱：esp@esp.com.cn
天猫网店：经济科学出版社旗舰店
网址：http://jjkxcbs.tmall.com
北京季蜂印刷有限公司印装
710×1000　16开　37.25印张　540000字
2021年6月第1版　2021年6月第1次印刷
ISBN 978 – 7 – 5218 – 2382 – 0　定价：149.00元
（图书出现印装问题，本社负责调换。电话：010 – 88191510）
（版权所有　侵权必究　打击盗版　举报热线：010 – 88191661
QQ：2242791300　营销中心电话：010 – 88191537
电子邮箱：dbts@esp.com.cn）

他　　序

在西方，有一种比较流行的观点认为，崛起国在实力不断增长的过程中必然会对现有体系中主导国的霸权地位提出挑战，并与之发生冲突甚至战争。随着中国不断崛起，很多西方人便从这种权力转移理论或霸权战争理论的视角，臆想中国也会与既有霸权国美国发生类似的冲突或战争，有人甚至通过某种历史比附把这称作"修昔底德陷阱"。或许对于大多数西方人来说，中美陷入"修昔底德陷阱"是不可避免的，但对于中国人来说，"修昔底德陷阱"只有在大国之间一再发生战略误判的情况下才会一语成谶，鉴于强国必霸的逻辑不适用于中国，因此中国与美国有能力避开此类陷阱。在很大程度上，中美如何相处，可能并不是一个单纯的学理问题，但从学理上说清楚崛起国与守成国之间的互动前景及其内在机制，却是极其必要的。即便是权力转移理论、霸权战争理论、"修昔底德陷阱"概念的提出者，应该也不会否认，崛起国与守成国之间通过和平相处，完成体系变革的例子在历史上也是屡见不鲜的。因此，尽管崛起国与守成国陷入冲突的概率很高，和平相处的概率偏低，但据此无限夸大冲突的必然性，完全否认和平相处的可能性，不仅在理论上是站不住脚的，在实践上也是不可取的。在什么情况下崛起国与守成国可以实现和平相处，避免所谓的"修昔底德陷阱"，有哪些历史经验可以借鉴，便毋庸置疑具有极高的研究价值。或许，在美国学者对这一问题毫无研究兴趣的情况下，破解此类难题的任务就责无旁贷地落在了中国学者的身上。近几年，中国学者的相关研究成果已有不少，展现在读者面前的这本书便是其中之一。

本书试图回答的核心问题是，崛起国的战略转型是否必然诱发与霸权国的"修昔底德陷阱"，如果不是必然，那么什么样的战略转型可以让崛起国与霸权国实现和平相处？该书的理论贡献之一，就是引入国家战略塑造能力和战略转型等关键变量来讨论崛起国与霸权国的两种相处逻辑。既有的诸多理论普遍认为，崛起国与守成国的争霸逻辑源于体系结构，并因此常常带有较强的"宿命论"色彩。但这种分析显然忽略了国内政治变量的影响，尤其是崛起国的国家战略塑造能力和战略转型。本书提出，体系结构与争霸战争的关联度除了取决于体系层次的因素外，还受崛起国战略塑造能力和战略转型的影响。体系层次的变量只有通过崛起国战略塑造能力的过滤，才能输出为具体的战略转型，并与霸权国形成互动，进而塑造新的战略环境。崛起国的战略塑造能力决定其崛起维度和面临的地缘挑战。如果战略塑造能力运用得当，那么崛起国的战略转型就能够减弱与霸权国的地缘冲突烈度，进而化解"修昔底德陷阱"。

崛起国战略塑造能力是指崛起国塑造符合本国利益的战略文化，运用灵活的战略思维，理性与合理地塑造战略对手，实现战略手段与战略目标匹配最大化的能力。战略塑造不可能有确定的或唯一正确的行为逻辑，它是在存在着不确定性因素的备选方案中做出选择的行为，包括政策设计和政策选择，最终输出为国家的战略转型。至于崛起国的战略转型，本书主要是从地缘战略的意义进行界定的。战略转型是指崛起中的大国，将安全、军事和经济等领域的发展重心从陆权向海权转移，地理性质并不代表国家必然选择的战略选项，一个地理意义上的陆海复合型国家（岛国、内陆国），在地理属性没有发生根本变化的情况下，受到不断变动的国际战略环境和国内政治因素的影响，其战略重心会呈现出陆主海从、陆海并重和海主陆从三种表现形式。作为国家大战略的有机组成部分，战略转型涉及战略目标、战略目的、战略途径、战略手段和战略布局五个维度。因此，从地缘视角切入也是本书的特色之一。几乎所有大国在崛起过程中都面临着注重海权与聚焦陆权的两难选择。海权与陆权的战略地位和攻防平衡关系，在很大程度上直接影响陆上崛起国的海权战略转型是否必然陷入

他　序

与海上霸权国的结构性冲突。尽管崛起国从陆权向海权的战略转型是一种历史上反复出现的地缘政治现象，并常常被视为崛起国与霸权国展开地缘政治竞争的危险信号，但这种战略转型是否会诱发"修昔底德陷阱"，关键还要看崛起国的战略塑造能力。在崛起国推行海权转型的进程中，如果能够逐渐形成高明的战略塑造能力，那么与霸权国的地缘对抗就可以避免升级。

本书不仅从理论上解释了崛起国如何能够避免陷入与霸权国争霸的"修昔底德陷阱"，而且还通过大量的历史案例，详细考察了崛起国战略塑造能力和战略转型诱发或缓解"修昔底德陷阱"的机制。"一战"前，德国在实现陆上崛起的基础上追求海上霸权，因此与英国形成地缘对抗，并以失败告终。与此形成鲜明对照的是，同时期的美国迅速实现从陆权国向海权国的转型，但在崛起与转型的进程中，却没有诱发海上霸权国的明显制衡，且实现了英美和平权力转移。日本虽同为岛国，但却没有像英国那样专心海上霸权，反而在明治维新后追求陆海双料霸权，形成帝国过度扩张，最终与美国走向太平洋战争。俄国（苏联）自彼得大帝以来不断进行海陆扩张，展示了一个纯粹的陆权心脏地带国家如何实现脆弱性的海权崛起，但在不同时期的战略转型却与其他强国形成多样的战略关系。通过这些历史案例，本书告诉读者，地理的制约作用不可忽视，但我们不要陷入某种"地理决定论"或陆上崛起国与海上霸权国的"修昔底德陷阱"宿命论。无论对于岛国、陆海复合型国家，还是对于心脏地带国家，体系层次的结构制约都只为国家战略塑造能力和战略转型提供了某种背景和可选方向，最终决定崛起成败的因素还是主要在于崛起国能否立足本国实际，寻求地理、历史、战略利益、国家权力地位、与其他强国的战略关系等方面的战略匹配。高明的战略塑造能力虽不能让一个小国瞬间成为海洋霸权，但对崛起大国而言，却可以为其营造和平崛起的战略环境，增大成功崛起的概率。

本书既具有较高的理论价值，也具有较强的现实意义。在美国越来越把中国视为对手甚至敌人，加紧遏制中国崛起的当下，真正的危险与其说来自中国的战略转型和对美国霸权的挑战，不如说来自霸权国美国的进攻性战略取向和对中国崛起的过度反应，本书所揭示的道理因此极具启发意义。一个大国的崛起并不必然带来既有霸权国的衰落，即使权力体量向崛起国倾斜，霸权国也不用为此过度恐慌。同理，崛起国也不应陷入对霸权国的过度反应，而应保持战略定力。国家之间的战略盲动导致过度扩张和体系争霸，通常不是力量格局本身所能决定的，而是在于我们形成什么样的战略思维、对手塑造，以及吸收和运用什么样的战略学说，是否实现了战略目标与战略手段的匹配和平衡。或许，我们无法预估中美关系的走向，但可以肯定的是，中美是否重蹈英德"修昔底德陷阱"的大国政治悲剧，关键取决于崛起国与霸权国对彼此的威胁认知与战略塑造。对于崛起中的中国来说，至关重要的是，不断提升自身的战略塑造能力，从顺应地缘大势转向更自主地谋取并塑造有利于己方的地缘大势，实现不威胁其他大国的战略转型。

潘忠岐

2020 年 8 月 25 日

序　言

　　本书介绍了地理政治学的思想起源和流派划分，分析了地理政治学的权力本质，认为地理政治学具有独特的战略意义，不会被地缘经济与地缘文化取代。同时，对地理政治学、现实主义理论、战略学的交叉研究进行了解读。此外，囊括了对马克思主义、自由主义、建构主义、决策理论、英国学派、科学行为主义、系统分析法、过程追踪法等理论视角和研究方法的吸收和运用。呈现给读者的知识体系，包括笔者搜集和整理的相关文献，为了减少阅读障碍，本书对很多理论学说和战略概念进行了扩展解释和举例论证；此外很多理论架构是笔者原创，试图在理论、历史与战略分析这三个维度进行研究和整合。历史与地理作为人类社会发展的时间与空间尺度，只有加入战略理论的分析，才能在浩如烟海的历史细节中，提炼出大国崛起的地缘政治规律和战略借鉴启示。本书对体系变革与地缘政治的争霸战争的关联性做了理论与历史性分析，力求解决一个经典问题：崛起大国在战略转型的进程中如何化解海权与陆权的两难选择困境。它可以拆分成两个相关的研究议题：海权与陆权的战略地位和攻防平衡关系；陆上崛起国的海权战略转型是否必然陷入与海上霸权国的结构性冲突。然后尝试提出影响崛起国发展海权的机制：体系变革→国家战略塑造→大国战略转型的类型和进程→崛起国与霸权国的战略关系。体系变革是自变量，包括互相作用的三要素：权力转移、地理因素与攻防平衡；国家战略塑造能力作为中介变量，涉及战略文化与战略思维、战略对手的塑造、战略学说的吸收和运用、战略匹配；最终输出为国家战略转型的类型与进程，产生系统效应，影响崛起国与霸权国的战略关系。崛起国的海权崛起并不必然造成与霸权国的争霸战争或激烈的地缘对抗，本书批判了崛起国与霸权国海陆冲突的"宿命论"观点，如果双方认为权力转移引发的海陆博弈的冲突不可避免，那么就很可能形成自我实现的预言。

在历史分析方面，本书在理论部分以较为简约的形式，追溯自斯巴达与雅典、罗马与迦太基、西班牙、荷兰、法国等历史上崛起国战略转型的战争与和平的案例。对德国、美国、俄国、日本这四个国家的历史崛起和战略转型案例进行了详细探讨。以"一战"前的英德关系演进为例，研究了陆上崛起国与海上霸权国的权力转移和地缘对抗的关联性，对德意志第二帝国进行了战略定位，回溯了英德陷入地缘对抗的历史阶段，对英德冲突的根源和德国海权崛起的失败原因作出分析。形成鲜明对照的是，同时期的美国迅速实现了从陆权国向海权国的转型，在崛起与转型的进程中，没有诱发海上霸权国的明显制衡，由此分析了英美和平权力转移的经典案例。日本作为岛国，却没有像英国那样专心海上霸权，反而在明治维新后追求陆海双料霸权，形成帝国的过度扩张，这也是本书考察的关键案例，同时还对日美走向太平洋战争的根源和进程做了解读。俄国自彼得大帝以来的海陆扩张，展示了一个纯粹的"陆权心脏地带国家"如何实现脆弱性的海权崛起，本书对俄国在不同时期的战略转型及其与其他强国的战略关系进行了跟进说明。这些历史案例表明，地理的制约作用不可忽视，但我们不要陷入某种"地理决定论"或陆上崛起国与海上霸权国的"修昔底德陷阱"宿命论。无论是岛国、陆海复合型国家还是心脏地带国家，体系层次的结构制约都能为国家战略塑造提供背景和大致方向，但国家还是要立足本国实际，寻求地理、历史、战略利益、国家权力地位、与其他强国的战略关系等方面的战略匹配，高明的战略塑造能力不能让一个小国瞬间成为海洋霸权国家，但对崛起大国而言，可以为其营造和平崛起或相对稳定的战略环境，增大成功崛起的概率。

21世纪的中美关系，通常被视为周期性的权力转移和体系变革的可能参照：1648年威斯特伐利亚体系——法国、瑞典、荷兰的崛起与哈布斯堡帝国的衰落；1713年乌德勒支体系——英国崛起与法国衰落；1815年维也纳体系——英国海上主导权的确立与法国霸主诉求的失败；1871年俾斯麦德国的崛起与法国的衰落；1945年雅尔塔体系——英法德等国的衰落与美苏两极格局的确立；学界热烈讨论的2049年——中国赶超美国。但实际上本书所揭示的是：一个大国的崛起并不必然带来既有霸权国的衰落，即使权力体量向崛起国倾斜，霸权国也不用为此过度恐慌；同理，崛起国也不应陷入对霸权国和其他崛起国的过度反应，保持战略定力。国家之间的战略盲动导致的过度扩张和体系争霸，通常不是力量格局本身所能决定的，而是我们形成什么样的战略思维、对手塑造，以及吸收和运用什么样的战略学说，是否实现了战略目标与战略手段的匹配和平衡。中美是否重蹈英德"修昔底德陷阱"的大国政治悲剧，关键取决于崛起国与霸权国对彼此的威胁认知与战略塑造。崛起国与霸权国同样适用一个地缘政治逻辑：大国崛起于地区性守成，消亡于世界性扩张。"修昔底德陷阱"是对中美关系的误读，权力差距缩小和中国的海洋强国战略并不代表要挑战美国的海上霸权，中国需要从顺应地缘大势转向更自主地谋取并塑造有利于己方的地缘大势。

　　本书的篇章结构如下：第一章介绍了自古希腊至"冷战"后的地理政治学的思想演变，对地理环境决定论、陆权论、海权论、边缘地带论、空权论等传统学说的演变进行了追溯；对"冷战"期间和"后冷战时代"的制天权理论、国家海上威力论、环区理论、地缘政治辖区、文明冲突论、大棋局、地缘均势论、网络地缘政治、批判地缘政治学等做了综合分析。第二章提出了体系变革与战略塑造能力是影响崛起大国战略转型方向、进程与效果的核心变量机制，并提出了理论假设、研究方法、案例佐证。第三章对海权、陆权与崛起国大战略的辩证关系进行了理论与历史探讨。第四章、第五章、第六章、第七章根据前面提出的理论假设来进行案例检验，对历史上崛起大国的转型案例——德国、美国、日本、俄国进行理论分析，提出历史启示。第八章则提出中美陷入"修昔底德陷阱"是一种历史与战略的误读，中国崛起可以超越马汉的"海军至上主义"和"零和博弈"的战略进攻，实现渐进式的崛起和不威胁其他大国的战略转型。

　　批判的理论不能代替理论的批判，也只有读者带着审视和重构文本的思维阅读本书，并给出恰当的评论、建议和意见，才能实现研究的进化，本书对很多重要观点都进行了详细解释，可能研究水平仍然有限，但不会让读者失去很多对细节的理解。"黑夜给了我黑色的眼睛，但我却用它来寻找光明。"本书对崛起大国的战略史研究，看似是大国政治的悲剧，其实，这都可以作为我们建构理想主义前景的必经之路，在承认历史残酷的同时还能心怀希望！

目录

第一章 地理政治学的思想流派   1
  第一节   地理政治学的基本内涵   3
  第二节   从古希腊到中世纪的地缘理论萌芽   10
  第三节   近代地缘理论的创新：地理、历史
              与国家政策的有机结合   15
  第四节   陆权优势论   21
  第五节   海权优势论   58
  第六节   空权优势论   77
  第七节   "冷战"期间对地缘政治学的战略研究   83
  第八节   "后冷战时代"地缘理论的多元化趋势   93
  第九节   地缘理论的历史影响评估   105

第二章 体系变革、战略塑造与战略转型   114
  第一节   地缘政治理论与现实主义学说   114
  第二节   国际关系理论范式的比较分析   120
  第三节   系统分析方法、理论假设与变量机制   164
  第四节   自变量分析：体系变革   179
  第五节   中介变量分析：战略塑造能力   209
  第六节   因变量分析：战略转型   234

第三章　海权、陆权与崛起大战略　252
第一节　地理要素的构成与作用　252
第二节　地缘政治、地缘经济与地缘文化　264
第三节　"地缘战略"的概念界定　269
第四节　崛起国的两难选择：海权与陆权　272
第五节　战略转型与争霸战争的历史探讨　291

第四章　案例一：德意志第二帝国的战略转型（1871～1914年）　309
第一节　体系变革与德国崛起的外部环境　312
第二节　战略塑造能力与德国海权发展路径分析　324
第三节　德国战略转型的历史进程与英德海权对抗的根源　343

第五章　案例二：美国的战略转型（1890～2015年）　376
第一节　体系变革与美国崛起的外部环境　376
第二节　战略塑造能力与美国海权发展路径分析　389
第三节　美国战略转型的历史进程与英美和平权力转移的根源　419

第六章　案例三：日本的战略转型（1868～1945年）　438
第一节　体系变革与日本崛起的外部环境　438
第二节　战略塑造能力与日本海权发展路径分析　454
第三节　日本战略转型的历史进程与日美太平洋战争的根源　479

第七章　案例四：俄国（苏联、俄罗斯）的战略转型（1689～2015年）　496
第一节　体系变革与俄国（苏联）崛起的外部环境　497
第二节　战略塑造能力与俄国海权发展路径分析　506
第三节　俄国战略转型的历史进程与大国争霸　535

第八章　中国的和平崛起与人类命运共同体建设　　550
　　第一节　陆海复合型国家的战略定位：中国应谨防战略透支　　550
　　第二节　和平发展是符合中国地缘利益的战略选项　　558
　　第三节　人类命运共同体建设与新时代的中国特色海权观　　571

后记　　581

第一章

地理政治学的思想流派

地理政治学所描述的现象贯穿于人类战争史与战略博弈行为的始终。在古代，由于地理距离、复杂地形的影响以及当时交通运输工具的相对落后导致地理通达度有限，使城邦、部落、帝国等地缘行为体的权力投射范围相对有限。中国古代的诸侯割据、王朝统一、朝贡体系的主要活动范围是在东亚地区；即使是号称具有极强远征能力的古罗马帝国，也至多是把地中海变为内海。地理因素的持久性作用可见一斑。到了近代，随着铁路、蒸汽动力、内燃机、航海技术、飞机等运输工具和机械动力的进步，也难掩人类受到自然环境的局限。在 21 世纪，我们仍然可以认为距离所起到的保护作用仍然是最有效的。当然我们所研究的地缘政治现象、地缘政治理论不单单是指地理距离，但人们最开始能接受地理政治学的变量就是对地理距离的直观描述。现实主义的核心是"权力政治"，而地理政治学的研究关切是地理要素与国家战略的互动作用。本书研究的内容主要是将其作为分析工具之一，而不是单纯的涉猎地理政治学（或者说地缘政治学）。

尽管人们会对某些地缘政治学说予以排斥或进行批判，但我们不能回避的是：基本的地缘政治现象（大国战争与和平问题）是国际关系诸多理论流派所聚焦的重点；地缘政治学的一些分支可能饱受非议，但是地缘政治规律（地理距离对权力投射的损失梯度、国家的相对地理位置对国家战略安全的影响等）是很多理论分析的关键变量，如约翰·米尔斯海默在《大国政治的悲剧》中对"水体的阻遏力量导致全球性霸权难以实现"的论断，斯蒂芬·沃尔特在《联盟的起源》一书中指出"权力的地理临近程度会对威胁认知构成影响"。

一些西方学者将地理政治学与达尔文的进化论、亚当·斯密的国富论、马尔萨斯的人口论、潘恩的人权论以及马克思的资本论等学说看成是改变世界的思想。系统的地理政治学的出现标志着人类历史进入全球政治的纪元。自20世纪70年代以来，它在学术上得到了重新认识与更新，在国际政治、经济、思想舆论界中影响深远。地理政治学说用地理透视来分析国际关系问题，探讨国家发展战略，研究国家民族与区域结盟的空间历史、起源及演化规律，它是政治地理学的核心理论之一，也是介于人文地理学、历史学、军事理论、国际政治理论、比较政治学乃至世界经济贸易研究之间的交叉理论。地理政治学整体地看待全球或区域的政治经济活动及国际间关系，在地理系统的水平上来研究社会政治的历史、时局与发展的空间表象的演化机制，它的学科渗透广泛，涉及政治、经济、文化、社会心理、军事、民族、人口、技术和综合国力等诸多方面。

由于地理政治学[①]主张介入国家政策和战略方针的制定与执行，因此，每当国际政治经济体系发生重大变革时，就会出现地缘政治过时论，或者说地缘经济正在取代地缘政治等。在汉斯·摩根索（Hans J. Morgenthau）看来，地缘政治学是一门过度强调地理因素居于决定意义的伪科学。[②] 他批判的重点是纳粹德国的地缘政治学说。但如果摒弃"地理决定论""技术决定论"这种明显不尊重客观现实的地缘政治研究路径，就会发现它本身并非是静止和孤立地看问题，而是对权力的地理分布、不同地缘环境对国家战略的塑造能力差异，以及国家对客观地理因素的反作用

[①] 为了行文方便，下面将对地缘政治学与地理政治学进行混用。
[②] ［美］汉斯·摩根索：《国家间政治：权力斗争与和平》，徐昕等译，北京大学出版社2006年版，第196页。

机制的动态分析等。地缘政治具有独特的客观规律：地理环境相对被动、世界政治是主动因素；技术条件改变空间的政治意义；海权与陆权是对立统一的；地缘政治利益引领地缘政治关系；地缘政治力量的运动形成地缘政治边界和区域；地缘政治结构决定地缘政治态势；距离发挥显著的地缘政治效应。[①]

第一节
地理政治学的基本内涵

一、地理的政治化与政治的地理化

地缘政治不是地理属性与政治属性的简单相加，地缘政治学科发展到今天已经糅合了诸多的自然和社会科学视角，地理与政治的有机结合推动了地理的政治化进程与政治的地理化进程。首先，由土壤、植被、气象、水文、山脉、丘陵、平原、高原、岛屿、半岛等构成的自然地理要素，和由国家地理位置、国土面积、疆界划分、海上和陆上的邻国分布、资源和能源的分割等构成的人文地理要素，共同构成了对人类生产生活产生结构性和互动性作用的地理环境系统。一些关键性的地理要素（如资源、能源、海峡、岛屿、港口、运河等）本身就构成了国家地缘竞争的缘由，或者被利用为国家间军事、政治、经济博弈的筹码和工具，产生了地理的政治化进程。其次，国家对权力、利益、安全、威望的追求，很多方面可以具象为物质化的地理要素，如有利地理位置、资源、安全空间、狭窄水道、战略缓冲地带等。特定的地理空间是国家行为体竞争与合作的媒介，国家之间的多样化互动模式会生成和推动特定地缘战略空间结

---

① 陆俊元：《地缘政治的本质与规律》，时事出版社2005年版，第11～13页。

构的演变。在这个结构里，国家作为最重要的地缘力量中心，在地理空间内展开位置分布，各自占据差异很大的地缘范围，不同国家之间的相对地理位置会塑造区别很大的地缘战略取向和地域文化。陆上和水体的距离远近会对战略力量的投射形成增幅和阻遏作用，故形成了政治的地理化进程。

地理的政治化与政治的地理化进程有助于形成对地缘政治本质的认知。地缘政治尽管需要兼顾地理和政治的双层互动，但却更偏重解决政治问题。地缘政治的研究对象主要是主权国家，尤其是具有庞大地缘战略投射能力的大国，而对国家行为体的研究不能回避政治学视域下的政治内涵：政治是建立在一定经济基础之上的社会关系，包括权力、利益和权利三个基本方面的内容。① 因此，地缘政治的本质也离不开对权力、利益和权利的诠释与解读，地缘政治的内容应包括对国家陆海领土和关键地理要素的掌控，对战略缓冲空间、海外利益空间的寻求等。大国偏重地缘权力的扩展，但不能忽视对利益、安全和权利的追求，只是大国的权力体量让它可以轻易得到其他国家对它的尊重；中等强国基本维持对权力、利益、权利、安全追求的平衡；小国和弱国则首要关注自身安全，并尽力协调自身与他国的权力冲突和利益协调，向大国索取平等国际政治权利。

二、地理政治学与政治地理学

"地缘政治学"（geopolitics）是从"政治地理学"（political geography）分离出来的。以至于有学者认为两者并无实质差异。② 政治地理学研究的焦点在于国家做出的决定如何影响人们和环境之间的关系，如何影响人们

---

① 王浦劬：《政治学基础》，北京大学出版社1995年版，第9页。
② ［法］皮尔赛等：《世界政治地理》，彦屈远译，世界书局1975年版，第7页。

追求生存空间的模式。① 地缘政治学起源于希腊语，最初是指地球和国家以及两者之间的关系。② 政治地理学的鼻祖（Ratzel Friedrich）强调国家是一个不断扩展生存空间（lebensraum）来保持活力的有机体。该思想源自德国 19 世纪自然科学和哲学，自从康德（Immanuel Kant）以来，德国形成了对地理学与哲学、自然环境与人类、地理与历史的整体思考传统。瑞典人鲁道夫·契伦（Rudolf Kjellen）创造了"地缘政治"（geopolitik）这一术语，他将国家组织和人体器官进行比较，决策的中心城市首都是大脑，交通是动脉，武装是防御，自然资源是为供养和生长所需之粮食。③ 图阿塞尔（Gearoid Tuathail）提出，地理学的焦点是权力，世界地理是权威间权力争夺的历史产物，他们争夺管理、占领和控制一定空间的权力。④

索尔·科恩（Saul B. Cohen）指出：地缘政治分析的实质是国际政治权力和地理环境之间的关系，随着地理环境的变化，以及人们对这种变化本质的解释发生变化，地缘政治观念也会变化。⑤ 雷蒙·阿隆认为，地缘政治（geopolitical）意味着"从地理角度对外交—战略关系进行图解，其借助的手段是对资源进行地理—经济分析，把外交态度解释成是生活方式和环境的（定居的、游牧的、农业的、航海的）结果"⑥。科林·格雷（Colin Gray）指出：只有在涉及时间、技术、相关国家的努力，以及影响战略和战术的选择时，自然地理本身才具有特定的战略意义，形成重要约

---

① L. P. V. Prescott. *Political Geography*. London：Methuen and Commpany Limited，1972，pp. 1–26.

② ［英］杰弗里·帕克：《地缘政治学：过去、现在和未来》，刘从德译，新华出版社 2003 年版，第 13 页。

③ ［英］杰弗里·帕克：《二十世纪的西方地理政治思想》，李亦鸣译，解放军出版社 1992 年版，第 12 页。

④ Tuathail Ó，Geopolitics G C. *The Politics of Writing Global Space*. Minneapolis：University of Minnesota Press，1996，P. 1.

⑤ Saul B. Cohen. *Geography and Politics in a World Divided*，2nd ed. New York：Oxford University Press，1973，P. 29.

⑥ Raymond Aron. *Peace and War*. Garden City，NY：Doubleday，1966，P. 191.

束或是提供重要机会。① 地缘政治包括理论和现实两个层面：前者主要是研究地理空间与国际权力竞争开展互动的科学，强调地理的战略意义、海权与陆权的博弈，是对地缘政治现实的分析与判断所形成的战略思维。有学者将地缘政治学的思想传统分为三类：经典地理政治学（classical geopolitics）、德国地缘政治学（geopolitik）、法国维达尔传统（The vidalienne tradition）（见表 1 – 1）。②

表 1 – 1　　　　　　　　　地缘政治思想分类

	经典地理政治学 classical geopolitics	德国地理政治学 geopolitik	法国维达尔传统 The vidalienne tradition
代表人物	阿尔弗雷德·马汉 哈尔福德·麦金德 尼古拉斯·斯拜克曼	卡尔·豪斯霍弗 弗里德里希·拉采尔 鲁道夫·契伦	保罗·维达尔·白兰士 德芒戎 昂塞尔
主要特征	封闭体系中反复出现的国家间关系模式（海权与陆权的永恒对抗）；地理要素与其他要素结合	将现代民族国家看做是在有限地理空间中寻求生存的有机体，带有明显的地理决定论	地理政治学从属于人文地理学，人类在客观物质环境中发挥积极作用
关注焦点	工业革命引发的技术变动趋势对海权与陆权国家力量对比的潜在含义；如何维持盎 – 萨民族的世界领导地位	德国如何摆脱重压发展称为世界强国；培养与世界强国相称的空间意识	把法国建设成殖民帝国；在欧洲联合框架内谋求法国大国地位

资料来源：吴征宇：《地理政治学与大战略》，国际法制出版社 2012 年版，第 1 ~ 85 页。

此外，索尔·科恩（Cohen, S. B.）也对现代地缘政治学的演化阶段做了分类，如表 1 – 2 所示。

---

① Colin S. Gray. *The Geopolitics of Super Power*. Lexington：University Press of Kentucky, 1988, P. 45.

② Ladia K. D. Kristof. "The Origins and Evolution of Geopolitics", *Journal of Conflict Resolution*, 1960, 4（1）：36；吴征宇：《地理政治学与大战略》，中国法制出版社 2012 年版，第 7 ~ 12 页。

表1-2　　　　　　　　　现代地缘政治学的演化阶段

阶段	第一阶段：帝国争霸	第二阶段：德国地缘政治	第三阶段：美国地缘政治	第四阶段：冷战地缘政治	第五阶段：后冷战阶段
主要学者	拉采尔、契伦、马汉、麦金德、鲍曼等	豪斯霍弗、毛尔、奥布斯特、班泽、海尼格等	斯拜克曼、雷纳、谢维尔斯基、斯莱塞爵士等	凯南、布利特、基辛格、克龙泰勒、沃勒斯坦、拉科斯特、勒克吕等	福山、卡普兰、亨廷顿、阿格纽、布热津斯基、图泰尔、史密斯、艾米、恩瑞夫特等
核心概念	国家有机体、形态政治学、海权论、心脏地带、世界岛等	生存空间、泛大陆主义等	边缘地带、飞行员的全球观、空中霸权等	遏制战略、多米诺理论、大局观、地缘战略旗手、世界体系等	无政府主义地缘政治学、大棋局、批判地缘政治学、文明冲突、历史终结等
地缘政治背景	殖民扩张体系的全球闭合	德国打破《凡尔赛体系》的战略扩张诉求	美国在二战中的全面崛起与欧洲衰落	美苏冷战与海陆对抗的加剧	苏联解体、冷战终结、美国单极霸权

资料来源：[美]索尔·科恩：《地缘政治学：国际关系的地理学》，严春松译，上海社会科学院出版社2011年版，第15~33页。

政治地理学的基本要素是历史地理学，聚焦于地理现象的政治解释；而地缘政治的基本要素是政治学，关注对政治现象的地理解释，以及研究政治与权力动因的地理路径。两者的研究对象与研究方法差别很大，政治地理学的发展相对"纯洁"，并在其庇护下适用于政治行为的所有地理范围，政治地理学本质上是研究地球与国家间关系的学说，也包括国家间关系的地理层面。狭义的政治地理学将国家视为一个政治单位，旨在分析政府的影响及基于其疆域内全部人文地理的政府决策。政治地理学更宽泛的界定被归为近代学科，它将地缘政治学当成从空间上研究全部政治行为的一部分，两者之间有明显的重叠部分。地缘政治学的方法论实质是空间性的，但它所研究的主题却大量取自其他社会科学。因此，政治地理学和地缘政治学两者重叠的特性远不如两者之间的差别。地缘政治的世界是一个巧妙结合而成的机制，但地缘政治学要研究这个"机制"如何运转以及要达到什么样的目标。

尽管地缘政治被贬低为"地缘政策"（geo-policy），但地缘政治学的问题不在于以一种实用的方式被分析和研究，而是在研究和运用之间缺乏一个明确的区分。过错不在于实用的地缘政治学科，而在于对任何学科知识而言实用的方式。就实用而言，20世纪70年代兴起于法国的新地缘政治学和30年代存在于德国的地缘政治学如出一辙，只不过其意图不同而已。地缘政治学的饱受诟病不在于运用于政治目的本身，而在于运用于政治目的的价值。[①] 地理要素在21世纪依然重要，包括：战略、战术方面的军事和政治意义；文化角度出发的领土意义；资源、人口以及物质系统的空间分布意义。[②] 全球化并不会导致地理的终结，高速行进的世界经济全球化以及通信网络向跨越全球的信息系统的转变，并不会消除国家界限和身份标志，全球化会依据地理环境而调整并改变环境。在很多国家，沿海地区的人们相对于内陆地区较贫困的人口更能保持跟踪全球信息网，最终，因地理条件不同从而形成的在经济与信息方面的"富人"与"穷人"的差距可能会导致这些国家国内深刻的政治裂痕。全球变暖所带来的"温室效应"引发海平面上升和水温上升是常识，但会随着具体国家和地区的地理条件差异而发生变化。孟加拉国担心冰川融化带来海平面上升而被淹没，但冰川融化能让适于农业种植条件的地理区域向北面扩散，使北极成为海上公路、美国军事基地搬迁等。

地缘政治的研究是贯穿于人类社会发展始终的现象：《战国策》《史记》《资治通鉴》等许多经典著作，都记录了中国古代丰富的地缘战略思想，如"合纵""连横""形同忧而兵趋利""远交近攻"等。[③] 古希腊时

[①] ［英］杰弗里·帕克：《地缘政治学：过去、现在和未来》，刘从德译，新华出版社2003年版，第10~12页。

[②] ［美］索尔·科恩：《地缘政治学：国际关系的地理学》（第二版），严春松译，上海社会科学院出版社2011年版，第3页。

[③] 司马迁：《史记》，吴树平主编，李零等译，新世界出版社2009年版；缪文远、缪伟、罗永莲译著：《战国策》，中华书局2012年版；司马光：《资治通鉴》，沈志华、张宏儒编，中华书局出版社2019年版。

期波斯帝国对希腊半岛的地缘制衡,近代欧洲新航路开辟与全球殖民时代的历史演绎逻辑,以及"一战"前的英德海军军备竞赛、"二战"德国的"生存空间"诉求、"冷战"时期美苏的全球海陆对抗、"后冷战时代"美国的海洋霸主地位与中国的海上破局等,都凸显了地缘政治博弈在战略史上的主旋律。地缘政治强调地理的邻近程度与威胁大小成反比,对安全困境的塑造加入了更多的地理限制条件:认为邻国比距离遥远的国家更容易诱发军备竞赛与联盟对抗、陆上邻国比海上邻国更容易夸大威胁认知、海上国家之间更容易结成相对稳固的同盟体系。地缘政治是认识国际关系现象所不可或缺的理论视角与分析路径。

行为体对地缘环境的认知以及后者对人类活动的限制,是我们关注地缘政治学的永恒主题之一。随着核时代和后工业时代的到来,环境的重要性明显下降了。洲际核武器大大削弱了地理位置给国家提供的安全。后工业社会使得对信息技术和智力的依赖至少与对控制蕴藏自然资源的领土依赖同样重要。但是,自然环境因素包括人力(human)因素和非人力(nonhuman)因素、有形(intangible)因素和无形(tangible)因素,既包括自然环境(地理)也包括社会环境(文化)。[1] 目前和未来的国际关系文献和著作,会对包括资源稀缺与冲突、人口增长、地理因素与政治权力的关系、新出现的地缘政治关系,以及增长了的地缘政治与地缘经济概念的重要性等议题增加更多的关注。对环境的认知和环境本身的影响对于决策和普遍政治行为至关重要。地缘政治不仅为过去和现在的理论提供了研究焦点,而且为未来分析型或规范型的国际关系理论提供了焦点,因为最后的分析认为所有对外政策和其他国际互动模式都是在一定的政治、社会、文化和地理环境中形成或建构的。纵观历史,人们发动战争始终是为了进入和控制领土或地理空间。

---

[1] Harold and Margaret Sprout. *The Ecological Perspective on Human Affairs with Special Reference to International Politics.* Princeton, NJ: Princeton University Press, 1965, P. 27.

第二节
从古希腊到中世纪的地缘理论萌芽

一、古希腊时期

　　古希腊地理学产生的序曲源于《荷马史诗》，并诞生了爱奥尼亚地理学。早期的地理学与古希腊人对外进行的殖民活动密切相关。殖民活动让希腊人产生绘制已知世界地图的需要，记录了大量的所见所闻，包含了丰富的地理知识，如海岸的性质和形状、海峡、半岛、港湾及其深度、河流入海口的形态、沿河上溯直到大量居民点的距离以及通航状况、港口特征、海岸腹地景观甚至是动物植物区系、火山现象和居民习俗等，这些成为古希腊描述地理学的基础。古希腊时期，人类知识处于早期的统合阶段，地理学与自然哲学、文学、数学、史学和天文学交融一体，成为希腊学者广博思想的一部分。[1] 古希腊地理学有五个传统：自然哲学（原子论、秩序论、目的论）；地球与宇宙学；测绘和地图学；方志和区域地理学；人地关系。[2] 古希腊学者希罗多德（Herodotus）通过去埃及进行地理考察的旅行经历，提出全部历史必须用地理工具进行研究的观点，地理提供了自然背景和舞台场景，历史事实只有和它联系在一起才具有意义。[3] 同时，他还创立了"陆是海之始，海是陆之末"之说。希波克拉底（Hippocrates）强调气候对人种和民族的差异产生决定性影响，人们的精神状态、身

---

[1] 王爱民编著：《地理学思想史》，科学出版社2010年版，第128页。
[2] 王爱民编著：《地理学思想史》，科学出版社2010年版，第128~131页。
[3] ［美］普雷斯顿·詹姆斯：《地理学思想史》，商务印书馆1982年版，第25~26页。

体条件和性格随自然环境的不同而不同。① 泰勒斯（Thales）提出万物由水构成和"陆地浮于海"的学说，依据埃及、巴比伦的天文学，指出地球为球形。毕达哥拉斯认为万物都是数构成的，从数的美学角度，想象地球为球形。巴门尼德（Parmenides of Elea）将世界划分为热带、寒带、温带等不同的温度带，认为气候条件影响社会政治特点。

柏拉图（Plato）偏好海洋决定论，认为地理上的海洋性会导致"国民的思想中充满了商人的气质以及不可靠的、虚伪的性质，这就使得不仅在他们的市民之间，而且在他们与别人交往过程中变得不可信和敌对"②。当然，柏拉图也稍微突破了环境决定论的视角，认为森林的砍伐改变了景观并加剧了土壤向大海搬运。希腊人的本体论观点是自然重于人文，希波克拉克（Hippocrates）认为，气候是影响人类身心、活动的主要因素，同时也影响土地的生产力，可视为西方环境论的先河，这些观点一直到18世纪才被理论化和系统化。在柏拉图的《理想国》和亚里士多德的《政治学》中，均表现出对城邦国家形成、发展的人与土地因素的关注，并讨论土地、城市地点选择以及城邦的适度人口问题。根据土地和财产状况，柏拉图认为城邦的最佳人口是5040人。

亚里士多德（Aristotle）证实了大地球形说并创立气象学一词，认为地球上人类居住的适应范围同纬度相关。认识到自然和社会环境的重要性，领土要大到确保其公民享有悠闲的生活，但不大到足供奢侈之用。他认为滨海位置很重要，海权在战时是重要因素，靠近海洋会激发商业活动，海上通商则易于提供本土不易得到的生活必需品。③ 而希腊城邦国家的基础就是商业活动，温和的气候会对国民性格的形成、人们活力和智力

---

① ［法］保罗·佩迪什：《古希腊的地理学——古希腊地理学史》，商务印书馆1983年版，第54页。

② 刘从德：《地缘政治学：历史、方法与世界格局》，华中师范大学出版社1999年版，第8页。

③ ［美］约翰·麦克里兰：《西方政治思想史》（上册），彭淮栋译，人民出版社2010年版，第74页。

的发展产生积极的影响。① 而寒冷地区的人民一般精神充足，富于热忱，欧罗巴各民族尤甚，但大都细于技巧而缺少理解；他们因此能长久保持其自由而从未培养好治理他人的才德，所以政治方面的功业总是无足称道。亚细亚的人民多擅长技巧，深入理解，但精神卑弱，热忱不足；因此，他们常常屈从于人而为臣民，甚至沦为奴隶。② 总之，通过气候决定论的视角，亚里士多德强调希腊人民的地理禀赋所赋予的先天优势。

埃拉托色尼（Eratosthenes）第一次使用"地理学"这一名词来代替之前所使用的那些术语——"地志""海志"和"陆志"。③ 修昔底德在《伯罗奔尼撒战争史》中，不但对海权的作用进行了细致分析，还描述了雅典由共和国演变为帝国的过程。④ 罗马地理学家斯特拉波（Strabo）是区域地理学的代表，他认为地理学并不只是研究一个地方的形态、大小，还需要研究它们的相互关系，指出一个地区具有自然条件和人为条件，前者是不变的，后者是不断变化的。地形、气候影响不同地区人民的气质。认为研究地理学是哲学应有的课题，指出地理学对政治家及从政者的重要性和价值。以大陆为着眼点，以欧洲为中心，强调地理学的大部分与政治生活的对象有关，提出自然规律是客观存在的，并解释了一些自然现象。⑤

二、古罗马时期

古罗马人则认为，欧洲是世界权力的中心，世界就是围绕中心组成的四边形。中世纪阿拉伯人认为，亚非大陆是一个整体，世界是以伊斯兰地区为中心组成的大陆结构。同时期的欧洲基督教会把罗马教廷所在的欧

---

① Aristotle. *The Politics of Aristotle*, trans. Ernest Barker. Oxford, England：Glanrendon, 1961, pp. 289 – 311.
② ［古希腊］亚里士多德：《政治学》，吴寿彭译，商务印书馆1997年版，第360~361页。
③ ［苏］波德纳尔斯基编：《古代的地理学》，商务印书馆1997年版，第102页。
④ George Modelski. *Long Cycles in World Politics*. Seattle：University of Washington Press, 1987, P. 53.
⑤ ［苏］波德纳尔斯基编：《古代的地理学》，商务印书馆1997年版，第168页。

洲，视为统治世界的天然中心。托勒密（Ptolemy）研究了自然地理学，首先创立经度与纬度的概念，确立了古代地理学的数学方法。如果说古代希腊人和早期罗马人把有人居住的世界看作岛屿，托勒密则使岛屿在北方、南方、东方都消失了，成为"未知地域"，他认为连续的海洋只不过是一种假设而已。他提出了圆锥体投影法和球面投影法两种新的更为精确的制图投影法，成为近代地图学的渊源。埃拉托色尼（Eratosthenes）系统地提出了采用经纬网格编绘世界地图的方法，全面地改绘了爱奥尼亚地图。托勒密之后，随着罗马帝国及其中央行政系统的分崩瓦解和蛮族入侵的铁蹄摧毁了罗马，古代地理学研究被迫结束。直到12世纪，经过阿拉伯文翻译介绍，才在基督教欧洲再次流传亚里士多德的地理思想。

三、中世纪时期

整体来看，中世纪时期，对地理要素的研究乏善可陈，神学宿命论在很大程度上阻碍了地理与人类关系研究的进步。用基督教《圣经：创世纪》解释地理现象，拒绝接受任何与基督教义不一致的地理学思想。托勒密的"地心说"被普遍接受，学者们缺乏哲学观念和系统的推理，只是对火山、地震、河水泛滥等为数不多的地理现象进行研究。公元七世纪初，穆罕默德创立伊斯兰教，将希腊学问进行了很好的保护。[①] 中世纪的伊斯兰世界，是东西方地理思想交流的枢纽，这与当时的伊斯兰世界所处的交通地理位置和政治上的相对统一分不开。阿拉伯人的学术文化，以地理学最为发达，尤其以气候、地形、区域地理方面的成就最大。

马克西迪（Al-Maqdisi）把世界划分为14个气候区，认为气候差异不但受纬度影响，也受当地的位置、环境和东西距海远近的影响，还提出陆地主要分布在北半球、南半球主要是海洋的思想。阿维森纳（Ibn-Avi-

---

① ［德］阿尔夫雷德·赫特纳：《地理学——它的历史、性质和方法》，王兰生译，商务印书馆1983年版，第55页。

cenna）说明了河川的侵蚀过程并建立了最早的侵蚀学说。① 卡尔丹（Ibn – Kaldun）是伊斯兰世界关注"人与环境关系的学者",认为自然环境对人类性格和生活方式有很大影响,企图对"环境对人类影响"建立理论模式,当他分析帝国的盛衰时,认为好战的游牧民族常能建立面积广阔的帝国,但不久游牧民族就会被定居民族兼并;而当乡野居民变为城市居民时,且统治者丧失好战精神后,帝国终将分裂而衰亡。

12 世纪以后,欧洲的十字军东征与东方接触频繁,带回了大量的异国自然风光、风俗人情,地理学出现了一些转机。14 世纪后期欧洲的地图学有了很大改进,例如,1375 年在波托兰诺海图资料的基础上制成了著名的卡泰兰世界地图,这是第一幅给锡兰岛（斯里兰卡）和印度半岛以正确轮廓的地图。15 世纪开始的地理大发现、文艺复兴和后来的宗教改革运动,给予了地理学研究的又一次机遇。14~15 世纪葡萄牙人绕非洲航行,可能是打破基督教欧洲—穆斯林亚洲的大陆地缘政治观点的最早尝试。葡萄牙人的野心是利用海洋取得非洲和印度的财富,并从东非和印度洋包围穆斯林中东。

近代早期地理大发现时代以前欧洲有三种主要的地图模式,它们之间存在着前后承续和相互重叠的历史影响。其一是以古希腊人特别是托勒密地理思想为主导的世界地图。古希腊人在制图的时候,在纬度测量方面大体准确,在经度测量方面则错误甚多,因此其在古典时代是一种确定方位的知识体系。其二是中世纪西欧基督教修道院中的教士根据基督教神学思想并结合游记文学绘制的"世界舆图"。它主要是基督教神学观念在地理知识方面的表达,反映了 13 世纪以前神学主宰下的知识体系。其三是近代早期流行的航海图。这是一种具有实用价值的地图,也是在当时历史条件之下最接近近代科学精神的地图。后来的伊比利亚人即葡萄牙人和西班牙人发展出的近代制图学,正是在大规模航海活动基础上,融合前两种制图

---

① 孙俊、潘玉君、武友德、孟雪梅:《地理学编史方法论:从实证主义到思想史》,载于《地理科学进展》2013 年第 12 期,第 1845~1860 页。

学的经验和传统建立起来的。①

　　这是一个摆脱了大陆思想束缚的新战略。这种战略来源于早期希腊人关于可居住世界具有岛屿性质的思想，来源于地理"发现"的成果。当欧洲的民族国家在联结大洋区的竞赛中夺取关键岛屿和海岸领地、着手建立殖民帝国时，这种观点即发展成为真正的全球战略思想。沃特·拉雷爵士（Sir Walter Raleign）认为：谁控制了海洋，谁就控制了贸易，谁控制了世界贸易，谁就控制了世界财富，并最终控制了世界本身。② 弗兰西斯·培根（Francis Bacon）在《论邦国强大之术》（*Of the True Greatness of Kingdoms and Estates*）中提出：谁控制了海洋，谁就获得了自由空间，并且掌握了战争的主动权，财富只不过是取得制海权的附属品。③ 培根把殖民地比作古代诸王国再生过程的组成部分，提出了精英治理，反对竭泽而渔，建立英国主导的海上帝国体系。

第三节　近代地缘理论的创新：地理、历史与国家政策的有机结合

一、地理环境决定论

　　16世纪法国政治思想家让·博丹（Jean Bodin）认为，气候会影响国民性格和对外政策。高纬度的北部地区和温和的气候为建立以法律和正义为基础的政治体系提供了最为有利的条件。同南部气候条件相比，北部地区和山区更有助于形成较为严明的政治纪律，而且南部的气候不能激发主

---

①　顾卫民：《15世纪地理大发现时代以前西欧主要的几种地图式样》，载于《上海师范大学学报》（哲学社会科学版）2020年第3期，第129～142页。
②③　George Modelski and William R. Thompson. *Seapower in Global Politics*, 1494—1993, Seattle: University of Washington Press, 1988, P. 7.

动性。① 他指出行星对地球上居民有深刻影响，住在世界南方的人受土星的影响，过着宗教修心的生活；住在北方的人受火星的影响，变得好战，善于运用机械装置；住在中部的人受到木星的影响，能在法律的统治下过文明的生活。②《理解历史的方法》一书系统发展了关于地理环境特点决定社会政治制度的观点。将人类社会发展过程划分为三个阶段：第一阶段是东方各民族居于优势地位，接着是地中海沿海国家，继而是北欧各国的崛起。这一切都来自地理条件的差异。③ 他的观点为 18 世纪法国启蒙思想家孟德斯鸠建立地理环境决定论提供了重要基础。

孟德斯鸠（Charles de Secondat）相信，岛国比大陆国家更容易维护自由，因为岛国可以免受外国影响。他欣赏英国的政治制度，1066 年以后，英国也经受住了欧洲大陆国家入侵的考验。④ 他对气候的界定非常广义，包括其他物质原因的物质原因，或者一个与其他物质原因相互作用的物质原因。他认为气候影响人体及其激情。寒冷气候地区的人寻求的乐趣比较偏向豪迈一路，炎热气候地区的人则处事较为细腻。气候在寒热两极各有其不可言喻的影响，立法必须与之相关。气候在对外关系中也是关键因素，一个社会糟糕的位置，是和邻居之间没有温带缓冲的。东方尤其如此，其南北气候差异显著，以至于文明民族与生活于炎热气候的懒散民族，在地理上邻近活动力强的北方战士民族，外族多次侵略中得手，原因在此。而欧洲从南到北气候级级而变，刚柔的民族并不紧邻而居，使欧洲不易被征服。他还提出气候不是一成不变的，例如，他所处时代的罗马已经不同于古罗马时期，空气已经没有那么纯净，可以说是污染政治学

---

① Jean Bodin, *Six Books of the Commonwealth*, trans. F. J. Tooley, New York：Macmillan, 1955, pp. 145 – 157.

② 刘从德：《地缘政治学：历史、方法与世界格局》，华中师范大学出版社 1998 年版，第 13 页。

③ Bodin J. Ioannis Bodini. Methodus ad facilem historiarum cognitionem. impensis haeredum Lazari Zetzneri, 2013.

④ Baron de Montesquieu, The Spirit of Laws, Vol. 1, Worcester, MA：Isaiah Thomas, 1802：154 – 159 + 259 – 274.

(politics of pollution)的先行者。[①] 孟德斯鸠在《论法的精神》一书中将地理环境的作用归纳为三种关系：自然条件与人的生理特征的关系，自然条件与人的心理特征的关系，自然条件与法律和国家政体的关系。《论法的精神》中所包含的其他学说，都不如该书第14章提出的关于气候对人类影响的学说那样引人注目，孟德斯鸠的精髓就是气候理论。[②] 总之，在他看来，地理环境，特别是气候、土壤和居住地域的大小对于一个民族的性格、风格、道德和精神面貌以及其法律性质和政治制度，具有决定性的影响作用。[③] 伏尔泰（F. M. Voltaire）质疑孟德斯鸠的观点。伏尔泰认为：孟德斯鸠不能解释在同样的气候条件下，在同一国家里，为什么在不同的历史时期会存在不同的政治制度。意大利从古罗马到今天，气候几乎没有什么变化，但从古罗马到今天，意大利经历过多么复杂的经济和政治演变。

德国哲学家康德（Immanuel Kant）最早提出"政治地理学"的概念，认为按地域对各类事务进行综合研究，是科学认识的基本方法。康德对人类永久和平的世界主义构想，内构了丰富的地理学知识，其集中体现在永久和平的实现以地理学作为先决条件，永久和平的存在形态带有鲜明的地理性，以及永久和平的具体条款加入了诸多地理学元素。康德所设想的永久和平，突出了友好井然的空间秩序，最终指向全世界公民在地表的共存、认可、互利与包容，是一种地理意义上的空间正义，这种空间正义深刻反映了康德对于人类未来世界的自觉思索和深切关心。[④] 自康德以后，在德国的学术研究中地理和哲学密切相关。康德对自然环境及其对人类的作用很感兴趣。他把整个历史看成是一种连续的地理。由此而产生了以洪堡和李特尔空间观念为中心的19世纪地理学整体论思想。

[①] [美]约翰·麦克里兰：《西方政治思想史》（上册），彭淮栋译，北京：人民出版社2010年版，第391~395页。
[②] [英]罗伯特·夏克尔顿：《孟德斯鸠评传》，中国社会科学出版社1991年版，第371~372页。
[③] [法]孟德斯鸠：《论法的精神》（上册），张雁深译，商务印书馆1987年版，第227~303页。
[④] 吴红涛：《空间正义论：康德永久和平思想的地理刻度》，载于《华中科技大学学报》（社会科学版）2017年第2期，第111~116页。

黑格尔（Georg Wilhelma Friedrich Hegel）在《历史哲学》中极为重视对历史的地理基础研究，他认为尽管地理环境对人类历史造成的作用不是终极决定因素，但它却是民族精神产生的自然基础，气候与世界历史有关，在寒带和热带，找不到世界历史民族的地盘，历史的真正舞台是北温带，地球的主要大陆集中在这一区域，美洲是未来世界历史的基础，非洲则不属于世界历史的部分，太阳从亚洲开始，所以世界历史也就从亚洲开始。他相信具有不同地理条件的国家，其社会关系和政治制度也各不相同，居民的性格也随地理条件而差异很大。①

二、洪堡与李特尔的地缘学革命

德国的洪堡（Alexander von Humboldt）和李特尔（Carl Ritter）奠定了近代地理学的基础。"地理学家开始探求关于人类占据地球表面规律的解释。环境决定论与可能论这两种对立的观点是近代时期地理学家追求概括性的最初尝试。""环境决定论解释的根据首先来自自然环境，并且以下述信念为中心建立了一种理论：人类活动的性质受其所在自然界状况控制。"② 洪堡和李特尔的最初著作分别出现于1799年和1804年。他们创立了德国现代地理学，主张自然界的统一，提倡人类、国家和自然环境之间的互补作用。李特尔提出一种在统一的全球范围内分级别的地区划分设想。他先把地球分为两部分：陆地（大洲）半球和水域（大洋）半球，两者的界限是通过秘鲁和南亚划出的一个大圆圈。然后，里特尔又将陆地半球分为两个地区：旧世界和新世界。前者基本是东西走向，气候十分相似。后者由于是南北走向，气候差异较大。接着，李特尔再缩小范围，把每一个洲都看作一个"自然整体"。最后，在有些地方，他又把洲分成许多独立的单位。

洪堡所采取的野外调查研究步骤——"观察、收集、核对、验证、推

---

① ［德］黑格尔：《历史哲学》，三联书店1956年版，第124~144页。
② ［英］R. J. 约翰斯顿：《地理学与地理学家——1945年以来的英美人文地理学》，商务印书馆1995年版，第51页。

论"至今仍然被认为非常正确。洪堡首创等温线、等压线概念，绘出世界等温线图，指出气候不仅受纬度影响，还与海拔高度、离海远近、风向等因素有关；研究了气候带分布、温度垂直递减率、大陆东西岸的温度差异性、大陆性和海洋性气候、地形对气候的形成作用；注意到了海陆分布所造成的等温线与纬度的差异，创立了大陆性的概念，绘制了世界第一幅平均等温线图。发现植物分布的水平分异和垂直分异性，论述气候同植物分布的水平分异和垂直分异的关系，得出植物形态随高度而变化的结论；根据植被景观的不同，将世界分成16个区，确立了植物区系的概念，创建了植物地理学，总结出植物地带性分布规律；首次绘制地形剖面图，进行地质、地理研究；指出火山分布与地下裂隙的关系；认识到地层愈深温度愈高的现象；发现美洲、欧洲、亚洲在地质上的相似性；根据地磁测量得出地磁强度从极地向赤道递减的规律，创造出"磁暴"一词；根据海水物理性质的研究，用图解法说明洋流；首次发现秘鲁寒流（又名洪堡寒流）。此外，在世界探险史上他首次对美洲新大陆进行了系统的科学考察，实现了从16、17世纪以掠夺和占领为目的探险到18、19世纪以科学考察为目的的转变。由于杰出的地理学贡献，他被举世公认为近代地理学的奠基人和近代气候学、植物地理学、地球物理学的创始人之一。正是由于洪堡的科学活动和学术思想，才使得千百年来纯经验性的地理描述，进入到科学的行列。[1] 洪堡在《新西班牙的政治论文集》中，论述了一个国家的资源与物产和其人口、政治的关系，"要增进一国的普遍繁荣，唯一合理的方法是更为有效地利用天然资源"。在《宇宙学》书中，洪堡认为，一切民族的人都有一个共同的渊源，没有一个民族应该比其他民族卑劣些，所有民族，不管是个人或集团都同等地向往自由。

柏林地理学会创建人、被誉为"现代人文地理学和区域地理学之父"的19世纪德国地理学家——李特尔，最早阐述了人地关系和地理学的综合

---

[1] Von Humboldt A. *Personal Narrative of Travels to the Equinoctial Regions of the New Continent During the Years 1799–1804*. G. Bell, 1877; Von Humboldt A. *Personal Narrative of Travels to the Equinoctial Regions of America*. HG Bohn, 1853.

性、统一性，奠定了人文地理学的基础。他认为地理学是一门经验科学，人是整个地理研究的核心和顶点。创用"地学"（erdkunde）一词来代替洪堡的"地球描述"。他发展的区域—空间概念和区域研究方法，对今天的地理学研究仍然非常重要。他在《地学通论》中指出人地相关的一般法则，运用经验法和比较法研究世界各地区各种地理现象的因果关系，并用传统划分的洲作为最大的区域单位。他常用"统一性"（zusammenhang）一词来说明地表各种表面事物的联结性。在具体研究中偏重人文现象，把自然作为人文的基本因素。主张地理学必须与历史学携手前进，他于1833年的演讲"地理科学的历史因素"促进了历史地理学的发展。他坚持目的论的哲学观点，认为上帝是建造地球的主宰，相信地球是为了一个目的，即作为人类的家乡由上帝的旨意设计的，这是他的宗教信仰和他对不能理解事物的哲学解释。[①]

三、马克思主义的地缘学维度

尽管马克思主义没有对地缘政治理论做出系统阐述，但在其著作中对欧洲国际关系史的论述，折射出了深刻的地缘政治思想，包括对地理因素对国家战略行为的影响进行了分析，提出了地缘战略的历史研究路径，总结了清晰的目标和灵活利用地缘形势是战略成功的关键。通过考察俄国从一个内陆小国扩张成为欧亚大陆的巨型强国，马克思和恩格斯将其归结为得天独厚的先天地理优势，包括广阔的地缘空间和相对于欧洲其他国家的侧翼地理位置，这使其可以抵御拿破仑法国的军事进攻、操控欧陆的势力均衡、利用其他国家矛盾通过外交获取最大化利益。[②] 彼得大帝将首都迁到圣彼得堡，改变了俄国的地缘环境，反映了俄国寻求出海口的战略诉

[①] 李旭旦：《论K. 李特尔、F. 拉采尔和H. J. 麦金德》，载于《南京师大学报》（自然科学版）1985年第1期，第1~3页。

[②] 《马克思恩格斯军事文集》（第2卷），战士出版社1981年版，第436~449页。

求。①"从一个半亚洲式的内陆国家转变成为波罗的海至高无上的海上强国。"②

在马克思的唯物史观看来，国家地缘战略根植于历史传统的惯性影响，"要了解一个限定的历史时期，必须跳出它的局限，把它与其他历史时期相比较"③。"伊万三世的政策和现代俄国的政策没有本质区别。"④ 英国通过战胜西班牙、葡萄牙与荷兰，在获取海上霸权后意图维持欧陆均势；俄国在战胜瑞典、波兰、土耳其后，也要制衡欧洲潜在霸主；两国联手击败了拿破仑法国的称霸行动。⑤ 地缘战略的成功取决于一以贯之的目标和战略形势的巧妙利用。俄国历代决策者都"以钢铁般的坚定性，始终不渝地追求既定的目的"⑥。从伊万一世到伊万三世、从伊凡雷帝到末代沙皇尼古拉二世，俄国与金帐汗国、瑞典、波兰、奥斯曼土耳其等国的陆上战争，以及在波罗的海、黑海等水域争夺出海通道，都是矢志不渝和不择手段的。⑦ 目标的清晰需要手段的多元化和灵活性来配套，俄国充分利用了有利的地缘环境，诱使列强矛盾升级，从其他强国的敌对关系中获取侵略性利益。⑧

第四节
陆权优势论

在 19 世纪末 20 世纪初，地球面貌已经从推测的混乱状态变成科学的

---

① 《马克思恩格斯军事文集》（第 2 卷），战士出版社 1981 年版，第 383 页。
② 《马克思恩格斯军事文集》（第 2 卷），战士出版社 1981 年版，第 320 页。
③ K. 马克思：《十八世纪外交史内幕》，人民出版社 1979 年版，第 41 页。
④ 《马克思恩格斯军事文集》（第 1 卷），战士出版社 1981 年版，第 314 页。
⑤ 《马克思恩格斯军事文集》（第 2 卷）战士出版社 1981 年版，第 460 页。
⑥ 《马克思恩格斯军事文集》（第 2 卷）战士出版社 1981 年版，第 435 页。
⑦ 中共中央马克思恩格斯列宁斯大林著作编译局编译：《马克思恩格斯全集》（第 13 卷），人民出版社 1962 年版，第 675 页。
⑧ 《马克思恩格斯军事文集》（第 2 卷），战士出版社 1981 年版，第 431 页。

完整体系，全球的殖民扩张体系几乎遍布全球。近五个世纪以前开始的长期的地理大发现和地理扩张出现停滞，已经没有多余的世界可供征服了。①这诱发了大国对抗升级所带来的普遍的安全恐惧感，反过来促使这时期的地缘学发展越来越偏向于国家战略博弈的残酷性与悲观性。人文学科的研究者更普遍地深信科学理论，特别是生物学的重要意义。当达尔文（Charles Darwin）的《物种起源》于1859年出版后，对科学界产生了巨大的影响。达尔文的理论建立在"自然选择"机制基础上，这种机制有利于传播优异基因，并消除那些不太优异的基因。其对生物的进化论的解说，对统治了人们思想上千年的上帝造物的宗教神说以彻底地冲击，对环境与生物的关系给予科学地解说，其生物进化的"自然选择""适者生存"的理论已成为生物发展的基本规律。

达尔文的进化论的思想对社会科学亦产生很大影响。当时，社会科学界多接受达尔文的"自然选择""适者生存"的理论，并把它运用于人类社会领域，把人类社会的发展简单地等同于生物的进化。其代表人物有英国的H.斯宾塞等人。他们认为，社会机体类似于生物有机体，人类社会的变化过程也如生物进化过程一样，因为人类社会是自然界的一部分，受自然法则支配。因此，生物进化的规律也就是社会历史永恒的自然规律。由此出发，他们认为，在社会中，个体之间，群体、种族或民族之间当然存在着合乎自然的、必然的适应和淘汰过程。人类社会内的不平等、不同阶级的存在是自然和不可避免的。这种思想被称为社会达尔文主义，它对此后的社会思潮产生了重大影响，包括哲学、地理学、政治学、军事学等领域。

一、拉采尔与契伦

德国地理学家开始引入英国哲学家斯宾塞（Herbert Spencer）的"社

---

① ［英］杰弗里·帕克：《地缘政治学：过去、现在和未来》，刘从德译，新华出版社2003年版，第18~19页。

会达尔文主义"。① 由于弗里德里希·拉采尔（Friedrich Ratzel）本人受到生物学方面的专门训练，加上社会达尔文主义的广泛影响，所以，他在其著作中，特别是1896年完成的《政治地理学》中，采用生物进化的理论，应用与生物的类比方法来研究政治地理问题，把国家比作有生命的有机体，从而形成其"国家有机体"论。除去受社会达尔文主义的影响外，拉采尔还受德国先前一些地理大师们的思想影响。自康德以后，地理学总是与哲学有着密切关系。在自然环境与人的关系对人类作用方面，康德一直特别感兴趣。另外，康德虽然把地理学当成与时间科学的历史学相对而存在的空间科学，但是他又把历史看成一种延续的地理过程。这种整体论的思想与见解在德国地理界深有影响。19世纪，洪堡和李特尔两位地理大师亦坚持地理的整体论。洪堡从变化无穷的自然景观来认识其中各要素的总体相互关系。李特尔认为，有机体的统一就像一个整体一样，由它自己的规律来支配。

拉采尔创造了人类地理学（anthropogeographie），意思是地理学、人类学和政治学的综合②，提出了一套"社会有机体"理论，即国家的"生物地理学概念"（die biogeographische auffassung）。他的思想更多的是德国19世纪哲学和自然科学的产物。声称国家是类似生物的有机体，它的社会行为遵循生物规律，国家也有一种相当于头脑的东西在操纵着，但这与组成其人口的个体不同，国家在某种命令规则下运转以保证它的延续生存。国家力量的强弱取决于所控制的生存空间大小，一个健全的国家有机体应通过领土扩张增强力量。地球就是一个"生存空间"的整体，它就像生长在陆地上的树木一样把根牢牢地扎在土壤里，因此，一个国家的特征将会受其领土的性质及其区位的影响。衡量一个国家的成就，就看它是否适应这些环境条件。最终只能容纳一个大国的生存与发展。世界上没有国境线，

---

① 罗力群：《"社会达尔文主义"的由来与争议》，载于《自然辩证法通讯》2019年第8期，第106~114页。
② [美]詹姆斯·多尔蒂、小罗伯特·普法尔茨格拉夫：《争论中的国际关系理论》（第五版），世界知识出版社2013年版，第157~158页。

只有控制线，而控制线是临时可变的。

拉采尔的思想折射出对德国地缘政治地位的深刻探讨：德国从普鲁士继承而来的位于欧洲中心被敌国包围的命运（Conditio Germaniae），每当德国衰弱之时，它总是成为欧洲的主战场，强国争夺的场所。然而，在它强大时，又能在中欧扭转局势，将劣势转化为优势。拉采尔还以德国的陆权基础作为切入点，认为只有海洋才能产生真正的世界大国，而陆权国家则被视为很难获得全球势力范围。它们的力量和影响总是受到它们地理位置的限制。拉采尔的思想有明显的陆权倾向，国家生存必须争取陆地上的有利空间位置，世界将由占相对独立区域的大陆强国所主宰，大国需要谋求大片的生存空间。他设想最后的结果会出现一个世界国家（world state），这个国家将是占有大陆区域的国家，例如美国、欧亚的俄国、澳大利亚、南美的大国等，而不是当时的英国这样的海权国家。

拉采尔在著书立说时，把他的体系建立在进化论和自然科学的法则上。他把政治地理学看作自然科学的一个分支。拉采尔的论证方法中的两个要素是空间（raum）和位置（lage）。[①] 他认为空间既影响着又依赖着占有它的人群的政治特征，位置赋予国家所占据的空间以独一无二的特色。人及其国家的活动、特性、命运都被认为是位置、大小、高度、边界和空间的产物。他特别重视边界，把边界看作国家的外表机体，因而是国家兴衰强弱的体现。拉采尔像李特尔一样，认为自然法支配着自然环境与人类社会的关系。成功的扩张不单是领土方面，而往往是所有方面同时展开。正在增长中的国家有吞并尚未成功之国家的倾向，并且将会针对那些最有战略和经济价值的领土进行扩张。吞并将造成更大的领土扩张欲望，这是国家想要繁荣昌盛的必经之路。

拉采尔主要关注的是在空间结构中的演变过程，就像马克思主要关注社会经济结构的演变过程一样。但是拉采尔没有完全接受自然淘汰的观

---

① ［英］杰弗里·帕克：《地缘政治学：过去、现在和未来》，刘从德译，新华出版社2003年版，第23页。

念，也没有完全承认环境决定论。因为他认为国家这个有机的政治单元它本身有头脑，还有使用自然环境所提供之潜力的许多选择自由。他强调人的意志是达到成功的基本因素，有机群体更像是人的个体。[①] 拉采尔对地理环境思想的最大贡献也许在于他把大陆区域与政治实力联系在一起。拉采尔认为：人需要有大的空间以及有效地利用大空间的能力，这将是20世纪国际政治的宣言。拉采尔是麦金德陆权论思想的启蒙者，其对国家领土和陆地重要性的阐述在麦金德后来的论文中得到了很好的体现。

关于"国家有机体"学说，本质上的比拟是错误的。虽然在形象方面反映了过去王朝的兴衰、国家的兴亡。特别是近代以前，大多数国家之间还缺乏明确的边界，而只是变动不定的一条带状的边疆时，国家控制的范围与其实际力量的强弱有密切关系。所以，国家的领土、国家之间的接触地带是动态的。在这种情况下，反映国家力量与领土大小、边疆变动之间关系的"国家有机体"说尚有几分道理。但是，随着欧洲现代民族国家的出现，自1648年《威斯特伐利亚条约》签订以后，主权国家出现，领土边界相对稳定，领土的变动不再是一个人口增长、文化扩张的自然过程，而在于通过战争等手段强制方式予以实现的时代，拉采尔的"国家有机体""生存空间"，以及把政治地理学当作自然科学的论说的科学价值就受到了损害。虽然拉采尔坚持了科学的严谨，强调自己的见解仅仅基于生物学的类比，只是考虑人类和周围环境两个方面的关系，也没有完全接受自然淘汰的观念，他只是一个观察者，并没有推断任何政策，但是自己的学说却为他人利用，作为进行侵略的借口。

瑞典地理学家鲁道夫·契伦（Rudolf Kjellen）和拉采尔的思想具有共生关系，契伦被认为开创了地缘政治学的真正起源，但他的兴趣起初是受到拉采尔思想的启迪。曾任哥德堡大学教授的契伦首次提出"地缘政治学"（geopolitik）一词，并首次将地缘政治学作为一个学科提出。其主要著作有：

[①] ［英］杰弗里·帕克：《20世纪的西方地理政治思想》，李亦鸣等译，解放军出版社1992年版，第12页。

《科学的政治学》（1901年）、《生存形态的国家》（1916年）、《世界战争的政治的诸问题》（1916年）、《现代的诸列强》（1914年）和《关于地缘政治学体系的基本问题》（1920年）等。契伦吸收了拉采尔的有关理论，并进一步扩展了地缘政治学内涵。他认为："地缘政治学是关于地理的有机体的国家，或者空间现象和国家的学问。因此国家是国土、版图、领土，或者最具有特征的领域的具体地域。"①

在《关于地缘政治学体系的基本问题》中，契伦认为决定国家状况的是领域、生活、国民、统治与权利五者，考察国家要从5个方面综合考察，它们是"同一力的5个要素，如手之五指，平时用以劳动，战时用以战斗"。在《现代的诸列强》中，契伦提出了地缘政治学的国际问题的看法，认为德国向外侵略是"人类的使命的责任"。他认为，海洋帝国可以变为陆上强国，再以陆上强国的姿态控制海洋。并且指出：德国海陆兼并，具备争夺强国地位的重要条件。契伦对地缘政治学的贡献在于使地缘政治学进一步理论化。由于他一再鼓吹"无论从地理上或者从文化上看，德国都是当然的指导者"，而且其理论也被法西斯德国用来为其对外扩张服务，因此，契伦最终成了帝国主义扩张的"吹鼓手"。②

契伦将对地缘政治学的定义表述为："把国家作为地理的有机体或一个空间现象来认识的科学"。"国家是国土、版图、领土或者最具有特征的领域的具体地域。"这一国家有机体从事争取生存和空间而持续斗争。唯有适者才能生存和成功。他还把国家看成是一种人格化的具有感觉和理性的生物，有出生、发展和衰亡的规律。空间被视为是成功的关键，所以，"生气勃勃而空间有限的国家遵守以殖民、兼并和征服手段来扩张其空间的绝对政治法则。③"他还引入了人口质量，组成国家主体民族等方面的内容以及道义能力、意志力和逐渐累积的国家心理力量，国家的强大是一个

---

① Bertil Haggman. Rudolf Kjellen and modern Swedish geopolitics. Geopolitics，1998，3（2）.
② 罗肇鸿、王怀宁主编：《资本主义大辞典》：人民出版社1995年版，第466页.
③ Ola Tunander. Swedish Geopolitics：From Rudolf Kjellen to a Swedish 'Dual State'. Geopolitics，2005，10（3）.

动态的心理的概念。他还认为，国家处在与他国经常竞争之下，大国扩大其势力以控制小国，世界终将只有几个巨大而强盛的国家。

契伦认为，欧洲强国正在走向一场无法避免的残酷的战争，并意识到瑞典作为小国的脆弱性和面对体系变革的无力感。看到欧洲各国的竞争，特别是东方俄国的扩张主义倾向，使中欧处于不利地位。其祖国瑞典亦处于危险之中。解救这一危险，不仅瑞典无能为力，而且北欧斯堪的纳维亚集团亦难以扭转这一趋势，唯一办法就是德国能成为未来日耳曼——北欧组织的中心，这样就会牢固地控制欧洲中心的力量。他认为，德国要担负其欧洲中心的力量的角色，就应当采用一个扩大的中央欧洲帝国的形式，它要包括奥匈帝国、奥斯曼帝国，成立以柏林—巴格达铁路作为它内部轴心的大邦联。同时，他也看到这个欧洲中心的力量是海洋世界化身的英国传统观念——只许有一个主人而不是多个主人所不能容忍的，所以，他号召德国应反对这个观念，并建立一个世界性的新权力中心。契伦强调国家的重要性，它的存在是维持秩序和防止混乱的唯一真正保障，国家是凌驾于个体之上的"人"，国家观念的冲突构成了即将到来的全球战争的根源。契伦提出了分析国家及其职能的五个分支，强调地缘政治学是其他分支的基础，最为重要。此外，其他分支包括：民主政治学（demopolitik）、经济政治学（economopolitik）、社会政治学（sociopolitik）和权力政治学（cratopolitik）。[1]

契伦还提出了三个特征：地形政治学（topopolitik）、空间政治学（physiopolitik）和形态政治学（morphopolitik）。前两者与拉采尔的位置和空间理论相联系，而形态政治学则主要涉及国家的形状和形态特征，这些都显示了一个国家的成功或失败。[2] 拉采尔和契伦都认为地缘政治理论有助于摆脱战争走向和平，都强调至高无上的国家利益。但拉采尔寻求用新

---

[1] Floyd N. House. Der Staat als Lebensform. Rudolf Kjellen Bausteine zur Geopolitik. Karl Haushofer, Erich Obst, Hermann Lautensach, Otto Maull, 1930, 35 (4): 660-662.

[2] [英] 杰弗里·帕克：《地缘政治学：过去、现在和未来》，刘从德译，新华出版社2003年版，第24~25页。

的观点来解释和推进德国的世界地位,契伦则试图利用这些思想来帮助斯堪的纳维亚国家摆脱动荡世界面临的危险境地。这也从侧面反映了该时期地缘政治学高度的国家本位特征,学科研究的重要立足点是为母国的战略和利益进行著书立说。①

二、麦金德的"心脏地带"学说

英国地理学者和地缘政治学家——麦金德(Halford J. Mackinder),是第一个提出系统的地缘政治理论的地理学家,也是第一个以全球战略观念来分析世界政治的人。他的理论反映了对海陆力量动态博弈的大战略视野,意图揭示传统的陆权强国具备向海权大国转型的可能性,以及陆权强国最终可能取代海权强国的海上霸权地位。他将地理因素与国际政治和战略结合起来思考,而且将地理学作为能对治国和战略起帮助作用的要素。麦金德并不是要预测一国的战略前景,而是要制定一个能适应任何政治平衡的地理公式,他相信世界的未来取决于维持边缘地区和膨胀的内部力量之间的力量平衡。② 世界历史的发展具有深刻的地理环境特征,在时间和空间层面,他强调大陆地理环境对国家制定战略的重要性。他把全球地缘政治战略概况为三段论:谁统治东欧,谁就能主宰心脏地带;谁统治心脏地带,谁就能主宰世界岛;谁统治世界岛,谁就能主宰全世界。③

麦金德认为,1900年之后的世界历史进入大陆强国(陆权)与海洋强国(海权)争夺世界统治权、建立"单一世界帝国"的新时代。在这种帝国竞争的背景下,麦金德认为英国不能再走传统海洋帝国的"老路",当然也不能走帝国解体的"邪路",而必须与时俱进,向大陆(尤其南非、

---

① [英]杰弗里·帕克:《地缘政治学:过去、现在和未来》,刘从德译,新华出版社2003年版,第27页。

② Sir Halford J. Mackinder: The Heartland theory then and now. Geoffrey Sloan. *Journal of Strategic Studies*, 1999 (2-3).

③ Closed Space and Political Practice: Frederick Jackson Turner and Halford Mackinder. G Kearns. *Environment and Planning D: Society and Space*, 1984 (1).

印度)进军,通过金融、关税等改革将大英帝国整合起来,走一条兼具大陆与海洋、依赖技术和金融手段的新型世界帝国之路。这条道路被霍布森、列宁批判为"帝国主义"道路。然而第一次世界大战后,英国已无力单独支撑世界帝国,世界帝国权势从英国转向美国,麦金德意识到只有英美联盟才能延续其海洋世界帝国。①

麦金德最早提出陆权与海权两者关系是在1887年,其在皇家地理学会宣读论文《地理学的范围和方法》时宣称:现代的征服者包括两类:陆狼(land-wolf)和海狼(sea-wolf)。② 早在1890年麦金德就已推断,"地理上的优势平衡很可能已经向不利于英国的位置倾斜,而她只是靠惯性力来维持自己的位置罢了"③。这些是对不列颠领导大声疾呼:该是起来对抗这一即将来临的危险的时候了。为了海上国家利益,要和充当陆上桥头堡的法国联合起来,并要力促德国放弃参与枢纽地区政策的任何企图。所以,该论文是其时代的一种反映。他从全球一体的角度提出了心脏地带理论,其间经历了三次论证,分别以一篇论著作为标志:1904年麦金德在英国皇家地理学会宣读文章《历史的地理枢纽》,首次提出枢纽地带概念;1919年的《民主的理想与现实》将枢纽地带改为心脏地带;1943年的《环形的世界与赢得和平》完成了对心脏地带理论的最终论证。④

麦金德思想上最初注意全球战略,把地理因素与国际政治和战略结合起来思考欧亚形势,是受以下三件事的影响。第一是20世纪初,德国海军元帅蒂尔皮茨(VanTirpitz)扩建德国远洋舰队的行动。蒂氏从1898年到1900年两次提出,建立德国规模更大、更现代化的远洋舰队,对英国造成了很大威胁。第二是英国在南非对布尔人的战争(1899~1902年)。第三

---

① 强世功:《地缘政治战略与世界帝国的兴衰——从"壮年麦金德"到"老年麦金德"》,载于《中国政治学》2018年第2期,第65~114、257~258页。
② [英]哈尔福德·麦金德:《历史的地理枢纽》,林尔蔚、陈江译,商务印书馆1985年版,第40页。
③ 王恩勇等:《政治地理学》,高等教育出版社1998年版,第221~225页。
④ "Man-power as a Measure of National and Imperial Strength". *Mackinder. National and English Review*, 1905.

是日俄战争（1904~1905 年）。这些陆地与海洋国家间的竞争与战斗使麦金德试图从更广阔的地理背景，更长久的历史视野，以某种程度的完整性来阐明和概括其间的相互关系，从而经过深思熟虑之后，于 1904 年初在地理学会上宣读他的《历史的地理枢纽》论文。这是他的第一篇关于"心脏地带"地缘政治思想的文章。[1]

他认为"枢纽地带"的地理范围大致包括了西伯利亚、中亚地区、蒙古高原、中国新疆、东欧平原的东部以及伊朗高原（阿富汗和伊朗内陆地区）。[2] 关于枢纽地区的战略分析，及其对策的地缘政治研究，麦金德是以一个地理学家的身份来进行研究的，在他看来，任何特定时间里政治力量的实际对比，当然一方面是地理条件——既有经济的又有战略的，另一方面也是对抗双方国民的相对数量、活力、装备和组织的乘积。地理的数量比人文的数量可以更好地测定，更接近于稳定不变。[3]

自 16 世纪西方航海家不断发现新的陆地以来，世界地理的准确轮廓才开始逐渐明确。孟德斯鸠在推崇现代的民主政治理想时，已经力图凭靠当时所知的世界地理新轮廓所提供的世界史视野来增强其论证的说服力。在孟德斯鸠的激发下，杜尔哥试图建立一种进步论的普遍历史的政治地理学。与此不同，麦金德的政治地理学具有两种文明史观：一方面是修昔底德式的现实主义史观，另一方面又是启蒙式的普遍历史观。由于这两种史观具有内在矛盾，麦金德力图用修昔底德式的务实精神来纠正启蒙式的民主理想。麦金德非常忧虑：在西方民主国家，由于民主的理想主义者们长期灌输自由和平等的理想，自由的各种理想已经成了普通公民的固执偏见，公民完全不知道还应该从战略上思考国家的安全。[4]

---

[1] 王培霖：《历史的地理枢纽：古今战略有共性》，载于《第一财经日报》2017 年 2 月 13 日。
[2] H. J. Mackinder, "The Geographical Pivot of History", *The Geographical Journal*, 1904, 23 (4): 435.
[3] Megoran, Nick. "Revisiting the 'pivot': the influence of Halford Mackinder on analysis of Uzbekistan's International Relations." Geographical Journal, 2004, 170 (4): 347-358.
[4] 刘小枫：《麦金德政治地理学中的两种世界文明史观》，载于《思想战线》2016 年第 5 期，第 125~136 页。

麦金德认为，陆上霸权最有权力的中心总是在欧亚大陆的心脏地带，亚洲人的大锤不断地向外击打着面向大海的边缘地区。① 在欧亚腹地的中心是一个面积广袤的地带，这里大片地区为草原和沙漠，周围有山系环绕，还有内陆和北冰洋水系，由此形成一座庞大的天然要塞，海上人不能深入。在历史上，从枢纽地区出发的草原游牧民族则多次严重威胁其边缘的"内新月形"地区，最明显的例子就是13世纪兴起的蒙古人。他们西进直达东欧，并在俄南草原建立金帐汗国；向西南，经伊朗、伊拉克直到叙利亚，建立伊勒汗国；向南入主中国中原，建立元朝。②

草原民族向外出征的原因在于，他们利用了马与骆驼所带来的机动性的优势。欧洲在历史上多次遭到这些骑马民族的入侵。正是在这种外来人的压力下，欧洲才形成了一个个伟大民族——俄罗斯人、日耳曼人、法兰西人、意大利人和拜占庭希腊人的历史，从而得以实现欧洲的文明进步。麦金德在《历史的地理枢纽》中提出："我请求你们暂时地把欧洲和欧洲的历史看作隶属亚洲和亚洲人的历史，因为在非常真实的意义上说，欧洲文明是反对亚洲人入侵的长期斗争的成果。"③ 这是哥伦布以前时代的情况。

来自东方的陆权威胁刺激了欧洲人海上活动的卓越发展，使其迅速扩展到海岛和大陆半岛，从而能够摆脱陆权国家制约，正是"都铎王朝时代"开始了哥伦布纪元。在哥伦布时代，西方利用海洋的机动性，突破欧洲范围，发现通过好望角可以到达印度及远东的中国，于是通过舰队不仅建立了制海权，还在欧亚大陆"内新月形"地区和"外新月形"地区建立大片殖民地。④ 实际上，可以说是从东、南、西三面包围了枢纽区。在向

---

① Blouet B W. Halford Mackinder and the pivotal heartland [M]//*Global Geostrategy*. Routledge, 2013, pp. 13 – 28.
② 《"麦金德悖论"与英美霸权的衰落——基于中国视角的经验总结》，载于《国际关系学院学报》2012 年第 5 期。
③ Orbis. *Discovering Contemporary Relevance in Mackinder's "Money – Power and Man – Power"*, 2019, 63 (2).
④ C. Galli, Jennifer B. Innes, Donald J. Hirsh, Gary W. Brudvig. Effects of Dipole – Dipole Interactions on Microwave Progressive Power Saturation of Radicals in Proteins. *Journal of Magnetic Resonance*, Series B. 1996 (3).

西方海洋发展的同时，俄罗斯组织起哥萨克人，沿北部森林边缘穿过西伯利亚直向亚洲东部，从而管辖了草原区。这两种力量的发展抵消了枢纽地区游牧民族所在中心位置的战略优势。这就是哥伦布时代欧亚两洲的战略形势的变化。

麦金德的海权与陆权两极对抗的战略思维贯穿其思想始终。他指出：世界历史可以概括为海权与陆权的冲突以及两种国家权力的转换方式，双方力量的此消彼长形成动态的均势，任何一方都无法获得对另一方的绝对优势地位。他把希腊人和波斯人之间的战争视为海陆冲突的起点，认为"海员对抗大陆人"是贯穿欧洲历史的最持久主题。占统治地位的东部大陆国家包括波斯、拜占庭、阿拉伯、奥斯曼和俄罗斯帝国，与西部一系列小国展开斗争。在 1904 年，全球地缘对抗的两个主角是英国与俄国，后者对前者具有潜在的优势，英国应该和陆上桥头堡——法国联手制衡俄国，并力求德国放弃介入枢纽地带的野心。正如拉采尔对德国地缘战略的关注一样，麦金德着重指明对英国海上主导权的威胁来自枢纽地带。大陆国家从它们所占领的领土来获取力量，其力量的大小与其所占领领土的数量成比例。因为亚洲是最大的大陆，所以它也是最大的大陆国家所在地。[1] 它们的主要力量源泉在于广阔的亚洲中心地区，即历史的地理枢纽。

在日俄战争之前，麦金德认为心脏地带的俄国最具称霸欧陆的潜力，而威廉二世德国加快海权转型后，麦金德又将德国划为心脏地带最重要的部分，反映了对地缘权力变动的思考。麦金德修正其论点的目的是，警告英国国务活动家们，德国和俄国的联合已对英国海上帝国构成了威胁。政治斗争的中心已从西欧转移到东欧。谁控制了中心地带与德国，谁就将统治世界之岛——欧亚大陆。谁控制了欧亚大陆，谁就能统治世界。麦金德认为，一旦枢纽地带国家（或后来论述的心脏地带国家）占据优势的陆上权势资源，并在"内新月地带"建立一系列海外基地和战略据点，那么该

---

[1] Hayes Emily. Fashioned in the light of physics: the scope and methods of Halford Mackinder's geography. *British Journal for the History of Science*, 2019, 52 (4).

陆权强国就可以同时建立具有压倒性优势的海权力量,征服"外新月地区"的海权强国。"枢纽国家向欧亚大陆边缘地区的扩张,使力量对比转过来对它有利,这将使它能够利用巨大的大陆资源来建立舰队,那时这个世界帝国也就在望了。"①"我们的目标就是防止整个欧亚大陆的军事—工业潜力集中于一个对世界岛屿和大陆构成威胁的大国之手。"②

针对这种形势,麦金德的结论是:"在全世界,它(指枢纽国家)占领了原由德国掌握的欧洲的中心战略地位。除北方以外,它能向各方出击,也能受到来自各方的攻击。它的现代铁路机动性的充分发展,只是一个时间而已。任何可能的社会变革,似乎都不会改变它和它的生存的巨大地理界线之间的基本关系"。"枢纽国家向欧亚大陆边缘地区的扩张,使力量对比对它有利,这将使它能够利用巨大的大陆资源来建立舰队,那时这个世界帝国也就在望了。如果德国与俄国结盟,这种情况就可能发生。"③而后来豪斯霍弗极力主张德苏结盟的战略价值无疑受到了麦金德的思想指引,只不过两位学者的国别差异,麦金德视为大英帝国威胁的心脏地带潜力被豪斯霍弗视为德国崛起的战略机遇。

麦金德并没有在俄国和心脏地带之间确立必要的联系,即使俄国衰败也会有其他"占有者"统治俄国曾经控制的心脏地带。"一战"结束之后,麦金德仍然坚持陆权与海权两分法的中心论题,但强调欧洲、亚洲、非洲形成了"世界岛",这片大陆拥有最大的土地面积和人口,是世界历史的舞台中心。"北美洲海上基地"(The North American Sea Base)被视为世界岛本身的一个离岸岛而不是一块大陆。他认为,战争的基本原因是由于世界资源及其战略潜力分布不均,国联要想发挥作用必须考虑权力均势来建立新秩序,一个以英美为主的海上托管制度是世界航路安全的强大保障,

---

① [英]哈尔福德·麦金德:《历史的地理枢纽》,林尔蔚、陈江译,商务印书馆1985年版,第61~62页。
② W. H. Parker. *Mackinder*: *Geography as an Aid to Statecraft*, Oxford: Clarendon Press, 1982, P. 192.
③ 方旭:《豪斯霍弗与"地缘政治学的世界"》,载于《读书》2019年第6期,第14~22页。

即英美海权统治下的和平海洋秩序。在《民主的理想与现实》一书中，"枢纽地带"被称作"心脏地带"，除上述区域外麦金德又将青藏高原划进去。① 无论是枢纽地区还是心脏地带，包含的地区都是河流流向北冰洋或流向内陆地区，即海权国家难以达到的区域。心脏地带拥有巨大的战略、经济潜力，能够提供能源、黑色及有色金属、原材料和食物等，心脏地带具备了成为世界权力根本中心的潜力，而开启这一潜力的根本途径是现代化的通信系统。

"一战"后，在巴黎和会上，对世界形势的对策的两种倾向十分明显。美国代表的是极端的理想主义，而法国所持的则是极端的现实主义。美国总统伍德罗·威尔逊宣布"十四点"纲领，并且通过国际联盟的国际组织维护和平，反对战争。而法国则主张制定一个保持德国持续软弱而求得法国永久安全的政策。在英国，既存在理想主义，又存在现实主义，如何使两者统一起来？在这种背景下，麦金德写出《民主的理想与现实》一文。② 在麦金德看来，自从近代利用蒸汽改进航海技术以来，世界就已经成为一个统一整体了。他的想法是，首先英国必须与美国和其他海上国家结盟，来寻求保持英国的优势，其次，东欧小国通过联盟给予某种集体均势力量来阻止大国的野心。麦金德的文章及其名言警句的目的在于，使人们认识到人类的胜利就在于不受这种唯宿命论的左右。③

根据"一战"的实际与俄国革命带来的不确定性，使麦金德看到东欧的重心已从彼得堡转移到柏林。在战争中，德军已进入濒临俄国的波罗的海东岸至南面乌克兰临接的亚速海、黑海一线，因而德国有可能东进并取代俄国而为该地的强国。尽管德国处于战败国地位，但是以柏林为核心的普鲁士组织机构，已成为德意志国家的基础。普鲁士传统的力量已占上风，它将把德意志民族引向军国主义道路。从地缘政治出发，枢纽地区不

---

① H. J. Mackinder. *Democratic Ideals and Reality*. National Defense University, 1942, Constable Publishers, London, P. 59.

② 师成：《地缘政治学研究对象：历史演进、现状与发展趋势》，载于《理论观察》2018年第2期。

③ Mackinder H·J. Democratic Ideals and Reality. DIANE Publishing, 1962, pp. 1 – 145.

管在哪个国家控制下，它都会像俄国人那样在同样地理制约下运转。① 在战争中，海洋大国虽然取得胜利，但英国走向衰落，德、俄肯定会恢复，它们会一起或单独对海上诸国再次构成威胁。麦金德并不为"一战"中英国的获胜结果所动，在他看来，海权与陆权国家的战斗中，陆权失败、海权胜利，并不能证明马汉海权论的乐观态度的影响，所以其仍然坚持陆权优势的信念。他抱着其一直存在的忧心，写出新作，目的是使有关国家的领导防止这种事情的发生。

麦金德在1943年再次更改了他的心脏地带学说，他将"心脏地带"和"东方国家"联系起来，向东延伸到了叶尼塞河，使心脏地带与苏联版图完全重合了。苏联具有很多法国在第一次世界大战时的特征，可借助其广袤的"心脏地带"平原进行纵深防御和战略撤退，而心脏地带两边敞开的通道的垂直宽度也为其提供了优势：迫使敌人进行过宽的人力部署，从而为击败敌人提供了机会。② 同时，心脏地带平原向东形成一道天然屏障，由"不可到达"的北极海岸、叶尼塞河背后的"勒拿地区"荒野和从阿尔泰到兴都库什的山脉构成，"这三大屏障具有比围绕法国的海岸和山脉更宽广、更有效和更优越的防御价值"③。无论是苏联打败德国还是德国打败苏联，都会成为地球上最大的陆上强国，地缘机理不会因为战争结果而受到任何影响。

"二战"的爆发，德、意法西斯结盟，横扫西欧，征战北非之后又挥师东进入侵苏联。英国与美、苏结盟共同对付德国法西斯的现实，使年已82岁的麦金德于1943年发表其《环形的世界与赢得和平》一文。他看到心脏地带是地球上最大的天然堡垒，在历史上首次由一支庞大精锐的驻军守卫。而且两次大战中，都是心脏地带国家与海上强国结盟的事实，让他

---

① 张禹：《地缘政治博弈与国际体系的扩张》，载于《世界经济与政治论坛》2018年第3期，第23~41页。

② H. J. Mackinder, The Round World and The Winning of Peace. *Foreign Affairs*, 1943 (21)：603.

③ H. J. Mackinder, The Round World and The Winning of Peace. *Foreign Affairs*, 1943 (21)：600.

因此对原理论做了修改。他看到"一个聚集在北极地区附近的环形地带"，是由陆中大洋（即北大西洋）与心脏地带组成。这个从美国的密苏里州到苏联的叶尼塞河的广大地域，形成地缘政治上的大地支撑点。他称此为他的"第二地理概念"。①它是北半球的陆权国家和海权国家联盟的结果。要维护和平就必须有持久的联盟。不过，战后的"冷战"局面使麦金德的设想失去其光辉。尽管战后的国际形势走向冷战，但是他对地缘政治所形成的时空现象统一的整体观，心脏地带的天然堡垒概念作为重要遗产而保存下来。

麦金德不再把心脏地带作为便于运动的地区，而是建立在人口、资源和内部联系基础上的力量堡垒，大大降低了欧亚大陆东北部边缘及其内部沙漠和荒原地带的重要性。在他看来：撒哈拉沙漠、中亚沙漠、西伯利亚和北美的北极与亚极地的荒原，它们组成了"一个聚集在北极地区附近的环形带"，类似一个弧形的真空罩将陆权与海权两大力量中心适当分隔开来。麦金德创立了"陆间大洋"（midland ocean）概念，该地区以法国为桥头堡、英国作为水上机场，美国和加拿大东部地区可以提供训练有素的人力、农业和工业基地。②世界上的力量均衡不再处于陆上力量和海上力量之间，而转移至北极与季风带之间的心脏地带和陆间大洋地带。麦金德的思想相比"一战"以前的陆海对抗"宿命论"更加乐观，实际上推翻了此前海权与陆权对立的假说，认为冲突有可能被合作所取代。随着"二战"陆权与海权国家联盟的战果，他认为要想维持和平就必须塑造持久的联盟。麦金德每一次的理论修正都根植于深刻的世界战略地理形势的动态变化。

麦金德的理论体现着把世界作为有机联系整体的全球观念，从历史的广度和深度进行地理透视。尽管他提出的思想仍旧是立足于地球表面的平

---

① Inter Pipeline revises cost estimate for Heartland Petrochem Complex. *Focus on Catalysts*, 2020 (7).
② Sharecare. Heartland Communities Embrace Blue Zones Project Well – Being Improvement Initiative. *Medical Letter on the CDC & amp*; FDA, 2020.

面地缘观,但他是第一个把历史、自然地理和政治地理结合起来,进行了一次提供世界地理背景下的全球战略概念尝试的人。他在1943年第三次修改理论后,没有忽视任何一个作为世界因素的主要部分。他还将全球地理环境与人类的利益体系之间建立密切关联,研究地理的根本目的是人,是为了本民族的利益,为了实现国家在政治、经济上的战略性目标,这样就把强烈的主体意识带入了地缘政治研究中。① 在学术上,麦金德的贡献在于,他是以全球战略观念,在时空结合的大背景下进行分析世界形势的第一人,把地理学变成国际政策与战略的重要辅佐的开创者。他的陆权可以迂回海权,甚至战胜海权的观点,在今天看来已不是什么奇特之论,但在海权全盛时期却曾使西方大国的政治家和战略家们不能不为之一震。他有两个主要战略观点至今仍有影响:一个是把世界当作一个整体;另一个是认为俄国的扩张与收缩对世界有极重要关系。

麦金德通过全球陆地与海洋关系的变迁,考察人类历史发展的演变,从而打破了欧洲中心主义的历史观,建立起全球历史的宏观视野。他从"空间革命"的角度来考察地理对人类历史的影响,将世界历史划分为三个时代:欧亚大陆主导的亚洲时代、地理大发现以来海洋世界主导的欧洲时代,以及1900年之后大陆强国与海洋强国争夺世界统治权的新时代。这个新时代可以被称为"麦金德时代":一方面,1900年之后人类历史无论以何种面目展现出来,在地缘政治上始终是大陆力量与海洋力量争夺全球统治权的时代,至今没有走出"麦金德时代";另一方面,麦金德之后地缘政治学始终未能突破他的基本理论范式。中国崛起不仅要具有普遍主义的政治哲学思考,而且要有全球地缘政治意识,思考地缘政治战略之"术",以及地理与人类历史的内在关联,探寻人类历史发展变化之"道"。② 麦金德的地缘政治思想值得我们批判性继承。

---

① Thomas L. Daniels. Assessing the Performance of Farmland Preservation in America's Farmland Preservation Heartland: A Policy Review. *Society & Natural Resources*, 2020, 33 (6).

② 强世功:《陆地与海洋——"空间革命"与世界历史的"麦金德时代"》,载于《开放时代》2018年第6期,第8、103~126页。

三、斯拜克曼的"边缘地带"学说

斯拜克曼（Nicholas J. Spykman）是美国耶鲁大学著名的地缘政治学家，被称为"围堵政策之父"。他开创的边缘地带理论机理是：谁（以武力或是和平方式）统一或整合了欧亚大陆东西两端的边缘地带，谁就掌握了世界最具潜质的地区；谁掌握了世界最具潜质的地区，谁就能成为欧亚大陆上的世界强国；谁成为欧亚大陆上的世界强国，谁就会成为美国在世界上超强有力的挑战者。边缘地带理论的核心是确立美国在世界上的中心地位；边缘地带论的中心思想是维持欧亚大陆的均势。① 边缘地带论关注的焦点是陆权与海权、心脏地带与边缘地带的历史性对抗，在斯拜克曼看来，历史上从来没出现过单纯的海权与陆权间的对抗，历史上的阵营总是某些边缘地区的国家和大不列颠一起来对抗另一些边缘地区的国家和俄国，或者是大不列颠同俄国一起来对抗一个边缘地区的强国。② 他实际上揭示了历史上反复出现的两种权势对抗模式：一是海权与陆权的对抗，即海洋国家及边缘地区盟友与心脏地带国家及边缘地区盟友间的对抗；二是海洋国家与心脏地带国家联手同边缘地区某个强国对抗。这其中究竟是哪一种模式将占据上风主要取决于某一时期边缘地区内的权力分布状况。这两种模式不同于麦金德所总结的单一的海权与陆权的对抗模式。③

斯拜克曼的思想带有明显的陆权优势论：海上力量在击败敌人并使其最终投降方面只能起间接作用，它既不能侵入别国，也不能强攻要塞或侵占领土。舰队为地面战争提供辅助，如转移军队以及维持军队的补给，同时起到阻止敌舰的作用。海军也可以通过切断敌方军事工业的原料供给和其人口的粮食来源达到对敌国经济制裁的目的。技术发展为船舶制造、海

---

① 朱听昌：《西方地缘战略理论》，陕西师范大学出版社2005年版，第184～192页。
② Nicholas J. Spykman. The Geography of Peace, New York：Harcourt Brace & Co., 1944：43. 转引自吴征宇：《地理政治学与大战略》，中国法制出版社2012年版，第78～79页。
③ Nicholas J. Spykman. The Geography of Peace, New York：Harcourt Brace & Co., 1944：45. 转引自吴征宇：《地理政治学与大战略》，中国法制出版社2012年版，第79页。

军战术和海洋地理学带来重大变化。蒸汽轮船航行带来了燃料供给问题，使海军更依赖海外基地。潜艇与鱼雷的发展使海军近距离封锁更加困难。① 如果海军基地处于敌军地面战机的轰炸半径之内，那么就失去了大部分效力。制海权无法保证军队能够顺利靠岸登陆，而空军优势成为海军是否可以顺利登陆的决定力量。在机动性方面，海军力量相对陆军力量的优势已有所下降。随着铁路、公路和汽车运输等先进的交通运输体系的迅速发展，陆军力量重新占据上风。两者的差距也因飞机制造业与军用运输机的发展变得更加明显。② 此外，美国作为海权大国，只有像陆权大国一样去控制欧亚大陆沿海地区，才能实现对大陆强国的制衡，本质上还是"以陆制陆"的思维。

当时，正值"二战"时期，美国亦刚刚参战，战争吸引了全体美国人的注意。斯拜克曼除了发表著作以外，还做了大量的讲演。不幸，在战争还未结束的1943年6月病故，未来得及将其形成的地缘政治思想写成专著。但是，他的同事们根据斯拜克曼教授生前的著作与讲演稿进行整理编写成《和平地理学》一书，于1944年出版。该书认为，研究外交战略中的安全问题最理想的方式是运用地图或地球仪来探索世界地理关系。不论在战争或和平时期，必须以全球的观点来进行政治和战略思考，而且可以根据地理要素来筹划一个国家的安全政策。③ 必须考虑国家的领土在世界上的位置、领土的大小和资源以及其他国家的领土和实力的分布等情况。世界权力的中心包括北美的大西洋沿岸地区、欧洲的沿海地区、欧亚大陆的远东沿海地区以及欧亚大陆南面的印度洋沿岸地区。边缘地区是争夺世界的关键，拥有人口、资源以及占有重要的内陆出海通道，欧亚大陆沿岸陆地成为控制世界的关键。这些重要的地区包括滨海的欧洲地区、中东、

---

① 刘小枫：《美国"遏制中国"论的地缘政治学探源》，载于《国外理论动态》2019年第10期，第44~60页。
② [美]斯皮克曼：《世界政治中的美国战略》，王珊译，上海人民出版社2018年版，第26~34页。
③ Marco Antonsich. Geopolitics of the world system. *Political Geography*, 2004, 23 (6): 801 – 804.

印度、东南亚和中国。

美国长期在门罗主义（The Monroe Doctrine）影响下，宣告了美国意图在没有欧洲盟国的情况下独立对西半球进行防卫，同时不介入欧洲的安全事务。① 但是，"一战"的现实使其不得不参与战斗。在战争结束后的巴黎和会上，威尔逊对参与国际事务持理想主义的态度，但是国内的孤立主义思想仍然占上风，参议院既拒绝批准威尔逊已签了字的和约，又不批准参加美国建议组织的国际联盟。"二战"的形势发展，威胁到美国在世界范围的根本利益，美国遂参加了大战。正是这种形势的需要与20世纪30年代欧洲的德国地缘政治学的盛行，使美国出现一批地缘政治学家，开展了地缘政治研究。② 斯拜克曼所提出的"边缘地带"学说不仅具有代表性，而且对现实亦起着重要作用。斯拜克曼最初讨论地理学和外交政策关系的起点是有关"半球防御"理论的研究。在他看来，该理论的主张是一种错觉，如果控制欧亚大陆的一个强国或数个强国对美国发动决定性攻击，美国将很难在西半球发起抵抗。最佳的方式是：英国舰队完全控制大西洋和太平洋，美国可以使用英国的岛屿作为针对欧亚大陆威胁的前沿基地。

斯拜克曼对权力政治与战争进行了详尽阐述：如若没有机械动力——推动大型物体的力量——就不会有技术。如若没有政治权力——鼓动人民群众的力量——技术就难以用于社会目的。所有的文明最终都仰仗于权力，权力只是达成目的的一种手段。国际社会包含三种基本关系：合作、包容与对立。国际社会区别于国内社会的重要根源是没有超国家机构、处于无政府状态。在无政府世界中，不断追求强权政治是国家生存的唯一途径。权力最终会转化为发动战争的力量，因此国家才会一直投入大量精力建设军事设施。权力平衡首先是为强国量身打造的。③

对诸多小国来说，除非它们能成功结盟，否则只能被强国当作砝码用

---

① ［美］斯皮克曼：《世界政治中的美国战略》，王珊译，上海人民出版社2018年版，第3页。
② Eric Slater. Review of "Geopolitics of the World System", by Saul Bernard Cohen. *Journal of World-Systems Research*, 2015, 9（1）：183–185.
③ Gray. Nicholas John Spykman, the Balance of Power, and International Order. *Journal of Strategic Studies*, 2015, 38（6）：873–897.

于维持天平的平衡。自文艺复兴和宗教改革以来,欧洲的政治哲学就热衷于思考权力平衡问题。国家应该奉行均势外交政策,不仅将外交政策用来应对对自身有害的具体威胁,而且还要为整个国际社会建立一种平衡体系。均势政策的目的除了维持自身的相对权力地位之外,还包括维护和平。但国家通常只关心对自己有利的平衡,历史上,强国通过与其他国家结盟或创立组织机构来限制自身力量的例子并不多见。均势政策包括如下方式:划分国界、战争赔偿、建立联盟、调整干预战争的程度、逐渐从略微偏离中立走向全面参与。斯拜克曼还分析了军事战争、政治战争、经济战争、意识形态战争、总体战等不同战争类型的特点,并深刻剖析了背后所反映的权力变革与技术进步带来的全面影响。①

斯拜克曼分析了战争与和平中的地理学和地缘政治学:一个国家区别于其他国家的特征就在于其领土基础,这种领土基础往往延伸到一整块明确划分的区域内。国家实力在很大程度上取决于地理因素和自然资源。集体安全能否发挥作用主要取决于大国自身的国家利益,而不是抽象的集体责任。地缘政治区域与地理区域截然不同,后者由固定的、永久的地形条件所决定;而决定前者的因素有二:地理条件和不断变动的权力中心。任何地缘政治学的分析方法,与纯地理学分析方法的区别就在于:前者面对的是一个动态的系统,后者面对的是一个静态的形势。②

政治领域里某些条件的变化会改变一些特定因素在特定时间内的重要性。通信速度的提升以及工业技术的进步必将导致特定国家实力状态的改变。地理学的事实不会改变,但它对外交政策的意义是会改变的。我们必须考虑到不同外交政策目标的相容性与冲突性,影响外交政策的变量不是唯一、永久或暂时性的因素兼具。斯拜克曼揭示了地缘政治学与国家安全

---

① [美]斯皮克曼:《世界政治中的美国战略》,王珊译,上海人民出版社 2018 年版,第 9—40 页。

② Friedrich C. J.. *America's Strategy in World Politics*: *The United States and the Balance of Power*. By Nicholas John Spykman, Sterling Professor of International Relations, Yale University. [Institute of International Studies, Yale University.] New York: Harcourt, Brace and Company, 1942: 500. *The American Historical Review*, 1942, 48 (1): 155–156.

的逻辑：在任何情况下，为谋求国家以及世界的和平与安全，最终的政策选择都不能以扩张和巩固强权为目的。19世纪的美国海上安全得益于英国海上强权的长期存在，但20世纪初以后，这个壁垒消失了，美国必须依靠自己的力量来维系国家安全。①

斯拜克曼探讨了绘制地图的问题，列出了投影制图法的种类：圆锥投影法、方位投影法、正弦投影、摩尔维特等面积投影、墨卡托投影、高尔立体投影、米勒投影、以北极为中心的等距方位投影地图。但是在他看来，真正反映20世纪技术变革与美国所面临的地缘政治局势演变趋势的是米勒圆柱投影法。②他认为西半球真正的权力中心在北美洲大西洋沿岸。地理位置限定并影响其他方面的因素，因为它决定了这个国家所处的气候带，进一步决定了它的经济结构，而该国在本区域内所处的位置决定了它会有哪些潜在的敌人和盟友。环绕欧亚大陆的边缘海域为欧亚沿海各国提供了便捷、廉价的海上运输通道，将这些国家彼此连接起来。海洋在欧亚大陆各国间的经济、文化以及政治关系中扮演非常重要的角色，美国和欧亚大陆的国家互相投射权力只能通过海洋，尽管空中力量越发重要，但最具优势的运输工具仍然是海运。

斯拜克曼分析了麦金德心脏地带学说的不足之处。麦金德认为，心脏地带是具有陆上交通的优势与经济潜力高的地区。斯拜克曼则指出，在气候上，苏联虽然面积相当大，但其耕地面积所占比例很小。农业生产的中心仍在欧洲部分，而不在西伯利亚，并不具有巨大的农业生产潜力。从矿产与能源看，目前资源仍然集中在乌拉尔山以西。虽然苏联政府尽了很大力量将工矿业向东部转移，但很难对其实际与潜在重要性做全面估计。该地的铁路、公路与航空交通均有发展，但气候、地形与距离等条件仍是发展交通方面的重大障碍。权力与距离的反比例规律在此地仍然有效。在最近的将来，中亚无疑仍然是一个实力潜力相当低的地方。对麦金德所指的

---

① ［美］斯皮克曼：《边缘地带论》，林爽喆译，石油工业出版社2014年版，第2~9页。
② ［美］斯皮克曼：《边缘地带论》，林爽喆译，石油工业出版社2014年版，第13~28页。

内新月地区，即欧亚大陆的边缘地区来说，无论是人口还是工农业生产条件，一般都比心脏地带要优越。①

再从欧亚大陆的形势看，麦金德认为，大陆心脏地区的游牧民族部落为俄国有组织的实力所取代时，向外压迫边缘地区国家的势态仍然存在。在19世纪时，向边缘地区扩张及寻求出海通道为不列颠海上势力所阻拦。不列颠帝国建立的包围欧亚大陆的形势，是由其海军控制周围海道而实现的。麦金德深信，欧洲大陆上的冲突也一定循着陆海势力对抗形式。这是19世纪的英、俄冲突的形式。斯拜克曼则认为，从20世纪初开始，即在麦金德1904年与1919年的文章中，强调俄国陆上势力与不列颠海上势力之间不可避免的历史性的对抗的观点，夸大了海陆冲突的必然性。两国的对抗从来就不是不可避免的。在19世纪和20世纪的拿破仑战争、"一战"和"二战"中，不列颠帝国和俄国都是站在一起反对拿破仑、威廉二世和希特勒所控制的边缘地区的侵略国家的。

从历史看，总是某些边缘地区的国家和英国对抗，而另一些边缘国家和俄国冲突，或者是英国与俄国一起对抗一个统治边缘地区的强国。因此，斯拜克曼认为，麦金德强调东欧和心脏地带的战略重要作用的三句名言是错误的，是缺乏历史与现实事件依据的。

斯拜克曼从维护美国战略安全的角度，分析了边缘地带国家或心脏地带国家向边缘地带成功扩张后，实行从陆权到海权的战略转型对美国潜在的地缘威胁。他概括了三个地缘冲突类型：大陆心脏地带向边缘地带的扩张；边缘地带内部的实力崛起和战略转型调整；美国等海上强国对滨海地区事务的介入。在他看来，即便美国的工业生产能力几乎与欧亚大陆相等，但如果边缘地带被整合起来发展出对应的海权力量，仍旧使美国陷于困境。斯拜克曼认为，"由各海岸线组成的环状带"形成了一条从波罗的海到鄂霍次克海的"海上高速公路"，使得这一边缘地带内和周围的通信

---

① Or Rosenboim. Geopolitics and Empire: Visions of Regional World Order in the 1940s. *Modern Intellectual History*, 2014, 12 (2): 353–381.

变得既廉价又便利。这样,一个联合的"欧亚边缘地带"将成为一支可怕的力量,它能够颠覆现存的均衡从而统治世界。① "欧亚大陆上的均势是我们目前作战的目标之一,建立和维持这种均势将是我们在战争胜利后的目标。所以,为了美国的利益,我们仍要继续同那些设法阻止边缘地区结成一体的强国合作。"②

决定一个国家的军事和政治力量的核心要素是:工业资源和多大程度上来生产构成现代西方文明的必要工具。资源储备量的重要性不如资源开采力度的重要性。人口密度分布与年降雨量有显著的正相关关系。美国在地理位置上被欧亚大陆板块外加非洲和澳洲包围,因此和平时期美国就要确保欧亚大陆不被一个国家或国家联盟统治。一块大陆上的权力形势不可避免会影响另一块大陆上的权力分布情况,任何国家的外交政策都会受到全球范围内所发生事情的影响。③ 美国在 20 世纪的 30 年内已两次卷入战争,对美国的安全威胁都是欧亚大陆的边缘地区眼看要被一个单独国家所统治之时。1917 年,"一战"中的德国在结束与苏联的战争时,似有可能独霸欧洲。日本在远东于 1915 年借机向中国提出"二十一条",1918 年又入侵西伯利亚。如果不遇到抵抗,德国、日本有可能分别占据欧亚大陆东西两个边缘地区。日本、德国两国后来仍然坚持其侵略扩张行动,分别从 1931 年和 1939 年开始,并通过"二战",使其扩张地域达到高峰。日本控制范围从中国东北直到新几内亚岛与澳大利亚之间的托雷斯海峡;德国则从挪威直到北非的西海岸。

"二战"的进程反映出欧洲的势力均衡对世界的重要性。麦金德亦对心脏地带概念做了修改,强调边缘地区的重要性,承认了英国、美国、俄国为防止德国扩张而进行合作的必要性。心脏地带也就变得不那么重要

---

① [英] 杰弗里·帕克:《地缘政治学:过去、现在和未来》,刘从德译,新华出版社 2003 年版。
② [美] 尼古拉斯·斯皮克曼:《和平地理学》,刘愈之译,商务印书馆 1965 年版,第 112 页。
③ Or Rosenboim. Geopolitics and Empire: Visions of Regional World Order in the 1940s. *Modern Intellectual History*, 2014, 12 (2): 353 – 381.

了，而能够控制欧洲及左右世界未来和平的只有英、美、俄三国形成的海陆势力的联合。①《和平地理学》一书对保卫世界安全的战略进行了分析。从"二战"来看，各个战线和各个战区都是相互联系的，彼此构成一个整体。虽然欧洲和亚洲的远东分成两个战场，但它们是整个战场的两个部分。战争的总战略须从世界实力中心之间的关系来考察。世界实力中心有北美的大西洋沿岸地区、欧洲的沿海地区、欧亚大陆的远东沿海地区以及印度地区。

在这些地区之间的地理关系中，西半球的实力中心能够为一种联合的欧亚潜在势力所压倒，因为欧亚联合的潜力拥有十倍于美洲的人口和两倍半的土地。即使新世界工业生产力与旧世界几乎相等，一旦欧亚边缘地区联合，包括美国在内的美洲就处于被包围之中。② 因此，不论在战时，还是在和平时，为了美国利益，须防止上述形势出现。为取得战争胜利，美国须改变其百年来实行的单纯依靠海上实力的传统政策，必须参与陆战，须与陆上大国配合。就"二战"而言，斯拜克曼认为，幸而有苏联与中国参与，并提供陆上根据地，便于从那些地方开展陆上战斗。

"二战"以来的实践证明，海军如无空军的支援与配合，难以单独参加战斗与发挥作用。而空军在航空母舰的配合下③可以发挥一定作用，但仍不如陆上的基地来得重要。只有不断延伸的空军基地才能使空军活动范围不断向前推进。这样才使战斗机保护航程始终能配合战斗需要。反过来说，空军就是飞机加基地。基地需空军保护，亦需陆、海军保护。现代战争需海、陆、空三军配合，同时亦需后勤支援。后勤工作需要各种交通工具，没有确保物资供应的交通线，就无法取得现代战争的胜利。

"二战"有两个主要战区，每个主要战区又都呈现三角形，每个三角形又都有两个海陆两性的边与一个大陆边。苏联介于两个战场之间，有完

---

①② Frederick J. Teggart. In Memoriam: Nicholas John Spykman, 1893 – 1943. *American Journal of Sociology*, 1943, 49 (1).

③ Richard H. Heindel. America's Strategy in World Politics: The United States and the Balance of Power. Nicholas John Spykman. *The Journal of Modern History*, 1942, 14 (4): 547 – 548.

整的陆地领域彼此相连；美国亦介于两个战场之间，但需分别跨过大洋。对德国、日本来说，它们既要开展陆上战斗，又要开展海上战斗，也是要进行两个方面、两种类型的战斗。虽然它们认识到，这一点是最大不利之处，企图在时间上错开，即在某一段时间内，只进行一个方面，或一种类型的战斗。可是，它们并未成功。①

斯拜克曼在《和平地理学》一书中提到，东半球的势力冲突有四类：一是在大陆心脏地带与边缘地区之间，二是在边缘地区内的各势力之间，三是海上势力与大陆沿岸之间，四是西半球的参与。② 历史上，草原民族对边缘地区的袭击，以及近代英国、俄国及土耳其与俄国在更广阔的范围内对抗，中国、俄国在边界地区的矛盾都属于第一类冲突。第二类冲突有西欧、德、法之间的力量平衡与矛盾。第三类冲突如日本对中国的侵略。第四类如两次大战中美国的参战属之。

美国对两次世界大战都是在欧亚大陆的边缘地区有可能被一个强权国家控制的情况下才参与的。如果欧亚大陆边缘地区真的被强权国家所完全控制，则美国等于是被处在两洋以外的大陆所包围，届时，美国就会处于危险之中。每次参与发生于欧亚大陆边缘地区的战争，不仅需海上强国的配合，而且还需陆上大国的协同，使美国可以方便地使用其海、陆、空的基地，同陆上国家一起取得战争胜利。③ 根据两次大战都发生在边缘地区，而且都是通过海权与陆权国家联合击败边缘地区国家的现实，加上边缘地区在经济、人口等方面的力量都超过心脏地带的条件下，斯拜克曼认为，麦金德对心脏地带地缘政治的战略地位估计是错误的。

针对这种形势分析与估计，要防止边缘地区强权大国的出现及其所产

---

① Frederick J. Teggart. In Memoriam: Nicholas John Spykman, 1893 – 1943. *American Journal of Sociology*, 1943, 49 (1).

② J. Chen, S. T. Yang, H. W. Li, et al.. Research on Geographical Environment Unit Division Based on the Method of Natural Breaks (Jenks). *The International Archives of the Photogrammetry, Remote Sensing and Spatial Information Sciences*, 2013, XL – 4/W3: 47 – 50.

③ Speakman Company; Patent Issued for Ligature – Resistant Dispenser (USPTO 10, 561, 282). *Medical Patent Week*, 2020.

生的威胁,对美国所应当采取的对策,《和平地理学》一书中提出:尽管有一个共同承担义务而结合在一起的国际组织,美国仍将主要依靠自己力量,因为一个大国不讲究实力就意味着终究要被征服和灭亡。战后,美国与英国、苏联仍应合作才能为建立一个有效的安全制度提供基础。美国作为欧亚大陆边缘地区安全事务的参加者,为了美国对安全制度有执行义务的能力,维持地区实力平衡,需在边缘地区建立必要的军事基地。① 由于斯拜克曼的边缘地区学说是在麦金德的心脏地带学说与战争的形势发展不相符合之时,而且在美国以其巨大优势参与战争情况下形成的学说,因此,该学说符合当时战争发展的现实,其所提出的政策亦适合美国走出孤立主义,要在世界事务中建立其主导地位的步骤,故对美国战时与战后的对外政策亦有一定影响。

四、荷马李与"国家有机体论"的完善

荷马李(Homer Lee)是"一战"前的地缘政治学家,但其战略视野超过了当时的历史局限性。荷马李所受正规教育相当有限,大学只读了两年而未毕业,至于有关战略的学问则完全有赖自修。他的思想虽不免杂乱,但仍能成一家之言,应该说是难能可贵。②

他的基本观念是认为国家和个人一样,都是一种有机体,都受自然的支配。人类无法与自然对抗而只能适应。若不明(ignore)此理则为一种民族悲剧(national tragedy);若故意忽视(neglect)则更是民族罪行(national treason)。③ 人的一生不外四种际遇:生、老、病、死。国家(民族)亦复如此,对于国家而言,老的意义就是成长(growth)和发展(develop-

---

① 刘敬家、邢银锋:《边缘地带论与中西方地缘政治战略冲突》,载于《延边党校学报》2015 年第 5 期,第 66~68 页。
② 由于患脊骨侧凸病(scoliosis),他的身高仅比五英尺多一点,体重约一百磅,并且严重驼背。因此,他在青年期身体很脆弱,经常头痛而且视力极差。尽管受到体力限制,但他在校园中还是非常活跃,并且参加各种不同的政治和社交活动。
③ Homer Lee. *The Valor of Ignorance.* Harper, 1942, P. 24.

ment），而病就是衰颓（decline）。换言之，国家若不继续成长和发展，也就会开始衰颓。进一步说，成长又即为军事扩张（military expansion），扩张为民族活力的表现，也就是生存斗争（struggle of existence）。荷马李认为这就是自然律。①

早在1907年，荷马李就开始一再强调现代技术的冲击。他特别指出下列四点：（1）人口增加和生活水准提高的压力使人类对资源的需求将日益增大。（2）过去所受的资源限制，今后将变成扩张的潜在目标。（3）世界各国之间的经济相互依赖程度日益增大，于是竞争和冲突也会日趋激烈。（4）现在可以迅速发动战争，超越遥远距离，并产生巨大的毁灭效果。简言之，技术已经使地球缩小，增强国家利益之间的互动，并对民族生命循环产生必然的后果。②他指出，有人类就有战争，战争与人类的存在实不可分。和平与战争是一种相对的名词，用来描述人类斗争的两个阶段，其间并无明显分界存在。国家像个人一样，经常在斗争状态之中。当斗争程度降低转为消极时即为和平，反之当程度升高转为积极时即为战争。③荷马李以当时世界情况为分析的起点，认为在世界舞台上扮演主角的国家共有四个，即英国、德国、俄国、日本。虽然其他学者（例如麦金德）对于前三国都常有所讨论，但认清日本有建立帝国野心的人却只有荷马李，他是唯一强调日本和太平洋重要性的西方战略家。豪斯霍弗曾采用他的理论，并承认其原始观念是出于荷马李。

荷马李认为俄国有能力向东、向西或向南扩张其帝国。英国和日本同为岛国，前者虽仍为大帝国但不久即将没落，而日本则方兴未艾，注定要走向扩张的道路。德国虽为非岛国的欧陆国家，但其尚武精神与东方的日本在伯仲之间，所以也会同其命运。在当时处于衰颓状况中的国家只有英国还保有相当巨大的残余力量。美国则缺乏意志来点燃其尚武精神，至于中国则更已成列强宰割的对象。荷马李对俄国似乎最感兴趣。他说德国或

---

① Homer Lee. *The Valor of Ignorance*, Harper, 1942, P. 12.
② Homer Lee. *The Day of the Saxon*, Harper, 1942, pp. 13 – 23.
③ Homer Lee. *The Day of the Saxon*, Harper, 1942, P. 217.

日本的前进像闪电，而俄国的前进则像冰河（glacier）。一次军事失败对于其他国家所产生的后果可能即为崩溃，但对于俄国则只会使它把力量集中在另一地区之上。于是他对于俄国的扩张发现了一条特殊的定律：俄国经常是在某一条侵略线上前进，而同时又在另一条侵略线上后退。其前进与后退在程度上的比率常为3∶2。因此，无论为胜为败，俄国始终不断地在亚欧两洲扩张。①

荷马李指出俄国共有五条扩张线：(1) 波罗的海；(2) 波兰（东欧）；(3) 土耳其；(4) 波斯；(5) 印度，并由此进入太平洋。假使在某一线上受到阻挡（例如日俄战争），则在其他线上的努力也就会随之而加强。因为俄国前进速度较慢，所以短时间内不易感觉到其威胁；又因为德国和日本的行动较快，所以其成败也就会影响俄国的进展方向。荷马李在回顾历史之后，又发现在过去每个世纪开始时，俄国常遭失败，但失败之后，其反而继续成长。所以，他认为也许只有俄国有能力实现其世界帝国的梦想。日俄战争打破了列强在太平洋地区原有的势力格局，战后，日、美矛盾日渐显现。荷马李针对这种形势，于1909年出版了《无知之勇》一书，在欧美社会上产生了一定影响。孙中山留意到了这本畅销书，遂想抓住人们关注日俄战争之后日美关系走向的时机，来创造机会为国内革命筹措款项，于是引荐其日本友人池亨吉将荷马李的这本书译介到日本，希望能从卖书所得中有所收获。与此同时，日本政治家望月小太郎也翻译了该书，并力图从荷马李处获得授权。最终池亨吉的译本获得版权，并借势在日本获得畅销。孙中山牵线译介《无知之勇》，固然出于筹集革命款项的考虑，但客观上却促成《无知之勇》在日本的畅销。②

德国的扩张线为丹麦、低地国家、奥地利共和国，日本的扩张线为韩国、中国、美国及其属地（菲律宾、夏威夷、阿拉斯加），此外还有澳洲。英美两国并无扩张线，但它们的领土和利益与俄国、德国和日本冲突。美

---

① Homer Lee. *The Day of the Saxon*, Harper, 1942, P. 17.
② 陈丹：《孙中山与荷马李〈无知之勇〉在日本的译介》，载于《广东社会科学》2020年第3期，第94、103～255页。

国与日本在太平洋上冲突，德国与英国在西欧冲突，德国与俄国在东欧冲突，英国与俄国在亚洲冲突（印度、土耳其、波斯、阿富汗）。荷马李认为德日两国在其主要方向上都有获致成功的机会，而俄国则由于东西受阻，所以将会倾全力向南扩张。但等到它到达印度洋之后，则又可能以此为枢轴而再向东西旋转，于是也就有变成世界帝国的希望。若欲制止俄国的前进则必须守住波斯和阿富汗，所以，他特别强调："不应容许俄国越过喀布尔—德黑兰（Kabul—Teheran）之线。"①

荷马李在 1911 年预言下一次战争将是英德之战，他建议英国应在德国动手之前先占领低地国家和丹麦。但他又说，由于英国坚持不侵犯中立国的原则，所以他的忠告不可能被采纳。因此，他对大英帝国的前途颇感悲观。另外，他认为德俄战争的机会不大，他指出：德俄战争只会使两国同受其害，即使胜利也还是得不偿失；瓜分大英帝国才是俄、德、日三国利益的交点，所以它们应以不列颠殖民帝国为其共同攻击目标。日俄两国是天然同盟国，都面对中美英的潜在权力威慑。他的德、俄、日三国同盟构想曾为豪斯霍弗采纳，后来经由豪斯霍弗的献策并最终成为希特勒大战略的一部分，即纳粹德国在第二次世界大战初期所采取的联俄政策。在 1939 年德俄合作瓜分波兰之后，希特勒政府时的外交部长里宾特洛甫曾与苏俄外长莫洛托夫秘密谈判，力劝苏俄加入德、意、日三国同盟，并提出瓜分大英帝国的蓝图，也正是以荷马李的构想为基础。②

荷马李又认为就地理而言，日俄两国乃天然的同盟国，因为它们都面对着中国和撒克逊（英美）的权力，而且一为海洋国家，一为大陆国家，彼此之间可以互补。反而言之，英国应知其天然同盟国为一个复兴的中国，它不仅能对抗日俄同盟，更能保护印度。此项忠告自然也适用于美国。美日利益既然冲突，则中美合作自有益于美国，因为"吾敌之敌即为吾友"。他在《无知之勇》一书中曾详述日本必须攻击美国的理由：因为

---

① Homer Lee. *The Day of the Saxon*, Harper, 1942, P. 65.
② 钮先钟：《历史与战略》，文汇出版社 2018 年版，第 174 页。

只有美国在太平洋中的权力能阻止其扩张。此外，日本帝国主义不仅有军事的一面，还有经济的一面。日本必须控制亚洲尚未开发的财富，然后天皇始能成为万王之王。[1]

荷马李预言日本的第一个攻击目标必为菲律宾，因为占领菲律宾即能解除其侧面威胁。他甚至于能指明日军在吕宋岛上的两个可能登陆地点，以及其进攻马尼拉的路线。同时也预测完成入侵作战的时间应在三个星期之内。《无知之勇》出版于1909年，32年后太平洋战争爆发，日军在菲律宾的一切行动几乎全如所料。麦克阿瑟的幕僚视之若神明。事实上，日本参谋本部的计划很可能就是以荷马李的书为构想基础。荷马李又预言日本还可能攻占阿拉斯加、夏威夷，而以美国西岸为终点。在站稳立足点之后，日本就可以扫荡亚洲、澳洲和其余太平洋地区，并建立一个真正世界级的帝国。从此"不管未来世界在政治、军事、工业上将会受哪一个国家或同盟的支配，但日本仍然是太平洋的主人"[2]。

五、豪斯霍弗的"生存空间"理论

德国地缘学的中心人物是卡尔·豪斯霍弗（Haushofer，Karl）。在对国家的看法上，他接受社会达尔文主义，把国家看作是那种具有被契伦大致刻画出了特性的有机体。在国家的生存中，生存空间的需要是最基本的需要。国家有机体的生长和发展有赖于对生存空间的获取，大的生存空间又给予国家以更大的动力，民族文化的传播是征服空间最有效的方法。[3] 国家组织必须经常通过显示它对占有空间的利用，来证明获取更多生存空间是合理的。除上述论点外，豪斯霍弗还把一个国家空间结构的关键特征，如首都、国家的吸引中心、权力范围、文化动力及边远地区的成长等，称

---

[1] Homer Lee. *The Valor of Ignorance*，Harper，1942，P.189.
[2] Homer Lee. *The Valor of Ignorance*，Harper，1942，P.114.
[3] 卓杰、李青、罗云平：《政治地理学与地缘政治学的发展》，载于《前沿》2005年第6期，第172~175页。

为"地缘政治的气压计"。关于德国的扩张，德国地缘政治家们的信念是：任何国家之所以能成为强国是依靠了地理条件。一个有生机的国家的人民，在某种意义上是"上帝选择了"他们去执行征服的使命。他们认为，《凡尔赛和约》分割出去的德国的国土必须归还德国，而且经过长期发展，全部日耳曼人必须结成一个单一的国家。根据德意志民族、语言和文化的空间分布，德国生存空间的扩张方向被认为是东方。

为了对抗盎格鲁－撒克逊人霸权挑战，豪斯霍弗认为，日本必定是朋友而不会是敌人，日本、俄国和中欧帝国联合起来的力量将坚不可摧，它们是唯一能够抵抗盎格鲁－撒克逊人的监护，以及保卫自己势力的集团。关于与英国争夺海权问题，豪斯霍弗引用拉采尔的话说：只有海洋才能造就真正的世界强国。跨过海洋这一步在任何民族历史上都是一个重大的事件。① 在陆权与海权关系上，德国地缘政治学家认为，陆权建立必须先于海权，而且在寻求建立海权势力之前，需要巩固陆权势力。② 在中欧的南部，地中海被意大利认为是"我国的海域"，是墨索里尼要以意大利为中心创建新罗马帝国的命定空间。对地中海在德国的战略上的意义，德国地缘政治学者是清楚的，豪斯霍弗就认为几个世纪以来，多少征服者都没能控制着欧洲，这首先要归咎于未能控制地中海。其对意大利能否实现其抱负的信心不足在于认为意大利的经济基础过于软弱。

在 1941 年德国进攻苏联以前，德国地缘政治学家所划分出的世界泛区有四个。（1）泛美区：南、北美洲联合，以美国为主导；（2）泛亚区：从东北亚、东南亚至澳大利亚实现联合，以日本为主导；（3）泛欧区：使欧洲与非洲统一，以德国为主导；（4）泛俄区：以苏联的领土加西南亚及印度，以苏联为主导。豪斯霍弗的这种生存空间的设计，实际上是以大国列强为中心重新划分势力范围的设想。这种泛区划分对于战

---

① Heske H. Karl Haushofer: his role in German geopolitics and in Nazi politics. *Political Geography Quarterly*, 1987, 6（2）：135－144.

② 方旭：《作为政治客体的生命：德国地缘政治学派的一个视角》，载于《湖北民族学院学报》（哲学社会科学版）2018 年第 5 期，第 125～130 页。

前德、意、日轴心国的世界战略确有一定影响。[1] 德国在 1941 年向东进占东欧,向西击败法国,向南进入北非,其行为与泛区构想是一致的。"二战"中,日本在东亚鼓吹的"大东亚共荣圈"亦是这种泛区思想的体现。

由于德国地缘政治学与德国纳粹有着相当深的联系,随着德国纳粹的侵略行为及其失败,希特勒及其党徒遭到世人唾弃,不仅德国地缘政治学,而且政治地理学亦受牵连,一时成为非议的对象,甚至处于衰落之境。豪斯霍弗指出,德国拥有进入海洋的战略通道,具备成为海洋强国的潜力,根据拿破仑进攻俄国战败的历史教训,德国不应通过武力来征服和吞并心脏地带,而应借助外交和其他秘密途径与苏联这一心脏地带强国结盟并取得支配权,德国与苏联都是"一战"的战后国际体系被遗弃和排挤的国家,能够形成一个"被排挤的大陆联盟来反对国联海权统治的世界强权"[2]。

德国地缘政治学是用麦金德"心脏地带"来为德国扩张主义服务的。作为中欧陆上帝国,其战略关键在于反对海上霸权国英国。其对东方的政策是,通过与那些从西方体系中被排挤出来的国家结盟,建立一个与之匹敌的势力。对其东部各民族,则利用其与德国的天然与互利关系建立一种共栖关系。对苏联,应吸取拿破仑教训,是结盟而不是树敌。对东方的日本,德国应使之成为实现分裂大英帝国的亚洲盟友。[3] 总体来讲,对东方的政策就是把日本、俄国和中欧帝国联合起来。这与纳粹实际实施的、兼并位于德国东面的生存空间来巩固德国统治的中欧,把苏联作为其生存空间战略中获取最大领土目标,而施以进攻,以及早期的与日本结盟以反对

---

[1] Per Högselius, Arne Kaijser. Energy dependence in historical perspective: The geopolitics of smaller nations. *Energy Policy*, 2019, 127: 438 – 444.

[2] [英] 杰弗里·帕克:《二十世纪的西方地理政治思想》,李亦鸣译,解放军出版社 1992 年版,第 70 页。

[3] 韩志军、刘建忠、张晶、刘绿怡:《德国地缘战略历史剖析》,载于《世界地理研究》2015 年第 4 期,第 1~10 页。

苏联是不协调的。①

关于德国地缘政治学，正如英国学者杰弗里·帕克在《二十世纪的西方地理政治思想》一书中所说：德国的地缘政治学在很多方面变成了纳粹心智的滋补品。它充当了"日耳曼精神"知识赞助人的角色，成了其领土扩张的辩护者。豪斯霍弗说过，学者的任务是"通过研究在这个星球上公正划分地域的先决条件来为政治家准备手段"。但是他们走得太远了，以至于他们的地理哲学也同其他许多人一道随之遭到毁灭。②

六、法国的"维达尔传统"

维达尔·白兰士（Paul Vidal de la Blache）是法国近代地理学的创建人，他致力于人文地理学和区域地理学的研究，并长期任教，培养了许多地理学人才，如加卢瓦、白吕纳、马东、德芒戎和布朗夏尔等。在他的倡导下，法国地理学从19世纪后半叶起走向新的发展阶段，开创了法国地理学界的维达尔传统（The Vidalienne Tradition）。维达尔像李特尔一样分析了大陆与海洋间的关系，描述海岸线与海运贸易的设施，寻求气候对人们行为方面的影响。维达尔认为地理分析的两个基本概念是：生活方式；研究流动移民与贸易。维达尔思想主要是在同德国地缘政治学的交锋对立中形成的。法国的主要地缘政治关切有两个：一是将法国建设成英国那样的殖民帝国；二是在欧洲联合框架内谋求法国的大国地位。③ 维达尔的主要著作包括：《历史与地图集》（1884年）、《普通地理学原理》（1896年）、《法国地理学概论》（1903年）、《人文地理学原理》（1922年）。④ 维达尔

---

① 豪斯霍弗之子阿·豪斯霍弗曾做过赫斯的对外政策顾问及里宾特洛甫办事处助理，对第三帝国对外政策曾有一定影响。但欧战爆发后，由于政策上的分歧，阿·豪斯霍弗参加秘密反战组织。1944年反纳粹政变流产，因其参与而被捕，1945年遇害。关于卡尔·豪斯霍弗的地缘政治思想与第三帝国的重大决策，据近来研究发现不少并非一致之处。这在东方政策上表现得更为明显。

② [英]杰弗里·帕克：《二十世纪的西方地理政治思想》，李亦鸣等译，解放军出版社1992年版，第86页。

③ 吴征宇：《地理政治学与大战略》，中国法制出版社2012年版，第11~12页。

④ 王爱民编著：《地理学思想史》，科学出版社2010年版，第160页。

反对德国地理学界的"决定论"思想,创立了"或然论"(possibilism),认为自然界虽对人类聚落的发展设下许多限制,但它也提供了各种发展的可能性,至于人类去反应和适应这些情况的方式,主要受他们传统生活状况的影响。德芒戎认为,没有绝对的决定论,只有人类主动开发利用的可能性。人文地理学的特性是确认不能离开人所居住的土地来研究人,确定土地是整个社会的基础。地理学家观察现象,不应满足于把它们放在空间合理的位置上,还应把它们投射到历史的屏幕上。①

七、"大空间"、国际公法与施米特

卡尔·施米特(Carl Schmitt)于1942年出版的《陆地与海洋》反思是16、17世纪空间革命所带来的地球秩序的变迁,认为陆权与海权的对峙,是近代历史发展主要的原动力。② 他的思想体现出鲜明的陆地偏好:尽管地球表面3/4被水覆盖,但自从我们知道地球是一个球体后,我们仍然称之为"地球",而不是"海球"。③ 他强调人有一种空间意识,这种意识受制于巨大的历史变迁。不同的空间对应于不同的生活方式。即使在同一时代里,对于日常的生活实践而言,每个人的空间意识都受制于各自不同的职业。④ 任何一种基本秩序都是一种空间秩序,每一次地球图景的重要改变都是与世界政治的变化、地球的新的分割以及新的土地占有联系在一起。⑤ 陆地与海洋的区分建立了地球的空间秩序,施米特考察了近代世界史,认为坚实的陆地从属于一群主权国家,而海洋则不属于任何国家,或者说属于所有国家,也可以说最终只属于英国,这种大陆均势与海洋霸权的地缘分割,诞生了基督教—欧洲的国际法。他还分析了飞机、无线电

---

① 王爱民编著:《地理学思想史》,科学出版社2010年版,第160~163页。
② [德]卡尔·施米特:《陆地与海洋》,林国基译,上海三联书店2018年版,第11~13页。
③ [德]卡尔·施米特:《陆地与海洋》,林国基译,上海三联书店2018年版,第5页。
④ [德]卡尔·施米特:《陆地与海洋》,林国基译,上海三联书店2018年版,第35页。
⑤ [德]卡尔·施米特:《陆地与海洋》,林国基译,上海三联书店2018年版,第45页。

波等新型的交通及通信工具的出现,对传统陆地和海洋二维空间的冲击与革命。

施米特认为,国际法作为万民法(jus gentium),作为各个民族之间的法,首先并且最早是一种人格化(personal)的具体秩序,是以民族或国家为决定基础的秩序。从地缘意义上讲,都是空间秩序(spatial order)。大地的维度和大地的空间方式的改变,主导着全球政治发展,可以称为"大空间",它是一种具体的历史—政治概念。他认为大空间原则的先驱是"门罗主义",即所有美洲国家的独立、在这一区域不存在殖民地、非美洲国家不得干涉这一空间。大空间属于帝国概念,尽管国际法将巅峰时期的大英帝国的全部归类为"国家组合",但是大英帝国的帝国概念具有完全特殊的性质。大空间概念提出的背景是经济—工业—组织的高度发展,外部空间包括地理的现实、利益区域、宣称干涉、对外部敌对势力干涉的禁止、所有类型的地域、外部空间描述的公海、殖民地问题、国际法的受保护国、独立国家等。大空间作为空间的对立面词汇,颠覆了数学—自然科学和中立含义的空间概念,施米特认为法理学忽视了地缘学,大空间是一种扩展了面积长度或者深度的空间维度(emputy dimension),它可以称为类似帝国的概念,拥有自身空间、幅员和边界。[①]

施米特与地缘政治学家不同或高超的地方,在于他超脱了地缘政治决定论的学说。他认为,"地理的条件并不必然决定一个国家成为海权国家或者陆权国家"[②]。他指出,"英国是一个海岛,光是这种地理事实上的论断还说明不了什么问题。世界上有很多海岛,其政治命运各不相同……而且从某种意义上来说,所有的陆地包括最大的洲都不过是个海岛罢了"[③]。他进一步指出,"人如今已是一种无法单纯地被其环境所主宰的生物。他拥有历史地获取其存在和意识的力量"。所以,"他可以选择,在某个历史

[①] 娄林主编:《地缘政治学的历史片段》,华夏出版社2018年版,第83～157页。

[②] 比希莫特抑或利维坦:《美国建国的生死问题》,引自《法意》学刊第二辑,商务印书馆,2008年版,第71页。

[③] [德]卡尔.施米特:《陆地与海洋》,林国基译,华东师范大学出版社2006年版,第53～54页。

瞬间，他甚至可以借助自己的行动和业绩对作为其历史存在的总体形式的某种元素作出决断，由此重新调整和组织自己"。① 施米特认为，从人类社会的变迁史来看，人对海洋的征服与控制，打开了一个全新的生存空间向度，也催生了人类政治秩序的新动力。"海洋除了海岸线则别无边界。海洋是唯一向所有国家开放的区域空间（flachenraum），同时可以自由贸易、自由捕鱼，可以进行海战并在海战中享有捕获权，无须考虑邻国或地理边界的问题。"海洋自由的真正问题在于海战自由，以及该自由与同一片海域内中立国贸易自由之间的冲突。每一种空间秩序都会为当事人和参与者提供一个保护机制，即为他们的土地提供空间安全保障。这是国际法的核心问题，领土变更对于一般性的空间秩序来说又是危险的。②

施米特担心德国海陆兼修的战略，海上受到英国的遏制，陆上又遭俄国与法国的堵截；加上所谓的自由民主正使得魏玛共和国③纷争不已，难以做出决断，变得羸弱不堪。④ 主权被人权侵蚀，领土被海权危及。施米特对于英国带来一种全球化的，不知边界的主权充满了戒备。他认为陆地与海洋的差异因此形成两种不同的国际法秩序：一个是海洋国际法，一个是陆地国际法。每一种国际法的秩序都有其不同的战争观念与敌友观念。陆地为主的国际法以国家为单位，战争主要是以国家间的战争为主，并区分军事部队与一般平民百姓，战争是一种"有限战争"。但是海洋国际法的敌人则是一种整体的敌对概念，海上可以进行封锁，在封锁期间，战争的影响是不分任何人（中立方、平民）与物，从而超越公与私的一种"整体性战争"（total war）。⑤ 在和平年代看来，这似乎是一种战争狂想症，德

---

① ［德］卡尔·施米特：《陆地与海洋》，林国基译，华东师范大学出版社2006年版，第6页。
② ［德］卡尔·施米特：《大地的法》，刘毅等译，上海人民出版社2017年版，第165页。
③ 魏玛共和国是指1918~1933年期间采用共和宪政政体的德国，于德意志帝国在第一次世界大战中战败、霍亨索伦王朝崩溃后成立。其使用的国号为"德意志国"（Deutsches Reich），"魏玛共和国"这一称呼是后世历史学家的称呼，不是政府的正式用名。
④ ［荷］格劳秀斯：《海洋自由论》，宇川译，上海三联书店2005年版，第7页。
⑤ 李哲罕：《"决断论"、"总统合宪专政"和"具体秩序"——对卡尔·施米特前期政法理论的一个再解读》，载于《浙江社会科学》2019年第4期，第45~51、156~157页。

国工业的发展不就是得益于自由贸易吗？但在战争状态下，面临战争威胁的例外状态，却是十分深刻的忧思。

第五节
海权优势论

一、马汉与美国海权思想的兴起

艾尔弗雷德·塞耶·马汉（Mahan，A.T.）是美国海军学院的第二任校长，提出了"海权论"，他的研究议题主要包括两个目标：解释海权对历史的影响；寻求海军战略的基本原则。他的著作中折射出的历史思考压倒了海权思想的倾向。马汉在1890～1905年相继发表了海权三部曲：《海权对历史的影响》《海权对法国大革命和帝国的影响》《海权与1812年战争的关系》，详细论述了海权思想的形成和发展。[①] 1914年，他撰写了《海军战略论》，阐述了如何实现海权。有人评价，马汉的海权论对世界历史的影响可以和亚当·斯密的《国富论》相提并论。

马汉凭借五种路径来论证他的学说：政治、政治经济学、政府、战略以及具体作战。马汉的政论性论说体现在他将海权视为国际关系史以及战略史的关键核心要素；他的政治经济学研究方法主要说明国家繁荣以及国家进行战争的能力在很大程度上依赖对外贸易，这就需要海军在海上的保护。他的战略论说要求国家的决策首先考察战时与和平时期的海上权势构筑。尽管马汉的具体作战学说总结出类似"约米尼式军事原则"的海军战略原则，即军事部门快速反应以应变由于多种不确定因素或偶然因素造成的战争不定。但是他认为战略需要探讨的研究主题是多变的偶然性，是统

---

① 谢茜、夏立平：《孙中山的海权思想刍议》，载于《边界与海洋研究》2020年第3期，第98～107页。

帅情感与理性的结合，海上战略原则的灵活运用才能释放战略中的理性与激情。① 这让他与克劳塞维茨的战争论思想达成共识。他的政治观、政治经济观以及政府论学说主要是为了其海军大战略的构想，而战略和具体作战主要表现在对指挥官的教育和战略的艺术性上。②

尽管对海权要素的重视由来已久，但马汉将之从必要因素提升为国家崛起的充分因素，以至于经过他人曲解陷入海权至上主义的漩涡。在他看来，海权的历史乃是关于国家之间的竞争、相互间的敌意以及那种频繁的在战争过程中达到顶峰的暴力的一种叙述。海上商业对于国家的财富及其实力具有深远影响。海上力量的历史，在很大程度上就是一部军事史。尽管科学进步对于海军武器装备带来了前所未有的巨大变化，以及蒸汽的引入成了海上动力源，但通过对海上决战一般原则的阐释，重温昔日海上战记的历史研究仍将是具有指导与启发意义的。③ 在海上战略领域，历史教义所具有的价值丝毫未曾贬低。法则的运用会随着武器装备的更替而变化。这些法则在战略上的应用无疑也会随着时代的变化而变化，然而这种变化却要少得多；因此认识到这些基本原则也就更加容易。海上战略并不同于军事战略，因为它在和平时期正如同战争时期一样是必不可缺的。马汉系统总结出了和平时期的海上大战略观念。

马汉对海权（sea power）概念的理解不仅包括海洋上的军事实力（它以武力的方式统治着海洋或部分海洋）——制海权（command of the sea），也涉及生产、航运、殖民地和市场。马汉列出了海权生成的三大环节：交换产品所必需的生产，用来进行不断交换的海运，以及促进和扩大海运活动并通过不断增加安全的据点来保护海运的殖民地。④ 马汉的思想主要分为四个部分：海权对历史的影响、欧洲的冲突、亚洲的问题、美国的利益。

---

① ［美］艾尔弗雷德·塞耶·马汉：《海军战略》，蔡鸿幹译，商务印书馆1998年版，第280页。

② Jon Tetsuro Sumida. *Inventing Grand Strategy and Teaching Command*, The Johns University Press, 1997: 26–32.

③ 杨柳：《浅析地缘政治的代表性理论及基本规律》，载于《法制与社会》2020年第11期，第119~121页。

④ 陈新丽：《陆海复合型国家近代海权发展的历史教义——以路易十四治下法国海权兴衰为例》，载于《印度洋经济体研究》2019年第6期，第98~114、153页。

马汉列举了影响国家海上权力崛起的六个必要条件：地理位置（geographical position）；自然结构（physical conformation），其中包括与此相连的天然生产力与气候；领土范围（extent of territory）；人口数量（number of population）；民族特点（national character）；政府特征（character and policy of govemments），包括国家机构的性质与政策。①

地理位置：如果一个国家处于这样一个位置上，即既用不着被迫在陆地上奋起自卫，也不会被引诱通过陆地进行领土扩张，那么，由于其面向大海的目的的单一性，与一个其四周边界皆为大陆的民族相比，它就具备了发展海权的先天优势。地理位置可能会起到提升或分散海上军事力量的作用。② 一个国家的地理位置不仅有助于集中其军事力量，而且还能为展开针对其潜在对手的敌对军事行动提供进一步的中心位置与良好基地等战略优势。在地理上接近敌人或攻击目标的优势，在任何地方都不会比在战争形态中更为明显。"除了有利于进攻之外，如果上苍这样设置一个国家，它能够轻而易举地进入公海本身，而与此同时，它控制着世界航运的一条咽喉要道，那么，十分明显，其地理位置的战略价值就十分之高。"③

自然结构：一个国家的海岸就是它的一道边界。这道边界越是能够方便地提供通向外部地区的途径，一个民族就越是倾向于通过此与世界的其他部分进行交流。宽大与水深的良港，以及可供航运河道的出海口是国家权力与财富的源泉。④

领土范围：其核心是漫长的海岸线及众多良港。⑤

---

① ［美］艾尔弗雷德·塞耶·马汉：《海权对历史的影响：1660—1783年》，李少彦等译，海洋出版社2013年版，第21页。
② 史春林：《1900年以来马汉海权论在中国的译介述评》，载于《边界与海洋研究》2019年第3期，第94～108页。
③ ［美］艾尔弗雷德·塞耶·马汉：《海权对历史的影响：1660—1783年》，李少彦等译，海洋出版社2013年版，第21～25页。
④ ［美］艾尔弗雷德·塞耶·马汉：《海权对历史的影响：1660—1783年》，李少彦等译，海洋出版社2013年版，第25～31页。
⑤ ［美］艾尔弗雷德·塞耶·马汉：《海权对历史的影响：1660—1783年》，李少彦等译，海洋出版社2013年版，第31～32页。

第一章 地理政治学的思想流派

人口数量：并非仅仅是指纯粹的总数，而是指从事于海洋事业的人口数量，或者至少能够迅速为航海业所使用且从事海洋物质生产的人口数量。①

民族特点：如果海上权力真正建立在和平与广泛的商业基础上，那么，对于商业追求的倾向性就肯定是在此一时或彼一时称雄海洋的国家的显著特征。对于建立海权而言，进行贸易的倾向——这其中包括生产某种产品以进行交换的必要性，恐怕是最为至关重要的国民性格了。国民才干（例如稳定的开拓殖民地的能力）影响着海上权力的成长。②

政府特征：一个完全与其民众的自然根基相协调的政府将会在各个方面最为成功地促进其成长。在谋求海上权力方面，一个充分吸纳其民众的精神并完全意识到其真实倾向的政府，只要目光坚定、方向明确，最为光彩夺目的成功就会接踵而至。当民众的意志，或者他们最佳的、自然的代表的意志在此过程中占据某种较大份额时，这样一个政府肯定是最为稳定的。然而，诸如此类的自由政府时常也会暴露出某种不足，而专制国家运用其辨别力与持续性，能够频繁地造就庞大的海上贸易与一支威风凛凛的海军，比起自由民族通过缓慢的程度所能达到的程度，具有更大的直接性。后者情况的困难在于某一特定君主死亡之后，难以做到依其体制的稳定性确保其政策的延续性。③

马汉列举了获得海权的充分条件：海上贸易是致富的重要途径，是民族繁荣和强盛的主要因素，因此任何一个大国都要有自己的海上活动自由，控制海洋。而控制海洋的前提是国家要拥有足够的商品进行海上贸易，拥有足够的商务船只和基地，拥有足以保护海上交通线的强大海军。（1）一个国家国内的生产力水平，必须要不断扩大生产可供对外贸易的产品。海上权力真正建立在和平与广泛的商业基础上，所有的人都寻求收获

---

① ［美］艾尔弗雷德·塞耶·马汉：《海权对历史的影响：1660—1783年》，李少彦等译，海洋出版社2013年版，第32~36页。
② ［美］艾尔弗雷德·塞耶·马汉：《海权对历史的影响：1660—1783年》，李少彦等译，海洋出版社2013年版，第36~42页。
③ ［美］艾尔弗雷德·塞耶·马汉：《海权对历史的影响：1660—1783年》，李少彦等译，海洋出版社2013年版，第42~65页。

61

并且或多或少地追逐金钱。然而，寻找收益的方式却会对居住于一国之内民众的历史与商业运气造成显著的影响。(2) 拥有进行海外贸易的大规模的船只。(3) 殖民地和基地应能够保障扩大和保护船只的运输。(4) 必须有一支海上武装力量——海军来保护海外基地和殖民地与本国基地间的交通线。①

一国海权的核心力量来源——海上武装力量要控制海洋必须建立起一支由装备着大口径火炮的重型战列舰组成的强大海军。它必须保持对敌优势，能够在海洋上积极进攻和机动作战。那种主张建立单纯防御的要塞舰队（把舰队作为要塞防御的手段）和"存在舰队"（认为舰队可以不要基地、要塞而存在）的想法都是错误的。(1) 海上武装力量因竞争而产生，反过来，这又导致更加激烈的竞争。(2) 海军的存在不仅是为了战斗，它导致本国和竞争对手之间海权的此消彼长。(3) 海军不仅担负着一国海权扩张的任务，而且还推行一国的外交政策。总之，如果一个国家的生产力足以建立海上武力保障它们的活动，海权体系就形成了。②

由于个体间在精神或物质上的能力差别，范围再广泛的平衡也会很快导致不平衡，而后者又会带来社会和经济上的不满与对立。经人为调整而成的均势并不是1815年欧洲局势的全部内容，各个国家有着不同的政治、社会和工业发展水平，不同的权利观念、不同的既得利益和机会。③

随着时间的推移，这些不同会很快加剧各国对现状的不满，这样它们就会各有盘算，从而处于争执之中。从1815年至今的欧洲历史就是对于由利益和情感所左右的人类本性导致的种种争斗及其结果的一份记录。在欧洲只有英国和德国有着他国望尘莫及、协调得当的力量，这体现在它们的富有、它们的工商业体制的有效以及英国海军和德国陆军的强大上。其他国家只是站在英国或德国一边对它们之间的平衡发挥作用。④

---

① Venier P. Main theoretical currents in geopolitical thought in the twentieth Century. L'Espace Politique. *Revue en ligne de géographie politique et de géopolitique*, 2011 (12).
② Parker G. *Western Geopolitical Thought in the Twentieth Century*. Routledge, 2014.
③④ Bartlett C. J. paul m. kennedy. The Rise and Fall of British Naval Mastery. New York: Charles Scribner's Sons. 1976. xviii, 405. *The American Historical Review*, 1977, 82 (2): 356 – 356.

马汉指出，德国的目标是求得这样一个地位：在那些欧洲文明范围之外的国家，在它们的人民中间，德国的影响、德国的资本、德国的商业、德国的工程业和德国的聪明才智可以和其他强国在平等的条件上进行竞争。美国的门户开放政策当下的目标就是阻逼其他强国沿着有四亿消费人口的中国的边境地带所发起的推进。与此相联系，中国必须保持完整。美国或任何支持门户开放主张的国家都关心中国的完整，这不是出于慈善动机，而是因为它对于中国市场的完全开放至关重要。①

通过分析欧洲的国际关系，马汉看到，在这一方有着刚组成的三国协约集团：法国、英国和俄国；另一方则是已存在三十年的由奥匈帝国、德国和意大利组成的三国同盟。意大利的倾向尽管可以根据当前局势对它的压力以及它的正式同盟关系来判断，但仍然是令人迷惑的。形势的焦点看来还是在为德、奥这两个中欧军事君主国家所反对的三国协约身上。将这两方的力量做比较，前者在除海军之外的任何方面都占据优势。② 在地理上，德、奥紧靠在一起，从而易于在必要之时相互支援。不过这种支援不可能是纯粹防御性的。纯粹的防御态势也不可能成功地得以保持，德奥至少已在进攻方面做好了准备。

只有攻守兼备才能为自己赢得尊重，1908年在巴尔干的兼并行动已明显表明德奥集团具有这种能力。而且，考虑到两国的经济状况和人民的生存手段，显然它们的进击是为了在世界范围内为它们的工业获得至少说得过去的进入市场的机会。奥地利朝向巴尔干和爱琴海的扩张就是这个性质。另外，德国也越来越从一个农业国变为了一个工业国，这样它也就越来越需要确保它的原料进口并尽可能地控制原料产地，越来越需要确保市场和在粮食进口方面的安全——快速增长的人口使德国本国的粮食产量日

---

① ［美］艾尔弗雷德·塞耶·马汉：《图解大国海权》，何黎萍编译，北京理工大学出版社2014年版，第119~158页。

② Zhiding Hu, Dadao Lu. Re-interpretation of the classical geopolitical theories in a critical geopolitical perspective. *Journal of Geographical Sciences*，2016，26（12）：1769-1784.

益不敷需求。所有这些都意味着海上安全必不可少。①

马汉认为，在欧洲大陆，任何一个国家使尽浑身解数也无法单独和德国对抗；如果某两个或所有的大陆国家连成一气对付德国，它们也不容易解决协调行动的问题，何况无论欧洲强国如何分化组合，奥匈帝国肯定都会站在德国一边。因此英国海军实际上成了唯一一支能让德国不敢轻举妄动的军事力量。而英德两国之间的军事态势又是和相互间的工商业竞争掺杂在一起的，这种竞争日趋激烈而且左右着两国人民体现在需要和收入方面的福利状况。不时见诸报端的频繁外交访问正反映了国际局势。在德国眼中，从这些访问中凸显而出的是一种孤立和限制德国的企图；而这些访问传递给其他国家的则是这样一个共识：应该压制那看来过度膨胀而又甚具侵略性的德国的野心。②

马汉揭示了欧洲大国均势与美国地缘战略的关系。指出塑造欧洲均势的核心是英国海权与德国陆权力量的对抗，其他国家则依附于两者之一发挥平衡作用，认为英国为首的协约国一方更具优势。对全球和地区地缘格局变化的持续关注可以让美国更好地维护海外利益。美国地处大西洋的边缘地带，应着力防止欧洲出现掌控陆上洲际资源的霸权国。在亚洲部分，马汉设定了以中国为中心的亚洲地缘战略观。中国和其周围的陆海区域，具有很高的市场价值、诸多的军事要地、关键的海上交通线，在东亚和太平洋地区，美国、德国、英国具有相似的战略利益，"美国在感情上应站在英、德一边，帮助扩大它们的影响，从而增进共同的利益"③。保持中国商业、思想等方面的门户开放，保持中国形式上的主权独立，捍卫美国在华经济利益和贸易。在远东地区，美国应联合日本、英国等形成阻挡俄国向海洋扩张的地缘战略攻守同盟。

---

① Martin E. B France. Back to the future: space power theory and A. T. Mahan. *Space Policy*, 2000, 16 (4): 237 – 241.

② Anne Merrild Hansen, Lone Kørnøv, Matthew Cashmore, et al. The significance of structural power in Strategic Environmental Assessment. *Environmental Impact Assessment Review*, 2013, 39: 37 – 45.

③ ［美］阿尔弗雷德·塞耶·马汉：《海权论》，萧伟中、梅然译，中国言实出版社1997年版，第264页。

马汉总结了全球地缘格局的规律，即陆海对抗的普遍性。在这种情势下，美国应结合海外贸易的维护来制定地缘战略，保持与其他大国在海权领域的非均势状态，建立海上霸权。维持欧亚大陆国家间的均势关系，使其受困于陆上矛盾而缺少足够的战略资源实现海权转型。美国应在战略转型进程中组建海洋国家联盟，共同应对大陆国家的地缘威胁。利用转型后的海权优势来抵消大陆国家的陆权优势。[1]

关于亚洲的问题，马汉指出，陆权的使用受离海洋远近的影响。与此相对应，在任何海陆交汇之处，陆上环境也制约着海权的使用，使其不再是一个独立的因素，而在性质上受制于陆权的大小强弱。在不同时期和不同程度上，上述情形可表现在海港及可航行河流的出口处、河流的中上游地段、岛屿、海岸对战略的影响、像直布罗陀这样的海峡及苏伊士这样的运河上。在所有这些情形中，陆权对海权的影响是显而易见的。[2] 在国际水道被陆上军力截断之处，如巴拿马地峡，或这种截断由于陆地的毗邻而极易发生之处，也可见到上述情况。人工水道最容易受到被截断的威胁，苏伊士大运河是最清楚不过的例子所在；从地中海通往波斯湾的铁路——这无疑反映了亚洲的发展前景，也显示出了这种情形。

考虑到陆地和海洋作为交通渠道的各自特点以及它们交汇之时的相互作用，对中国以及其他拥有海岸线的国家来说，海洋是发展商业的最有效的媒介——物资交换使国家通过对外接触获得更新，从而保持、促进它们的勃勃生机。长江对于上述情形颇具意义，因为它有上千英里河段可供汽船航行，且将大海与其流域的心脏地带连接起来。中国由于拥有海岸也就使其他国家能够由海洋抵达中国。[3] 交通越方便，运输量就会越大，财富相应地也就会越增加，相互作用在此具体地体现出来。要有大的收益，就

---

[1] Trevor Brown. Space and the Sea: Strategic Considerations for the Commons. *Astropolitics*, 2012, 10 (3): 234-247.

[2] Tim Richardson. Environmental assessment and planning theory: four short stories about power, multiple rationality, and ethics. *Environmental Impact Assessment Review*, 2004, 25 (4): 341-365.

[3] James R. Holmes. Mahan, a "Place in the Sun", and Germany's Quest for Sea Power. *Comparative Strategy*, 2004, 23 (1): 27-61.

必须对保持并促进有利的环境倍加关心。① 也就是说，从商业交换中获得最大好处的国家最希望商业能不断发展，而商业的兴衰又受和平与战争的左右，于是，借助海洋进行贸易的国家把和平作为首要的利益所在。实际上，说商业国家的利益在于和平已是老生常谈了。这些国家确实需要做好在必要之时诉诸战争的准备，以此来推行它们的和平政策，不过就此而言这样的军事准备本质上应是防御性而非侵略性的。② 这也是出于以下原因：由于这些国家的主要利益是在海上交通方面并对其更具控制权，它们对争端地区的陆上控制能力就不可能又强于其边界和这些地区紧邻的国家。由于海军对内陆采取强制行动的能力有限，所以使用海军要借助于政治智慧；而海军作为用于防御的军事工具，对于一个国家的自由权利也不构成威胁。

和个人一样，国家的首要法则是保全自我。保存自己意味着享有通过适当方式获取国家进步所需的东西，并由此抵御外部力量的非法行为的权利。陆上强国和海上强国的政策对象均是那些政治与社会前景尚不确定的地区。这些地区有东面的中国，西面的土耳其之亚洲部分及波斯。马汉指出，在19世纪末20世纪初，当前的主要利益焦点是中国。它幅员广大又处于动荡之中；另外，在中国四周还有其他陆上的或海上的富庶地区，它们构成了从爪哇到日本的东亚世界。为了普遍的利益，必须使中国对欧洲和美国的生活与思维方式开放，必要时可以使用武力。③ 亚洲在北纬30～40度纬线之间的地带，将是陆上大国俄国与海上大国英国冲突的地带。最后马汉预言，由于海上运动对陆上运动固有的优势，英美联盟可以从围绕欧亚大陆的关键的陆上基地保持对世界的控制权。马汉甚至曾预言，有朝一日，美国、英国、德国、日本将形成联盟，共同对付俄国和中国。据此

---

① Gang Xiong, Caiping Xi, Jin He, et al.. Radar target detection method based on cross-correlation singularity power spectrum. *IET Radar, Sonar & Navigation*, 2019, 13 (5): 730–739.

② Yi Ming Cai. Three-Stage Theory of Harmonious Ocean—An Investigation on Harmonious Marine Environment and Sea Power Relations. *Advanced Materials Research*, 2012, 1480: 875–881.

③ ［美］艾尔弗雷德·塞耶·马汉：《亚洲问题及其对国际政治的影响》，范祥涛译，上海三联书店2013年版，第83～111页。

看来，马汉实际上早于麦金德就持有一种"世界岛"的观点，但他的海权论的地缘战略结论却与麦金德相反，麦金德对海权获胜前景的预测是悲观的。①

立足于19世纪末正在崛起的美国，马汉提出了关于地缘战略转型的三原则：海外军事基地的存在、海军实力的增长、海上商业与军事交通线的建立。② 他认为美国不能局限于本国市场，应该在太平洋、南美洲等地区扩展海外利益，尤其是对邻近美国本土区域的海外殖民地给予足够关注，这有助于发展美国的海外贸易。"对于像我们这么巨大的一个国家来说，只是生产仅供我们消费或食用的东西并不是一种让人渴望的上天安排。"③由于美国海权力量的匮乏，加之域外海权大国遍布世界的海外基地，使美国与其他强国的商业竞争存在交通线保护等安全隐患。国际体系的无政府状态要求美国对其海外利益进行自助方式的捍卫，美国应借助门罗主义来为海权力量的提升提供合法性。

马汉从美国的战略利益出发提出：英国因其强大的海军和在美国海岸附近握有坚固的据点，无疑是美国具有潜在威胁的可能敌国中最难以对付的一个。在这种情形下，和英国达成诚挚的谅解是美国一个最重要的对外利益所在。夏威夷具有重大战略意义：独享一个关键据点、没有什么竞争对手、在一个广阔的范围内也不存在对这个据点的替代物。一个海军据点的军事或战略意义取决于它的地理位置、具备的力量和资源状况。在这三者中，第一个最为重要，因为它是天然决定的；而后两个方面无论有何欠缺，总是能够完全地或部分地得到后天的弥补。地峡和海权的关系说明：如果美国认为自身利益和尊严所要求的权利乃是建立在自己推行权利的力量之上，而不是以其他什么国家的意愿为依据，美国就有必要促使自己清醒认识到，跨洋交通的自由取决于对作为所有通向地峡的道路都必经的加

---

① James J. Wirtz. Innovation for seapower: U. S. Navy strategy in an age of acceleration. *Defense & Security Analysis*, 2020, 36（1）：88-100.
② 朱听昌：《西方地缘战略理论》，陕西师范大学出版社2005年版，第33页。
③ ［美］阿尔弗雷德·塞耶·马汉：《海权论》，萧伟中、梅然译，中国言实出版社1997年版，第297页。

勒比海的控制权。①

　　古巴和牙买加这两个被视为要点的岛屿对于控制墨西哥湾和加勒比海最具实质性意义。就位置、力量和资源上的优劣而言，古巴又明显地处于上风。英美两国间基于共同血缘的亲近感可能在控制海洋方面建立合作，确立同一种族对海洋的支配。决定着政策能否得到完美执行的一个最关键的因素是军事力量。当美国面临军事危险时，其最佳迎击区域是在美国本土之外，即海上。准备海战，就是既准备还击海上的进攻也准备发动海上的进攻。在马汉看来，东方文明还是西方文明将决定着整个地球并支配其未来。当前基督教文明面临的重任就是将中国、印度和日本的文明纳入自己的胸怀并融进自身的理念之中。②

　　在大西洋方向，美国的主要地缘战略目标是应对来自海上的军事威胁，做好与英国发生冲突的准备，加固对港口、海湾等沿海区域的防守。一旦与英国冲突升级，美国应夺取加拿大的铁路来遏制英国的海上交通线。在平稳快速发展海上力量的同时，尽可能实现与英国的和解。通过筑垒和海岸防御舰队保护重要的港口和海湾；壮大具有远洋进攻作战能力的海军；在包括夏威夷、中美洲海岸、加勒比海、大西洋等在内的距离旧金山三千英里范围内展示足够的战略决心，不允许其他国家在该区域内获取加煤站。在太平洋方向，夏威夷是美国实现向海洋转型的战略要点，应作为美国的海外加煤站和补给基地。"夏威夷群岛作为一个据点，有力地影响着太平洋地区，尤其是就地理而言美国有着最充分的权利来发挥作用的北太平洋地区的商业上和军事上的支配状况。这就是夏威夷的主要优点，也就是说，它能直接促进我国的商业安全和对海洋的控制。"③ 如果英国抢先占领夏威夷将使美国陷入潜在的两线作战困境，而美国对夏威夷的兼并

---

　　① Timothy Choi. Sea Control by Other Means: Norwegian Coast Guard Operations Under International Maritime Law. *Ocean Development & International Law*, 2020, 51（1）: 35 – 46.
　　② ［美］艾尔弗雷德·塞耶·马汉:《图解大国海权》，何黎萍编译，北京理工大学出版社2014年版，第238~297页。
　　③ ［美］阿尔弗雷德·塞耶·马汉:《海权论》，萧伟中、梅然译，中国言实出版社1997年版，第316页。

有助于摆脱孤立主义的束缚，塑造美国民族的海洋性格，迫使英国在太平洋区域同美国发生海外利益冲突时，考虑到战略对抗的高昂成本与低效收益，与美国达成妥协。在加勒比海和墨西哥湾方向，马汉认为应将门罗主义付诸实践，主要地缘战略目标是对中美洲的战略要地实现军事占领，其核心是实现对巴拿马运河的控制。通过对加勒比海各国实行"大棒政策"，建立拉美"后院"势力范围。①

争得国家海权、保卫国家海权、保护国家海洋权益的观念和斗争艺术已被广大的海洋国家所认同。尽管由于时代的局限性和作者的阶级立场，马汉在书里片面地过分夸大了海上力量和舰队决战的作用，但是它的基本观点仍具有极高的认识价值与学术价值。马汉的思想未曾注意到陆海两军在战争中的相互依赖关系，对海军的权力投射（power projection）不够重视。② 但马汉也强调海权只是工具，战争也只是激烈的政治行动，海军是一种比陆军更佳的国家政策工具，海军相比陆军而言不那么具有侵略性，比较机动，容易接受政治指导，海军能够在远离国土的地方发挥陆军所无法发挥的影响力。到1897年时，马汉已经让一个海军战略家的观点支配起政治经济学家的考虑。③ 马汉的地缘政治思想具有了一种大战略取向，而他和麦金德的理论通常被视为地缘政治的代名词。马汉的理论对麦金德思想产生了重要影响：马汉非常重视陆权的重要性，把当时由俄国控制的欧亚大陆腹地视为决定未来世界和平与安全的关键。其论著中所涉及的海权与陆权的较量、大陆国家与海上国家的对峙、亚洲与欧洲的关系、俄国与西方的冲突等理论，都与麦金德后来的大陆心脏地带学说产生了对应关系。尤其是其中对陆权强国俄国的分析和对海陆关系的分析，为后来麦金

---

① Eric Grove. Seapower States: Maritime culture, continental empires and the conflict that made the modern world. *The Mariner's Mirror*, 2019, 105 (3): 359-361.

② Bowen. From the sea to outer space: The command of space as the foundation of spacepower theory. *Journal of Strategic Studies*, 2019, 42 (3-4): 532-556.

③ Peter Paret with Gordon A. Graig and Felix Gilbert, eds, *Maker of Modern Strategy: from Machiavelli to Nuclear Age*, Princeton, N.J: Princeton University Press, 1986, pp. 137-216.

德的思想做了重要铺垫。①

二、被低估的英国海权思想：科洛姆兄弟与科贝特

英国在与马汉同时期内也出现了一大批海权思想家，尽管不如马汉著名，但其实不逊色于马汉。西方文明与海洋密不可分，海权是西方战争史上经常存在的因素，从古希腊至今依然如此。英国海上霸权的兴衰史与海权思想的发展互为因果。"二战"后美国取代英国成为海上霸主，导致后人对美国的马汉思想青睐远超过对英国海权思想的研究。②

约翰·科洛姆（John Colomb）认为，面对威廉德国在欧陆的崛起，英国不应该投入过多资源进行陆军改革。国防问题的重点并非步枪的品质，而是国力的分配能否配合国家目标。英国的国防问题与欧陆国家完全不同。大英帝国是一个殖民帝国，有三种不同而又互相关联的防卫要求必须加以协调，那就是岛国本身、帝国的海上交通线、海外殖民地——尤其是印度。只要英国没有丧失对本国水域的控制，就没有面临大规模入侵的风险。英国对外依赖粮食等资源和能源，其问题不是面临入侵（invasion）而是围困（investment）。陆军与海军必须协调合作。约翰之兄菲利普（Philip Colomb）比起国防更重视海洋战略，认为海军战争的唯一目的即为争取制海权。③李奇蒙（Admiral Sir Herbert William Richmond）受到科贝特的鼓励和培养，他认为英国在"一战"中应该接受的教训是：海军未能发展其学术机构，并长久忽视军官的高级教育。在1921年华盛顿会议前，他就反对英国海军的造舰计划对大型战舰的偏爱。他认为不应以与其他国家保持物质平等（material parity）的观念来作为计划的基础，而必须重视潜艇和飞机的未来冲击和现实经济因素。他一直试图探究战略智慧

---

① Eric Grove. Twentieth century seapower: A critical account of the role of the historical consultant. *Museum Management and Curatorship*, 1992, 11 (3): 291–295.
② 钮先钟:《战略家: 思想与著作》, 文汇出版社2018年版, 第237页。
③ 钮先钟:《战略家: 思想与著作》, 文汇出版社2018年版, 第222~224页。

(strategic wisdom)。[1]

科贝特（Sir Julian Corbert）赞同马汉和科洛姆关于海军在战争中起主要作用的观点，并断言掌握制海权和控制海上交通线是取得胜利的条件；还提出一系列新的海上作战原则；主张在总决战前采取防御战略；对敌岸实施远距离封锁；以辅助兵力进行小型海上作战等。其理论创新是讨论了海权大国面临的基本战略问题：第一，如何对待处于大陆之间的海洋，即制海权究竟是什么。第二，海军的基本任务是什么，在消灭敌人主力舰队、保护交通线和防御之间，如何确定先后缓急的顺序。第三，对陆地盟友提供支持的方式：海上边缘作战或者封锁支持还是大规模登陆作战，哪一种更为有效。这两种方式之间的矛盾展示了海权强国在做战略选择时面临的巨大挑战和局限。[2]

科贝特对西方军事战略理论的发展所做出的意义最大、影响最为深远的贡献，在于他开启了西方海洋战略理论研究的先河。从语意上来看，海洋（maritime）的对应词是大陆（continental），因此在《海上战略的若干原则》一书中，科贝特在对比分析以克劳塞维茨为代表的大陆战争理论之后，认为以英国为代表的海洋国家也应有其独特的战争理论。正是在此基础上，科贝特提出了一整套可与大陆战争学派相抗衡、与马汉的海权论又有所区别的海洋战略理论。他遵从克劳塞维茨的"战争是政治通过其他手段的继续"的基本逻辑。[3]

科贝特对战争中的进攻与防御问题的分析非常经典：进攻与防御是互为补充的手段，所有战争都必须既是进攻性的又是防御性的。在进攻与防御之间永远没有非此即彼的选择，进攻与防御的比重问题是战争进程中始终需要权衡的。他提出了积极（positive）战争和消极（negative）战争的

---

[1] 王本涛：《简析约翰·科洛姆的帝国防御思想》，载于《广西师范大学学报》（哲学社会科学版）2011年第2期，第128~131页。

[2] 姜鹏、曾晨宇：《海上霸权护持的战略逻辑及其理论困境——科贝特海上战略理论再认识》，载于《军事历史研究》2019年第5期，第99~113页。

[3] ［英］朱利安·S. 科贝特：《海上战略的若干原则》，仇昊译，上海人民出版社2012年版，第11~160页。

概念。进攻优于防御,但防御也具有一些特定优势,发挥这些优势需要保持进攻精神。① 防御是一种积极性受到制约时的状态,而绝不仅仅是消极待战的状态。防御的真正弱点在于,如果任凭防御行动无休止地拖延下去,就有可能削弱己方的进攻精神。科贝特提出了战争的类型包括有限战争和无限战争。海上帝国应遵循有限战争的逻辑,干涉战争属于无限战争中的有限干预,他更偏好于有限战争。海军作战的目标是制海权,主要工具是舰队的组建,具体方法是力量的集中与分散。②

科贝特海权理论的基本原则与马汉有很大的区别:(1)国家的海上战略是为陆地事务服务的,任何海军战略在制订之时都应与它指向的陆地事务相联系。在具体运用方式上,海军与陆军必须紧密配合方是实现目标的最佳途径。(2)海上有限战争是英国权势的根源,即利用强大海军对大陆进行边缘封锁,必要时派遣小规模登陆部队扭转战局。(3)制海权在绝大多数时间是处于争夺之中的,绝对制海权只是一种想象中的、很少出现的现象。(4)保护海上交通线的畅通是拥有制海权的最终衡量标准,而消灭敌方主力舰队并非取得制海权的唯一条件和必然要求。(5)不认为兵力集中和舰队对决具有绝对的决定性意义。③

不幸的是,科贝特的主要思想形成之时正是马汉思想风靡全球之日。1890 年,马汉的《海权对历史的影响,1660—1783》问世,迅速横扫整个欧洲决策层和学术界。马汉理论的耀眼光芒大大遮掩了本该属于科贝特的光辉。但随着马汉理论在现实的校验中面临越来越多的疑问,科贝特的海权理论最终受到人们的重视。当今英美海军学界已经把科贝特当作马汉理论之外的一个可供选择的理论。④

---

① 刘新华、王立坚:《马汉与科贝特海权思想比较研究》,载于《亚太安全与海洋研究》2018 年第 1 期,第 70~87、126 页。

② [英]朱利安·S. 科贝特:《海上战略的若干原则》,仇昊译,上海人民出版社 2012 年版,第 11~23、98 页。

③ 刘晋:《朱利安·科贝特的海军史著与史观——现代海军史学之集大成》,载于《国际关系研究》2019 年第 2 期,第 66~87、157~158 页。

④ 师小芹:《理解海权的另外一条路径——简论朱利安·科贝特的海权理论及其现实意义》,载于《和平与发展》2010 年第 1 期,第 56~63 页。

三、两次世界大战期间的海权思想：韦格纳与卡斯泰

沃尔夫冈·韦格纳（Wolfgang, Wegener）是德国著名的海权战略家，尽管他不像麦金德、科贝特、马汉等地缘政治学者那样广为人知，但《世界大战中的海洋战略》[①]一书中所折射的理论思想已经超脱了海军战术或海权战略视野，而是实现了海权与陆权思想的战略统一，提出"战略为王，战术是仆"，放在国家大战略的维度上综合考量战争与和平时期的海权建设。从思想高度而言，并不比其他著名地缘政治学著作逊色，符合国际政治现实主义的铁律：以权力界定利益，以利益判定威胁。关于德国在战前和"一战"中的海权战略成因及失败教训，韦格纳主要从英德双方对战略据点的诉求；英德战略任务的比较、德国海战思维的陆战化；国家战略体制的运作；战略心理等层面展开论述。韦格纳的著作实际上揭示了一个地缘政治中的反常现象：德国为了与英国展开海军军备竞赛透支了有限的战略资源，作为一个传统的大陆国家，为了发展海军甚至削弱了能够抗衡法俄的陆军实力，但在战争中海军的战略地位却几乎销声匿迹。他提出了一系列战略原则：地理因素决定海战就是争夺制海权的战争；战略与战术不能混为一谈；战略形势会影响决策心理；陆地政策取决于陆上力量，世界政策则依赖于海洋权力；海洋战略的舆论优势等。韦格纳在总结德意志第二帝国海权崛起的经验和教训基础上，提出了具有大战略视野的学说，没有受到他自身海军出身的限制，将德国的海军和陆军协调发展、海权战略和陆权战略的统一运筹、国家外交决策体制和军事体制的配套等方面紧密结合。当然，该著作在充满了智慧光芒的同时，受到当时时代的局限性，作者的思想体系也难免有一些偏执。[②]

[①] ［德］沃尔夫冈·魏格纳：《世界大战中的海军战略》，罗群芳译，社会科学文献出版社2019年版，第1~16页。

[②] ［德］沃尔夫冈·魏格纳：《世界大战中的海军战略》，罗群芳译，社会科学文献出版社2019年版，第1~142页。

法国著名的海权理论家卡斯特海军上将（Admiral Raoul Castex），从1929年开始出版其巨著《战略理论》（Théories stratégiques），共五卷，到1937年才全部完成，对于海洋战略可以算是空前未有的最完整的理论探讨。他的思想似乎是马汉的正统思想与法国少壮派的异端思想之间的最佳整合。在基本海权观念上，卡斯特几乎完全同意马汉的看法，但当他分析现代海军战略问题时，则又时常采纳少壮派的观点。卡斯特以后又曾出任法国海军战争学院的院长，他的思想对于英美两国的海军虽无太大的影响，但在欧陆上却有很广泛的传播。概括地说，对于西方海军思想在两次大战之间的演进，卡斯特及其著作实为一个关键因素。卡斯特相当重视技术因素对海军战争的理论和实践所可能产生的效果。不过，他并不认为这些新的技术发展（例如潜艇和飞机）将使大型水面军舰的重要性受到任何严重的影响。当然，在新的环境中，水面军舰必须采取与过去不同的作战方式，才能发挥其所装备的新武器的功效，尤其是空中优势现在已经变成海洋优势的必要条件。尽管如此，水面兵力仍然像过去一样重要。[①] 海洋战略还是应以海上决战为主要目的。也像其他的欧陆海军战略家一样，卡斯特相信英国的地位正在日渐衰颓，尤其是在未来的时代中，海权所扮演的角色似乎将不会像在帆船时代中那样重要。他认为战略会随着战争的物质条件而改变。最显著的结果即为海权的攻击能力在时间和空间中都已开始减弱。连续封锁的结束使其在时间上的效力降低，潜艇和飞机限制其在空间中的行动，尤其是使其不能进入某些沿岸水域。[②]

四、"冷战"期间的海权思想：戈尔什科夫与莱曼

苏联的老海军学派和新海军学派分别就苏联海权转型的方式和目的做了区别性论述。老海军学派或曰传统派，代表人物包括伏罗希洛夫海军战

[①] Raoul Castex, Théories Stratégiques. Paris, 1929, 1: 276 - 278.
[②] Theoderf Ropp, "Continental Doctrines of Sea Power" Makers of Modern Strategy, 1952, P. 455.

争学院的热尔韦教授和伏龙芝海军学院的彼得罗夫教授等,该学派突出海权与海军战略的独立地位。他们在继承马汉"船舰巨炮"、舰队决战、夺取制海权的攻势思想基础上,做了适当修正,根据苏联陆上安全利益广阔的特殊性,提出了积极防御战略,将苏联的制海权范围缩至陆基力量作战半径内的周边水域,建立相对英美较小的海上作战力量,实现战略实力与目标的平衡。① 强调影响军事攻防平衡的武器技术是不断演进的,提出了均衡舰队的思想。如果过于依赖潜艇等某项技术而不是发展比例均衡的海军结构,就难以保障苏联海上交通线的防卫等利益。新海军学派(现代派)提出了小规模战争理论,鉴于苏联海权力量的羸弱、国土防卫任务的艰巨性,苏联海军的主要任务应是在近海辅助陆上军事行动。该学派主张海权战略应该从属和服务于陆权战略。在舰队结构上摒弃战列舰的主导性地位,而是以飞机、潜艇和轻型水面舰艇为主,实行防御性海权战略思想,侧重近岸防御,反对传统西方攻势海权理论。在新海军学派看来,"只有那些国家经济能力能够办到的理论才有实际意义"②。

戈尔什科夫(Sergey Georgiyevich Gorshkov)是苏联海军元帅,被称为"红色马汉",主要有两部著作:《战争年代与和平时期的海军》和《国家海上威力》。在他看来,国家发展海权的前提是:军事学说的确立、科学技术的成就和发明、经济潜力和军事经济潜力、军事地理条件、历史上的战争经验等。没有一支强大的海军就不能长期占据强国地位,主张建设一支以核潜艇为基础的远洋舰队。对苏联而言,海军在和平时期是政治工具,在战时则是反侵略的强大手段。他主张联合使用陆海军力量、实行统一的军事战略,强调海军的对岸作战任务。他偏好阵地式、防御威慑性的制海权理念,认为制海权是实现国家大战略目标的有效手段而不是目标本身,最终目标应是支持和影响外交政策、陆上战略和陆军战争。他强调海权战略和海军发展的均衡性是动态的,这种变化的条件是:"总的政治形

---

① Herrick R W. Soviet naval strategy: Fifty years of theory and practice. US Naval Institute, 1968, pp. 9–18.

② [苏]谢·格·戈尔什科夫:《国家海上威力》,房方译,海洋出版社 1985 年版,第 338 页。

势（新的力量分布、军事集团的存在、某些国家制度更迭等等）、经济能力、国家军事经济潜力的增长、国内外科学技术的发展、海军任务的改变。"[1] 坚持苏联战略转型的特殊性，海权的发展应与陆权战略相配套协调，"而不应以某国海军为样板，特别是以最强大的海军大国的海军为模式来建设海军"[2]。国家海上威力的组成部分是：海军、运输船队、捕鱼船队和科学考察船队。其中，海军始终起主导作用。[3] 戈尔什科夫提出了核海军制胜论：第一，海军在核时代非但没有过时，反而上升为国家军事战略的主要支柱，必须大力提高海军的战略地位。第二，海军对陆地核突击不仅能解决领土归属问题，而且能对战争进程和结局产生决定性影响，应确立起以海军对陆地核突击为主的海军战略运用方针。针对苏联地缘战略的具体运用，他提出了两个基本观点：首先，海基战略核力量是核时代的"杀手锏"，优先发展核潜艇能够在较短的时间内对敌方构成致命的核威胁，极大地改善苏联面临的战略态势。其次，核时代的海军建设必须遵循"均衡发展"[4] 的基本规律，优先发展能够完成摧毁敌方经济潜力和打垮敌方海上核力量等重要战略任务的兵力，同时相应发展其他海军兵力。[5]

约翰·莱曼（John Lehman）在38岁就当上了里根时期的美国海军部部长，重振了美国海洋霸权。[6] 他重申马汉的海权思想，为海上优势思想寻找理论基础；分析美国的海上环境，为海上优势思想寻找现实根据；利用里根政府对海军的支持，加大宣扬"海上优势"思想的力度。提出海上战略源于并从属于国家安全战略，必须兼顾外交和军事同盟、商业上的依存关系、对能源的依赖、对矿物资源的依赖等，即"外行谈战略，内行谈

---

[1] ［苏］谢·格·戈尔什科夫：《国家海上威力》，房方译，海洋出版社1985年版，第317页。
[2] ［苏］谢·格·戈尔什科夫：《国家海上威力》，房方译，海洋出版社1985年版，第316～317页。
[3] 冯梁主编：《海洋战略大师：理论与实践》，南京大学出版社2017年版，第251页。
[4] 均衡但绝不是平均发展海军，其均衡性在于海军兵种的多元化和互相配合性，而在特定时期内，可以优先发展应对最紧缺任务的兵种。
[5] 冯梁主编：《海洋战略大师：理论与实践》，南京大学出版社2017年版，第277～283页。
[6] Hagan K J. *This people's Navy*: *The Making of American Sea Power*. Simon and Schuster, 1992.

后勤"。他认为海军的基本任务是：负责控制各种国际危机、实施威慑、阻止敌人从海上发起攻击、在战争状态下不让敌人利用海军进行运输活动、战时确保美国及其盟国自由地使用海洋、确保利用海洋支援陆上作战、利用海洋将战场推向敌人一方、在有利条件下结束战争。海上战略必须包含全球性理论和前沿战略、把对威胁的现实评估作为基础、把美国和盟国的海军结合成一个整体。莱曼提出美国要在20世纪80年代末建设一支由600艘舰艇组成的海军，他所考虑的力量规划有三个决定性要素：地理条件、盟国关系、苏联威胁和海上作战需要等。[1] 此外，也是为了满足大西洋和太平洋战区的需求，兼顾平时和战时的使用强度。他的战略思想促进了美国海权理论的进步、提升了美国海军战略地位、推动了美国争夺霸权和赢得"冷战"的进程。但是，也应看到其思想缺陷：风险过大、依赖盟国过多、过分夸大海军作用。[2]

第六节
空权优势论

一、"二战"前的萌芽阶段：杜黑与米切尔

在空权理论发展的早期有三位最著名的思想家，他们是意大利的杜黑（Giulio Douhet），美国的米切尔（William Mitchell）和英国的特伦查德（Hugh Montangue Trenchard）。[3] 他们都是在航空发展的初期，就敏锐地看

---

[1] Peloquin R A. The Navy Ocean Modeling and Prediction Program: From Research To Operations: An Overview. *Oceanography*, 1992, 5 (1): 4-8.
[2] 冯梁主编：《海洋战略大师：理论与实践》，南京大学出版社2017年版，第150~206页。
[3] 宋宜昌：《人与天空：制空权理论与活塞螺旋桨时代》，载于《军事文摘》2017年第7期，第80页。

到航空兵的出现将从根本上改变以往的作战方法,引起军事上的革命,因而他们都主张航空兵应从陆军和海军中独立出来,建成独立空军,取得和陆军、海军平等的地位。

杜黑是意大利军事理论家,于1921年出版《空权论》一书,他理论的核心是空军制胜。他将一国空军的飞机划分为:独立空军的飞机、配属于陆军和海军的飞机以及民用飞机。按照作战用途又分为战斗机、轰炸机、侦察机等。对指挥机构、制空权、飞机主要的作战形式、防空、空军地勤和机场都做了详尽论述。国家不应把有限的资源浪费在附属于陆军和海军的航空部队上,空军应该和陆军、海军并列为独立军种。《空权论》的出版使杜黑成为第一位对现代空军做出系统性阐述的军事理论家。①

他认为空权已经带来战略革命,可以直接毁灭敌国的心脏,而无须再照传统战略观念,在地(海)面上进行长期而艰苦的战斗,握有制空权意味着居于一种能运用巨大攻势权力(offensive power)的地位,此种权力之大是人类所难以想象的。它意味着能切断敌方陆海军与其作战基地之间的关系,并消灭其赢得战争的机会。它意味着本国可获完全保护,本国陆海军可采取有效行动,本国人民可以安居乐业。简言之,它意味一种"赢的地位"(position to win)。反而言之,在空中被击败即为最后的失败。从此就只好听人宰割,并丧失一切自卫机会。② 他之所以这样想是基于下述两点理由:(1)飞机能透过三度空间,打击地面任何目标,其所受限制仅为其本身的航程和对方的抵抗。(2)空权现已成为战争中的一个完整而必要的因素,传统的陆海军作战都已降居辅助地位。于是杜黑作出结论:欲求确保适当的国防,则在战争中必须居于能够夺得制空权的地位。这是必要(necessary)条件,也是充足(sufficient)条件。③

社会组织的现有形式已使战争具有一种国家总体性(national totality)。

---

① 张柯:《地缘政治理论的历史演进》,载于《赤峰学院学报》(汉文哲学社会科学版)2016年第3期,第112~114页。
② Giulio Douhet. The Command of the Air, New York, 1942, P. 23.
③ Giulio Douhet. The Command of the Air, New York, 1942, P. 28.

换言之，国家的全体人口和一切资源都已卷入战争旋涡之中。因此，可以想见未来战争在性质上和范围上都会日趋于总体化。① 杜黑一直都在不断地提倡三军整合的观念，认为国防政策和军事组织都必须总体化。他曾感慨地说："有陆战、海战、空战的理论。这些理论都已存在、演进和发展，但一个战争的理论（a theory of war）则几乎还是未知（almost unknown）。"由于他的鼓吹，意大利在1927年终于成立了一个统合的国防部，这也是世界上最早的国防部。② 他的理论虽夸大了空军的作用，如连续的空袭会使民心和斗志迅速瓦解的观点，否定局部制空权思想以及防空无用论，等等，但是在当时具有革命性和先进性，得到了西方某些军事家的支持，造成了极大的影响，在法西斯德国的"闪击战"理论，美英及其他国家的轰炸航空兵战斗使用的理论和实践中都有反映。③

特伦查德是一个实干家和组织者，对皇家空军的参谋部和支援系统有着极大的贡献。他的工作对米切尔的空军理论有着重大影响。④ 米切尔首先为空中力量（air power）这一概念作出经典性定义。和杜黑一样，他认为航空兵的出现不仅仅是炮火的延伸，而是改变了战争的面貌，导致作战方法上的革命。在未来战争中，空军是决定性力量，陆军和海军将丧失它们以前在战争中的地位。飞机可以击毁任何水面舰艇，断定战列舰称霸海上的时代已经过去了。在未来仅凭轰炸的威胁，空军即能迫使都市人口疏散、工业生产停止。在战争中欲获持久的胜利，则敌国制造战争的力量必须予以毁灭……在敌国心脏中作战的飞机能在难以置信的短时间内达到此一目的。⑤ 主张空军使用的飞机要分成驱逐机、轰炸机

---

① Giulio Douhet. *The Command of the Air*, New York, 1942, P. 50.
② Edward Warner. Douhet, Mitchell, Seversky, *Makers of Modern Strategy*, 1952, P. 495.
③ 荣小雪、赵江波：《浅谈军事理论创新与军事技术——兼谈杜黑军事技术思想对加强我国军事理论创新的意义》，第四届全国军事技术哲学学术研讨会，2013年；赵江波、荣小雪：《杜黑军事技术思想的哲学意蕴》，第四届全国军事技术哲学学术研讨会，2013年。
④ 戎振华、李景龙：《他是最早意识到航空将引发战争巨变的先驱者之一他帮助创造了一个飞行的世纪——"英国皇家空军之父"：休·M. 特伦查德》，载于《国际展望》2004年第8期，第82~85页。
⑤ William Mitchell. *Winged Defense*. Putman's son, 1925, P. 126.

和强击机三个机种，组成空军三大兵种——驱逐航空兵、轰炸航空兵和强击航空兵。这在 20 世纪 20 年代无疑是十分先进的思想。空中力量大规模而持久的发展，必须建立在坚实的商业航空基础之上。米切尔的这一思想在德国得到了证明。

第一次世界大战后作为战败国的德国受《凡尔赛和约》的限制，不能发展空军，却用发展民航的方法奠定了发展空军的基础。[①] 相对于系统阐述空军理论的杜黑而言，米切尔所起的作用并不是一位有创见的思想家的作用，而是一位行动家和实践家的作用。他懂得如何掌握运用空军的基本原理，并使这些原理发挥作用。他是美国空军的领袖和创始人之一。到了"冷战"后，随着洲际战略轰炸机的出现加上携带的核武器，单独空军就可以对一国实施毁灭性打击。[②] 1999 年，北约对南斯拉夫联盟共和国（以下简称"南联盟"）主要依靠空袭，经过 78 天轰炸使得南联盟最终妥协。空权理论的观点在现代战争中得以印证。

二、从制空权到制天权理论

空中运动不是和陆上运动、海上运动方式并列的第三种运动方式，而只是这两种运动的一个补充。特别是，如果全面战争被排除的话，空军只有在能够为陆军或海军提供一定优势时，才能成为决定性的力量。

航空时代的到来使地缘政治思想出现了许多不同观点。1942 年，乔治·雷纳（George Renner）提出，航空线已将欧亚心脏区和较小的第二个盎格鲁美洲心脏区联结在一起，穿过北极冰原，在北半球形成一个新的扩大的心脏区。这个新的枢纽地区的一个主要特点是它的北极冰原，两侧的欧亚大陆部分和盎格鲁美洲部分彼此都容易受到双方的攻击。这个枢纽地区还有一个优点，就是它提供了穿过北极内部的空中、海上、陆上通道；

[①] ［美］威廉·米切尔：《空中国防论》，李纯等译，解放军出版社 1989 年版，第 9 页。
[②] 张志远：《浅析地缘政治思想渊源与流变》，载于《黑龙江史志》2015 年第 9 期，第 239 页。

北极作为运动的舞台，可能会成为控制心脏区进而控制世界的关键。①

亚历山大·德·塞维尔斯基（Alexander P. de Seversky）被称为战略地理航天学派的先驱，其世界图是以北极为中心的等距方位投影图。西半球位于北极以南，欧亚非位于北极以北。这又是一种旧世界—新世界的划分法。北美的"空中控制区"是拉丁美洲（被美国视为资源和制造业的后备区），苏联的空中控制区是南亚、东南亚和撒哈拉以南的非洲。在北美空中控制区和苏联空中控制区重叠的地方（包括盎格鲁美洲、欧亚心脏区、欧洲近海地区、北非、中东），塞维尔斯基认为是决定性地区。按照他的观点，将在这里争夺空中霸权和世界控制权。空中霸权以及随之而来的对北半球决定性地区的控制，可以由一个大国通过全面空中战争来获得。②

虽然塞维尔斯基说只有美国、苏联，可能还有英国具有成为"世界大国"的潜力，但在理论上，任何国家只要有必要的军事装备、复兴的实力以及意志都能实现这种控制。这个国家可以位于北半球决定性地区，也可以位于地球上任何地点，例如阿根廷或澳大利亚，因为有人驾驶轰炸机和导弹已成为真正的洲际武器。因此，塞维尔斯基的观点引出了两个结论：（1）"空中孤立主义"，建议把世界分成能生存的两部分；（2）"统一的全球观"，认为在全面战争情况下，军事装备领先的大国不论位于何处，都能控制世界。③

约翰·斯莱塞爵士（John Slessor）对《孙子兵法》很推崇，认为孙子2000年前写的东西就像是昨天刚写的一样，一点都没有过时的感觉。1954年，他出版了专著《西方战略》。该书认为世界已进入联盟时代，西方应采取广泛的联盟战略或世界战略。当今任何大国都不可能有本国的独立战略，所谓"国家战略"是不存在的。他还说，在当今的世界，进行一场世界大战无异于人类集体自杀。他是战后空权学派的代表人物，但他也认为

---

① 蒲瑶：《地缘政治理论的历史、现状与发展趋势——兼论中国的空间安全》，载于《社会科学家》2008年第6期，第144~147页。
② 李大光：《试论制天权》，载于《装备指挥技术学院学报》2004年第3期，第55~60页。
③ 李冬、赵新国、黄程林：《空间作战及其指挥概念研究》，载于《装备指挥技术学院学报》2003年第5期，第42~45页。

空中运动不是和陆上运动、海上运动方式并列的第三种运动方式，而只是这两种运动的一个补充。特别是，如果全面战争被排除的话，空军只有在能够为陆军或海军提供一定优势时，才能成为决定性的力量。① 斯莱塞爵士是一位把飞机运载的核武器作为对总体战的"伟大威慑力量"的鼓吹者。在排除总体战之后，他断定空中力量的作用在于加强陆上和海上部队。他认为，即使是对西欧的入侵，也可以用有限的空中进攻、陆上防御予以击退，可以阻止侵略而不必进行全面核战争。斯莱塞的战略思想遵循的是边缘区—心脏区平衡论。在他看来，有限战争的可能战场是中东和东南亚，空中力量在那里将是得到海上支援的陆上作战的关键性补充力量。②

1982年出版的《高边疆——新的国家战略》一书是"星球大战"计划的理论基础。曾任美国国家安全委员会特种计划室主任和国家安全事务助理的退役陆军中将丹尼尔·奥·格雷厄姆（Daniel O. Graham）在这本书中勾勒出美国未来的太空军作战蓝图。格雷厄姆提出的"高边疆"（high frontier）概念就是指太空领域，他暗示美国应该对地球的外层空间进行新的开拓，从而使得太空领域成为美国新的边疆。③ 他认为，20世纪80年代初，随着微电子、计算机、自动控制等技术的飞跃发展，美国武装"高边疆"的时机已经走向成熟。格雷厄姆坚信，利用天基防御系统可以挫败苏联的大规模导弹袭击。他规划的整套战略防御系统中，包括可以用激光和粒子束武器在太空中对导弹进行拦截的轨道飞行器，还有能多次出入大气层、用于军事的空天飞机。格雷厄姆甚至规划在外层空间建立空天母舰，使美国的军事活动范围延伸到整个"地月空间"（地球和月球之间的空域）。充分利用美国的科技优势，开拓宇宙空间的"战略要地"，谋求对苏联的空间优势。（1）最大限度地利用美国的空间技术，"提供对核导弹的

---

① 张良：《太空战，未来战争的"制高点"》，载于《生命与灾害》2020年第1期，第10~13页。

② [美] T. N. 杜派等：《哈珀-柯林斯世界军事人物全书》，传海译，中国友谊出版社1998年版，第663页。

③ Knoblauch W M. Selling "Star Wars" in American Mass Media//Media and the Cold War in the 1980s. Palgrave Macmillan, Cham, 2019, pp. 19-42.

空间防御"。(2)"获取宇宙空间的丰富资源，发展太空工业、商业、运输业"，促进美国经济、技术的进步。"星球大战计划"就是在这一战略思想的基础上形成的。①

第七节
"冷战"期间对地缘政治学的战略研究

"二战"结束后，地缘政治格局的现实情况并没有出现麦金德所设想的在北极附近由陆间大洋与心脏地带组成的环形地带，实现陆权国家与海权国家为持久和平组成的联盟，也没有出现斯拜克曼所预想的由美国、英国和苏联合作以防止边缘地区强国的出现而建立的有效的安全制度。相反，出现了新的对立，成为"冷战"中的地缘政治上的两极体系。原来的战时同盟与合作分裂了，形成了分裂的世界。② 这种分裂的世界的地缘政治格局的特征虽然也发生了变化，但基本特征并无大变化，而且在某种程度上反映了海权与陆权的对立，也反映了心脏地带与边缘地带学说那种相近的地区战略格局。同时，这种格局虽然相互对立，在全世界范围内你争我夺，也在局部范围内出现相当规模的"热战"，关键地方发生严重的核对峙，但并未发展成为超级大国之间的"热战"，也未出现世界性的大战。从20世纪40年代中期开始的，这种两极对峙的分裂的地缘政治格局终于随着1991年12月苏联解体而不复存在。

一、对地缘政治要素与冲突关系的探讨

20世纪70年代中期，乔治·利斯卡（George Liska）考察了冲突和地

---

① ［美］丹尼尔·奥·格雷厄姆：《高边疆：新的国家战略》，张健志等译，军事科学出版社1988年版，第1~72页。
② 叶滨鸿、程杨、王利、杨林生：《后冷战时代国际地缘关系思考》，载于《世界地理研究》2020年第3期，第451~459页。

缘政治要素，认为大陆国家与海洋国家的冲突是一种历史上反复出现的现象，尤其是在欧洲国际体系范围内。"大陆国家与海洋国家的性质差距一般不能通过竞争或其他互动消除。某一大陆强国走上舞台，就要夺取出海口，以扩大权力投射的范围，并不断从大陆体系向大洋体系扩展，而海上主导国则要抵制和否决大陆强国的扩张。此时，陆权国家与海权国家的冲突就会明显表现出来。"①

罗伯特·霍尔特（Robert Holt）和约翰·特纳（John E. Turner）认为，与非岛国相比，岛国同其他国家的交往更加主动，所能采取的对外战略也更为有限。英国和日本的地缘战略存在相似之处：都曾试图占据欧亚大陆的一部分，特别是要占据那些能入侵它们的地区；都试图通过支持较弱的联盟来维持大陆国家之间的均势；都谋求同该地区以外的国家建立联盟，以加强它们对于临近大陆国家的优势地位。② 理查德·梅里特（Richard Merritt）对领土分散的国家进行了研究，以确定领土分散对政治单元一体化的影响，认为离心力随着距离的增加而增加。尤其是在信息时代之前，领土分散的国家依靠外部环境来保持其地理上分割的各部分之间的交往联系。这些国家对交通极度依赖，使它们对国际环境中能影响交通的变动十分敏感。③

保罗·迪尔（Paul F. Diehl）、莱维斯·理查森（Lweis F. Richardson）、哈维·斯塔尔（Harvey Starr）、本杰明·莫斯特（Benjamin A. Most）、约翰·奥洛克林（John O'Loughlin）等学者对地理因素与国家冲突的关系进行了详细探讨。迪尔提出研究地理与冲突关系的两个重要议题：地理因素如何影响国家间的战争与冲突的可能性；地理因素本身就是冲突的根源，即以控制特定领土地区为战略目标的冲突。④ 理查森认为，国家的边界长

---

① George liska. *Quest for Equilibrium: America and the Balance of Power on Land and Sea.* Baltimore and London: Johns Hopkins Press, 1977, P. 4.

② Robert T. Holt and John E. Turner. "Insular Polities," in James N. Rosenau, ed., Linkage Politics. New York: Free Press, 1969, pp. 199–236.

③ Robert L. Merritt. "Noncontiguity and Political Integration", in Rosenau, ed., Linkage Politics, pp. 237–272.

④ Paul F. Diehl. "Geograpy and War: A Review and Assessment of the Empirical Literature", *International Interactions*, 1991, 17（1）: 16–23.

度与该国的交战范围之间有很强的正相关关系：共享边界越长，也就增加了国家间互动的数量和类型，国家越可能成为国际冲突的一方。①

斯塔尔和莫斯特进一步提出：即使是海外飞地远离母国领土，也会增加与飞地邻近的国家冲突的概率。此外，他们还认为：一个国家更可能从邻国而不是相距遥远的国家那里感受到威胁。拥有广阔边界的国家面临着一个安全上的两难困境，即它们要对付的具有潜在侵略性的邻国不止一个。国家更倾向于保卫邻近本国的土地而不是通过军事手段占领相对遥远的新领土。相临与以保卫领土的意愿之间有密切关系。② 奥洛克林指出，边界与战争的关系必定扩大到包括空间影响力，这种影响会扩展与冲突临近的国家，但它们并不是冲突的直接参与者。正如第一次世界大战爆发前夕那样，冲突的地理范围迅速扩大，导致奥匈帝国与塞尔维亚的冲突升级为全欧洲的体系大战。③ 安德鲁·柯比（Andrew M. Kirby）和迈克尔·沃德（Michael D. Ward）认为，一个区域内拥有共同边界的国家之间往往容易爆发军事冲突。这些国家所在的地区构成了破碎带（shatterbelts）。④

二、克莱因的综合国力方程

克莱因（Ray S. Cline）是美国战略研究的学者，他以地质学的"板块结构"为类比，把世界划分为 11 个政治结构区。其中，北美洲，苏俄，中国、朝鲜与中南半岛这三个政治结构区是最重要的。其次是西欧，中东，南亚次大陆，除中南半岛外的东南亚各国，除中国和朝鲜外的东北亚。这五个区域之外被一个南半球国家组成的外圈包围，即南美洲，中非

---

① Lweis F. Richardson. *Statistics of Deadly Quarrels*. Chicago：Quadrangle Books，1960.

② Harvey Starr and Benjamin A. Most，"The Substance and Study of Borders in International Relations Research"，*International Studies Quarterly*，1976，20（4）：581－621.

③ John O'Loughlin．"Spatial Models of International Conflicts：Extending Current Theories of War Behavior"，*Annals of the Association of American Geographers*，1986，76（1）：63－79.

④ Andrew M. Kirby and Michael D. Ward．"The Spatial Analysis of Peace and War"，*Comparative Political Studies*，1987，20（3）：303－304.

洲和南非洲，澳大利亚和新西兰。他从人口、领土、经济和军事能力、国家战略及国家意志等要素，对上述各区域的国家进行了国力比较研究，认为：美国在20世纪70~80年代应同这些强国中在战略上与美有共同利益的国家，建立一种类似公元前5世纪雅典联盟的核心同盟有限系统。由于这些国家之间联系的是大西洋和太平洋海上通道，因此可以称为"海洋同盟"（后改为"全洋同盟"）。他提出国力评估公式，即 PP = (C + E + M) × (S + W)；其中，C代表人口和领土，E代表经济实力，M代表军事实力，S代表战略意图，W代表国家意志。他把决定综合国力的众多要素大大简化了，其战略目标、国民意志、政府要素、政策水平等要素也很难找到一个客观统一的估价标准，因而克莱因评分往往带着各评分人主观臆断的偏见。同时，克莱因公式是静态的，即没有从时间流程变化来估算综合国力，无法评价同一国家在各不同历史时期的综合国力变化状态。[①]

三、哈特向的"国家职能论"

哈特向（R. Hartshorne）对地理学的基本理论问题研究有重大贡献，他继承了传统地理学的区域观点，总结了德国赫特纳及美国索尔的理论，成为区域地理学理论的继承者。他于20世纪20~30年代研究了农业区域、运输和城市的发展、气候与工业区位、美国的种族分布及有关政治地理等问题。1926年发表的关于地理学中位置因素对制造业影响的论文，指出与原料来源、市场、劳动力有关的位置要比与地形、水系、土壤和气候有关的位置更为重要。1939年出版其代表性著作《地理学的性质》，明确提出地理学的研究对象是地域分异。1959年又写出《地理学性质的透视》一书，重新对地理学性质作出评价，系统地阐述地理学的统一性和建立科学

[①] 张继鹏、刘德鑫、张家来：《关于综合国力评价克莱因理论模型的缺陷性分析》，载于《当代经济科学》2006年第1期，第75~80、132~133页。

法则等问题,被广泛视为权威性著作。他运用职能论模式研究战略地理问题,职能论模式的核心是从实用方面研究对政治核心地域的向心力和离心力。他认为,促进地域统一的向心力和促进地域分化的离心力相互作用,形成空间的政治结构。当该结构中的离心力大于向心力时,结构的边界就会产生变化,反之则保持原状。对国家来说,向心力或离心力形成及变化的基础是民族观念。[1]

四、琼斯的"统一场"

斯蒂芬·琼斯(Stephen B. Jones)是创立"统一场"(unified field)模式研究战略地理问题的美国学者。"统一场"模式的理论提出于20世纪70年代,理论核心是五个相互关联的观点:政治理想—决策—运动—场—政治地域。琼斯提出,这个连环链不应被当作一种固体来看待,它是可以流动的,而且无孔不入。[2] 他试图揭示出地理学与政治学之间必然存在的一个连续统一体,把政治学的研究与政治地理学的研究统一起来;也试图用该概念统一政治地理学中一些著名学者的思想,提出一个更完善的理论构想。琼斯认为,哈特向的政治地理学思想核心是政治区域(国家),把政治地理学视为分布学或形态学,很少涉及政治事件、政治权力、政治过程等,割裂了区域与事件、权力、过程的内在联系。虽然哈特向后来否定了自己的这种观点,提出了政治职能理论,但其职能过程的研究以及向心力与离心力的分析,强调的实质仍为国家区域,限于组织起来的国家。向心力中的国家观念,离心力中政治态度差异,都是仅指国家而言。当然两种力量并非总是发生空间冲突,而在交叉点上相适应。琼斯的"统一场"论认为,观念与国家只是一个政治链的两个端点,在两者之间还有其他三

---

[1] Harvey F, Wardenga U. Richard Hartshorne's adaptation of Alfred Hettner's system of geography. *Journal of Historical Geography*, 2006, 32 (2): 422-440.
[2] Combs C S, Schmisseur J D, Bathel B F, et al. Unsteady Analysis of Shock-Wave/Boundary-Layer Interaction Experiments at Mach 4.2. *AIAA Journal*, 2019, 57 (11): 4715-4724.

个环节，完整的政治链为政治观念—政治决策—政治运动—政治场—政治区域，被称作"观念—区域链"。该链条不能想象成由分离的环构成，而类似于一连串湖泊或盆地链，相互之间存在联系和影响，人的政治活动按这一链条依次进行。①

五、科恩的地缘政治辖区思想

索尔·科恩（Cohen S. B.）是第二次世界大战后美国著名的地理学家兼教育学家，他将地缘政治学定义为：对在地理环境与视角为一端和以政治过程为另一端的这两者之间的互动分析。地理被用空间术语定义为"位置"和两者及两者以上之间的联系。他强调以运动的观点研究战略地理模型，因为技术的进步、政治思想的改变、人口的再分布和新贸易典型的出现都足以使地理现实发生变化。为了使战略的研究与地理的研究之间保持一种不与时代脱节的关系，就必须把研究的焦点放在人、思想和货物的运动上，而这种运动又包含三个要素：孔道或路线；域，包括孔道的起点和路线的终点；场，即孔道和域所在的空间（包括海、陆、空）。他还提出根据国家在政治、文化、经济等方面的联系划分国际战略地理区。② 科恩揭示了地理与政治力量互动形成的地缘政治结构以及引导结构内部发生变化的发展过程。地缘政治结构由地缘政治模式与特征组成。"模式"是指地缘政治单位的形状、规模和自然与人文地理特征以及将它们连在一起的种种网络。"特征"是指政治地理节点、区域以及边界或分界线。地缘政治结构包括：地缘战略辖区（宏观层）；地缘政治区即辖区的次级部分（中观层）；民族国家、高度自治地区、准国家等（微观层）。

科恩还提出了"破碎地带"（shatterbelts）、门户国家等概念，并将地缘政治演变历史和地缘政治现状，从全球和地区体系（或系统）视角进行

---

① 宋保平：《现代政治地理学研究对象的基础理论——琼斯的统一场论》，载于《人文地理》1990年第2期，第64~66页。

② 陈力：《战略地理论》，解放军出版社1990年版，第54~55页。

了论述。在他看来，随着新的地缘政治结构和均衡力量的诞生，引领"冷战"时期全球体系演变的发展原则又重新恢复活力，为预见 21 世纪地缘政治轮廓提供了基础。[1] 本质上，这些发展原则认为系统——包括人文和生物学的——呈阶段性演变态势，从原子化和无差异化到差异化、专业化，再到专业化和一体化。在一个较强国家也许没有能力或者不愿意运用军事力量去实现其特殊目标，或者将其作为停止冲突的手段的情况下，那么国际及地区性机构经常能更有效地维护体系稳定。[2] 1991～1994 年，科恩修改了他的学说观点：第一，"破碎地带"只剩下了中东地区，东南亚和非洲的"破碎地带"已经不复存在了。第二，南部非洲和南美是"四分之一地球的战略边缘区"。第三，提出"通道概念"，包括通道区和通道国家。这些地方往往具有特殊的历史和文化，自己的语言、宗教、较高的教育，与外部地区有方便的海陆通道。它在经济上往往比其母体核心区还发达，具有经济和制造方面的传统。由于战略位置和缺乏武装，需要母体的保护，因资源缺乏、市场有限，经济上对母体有较大的依赖。[3]

六、伍承祖的"环区"理论

20 世纪 80 年代，美籍华人学者伍承祖提出了以空权思想为基础的"环区"理论，应以北极投影为基础的地球观来观察世界。亚、欧、非、美洲是连成一体的"世界大陆"，被太平洋、印度洋和大西洋的"环球海洋"所围绕，形成了以北极圈为中心的内环区和外环区的世界战略地理结构。内环是世界的枢纽，美苏"冷战"处于僵持状态，但从长远看，谁在

---

[1] Far M S. An exploration on integrated spatial issues in geopolitical conflict zones to describe the conceptual framework of "Geopolitical Brownfields", 2015.

[2] ［美］索尔·科恩：《地缘政治学：国际关系的地理学》，严春松译，上海社会科学院出版社 2011 年版，第 33～433 页。

[3] Venier P. Main theoretical currents in geopolitical thought in the twentieth Century. L'Espace Politique. *Revue en ligne de géographie politique et de géopolitique*, 2011 (12).

经济和军事上占据优势,就可以控制内环区,进而控制世界。① 伍承祖以气象学中的气旋和反气旋概念来类比两个环区的战略地理关系:内环区好比反气旋,是高气压区,区内处于相对稳定状态,但有向低气压区膨胀的趋势;外环区好比气旋,是低气压区,区内处于极不稳定的状态。苏美在内环区内的争夺相持不下,处于"冷战"僵持的局面,但由于资源枯竭,势必向外扩张,并利用外环区不稳定的局面,支持不同派别集团或寻找代理人,从而使外环区更加动荡不安。此外,伍承祖还提出了四个"地中海"(包括欧非之间的地中海水域、亚澳之间的西南太平洋和马六甲海峡、北美和南美之间的加勒比海水域、北美与欧亚大陆之间的北冰洋)和三大战略水道的概念(北太平洋、北印度洋、北大西洋)来分析内外环区之间的交通联系情况。谁控制了四个"地中海"和三大洋战略水道,谁就在海上霸权方面取得了优势,进而统治世界。②

七、奥沙利文的地理战略论

奥沙利文(Patrick O'Sullivan)有三本代表性专著,分别为《战争地理论》③《地理经济论》④ 和《地理政治论》⑤。在他看来,战略战术问题实质上就是地缘政治问题。他将战略行动的地理范围分成下面四类:(1)局部规模——涉及师以下规模的战役、战术决心。(2)战役规模——主力野战部队的机动和支援。(3)地区规模——涉及战区范围内的战略展开及考虑战局问题。(4)全球规模——属大战略范畴,涉及地缘政治目的策略,以及全球战略体系的谋划等问题。⑥ 他认为,最重大的战略决策实质上是地

---

① 《国防现代化发展战略研究》,军事译文出版社 1986 年版,第 366 页。
② 《国防现代化发展战略研究》,军事译文出版社 1986 年版,第 375 页。
③ [英] P. 奥沙利文:《战争地理学》,郑衡译,解放军出版社 1988 年版。
④ Patrick O'sullivan. *Geographical Economics*, Palgrave Macmillan UK, 1981.
⑤ [英] P. 奥沙利文:《地理政治论——国际间的竞争与合作》,李亦鸣等译,国际文化出版公司 1991 年版。
⑥ 熊琛然、王礼茂、屈秋实、向宁、王博:《地理学之地缘政治学与地缘经济学:学科之争抑或学科融合?》,载于《世界地理研究》2020 年第 2 期,第 296~306 页。

缘政治，因此，对地理分析如有出入，就可能导致整个战略决策上的差错。如果要动用武力谋求地缘政治目的，那么，有利的战略态势显然要建立在战术上可行这一基础上。火力配系与通信网设置的技术或机动性为各种战区遂行进攻或防御创造了有利条件。攻、防双方之间的均势，随着武器、机动力和通信系统的变化而变化，甚至可以说随着地形的变化而变化。由此可见，攻、防两方的态势发生变化，可能使整个军事力量对比发生变化，从而导致大战略和全球目标格局方面的变化。①

显然，不同规模和等级的决策间是密切联系的。然而，不同地理规模有截然不同的问题，而相邻的不同级别之间的军事行动又是互相联系在一起的。例如，指导战局的战略受大战略决策所支配，而它又左右着战役战术。全球范围内能做些什么，要受制于具体战区内能达成什么；而战区内能实现什么，又要决定于战术执行顺利与否。据此看来，关于军事地理学的讨论完全从局部的战役战术开始，以此为基础，再向有关的更大的范围拓展，这样做是恰当的，为弄清楚战术与地形之间的关系究竟如何，就必须研讨一下情报、后勤和各种战术。②奥沙利文论述在各种环境条件下的常规战争中战术和地形之间的关系，在此基础上再探讨战略决策和大规模战争的组织指挥问题。必须重视各种类型的战略问题，以及战争当中（而不是战斗当中）的情报需求和后勤保障问题。他称涉及这样大地理规模的战略为战局战略。在他看来，需要特别重视的也正是这种规模内的海战、空战和核战问题。③

讨论海上力量和空中力量，势必要涉及地缘政治学和大战略问题。为谋求全球目标，可供挑选的抉择和所能采取的行动往往受到机动能力和作战能力的限度所制约。因比，这又与全球规模后勤保障和武器系统谋略联

---

① 洪菊花、骆华松：《地缘政治与地缘经济之争及中国地缘战略方向》，载于《经济地理》2015年第12期，第26~36页。
② 刘雪莲、徐立恒：《当代地缘政治学研究的新视域与新动向》，载于《山东社会科学》2011年第1期，第134~137页。
③ 陆俊元：《论地缘政治中的技术因素》，载于《国际关系学院学报》2005年第6期，第9~14页。

系在一起了。要讨论全球后勤保障和武器系统问题,就必定要较为广泛地讨论游击战和城市作战这两种越来越重要的非正规作战样式问题。虽然火箭核武器已将地球变成各向同性球体,使各种测地线变为长程圆,使地面的环境条件无关紧要,但是,唯一的真正的胜利在于对人民、对领土的控制,这依然没有变。而要取得对人民、对领土的控制,地球表面是必须予以置身其境的。由此可见,地面构成特征和军事地理学仍然是必须从政治上予以考虑的重大课题。[1]

奥沙利文详细研究了地理距离对国家战略关系的影响,认为国家决策者有其政治地理的意象地图(mental maps)。一个国家与列强大国之间的距离越远,保持中立的前景越好。只有让决策者脑中的意象地图与客观的地理现实尽可能吻合,才有助于避免地理的错觉和扩张野心。权力欲和控制欲始终是决定和操纵国家关系的人们的动机和世界观念。[2] 奥沙利文借助行为地理学中的"感知"概念,研究它如何作用于政策引导。国家的基础是地域性的,而且国际竞争的焦点在于领土的控制。一国在边境之外增加强权,不管目的如何,发动国的力量将随着距离的延长而减弱。

距离的磨损(distance friction)并不会随着技术的进步而作为忽略的变量,博尔丁(Boulding)提出的"力量梯度损失"(loss of strength gradient)依然有效。除了距离损失外,在控制越来越辽阔领土的能量耗费以及对远离本土的遥远地方缺乏亲熟性(familiarity),可以严重地影响扩张者的民族精神和国家意志。霸权并不意味着它是势力范围完整的政治一体化,而是在一个地域内排除对手并使其指令生效的支配能力,如果霸权扩张的地理范围过大,在辽阔地带匀称着展力量,那么随着每一次帝国半径范围的扩张,其实力的效能一定以 2π 的比率削弱。同样的军力在越来越大的圆周内扩散,其密度和强度会相应削减。传递实力的量度是作用的

---

[1] 葛汉文:《批判地缘政治学的发展与地缘政治研究的未来》,载于《国际观察》2010年第4期,第42~48页。

[2] 周骁男、陈才:《论地缘政治与地缘经济的研究范式》,载于《东北师大学报》(哲学社会科学版)2007年第2期,第76~80页。

合力，不仅有传递者的声誉之大小，也有接受者所能接受的程度以及两者间沿途上的磨损消耗。在奥沙利文看来，衡量实力和国家之间的势力流量（flow of influence），应包括绘制一幅完整的势力场（field of influence），即世界不同地方的人口集团之间军事的、外交的、经济的和文化的关系。[①]

奥沙利文指出，现行的国际商贸交往的格局虽然既不代表政治均势也不代表经济均衡，但它提供了国家间利益分享的地图。他分析了美苏"冷战"时期的地缘经济格局：在美洲、欧洲的大西洋沿岸，南非、中东、印度、日本、菲律宾和澳大利亚等地，美国经济占有无可置疑的支配地位。相反，苏联经济仅在东欧、阿富汗、蒙古国以及古巴和埃塞俄比亚占主导。20世纪80年代有两个经济活跃的贸易区：以西欧为中心周围吸引着东欧、非洲和西南非洲；另一个是经济爆发式增长的地区，它以日本为焦点连接着太平洋沿岸地区，包括经济上活跃的韩国、新加坡和中国香港、中国台湾等。虽然美国在这两个地区发挥主导作用，但未能胜过这些地区内在的经济活力，经济事务中的远程磨损对促进形成若干全球性的区域国家集团有重要作用，并在不同程度上动摇了美苏两极格局。[②]

第八节
"后冷战时代"地缘理论的多元化趋势

一、基辛格的地缘均势论

基辛格（Henry Alfred Kissinger）对"冷战"后的世界地缘政治格局未

[①] 温志宏：《距离分析：地缘经济关系评价的一种方法》，载于《统计与决策》1998年第1期，第3~5页。

[②] 王存胜：《海洋性国家地缘战略思想传统刍论》，载于《淮北师范大学学报》（哲学社会科学版）2012年第6期，第67~71页。

来变化与美国的作用做了充分的阐述。① 在"冷战"世界中,传统力量概念,即军事、政治和经济力量是关联的、对等的概念失效了,出现了各力量的因素相互分离。② 例如苏联是一个军事超级大国,在经济上却较差。反之,日本是个经济巨人,可军事力量较弱。在"冷战"后,上述各因素将结合更加紧密,也更加对等。这样,在美国军事与经济地位逐渐下降的过程中,其他军事与经济相结合的大国出现,新的国际体系将趋于均衡。基辛格认为,那些肩负着建设世界新秩序的最重要的国家都没有处理多国体系的经验,而这一体系正在形成。当今的新秩序还必须将历史上均势体系的属性与全世界的民主思潮及当代的技术迅速发展结合起来。在历史上最稳定的两个国际体系,即维也纳会议体系和"二战"后由美国主导的体系,它们都有着观念上一致的有利之处。维也纳会议上的政治家都是贵族,他们对于形而上的东西有着相同的看法,而对本质性的东西能够达成一致;决定战后世界历史进程的美国领导人来自一个特别一致的思想传统。③

"冷战"后的秩序将不得不由那些代表极为不同文化的政治家建成。基辛格对世界新秩序的展望是,从美国来看,重要的是不让欧亚大陆的任何一半——欧洲或亚洲——出现一个占据支配地位的大国,其出现将是一个对美国形成战略威胁的明显标志,无论有没有"冷战"都是一样。因为由此而形成的集团将具备在经济上,而最终是在军事上,超过美国的能力。美国必须抗击这种危险,即使这个居于支配地位的大国显得十分友善;因为其意图一旦变化,美国就会发现自己进行有效的抵抗和扭转事态的能力将大大减弱。为了防止上述情况出现,基辛格对欧洲与亚洲作了地缘政治的战略分析。对于 21 世纪的世界新秩序中美国的作用,基辛格认

---

① Gaffar M A. Book Review: Henry Kissinger, World Order: Reflections on the Character of Nations and the Course of History, 2016. [美] 亨利·基辛格:《大外交》,顾淑馨等译,海南出版社 1998 年版; [美] 亨利·基辛格:《美国的全球战略》,胡利平译,海南出版社 2012 年版。[美] 亨利·基辛格:《论中国》,胡利平等译,中信出版社 2012 年版。

② 佟心平:《基辛格的外交理论——评基辛格的〈大外交〉》,载于《外交学院学报》1999 年第 3 期,第 90~96 页。

③ Bodoni C. Henry A. Kissinger The Balance of Power's Theorist in International Relations//International Scientific Conference "Strategies XXI". "Carol I" National Defence University, 2016, 2: 88.

为，在美国既不能主宰世界又不能脱身时，在它发现自己既无所不能又十分脆弱的时代，美国不应放弃使其可称为伟大的理想。但美国也不应对自己的能力存有幻觉而危及这种伟大。美国的理想必须通过耐心地积累局部的成功而逐步实现。①

二、布热津斯基的"大棋局"

布热津斯基（Zbigniew Brzezinski）的地缘政治理论主要包括三本著作：《竞赛方案》②《大棋局》③ 和《大抉择》④，分别成书于"冷战"结束前、"冷战"结束之初和"9·11"事件至今。

美苏"冷战"期间，布热津斯基认为美苏是两个帝国的历史性冲突，美国具有优越性并会最终胜出。在他看来，"帝国"是中性词，主要是指"一种政治关系中的等级制度，这个制度可以从一个中心向外辐射其影响"⑤。美国治下的和平（Pax Americana）是可能而且理应建立的。他提出了围堵苏联的三条战线：第一条位于欧洲，1947 年"杜鲁门主义"的出台是其形成的标志，控制着通往大西洋的主要出海口；第二条位于远东，标志事件是 1950 年美国卷入朝鲜战争导致"三八线"永久化；第三条以 1979 年"卡特主义"出台作为标志，该战线控制着通往印度洋的出海口和世界主要的产油区。这三条战线是相互影响的包围圈链条。⑥

布热津斯基对苏联解体的影响有着深刻的地缘政治洞见，始终保持对欧亚大陆的重视。在他看来，苏联的分崩离析使欧亚大陆的"心脏地带"

---

① 晓岸：《基辛格的地缘政治忧思》，载于《世界知识》2014 年第 20 期，第 53~55 页。
② ［美］兹比格涅夫·布热津斯基：《竞赛方案——进行美苏竞争的地缘战略纲领》，刘晓明译，中国对外翻译出版公司 1998 年版。
③ ［美］兹比格纽·布热津斯基：《大棋局：美国的首要地位及其地缘战略》，中国国际问题研究所译，上海人民出版社 2007 年版。
④ Zbigniew Brzezinski. *The Choice*: *Global Domination or Global Leadership*, Basic Books, 2004.
⑤ ［美］兹比格涅夫·布热津斯基：《竞赛方案——进行美苏竞争的地缘战略纲领》，刘晓明译，中国对外翻译出版公司 1998 年版，第 13 页。
⑥ 朱听昌：《西方地缘战略理论》，陕西师范大学出版社 2005 年版，第 284~290 页。

变为一种地缘政治上的真空状态。原来是强大帝国向全球意识形态挑战中心，现则成为欧亚大陆两端之间的黑洞。近期虽消除对两端的安全威胁，但长远看则是新的政治危险根源。由于美国在中东和波斯湾的利益，苏联解体使那里成为其行使独一无二优势权力的地方。但当地宗教与民族主义与美国的对立，其优势是十分脆弱的。如果美国不处理好与阿拉伯人、伊斯兰教的关系，不能解决阿拉伯国家、以色列冲突，则该地的地缘政治真空形成的危险漩涡不仅冲撞俄罗斯，也会与美国相抗争。该漩涡是一个长椭圆形，由亚得里亚海到巴尔干各国，经中东、波斯湾、巴基斯坦、阿富汗至全部中亚，包括俄罗斯与乌克兰边界，北面达俄罗斯与哈萨克斯坦边界，东到中国新疆边界。这里有近30个国家，除民族不同外，还有许多种族、部族，加上宗教、语言、习俗差异，在民族振兴推动下酝酿着最大限度的危险，前途难卜。①

为此，布热津斯基提出了"大棋局"（The Grand Chessboard）的战略概念。把从里斯本到符拉迪沃斯托克这片欧亚大陆视为一个地缘战略大棋盘，既决定世界今后的稳定与繁荣，又决定美国能否保持世界主导地位的中心舞台。欧亚大陆依然保持着它地缘政治的重要性。不仅它的西部周边——欧洲——依然是世界大部分政治和经济力量的所在地，而且它的东部地区——亚洲——也成了经济增长和政治影响上升的极其重要的中心。因此，在全球都进行了介入的美国如何应付复杂的欧亚大陆的大国关系——特别是美国是否阻止一个占主导地位和敌对的欧亚大陆大国的出现——对美国在全球发挥首要作用的能力依然是极为重要的。②

美国作为不同于过去所有帝国的一种新型霸权，就是要在法国、德国、俄罗斯、中国、印度这五个地缘战略国家和乌克兰、阿塞拜疆、韩国、土耳其、伊朗这五个地缘政治支轴国家之间纵横捭阖，以在欧亚大棋

---

① 张赫：《兹比格纽·布热津斯基〈大棋局〉中地缘政治思想评析——以当今中亚为例》，载于《佳木斯职业学院学报》2019年第7期，第12~13、15页。
② 张思雨：《美国的主导地位与世界新秩序——评布热津斯基〈大棋局〉》，载于《商》2016年第24期，第111、114页。

局中保持主动，实现领导。为保持并尽量延长美国在欧亚亦即在世界的主导地位，美国要依靠西头的大欧洲民主桥头堡和东头"必将成为地区主导大国"的大中华。在内外因素制约下，美国对外不宜抱过高姿态，而应主要同五个地缘战略国家在不同领域中、不同程度上和以不同方式增进或建立盟友或伙伴关系。① 具体措施是：推动北约东扩，谋求主导欧洲一体化；拉拢与防范并举，迫使俄罗斯甘做二流国家；规制中国，引导日本，构建远东均势；既不统治也不排他，确保中亚地缘政治多元化。②

到21世纪之后，布热津斯基指出美国正面临一个悖论：它是第一个也是唯一真正的全球性超级大国，但是美国却担心其他弱国或非国家行为体带来的多元威胁，如果美国采取体系内的方式，利用国际机制来加强"领导"（leading）地位，那么这种霸权地位的合法性会巩固美国的"超超级大国"地位（superpower plus）。如果美国采取"统治"（dominating），即使仍能够保持独一无二的优势地位，但却要耗费更多的实力，那么美国将成为"次超级大国"（superpower minus）。③ 他提出了"全球巴尔干"（Global Balkan）的概念来描述中东乱局，是国家间展开危险的种族及宗教战争的竞技场，是极端政权寻求大规模杀伤性武器的场所，是最狂热的宗教信仰和好战运动的源头。④ 更加强调美欧关系，欧洲可以帮助美国分担霸权护持成本，只有美欧合作才能重塑"全球巴尔干"的未来。⑤ 欧盟的影响力主要体现在经济和金融方面，美国不应反对欧盟建立独立军事力量的努力，因为这种军事力量根本不可能建立，积极鼓励欧盟东扩，将亲美的中东欧国家吸收进来。⑥ 指出了美国单边主义的风险。美国应努力深化

---

① ［美］兹比格纽·布热津斯基：《大棋局：美国的首要地位及其地缘战略》，中国国际问题研究所译，上海人民出版社2007年版，第3~40页。
② 朱听昌：《西方地缘战略理论》，陕西师范大学出版社2005年版，第291~298页。
③ Zbigniew Brzezinski. *The Choice: Global Domination or Global Leadership*, Basic Books, 2004, P. 231.
④ Zbigniew Brzezinski. *The Choice: Global Domination or Global Leadership*, Basic Books, 2004, P. 41.
⑤ Zbigniew Brzezinski. "Hegemonic Quicksand", *National Interest*, Winter 2003/04, P. 67.
⑥ Zbigniew Brzezinski. "Living with a new Europe", *National Interest*, Summer, 2000, pp. 17-29.

和扩展与欧亚大陆关键性的东部与西部地区之间的战略联系。[1]

三、地缘政治经济学的衍生

"冷战"结束后,地缘经济学(geo-economics)开始崛起,在一个地缘政治经济的世界中,资本的国际化和信息流动的增加削弱了地理意义上的国家的政治基础。与信息技术相关的力量破坏了一些以固定领土为基础的政治实体的稳定,甚至导致解体。而在地缘经济的世界中,衡量权力的尺度是通过高技术的研究与开发获得决定性技术优势以占领未来市场的能力。因此,获得进入新兴市场的机会变得比控制实际领土更为重要。[2] 地缘经济学的代表人物包括爱德华·卢特沃克、乔治·邓姆柯和威廉·沃特。卢特沃克强调地缘经济学是一种战略,对军事对抗起"缓冲作用";地缘政治对手可能是地缘经济的贸易伙伴;地缘经济的目标不是领土而是世界经济中的地位和优势;低级政治重要性上升,军事对抗和核威慑升级的可能性下降。邓姆柯和沃特则提出了"地缘政治经济学"(geopolinomics)的概念,认为地缘政治正向国际经济方向延续和发展。当然,地缘学的经济维度发展,并没有从根本上动摇地缘政治的核心定位。地缘经济学仍然把主权国家作为研究"冷战"后国际关系的主要对象;认为国家之间的关系在"冷战"后仍然主要是竞争和对立的关系;强调国家经济权力和经济安全,甚至被视为"权力经济学"(powernomics),其理论逻辑与传统的权力政治理论非常贴合。[3]

四、地缘文明的冲突研究

"冷战"的结束,使人们重新思考地缘政治的分界或断裂线。塞缪

---

[1] Zbigniew Brzezinski. *The Choice*: *Global Domination or Global Leadership*, Basic Books, 2004, P. 127.
[2] Edward N. Luttwak. *Endangered American Dream*, New York: Simon and Schuster, 1993, pp. 307 – 325.
[3] 倪世雄:《当代西方国际关系理论》(第二版),复旦大学出版社2018年版,第386~391页。

尔·亨廷顿（Samuel P. Huntington）提出，文明将决定未来冲突爆发的地缘政治结构。从历史发展来看，在西欧，从封建进入现代社会时，即《威斯特伐利亚和约》（1648年）后的一个半世纪内，西方世界的冲突出现在王侯与王侯之间，就是专制君主与立宪君主想扩大他们的官僚机构、他们的军队、他们的商业经济实力，最重要的是扩大他们所统治的领土。① 在这个过程中，他们建立了民族国家。从法国大革命开始，冲突的主要各方已不是王侯，而是民族。国王间的战争已经过去，人民间的战争开始了。这种形式的战争从19世纪一直延续到"一战"结束。

此后，由于俄罗斯革命的结果和对此的反应，民族的冲突又转向意识形态方面的冲突。首先是在共产主义、法西斯—纳粹主义和自由民主主义之间，而后是在共产主义和自由民主主义之间。在"冷战"时，后一冲突包含在两个超级大国的斗争中，而它们两个没有一个是典型的欧洲意义上的民族国家，每一个都是以其思想意识来界定其身份。这些王侯、民族国家和思想意识间的冲突主要是西方文明内的冲突。可以说，是"西方的内战"。"冷战"结束后，国际政治走出西方的那种内战阶段，西方文明与非西方文明及非西方文明之间的相互作用成为中心，非西方的人民和政府则不再是西方殖民主义目标的历史客体，而是与西方一起作为历史的推动者和塑造者参加进来。未来冲突的是文化和文明，而不是美苏对抗和区分西方世界与苏联集团及欠发达第三世界之间的分界线。②

亨廷顿认为，当前世界的文明有西方文明、儒家文明、日本文明、伊斯兰文明、印度文明、斯拉夫—东正教文明和拉丁美洲文明。世界形势很大程度上就是这些文明的相互作用而定的。未来最重大的冲突将会在西方文明和非西方文明之间爆发，国家的地缘重要性取决于其位置是否在或接

---

① Guoqi X. Samuel P. Huntington and "The Clash of Civilizations". *American Studies*, 1994（1）：5.
② Landes D, Harrison L E, Huntington S P. Culture matters: How values shape human progress. *Culture Makes Almost all the Difference*, 2000.

近由文化划分的不同文明交界线。① 他分析的结果是：那些为了文化和权力原因不想或不可能加入西方的国家要靠发展其自身的经济、军事和政治力量来和西方竞争。它们通过自己的内部发展同外部与非西方国家合作来做到这点。这种合作的最重要形式是那种已出现对西方利益、价值和权力挑战的儒家—伊斯兰的联合。亨廷顿提出：就短期而言，西方应促进其文明体系内成员的合作与团结，要把东欧、拉美融入西方社会，要和日本及俄罗斯合作。从长期而言，西方必须维持、保护自身所需的经济和军事力量。实际上，文明冲突有其缺陷：全人类的文明还不会出现，人类仍然生活在一个不同文明共存的世界，每种文明要学会与其他文明共存。②

五、技术革命对全球贫富分化的影响

罗伯特·卡普兰（Robert Kaplan）认为，发达国家组成了全球性贸易、投资、技术转让、即时沟通及人员和观念流动的网络，而周围地区政治分裂、难于控制、人口大量增长、生活水平低下、疾病蔓延、种族和宗派斗争、自然资源匮乏及激进的原教旨主义意识形态兴起。在无政府世界中，政治地图失去了意义，一些弱国家的领土边界、政府控制、民族国家体系不复存在，国内动乱国际化。③ 昆西·赖特（Quincy Wright）提出了"技术距离"（technological）的概念，认为国家规模的扩大使得冲突更需要也更可能通过非暴力手段解决。但是，也使得那些不能通过和平手段解决的冲突变得更为严重。技术使利用那些很难开发和曾经无法开发的资源成为可能，例如海底资源和对外层空间的开发。同时，技术带来了对自然资源的巨大需求，造成了自然资源的匮乏，增加了人们对资源匮乏的担忧。资源稀缺与潜在冲突、资源和地理之间、技术对地理的影响等都是现在和未

---

① Samuel P. Huntington, "The Clash of Civiliization?" *Foreign Affairs*, 1993, 72 (3): 22-48. 或参见：Samuel P. Huntington. *The Clash of Civilizations and the Remaking of World Order*, New York: Simon & Schuster, 1996, pp. 8-10.
② 《"文明冲突论"已是伪命题》，载于《理论与当代》2019 年第 8 期，第 58~59 页。
③ Robert Kaplan. "The Coming Anarchy," *The Atlantic Monthly*, 1994, pp. 44-76.

来研究的重要议题。①

六、网络地缘政治的兴起

网络空间正在成为新一轮地缘政治博弈的大舞台，网络地缘政治成为大国博弈的一个分析视角，有学者称之为"信息地缘政治"（information geopolitics）。网络空间（cyberspace）的概念依据的不是传统的领土关系，信息的接收和发送会在瞬间完成，是与陆、海、空、天四类现实空间并列的第五大战略空间。网络空间作为人类活动新的空间形态，是人和信息的共同载体，网络空间安全是国家安全的重要基础。有学者提出了"地缘政治2.0"（Geopolitics 2.0）概念并指出其三个变化：国家到个人、物理世界到虚拟动员和虚拟力量、旧媒体到新媒体。有学者提出了"后现代地缘政治"，认为全球化、信息化以及风险社会的出现使得传统地缘政治向后现代地缘政治转变。更多的学者则提出了"网络地缘政治"的概念，网络技术的国内控制甚至被认为是一种"技术主权"（technological sovereignty）。网络地缘政治强调网络空间作为一个独立的空间体系而成为地缘政治博弈的新领域，是继海权论、陆权论、空权论和天权论之后的一个新的地缘政治理论体系，是传统地缘政治在网络时代的继承和发展，其理论核心是"网络权"理论。②

在美国学者丹·席勒（Dan Schiller）看来，当今的信息地缘政治中，一个古罗马式的单极霸权体系看起来危机重重，人们谈论更多的是修昔底德意义上的霸权竞争，但是却往往忽视了葛兰西式的霸权概念最初并不指向国家间的权力秩序，而是直指社会中的权力结构。③ 如今的数字网络已经渗透到军事、制造业、农业、金融、零售、物流、城市管理等所有关键

---

① Quincy Wright. *A Study of War*, Chicago and London: University of Chicago Press, 1965, pp. 1144 – 1285.

② 蔡翠红：《网络地缘政治：中美关系分析的新视角》，载于《国际政治研究》2018年第1期，第5、9~37页。

③ Schiller D. *Digital capitalism*: *Networking the global market system*. MIT press, 2000.

的社会政治经济领域。① 在主要国家内部,网络化、智能化的信息传播已经成为发展的引擎。平台经济所构筑的"生态系统"、数据资源所形成的集聚效应、人工智能所预期的科技革命一方面让大型互联网企业成为经济政策的焦点,掌握了大量的公共权力,另一方面却加强了劳动力驱逐,扩大了贫富差距,制造了文化隔膜,在这个意义上,对信息帝国主义的超越,应该同时指向对信息资本主义的超越。②

有学者呼吁创建网络空间地理学(Cyberspace Geography, CG)③,它是地理学研究内容从现实空间向虚拟空间的延伸,集中探讨网络空间和地理空间的映射关系,揭示网络空间的安全运行机理与保障路径。④ 地理学与网络空间安全等学科的融合,为网络空间研究提供了崭新的视角。同时,网络空间这一特殊空间形态的出现与发展,给传统地理学的基础理念带来了强烈冲击,对地理学来说既是挑战也是机遇。网络空间地理学的核心命题是"人—地—网"关系的研究,主要包含三大类内容:"人—地—网"相互作用机制;网络空间与现实空间的映射关系;网络空间的逻辑结构与要素体系。⑤ 网络空间地理学丰富了地理学的内涵,拓展了地理学研究的外延,将地理学家的目光从现实空间延展到虚拟空间。随着网络空间地理学理论方法的不断探索和应用不断深化,必将有力促进地理学学科发展。⑥

---

① Schiller D. *How to think about information*. University of Illinois Press, 2006.
② 王维佳:《网络与霸权:信息通讯的地缘政治学》,载于《读书》2018 年第 7 期,第 3 ~ 10 页。
③ Graham M. Geography/internet: ethereal alternate dimensions of cyberspace or grounded augmented realities?. *The Geographical Journal*, 2013, 179 (2): 177 – 182.
④ Girardin L. Cyberspace geography visualization—Mapping the World – Wide Web to help people find their way in cyberspace//OF THE WORLD – WIDE WEB, HEIWWW. UNIGE. CH/GIRARDIN/CGV/WWW5/INDEX. HTML HIPPNER, 1995.
⑤ Gao C, Guo Q, Jiang D, et al. . Theoretical basis and technical methods of cyberspace geography. *Journal of Geographical Sciences*, 2019, 29 (12): 1949 – 1964.
⑥ 高春东、郭启全、江东、王振波、方创琳、郝蒙蒙:《网络空间地理学的理论基础与技术路径》,载于《地理学报》2019 年第 9 期,第 1709 ~ 1722 页。

七、批判地缘政治学的发展

批判地缘政治学的起源可以追溯到20世纪70年代，但"批判地缘政治学"这个术语创造于90年代初，其先驱是三位政治地理学家——格兰特·奥图瓦塞尔（Gearóid ó Tuathail）、约翰·阿格纽（John Agnew）和赛门·达尔比（Simon Dalby）。批判地缘政治学不是对传统地缘政治学的否定，而是对传统地缘政治学关于"政治的"和"地理的"理解的补充。因此，批判地缘政治学可以被看作正在形成的一种不同形式的地缘政治学。批判地缘政治学主要批判的方向为：（1）批评超越文本的研究，恢复地缘政治实践中的情境性，而地缘政治实践在早期被认为是客观的或实际的；（2）批评以国家为中心的世界政治研究，恢复国际地缘政治体系中不同行为主体的实践；（3）批判西方中心主义，阐明西方地缘政治学家及其话语对关键历史发展的影响。[①] 因此，批判地缘政治学者认为地缘政治学是一个广泛的文化现象，其行为主体不是单一的，而是多元的，在政治上也不是价值中立的。然而，长期以来批判地缘政治学过于受文本主义（textualism）研究方法主导，使得其对话语概念理论化和批判地缘政治理论构建研究远远不够。同时，批判地缘政治学虽然动摇了国家中心主义，但是仍没有提出与此相对立的认识和考察地缘政治的、具有革命性的方法。目前部分地理学者已经对此进行相关探索。

受批判地缘政治学的定义、目标和批判方向的影响，批判地缘政治学的研究可以大致划分为4个研究主题：地缘政治实践、地缘政治传统、地缘政治与流行文化、结构地缘政治。地缘政治实践是指理解地理和政治背后的逻辑、它的传播以及世界政治实践的条件，研究集中在对民族—国家空间形态的重新思考。地缘政治传统是指重新审视有关地理、政治和战略

[①] 胡志丁、陆大道：《基于批判地缘政治学视角解读经典地缘政治理论》，载于《地理学报》2015年第6期，第851~863页。

等思想背后的历史和地理背景,主要集中在对传统地缘政治思想文本的解读,如迈克尔·赫费南(Michael Heffernan)分析了欧洲不确定的学术和政治气候对地缘政治思想发展的影响。① 其他的相关成果还涉及大卫·奥特金森(David Atkinson)有关意大利的地缘政治想象对民族国家建构的作用与意义分析、博兰(Alana Boland)关于中国确保粮食安全的地缘政治实践以及克劳斯·多兹(Klaus Dodds)关于阿根廷地理想象与地缘政治之间关系的探讨。有关地缘政治与流行文化的研究代表着去"国家中心主义",恢复不同行为主体在实践方面的努力,如夏普(Joanne P. Sharp)有关"冷战"与杂志、多兹有关卡通与反恐战争、夏皮罗(Michael Shapiro)有关电影与地缘政治、平克顿(Alasdair Pinkerton)有关无线电广播与地缘政治等的研究。关于结构地缘政治主题的研究是指将治国实践与全球化、信息网络和经济转型等结合起来。②

有关冲突研究的主题主要涉及6个方面,即生态政治与资源冲突、领土冲突与边界、地缘政治与政治认同、全球化与新的国家关系、政治权利的符号表征、区域冲突与新社会运动。人类行为的情感因素正在成为批判地缘政治学的重点研究领域,如奥图瓦赛尔的情感与入侵伊拉克,卡特和麦考卡特的电影与干预的情感逻辑,希德威的地缘政治、情感与地方,安德森的情感与安全实践。部分研究学者对当时的批判地缘政治学研究产生了质疑和不满,批判地缘政治学加强了理论研究,特别是集中在有关"话语""政治""地理"的探讨,并着重理论提升等方面。③

人类进入21世纪,战争的硝烟还没有远去,和平与发展的主题强调正是因为都还有潜在的战略风险。核武器、远程轰炸机、陆基洲际导弹、潜射洲际导弹等终极武器,让大国的总体战对决没有赢家,但不能阻止局部

---

① 王礼茂、牟初夫、陆大道:《地缘政治演变驱动力变化与地缘政治学研究新趋势》,载于《地理研究》2016年第1期,第3~13页。
② 韦文英、戴俊骋、刘玉立:《地缘文化战略与国家安全战略构想》,载于《世界地理研究》2016年第6期,第1~8页。
③ 胡志丁、陆大道、杜德斌、葛岳静、骆华松:《未来十年中国地缘政治学重点研究方向》,载于《地理研究》2017年第2期,第205~214页。

地区战争的进行,战争的形态有了很大变化,但传统的陆、海、空力量仍然发挥着威慑作用,大国之间的实力比拼和战略博弈一刻也没有停止,加上金融战、货币战、网络战、贸易战等超限战的出现,让国家之间的关系更趋复杂化,尤其是人类空间权力的根基——陆权与海权的演绎逻辑,在当今时代仍然有重大意义。

第九节
地缘理论的历史影响评估

地缘政治理论的生成既涉及特定的战略环境背景,又吸收前人的研究成果和大国战略史的相关素材。地缘政治的诸多学说,大部分都立足于历史上国家间的战争和地缘争霸的时代背景,考察特定地缘要素在战争中的作用呈现。地缘政治学者通常具有很强的国别色彩,优先考虑为本国的崛起和争霸战争胜利著书立说。对麦金德创立陆权论有直接影响的历史案例是:德国海军元帅蒂尔皮茨(VanTirpitz)扩建德国远洋舰队的行动;英国在南非对布尔人的战争(1899~1902年);日俄战争(1904~1905年)。这些历史事件让麦金德对海权与陆权的冲突模式深信不疑。

例如,马汉提出的海权论与美国完成了西进运动、对海外利益需求激增的背景;麦金德的陆权论与大英帝国面临欧陆强国挑战的海上霸权衰落风险;豪斯霍弗的生存空间论与"一战"后德国意图打破凡尔赛体系、重振大国地位的战略诉求;斯拜克曼面对苏联的崛起扩张,提出符合美国国家利益的观点是:"由各海岸线组成的环状带"形成了一条从波罗的海到鄂霍次克海的"海上高速公路",这使得这一边缘地带内和周围的通信变得既廉价又便利。这样,一个联合的"欧亚边缘地带"将成为一股可怕的力量，它能够颠覆现存的均衡从而统治世界。① "欧亚大陆上的均势是我们目前作战的目标之一，建立和维持这种均势将是我们在战争胜利后的目标。所以，为了美国的利益，我们仍要继续同那些设法阻止边缘地区结成一体的强国合作"。② 意大利在地中海突出的地理形状、缺少陆军与海军军备竞赛所需的国力，让杜黑的空权思想得以诞生，也为"冷战"时期丹尼尔·奥·格雷厄姆（Daniel O. Graham）提出高边疆理论提供了思想依据。③

19世纪末以来的陆权论和海权论，可以追溯到古希腊理论学说的历史影响。希罗多德的《希腊波斯战争史》、修昔底德的《伯罗奔尼撒战争史》，为后世的地缘政治研究提供了经典的制海权与制陆权的思想源泉。近代"海权"观念起源于伊比利亚半岛上西班牙与葡萄牙的环球远洋航行实践。瑞士军事理论家约米尼认为，制海权对入侵大陆的结果有很大影响。④ 克劳塞维茨在参考拿破仑战争案例后，对陆上战争的暴力逻辑和政治目标等方面进行论述。科贝特继承了克劳塞维茨和约米尼的思想，认为陆战的目标是夺取和控制敌方领土，海战的目标是实现对交通线的军用和民用目的的制海权能力。⑤ 达尔文的进化论催生了斯宾塞（Herbert Spencer）的社会达尔文主义，进而为弗里德里希·拉采尔（Friedrich Ratzel）的国家有机体论奠定了基础，契伦吸收了拉采尔的有关理论，并进一步发展了地缘政治学。他认为："地缘政治学是关于地理的有机体的国家，或者空间现象和国家的学问。因此国家是国土、版图、领土，或者最具有特征的领域的具体地域。"⑥

---

① [英] 杰弗里·帕克：《地缘政治学：过去、现在和未来》，刘从德译，新华出版社2003年版。
② [美] 尼古拉斯·斯皮克曼：《和平地理学》，刘愈之译，商务印书馆1965年版，第112页。
③ [美] 丹尼尔·奥·格雷厄姆：《高边疆：新的国家战略》，张健志等译，军事科学出版社1988年版，第1~72页。
④ 王生荣：《海洋大国与海权争夺》，海潮出版社2000年版，第31页。
⑤ 王生荣：《海洋大国与海权争夺》，海潮出版社2000年版，第32页。
⑥ Bertil Haggman. Rudolf Kjellen and modern Swedish geopolitics. *Geopolitics*, 1998, 3 (2).

第一章 地理政治学的思想流派

马汉在阅读德国历史学家蒙森的《罗马史》后，才深刻认识到海权对历史的决定性影响。① 马汉还从约米尼的《战争艺术概论》中寻找海战与陆战的共通法则，实现海权理论的系统化。② 马汉还对戈尔什科夫的国家海上威力论提供了战略参考。科贝特提出了一整套可与大陆战争学派相抗衡、与马汉的海权论又有所区别的海洋战略理论。他遵从克劳塞维茨的"战争是政治通过其他手段的继续"③ 的基本逻辑。麦金德受到了早期拉采尔的国家有机体论和马汉的海权思想影响，拉采尔代表的早期地缘理论具有明显的陆权倾向，而马汉试图构建海上强国对陆上强国的权力平衡观点和海陆二分的理论假设对麦金德的大陆心脏学说产生了直接影响。1783年法国人发明气球、1893年英国工程兵少校富勒尔顿呼吁航空对战争模式的影响不亚于火药，以及1906年欧洲第一架飞机的升空，为杜黑的制空权理论提供了思想土壤；而美国战略理论家丹尼尔·格雷厄姆的高边疆理论就是受到了杜黑制空权思想的熏陶。

边缘地带论深受马汉与麦金德的影响，并提出了地缘政治的基本规律：海权与陆权、心脏地带与边缘地带的历史性对抗是大国战略的焦点。乔治·凯南提出的遏制思想，强调苏联面对强大的武力威慑时会轻易退却④，美国的目标就是防止整个欧亚大陆的军事—工业潜力集中于一个世界岛和对欧亚大陆构成威胁的大国手中。⑤ 这一论断直接出自麦金德的心脏地带理论，麦式思想奠定了美国遏制政策的基石。⑥ 凯南本人早在大学时期就深受地缘政治学说的影响。⑦ 此外，多米诺骨牌理论、制天权理论、

---

① Alfred Thayer Mahan. *From Sail to Steam*: *Recollections of Naval Life*, London, 1907, P. 277.
② 美国陆军军事学院编：《军事战略》，军事科学院外军研究部译，军事科学出版社1986年版，第191页。
③ [英] 朱利安·S. 科贝特：《海上战略的若干原则》，仇昊译，上海人民出版社2012年版，第11~160页。
④ George F. Kennan. "The Sources of Soviet Conduct", *Foreign Affairs*, July, 1947, p. 581.
⑤ W. H. Parker, Mackinder, Goegraphy as an Aid to Statecraft, Charendon Press, Oxford, 1982, P. 192.
⑥ [英] 杰弗里·帕克：《二十世纪的西方地理政治思想》，李亦鸣译，解放军出版社1992年版，第145页。
⑦ 张小明：《乔治·凯南遏制思想研究》，北京语言学院出版社1994年版，第133页。

"后冷战时代"的大棋局理论、文明冲突论、批判地缘政治学、地缘政治经济学、网络地缘政治的兴起,都是对前人成果的批判、借鉴与创新。

由此可见,地缘政治学说的创新应该重视思想渊源,并且尝试与不同地缘学说进行理论对话,在立足本国国情和时代背景的前提下,在批判性继承中不断进步。中国在进行地缘政治理论创新与国家战略布局时,应批判性地吸收西方地缘政治理论中的有益成果,为我所用。

对地缘政治理论的历史影响评估,有助于对本国的战略缔造和对竞争对手的理论学说引发的国家战略转型进行更理性的判断。

第一,地缘政治学说的历史影响具有广泛性。

理论是否直接作用于国家的战略和外交政策难以准确判断,国家战略决策究竟是采纳了理论学说的倡议,还是学说本身让决策者已有的理念变得合理化,甚至仅仅只是作为政策的宣传工具,这种评判很难精准。但是,地缘政治学确实在不同历史时期促成了国家具体的战略行动,地缘政治学的应用应当谨防导致国家陷入战略透支(见表1-3)。

表1-3　　　　　　　　　地缘学说与历史影响

地缘学说	国家战略应用与历史影响
马汉与科贝特的海权论	美西战争、美国控制巴拿马运河、罗斯福推论、甲午中日战争、日俄战争、"一战"前的英德海军竞赛、两次摩洛哥危机、日德兰海战、日美太平洋战争;美国海军部长莱曼以马汉思想确立"冷战"时期的600艘舰艇海军计划、苏联的国家海上威力论;"冷战"后美国在西太平洋地区对中国的岛链封锁、空海一体战
麦金德的陆权论	英国对俄国(苏联)与德国的制衡战略、美国遏制战略的出台与美苏"冷战";"冷战"后的北约东扩、美国在中东和里海沿岸的战略渗透、克里米亚战争、乌克兰危机与美国对俄制裁、美国对伊朗核问题的介入
杜黑的空权论	第二次世界大战对制空权的争夺、科索沃战争
斯拜克曼的边缘地带论	杜鲁门主义与美国对希腊和土耳其问题的干预、北约"二战"后对德国和日本的扶持;美国缔造东南亚条约组织和巴格达条约组织;美国发动朝鲜战争、台海危机;美国肯尼迪政府的"新边疆"和灵活反应战略、约翰逊政府在越南的逐步升级战略、尼克松和基辛格的联中抗苏、卡特主义对波斯湾这一边缘地带的干预、里根主义在边缘地带对苏联的推回战略;"9·11"事件后布什政府对阿富汗和伊拉克作战、奥巴马政府的大中东民主改造计划、特朗普政府出台印太战略

续表

地缘学说	国家战略应用与历史影响
豪斯霍弗的"生存空间"论	纳粹德国"先大陆、后海洋"的扩张方针、《苏德互不侵犯条约》的签订、1941年德日结盟
格雷厄姆的高边疆理论	里根政府的"星球大战"计划出台
克莱因（Ray S. Cline）的综合国力方程论	美国追求以英国和日本为核心的海洋同盟战略
布热津斯基的大棋局思想	美国对地缘战略棋手与地缘政治支点的重视、北约东扩、从帮助"冷战"后俄国恢复元气到阻止俄国的潜在扩张、北约空袭"南联盟"、利用亲美的中东欧国家来抑制欧盟的独立倾向、美国采取多边主义策略
科恩的地缘政治辖区思想	美国对破碎地带的介入
伍承租的环区理论	美国与俄国争夺北极利益
基辛格的地缘均势论	对中国展开秘密外交以及中美联合抗苏、美国重视多边主义与同盟承诺、制衡中国崛起
地缘经济学与地缘政治经济学	增进了国家间的地缘经济合作以及经济相互依赖对地缘政治冲突的缓冲剂作用；国家更为重视信息技术优势和资本国际化，强化了决策者对全球市场的重视，传统的领土扩张吸引力降低
网络地缘政治	使网络安全成为主要大国国家安全战略的重要组成部分
马克思主义地缘政治学	中国的"韬光养晦""一带一路"倡议、人类命运共同体的构建、和平崛起、新型国际关系
沃勒斯坦的世界体系理论	对中心—半边缘—边缘—体系外国家的等级制论述，让国际社会更加重视南北问题和世界财富分配不均的负面影响，让中国把握体系运行趋势、坚定融入世界体系

资料来源：笔者自制。

第二，地缘政治学说的历史影响并非是线性的、直接的和主导性变量，也可能具有非线性、滞后性、辅助性特征。

尽管崛起国与霸权国的"修昔底德陷阱"是历史的常态，背后也有着深刻的地缘政治逻辑，但不能说地缘学说直接作用于权力转移引发的战争。理论转化为战略和政策实践会有一定的损耗率，国家的战略决策和外交行为通常都是国内—国际双层博弈的结果，涉及诸多变量，很可能最终的战略输出是"平行四边形的合力"效果，很难由一种地缘政治学说起完全的主导作用。地缘学说有时不会因为理论价值而立刻发挥作用。例如，科贝特的主要思想形成之时正是马汉思想风靡全球之日。1890 年，马汉的《海权对历史的影响》问世，迅速横扫整个欧洲决策层和学术界。马汉理论的耀眼光芒大大遮掩了本该属于科贝特的光辉。但随着马汉理论在现实的校验中面临越来越多的疑问，科贝特的海权理论最终受到人们的重视。当今英美海军学界已经把科贝特当作马汉理论之外的一个可供选择的理论。① 杜黑和米歇尔的空权论都是经历很长的斗争才取得思想的指引作用，甚至这二人为了推广空权思想过于超前而受到处罚。

　　地缘理论的非线性影响更为普遍，如马汉和麦金德对斯拜克曼的影响，斯拜克曼对凯南的影响，凯南"冷战"时期美国历任总统的思想影响。豪斯霍弗认为麦金德的《历史的地理枢纽》是地缘政治学最伟大的著作②，赞扬其海权与陆权的冲突理论是历史的铁律③，麦金德的目标是维护英国的海上霸权、豪斯霍弗的目标是赢得陆上力量对于海上力量的优势。即使地缘战略思想不一定以现实主义的理由被充分证明是正确的，但仍然可以视为对国家外交政策产生深远影响的学说。④ 虽然各国的地缘理论经

---

① 师小芹：《理解海权的另外一条路径——简论朱利安·科贝特的海权理论及其现实意义》，载于《和平与发展》2010 年第 1 期，第 56~63 页。
② ［英］杰弗里·帕克：《二十世纪的西方地理政治思想》，李亦鸣译，解放军出版社 1992 年版，第 61 页。
③ ［英］杰弗里·帕克：《二十世纪的西方地理政治思想》，李亦鸣译，解放军出版社 1992 年版，第 70 页。
④ Robert Jervis, "Cooperation under the Security Dilemma", World Politics, 1978, 30: 167 - 214; Stephen Van Evera, "The Cult of the Offensive and the Origins of the First World War", International Security, 1984, 9: 58 - 107; John Mearsheimer. Conventional Deterrence, Ithaca: Cornell University Press, 1983; Jack Snyder. The Ideology of the Offensive: Military Decision - Making and the Disasters of 1914, Ithaca: Cornell University Press, 1984; Barry R. Posen. The Sources of Military Doctrine, Cornell University Press, 1986. For an early review see Jack Levy, "The Offensive/Defensive Balance of Military Technology: A Theoretical and Historical Analysis", International Studies, 1984, 28 (2): 219 -38.

常反映技术和武器方面的真正变化,但它们也可能偏离这一现实,就像第一次世界大战前欧洲国家所做的那样。欧洲战略界预计"进攻"将优于"防守",但战争变成了防御性僵局。事实上,各国在制定政策时往往遵循流行的学说。例如,如果不考虑阿尔弗雷德·塞耶·马汉的影响,就不可能理解德皇威廉二世关于公海舰队的必要性的毫无根据的信念。①

第三,地缘政治学说不能回避时代的局限性,理论应随时空条件的变化保持进化的可能性。

绝大部分的地缘理论都不同程度存在进攻性、扩张性和称霸属性,我们应该进行辩证的批判和吸收。高度的应用性决定了其相比其他理论学说更具有国别和民族色彩。对特定技术的迷恋、对偶然性事件的相对忽略、对地理决定论的偏好、对权力扩张的推崇,都可能导致让应用该地缘政治学说的国家陷入战略上的四面出击,不应让地缘政治学说沦落为鼓励军国主义和帝国主义的工具,军备竞赛和联盟政治这样典型的地缘政治内容应该在学理和操作上得到更谨慎的对待。地缘政治首先应该是关于如何实现战略守成的学问,规避风险、提升和平崛起的外部环境,这应该是地缘政治研究与战略决策的题中之义。

当地缘政治扩张到一个临界点,就会让国家权力和安全失去了增量空间,进而导致实力存量受到威胁。麦金德将枢纽地带更正为心脏地带是由于俄国在日俄战争的惨败和德国的崛起,"二战"的进程表明,欧洲的势力均衡对世界局势稳定具有重要作用。麦金德亦对心脏地带概念作了修改,承认边缘地区的重要性,承认了英、美、俄为防止德国扩张而进行合作的必要性。心脏地带也就变得不那么重要了,而能够控制欧洲及左右世界未来和平的只有英、美、俄三国形成的海陆势力的联合。② 麦金德认为

---

① David Reynolds, "Churchill and the British 'Decision' to Fight on in 1940: Right Policy, Wrong Reasons" in Diplomacy and Intelligence during the Second World War, ed., Richard Langhorne, Cambridge: Cambridge University Press, 1985, pp. 147 – 67, and Eliot Cohen, "Churchill and Coalition Strategy in World War II", in Kennedy, Grand Strategies, pp. 43 – 67.

② Frederick J. Teggart. In Memoriam: Nicholas John Spykman, 1893 – 1943. American Journal of Sociology, 1943, 49 (1).

海洋国家代表民主、陆上国家代表专制的观点过于绝对,完全站在英国视角看待国家制度的地理界限,这是不符合历史发展脉络的。

即使是百年不衰的马汉的海权论,也不能说美国走向海洋就全凭借他的指引,他的思想影响也被夸大了。在海军内部,马汉表达其海权论的基础已经奠定。他不是在进入无人涉足过的领域,他也不是没有志同道合者。① 美西战争后美国对菲律宾的占领则与马汉思想出现了严重背离。对马汉来说,正是美西战争激发了美国统治西太平洋的观念。正如他承认的,直到那时为止,他的视野也同其他海权倡导者和扩张主义者一样,"没有超出夏威夷"。② 西奥多·罗斯福总统本人的海军至上主义超过了马汉,罗斯福总统本人在了解马汉思想之前,就已经深受海洋文化的熏陶;他的两个舅舅——詹姆斯·布洛克和欧文·布洛克都在南部邦联海军中服役;罗斯福自身也是海权理论与战略史专家。罗斯福强烈要求建造可以同新型的英国"无畏舰"媲美的全置大口径火炮战列舰,排水量达1.8万吨,装备一组12英寸整体重炮。

相反,马汉一贯怀疑新技术,因而提倡投资建造更多较小的战舰。③ 他在《海军学会会刊》上就此与一位才华出众的年轻海军少校威廉·S. 西姆斯辩论。罗斯福站在后者一边。由于不敌其对手优越的技术知识,马汉退出了辩论。他不得不承认,"我太老太忙,跟不上形势了"④。1911年,

---

① Robert Seager, "Ten years before Mahan: the unofficial case for the New Navy, 1880-1890". *The Mississippi Valley Historical Review*, 1953. 40 (3): 491-512; Lawrence C. Allin, "The Naval Institute, Mahan, and the Naval Profession". *Naval War College Review*, 1978: 29-48.

② Seager and Maguire, Letters and Papers, 2: 569; Mahan, Retrospect and Prospect, 44-45; Alfred Thayer Mahan, *The Problem of Asia and Its Effects upon International Policies* (Boston, 1900), 7-9.

③ [美]亨利·J. 亨德里克斯:《西奥多·罗斯福的海军外交:美国海军与美国世纪的诞生》,王小可等译,海洋出版社2015年版,第26~27页。

④ Sprout and Sprout, Rise of American Naval Power, 20;关于罗斯福对马汉的"利用"和反过来马汉对罗斯福的"利用",见:Karsten, "Nature of Influence," 585-600; Michael Corgan, "Mahan and Theodore Roosevelt: The assessment of Influence," *Naval War College Re-view* (November-December 1980), 89-97; Seager, *Alfred Thayer Mahan*, 519-532;马汉致布弗里厄·F. 克拉克, 1907年1月15日,载于Seager and Maguire, Letters and Papers, 3: 203。

雷蒙德·P. 罗杰斯海军少将请他评论海战学院为打败日本制定的新战略计划（橙色计划），于是他拿出了一个精心构想的方案，内容是从基斯卡岛越过北太平洋进行海军进攻。学院认为这不现实，因而加以拒绝。马汉不失风度地予以接受，但他的重要性在不断减弱这一点是显而易见的。[1]

---

[1] Zhengyu Wu. Classical Geopolitics, Realism and the Balance of Power Theory. *Journal of Strategic Studies*, 2018, 41 (6): 786-823.

第二章

体系变革、战略塑造与战略转型

第一节
地缘政治理论与现实主义学说

  地缘政治研究强调基于地理因素的国家权力博弈,与摩根索以来的现实主义理论假设相似。一些地缘政治学者考察的内容本身就是权力政治理论的研究对象。尼古拉斯·斯拜克曼就专门论述了权力的本质、国际关系中的权力、权力的平衡和战争的本质。① 杰弗里·帕克认为地缘政治包括理论学说与政治现象,是从空间或地理的视角所做的国际关系研究,表达政治行为与发生这种行为所处的地球环境之间的特定关系。② 布热津斯基指出,地缘政治是指那些决定一个国家或地区情况的地理因素和政治因素

---

  ① ［美］尼古拉斯·斯拜克曼:《世界政治中的美国战略》,王珊等译,上海人民出版社2018年版,第9~26页。

  ② Geoffrey Parker. Geopolitics: Past, Present and Future, London: Pinter, 1998, P. 2.

的相互结合，强调地理对政治的影响。① 雅库布·格利吉尔列出了决定一国能否成长为海权大国的地理变量：海岸线和出海口的特征；陆地边境的政治形势；技术；对海外基地和咽喉要道的控制；战略观或者战略文化。② 佩尔蒂尔和珀西认为，地缘政治学一词，指的是政治关系地理学，特别是国际政治关系地理学。它是研究地理位置因素对民众态度的影响，尤其是对国家外交活动的影响的科学。地缘政治学作为起媒介作用的科学便扩展到地理、历史、政治学科以及国际关系领域，而在国家战略中体现出来。地缘政治学在许多方面和大战略相类似，在注视国际动向及其可能的发展演变时，主要是通过外交渠道，而不是通过政要的会议桌。

阿格纽将地缘政治视作建构国际政治的各种地理视角的假设、认知和考证，也可以指涉及国际边界争端、全球金融体系和选举结果的地理格局等现象。③ 奥沙利文认为，地缘政治研究的是权力的行使者之间的地理关系④，用地理上的明智判断来为理解或治理人类各群体服务。⑤ 奥图瓦塞和戴尔比侧重对"冷战"思维地缘政治概念的批判，强调地缘政治现实的意义，地缘政治本身是地理和政治结合的产物，涉及正在进行中的权力与政治经济的社会再生产。⑥ 地缘政治学概念包含着地理与外交关系之间广泛的联系，不管外交关系是稳定的还是变化的。这门学科着重解决这样两个问题，即："一个位于不同地点或具有不同环境组合的国家在外交政策方面会有些什么不同？"以及"怎样才能最有效地运用这些解决办法去达成国家的目标？"

契伦认为，地缘政治是把国家作为地理的有机体或一个空间现象来认

---

① [美]布津斯基：《竞赛方案——进行美苏竞争的地缘战略纲领》，刘晓明译，中国对外翻译出版公司1988年版，第6页。

② 张海文、彼德·达顿、陆伯彬等：《21世纪海洋大国》，张沱生译，社会科学文献出版社2014年版，第21页。

③ John Agnew. Geopolitics: Revisioning World Politics, London: Loutledge, 1998, P. 2.

④ [英]奥沙利文：《地理政治论》，李亦鸣译，国际文化出版公司1991年版，第2页。

⑤ [英]奥沙利文：《地理政治论》，李亦鸣译，国际文化出版公司1991年版，第7页。

⑥ Gearoid O Tuathail and Simon Dalby. Rethinking Geopolitics, London: Routledge, 1998, P. 2.

识的科学。① 基辛格认为地缘政治是一种关注构成均势的各种必要条件的分析方法。② 格雷和斯洛恩把它解释为一种空间关系与历史成因的理论,由此演绎出主张当代和未来政治与各种地理概念密切关联的解释,是一种有力的分析框架。③《不列颠百科全书》将其定义为"关于国际政治中地理位置对各国相互关系如何影响的分析研究,地缘政治理论家们指出某些因素对国策的重要性,诸如:获得自然疆界,通往海上重要通道,据有战略要地等"④。《中国大百科全书》的定义是,根据各种地理要素和政治格局的地域形式,分析、预测世界或地区范围的战略形势和有关国家的政治行为。⑤

现实主义认为大国是塑造国际格局、左右国际秩序的核心力量;地缘政治认为大国具有压倒性的地缘投射能力。从地缘政治角度看,国家权力崛起会带来地缘投射能力的增强、利益空间的扩大。即便在核恐怖平衡与高度相互依赖的国际社会中,当预期的扩张收益超过成本和风险之和时,也可能引发大国对地缘政治空间的争夺;自摩根索以来的现实主义范式,内部的不同流派从人性、国家或体系结构出发,都认同以权力界定利益的政治逻辑。契伦认为,为了发展,国家必须确保充足和合适的生存空间,这是国家权力的基本组成部分。国家拥有的这种权力越多,就越有可能攫取统治地位(herrschaft),国家的主要目标被视为是追求权力(macht)。

地理政治学涉及了国家单元的地理互动以及全球地缘格局的变迁,一部分地缘学说认为体系结构与单元层面都鼓励扩张和进攻,如拉采尔的国家有机体论、豪斯霍弗的生存空间论等;另一部分认为随着技术的发展,最终将有利于防御,如戈尔什科夫的国家海上威力论等。参照进攻性与防

---

① 王恩涌主编:《政治地理学》,高等教育出版社1998年版,第279页。
② H. Kissinger. *The White House Years*, Boston: Little Brown, 1979, P. 914.
③ Colin S. Gray, Geoffrey Sloan. *Geopolitics*, *Geography and Strategy*, London: Frank Cass Publishers, 1999, pp. 1 – 2.
④ 《不列颠百科全书》(国际中文版)第7卷,中国大百科全书出版社1999年版,第68页。
⑤ 《中国大百科全书》(政治学),中国大百科全书出版社1992年版,第57页。

御性现实主义的两分法和逻辑推导,有助于分析特定地缘战略决策的形成原因。西方的现实主义理论有先天的地缘政治偏好,即民主国家、岛国或半岛地理位置的国家更具有防御性偏好,而非民主国家、大陆性国家更侧重进攻性偏好。我们需要结合中国国情,进行批判性思考与探索性分析。

地缘政治学涉及了国家单元的地理互动以及全球地缘格局的变迁,一部分地缘学说认为体系结构与单元层面都鼓励扩张和进攻,如拉采尔的国家有机体论、豪斯霍弗的生存空间论等;另一部分认为随着技术的发展,最终将有利于防御,如戈尔什科夫的国家海上威力论等。而这些地缘学说的分析涵盖了体系层次的地缘环境、国家层次的战略塑造、国内层次的大陆文化/海洋文化传统等。未来地缘政治学的发展可以进一步参照进攻性现实主义与防御性现实主义的两分法来进行战略界定。"进攻性现实主义"和"防御性现实主义"的划分起源于杰克·斯奈德在《帝国的迷思:国内政治与对外扩张》著作中的论述。进攻性现实主义认为,国际体系的无政府状态为大国扩张提供了强大的动力。[1] 进攻性现实主义假定,无政府状态下的国家面临着不断存在的威胁,所有国家都努力使其相对于其他国家权力最大化,因为只有最强大的国家才能保证其生存。这迫使各国通过军备建设、单边外交、重商主义(甚至自给自足)的对外经济政策和机会主义扩张,进而改善自己的相对权力地位。[2] 防御性现实主义预测,在国际体系驱动的扩张中,会造成敌我双方的安全俱损,各国应寻求有节制的权力增长来维护安全。在大多数情况下,大国应在军事、外交和对外经济政

---

[1] Jack Snyder, *Myths of Empire: Domestic Politics and International Ambition*, Ithaca, N.Y.: Cornell University Press, 1991, pp. 11 – 12.

[2] John J. Mearsheimer, "Back to the Future: Instability in Europe after the Cold War", *International Security*, 1990, 15 (1): 5 – 56; Mearsheimer, "The False Promise of International Institutions", *International Security*, 1994/95, 19 (3): 5 – 49, especially pp. 10 – 15; Fareed Zakaria, *From Wealth to Power: The Unusual Origins of America's World Role*, Princeton, N.J.: Princeton University Press, 1998; Randall L. Schweller, "Bandwagoning for Profit: Bringing the Revisionist State BackIn", *International Security*, 1994, 19 (1): 72 – 107; Schweller, *Deadly Imbalances: Tripolarity and Hitler's Strategy of World Conquest*, New York: Columbia University Press, 1997; Samuel P. Huntington, "Why International Primacy Matters", *International Security*, 1993, 17 (4): 68 – 83; and Eric J. Labs, "Beyond Victory: Offensive Realism and the Expansion of War Aims", *Security Studies*, 1997, 6 (4): 1 – 49.

策中保持克制和现状偏好。①

按照修正主义或维持现状的战略偏好，从人性、国家和体系结构三层次，可以将现实主义范式整体分为进攻性与防御性两种基本类型。② 人性层面只有进攻性现实主义：大国政治邪恶论（马基雅维利、汉斯·摩根索等）。国家层次的防御性现实主义包括：威胁平衡理论（斯蒂芬·沃尔特）、制度霸权理论（约翰·伊肯伯里）、国内动员理论（托马斯·克里斯滕森）、攻防平衡理论（斯蒂芬·范·埃弗拉、托马斯·克里斯滕森、杰克·斯奈德、查尔斯·格拉泽、查·考夫曼）；国家层次的进攻性现实主义有：政府中心型现实主义（法里德·扎卡利亚）、战争目标理论（埃里克·拉布拉尔）、对外政策的霸权理论（威廉·沃尔弗斯）。③ 体系层次的进攻性现实主义包括：大国政治悲剧论（约翰·米尔斯海默、克里斯托弗·莱恩等）、动态差异理论（戴尔·科普兰）；体系层次的防御性现实主

---

① Robert Jervis, "Cooperation under the Security Dilemma", *World Politics*, 1978, 30 (2): 167 - 214, provides the theoretical foundations for defensive realism. Examples of defensive realism include Stephen M. Walt, *The Origins of Alliances*, Ithaca, N. Y.: Cornell University Press, 1987; Walt, *Revolution and War*, Ithaca, N. Y.: Cornell University Press, 1995; Barry R. Posen, *The Sources of Military Doctrine: France, Britain, and Germany between the World Wars*, Ithaca, N. Y.: CornellUniversity Press, 1984; Thomas J. Christensen and Jack Snyder, "Chain Gangsand Passed Bucks: Predicting Alliance Patterns in Multipolarity", *International Organization*, 1990, 44 (2): 137 - 168; Christensen, "Perceptions and Alliances in Europe, 1860 - 1940", *International Organization*, 1997, 51 (1): 65 - 98; Stephen Van Evera, "Offense, Defense, and the Causes of War", *International Security*, 1998, 22 (4): 5 - 43; and Van Evera, *Causes of War: Power and the Roots of Conflict*, Ithaca, N. Y.: Cornell University Press, 1999; Jeffrey W. Legro and Andrew Moravcsik, "Is Anybody Still a Realist?", *International Security*, 1999, 24 (2): 5 - 55.

② Dale C. Copeland, "Neorealism and the Myth of Bipolar Stability: Toward a New Dynamic Theory of Major War", *Security Studies*, 1996, 5 (3): 29 - 89.

③ Zakaria, *From Wealth to Power*, Princeton University Press, 1999, pp. 95 - 13; Stephen D. Krasner, *Defending the National Interests: Raw Materials Investment and U. S. Foreign Policy*, Princeton, N. J.: Princeton University Press, 1978; Aaron L. Friedberg, "Why Didn't the United States Become a Garrison State?", *International Security*, 1992, 16 (4): 109 - 142; Friedberg, *In the Shadow of the Garrison State: America's Anti - Statism and Its Cold War Grand Strategy*, Princeton, N. J.: Princeton University Press, 2000; Peter J. Katzenstein, ed., *Between Power and Plenty: Foreign Economic Policies of Advanced Industrial Societies*, Madison: University of Wisconsin Press, 1978; and Michael C. Desch, "War and Strong States, Peace and Weak States?", *International Organization*, 1996, 50 (2): 237 - 268.

义有：系统效应论（罗伯特·杰维斯）、两极稳定论（肯尼斯·沃尔兹）等。结合沃尔兹的层次分析法，我们可以对现实主义范式做出分类，如表2-1所示。

表 2-1　　　　　　　　　　　现实主义范式的分类

	进攻性战略偏好（修正主义偏好）	防御性战略偏好（维持现状偏好）
人性层次	大国政治邪恶论（马基雅维利、汉斯·摩根索等）	因为现实主义假定人性恶或不确定，因此没有维持现状偏好方面的相关介绍
国家层次	政府中心型现实主义（法里德·扎卡利亚）、战争目标理论（埃里克·拉布拉尔）、对外政策的霸权理论（威廉·沃尔弗斯）	威胁平衡理论（斯蒂芬·沃尔特）、制度霸权理论（约翰·伊肯伯里）、国内动员理论（托马斯·克里斯滕森）、攻防平衡理论（斯蒂芬·范·埃弗拉、托马斯·克里斯滕森、杰克·斯奈德、查尔斯·格拉泽、查·考夫曼）
体系层次	大国政治悲剧论（约翰·米尔斯海默、克里斯托弗·莱恩等）、动态差异理论（戴尔·科普兰）	系统效应论（罗伯特·杰维斯）、两极稳定论（肯尼斯·沃尔兹）

地理政治学与现实主义理论有很多共通内容：一是对安全威胁的强调。无论是陆权论、海权论还是边缘地带理论，其实质都是先塑造一个地缘威胁（俄国、德国、中国等），然后以威胁作为研究导向来进行理论建构；而现实主义范式内部，尽管在关于安全困境对国家合作的影响程度和多大权力有助于维护安全的问题上争论不休，但都承认国家面临的安全威胁是战略行为的根源。二是都遵循权力政治的基本逻辑，以权力界定利益。从地缘政治角度看，国家权力崛起会带来地缘影响力的扩大，当成本和风险加起来不如预期收益时，就可能引发大国的地理扩张，即便在核武器时代与高度相互依赖的国际社会中，也会导致地缘对抗的升级和蔓延；而自摩根索以来的现实主义都基本继承了权力政治逻辑，尤其是新古典现实主义的兴起，进一步肯定了人性的权力欲对国家战略偏好的深远影响。三是地缘政治学和现实主义在结构和单元层面都出现了进攻性与防御性现

实主义战略的二元分野，即权为扩张最大化带来绝对安全最大化与权力的克制有助于相对安全的实现。

新现实主义解释国际结果，比如发生大规模战争的可能性、国际合作的前景以及国家间的总体联盟模式。而新古典现实主义试图解释单个国家的外交政策策略，这与地缘政治学强调对具体国家的海权或陆权战略分析不谋而合。新古典现实主义试图解释为什么不同的国家，甚至同一国家在不同的时间在国际舞台上追求特定的战略。[1] 它反对沃尔兹关于"不应涵盖不同分析层次的解释变量"的观点。吉登·罗斯指出，系统压力必须通过单元层面的干预变量来转化。[2] 它关注单个国家对体系压力的反馈效应，但无法预测体系结果。地缘政治学既关注全球或地区层面的地缘格局，也兼顾国家的资源汲取能力和战略动员能力、战略文化与战略思维等。地缘政治学是连接体系与单元分析的媒介，可综合运用到新古典现实主义多元化的变量分析中。因此，本书将地缘政治学与现实主义看作有很多交集的两个理论体系，笔者研究问题的切入是要研究两大理论的交叉部分。但要想建构理论体系，还需要结合其他理论的分析变量与研究方法，不过度被主义和范式束缚是作者的初衷。

第二节
国际关系理论范式的比较分析

整体上，可以将对地缘政治的相关分析分成三类：

第一，通过地缘政治理论来分析地缘政治现象背后所蕴含的规律和机制的运行模式等。

---

[1] Elman, *Horses for Courses*, P. 12. See also Zakaria, *From Wealth to Power*, Princeton University Press, 1999, pp. 14–18.

[2] Gideon Rose, "Neoclassical Realism and Theories of Foreign Policy", *World Politics*, 1998, 51 (1): 146.

第二章 体系变革、战略塑造与战略转型

比如麦金德的陆权心脏地带理论，它关注欧洲大陆强国崛起对英国海上霸权的地缘政治挑战，在这种陆权威胁隐现的地缘政治现象基础上，总结出陆权论来概括和解释背后的机理，进而认为：陆权强国崛起后，可以利用洲际战略资源发展强大的海权，建立世界帝国。而麦金德的陆权论的思想来源也主要是政治地理学和地缘政治学的相关内容，因此我们认为这是纯粹的以地缘政治理论来分析、解释和预测地缘政治现象的研究类型。此外，还有像拉采尔、契伦、马汉、豪斯霍弗、斯拜克曼、奥沙利文、杰弗里·帕克等学者的思想也大体根植于此。当然，并非这些学者没有跨议题领域研究，甚至我们说麦金德以后的很多学者都带有海权与陆权的对立统一战略思维来进行地缘政治研究，只不过相对而言，这些人分析的主要对象和运用的主要视角及手段，都更偏向于地缘政治领域。

第二，以地缘政治变量作为其他研究领域的解释变量。

在哲学、政治学、国际关系学、战略学、军事学、历史学等领域，很多学说都将地缘政治的相关变量作为分析框架的有机组成部分。亚里士多德对希腊半岛的地理形势的分析，认为赋予了希腊人开拓进取、善于经商、海洋战略偏好的传统；利德尔·哈特的"间接路线"战略思想，是以英国的岛国地理位置作为基本出发点；约翰·柯林斯在《大战略》一书中专门拿出一章分析了地理要素的重要性。米尔斯海默认为全球性霸权难以成功，美国应该采取隔岸平衡战略而不是在欧亚大陆过度扩张，其背后也是强调水体的阻遏力量、陆权力量优于海权力量的论断；斯蒂芬·沃尔特的"威胁制衡理论"将地理距离的邻近程度作为衡量威胁指标的四要素之一；乔治·凯南的"八千字电报"，其核心就是对俄国历史上遭遇的地缘政治入侵恐惧的透彻分析；保罗·肯尼迪的《大国的兴衰》、基辛格的《大外交》等，都渗透着丰富的地缘政治机理。

在纯粹的国际关系领域，现实主义很多时候被视为和地缘政治学完全重合，比如斯拜克曼，他既是"边缘地带论"的地缘政治学者，也是传统现实主义的主要代表人物；格雷厄姆·艾利森所提出的"修昔底德陷阱"，基本上选用的案例类型是陆权大国和海权大国的崛起与守成的结构性冲

121

突。自由主义学说本身也带有地缘政治色彩，可能一些人对此深表质疑，但在西方很多学者看来，岛国或半岛的地理位置，更容易形成民主国家，将国家的政治制度、意识形态与地理要素结合，是很多西方理论（不局限于国际关系）的共性。可能建构主义相对而言在地缘政治的变量使用上最为谨慎，但是"战略文化"作为建构主义的重要分析变量，本身就包括了对大陆性文化、海洋性文化偏好的含义。激进主义/马克思主义没有回避地缘政治，尤其是沃勒斯坦的世界体系思想，所采用的"核心—半边缘—边缘地带"等级划分，以及对世界政治体系、经济体系、文化体系的论述都折射出地缘政治、地缘经济、地缘文化的色彩。

这些学说尽管应用了地缘政治工具，但更多是以地缘政治为辅，以本身的学科或研究对象为主，比如我们很难说米尔斯海默的进攻性现实主义就完全是地缘政治学说（尽管事实上可以通约，但毕竟我们通常还是将其归类为现实主义理论范式）；或者历史学者是将历史现象本身的考证作为研究目标，地缘政治往往也只是辅助性工具，尽管战争史领域，基本都可以视为地缘政治冲突，但归类时我们仍然不能说是地缘政治学说。

第三，借助多元化的理论视角（不局限于地缘政治理论）来分析地缘政治现象。

比如以海权与陆权的冲突和合作作为主要分析焦点，然后借用多元理论视角作为分析工具进行有机结合。现在一些学者就是以地缘政治为辅助、以其他领域为研究对象；但我们也可以反其道而行之，以地缘政治现象和地缘政治理论为主，然后以其他理论作为有机补充。在笔者看来：现在和未来的地缘政治研究，既要考虑到地缘政治现象与地缘政治学的关联，也要兼顾地缘政治、地缘经济和地缘文化的交互作用，还要借助其他学科的多元视角来补充地缘政治理论分析的不足，本书要做的就是将这三者合而为一。可以肯定地说，国际关系学的研究缘起就是如何避免第一次世界大战的悲剧重演，从这个角度而言，它的聚焦点是国家之间的战争与和平问题，而从战略视野来看，这是属于大战略层面的思考。看到这里，可能读者认为战略研究可以被视为国际关系研究的一部分，或者说国际关

第二章 体系变革、战略塑造与战略转型

系就等同于战略研究。

但一个历史维度可以测量的事实是：战略研究远远早于国际关系研究。战略研究关注的是武力在国际政治中的作用，现代战略研究的主题由战争与和平时期内有组织暴力的政治源头、应用与影响构成。涉及战略行为体系间的互动以及军事技术变革对决策的可能影响，例如核威慑战略。国际关系的战略研究更像是国际关系的母体，而非后代。当然，对于均势、联盟、威慑等概念的理解，战略或国际关系似乎差异不大。如果严格按照西方的话语体系出发，直到1648年的威斯特伐利亚体系之后才有真正的以主权国家为主体研究单位的国际关系研究的历史素材；而在这之前，或在这之后，尚未被完全西化的亚非拉地区的重大国际事件，在近现代的国际关系研究中都相对忽略，即西方国际关系研究对非西方问题的轻蔑。即使已经有学者将中国的春秋战国也视为国际关系理论创新的一部分，不得不说的是，主流的美国学派"三大主义"的理论假设、变量机制与案例分析依托的核心仍然是近现代的西方国际关系案例。英国学派、世界体系理论都将研究视野超越了威斯特伐利亚限制，对前现代世界体系与秩序的变迁做了深入分析。但真正将国际关系研究确立为学科体系，乃至将战略研究系统引入国际关系分析的，都是"一战"和"二战"之后的事情。

早期的国际关系研究更接近传统的战略研究，即都关注军事和安全议题，后来的国际关系研究，从研究对象、方法、路径、解决问题都开始与战略研究发生了较大偏离，随着国际关系学科的发展，现实主义理论仍旧主要关注战略问题，比如约翰·米尔斯海默的隔岸平衡战略、斯蒂芬·沃尔特的威胁制衡论、罗伯特·杰维斯的攻防平衡理论，甚至自由主义范式的制度霸权论，这些国际关系学者都在著述中运用了大量的战略研究尤其是战略史的分析。其他的理论范式则对与战略缺乏直接关联的议题领域给予了更多的笔墨著述。

正统的战略研究，无论是两千多年前的孙子、吴子、修昔底德，还是近代的克劳塞维茨、约米尼、哈特、柯林斯等人，都对战争与和平时期的战略战术问题进行了广泛涉猎。即使到今天，战略研究尽管包含经济、文

123

化等不那么具有进攻性和安全属性的领域，但其核心仍旧是探究国家的战略安全、霸权的幻灭与大国的兴衰、战争胜利、战后和平缔造等问题。地缘政治学本身就是一种交叉学科，在笔者看来不论它最初的衍生理论来源是什么，发展到今天，地缘政治学主要是关于政治地理学与战略研究的交叉理论，随着理论的演变，地缘政治与战略研究开始密切交织。

比如马汉、麦金德、斯拜克曼等地缘学者的观点，你说它们是不是战略研究，笔者认为一定是的。无论是对海权、心脏地带还是边缘地带的强调，都是关于国家的大战略布局和国际环境的利弊分析，其本质上就是战略逻辑：海权 vs. 陆权、海权 + 陆权 vs. 边缘地带。这些理论都是地缘学者站在某一个霸权国或崛起国的战略视角，去分析谁是我们的敌人、谁是我们的朋友，什么样的地理要素由谁掌控是对本国最具威胁的。地缘政治学本身就是关于大战略的学问，两者的研究对象都是以大国为主；研究方法都强调历史与地理、战争与政治的结合；研究路径都侧重权力与制衡维度——这又自然引申出了国际关系的现实主义逻辑。

这里仅以马汉关于陆海权冲突的说法，作为地缘政治与战略研究交叉的思考案例。在《海权论》中第四章"亚洲的问题"部分，马汉提到过海上力量和陆上力量之间的相互关系，存在制衡，但如果纯粹理解为冲突，是不是存在争议性问题？对这个问题，笔者的理解是，如果从战略的角度理解地缘政治，大国战略互动本身就是一种基于地理媒介的博弈，这种博弈是多轮次的，因而在地缘政治格局的形态发展中会展现出与单次博弈完全不同的战略认知。单次博弈是赢家"通吃"，大国会拼死搏杀，但是在多次博弈中，地缘政治格局有可能在一定历史时期内保持相对稳定局面，甚至在爆发战争后也能回归到新的、动态的地缘均势局面中：如近代英国海洋霸权与欧陆均势的相互依存关系，就不能说是海权 vs. 陆权的博弈逻辑。

马汉本人将海权与陆权视为对立统一的，他从来没有回避海权对陆地事务影响的有限性，海权与陆权的潜在冲突不代表海权国家与陆权国家没有合作的可能性，更不必然蕴含着陆权国家结成陆权联盟来对抗海权联盟的可能，这大概在伯罗奔尼撒战争中的提洛同盟与伯罗奔尼撒同盟的对抗中是可能的，如果没有波斯帝国在侧翼地理位置的"均势平衡手"作用，也是很难想象伯罗奔尼撒战争能持续近三十年。但自哥伦布时代以来，纯粹的海权对抗陆权的二元思维是很难符合历史事实轨迹的。

因此，在马汉的海权与陆权的语境下，实际上暗含着大国基于地缘政治的反复战略博弈，最终形成相对稳定的战略预期，这种战略预期涉及权力转移趋势、相互依赖程度、军事技术层面的海陆攻防平衡态势发展等。马汉学说的生成，本身就是将地缘政治研究立足于战略史的思考，他对技术变革远远不如对宏大战略历史叙事敏锐。他的舰队决战和战列舰主力观念已经过时，但是他对大国海陆争霸历史的战略思考与地理要素的交叉分析，随着时间推演不会褪色。

纯粹的地缘政治学研究的时间略早于国际关系学科的成立，但是如果追溯两者的理论与历史来源素材，几乎一样久远，甚至彼此重合。尽管汉斯·摩根索强调地缘政治是一门伪科学，但若去读他的原著，会发现更多的是批判地理因素决定论，或者说是地缘政治学说的某些理论分支。我们可以去否定某一个地缘理论的真伪，但是地缘政治现象的研究我们不能回避，可以采取不局限于地缘政治学领域的研究方法和视角来分析地缘政治的历史发展规律。

我们可以提出一个问题：海权和陆权的冲突，是指海权国和陆权国之间的冲突，还是海上力量与陆上力量？笔者对这个问题的回答，就可以解释为什么要强调交叉理论的应用价值，因为如果借助国际关系的权力概念来解答这个地缘政治问题，就会有更深入的思考。

这里给出的理解是：首先，如果纯粹从军事层面去理解冲突，那就是以海军和陆军为主导的海权力量与陆权力量的冲突，这主要事关战争与国际危机问题，更具有零和博弈性质。其次，如果我们放大这个冲突的涵盖维度，将这种冲突放在国家之间互动的整体中去考量，从国家安全（单元层面）与国际安全（体系层面）去理解海陆冲突，那就是一种权力政治的博弈，考虑到冲突在国际体系的无政府状态下是常态，我们不是要消除冲突，因为如果没有冲突就不需要合作了，冲突与合作是伴生的。从这个角度讲，这种海陆冲突放在 21 世纪就是一种"竞争性共存"，可以是零和的也可以是非零和的。

如果反向推论，从地缘政治角度去理解国际关系，零和博弈未必就是负面影响。海权与陆权冲突的恒久性告诉我们：无论是否回避地缘政治冲突，它都是真实深刻存在的。因此，地缘政治变量是国际关系研究中不可忽略的关键要素，只有地缘政治对抗的烈度得到管控，国际合作才会成为可能。只有为最坏情况做好战略预警，才会避免利益合作的丰厚预期遮掩住冲突因子。地缘政治现象体现了诸多的零和博弈性质，但零和思维正是说明战略资源的稀缺性和权力地位"金字塔"顶端的有限性，在承认"僧多粥少"的情况下，进行务实合作才是首选。

学界对国际关系、地缘政治、战略学的分别研究可谓汗牛充栋，但对三者或其中两者的结合还远远不够，在笔者看来，这种交叉理论的结合至少能起到如下作用：一是扩展原有理论的解释维度；二是促进不同理论的融合趋势；三是增进对不确定性的权力变局的复合型解释；四是捍卫传统安全研究的理论阵地；五是有效回击其他理论学说的批判；六是逐渐形成跨学科的有机综合，而不是政治、经济、军事、文化那种大杂烩。

这种结合应避免以下误区：

（1）交叉不是互相兼并，而是拿出海权、陆权、权力政治、对外政策、战略等概念进行灵活的层次分析与系统分析。

（2）交叉不是单纯的找出相同点，而是先找到彼此的边界范围，找出互相不能被包含的部分是什么，进而再通过三者的交集来寻找多元理论路径的合作。

（3）交叉应避免停留在西方叙事的范畴，而是实现中西方比较。

（4）不应为了迎合当前国际格局而硬性的照搬和嵌套，而是遵循理论本身的内在逻辑和发展规律。

（5）交叉理论不能脱离时代特征、闭门造车。在满足逻辑自洽的条件下，要为中国崛起和国际环境的风云变幻提供一定的描述、解释、预测和政策应用能力。

（6）在三者的有机结合之前，可以尝试先分别在其中两者间架构连接，先实现双边的互通，再进行三角关系研究。

在笔者看来，可以实现交汇的研究变量包括（但不局限）：

（1）对体系结构的描述创新。地缘政治涵盖了海权与陆权的对立统一，战略学研究是基于对国际体系战略环境的动态分析，国际关系的体系理论则将体系结构作为影响国家战略行为的关键自变量。比如地缘格局本身就是国际关系与地缘政治的交叉概念，考虑到了权力对比与权力的地理分布状况，还涵盖大国之间的战略行为互动，就可以作为三种理论学说的交叉概念研究。

（2）均势的概念。均势作为国际关系概念不容置疑，但均势如果作为战略手段和目标也可以接受，视为战略学分析的重要变量，当均势与海权、陆权结合起来的时候，又可以形成地缘均势的新概念。

（3）影响国家对外政策的观念分析。这种主导性的观念或战略决策的预期，可以从地缘政治形态的变化预测（地理因素在一定历史时期是常量，但是当权力变动和战略模式调整时又会发挥关键的变量影响）、海权或陆权学说、权力转移的发展趋势、战略目标与战略手段的匹配程度、相互依赖的敏感性与脆弱性认知等角度去理解。

（4）在丰富权力概念的同时聚焦传统大国政治。权力概念的泛化反映了国际关系理论的多元化魅力，但是涵盖的越多，争议越大，就会使概念变得越来越缺乏解释力。因此，为了扩展解释力的同时能回归对大国政治的传统研究路径，可以借助地缘政治和战略学来扩展对权力维度的理解。当权力变量加上地缘政治考量时，权力就会变得不那么虚无，而是有客观的地理媒介体现，再加上战略分析路径时，就会让权力概念变得不那么僵化死板。

斯拜克曼的思想绝对是交叉理论研究的经典案例，他本人既是地缘政治学者，又是古典现实主义理论的代表人，还深刻阐述了美国在"二战"后的大战略演变的理论与历史逻辑。在他的思想中体现出某种交叉理论的意味。他所揭示的海权与陆权国家联手对抗边缘地带的冲突逻辑，是对麦金德思想的一种继承和修正。问题在于如何理解他所强调的边缘地带与其他地区强权的互动模式？我们要避免对斯拜克曼的误读，他的海陆冲突和海陆联手对抗边缘地带的模式，都是对反复发生的历史规律的描述，即当某种条件具备之时，海陆冲突模式奏效，当其他条件具备时，海陆联手对抗边缘地带的逻辑生成。就美国而言，"二战"时期的斯拜克曼主要是担心来自德国和日本对美国可能形成的包围之势，日本作为岛国虽然不算是严格意义上的"陆海结合部"，但是如果结合"二战"的历史背景，日本已经占据了东亚大陆的广阔边缘地带领土，这种大陆征服已经让日本事实上成为了边缘地带强权。

从这个意义上讲，对边缘地带冲突与合作的理解，可以结合权力变量和国家战略来分析。当日本权力衰退时，随着中国崛起，美国转而将中国视为边缘地带威胁。在美国看来，如果中国作为陆海复合型国家，实现从陆权到海权的战略转型时，就等于具有挑战美国海上霸权的嫌疑，即中国的地缘政治特征、权力地位，再加上大战略转向海洋时，就和德国或日本一样，是美国必须要制衡或遏制的对手。

美国界定的对手一定是包括这三种理论维度的理解：海权与陆权的地缘政治竞争、相对权力转移不利于美国、崛起战略的挑战倾向。所以这可以避免我们每当面对重大国际冲突发酵时，惊呼历史罕见，须知大部分我们正在经历的变局和很多宏大的战略历史与地缘政治演进相比，实在还是小巫见大巫。下面笔者将梳理其他理论学说。

一、马克思主义

马克思主义的研究方法具有强大的指导作用，其理论框架主要包括：关于国际政治、国家间关系与世界体系，如世界历史理论、战争与和平理论、民族解放理论、殖民地理论；关于国际政治经济学，如帝国主义理论、世界体系理论、依附理论；关于国际共产主义运动，包括同时革命论、无产阶级国际主义、世界革命论、时代理论等；关于社会主义国家的对外战略与世界战略，如和平共处理论、三个世界战略、不结盟战略等；关于道德规范，强调人的普遍自由解放，如批判理论等。这几个方面互相交织、有机联系。而马克思主义国际关系理论方法论的核心共识是：第一，以资本主义生产关系全球扩张的必然性作为研究起点。第二，分析单位倾向于阶级和世界体系而不是民族国家和国家体系，对民族国家进行了变量值的区分：封建社会国家、资本主义国家和社会主义国家等。第三，以历史唯物主义为研究范式：强调生产力决定生产关系、经济基础决定上层建筑。第四，世界政治的动力是生产力与生产方式的矛盾运动、国际阶级斗争。第五，在认识论上强调整体主义视角，即整体环境对个体的制约作用，强调世界历史进程和总体的国际格局对理解具体的国家对外政策和外交行为的重要性。第六，理论逻辑性质具有决定论倾向，即人类历史和国际政治发展受到客观规律制约，强调因果关系不以人的意志为转移的客观性。马克思主义的体系分析与辩证唯物史观为本书架构提供了思想指引。

二、现实主义理论

托马斯·霍布斯是英国著名政治思想家，在《利维坦》一书中他提出了关于国际政治的人性哲学分析，创造了"自然状态"（state of nature）的概念，为国际社会处于无政府状态的理论假设提供了思想论据。霍布斯认为人在本质上是自私和贪婪的，人性中有三种造成争斗的主要原因：竞争、猜疑和荣誉。人们为了求利、求安全、求名誉而用暴力去奴役他人、保全自己。在没有一个共同权力使大家慑服的时候，人们便处于所谓的战争状态之下，即所有人反对所有人的战争（只是增大战争可能性、而不是所有人时刻都要战争）。[①] 遗憾的是，霍布斯对我们的告诫直到今天仍旧

---

① ［英］托马斯·霍布斯：《利维坦》，黎思复等译，商务印书馆1996年版，第94页。

没有消除这种悲剧阴影的可能性，国际关系学起源于对"一战"和"二战"巨大灾难的反思。消除战争是国际学说面临的根本问题。① 霍布斯主义也被称为现实主义的鼻祖。

格里科认为现实主义有五个主要观点：（1）国家是世界事务中的主要行为体；（2）国家像统一的理性行为者一样，对成本很敏感；（3）国际无政府状态是塑造国家动机和行动的主要动力；（4）无政府状态中的国家倾向于冲突与竞争，即使存在共同利益，也不易实现合作；（5）国际制度仅能勉强地影响合作的前景。②

现实主义要处理的关键问题就是是否承认安全困境以及如何化解国家层面和体系层次的不安全状况。国际无政府状态是一种"去中心化的"政治秩序。它并不必然，甚至不可能是一种"霍布斯式的"政治秩序。霍布斯将人与人之间的关系描绘成一幅失序而混乱的图景。在个体层面上，无政府状态意味着不存在任何形式的政府。只有当人类社会的融合度和责任度比现在更高时，以无政府状态为结构特征的政治体系才能够逃离混乱的深渊。事实上，个体层面的无政府状态和国际层面的无政府状态之间的最大差别就在于：前者要求废除国家，后者在国家身上找到了最完美的表现形式。③

（一）传统现实主义

无论是传统现实主义，还是新现实主义，首要的标志是对主权国家（尤其是大国）和权力政治的重视，后来的自由主义和建构主义尽管强调非国家行为体和观念变量的重要性，但在大国和物质权力对理解国际政治的重要性问题上与现实主义有一定的共识。提出"国家至上"论的法国红

---

① ［美］汉斯·摩根索：《国家间政治：权力斗争与和平》，徐昕等译，北京大学出版社2006年版，第71页。
② ［美］大卫·A. 鲍德温主编：《新现实主义和新自由主义》，肖欢容译，浙江人民出版社2001年版，第117~118页。
③ ［英］巴里·布赞：《人、国家与恐惧——后冷战时代的国际安全研究议程》，闫健、李剑等译，中央编译出版社2009年版，第27页。

衣主教首相黎塞留在《政治证言》中说道：就国事而言，有权力者便有权利，弱者仅能尽力顺应强者的意见。① 由于近代欧洲国际关系通过战争、武力威慑、不平等条约、经济渗透、文化侵略等方式扩展为全球国际关系体系，因此，了解两类彼此矛盾的欧洲权力政治的思想谱系就能对权力政治的思想来源有清晰认识，如表2-2所示。②

表2-2　　　　　　　　　　欧洲权力政治的思想谱系

国家本质	国家是生命有机体论	国家是人创造的一个机械装置
国家利益	国家的生存与发展，国家利益高于个人利益	国家的生存与发展，但以保全个人生命为限
自然法传统	不承认	承认
政治伦理	国家道德区别于个人道德，个人道德从属于国家道德，强调个人对国家的忠诚、爱国主义、民族主义	国家道德区别于个人道德，要求个人出于权益的要求而盲从于国家，但不要求个人对国家忠诚，个人自我中心主义、利己主义与纯粹功利主义
战略取向	扩张优于均势；以自身权力限度为限	均势优于扩张，扩张以均势的实现为限
代表人物	马基雅维利、黎塞留、黑格尔、特赖奇克、俾斯麦、李斯特，以及契伦等地缘政治学家	博丹、霍布斯、斯宾诺莎、休谟、腓特烈大帝、兰克
共同特征	人性恶的前提假设、国际社会的无政府状态、国家中心主义、内政与外交不可分割、政治优先于道德、个人道德与国家道德相区别、战争本质上无正义与非正义之分	

奠定国际关系现实主义和自由主义理论分野的标志性学者是爱德华·卡尔，而杰克·斯奈德是首位将新现实主义分为进攻性现实主义与防御性现实主义的学者。

在《二十年危机》一书中，卡尔力图厘清他所经历过的纠缠不清的国际政治"蛛网"。这本书出版的历史背景是希特勒崛起和"二战"爆发，

---

① [美]亨利·基辛格：《大外交》，顾淑馨等译，海南出版社1997年版，第56页。
② 刘飞涛：《美国"现实政治"传统的缔造》，世界知识出版社2015年版，第62页。

粉碎了两次世界大战之间人们的和平幻想（如美国的伍德罗·威尔逊、威廉·塔夫脱总统以及英国的罗伯特·塞西尔勋爵）。《二十年危机》奠定了古典现实主义理论基础。卡尔认为是"一战"这场旷日持久的战争将过去那种外交和战争分别属于外交官和军人的局面打破，国际政治事务开始越来越多地被普通人谈及和涉足。在反对秘密条约的基础上，外交事务不再被少许政府体系中职业外交官所垄断，这是国际关系学科成为一门新科学的必要基础。

卡尔主要从三个方面批判了"一战"后盛行的威尔逊理想主义。第一，国家只能在道德和权力之间寻求平衡。第二，权力可以表现为军事力量、经济力量和支配舆论力量三种形式。这三部分力量相互联系：舆论是由地位和利益决定的，强大的军事和经济实力，轻而易举地将自己的观点强加于别人。第三，国家之间的利益冲突是国际政治的本质使然。卡尔不是一个纯粹的现实主义者，他的理论既批评理想主义，又批评现实主义。卡尔认为政治不仅是一门"是什么"的学问，而且也是一门"应该是什么"的学问。在他看来：现实主义如果不考虑道德，就变成不那么现实的现实主义；理想主义如果不考虑权力，就滑向了乌托邦主义。

卡尔认为"二十年危机"期间建立在乌托邦主义之上的旧秩序已经被"二战"所终结，而在未来秩序当中，民族国家依然将作为有效的权力单位活跃在世界秩序当中。在卡尔看来，旧有国际秩序是由最强大的国家建立和维持，随着霸权国家的更替而变更的，如英美霸权及其更替。从历史上看，国际社会迈进的每一种途径都是伴随着一个大国的崛起而产生的。国际新秩序的建立，必须要建立在一定的国家实力的基础上。建立一个新的国际秩序，必须要依靠一个具有强大实力的权力单位。

卡尔指出，国际研究由于受到乌托邦主义、欺骗性言论和愚昧无知的拖累而变得不堪重负。人们用好与坏的范畴来判断外交政策：既有所谓好国家与坏国家，也有所谓好的国际主义与坏的国际主义。卡尔要重新唤起人们对权力因素的重视。卡尔指出，每一个学科都要首先经过一个空想的阶段，即第一阶段，对意图给予分析以最初的冲动和定位，愿望或意图因素特别突出,而事实分析的因素则淡化甚至不存在。观察者的社会地位、其道义上和政治上的目的,难免决定和影响他的研究,并赋予他的分析和诠释以意义和方向。在第二阶段,现实主义在社会科学和政治科学中取代了乌托邦主义,"是什么"与"应该是什么"被截然分开了。现实主义既要求承认现实,又要求研究其原因和结果。

在卡尔看来,权力与利益是独立主权的民族国家的中心。冲突的发生不仅源于各国领导人之间的误解,而且源于不能共存的目的和抱负的互相抵触,这种冲突不能用某种预定的理性原则加以调解,而只能依靠妥协和外交来调停。国际政治中不存在解决冲突的客观而公正的道义或法律标准。卡尔强调,乌托邦主义和现实主义缺一不可,必须辩证地看待。一项成功的外交政策必须在武力和绥靖两种极端之间游刃有余。

他在历史学方面的代表著作是《苏维埃俄国史》(1950~1978年写了十卷14本),该书强调的是俄国十月革命宏大的经济、社会和政治方面,反映着英国对俄国(苏联)态度的起起落落。他比任何其他历史学家都投入了更大的精力去发现苏联领导人行为的动力。卡尔集政治学家与历史学家于一身,兼具记者和行动家的品质。他在《泰晤士报》做过助理编辑,匿名撰写社论以使人们更好地理解俄国及其在战后世界上的作用。

卡尔在1942年发表了国际危机分析的著作《和平的条件》,他警告说:民主国家正妄图以19世纪的思想观念和制度来应对世界危机。由于这本书写作时德国和日本正是扩张势头最猛烈的时期,因此,卡尔对其政策结论的假设感到歉意。因为卡尔在书中提出,苏维埃俄国和纳粹德国掌握着开启未来的钥匙,两国都可以通过计划经济体制消除失业问题。卡尔将希特勒描述为"20世纪拿破仑"。

在1945年出版的《民族主义及其后》一书中,卡尔考察了19世纪和20世纪之间民族主义的深远变革,他希望建立一个不依靠宪政设计的国际秩序,而是在世界范围内对社会正义的追求,包括机会均等、免于贫乏、充分就业。由此可以看出,尽管很多人说卡尔是现实主义者,但在终极人文关怀方面,其思想又是一种理想主义的目标。在1947年《苏联对西方世界的冲击》书中，他称马克思为"整个20世纪思想革命的领袖和先驱"，苏联式民族乃是由西方民主派生出来的。他的思想体现出了对苏联体制优于西方民主体制的理论判断。

在《历史是什么》一书中，他试图找到某种历史哲学来作为政治的道德判断标准，但他认为很难做到客观。卡尔对历史的基本看法是：第一，我们所接触到的历史事实，从来都不是"纯粹的历史事实，因为历史事实并不能以纯粹的形式存在，历史事实总是通过记录者的头脑折射出来"。第二，历史学家需要一种富于想象的理解力。第三，我们只有以当下的眼光去看待过去，才会理解过去。卡尔认为，历史不属于过去，而是属于现在，历史学家的作用既不是热爱过去，也不是使自己从过去中解脱出来，而是作为理解现在的关键来把握过去，体验过去。

在卡尔看来，历史学家的立场也是会随着时间和当时历史境地而改变的。所以，在研究历史之前，要研究历史学家，在研究历史学家之前，要研究历史学家的历史环境与社会环境。卡尔认为，伟人不是现存力量的代表（比如拿破仑、俾斯麦）就是以向现存权威挑战，并协同创造那股力量的代表（比如列宁）。卡尔认为重要的是要认识到伟人是一个杰出的个人，他既是历史进程的产物，也是历史进程的推动者，他既是社会力量的代表，也是社会力量的创造者，这些力量改变了世界的面貌，也改变了人类的思想。

关于历史的偶然性和必然性，卡尔的态度是，不管是历史的决定性还是偶然性，都是合乎历史的因果关系的。卡尔对"进步"与"进化"做了区分：所谓进化，是指生物的遗传性，而进步，则是指社会的获得性，进步才是历史进步的源泉。历史是通过一代代生物的获得性技巧的传授而进步的。卡尔是不相信历史终结的，他对历史的必然性的定位并不在未来。

关于中国和亚洲，卡尔提到了亚洲的国际影响，历史的中心已经不再是欧洲，20世纪开始，曾经不在历史范围内的很多国家开始逐渐登上历史舞台，历史的外观发生了改变。卡尔提醒各位历史学家，历史已经真正变成了全球史，要开始把迄今不在历史范围内的国家和地区考虑进来，这是

第二章 体系变革、战略塑造与战略转型

历史学家的首要任务。他在这里还特别提到了中国。中国已经不应该也不可能被排斥在历史主流之外了。

卡尔认为：历史上绝对的东西不是那种我们由以开始的过去时代的东西；它也不是现在的东西，因为现在的所有思想都必然是相对的。它是尚未完善的、正在形成中的——某种属于我们不断靠近的未来的东西，只有当我们向它走去时它才开始形成，而且以此为起点，当我们前进时，我们又渐渐地形成我们对过去的解释。可以概括为：判断历史的唯一根据就是历史本身。卡尔的观点为摩根索的权力政治理论奠定了基础。

国内政治和国际政治不过是权力斗争这一现象的两种不同表现。权力斗争之所以在这两个不同领域中表现不同，是因为在各自领域中占主导地位的道德、政治和社会条件各不相同。[①] 摩根索认为，权力是指人支配他人的意志和行动的力量，政治权力是权力行使者与权力行使对象之间的心理关系。[②] 他对权力概念进行了与其他相关概念的辨析：权力与影响力、权力与武力、可用权力与不可用权力、合法权力与非法权力、权力是相对的（与他国权力的比较）。[③]

摩根索认为权力包括九个要素：地理因素、自然资源、工业能力、军事装备、人口、民族性格、国民士气、外交质量和政府质量。他对权力的定义涵盖了有形权力、无形权力与国家权力，包括物质资源和非物质资源。摩根索揭示了国家追求权力的动力源：根植于人性的客观法则，即人天生具有权力欲；权力既是手段也是目标；国际政治像一切政治一样，是追逐权力的斗争。无论国际政治的终极目标是什么，权力总是它的直接目标。[④]

摩根索提出权力资源应该有机结合：（1）外交质量最重要：可以整

[①] ［美］汉斯·摩根索：《国家间政治：权力斗争与和平》，徐昕等译，北京大学出版社2006年版，第76页。
[②] ［美］汉斯·摩根索：《国家间政治：权力斗争与和平》，徐昕等译，北京大学出版社2006年版，第56页。
[③] ［美］汉斯·摩根索：《国家间政治：权力斗争与和平》，徐昕等译，北京大学出版社2006年版，第57~60页。
[④] ［美］汉斯·摩根索：《国家间政治：权力斗争与和平》，徐昕等译，北京大学出版社2006年版，第55页。

合不同权力要素成为有机整体；（2）摩根索强调权力发挥影响主要源于三个方面：对利益的期待、对损失的恐惧、对领袖或机构的敬仰和热爱；（3）国家寻求权力的三种政策：现状政策（policy of the status quo）：保持权力；帝国主义政策（imperialism）：增加权力；威望政策（policy of prestige）：展示权力。其中，维持现状政策的参照点是战争结束时的权力分配状况；国家战略目标是力求保持现有的权力分配，而非追求有利于扩张的权力分配变化；现状政策并不反对变化本身，不会阻止所有的国际变革，现状国家阻挠的是可能导致国际社会权力分配发生根本变化的变革。[①]

帝国主义政策的目的在于推翻两个或更多国家间的权力关系现状的政策。[②] 帝国主义政策的评判标准是：国家战略目标是推翻现存的国家间的权力关系，谋求获得更多的权力。帝国主义政策的三种诱因是：战争胜利刺激扩张欲望、战争失败刺激赌徒心态（下一次会赢）、虚弱（国内政权脆弱或国家经济衰弱，意图转嫁国内矛盾或通过外部扩张补充自身实力虚弱）。帝国主义政策的三种扩张程度不同的目标是：世界帝国、大陆帝国、地区优势。[③] 帝国主义的手段实现方法包括军事帝国主义、经济帝国主义和文化帝国主义。[④] 摩根索认为，威望政策的目的是为维护或增加权力而展示其所拥有的权力，具体来说，就是使别国对自己国家实际拥有的权力，或它自认为拥有的权力，或想使别国相信它拥有的权力产生深刻的印象。威望政策通常是现状政策或帝国主义政策的补充手段。威望政策主要包括两种方式：外交仪式（如拿破仑见教皇）、炫耀武力（如军事演习）。[⑤]

[①] ［美］汉斯·摩根索：《国家间政治：权力斗争与和平》，徐昕等译，北京大学出版社2006年版，第80页。

[②] ［美］汉斯·摩根索：《国家间政治：权力斗争与和平》，徐昕等译，北京大学出版社2006年版，第83页。

[③] ［美］汉斯·摩根索：《国家间政治：权力斗争与和平》，徐昕等译，北京大学出版社2006年版，第93页。

[④] ［美］汉斯·摩根索：《国家间政治：权力斗争与和平》，徐昕等译，北京大学出版社2006年版，第94页。

[⑤] ［美］汉斯·摩根索：《国家间政治：权力斗争与和平》，徐昕等译，北京大学出版社2006年版，第110页。

在摩根索看来，国家就是个人的扩大，把个人集合起来即为国家。个人追求权力，那么作为个人的集合体的国家，也就同样具有追求权力的欲望。简言之，摩根索把国家对权力的追求的根源解释为个人对权力追求的继续和发展。国家以实力即国家自身的权力追求权力。摩根索对无形权力看得更重。他说：“在构成国家权力的所有因素中，外交的质量是最重要的因素，尽管它是一个极其不稳定的因素。决定国家权力的所有其他因素都好像是制造国家权力的原料。一个国家外交的质量将这些不同因素结合为一个有机的整体，给予它们方向和重量，并通过给予它们一些实际权力而使它们沉睡的潜力苏醒。”

国家对权力的追求将不利于世界的和平和稳定（国家间冲突和战争是人类以国家形式争夺权力的结果），因此如何限制国家对权力的追求显得尤为重要，摩根索的研究包括用权力限制权力、国际道德、世界舆论、国际法和裁军等方面。

权力的获取方式分为两种：一是增加自己权力（例如军备竞赛）/把其他国家权力添加到自己权力上（联盟战略）。二是阻止其他国家的权力添加到对手的权力上（分化瓦解对方联盟或潜在联盟、楔子战略或反联盟战略）。制约国家追求权力和行使权力的要素包括：权力均衡（均势）、国际道德、世界舆论和国际法的制约。尼古拉斯·斯拜克曼认为：权力是一切文明生活最终赖以生存的基础，体现为运用说服、收买、交换和胁迫等手段。在国际政治中就是一个国家对其他国家的控制。[①]

传统现实主义强调国内政治是塑造国际行为的根源，假定意识形态、国家属性、党派政治、利益集团、社会政治经济结构决定了国家的对外战略行为。像爱德华·卡尔和汉斯·摩根索在其著作中都采用了历史文献分析法、对比法和类比法。他们在谈到重大概念时，诸如权力、均势、战争、国家、政策、裁军、国际组织等，都会对这些概念进行详尽的历史追溯与个案分析。摩根索的《国家间政治》既是国际关系理论的扛鼎之作，

---

① 倪世雄：《当代西方国际关系理论》（第二版），复旦大学出版社2018年版，第252页。

也被视为一部政治学专著，其原因就是摩根索经常会用类比法来将国际政治与国内政治比较分析。这里的历史分析法和历史学方法有本质区别：历史分析法更强调将案例和素材囊括到理论分析框架中，而历史学方法则将历史事实本身作为研究目标。① 因此，尽管古典现实主义缺少严谨的逻辑假设和系统分析，但是其历史研究和哲学思维的还原主义分析路径，是本书要予以吸收和采纳的。

国家的战略转型核心是在海权和陆权领域来促进国家权力的崛起、降低权力的过度使用、避免权力增加的同时带来更大的不安全感，还要考虑到与其他强国在不同权力领域的战略互动。整体上，现实主义认为权力是区分国家大小的关键变量：国家依权力大小可以分为小国、中等强国、大国、超级大国；国家之间的权力对比不仅决定国际体系结构，而且与国际体系的稳定性有关。我们可以将对权力与安全关系讨论的现实主义观点做扩展梳理。

沃尔兹认为，权力只是手段，而非目的，因此国家倾向于加入两个联盟中较弱的一方。国家不能让权力——一种可能有用的手段——变成追求的目标。系统鼓励国家追求的目标是安全。权力的增加也许会，也许不会有助于这一目标的实现。国家首要关注的不是权力最大化，而是维持自身在系统中的地位。米尔斯海默认为，权力是国家所能获得的特殊资产或物质资源。具体说来，国家有两种权力：潜在权力和军事权力。潜在权力是指一国用来建立军事力量的社会资源，其中，财富和人口是两种最重要的因素。实际上米尔斯海默只是把军事力量作为国家权力，因为所谓的财富实际上已被替换为潜在军事力量了。米尔斯海默对军事力量的独到见解体现在两个方面：地面力量（陆军）居于首要地位；海洋对地面力量发挥着阻遏作用。防御性现实主义者认为，国家为了实现安全最大化，经常会限制自身追求的权力目标。国家战略的目标不只是为了维持均等的权力平衡，而是实现国家安全的最大化。

---

① 胡宗山：《国际关系理论方法论研究》，世界知识出版社2007年版，第65~119页。

（二）进攻性现实主义与防御性现实主义

新现实主义包括进攻性现实主义与防御性现实主义两个主要分支，以沃尔兹、米尔斯海默和吉尔平为代表，整体上新现实主义采用的是系统方法和演绎法，追求简约性，将经济学和社会学方法引入传统分析模式中，并结合证伪法和类比法，否定传统的研究方法，将国内政治结构与国际政治结构进行类比，质疑摩根索的人性分析起点，丰富层次分析，研究更强调变量机制的科学性。新现实主义的诸多理论分支都体现出了极强的变量机制的逻辑性，沃尔兹的结构现实主义逻辑是：国际体系处于无政府状态→国家自助→均势的内部制衡和外部制衡→军备竞赛和联盟政治的安全困境→制衡比追随强者更为普遍/维持现状偏好压倒修正主义意图→反霸优于争霸→国家追求适度安全而非安全最大化。米尔斯海默的逻辑是：国际体系的无政府状态→鼓励国家具有修正主义意图→权力最大化带来安全最大化的普遍信条→陆权力量居于首要地位→争霸战争会带来巨大的战略收益→大国政治陷入持久悲剧。实际上，新现实主义发展到后来，形成了一套研究模板，即对问题的研究大致分成五个阶段：对既有成果的文献综述、提出理论假设的演绎逻辑、通过历史案例来证明自身理论推导的逻辑自洽和富有解释力、进而提出政策建议或对当代问题的战略分析。

（三）新古典现实主义

新古典现实主义主要可以分成三大类。第一类着重考察结构现实主义所不能解释的与体系指令相背离的次优战略选择，即在体系结构难以发挥有效作用的情况下，用国内政治变量来作为解释国家对外战略的自变量，其实质是分别用结构变量和单元（次单元）变量来解释不同类型的问题。这类新古典现实主义者从单元或次单元层面去解释偏离结构现实主义预期的国际现象，是对结构现实主义的补充。如兰德尔·施韦勒（Randall Schweller）对"制衡不足"的四个国内政治变量解释（精英共识和精英凝聚力、政府/政权脆弱性和社会凝聚力），即国家内部处于松散或分裂状态时，难以对制衡行为投入足够的战略资源；斯奈德强调国内多样化的政治和利益联盟对国家外部战略目标和资源分配的分散性影响；杰弗里·托利弗（Jeffrey W. Taliaferro）结合了领导人对外来信息的理解和处理，来解释大国在只具有边缘利益地区的介入和干涉的动因；[1] 克里斯托弗·莱恩指出在不符合体系结构预期的条件下，自由主义国内政治联盟推动了美国采取域外霸权战略。

第二类是构建全面的国家战略和对外政策的研究路径，认为新古典现实主义不能只解释结构现实主义所不能解释的个案现象，当面对清晰而紧迫的威胁和有限的政策选择时，各国通常会像结构现实主义所预料的那样行事，而新古典现实主义只能解释与体系指令相悖的行为。但各国极少面临如此明确的选择。在大多数通常情况下，当国际环境没有提供明确而紧迫的威胁时，各国通常会有一系列政策选项可供选择。[2] 应该也能解释更广泛的外交政策选择和大战略调整。新古典现实主义解释了国家战略是体系结构压力的经验评估和国家决策者战略思想博弈竞争共同生成的产物。[3]

第三类认为，新古典现实主义不只是结构现实主义的扩展，也不只是更新汉斯·摩根索和爱德华·卡尔的古典现实主义的尝试。因此，它是一种比结构现实主义更强大的国际政治理论，而且从直觉上看比自由主义的国内政治理论或建构主义更令人满意。托利弗等人将相对实力分布与极的数量、包容性/约束性战略环境视为体系结构变量，而把地理因素、军事技术上的攻防平衡等因素视为对结构要素的修正，也被称为结构性调节因素，并认为结构性调节因素未必会影响体系内的所有国家。将领导人的意向、战略文化、国家—社会关系、国内制度等单元和次单元层面要素对国家战略决策的影响作为中介变量，将不同类型的政策反应和由此产生的国

---

[1] Taliaferro J W, State building for future wars: Neoclassical realism and the resource-extractive state, *Security Studies*, 2006, 15 (3): 464–495.

[2] ［加］诺林·里普斯曼、［美］杰弗里·托利弗、［美］斯蒂芬·洛贝尔：《新古典现实主义国际政治理论》，刘丰等译，上海人民出版社2017年版，第25页。

[3] ［加］诺林·里普斯曼、［美］杰弗里·托利弗、［美］斯蒂芬·洛贝尔：《新古典现实主义国际政治理论》，刘丰等译，上海人民出版社2017年版，第26页。

际后果作为因变量。认为自变量起主导作用，但要通过中介变量的过滤才会输出因变量。①

新古典现实主义解释了国家在面对外部战略环境挑战和机遇时的应对方式。该理论并不否定国家战略主要受到体系结构提供的威胁和机遇的影响，结构层面的压力塑造着国家的战略选择范畴。尤其在面临重大国际危机或战争等时，外部战略环境紧迫而决策时间有限，各国都会倾向于做出结构现实主义所预期的与体系结构相符的战略决策。从这点上看，它赞成结构现实主义的核心假设前提——体系结构居于分析国家战略决策的主导性地位。② 但国际环境在大多数情况下，并不会提供明确清晰的体系信息，国家有更多的战略选择菜单。新古典现实主义从四个方面揭示了结构现实主义模型的缺陷：领导人并不总能感知到体系结构所折射的清晰信息、国家所处的外部战略环境通常缺乏明确性、领导人即使在正确认知结构要素的情况下也未必遵循理性决策、国家并不总能根据体系压力动员恰当的国内战略资源。③

新古典现实主义并不假定国家追求的是安全，而是强调国家通过寻求控制和塑造外部环境来回应无政府体系的不确定性。新古典现实主义着重分析体系层面的变量如何通过单位层次的中介变量（如决策者的认知和国内政治经济结构等）转化为国家的对外战略和政策。扎卡利亚、沃尔弗斯、托利弗、施韦勒等学者，都在承认体系结构的强大制约作用下，加上了一些结构性调节变量，使体系层次的解释避免由于追求简约性而过度僵化，同时，为了复苏传统现实主义对历史个案的研究长处，新古典现实主义整体上避免对国家进行"黑箱化操作"，而是对国家层面和国内层面的变量进行筛选和分析。

新古典现实主义明确强调国际体系优于国内（或单元层次）变量。核

---

① ［加］诺林·里普斯曼、［美］杰弗里·托利弗、［美］斯蒂芬·洛贝尔：《新古典现实主义国际政治理论》，刘丰等译，上海人民出版社2017年版，第33~94页。

② Rathbun B. A rose by any other name: Neoclassical realism as the logical and necessary extension of structural realism, *Security Studies*, 2008, 17 (2): 294–321.

③ Kitchen, Nicholas. Systemic pressures and domestic ideas: a neoclassical realist model of grand strategy formation, *Review of international studies*, 2010, 36 (1): 117–143.

心自变量是体系结构和结构性调节因素：相对实力分布和极的数量、国际体系的清晰度（威胁和机遇的可识别程度、体系是否提供了有关威胁和机遇的时间范围的信息、是否有最优政策选项脱颖而出），以及提供了附加解释变量：约束性战略环境（威胁或机遇迫在眉睫）/包容性战略环境（威胁或机遇的强度较低）。① 新古典现实主义的中介变量主要包括：国家领导人的意象和认知（对即将到来的体系刺激的感知）、战略文化（它能影响国家感知——如何讨论和解读国际事件、适应体系刺激和物质实力的结构性转变的方式）、国家—社会关系（国家的核心制度与各个经济或社会集团之间进行互动的特征）和国内制度安排（决定了政策过程的不同阶段的参与主体、哪些人是否决者——可以利用权力阻碍政策倡议以重塑政府的政策）等。② 这些中介变量在各种外交政策分析理论中被视为自变量。

　　新古典现实主义具有强烈的战略分析基因，地理因素、攻防平衡、技术传播速率等结构性调节变量本身就是体系层次的互动性变量，只有涉及具体的地区和特定的国家战略博弈才具有研究意义，特定领域的攻方占优未必代表体系环境普遍的攻方占优，因为不同国家不同地区的权力结构和战略关系具有本质不同。即使同一国家针对不同的对手，其结构性调节变量的分析也要进行具体的权重，比如美苏核军备竞赛所引发的攻防平衡关系，对欧洲的冲击与对亚洲的影响就截然不同，欧洲的高度军事政治对抗形成了真实的冷战；亚洲则由代理人战争主导；"一战"前英国的岛国地理位置相对于欧陆国家享有防御优势，但与美国相比，英国居于地缘政治劣势，早在拿破仑将路易斯安娜卖给美国时就意图打造美国之于英国就好像英国之于法国的地缘形态。笔者认为大战略调整是它的立论重点，其他四个层面则可以分别从微观和宏观作为战略解释的辅助层次。大战略本身又必然涉及地缘政治，尤其是所谓的"包容性"和"约束性"战略环境的

---

① ［加］诺林·里普斯曼、［美］杰弗里·托利弗、［美］斯蒂芬·洛贝尔：《新古典现实主义国际政治理论》，刘丰等译，上海人民出版社2017年版，第33~50页。
② ［加］诺林·里普斯曼、［美］杰弗里·托利弗、［美］斯蒂芬·洛贝尔：《新古典现实主义国际政治理论》，刘丰等译，上海人民出版社2017年版，第58~71页。

第二章　体系变革、战略塑造与战略转型

区分，实质就是地缘政治形势的冲突程度。因此，借助新古典现实主义框架，能够实现现实主义、地缘政治、大战略的有机结合，无论是解释变量，还是针对的研究对象，都能够实现三者结合。

新古典现实主义对因变量划分了分析层次：危机决策、外交决策、大战略调整、体系结果、结构变迁。因变量不仅包含了国家的大战略选项，还会影响相对实力和国际结果，有时会重塑国际体系结构，即大战略、国际结果和结构效应三者之间存在一定的互动联系。国际结构对一系列可能出现的体系结果具有支配性影响，不过，得到哪种结果取决于各个单元的特征以及它们所选择的外交政策和大战略。在研究方法上，新古典现实主义鼓励过程追踪法：生成和分析有关因果机制或者过程、事件、行为、预期以及其他中介变量的数据，它们将假想的原因与可观测的结果连接起来。从本质上讲，过程追踪涉及详细的个案研究，从而判断假设的原因变量是否存在以及/或者达到被检验理论所确定的门槛，它们是否与所假设的中介变量以及人们试图解释的因变量变化在时间上相连（而且符合适当的顺序），是否有证据表明所提出的因果机制（而没有其他因素）实际导致了那些变化。[1]

对于崛起国的战略转型而言，体系结构所塑造的战略环境确实会对其战略调整产生重大影响，但这种结构性因素不会对转型机制的生成产生直接效应，而是必须通过国家层面的战略决策等中介变量的过滤，才会促进国家推行从陆权到海权的战略转型。战略转型的长时段存续，这本身就超出了结构现实主义的体系压力决定论的解释范围，很难单纯用紧迫性的国际危机或战争风险来解释其转型动因。战略层次的调整必然涉及如何处理重大的国际危机，如摩洛哥危机和波斯尼亚危机对德意志第二帝国的战略调整产生了重要影响；此外，战略转型会对崛起国与霸权国的战略关系、体系后果等产生系统效应，历史上重大的权力与秩序安排大都伴随崛起国

---

[1]　[加] 诺林·里普斯曼、[美] 杰弗里·托利弗、[美] 斯蒂芬·洛贝尔：《新古典现实主义国际政治理论》，刘丰等译，上海人民出版社2017年版，第81～128页。

的战略调整，由此产生的体系结果会推动结构变迁。如果没有德意志帝国的海权崛起，可能英国的海上霸权还会维持更长一段时间，英美的和平权力转移进程与结果都很可能变得不一样；如果没有俄国在欧亚地区的海陆扩张，可以断定欧亚地区的权力博弈结构会完全不同；如果没有美国的门户开放转型与地缘政治经济扩张，欧亚地区在两次世界大战的均势重塑也将缺少重要的离岸平衡手。因此，新古典现实主义的整体分析框架所涉及的从微观、中观、宏观不同层面的考察——危机决策、外交决策、大战略调整、体系结果、结构变迁等，都能在研究崛起国的战略转型中找到应用的案例部分。本书重点解释的是大战略调整，但在对历史案例的过程追踪中，会对所涉及的重大国际危机、具体的外交决策进行阐述，并对大战略调整所产生的体系结果与结构变迁进行系统分析。

对四种现实主义路径的变量机制比较如表2-3所示。

表2-3　　　　　　对四种现实主义路径的变量机制比较

对外战略的生成机制	对体系结构变量的看法	对单元层面变量的看法	因果机制
传统现实主义	不重要	差异显著	国内变量→对外战略
进攻性现实主义	单独起决定作用	没有差异	体系激励→对外战略
防御性现实主义	偶尔重要；无政府含义是变化的	差异显著	体系激励或国内变量→对外战略
新古典现实主义	重要；无政府状态是浑浊的	有差异	体系激励（自变量）→国内变量（中介变量）→对外战略

资料来源：笔者自制。

很显然，古典现实主义、进攻性现实主义和防御性现实主义都是侧重体系或单元层面变量，缺少对不同层面变量的因果关系考察，而战略转型的生成是一种刺激—反应—准备—行动的过程，单纯的外部地缘环境的变化、国家战略实力的增减或决策者的个人意图都不足以单独发挥作用。新古典现实主义将体系激励作为自变量，通过国家内部因素这一中介变量，来分析对外战略的输出。能够较为完整地呈现战略转型的生成机制，同时包含了体系和单元层面的变量，并将两个层面的变量进行了有机结合。

只要物质安全是追求任何个体或集体目标的前提，恐惧在政治团体的形成过程中就会起到关键作用。体系力量塑造国家内部的国内进程，后者进而约束国家对体系指令作出反应的能力。单元层次变量本身是先前的结构条件的因变量。国家单元层面的变量在分析中的重要性必须归属到第二位，大陆国家向海洋转型的过程中，无法超越既有地缘战略环境带来的限制和机遇。国家面对的外部威胁程度会对其战略和政策的选择构成结构性影响，但即便是两国受到相似或相同的地缘威胁，也可能呈现不同的战略转型模式，其根源就是国家内部的资源汲取能力和战略动员能力所造就的用于转型的战略实力差异很大。国家长期所拥有的物质力量资源的相对数量将塑造战略转型的规模大小和目标高低。当崛起大国可以通过战略学说的宣传、崛起路径的规划而成功汲取和动员大量战略转型的相关资源时，国家将追求更多的海外影响力。反之，战略转型的程度和规模都将大幅收缩。

三、新自由主义

以相互依赖自由主义为起点，新自由主义的崛起和研究方法的日趋成熟有很多值得借鉴的部分。比如基欧汉和约瑟夫·奈界定了国际机制变迁的四种解释模式：经济进程模式、总体权力结构模式、问题结构模式和国际组织模式。认为现实政治的情形越接近复合相互依赖，则问题结构模式和国际组织模式的解释力越强，如果现实越接近传统大国权力政治模式，那么总体权力结构模式的解释越实用。经济进程模式的解释变量必须添加相应的政治和安全变量作为辅助性参考，才能形成更加有效的解释机制。基欧汉和奈采取了经济学方法、统计方法、个案分析法和概念分析方法，尤其是对美加和美澳相互依赖的案例分析占据了其所作《权力与相互依赖》书中篇幅的 2/3,推动了国际关系学的科学化进程。

新自由制度主义在方法论上取得了很大进展,在承认现实主义的核心假设基础上(包括国际体系的无政府状态、单一理性行为体假设、国家中心论、国际体系结构的制约性作用等),借助简约的体系理论框架,并借鉴经济学尤其是新制度经济学的方法论(包括交易成本、制度变迁、路径依赖等),从实证为主转移到演绎与实证相结合,多方借鉴微观经济学的研究方法与论证手段。《霸权之后》对个案分析的比重有所降低,增加了理论框架和概念界定的扩展维度。对数据和统计的使用相对较少,但其真正将国际机制或国际制度的自变量作用进行了首次权威的国关领域论证,实现了理性选择理论、新制度经济学、结构—体系理论三大模块的整合,用以解释国家的合作行为。尤其是借用的古典经济学的理性主义方法,对本书研究的战略理性产生重要的灵感和启发,其博弈论和集体行动逻辑的阐述,也为我们对崛起国与霸权国的联盟体系的脆弱性和双边战略互动考察提供了理论依据。民主和平论这样的较为强调国内政治变量作用的学说,尽管缺陷非常明显,但能让我们看到西方霸权国和历史上的西方崛起大国,在战略塑造过程中,民主制度和民主观念文化的差异性发挥了重要作用。即使是现实主义理论范式,其内容上也多少都认可民主和平论的某些假定前提。

格伦达·斯拉格认为,巴黎和会之后的大半个世纪,社会公众和学术界更多地关注国际联盟未能成功阻止"二战"的爆发,而忽视了国际联盟创设这一事件本身。国际组织的确对世界产生了其他影响:在制度设计时,它迫使人们思考如何解决世界上最严重的问题;在国际治理的实践中,它代表世界人民多样化的利益,甚至也包括无国籍人士。[①]

自由贸易是指要求尽可能减少对自由贸易的限制(并不是完全消除限

---

① Glenda Sluga. Remembering 1919: international organizations and the future of international order, *International Affairs*, 2019, 95 (1): 25 – 43. https://doi.org/10.1093/ia/iiy242.

制)。在经过20世纪30年代的大萧条和第二次世界大战之后,西方国家认为自由贸易需要与之相匹配的国内政策来弥补国内劳动力由于经济开放而面临的风险。鲁杰将其称为"内嵌自由主义"(embedded liberalism)。"内嵌自由主义"最核心的要素就是政策制定者如何通过补偿性政策以减少贸易对就业的消极影响来动员民众支持自由贸易,包括失业保险、就业培训等一系列社会福利政策。[①]

自由主义的战略分析有助于对国家内部变量进行综合参考。伊肯伯里将"二战"以来的美国大战略分为现实主义和自由主义两个分支,具体如表2-4所示。

表2-4　　　　　　　　　　　美国大战略

	现实主义大战略	自由主义大战略
战略手段	均势、遏制、威慑、追求主导地位	促进开放市场、民主、制度合作和多边纽带
大国类型	传统大国	自由霸权
战略目标	对抗苏联权力	避免退回到20世纪30年代的贸易壁垒、战略敌对、地区集团时期
核心理念	总体权力	国际制度
战略成本	持续投入、相对高昂,降低成本主要依赖于成功威慑、低烈度的军备竞赛	维持制度比建立制度成本低廉、即使霸权衰落也能由于制度惯性而锁定长远收益、降低其他大国的修正主义倾向

政治学意义上的合法性在马克思·韦伯看来,主要分为传统型、法理型、克里斯玛型(超凡魅力型)。笔者做出如表2-5所示的总结和举例论证。

[①] Sean D. Ehrlich. "The fair trade challenge to embedded liberalism", *International Studies Quarterly*, 2010, 54 (4): 1013-1033.

表 2-5　　　　　　　　　政治学意义上的合法性

传统型合法性	法理型合法性	克里斯玛型合法性
核心思想：相信历史传统的神圣性；涉及风俗习惯、传统惯例赋予的权威性	相信统治者的章程所规定的制度和指令权利的合法性	建立在一个人以及由他所默示和创立的制度的神圣性基础上
案例： (1) 封建王朝的世袭制，统治者为巩固统治提出的"奉天承运"。 (2) 汉末的王莽改制，企图建立威权国家，破除传统，结果身败名裂	案例： (1) 美国总统的选举结果决定了符合法律的合法性。 (2) 英美海洋法系上的"陪审团制度"，一旦陪审团裁决，诉讼双方必须接受，因为符合法律程序	案例： (1) 拿破仑之于法国的号召力，就是统治合法性的来源，以至于他第一次流放从厄尔巴岛返回法国时，不费一兵一卒，士兵主动倒戈，抵达巴黎，赶走波旁王朝。 (2) 希特勒之于纳粹党和德国民族主义的极端，也与个人的超凡魅力有关，他的演讲、自传《我的奋斗》都是其执政合法性的重要来源
通俗理解："我们一直都是这样做的"	通俗理解："我相信法律是对的"	通俗理解："我相信他是对的"

回到国际关系中关于"极"的数量与国家权力合法性的关系，一些学者认为单极权力与两极和多极相比，更容易受到合法性挑战，这一点我们从里根到小布什再到特朗普政府的对外战略对霸权合法性的止损不足就能看得出来（见表 2-6）。

表 2-6　　　　　　两极世界、多极世界与单极世界的比较

两极或多极世界	单极世界
国家权力合法性更易实现，如"冷战"时期两极对峙，美国势力范围内的国家默许美国霸权的合法性，认可美国对抗苏联的共同防务	其他国家和民族更容易质疑美国权力的正统性与合法性。尤其是缺少传统大国威胁的条件下，恐怖主义并不能足够成为美国权力的合法性外衣

从对国际秩序的塑造层面谈合法性问题，伊肯伯里做出了如表 2-7 所示的概括。

第二章 体系变革、战略塑造与战略转型

表 2 – 7　　　　　　　　不同国际秩序的合法性塑造比较

	均势秩序	霸权秩序	宪政秩序
组织原则	无政府状态	等级制	法治
对权力集中的限制	反制联盟	无	约束性制度
稳定之源	实力平衡	实力优势	限制权力的回报

在伊肯伯里的另一本书中，还做了与之类似的秩序的逻辑总结（见表 2 – 8）。

表 2 – 8　　　　　　　　关于国际秩序的逻辑总结

	制衡	统制	赢得同意
权威来源	国家主权	物质权力	法治
道义方面目标	保持自主性	主导国的利益	制造公共物品
等级结构/等级结构的性质	不存在/大国同等	存在/统治者和受治者	有时存在/领导者和跟随者

从这里，我们可以看出，结合政治学对合法性权力的界定类型，可以对国际政治中的霸权合法性做出总结（见表 2 – 9）。

表 2 – 9　　　国际政治中的均势秩序、霸权秩序、宪政秩序的合法性和权力约束程度比较

合法性程度	宪政秩序 > 霸权秩序 > 均势秩序
对权力的制约程度	均势秩序 > 宪政秩序 > 霸权秩序
合法性类型区分	（1）均势秩序接近传统型合法性（如摩根索、基辛格对均势法则在 19 世纪缔造的"百年和平"的怀念）； （2）霸权秩序接近魅力型合法性（尽管牵强，但可近似于缔造霸权意象、带来其他国家的追随）； （3）宪政秩序更接近法理型合法性（通过宪政秩序、制度规则来限制权力的过度扩张，降低权力违背制度使用的回报率，存在路径依赖）

需要说明的是，在霸权秩序和宪政秩序的过渡阶段，会有仁慈霸权的出现，秩序开始呈现出某种"弱"宪政主义的特征。而宪政秩序又可以分为弱宪政秩序和强宪政秩序。因此，如果我们假设国际秩序和制度建设是线性的和进化的，就可以根据权力的使用方式、权力的回报率等指标，概括为如下阶段，尽管不乏跨越式发展（超越某一个阶段直接进入下一个阶段）。

弱均势秩序（霍布斯式的自然状态、或赫德利·布尔所强调偶发性均势）

↓

强均势秩序（布尔所说的蓄意制造的均势、或伊肯伯里定义的1815年维也纳体系）

↓

霸权秩序（罗伯特·吉尔平所说的领导国通过权力优势强加世界秩序的建立和维系）

↓

弱宪政秩序（仁慈霸权、注重共识、制衡动机和预期减少、霸权限制增强）

↓

强宪政秩序（在规则、权利、保护上达成高度一致和制度化，承诺可信与约束性制度）

综上所述，我们可以对行为体的权力制约方式加以概括，如表2-10所示。

表2-10　　　　　　　　　　行为体的权力制约方式

方式	逻辑
民族国家——世俗权力的获胜	政治单元的分解削弱了宗教和帝国团体
领土/权力分配	欧洲均势中的补偿原则和势力范围划分
反制联盟	秦国统一六国是追随逻辑战胜制衡逻辑的典型；近代欧洲则是制衡逻辑战胜了追随逻辑——欧陆霸权始终未能像英国海洋霸权那样长久立足

续表

方式	逻辑
制度约束	允许修正主义国家或制造体系威胁的国家加入约束性的联盟制度中，比如维也纳体系允许称霸失败的法国加入大国俱乐部
超国家一体化	通过处于支配地位的政治制度/权威来共享主权（比如"二战"后从欧洲煤钢联营→欧洲经济共同体→欧洲统一市场→欧盟的演变，当然，这种一体化有多种类型）

上面讨论的权力集中和演变逻辑是可逆转的，也是可以同时并存的。比如当今的欧洲更接近超国家一体化，或者说超越了威斯特伐利亚阶段。而非洲和中东一些国家还没有完成威斯特伐利亚式的民族国家建构。东亚和全球的地缘政治格局，则处于制衡与追随、权力博弈的威斯特伐利亚模式下。但是欧洲一体化也会倒退、东亚也可能进化。

均势制衡与制度性约束的差异如表2-11所示。

表2-11　　　　　　　均势制衡与制度性约束的差异

均势制衡逻辑	制度性约束
权力制约权力是共识，差异性无非是权力大小是制衡的动机，还是权力更具威胁性是制衡的动机，抑或是获取扩张性利益是制衡动机的争论	通过建立由正式法律权威监督的制度化政治程序限制权力； 强调进程理性（process rationality）

实际上，包括伊肯伯里在内的很多西方理论家，都认为民主国家在担保秩序中更具优势，认为它们具有权力下放、渗透性的制度，向次要国家提供信息、进出渠道及保证。民主国家与制度性协议的关联可以参考伊肯伯里列出的表格（见表2-12）。

151

表2-12　　　　　　　　　民主国家与制度性协议的关联

特征	意义
透明性	减少意外； 带来信任度更高的信息
分权性的政策程序	政策黏性； 实施机会
开放和分权的体制	进入机会和发言机会； 跨国和跨政府的联系点

把表2-12的内容反过来说就是西方学者普遍所界定的非民主国家在制度约束上的劣势对比。有人认为美国的战略决策由于国内政治的开放透明——是"没有秘密的",这甚至被一些学者视为美国在释放善意的战略信号或威慑性信号,以及做出实质性的行动式的"标志",进而降低其他国家对美国的错误知觉。

国际秩序制度化的历史演变及主要特征是自由主义研究的主要内容之一,笔者总结了自1648年以来的国际秩序中权力与制度的互动逻辑,这对本书展开战略史研究提供了重要的背景参考,如表2-13所示。

表2-13　　　　1648年以来的国际秩序中权力与制度的互动逻辑

国际秩序名称	秩序的制度化与合法性程度	秩序的权力分配模式
1648年威斯特伐利亚体系	偶发性均势主导、承认国家对外主权的形式、实现了国家自主权的增强、削弱了宗教和帝国团体、肯定了民族国家作为核心行为体的国际地位、战争目从天主教与新教→主权权力扩张。权力约束程度极低	属于大陆均势秩序的胜利。法国和瑞典打压和取代了哈布斯堡霸权,分别缔造了西欧和北欧两个地区霸权秩序。主要合法性条约:《奥斯纳布吕克条约》和《明斯特条约》
1713年乌德勒支体系	开始有了主动塑造的均势,不允许法国和西班牙合并,通过防止领土合并限制权力集中,缔约的制度化程度提高——对均势原则的运用不再盲目,权力约束较低	属于海洋霸权与大陆均势的交互作用产物。英国击败法国、维护了欧陆均势和开启了第一阶段海洋霸权秩序

第二章 体系变革、战略塑造与战略转型

续表

国际秩序名称	秩序的制度化与合法性程度	秩序的权力分配模式
1815年维也纳体系	通过明确的七次反法同盟限制欧陆霸权，缔约的合法性和制度化进一步提高，形成了欧洲协调、补偿原则、均势制衡的普遍共识，权力约束相对松散	属于海洋霸权与大陆均势的交互作用产物。 英国第二阶段海洋霸权的实现、欧陆霸权的失败和五强均势的缔造
俾斯麦大陆联盟体系	以德国为首的轴辐大战略体系，制度化承诺以秘密条约为主，透明度和约束性相对较低，对操纵权力的战略决策和精英共识要求极高	属于大陆"准霸权"秩序的胜利。 对法国的孤立和领土侵占制约了该体系的灵活性，一旦德国从维持现状大国转为修正主义大国，就会让权力操作的类型发生根本变化，制约和维系德国安全的陆上秩序的权力资源逐渐变为威廉二世与英国的海权竞争
凡尔赛—华盛顿体系	国联——制度化约束较低。 打破制度的成本相对低廉。 "十四点原则"的理想主义未能战胜欧洲传统的均势原则	大陆秩序与海洋秩序的混乱，美日海权竞赛和苏德法的陆权竞争不断。 将德国、美国、苏联这三个"二战"时期的三极格局的主角孤立在外，制度与权力分配脱节
雅尔塔体系	北约——制度化机制更为完善，多国部队、一体化军事指挥。制度化高度依赖美苏两极格局的演变趋势，当美国置盟国利益不顾——防务成本分担和古巴导弹危机中对盟国安全不顾，导致联盟内聚力下降，法国戴高乐对美国的北约霸权合法性挑战	美国海洋秩序的绝对优势与苏联大陆秩序的相对优势（美国也能在西欧、东亚地区获取部分陆权存在）； 美国在制度内的单极权力和美苏两极权力制衡，从内外分别对雅尔塔体系的制度化进程塑造形成重要作用
"冷战"后美国国际地位的变化与国际秩序的重构	先是美国单极时刻的到来，权力相对提升（苏联解体），带来了从老布什到克林顿的制度化程度较高的战略行为；小布什制度化程度较低的过度扩张和奥巴马政府的多边主义自由制度霸权的回归，再到特朗普政府的近似"孤立主义式"的不那么现实主义的现实主义战略	美国逐渐受到中国崛起和俄罗斯复兴的"战略担忧"的影响。 通过"世界新秩序""参与—扩展战略""以海制陆""亚太再平衡""印太战略"等方式重塑对欧亚大陆的领导秩序，并竭力巩固和捍卫全球海洋霸权秩序，在北极、印度洋、西太平洋、大西洋不断巩固海上霸权合法性。 但近期自由宪政秩序的霸权合法性受损

153

在伊肯伯里看来，权力和制度规则并不是敌人，而是可以成为朋友，两者在构建自由主义国际秩序过程中缺一不可；只有在一个由规则构成的体系中运用，权力才是最持久和最具正当性的；而规则只有建立在共识基础上并受到相应的权力结构的支撑时，才是最持久和最具正当性的。笔者讨论的崛起国战略转型，也涉及海上权力激增对既有海洋霸权秩序冲击的理论与历史思考。

四、科学行为主义

科学行为主义方法论以多伊奇的研究方法作为起点，他强调沟通论、博弈论和量化分析，尤其是对后来综合国力的分析，使用国内生产总值（GDP）、军费开支等数据对比都成为常态，也是本书对大国崛起的战略转型的案例分析的重要参考。莫顿·卡普兰重视对研究对象的系统、体系化研究，沿袭了近代以来天体物理学所倡导的系统论观点，重视系统的输入和输出变量与过滤分析，这有助于对不同历史案例进行系统理论的提炼。他的《国际政治的系统与过程》避免了对均势和两极的简单描述，无政府状态可以分成六种系统形态，这也是本书研究分析地缘格局的变革动力的思想来源之一。还有对不同博弈类型的分析可以套用到大国战略关系的演化历史追踪，矩阵分析更是变量界定的常用手段。而且卡普兰并没有排斥对历史的还原主义路径，并在分析国际系统时对1814～1870年的欧洲五强均势和运行规则进行了探讨。这可以作为我们分析崛起大国的战略实力和体系结构时的参考方法。

五、建构主义

建构主义整体上强调社会现象通过社会建构而存在，是国际关系批判理论的分支，并吸取了后现代主义等反思主义的观点，对"后冷战时代"的新热点和新问题进行学术研究。亚历山大·温特的《国际政治的社会理论》采取了演绎方法，实现物质主义与理念主义、理性主义与反思主义的有机结合，从哲学等社会科学的研究内容延伸到国际政治领域，提出国际政治的发展可以是进化的：霍布斯文化→洛克文化→康德文化。同时，他也承认观念进化比物质权力分配的变化更加困难，也是可逆的。提出了影响国际政治进化的四种机制：相互依存、共同命运、同质性与自我约束。提出无政府状态是国家共有观念塑造的，这为本书对战略文化与战略思维的变量分析提供了理论源泉。他将建构主义理论进行了结构化和体系化发展，使其能够与其他理论范式进行对话和交流。建构主义方法论的核心基本内核是：建构性的多种形态的无政府逻辑、最小主义国家观、建构性的理性国家论（国家对权力和利益的认知由彼此间的身份和认同建构）。接下来我们对影响大国战略转型的变量探讨也会考虑战略对手的主观认知与客观威胁的差异性。

国际关系主要理论范式的研究路径与核心概念可总结如表2-14所示，供读者参考。

表2-14　　国际关系主要理论范式的研究路径与核心概念

	现实主义	自由主义	马克思主义	建构主义
基本行为体	国家	国家、非国家行为体	经济阶级	国家、非国家行为体
主要人类动机	恐惧、统治欲	恐惧、对生活美好的祈求	贪婪	追求有秩序、有意义的社会生活
行为体主要目标	所有国家追求权力或安全	行为体追求安全、财富与正义	资产阶级追求利润最大化；工人阶级追求合理工资与劳动条件	行为体利益是通过互动社会建构的
行为体主要手段	军事实力	军事实力、贸易、投资、谈判说服	财富（资产阶级）；劳动（工人阶级）	取决于历史和社会背景
主要互动过程	竞争	竞争与合作	剥削	取决于历史的社会背景
国际体系基本特征	霍布斯式无政府状态	非霍布斯式无政府状态	经济不平等	社会制约因素（如法律、规则、规范、禁忌）

续表

	现实主义	自由主义	马克思主义	建构主义
主要理论	均势理论、霸权转移和霸权战争理论	新自由制度主义："民主和平论"	依附理论；革命理论	结构化理论；规范演进理论

资料来源：笔者自制。

六、战略决策理论

本书还将参考决策（decision making）理论的研究方法。《布莱克维尔政治学百科全书》将"决策"定义为"选择一个可供贯彻执行的方案的过程。形成决策通常需要有一个决策者（做出最后选择的人）和一个决策机构（所有参与决策的人组成的小组、团队或政府）。他们通过分析信息、确定目标、提出各种方案、对这些方案做出评价，然后提出一个结论来对一个确定的问题做出反应"[1]。政治学的决策分析一般分为政策动议（initiation）、政策评估（estimation）、政策选择（selection）、政策实施（implementation）、政策评价（evaluation）和政策终结（termination）。[2] 政治决策理论主要包括：理性决策模式（rational actor models）、渐进决策模式（incremental models）、官僚组织模式（bureaucratic organization models）和信仰体系模式（belief system models）。[3] 政治权力的实施方式可以是直接动用武力（political violence）、使用政治威胁（political intimidation）、制定政治规则（political rules）、下达政治指令（political order）、展开政治说服（political persuading）、实施政治激励（political promotion）、实行政治处罚（political punishment）。[4]

---

[1] ［英］戴维·米勒、韦农·波格丹诺：《布莱克维尔政治学百科全书》，邓正来等译，中国政法大学出版社1992年版，第185页。

[2] Garry D. Brewer and Peter deleon. *The Foundations of Policy Analysis*, Illinois: The Dorsey Press, 1983, P. 20.

[3] Andrew Heywood. *Politics*, New York: Palgrave, 2002, pp. 400–404.

[4] 燕继荣：《政治学十五讲》（第二版），北京大学出版社2013年版，第120~121页。

第二章 体系变革、战略塑造与战略转型

决策理论包括理性行为体理论、控制论、博弈论、认知理论等，确定了可能存在相互关系的若干变量，并不关注形而上的、抽象的国家或政府概念，以及广义上的"行政部门"，而是集中研究制定政府政策的个人的决策行为。决策理论并不假设决策者都是理性的。战略决策与战略行动必须符合两个条件：一方面要让其他国家能够接受，另一方面要能够获得国内选民的同意。总之，决策研究对理解单元层次的行为十分重要。[①] 巴里·布赞认为，国内政治过程是国家对外决策的一个主要独立变量。国内政治体系是政策的实际生产者，国家对外政策不能被视为纯粹是对国际体系输入的反应。

格雷厄姆·艾利森提出了外交决策的三种模式：理性行为模式（Rational Actor Model）、组织行为模式（Organizational Behavior Model）和官僚政治模式（Governmental Politics Model）。理性行为模式是传统外交政策研究范式：现实主义范式、国家中心假定（state-centric assumption）、国家是主要行为体（state-as-sole-actor approach）、国家是单一行为体（state-as-unitary-actor approach）、国家行为就是那些以国家名义行事的人的行为、国家（领导人）是理性行为体、内政与外交的分离。组织行为模式同样关注外交决策过程中的关键政府机构，但更关注组织内部的标准规则和程序，而不像官僚政治模式那样关注组织行为的政治维度。该模式的基本假定是：组织决策就是实施组织的例行程序。组织并没有整体分析一个问题，而是具体考虑细节背景，精心计算选择最佳决策组织观察情势——选择最适合这种情势的已有例行程序并实施这个例行程序→渐进主义→预测 t 时间的决策只需看其 t–1 时间做了什么。官僚政治模式是将官僚设定为双重角色：顾问+经理。对国家利益的认知、组织利益、国内政治和个人利益构成了给总统的政策建议；核心观点是：屁股决定脑袋→组织利益优先，人的职位决定其政策取向（把组织利益凌驾于国家利益之上/组织社会

[①] [美]詹姆斯·多尔蒂、小罗伯特·普法尔茨格拉夫：《争论中的国际关系理论》（第五版），阎学通等译，世界知识出版社2013年版，第585~635页。

化→符合组织利益就符合国家利益）→组织利益优先→国防部倾向于鹰派政策。基本假定是：不同的官僚行为体，拥有不同的政策偏好和不同的权力。基本观点是：不同官僚行为体之间冲突—谈判—共识的政治过程形成外交政策。

与本书研究相关的战略决策涉及崛起国是如何推进战略转型并走向战略透支的。国家安全战略分为对内安全战略和对外安全战略，国家对外安全战略就是大战略。从总体上可以分为现实主义大战略和自由主义大战略，进攻性大战略和防御性大战略。大战略主要关注的是国家安全的问题，解决国家目前或未来一段时间可能面临的威胁。所谓大战略，是指国家在国际社会中运用自身实力（主要是战略实力）来维护自身安全的科学和艺术，是对战略实力调动配送和运用过程的筹划与指导。① 大战略主要有战略目标、战略原则与战略手段三个部分，战略从制定到实施是一个完整的过程。② "战略的缔造既涉及内部政治影响和个人行为特征，又涉及外部事态和威胁的压力的过程"③ 战略决策需要考虑多个层次、多个方面的因素的复杂过程，这其中包含国家与体系的互动、国家内部各部门的互动、决策者个人因素等。一个完整的大战略也不仅仅是战略决策，而是包含复杂的长时段的规划、决策、实施、调整的包含战略目标、原则与手段的过程，体现了国家对战略实力的筹划与指导。战略决策，对崛起国与霸权国而言，首要关切是在制定和执行决策时保持克制，避免透支。

斯蒂芬·沃尔特提出居于霸权优势地位的美国应该遵循自我克制战略。美国不可能改变自己的地理位置（除非放弃自己的领土或占领更多的领土），也不可能迅速或单边地改变权力分配（除非迅速裁军或故意破坏自己的经济）。④ 伍德罗·威尔逊总统诫称：美国应该表现出一个真正的

---

① 周丕启：《大战略分析》，上海人民出版社2009年版，第1~7页。
② 周丕启：《大战略分析》，上海人民出版社2009年版，第14~25页。
③ [美] 威廉森·莫里等主编：《缔造战略：统治者、国家与战争》，时殷弘等译，世界知识出版社2004年版，第23页。
④ [美] 约翰·伊肯伯里主编：《美国无敌：均势的未来》，韩绍颖译，北京大学出版社2005年版，第141页。

大国所应有的自我克制，认识到自己的力量，鄙视滥用权力的做法。① 美国必须保证自己的盟国和附庸国家不会采取令第三方觉得明显受到威胁的行动。② 美国要警惕将一些国家混为一谈、把它们视为某种大规模反美运动组成部分的倾向。最明显的事例是把朝鲜、伊拉克、伊朗和利比亚称为反美的"流氓国家"（rogue states），更不用说"邪恶轴心"（axis of evil）。这种做法忽视了这些国家之间存在的巨大差异，促成它们彼此合作。也要警惕不要让亨廷顿的"文明冲突论"成为指导美国对外政策的主要原则，对文化差异引发冲突的盲从会形成自我实现的预言。③

斯蒂芬·沃尔特提倡防御性现实主义逻辑，避免进攻。根据威胁均衡理论，如果美国的军事力量具有强烈的进攻倾向，其他国家可能就会对美国进行制衡。如果美国军队以保护美国及其盟国为主要目标，美国对其他国家就不会有危险，也就不可能引起其他国家的制衡反应。他还对进攻—防御理论进行评价：要明确地区分是进攻性还是防御性的武器和武力态势（force postures），特别是对于各种具体的武器系统来说，是极为困难的。不过，一般而言，如果武力态势是保卫领土，不威胁其他国家，而且缺乏攻击外国领土的实力，这种态势的威胁性就会小于强调进攻征服的武力态势。④ 即使美国只是建立"有限"版的国家导弹防御体系，也可能会引起其他国家的警觉，必然会增加反美同盟形成的可能性。⑤

历史上崛起国成功的战略克制案例包括：

---

① ［美］约翰·伊肯伯里主编：《美国无敌：均势的未来》，韩绍颖译，北京大学出版社2005年版，第142页。
② ［美］约翰·伊肯伯里主编：《美国无敌：均势的未来》，韩绍颖译，北京大学出版社2005年版，第145页。
③ ［美］约翰·伊肯伯里主编：《美国无敌：均势的未来》，韩绍颖译，北京大学出版社2005年版，第146~147页。
④ ［美］约翰·伊肯伯里主编：《美国无敌：均势的未来》，韩绍颖译，北京大学出版社2005年版，第147~148页。
⑤ ［美］约翰·伊肯伯里主编：《美国无敌：均势的未来》，韩绍颖译，北京大学出版社2005年版，第149~150页。

1. 英国式的均衡

"反对霸权主义但不陷入其中。"英国作为岛国，只要皇家海军牢牢地控制住海上围墙，就可以避免遭到直接攻击。制海权增加了选择的机会，减少了成本。与维持和调动大陆陆军所需的费用相比，调遣舰队不只是费用低廉，它可以大大提高速度，从而允许攻击者对目标采取战略袭击。与美国在中途岛的获胜类似，英国的决定性战役都是在海上获胜的（对西班牙的无敌舰队和在特拉法加），而且要比路易十四和拿破仑这样的欧陆霸权扩张付出的代价小得多。① 英国对欧洲的策略是均衡（balance），而不是征服。把握均衡（利用"协同优势"）所付出的代价要比进行全力抵抗小得多。英国总是在胜利之后退出欧洲体系，避免自己成为众矢之的，不征服原则为自己将来减少了成本，不会留下长期的历史恩怨。不同于法德在19世纪的"世仇"，英国为下一轮争斗留下了广大的同盟选择空间。②

2. 俾斯麦式的"和平联盟"

战略克制的是否遵守对俾斯麦德国带来了深远影响：德国在1871年从法国手里夺取了阿尔萨斯和大部分洛林后造成了法国对自己的敌视；协约国在第一次世界大战后苛刻对待德国也造成了同样的结果。相反，1815年维也纳体系对法国的处罚就相对宽大，英国在维护海洋霸权的前提下没有过度削弱法国。俾斯麦1866年说服德国皇帝在克尼格雷茨大捷后没有乘胜进军维也纳。在《布拉格条约》中，普鲁士没有夺取奥地利的任何领土。因此奥地利才成为奥匈帝国，并能够在1879年成为德国的同盟伙伴。

德国不可能像英国那样处于孤立的地理位置，它的周边被四大国所围绕，法国作为其中之一不断伺机报复。弗雷德里克大帝（Frederick the Great）的"联盟梦魇"（cauchemar des coalitions）在很大程度上困扰着俾斯麦。俾斯麦在"基辛根敕令"（Kissingen Diktat）中提出要把第二帝国变为"欧洲这个不倒翁的平衡器"（Bleigewicht am Stehaufmannchen Europa），

---

①② [美]约翰·伊肯伯里主编：《美国无敌：均势的未来》，韩绍颖译，北京大学出版社2005年版，第160页。

第二章 体系变革、战略塑造与战略转型

意味着德国必须从中心控制欧洲脆弱的平衡关系,营造一种除法国外的所有大国都有求于德国的整体战略环境,并利用其他大国的相互关系中存在的矛盾,防止它们形成反德联盟。

俾斯麦意图消除会引发俄罗斯和奥地利在巴尔干半岛发生冲突的力量,消除从土耳其到阿富汗这一地带发生危机时英国和俄罗斯进行干预的威胁,消除促使这三个国家中的任何一个国家寻求法国援助的机会。[①] 俾斯麦还一直限制德国的海军规模和海外殖民地野心,避免威胁到英国的海上霸权地位。此后,俾斯麦又在"基辛根敕令"中加入了"萨布罗夫规则"(Saburov Rule)。俾斯麦对俄罗斯驻柏林大使说:"所有政治都可以简化为这样的规则:只要世界处于五国的危险平衡中,就应该设法站在由三国组成的一方。这样自己才能真正得到保护,避免受到敌对联盟的威胁。"[②]

俾斯麦的轴辐体系失败的根源在于:第一,其继任者的愚蠢以及对促进德国成为体系霸权的蓄谋已久的野心;第二,正如《克劳备忘录》所揭示的:不论德国是否有称霸意图,只要德国实力不断稳定增长,就会不断满足野心,甚至根本不需要"恶意预谋"就成为"世界其他地区的一种可怕威胁"。[③] 这必然会引起制衡和围堵,体现了"修昔底德陷阱"对权力转移引发战争的冲突逻辑。第三,德国作为"不完全霸权国家"(semihegemonial power)所处的危险地位,所具有的实力足以对付每个国家,但不能做到同时对付所有的国家。[④]

3. 美国:轴辐大战略

轮轴是美国,轮辐是西欧加上北约在东欧的新成员、日本、中国、俄

---

① [美] 约翰·伊肯伯里主编:《美国无敌:均势的未来》,韩绍颖译,北京大学出版社 2005 年版,第 161 页。
② William Langer. *European Alliances and Alignments*, 1871—1890. New York: Alfred E. Knopf, 1956, P. 199.
③ Sybil Crowe and Edward Corp. *Our Ablest Public Servant: Sir Eyre Crowe*, 1864—1925. Braunton: Merlin Books, 1993, pp. 110 – 119.
④ [美] 约翰·伊肯伯里主编:《美国无敌:均势的未来》,韩绍颖译,北京大学出版社 2005 年版,第 168 页。

罗斯以及中东。美国力图维持轮辐与轮轴之间的关系要比轮辐之间的关系更为重要的局面。①

战略克制要避免四种制衡升级：心理—文化制衡、经济—科技制衡、政治—外交制衡和军事—战略制衡。

伊肯伯里强调民主、制度与美国的自我克制战略的相关性。提出美国的自由主义大战略是降低权力回报（reduce the return of power）、增加制度回报（increasing returns to institutions）、路径依赖（path dependent）。② 美国在"二战"后的权力克制体现出：不情愿的霸权统治倾向；美国政体的开放性和透明性；战后经济和安全制度的约束作用。应加强战后制度的回报，因为制度具有"锁定"效应（"lock in" effect）。首先，建立新制度需要大量启动成本。其次，现有制度通常在运作的过程中就已经取得了学习效应（learning effect），从而比新制度更具有优势。最后，制度通常会与其他行为体和制度建立关系或相互制约，它们深深根植于制度之中，提高了制度变革的成本。③ 降低权力与增加制度回报带来了路径依赖。

大战略成功的关键在于战略目标与战略手段的匹配度，由此便出现了对战略透支概念的研究，战略透支是战略与透支的结合，核心是战略消耗与资源汲取之间的匹配度，再简化就是成本与收益的问题，主要是"一个大国在执行一项扩张性对外战略时，战略投入显著超出自身的资源承载和动员能力，必须以损耗其他战略目标的方式持续汲取额外的内部和外部资源，导致其短期和长期战略目标难以达成，最终导致国力损耗和衰退"④。保罗·肯尼迪的《大国的兴衰》很大程度上引起了人们对战略透支的关注，杰克·斯奈德也对过度扩张的案例给予关注。崛起国在崛起的过程中

---

① ［美］约翰·伊肯伯里主编：《美国无敌：均势的未来》，韩绍颖译，北京大学出版社2005年版，第164页。
② ［美］约翰·伊肯伯里主编：《美国无敌：均势的未来》，韩绍颖译，北京大学出版社2005年版，第215页。
③ ［美］约翰·伊肯伯里主编：《美国无敌：均势的未来》，韩绍颖译，北京大学出版社2005年版，第231页。
④ 刘丰：《战略透支：一项概念分析》，载于《战略决策研究》2017年第3期。

更容易陷入过度扩张的倾向。国内学者对战略透支的研究最早始于 2006 年,但当时的战略透支仍然局限于经济领域的研究。2015 年时殷弘教授发表在外交评论上的《传统中国经验与当今中国实践:战略调整、战略透支和伟大复兴问题》从传统中国经验出发对"战略军事""战略经济""战略透支"进行讨论。① 这是国内学者第一次对国际关系领域的战略透支公开讨论。2015 年陈积敏的《中国外交应警惕战略透支的风险》在《中国国防报》刊登,从而引起了国内学术界对中国是否陷入"战略透支"的辩论。②

　　战略透支虽然常见于国际关系理论、国际关系史的研究中,但目前并没有一个准确的概念界定。战略透支在国际关系研究中多以描述性概念出现,用以解释帝国对外扩张失败的历史案例。③ 透支本身是一个经济学概念,用以描述入不敷出的情况,当我们将其引入国际关系研究中,一般也是指国家在崛起、发展的过程中,收益明显少于成本,并出现难以实现战略目标的情况。战略透支主要有两种情况:一是最初战略制定时期的战略目标与手段就不相匹配,导致国家在实施战略政策时,难以避免战略透支问题,这种情况主要是战略过载,即战略目标的设定起初就超出了国家的实际情况;二是国家在战略实施的过程中,出现战略目标扩大化的趋势,导致最初的战略手段与日益增长的战略目标脱节,出现战略透支的问题。并且战略透支也不仅仅存在于霸主国,现有的国际关系研究文献中提到战略透支多是指霸主国在维持霸权的过程中过度消耗战略资源或者战略资源分配不当导致总体实力的衰落。崛起国在崛起过程中也面临着战略透支的问题,战略透支导致"崛而不起",典型的案例是拿破仑时期的法国与威廉二世时期的德国。但国家实力还在上升阶段时期,是有机会改变战略透支现状的,通过阶段性的战略评估与调整能够帮助崛起国在崛起过程中达

---

　　① 时殷弘:《传统中国经验与当今中国实践:战略调整、战略透支和伟大复兴问题》,载于《外交评论》2015 年第 6 期。
　　② 陈积敏:《中国外交应警惕战略透支风险》,载于《中国国防报》2015 年 1 月 20 日,第 022 版。
　　③ 刘丰:《战略透支:一项概念分析》,载于《战略决策研究》2017 年第 3 期。

到目标与手段的平衡。

崛起国对崛起战略的选择也间接导致了战略透支,一般而言,渐进战略能最小程度地减少崛起的消耗;摧毁战略则更容易导致崛起国陷入战略透支。对战略透支的研究能够避免崛起国陷入崛起困境,提供经验指导。也能够帮助我们更好地理解大国兴衰更替。因此,围绕国家如何以及为何做出某种战略决策,评估决策的影响——透支/克制,是本书的重要理论依据。

第三节
系统分析方法、理论假设与变量机制

科学方法的运用及其所包含的客观性是全部研究的核心。系统不依赖于任何关于国家特性的现存观念,无论将国家看作生命形式的观念,还是看成合法的与合乎道德的统一体的观念,方法适用于所有的国家,无论大小、敌友,衡量的标尺是一样的。世界政治舞台的各组成部分被视为空间客体,其相互作用构成空间现象。研究的目的在于解释这些空间客体作为整体组成部分的行为及相互作用。根本目标在于了解整体地缘政治空间和任何既定时间里在其中发挥作用的过程。因此,地理空间被看作一个整体。

一、系统分析方法概述

系统分析在20世纪50年代首次被应用于政治科学。系统方法,与行为主义相联系,是将更科学的严密性引入政治研究中,如伊斯顿是将生物学的生态系统模型用于政治学。[1] 系统理论对例如"门卫"(gate keepers,

---

[1] [英]安德鲁·海伍德:《政治学核心概念》,吴勇译,中国人民大学出版社2014年版,第70页。

第二章 体系变革、战略塑造与战略转型

即调节政治系统输入量的政党与压力集团等)的作用与一般政策过程及其输出的性质等都提供了丰富的思想资源。系统理论的长处是其研究范围的广泛性(不仅包括国家机构和阶级体系,还包括所有政治上重要的行为体)与其鼓励整体性思维的倾向。①

在政治学的语境中,系统理论(systems theory)是指通过运用系统分析来解释整个政治过程和主要政治行为体的功能。一个系统就是一个有组织的或复合的整体,它是一套由相互联系与相互依赖的部分所构成的集合体。② 分析政治,就是要建立政治系统的模型。政治系统是由"输入"(inputs)与"输出"(outputs)两个部分之间的联系所构成的。输入就是公众的需求和支持;输出是由政府的决定和行动构成的。这些输出产生的反馈(feedback)反过来又影响公众需求与支持。因此,政治系统在输入和输出中倾向于长期的平衡或政治的稳定。③

通常我们会将传统主义与科学行为主义的第二次论战作为国际关系系统分析/体系分析(system analysis)的起点。莫顿·卡普兰在其代表作《国际政治的系统和过程》一书中提出了系统理论,运用大系统的基本原理提出国际体系的六个模式:均势体系(balance of power system)、松散的两极体系(loose bipolar system)、紧张的两极体系(tight bipolar system)、环球体系(universal system)、等级体系(hierarchical system)、单位否决体系(unit veto system)。④ 此外,卡普兰又引出若干分体系:异常松散的两极体系(very loose bipolar system)、缓和体系(detente system)、不稳定的集团体系(unstable bloc system)和不完全的核扩散体系(incomplete nuclear diffusion system)。⑤

卡普兰提出了描述不同系统状态的五个"变量",即系统的基本规则、

---

①③ [英]安德鲁·海伍德:《政治学核心概念》,吴勇译,中国人民大学出版社2014年版,第70页。

② [英]安德鲁·海伍德:《政治学核心概念》,吴勇译,中国人民大学出版社2014年版,第69~70页。

④ 倪世雄:《当代西方国际关系理论》(第二版),复旦大学出版社2018年版,第97~98页。

⑤ 倪世雄:《当代西方国际关系理论》(第二版),复旦大学出版社2018年版,第98页。

165

转换规则、行为体分类变量、能力变量以及信息变量。① 他对 19 世纪的均势系统的论述最引人注目，他认为均势系统至少应该拥有五个主要行为体。该系统的规则如下②：

（1）增强能力，但宁愿谈判也不愿诉诸武力。

（2）宁愿一战也不愿错失增强能力的机会。

（3）宁愿停战而非消灭任何一个主要的国家行为体。

（4）反对任何试图获得系统支配地位的联盟或单一行为体。

（5）限制任何支持超国家组织原则的行为体。

（6）允许和接受失败的或受到限制的基本国家行为体作为合作者重新加入系统，或是接受原来的次基本行为体上升为基本行为体。视所有基本行为体为可接受的角色合作者。

实际上卡普兰对体系的划分原则，笔者认为主要是基于三点："极"（大国）的数量、大国之间的战略关系（敌友、缓和/紧张）以及武器技术引发的攻防平衡变化。

理查德·罗斯克兰斯发展了"系统的经验主义分析"，但并非系统研究，他认为，系统变化、稳定与动荡，都不是相互依存的，系统对国家的行为和互动没有太大影响。③ 他指出，在两极体系下，国际暴力发生的频率较小，但是强度较大；而在更为分散的体系中，暴力发生的频率较高，但是强度较小。与意识形态分野明显的体系相比，同质性体系（体系中的单元在支撑性意识形态方面差异较小）更不容易引发国际冲突。罗斯克兰斯认为紧密的两极体系最难以控制国际冲突。这和约翰·赫兹的观点类似：两极结构将导致最难以缓和的安全困境。④ 约翰·赫兹的安全困境思想根植于国际体系的无政府状态，不像巴特菲尔德的安全困境思想主要来自对人性的恐惧分析。

---

① ［美］肯尼斯·沃尔兹：《国际政治理论》，信强译，上海人民出版社 2008 年版，第 53 页。
② ［美］肯尼斯·沃尔兹：《国际政治理论》，信强译，上海人民出版社 2008 年版，第 53~54 页。
③ ［美］肯尼斯·沃尔兹：《国际政治理论》，信强译，上海人民出版社 2008 年版，第 43 页。
④ ［英］巴里·布赞：《人、国家与恐惧》，闫健等译，中央编译出版社 2009 年版，第 163 页。

第二章 体系变革、战略塑造与战略转型

布赞认为，国家的本质特征（主权）决定了国际政治体系的本质（无政府状态），因为国家主权对外独立、国际体系缺少超国家机构管控，两者互相依存。① 在世界国家出现之前，国家与体系结构之间的相互建构将使得无政府状态一直持续下去。② 布赞提出一个公式：体系/系统＝单元＋互动＋结构。单元的基本特征（主权）与体系的基本特征（无政府状态）是紧密相连的。体系层次与单元层次分析对安全研究都是必要的。③ 他还认为国际体系强有力地抵制意识形态的同一性，并且为政治多元化的产生提供了坚实的土壤。④

布赞用系统分析方法解读了安全概念，提出了三个变量：国家的特征、实力分布的效应以及国际社会的影响。⑤ 将"安全"和"不安全"视为一个谱系的两极，无政府状态并不能决定谱系上具体的安全状况，谱系的两极（安全与不安全）都不在整个体系中居于主导位置。⑥ 因此，笔者认为防御性现实主义所假定的国家对相对安全的追求、有限的权力维护、有限的安全利益，是符合布赞的理论逻辑的，国家很难获得绝对的安全感或陷入绝对的不安全状态，前者意味着一个单一国家主宰整个体系，后者则是国家主权受到了严重侵害、难以维系原有的国家机器，霍布斯的恐惧在有主权保护的情况下并不常见。

布赞指出，无政府状态是体系的结构要素，它告诉我们要素或单元（当设计国家时）的排列方式以及它们如何处理彼此间的关系。互动密度（intensity of interaction）是影响无政府状态安全效应的又一重要变量。⑦ 笔者认为，这里的互动密度最好理解为安全和经济等层面的相互依赖，包括积极的（例如军事合作、贸易互惠）和消极的层面（例如相互确保摧毁、

---

① ［英］巴里·布赞：《人、国家与恐惧》，闫健等译，中央编译出版社2009年版，第145～146页。
② ［英］巴里·布赞：《人、国家与恐惧》，闫健等译，中央编译出版社2009年版，第146页。
③④ ［英］巴里·布赞：《人、国家与恐惧》，闫健等译，中央编译出版社2009年版，第154页。
⑤ ［英］巴里·布赞：《人、国家与恐惧》，闫健等译，中央编译出版社2009年版，第153页。
⑥ ［英］巴里·布赞：《人、国家与恐惧》，闫健等译，中央编译出版社2009年版，第149页。
⑦ ［英］巴里·布赞：《人、国家与恐惧》，闫健等译，中央编译出版社2009年版，第150页。

贸易战对双方的巨大代价）。

体系的深层结构决定了国际关系的基本性质，但是我们却不能将它直接"延伸至"特定安全后果。"国际格局"仅仅是体系深层结构中的一个变量，因而，我们不能奢望它能为我们提供太多关于特定国际体系中国家间关系的确定信息。① 当然，布赞对均势模式给予了肯定："冷战"时期的两极体系、核武器、经济相互依存以及对政治行为的权力理论有效性的怀疑，并不能对均势模式和国际格局进行抛弃。在战略分析中，极化就是威慑理论的核心概念，威慑涉及的究竟是两极格局还是多极格局有很大不同。国际格局也会对同盟理论、军备竞赛和军控产生影响。②

巴里·布赞区分了国际体系的不成熟的无政府状态（类似霍布斯文化——敌人）和相对成熟的无政府状态（对手——但是尊重主权），他将体系的进化历史看作自动生成而非人工操作的过程。体系的进步更多是自然演进的结果而非人类有意为之，是历史积淀的结果而非人类自觉的偏好选择。③

二、假设与变量

本书以系统分析方法为纲领性指导，并适当结合历史分析方法、比较分析方法等综合运用。系统效应强调不同变量之间的相关性与互动性也会对事件结果产生重要影响。比较分析方法，即把同类现象加以对比，分析共性和差异。历史分析方法是通过历史经验和教训总结，找出有关现象的联系与规律。马克思主义注重对地缘政治关系的总体研究、结构解剖和演变进程的动态分析，具体涉及对地缘政治的整体形态判断、对陆权与海权关系的透析、对国家地缘兴衰规律的探究。地缘政治的分析通常包括三个步骤：首先是对地理空间自身特征的考察；其次是要探究地理空间不同客

---

① ［英］巴里·布赞：《人、国家与恐惧》，闫健等译，中央编译出版社2009年版，第167页。
② ［英］巴里·布赞：《人、国家与恐惧》，闫健等译，中央编译出版社2009年版，第168页。
③ ［英］巴里·布赞：《人、国家与恐惧》，闫健等译，中央编译出版社2009年版，第185页。

体之间的互动关系与模式；最后是对地缘政治空间进行整体分析，确立其全部特征。① 为了探究导致陆权崛起国与海上霸权国的地缘对抗根源，本书在马克思主义地缘政治研究方法的整体统筹下，从宏观、中观和微观分析层次给出系统性解释。本书所采纳的国际关系理论路径整体上偏重于新古典现实主义理论框架，但是也会适当引入其他范式研究方法的合理部分作为参照。

地缘政治分析的目标，要求对可能发生的政治事件作出预见，要了解演变、发展趋势，尤其是与国力有关的情况。任何现实的目标同样也要求地缘政治学家尽量抓住与实力中心有关的国际局势中的实质性因素并加以运用。这种分析的要旨是：（1）要判明任一特定的中心和中心周围的民众的态度、愿望和向往的目标及其发展趋势，而且要识别两个以上国家或国家集团发生利害冲突的地方；（2）要评价国家的实力及其在特定地点和对特定对手行使力量的能力。由此可见，地缘政治分析应就战争是否有合理的根据和冲突是否可取或获胜的可能等问题，通过逻辑推理抓住问题本质。因此，随心所欲和不负责任会使地缘政治分析得不出站得住脚的结论；在需要维护传统、"保全面子"或者运用国内政治中带感情色彩的因素的情况下，地缘政治分析也于事无补。国际政治和战争艺术，不是也不应该是一种冷酷无情和与人无关的科学。处于我们这个大发展、大变革、大调整、高度不确定的时代，问题最终要看能在多大程度上全面了解我们的命运。

大部分社会和自然现象的相互作用的最后结果通常在一个地区的政治上突出地表现出来。同样，军事地理学和国家外交的现实往往用地缘政治态度和国家的目标加以概括。地缘政治学使一个民族的目标与其能力相平衡，而且把国家与国家、联盟与联盟等同看待。这里，工业区、居民中心、通商路线或合适的势力范围的位置和特色显然是很重要的。所不同的

---

① ［英］杰弗里·帕克：《地缘政治学：过去、现在和未来》，刘从德译，新华出版社2003年版，第9页。

是：想要得到的和实际能办到的两者之间的差别以及政治上的优势和以武力作后盾的优势两者之间的差别。地缘政治分析能最有效地帮助预测军事行动的需要。现在，依据世界上的力量分布进行地缘政治分析的模式已经出现。这种分析方法主要基于对目标、资源和通达性的判断。不同地缘区域通常可以依据共同的历史传统、文化亲缘关系、经济发展情况、地理上的邻近和政治上的联系来划定。地缘政治学是动态的，力量关系也是不断变化的。这种变化，大多可以根据社会和经济地理的主要趋向加以认识和预测。所以，地缘政治的预见分析具有一定的可靠性。

研究假设主要有三类：描述假设（如"冷战"后的国际格局是"一超多强"）、因果假设（如"一超"的地位促使美国采取单边主义政策）、处方假设（如对美绥靖，中国就能和平崛起）。参考地缘政治、大战略、现实主义、自由主义、建构主义、马克思主义、英国学派和科学行为主义等理论与方法论视角，结合客观的大国战略史，本书主要提出因果假设（不同假定之间互相存在系统效应），在因果假设的逻辑推理和战略运用时，辅助以适度的描述假设和处方假设。笔者提出如下九个理论假设及其逻辑机制。

第一，国际体系的无政府特性居于主导地位，但在不同时期不同地域有程度不同的等级制色彩。正如国内政治是以等级制为主导，但在不同政体类型以及国内政治统治稳定程度不同的国家，都孕育着一定的无政府特性。因此，国际体系越发稳定，则等级制比重越大，但只要全球体系没有形成单一帝国的支配模式，那么无政府属性仍然优先于等级制。

第二，安全困境是维持体系现状大国的焦点矛盾，如果崛起国与霸权国都对现状感到满意，但却陷入冲突，则两国的冲突属于安全困境的主导性解释模式。但当两国至少有一国意图打破现状，那么安全困境至多只是两国冲突的辅助性解释而非主导性解释。这里对"现状"的界定并非仅意指静态的大国权力分配状况，也可以视为大国之间权力转移的自然生长（即没有大国对权力转移的态势做出明显修正主义的干预）。因此，现状并非是实力分配保持不变，因为国家权力的不平衡增长和战略塑造的差异，使权力的增减、使用和互动效果都可能出现非常复杂的系统效应。

第三，崛起国与霸权国的进攻性/防御性意图必须纳入具体的问题分析。除了像拿破仑法国或希特勒德国那样短期内试图依靠战争暴力来寻求体系霸权的特殊案例外，国家通常不会对其他主要大国和不同区域同时采取进攻性战略；甚至对单个国家或区域也可能是某一段时期是进攻性，其他时期是防御性；还可能对某个国家或区域的某些问题领域是防御性的，另一些问题领域则是进攻性的。本书所界定的进攻与防御战略，是专门指崛起国与霸权守成国在针对彼此海权与陆权的权势现状的制衡行动，因为无论是崛起国或霸权国都是体系中"金字塔"顶端的存在，而国际体系的决定性力量是国际格局中的大国战略力量，故对彼此权力地位或战略取向的不满就近似于对整个体系现状的不满。

第四，国家权力的组成部分主要分成海权与陆权两大部分，它们统一于国家战略塑造能力。国家权力总量的大小，必须经过战略塑造能力的过滤，才能转化为处理具体问题领域的战略实力，权力资源的转换率和转换后的使用效率才是衡量战略塑造能力的根本。这里的权力维度以军事和安全为主，也涵盖大陆或海洋的经济、文化权益等。

第五，国家是有限的战略理性行为体。战略（strategic）行为相比理性（rational）行为更为宽泛，事实上，没有完全理性的可能。这里的有限战略理性涵盖了"理性的"（rational）与"合理性"（reasonableness）双重含义。"理性的"主要有两种含义：一是行为体知道自己的目的，以及该目的对于自己其他目的和其他行为体相关目的的优先重要性，并且知道用自己手中的最优手段实现该目的；二是指行为体听从自己的意志将决定付诸实施，而不会让情感因素使自己的行为偏航。因此，人的理性特质本身并不能告诉我们一个行为体的性情或目的。本书的研究更侧重于后者的偏好，合理性优先于理性而存在，合理性假定更符合人类活动的实际，意指从他者视角来看待事务，发现每个相关方会如何受各种可能行为的影响，更重要的是根据对可能结果的评估来改变自己的决策。不仅可以涵盖理性假定的合理成分，还可以弥补理性假定的缺陷。① 我们后续将探讨崛起大国在与其他强国的战略互动中如何实现以及为何推进战略转型。故战略理性侧重于合理性，即合乎战略逻辑。

本书研究的是国家的战略转型和战略互动，就要假定国家具备一定的战略理性，即制定和执行战略的过程中，会塑造战略对手、界定战略利益、权衡目标与手段的匹配程度，以实现权力、利益、威望或荣耀最大化作为战略原则或战略动机。但历史上不乏战略迷思的国家，决策团体或大众政治推动国家走向战略盲动，没有进行足够的理性决策。这里就涉及不同国家战略塑造能力的差异，以及传统现实主义中的人性使然，无论是个体决策还是集体决策，都会受到个人的出身背景、经历、身体状况、环境影响等方面的复杂影响，故战略理性是有限的。此外，战略理性的有限性还体现在，即使国家在战略转型的出台过程中保持足够的理性，但当崛起国与霸权国陷入剧烈冲突甚至体系大战时，国家在战争进程中通常难以保持足够的战略理性。战略行为导致的不确定性所带来的挑战大体上可以认为只有四个方面：理解别人（自己）的行为：内部因素和外部因素；把握自己/他人行为的后果；将这些结果（行为和后果）都看成我们自己和他人行为的相互作用的结果，而相互作用的环境又是不断变化的（包括由我们和他人行为引起的变化）。应对这些挑战需要系统，乃至进化的思考方式。但我们都更习惯线性的和非进化的思维方式。随着战争损失的扩大、国内政治压力、对战争止损的胜利补偿心态等，都会导致战争规模的扩大和战争进程逐渐走向非理性化，形成克劳塞维茨的战争暴力逻辑。

第六，海权大国与陆权大国并非"必有一战"（热战或冷战）。影响大国地缘政治对抗的并非是麦金德所揭示的海陆冲突本质，而是国家的战略思维、战略文化基础上的战略学说、战略匹配、战略对手的塑造是否默认这一地缘政治逻辑，如果认为崛起国与霸权国的权力转移和海陆博弈的冲

---

① 潘忠岐：《针锋未必相对：战略思维与中美互动的对弈逻辑》，上海人民出版社2018年版，第28~34页。

突不可避免，那么就很可能形成自我实现的预言。

第七，国家寻求权力、安全、经济繁荣等领域的平衡点。在历史和现实中，大部分国家不会为了追求军事安全而完全忽略经济繁荣，也不会为了追求霸主地位而完全放弃已有的安全现状。为了权力最大化而放弃安全最大化不符合战略理性的逻辑。国家的战略决策选项，不是安全、经济、文化、政治的"单选题"，而是在"多选题"的基础上权衡不同议题领域所应该投入的战略关注比重。同理，无论是海上大国还是陆上大国，不会以完全丧失海权的代价来追求陆权，也不会为了陆上安全不理会海上威胁，从战略理性的角度来看，即使是从陆权向海权转型的国家，也只是一段时期内更偏重海权的发展，而不是以牺牲陆上安全为代价。亚当·斯密（Adam Smith）认为，一国物质上的繁荣有赖于政府尽可能少地干预个人自由，但他愿意承认，当事关国家安全时，这个一般原则必须打折扣，因为"防务比富裕重要得多"。[①] 李斯特（Friedrich List）在大多数论题上与斯密意见相左，但在有一点上却发觉自己与斯密完全一致，那就是"力量比财富更重要……因为力量的反面——虚弱无力——导致交出我们拥有的一切，不仅是已经取得的财富，还有我们的生产力、我们的文明、我们的自由，甚至还有我们的民族独立，统统交到那些在力量上超过我们的人手里……"[②]

第八，"战略为王、战术为仆"。海权战略和陆权战略统一于并从属于国家大战略；海军战略和陆军战略必须从属于海权与陆权战略；海权与陆权并非孤立发展，而是互相促进，战时与和平时期必须保持有机协调。陆地政策取决于陆上力量，世界政策则依赖于海洋权力。国家应尽可能通过有限的权势资源实现对海陆地缘形势的最大化影响，增加陆权与海权权力投射的威慑效果而非必然使用。海权与陆权的技术、设施、管理容易进

[①] Adam Smith. An Inquiry into the Nature and Causes of the Wealth of Nations. 1776, Modern Library edition, London, 1904, P. 431.

[②] Friedrich List. Das nationale System der politischen? konomieStuttgart, 1841)//Schriften, Reden, Briefe, 10 Vols. (Berlin, 1927~1935), Vol. 6, edited by Attur Sommer, Berlin, 1930, pp. 99–100.

口，但大陆与海洋的战略文化与战略思维不容易直接引进，需要经过专业化、科学化和战略化的统一管控、政府引导、舆论造势。

第九，对历史案例的理论分析应该承认并重视偶然性和不确定性，避免决定论等过度体系化思维。国家战略决策本身就是在存在着不确定因素的备选方案中做出选择的行为。国家在很多时候卷入战争并非是战略转型必然失败的表现，崛起国与霸权国的纷争有时可能源于误解、误判和偶然事件。只有尊重历史进程蕴藏的诸多非理性或不可控因素，才能真正对国家的战略转型有清醒认知。国家的战略塑造并非是消除一切负面影响因子，危机和战争无法确保被彻底规避，更谨慎和明智的做法是如何将战争和重大危机的潜在风险进行战略管控，降低发生概率。

所有国际现象的出现都是多个因素共同发生作用的产物，因此在解释一个现象为何能够出现时，需要论证它至少具备两个以上的必要条件，如果仅以一个必要条件来解释，就会违反逻辑自洽的分析原则。本书设定的自变量是地缘格局的体系变革，我们要考察崛起大国的外部环境（比如盟友的多寡、政治经济趋势，乃至地理环境的趋势）。变化的动力包括权力转移、地理因素与攻防平衡的交互作用。国家的战略塑造能力是中介变量，我们要了解国家战略的可用权力（power/capability）、利益（interest/goals，对结果的偏好、野心）、意图（intentions，通过对手段或战略的偏好而体现）、决心（resolve）。对决心的判定通常只在国家已经进入了相对确定的冲突或合作的关系才起作用，而对意图的判定则影响国家是否和另一个国家建立冲突或合作的关系。因此，对意图的判定是国际关系中的一个相对更加核心的问题，包括：战略文化与战略思维、战略对手的塑造、战略学说的吸收和运用、战略匹配度等。因变量是崛起大国推进战略转型的类型、效果及其与霸权国的战略关系。战略转型是一种战略行为，即行为体为了达成某一个目标，基于一定计算上的行为。在这里将因变量设定为连续性变量，即转型带来的促进/阻碍崛起程度和发生战争的概率，而不是二元对立的战争与和平。理论必须解释国家行为的严厉程度，怎样随着时间的推移产生了重大变化，如从接触演变为强硬遏制，或由遏制转为开启严重危机（或者相反）。在实证研究方面，可以迫使人们不仅研究局势非常紧张的阶段，也研究和平时期，从而避免根据因变量做选择（就是只考虑发生战争和危机的时候）的危险。

通常理论创新追求普适性（universal）的解释，而理论应用则侧重特殊解释。描述越完整，解释力越小，而一个简洁精致的理论最富解释力。① 理论的简化主要通过四种途径进行：(1) 分离（isolation），即考虑少量要素或力量的运动和互动，而将其他事物视为处于稳定状态。(2) 提取（abstraction），即对某些事物置之不理，从而全神贯注于其他事物。(3) 归并（aggregation），即根据理论目的，依照某种标准将某些互不相关的要素归并在一起。(4) 理想化（idealization），即无论采取何种方式，简化的目的都是在混乱的趋势中找到一个中心趋势，即便其他原则也起作用，但要从中找出驱动原则，从大量的因素中找出基本要素。②

战略转型的效果，尤其是崛起国与霸权国的冲突烈度，将直接作用于国家所处的体系结构，进而对国家的战略塑造能力做出评估。权力转移、地理因素与攻防平衡的交互作用，都对崛起国的战略转型提供了奖惩机制。国家通过战略冒险在违背体系规律的情况下获取了短期的战略收益，但长期来看，任何一个国家同时选择大陆与海洋的双重地缘突破，最终都会招致崛起与战略转型的失败。因素（factors 或 variables）和机制（mechanism）对驱动结果的作用可能是不同的。我们需要一个完整的机制来整合不同变量的关系：首先，机制是一个过程；它是真实的存在。其次，机制能够引发或者阻止变化。最后，机制能够将某些因素串联起来，从而驱动变化或阻止变化（反过来说，因素只能通过机制才能驱动变化或阻止变化。也就是说，没有机制，因素不能导致结果）。崛起国的战略塑造能力决定了其崛起维度和面临的地缘挑战。体系层次的变量只有通过国家战略塑造能力的过滤，才能输出为具体的地缘战略并与他国形成互动，最终形成影响

---

① ［美］肯尼斯·华尔兹：《国际政治理论》，信强译，上海人民出版社 2008 年版，第 7 页。
② ［美］肯尼斯·华尔兹：《国际政治理论》，信强译，上海人民出版社 2008 年版，第 11 页。

战略输出国的新的战略环境。本书研究的核心变量机制如图 2-1 所示。

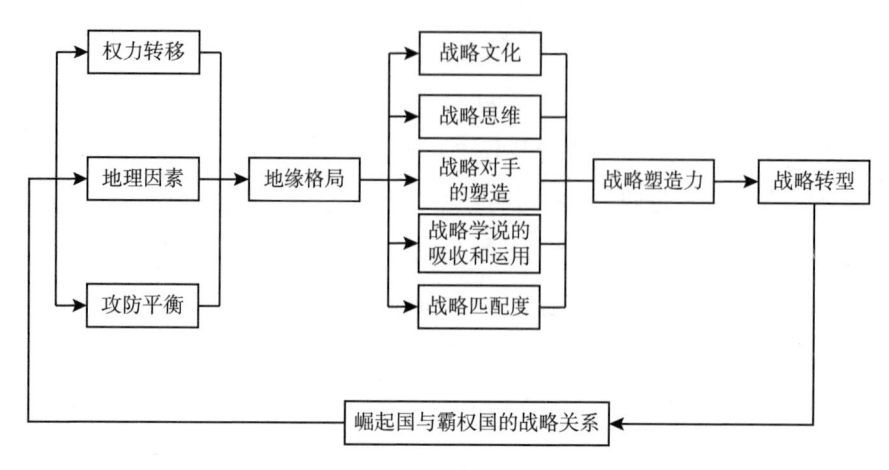

图 2-1 核心变量机制

资料来源：笔者自制。

权力转移、地理因素、攻防平衡等这些并列自变量之间并非互相不起作用，比如两个邻近大国间的权力转移，与两个距离遥远的国家的权力转移，两者有本质差别；再比如岛国的海权崛起与陆权大国的海权转型，对海上霸权国的战略冲击截然不同。变量机制并非绝对的线性传导，甚至变量之间会产生一些阻力，比如一个崛起大国的战略利益需要从陆权到海权转型，但它的战略文化和战略思维都是大陆性的，那么就会对它的战略转型发挥负反馈效应。地缘格局的体系变革只能给国家界定大致的外部战略环境，国家战略塑造能力可以弱化也可以强化地缘格局的体系变革影响。可以化劣势为优势，进而顺势而为，通过战略转型推动国家进一步崛起，形成相对稳定的外部环境，促进体系效果向着有利于本国的方向变迁；也可能夸大外部环境的威胁度，通过进攻性的战略转型恶化本国的战略环境，增大崛起所面临的体系压力。

此外，为了便于读者汲取本书所涉及的知识体系，这里对地缘战略的相关理论概念和规律性认识，总结如下：

（1）地缘权力投射能力随着地理距离的增加而衰减，还会受到交通通达度（地理障碍物如水域、山脉的阻隔）和战略决心（如是否愿意举国之力出征——美国发动的越南战争就没有投入足够的决心）的叠加效应影响。

（2）地缘权力的使用类型可以分为强制（军备竞赛、武力威慑、军事征服等）、利益诱惑（领土补偿、军事援助、同盟承诺等）、政治游说（合纵连横等，让对方主动选择有利于己方的战略选项）、软实力吸引（海军外交、人道主义救援等）。

（3）地缘权力的投射包括主动投射（有意图的战略塑造）和被动投射（非意图性的影响，比如中国崛起不是为了威胁美国，但加大了美国对中国战略意图的担忧）。

（4）地缘政治的分析规模：微观（两国双边关系或三国小多边关系）、中观（次区域或区域）、宏观（全球）。

（5）地缘政治的关注焦点与技术变革息息相关，需要考察技术和战略层面的攻防平衡关系。例如，古代冷兵器时代陆权相对于海权的绝对优势；地理大发现与哥伦布海权时代；铁路带来陆权的崛起；飞机与制空权的兴起；航天技术与太空地缘政治；互联网与网络地缘政治的出现。

（6）地缘政治的空间维度包括陆权、海权、空权、天权、网络空间等。

（7）研究层次可以分为体系结构、体系进程、国家、个人等。

（8）地缘政治学主要源自政治地理学。前者侧重用地理工具分析政治现象，后者侧重用政治工具分析地理现象。

（9）地缘政治现象的基本要素为：时间、空间、人。即特定时间和特定空间的交集下，由人来推动特定的政治活动。

（10）地缘政治可以整体上分为地缘政治现象和地缘政治学。正如自然地理现象、人文地理现象和地理学的关系一样。

（11）霸权理论通常意指海洋霸权、海洋经济、开放民主制度上的霸权（英美），均势理论所制衡的霸权通常是指以大陆腹地为中心、大陆经济、相对闭塞和民主程度较低的国家（拿破仑法国和希特勒德国），两者并不矛盾。欧陆均势（多极）与全球海洋霸权（单极）是近代国际关系史中的主旋律。对近代国际关系史的考察，一个思想倾向是：大陆体系和大洋体系的区别在于前者倾向均势，后者倾向大洋霸权，即借助海权优势实现对大陆体系内的均势维持。霸权主要指的是国际政治经济意义上的霸权。

（12）地缘战略整体上可以分为进攻性与防御性战略、陆权战略与海权战略。陆上战争可以分为进攻性与防御性，但是海洋缺少自然障碍物，无论大战略层次上多么倾向于防御，海上战争通常只能是进攻性战争；除非是那种纯粹的、消极的海岸防御。因为海洋没有天然的地理防线，国家在海洋上建立重要战略防御机制较陆地更难，所以海洋上的战略以进攻为主，陆地上则是攻防兼备。

（13）即使是同一个国家同一时期的地缘战略，也会根据针对不同的国家和地区呈现多元化的战略分配。

（14）地缘政治分析切记避免单一因素决定论，注重不同变量之间的系统效应（针对其他领域的分析也是，切记避免类似"经济决定论"，"政治决定论"这样的思维主导相关研究）。

（15）海权与陆权是对立统一的，海权的强大无非是控制海上枢纽，例如：美国在冲绳、菲律宾建立军事基地，控制巴拿马运河、马六甲海峡等。将海权视为核心安全利益的岛国倾向追求绝对海洋优势；内陆或临海大陆国家倾向追求相对优势。

（16）想要真正学好地缘政治学需要培养跨学科思维，哲学、政治学、经济学、地理学、军事学、历史学、战略学等都要有所涉猎。

（17）攻防平衡需要权衡进攻成本和防御成本，主要包括技术层面（武器的性质是进攻性还是防御性）和战略层面（海洋国家和大陆国家采取那种战略更适合国家利益），考虑到国家体量、国家实力大小等。战略上的攻防平衡与技术上的攻防平衡不同，如德国在"一战"和"二战"的一些战役上的胜利并不能带来整体战役的胜利，德国作为陆权大国的崛起是失败的。国家崛起不仅要注重具体的战术胜利，还要关注长远的战略胜利。

（18）地缘政治的战略运用，通常需要注意海权和陆权应该统一于国家大战略视野。

（19）国家具备的地理要素是否有利于国家发展，还要看其所掌握的权力体量。当一个实力羸弱的小国地处地缘政治的交通枢纽，通常会引来大国介入。因此，实际上位于关键地缘战略位置的小国通常难以保持政治中立。这也印证了一个道理：只有诱人的蛋糕却没有武力震慑，只会是一只待宰的羔羊。

（20）地缘政治格局可分为单极地缘格局、两极地缘格局、多极地缘格局。它的核心构成要素是：极（大国）的数量、极之间的地理距离、极的地理和权力属性（海洋国家、大陆国家等）、极之间的相对位置（侧翼大国、中心大国等）。

第四节
自变量分析：体系变革

修昔底德（Thucydides）认为，雅典权力的增长以及由此引发的斯巴达的恐惧，使得伯罗奔尼撒战争变得不可避免。麦金德进一步指出，历史上的大战都直接或间接地由国家权力的不平衡增长引起。肯尼斯·沃尔兹（Kenneth Waltz）将国际关系理论分为简化理论和体系理论，在无政府状态的秩序安排和国家功能相似的条件下，单元之间的权力分配决定了体系结构。[1] 体系或系统（system）由结构和互动的单元构成，体系理论超越个别的实体和国家，对国际体系进行宏观的整体研究。[2] 单位、规则、结构

---

[1] Kenneth Waltz. *Theory of International Politics*, New York: McGraw Hill Publishing Company, 1979, P. 30.

[2] Kenneth Waltz. *Theory of International Politics*, New York: McGraw Hill Publishing Company, 1979, P. 18.

是构成国际体系的基本要素。[①] 罗伯特·吉尔平（Robert Gilpin）认为，体系变革可以分为渐进性（外交谈判）与革命性（霸权战争）两种方式。[②] 体系理论适合对国际关系进行总体研究，解释历史上重复发生的事件，所考察的历史时段通常具有长期性。实际上，现实主义、自由主义、建构主义、英国学派和激进主义都将国际体系（international system）作为研究的基点和重要分析变量。体系稳定的重要标志是没有爆发体系性大战，极的数量、极的实力对比不发生明显变化；而体系变革的重要动力是战争和激烈的地缘对抗，尤其是发生在崛起国与霸权守成国的争霸战争。崛起作为稀缺性资源，具有一定的零和博弈性质，崛起国之间，以及崛起国与霸权国的冲突是短期内难以化解的。

一、地缘结构与地缘格局

地缘政治学是一门真正的全球性科学。在今日的世界上，各国彼此之间不断地互相影响。各个实力中心在确定与世界的位置关系、对外活动、贸易往来以及文化意识形态的联系沟通方面都存在着强烈的依存性。国家的军事威力就反映出这些复杂性，通过计算武装士兵的数量、钢铁生产指数或者主观上试图以人的商数来衡量战斗意志都不能直接作出实力状况的评价。所以，任何有效的实力分析方法至少应把全球结构分成一个个有机的部分，每个有机部分才能以恰当的观察事物的方法现实地集中注意整体中的一个环节。因此，从体系的构成要素来考察和分析全球视野下的地缘政治格局就显得格外具有研究价值。

从地缘格局与地缘结构的概念界定来看，地缘结构表示地理系统内部各事物间的关系，包括：组成地理系统的各个事物在数量上的比例、空间中的格局以及时间上的联系方式。地理格局是指地理事物的层次、等级和

[①] 潘忠岐：《国际政治学理论解析》，上海人民出版社2015年版，第157页。
[②] ［美］罗伯特·吉尔平：《世界政治中的战争与变革》，宋新宁等译，上海人民出版社2019年版，第36页。

联系，地理实体的分布，地理现象的空间格局与联系方式等。地缘格局是地理结构的重要组成部分。结合国际政治格局、国际结构、地理格局、地理结构等相关地理和政治概念的横向类比来看，地缘格局与地缘结构是互为依存的，结构的概念内涵大于或等于格局。地缘格局属于地缘战略结构的一部分，地缘结构与地理位置不同，具有一定的可变性与人为可塑性，地缘结构是国家依据自身与他国的地缘位置差异，在地缘政治、地缘经济、地缘科技、地缘文化等领域互动博弈形成的复杂系统，这些要素之间的多重复杂互动，对地缘结构的形成和演变产生复合性作用，可能导致地缘结构的突变或渐进转变，并反作用于国家战略思维与行为。而地缘结构与地缘位置的互动联系，也使得地缘位置的潜力、作用能力和范围具有动态性质。尽管地缘结构的核心是地缘位置，但对动态地缘战略关系等外部条件的考察才真正赋予地缘位置核心地位。

地缘格局是指主要地缘战略行为体之间相互作用形成的关系结构，它与国际政治格局、国际格局相互关联。国际政治格局是指活跃在世界舞台的主要角色间相互作用和组合形成的一种结构。它具体表现为主要角色在追求权力、权力与利益、维护和平与发展等政治活动中形成的各种各样关系，以及相互间展开的多层次、多方位的对抗与合作式样。"主角""主要关系"和"式样"，是构成国际政治格局的基本要素。[1] 所谓国际格局，是在国际关系中起主导和支配作用的国家或国家集团基于力量对比关系形成的一种相对稳定的互动结构和状态。[2] 地缘格局在概念上与两者的理论内核基本一致，但由于它是在地缘政治空间中塑造的，因而具备了空间属性的结构特征，而且它的指涉对象是居于核心地位的地缘战略行为体。

地缘结构对国家的总体约束力，使得能够支配其范围内的地缘战略态势。从特征上可以分为松散和紧密、对称与非对称、均衡与不均衡；从地理范围可以分为全球、地区和次区域；从战略极数上可分为单极、两极、

---

[1] 梁守德、洪银娴：《国际政治学理论》，北京大学出版社2000年版，第124页。
[2] 李义虎：《国际格局论》，北京出版社2004年版，第35页。

多极。地缘结构是国际体系结构的地理分布和具象呈现,从地理系统上可以分为海洋结构和陆地结构。国际体系结构的相关理论强调"行为体数量和实力分配决定结构的稳定程度",并形成"单极稳定论""两极稳定论""多极稳定论""地区一体化""全球治理"等诸多流派,地缘结构也继承了这些理论支撑,并且由于不同国家战略力量在地理要素中的复杂分布,相比虚拟的国际体系结构更有实证意义。地缘结构的稳定性也与地区或全球性大国的数量、地理分布,以及在地缘战略领域的攻防对比态势直接关联。

地缘格局是在特定历史阶段内,以主要的力量中心(大国或大国集团)为基本单元,通过战略通道等地理要素(空间网络)作为互动媒介,形成的相对稳定的地缘空间结构。地缘格局是地缘结构的子集,后者为前者的生成演化奠定基础,前者决定了后者的大体形态和走势。具体区别有:(1)地缘格局的主体是居于核心地位的国家行为体,而地缘结构的主体则包含了不同实力大小的全部国家行为主体。(2)地缘格局能够反映整体结构的基本态势,而地缘结构则是更复杂的互动关系网络。(3)地缘格局反映的是大国或大国集团间的地缘战略力量关系,只有达到地区或全球性的权力中心才有资格,而结构则可以全面反映力量、利益、政治、经济、文化、意识形态、科技等多个层面的互动关系,可以延伸出很多分支结构。(4)格局具有单一性特征,结构则具有多样化和多层次性特征。具体如表 2-15 所示。

表 2-15　　　　　　　　　地缘结构与地缘格局

	主体	形态	地缘关系	特征
地缘结构	所有国家行为体或国家集团	复杂的互动关系网络	全面的政治、军事、安全、经济等层面的关系	多样化、多层次性
地缘格局	大国或大国集团	整体结构态势	大国或大国集团的关系(尤其是军事安全领域)	单一性

地缘格局是由国际体系中最强大的若干战略行为体通过地缘空间上的相互作用而形成的相对稳定的地缘关系结构。它为国家的地缘战略利益争夺、权力提升、目标设定提供了限制性的系统条件，对地缘战略态势的生成和演化起到了重大作用。单个国家对地区地缘态势的作用要小于地缘格局对区域地缘态势的持久影响。地缘格局是国家互动的结果，塑造地缘格局的主要是大国，当格局形成后，会保持相对稳定性，并对国家决策行动以及国家之间的互动关系产生结构性的约束和控制作用。

大国在转型进程中与其他国家的战略互动，可以按照力量极的多寡、横向地域分布两个层面进行分析，建构立体的地缘格局动态描述。

根据大国数量的多寡，可以将地缘格局分为单极地缘格局、两极地缘格局、多极地缘格局等。古典现实主义认为多极均势格局最为稳定，沃尔兹的结构现实主义推崇两极格局的稳定性，而吉尔平的霸权稳定论则强调单极能带来体系的和平与稳定，学者普遍认为三极格局是最不稳定的。但极的数量本身并不能决定大国在战略转型中所面临的是包容性还是约束性战略环境。按照权力的横向地域分布来讲，可以分为全球性和地区性的地缘格局。有时国家的战略转型，未必是受到全球性地缘格局的影响，而是地区性或次地区格局变迁所致。19世纪末20世纪初美国走向海洋大国，就是与美洲地区的美国单极格局形成有关；印度对海权的追求，则是受到印度在南亚次大陆的地区单极化格局影响。地区格局的变化在某些时刻会超过全球地缘格局的作用程度。

比起极的数量本身而言，不同类型格局之间的转化往往对国家的战略转型会产生更深层次的结构性影响。拿破仑三世法国与英国的海军军备竞赛，是在1856年克里米亚战争后，法国取代俄国成为欧洲大陆霸主的情形下出现的；德意志第二帝国从陆权到海权的战略转型，发生在欧洲由英法俄普奥五强均势格局向英德两极化趋势的演变时期；苏联推进国家海上威力建设，则是在美苏从不平衡到相对平衡的两极格局演进中形成的；中国的战略转型，也是与"冷战"后美国单极格局向中美两极化趋势演变一脉相承的。

至于地缘格局为国家提供的是约束性还是包容性战略环境,则要看其为国家提供的威胁和机遇的地缘方向。由于面临潜在的海陆双重战略挤压的风险和双重扩张机遇,作为持续崛起的国家,在地缘格局上通常属于体系中心型强国,在战略转型中可能面临三种地缘威胁:海权型威胁、陆权型威胁、陆海双缘威胁。① 国家试图通过转型来防止外部威胁的发生,控制外部威胁的升级和蔓延,化解外部威胁。② 同理,也可能面临三种扩张或发展的机遇诱惑:海上机遇、陆上机遇、陆海双重机遇。当国家面临陆海双缘威胁或双重扩展机遇诱惑时,则战略环境更具有约束性;如果国家只是面临海上或大陆的单一威胁或机遇诱惑,则战略环境相对具有包容性。

外部战略环境可以分为海陆两个地缘方向,如果国家面临的外部威胁或机遇主要集中于陆地,来自陆上的战略威胁和经贸发展等利益诱惑更为突出,那么可能缺少大规模发展海权的动机或推进规模有限的陆主海从式转型。如果所面临的外部威胁或机遇诱惑主要来自海洋方向,如大国海军军备竞赛的加剧、对海外经济依赖的敏感性和脆弱性程度增加,而陆上防卫压力较低或陆上经贸等利益诉求较低,则可能推行规模较大的战略转型,甚至完全从一个陆权主导国转型为海权主导国。如果在海上和陆上都面临较高的外部威胁或机遇诱惑,那么可能推行陆海并重的战略转型。

如果面临强大的邻国,可能陷入安全困境或争霸的冲突,进而引发海上强国与其他陆上强国联手遏制的可能,损耗有限的资源和动员能力,不利于战略转型的开展。菲力二世时期的西班牙,作为中央集权的君主专制国家,有很强的政治权力和动员能力,但外部脆弱性较高,"一个由多块不同领土构成的分散的全球性帝国,在与地理上更紧凑的国家的冲突中必定处于不利境地,后者的资源较易得到动员,而且那里的权力集中"③。这

---

① 无论真实的威胁是否存在,只要决策者将该威胁纳入战略考量,就会起作用。
② 周丕启:《大战略分析》,上海人民出版社 2009 年版,第 19 页。
③ Giovanni Botero. *The Reason of State*, translated by P. J. and D. p. Waley, London, 1956, pp. 9–12.

种地理上的外部脆弱性加上敌对同盟的强大,削弱了它与后起强国的博弈能力。威廉二世德国自持拥有欧陆第一的战略、军事和经济实力,面临复杂的外部脆弱性地缘条件,强行推动陆海并重的转型,并在海上和陆上都表现出强烈的进攻性学说、信条和战略态势,最终陷入战略透支。

清朝的陆上实力羸弱,在海上和陆上都缺乏稳定的同盟体系,后期的两次海防大筹议,限于海陆双重羸弱的局面,且没有建设现代化的财政体系和官僚体制,作为农业帝国的资源汲取能力严重不足,海防、陆防并举的双重心格局很难落实,缺少稳定的陆上安全环境和强大的国力来保障持续有效的战略转型。① 日俄战争后沙俄强化海权尝试的失败,以及苏联建国初期海权发展的停滞甚至倒退,也都与外部脆弱性高和国内权力的羸弱有关。

如果只是面临海上或陆上单方面的战略脆弱性,可以集中力量,推行渐进式转型;如果该国远离地缘对抗的核心地带,则可能推行海主陆从的颠覆式转型。波斯海洋变革的成功,以及首创的类似"海上合股公司"的多国海军联合体,就得益于陆疆的稳定、帝国行政管理能力的提高、执政方式的改良以及对公平和正义的信仰。② 15 世纪 50 年代以前,奥斯曼帝国专注于陆上扩张和对陆上邻国的边疆防务,而在彻底消除来自拜占庭等陆上威胁后,才开始大力发展海权力量。19 世纪末的美国面临安全的地理环境、有利的国际局势和持续崛起的国力,直接从陆权大国转型为海权强国,属于颠覆式战略转型。但崛起后的陆海复合型国家,如果面临的是羸弱的陆上邻国,也可能诱发它的进攻性动机。

拿破仑一世战争后的法国和 19 世纪上半叶的德意志邦国,由于政局动荡导致国内政治权力偏弱,加之缺少明显外部威胁,都享受了欧洲均势黄金时期带来的安全福利,法国成为欧洲协调机制的一部分,德国则是陷入四分五裂的政治局面,使其在很长一段时期都没有显著的战略转型。但也有例外,尤其是在地理大发现之前,中国与其他大国的地缘互动程度很

---

① 左立平:《中国海军史》,华中科技大学出版社 2015 年版,第 18~27 页。
② [美]安德鲁·S. 埃里克森、莱尔·J. 戈尔茨坦、卡恩斯·洛德主编:《中国走向海洋》,董绍峰、姜代超译,海洋出版社 2015 年版,第 37 页。

低，面临的外部脆弱程度也很低，即使北方游牧民族的入侵等陆缘威胁也不足以拴住中国庞大的陆权力量，但由于地缘距离、自然障碍等地理要素的限制，加之陆上自给自足能力的强盛，尽管具备由陆向海转型的潜在战略资源和能力，但缺少向海洋转型的动机，大陆性的民族特点鲜明。

总之，地缘政治格局的核心要素是：极的数量、极之间的地理距离、极的地理和权力属性（海权国家/陆权国家等）、极之间的相对位置（侧翼大国/中心大国等）。相似的战略转型在历史上的诸大国中循环重现，无论这些国家有何差异，也不论它们在体系中所处的地位是否相似，强国的战略选择不同于弱国，也不同于既非强大也非弱小的国家。遵循新古典现实主义的逻辑起点，将国际体系中的相对权力的地理分布与极的数量（地缘格局）作为影响国家战略转型的首要和主导性因素，是体系结构因素。从陆权到海权的战略转型意味着在地理和技术上增加与其他大国的互动。这就需要考察结构性调节因素（或战略互动因素），即大国在地区或全球地理空间的政治经济互动，以及军事技术领域的攻防平衡对大国战略关系的潜在影响。技术和地理等结构性调节因素会制约体系结构的影响效果。

体系结构和结构性调节因素限定了战略转型的方向、程度和影响效果范围。对于体系层面的这些要素如何作用于国家的战略转型，可以从包容性/约束性战略环境这个指标入手。这里有个理论上的前提假设，即国家能够大致识别体系为国家提供的威胁和机遇信息，能够有限理性地甄别最优决策选项。如果不能识别，则不在本书讨论范围之内。当所处战略环境面临威胁和机遇的紧迫程度越高，国家越处于约束性战略环境，反之则是包容性战略环境。接下来将对推动地缘格局的体系变革动力：权力转移、地理互动与军事技术的攻防平衡等要素进行分析。

二、体系变革的动力分析：权力转移、地理因素与攻防平衡

（一）权力转移

和平的权力转移（power transition）案例在大国战争史上显得格外苍

白。奥根斯基（A. F. K. Organski）对权力转移引发体系变革的历史现象做了系统的理论分析。权力转移理论不像现实主义理论那样强调军事力量的巨大作用，而是更为关注人口因素、经济能力与国家权力的政治组织程度。

奥根斯基批判均势理论没有考虑到权力的动态变化对国家战略互动构成的影响，认为均势理论片面强调权力均势有助于体系稳定、权力失衡引发体系冲突，却忽略了国家权力从不平衡到平衡所引发的大国对抗。他将权力转移界定为：由于世界政治中国家实力发展不平衡规律的作用，原有主导性大国的体系地位下降，而后发的崛起大国地位上升并获得主导性大国地位的权力变化过程。① 奥根斯基认为，主导国②会运用权力来制定全球政治经济结构和行为规范来维护体系稳定及促进自身安全。他将权力的不平衡增长归因于：人口数量、经济生产力和国家从社会中汲取资源的政治能力、运用资源促进国家整体利益过程中发生的变化。当崛起国的总体权力达到主导国实力的80%~120%时，崛起国与主导国的激烈冲突乃至战争最容易发生。③ 这种权力结构的变迁包括权力再分配（redistribution of power）和公共财富再分配（redistribution of public wealth），是国家利益、荣耀和威望的深度再分配过程。

一旦发生权力转移所具备的经济、政治、军事、人口、财富等条件充足时④，外部行为体很难用和平方式对权力转移进程产生重要影响。在核恐怖平衡时代，崛起国对主导国的赶超和对现状的不满，会因为核武器而引发更加毁灭性的后果。因此，权力转移是否引发战争和激烈的冲突，在很大程度上取决于主导性大国（dominant power）在多大程度上愿意保持自己的权力优势，以及崛起大国（rising power）愿意承担多大代价来挑战体系霸权。在权力转移进程中，大国对权力地位的追求可能同时受到体系层

---

① A. F. K. Organski. *World Politics*, Chicago: University of Chicago Press, 1968, Chapter 1.
② 奥根斯基对主导国的界定，从权力和影响力而言，没有达到霸权国的程度。
③ A. F. K. Organski. *World Politics*, Chicago: University of Chicago Press, 1968, pp. 315-16.
④ 奥根斯基认为，人口因素是国家权力的最关键组成部分，人口增长率很难通过政治干预短期内予以改善。

次（system level）和单元层次（unit level）的影响。当崛起国与主导国实力接近均势，同时崛起国对霸权现状不满时，体系战争最容易发生（例如德国海权崛起对英国海上主导权的冲击被视为英德走向"一战"的重要根源）；而当崛起国相比主导国的实力仍旧羸弱，或崛起国已经取代之前主导国塑造体系规则时，战争爆发的可能性较低；如果挑战国满意现状，那么即使实力接近或超过主导国，也很难爆发大战（例如民主、贸易制度、国际秩序等方面的共识促进了英美和平权力转移）。

权力转移理论认为主导国不会进行预防性战争，由主导国创造的体系机制、规则和规范也会约束自身行为，一旦主导国发动预防性战争，就会违背这些规则、破坏体系，导致丧失盟友支持的严重后果。主导国利用体系的益处吸引尽可能多的满意现状的大国融入，形成一个维持现状的联盟，阻止任何挑战国的修正主义行动。按照奥根斯基的理论逻辑，当权力转移发生后，问题不在于崛起国是否能够超过主导国，而是崛起国何时以何种方式完成对主导国的超越。对于21世纪的中美关系而言，中美与其他主要大国的权力差距在拉大，而中美之间的权力差距不断缩小，让美国把主要的战略焦点放在中国身上，与19世纪末开始的英美权力转移不同，当时与美国几乎同时崛起的还有日本、德国、俄国等，都在不同程度上威胁英国的霸权地位，加之地缘距离的遥远性、德国挑起的两次世界大战、美国实力的压倒性优势等因素的共同作用，实现了英美权力地位的和平转移。而在权力转移理论看来，一旦中国对美国主导的国际体系现状满意度下降，那么中美发生冲突的可能性就会增加。

奥根斯基及其继承者强调全球等级体系总是支配区域等级体系。区域等级体系受到全球等级体系的影响，但并不能反向控制更高的体系。但是这忽略了一个事实：近代大多数大国之间权力转移的战争源于欧洲区域争端，而非全球问题。该理论也没有将近代欧洲大陆体系和全球大洋体系的互动影响作为重要变量，导致其无法解释一些权力转移的战争案例。奥根斯基等人更多的是强调崛起和不满现状的挑战国主动发起战争，但没有考虑到主导国在崛起国实力接近前的预防性战争逻辑，类似于1905年以前德国对英国海军的"哥本哈根综合征"。① 同时，该理论也没有考虑到崛起国完全可以等到实力超过主导国后再发动战争，而无须在处于由弱变强的过程中抢先行动。如果挑战国实力强大到足以推翻现状联盟体系时，权力转移理论将难以发挥解释作用。

总之，权力转移理论低估了预防性战争的历史重要性、核武器的威慑效应，还有在何种程度上大国战争是由地区问题驱动而不是为了争夺全球体系主导权，因此，对全球和地区体系互动情况的分析，是对未来中美关系把控的要点，也是权力转移理论进化的主要方向。此外，它具有天然的"民主和平论"倾向，认为基于贸易、金融和经济实力的全球海洋体系，在世界领袖的选择机制上对实行自由全球经济的民主国家具有强烈的偏好，这样才能保证经济潜力最大化。如果挑战国也达到实行同样机制的程度，对现状较为满意，主导国就不太可能发动预防性战争；如果挑战国和主导国都是民主制度，战争概率达到最小化。因此，对民主和平论的诸多批判也适用于对权力转移理论的批判。

乔治·莫德尔斯基（George Modelski）提出了"长周期"（long cycles）概念，认为均势体现了国际政治的本质②，均势体系不算是维持现状的体系，因为系统中成员的相对权力地位时刻都在发生变化。③ 因此，他的长周期被看作进化进程，能够为增加变量和选择提供机会。长周期理论认为全球政治表现为有规律地打破平衡，形成由不均衡到均衡再到不均衡的发展过程。④ 自 1494 年以来，世界每隔 100 年到 120 年便产生一个政治、经济、军事超强（特指海军）的世界领导国。它们分别是 16 世纪的葡萄牙，17 世纪的荷兰，18、19 世纪的英国和 20 世纪的美国。世界领导国负责制定国际规则、提供公共物品、保持世界秩序，而其他国家只能作为秩

---

① 德国担心海军完成崛起前，就被英国发动预防性战争予以摧毁。
② George Modelski. *Exploring Long Cycles*, Colorado：Lynne Rienner Pub.，1987，P. 120.
③ Edward Vose Gulick. *Europe's Classical Balance of Power*, New York：W. W. Norton, 1967, P. 38.
④ George Modelski. Is World Politics Evolutionary Learning? *International Organization*, 1990, 44 (1)：11.

序的消费者和游戏参与者。从世界大国衰落的角度来看,长周期表现为循环周期,包括四个阶段:全球战争、世界大国、权力非正统化、权力分散化。从世界大国崛起的角度考察,表现为学习周期,也有四个阶段:全球议程设置、建立联合、全球战争、行使领导权。莫德尔斯基指出,全球战争是长周期中的一种选择机制,但它的存在——作为选择机制——随着人类的进化逐渐暴露出其局限性。长周期理论的核心关系是:世界领导国与挑战国的关系。

莫德尔斯基认为拥有世界领导权有4个条件:第一,岛国或半岛的地理位置。有两个优势:一是岛国或半岛的地理位置,使领导国拥有安全盈余;二是岛国或半岛的地理位置接近世界主要水道。第二,开放、有凝聚力、有联盟能力的社会。国内社会的凝聚力成为全球行动的基础,成为领先的社会和发展的典范,做到了内部稳定和对外开放的统一,促使国内联合,并在国际上能找到联盟伙伴。第三,领先的经济。使世界领导国从创新中获得收益并能够把剩余资源用于国际投资和敢于做出国际承诺。第四,具有全球投放能力的政治—战略组织。指一国的军事力量尤其是海军力量,只有海军,而不是陆军才具有全球投放能力。

莫德尔斯基还发展了进化式学习观,认为世界政治中有历史跨度为400~480年的更大的长周期:公元930~1430年的欧亚转型期,活跃地带为宋元时期的中国和中世纪的意大利;1430~1850年的西欧周期,地点是西欧的葡萄牙、荷兰、英国;1850年至今的后西欧时期,地带为北美且具有向太平洋转移的趋势。长周期理论重视循环更关注进步,长周期是一个螺旋式上升的过程。例如:葡萄牙的地理大发现、荷兰对新教伦理的诠释、英国引领的工业革命和自由国家体制、美国对知识和信息革命的推动等。同时,以防止战争的视角来分析战争现象。

长周期理论具有贯穿始终的海权思想,只有海洋国家而不是大陆国家,才享有安全盈余;海军具备陆军没有的全球投放能力(global reaching capacity);海战而不是陆战,才算是全球战争(global war)。因此,它的理论前提是海权优势论,过分重视海权而忽视陆权的重要性。民主化是国家合作共处的进化式学习过程，因此，它也具有民主和平的天然倾向。强调领导权的合法性，淡化领导权的霸权性，有意忽略了很多殖民扩张和大国争霸的历史细节，也对绝对安全的追求引发绝对不安全、安全困境和军备竞赛的螺旋升级等安全议题没有给予足够重视。莫德尔斯基将中国比作德国，把新兴国家与挑战国家等同起来，没有对战略意图的示善给予足够重视。

昆西·赖特（Quincy Wright）的战争周期理论认为近3个世纪以来，战争集中期每50年发生一次：西班牙王位继承战争（1701~1714年）；七年战争（1756~1763年）及其前后；拿破仑战争（1795~1815年）；1853~1856年克里米亚战争；1859年意大利统一战争；1866年普奥战争；1870~1871年普法战争；世界大战（1914~1918年，1939年再度开战）。① 赖特给出了三种关于战争周期现象的解释：第一，代际时间差，每代约25年，新旧两代人之间有根本差异（50年）；第二，从一次战争失败到准备下一次战争之间，需要较长时期的努力；第三，截止到20世纪上半叶，一个政党在西方民主国家的统治时间平均约为40~60年。②

阿诺德·汤因比（Arnold Toynbee）提出了各种文明共通的法则：起源—生长—衰落—解体，是循环的历史观，16世纪以后以全面战争为基轴，存在着前兆战争、全面战争、小康期、增补战争及全面和平，一个周期为115年。③ 他认为1494年以来的现代世界体系是一个"麻烦的时代"（a time of troubles），世界文明正在走向没落，他对现代世界体系持悲观态度，只有建立世界国家才能消除战争周期现象。④

吉尔平提出霸权稳定论，认为自由国际经济需要一个能致力于自由经

---

① Quincy Wright. *A Study of War*, Chicago: University of Chicago Press, Reprint edition, 1983, P. 142.

② 王逸舟：《西方国际政治学：历史与理论》，上海人民出版社1998年版，第428页。

③ ［英］阿诺德·汤因比：《历史研究》（上），曹未风等译，上海人民出版社1997年版，第251页。

④ George Modelski. *Long Cycles in World Politics*, Seattle: University of Washington Press, 1987, pp. 55–56.

济原则的霸权国,像19世纪的英国和20世纪的美国那样。一旦霸权国缺少提供国际公共产品的能力和意愿后,体系变革的概率会大大增加。① 此后,吉尔平又对体系变革的深层原因做了进一步挖掘:在限制和机会并存的历史环境中,国家和市场相互作用建立了国际政治经济结构,包括国际分工、贸易网络、国际货币和金融体系以及支配经济活动的种种规则或制度,这些结构往往反映出行动主体的实力和市场力量的运营。② 但市场制度的促进作用并不均衡,民族国家经济的不平衡发展、主导部门的兴衰和经济增长的长期变化共同构成了结构变革的根源。③ 他对传统的金本位制(1870~1914年)、英国领导权结束和美国领导权确立之间的空位期(1914~1944年)、布雷顿森林体系(1944~1976年)进行分析,在他看来,过去300年中的3次大衰退——1873年后、20世纪30年代的大萧条、1973年危机,都对国际体系变革产生重要影响。④

伊曼纽尔·沃勒斯坦(Immanuel Wallerstein)将国际体系作为资本主义世界经济体系的上层政治建筑。⑤ 他所建构的世界体系(World - System)概念,其动力以不平等交换和资本积累为主。而反体系运动(anti-systemic movements)则是促进体系变革的动力⑥,它可以通过两条路径变革现有体系:一是力求重新构造这个体系,从而使得所有集团的地位平等;二是力图在不平等分配的等级中使自己的地位上升。⑦ 反体系运动在

---

① [美]罗伯特·吉尔平:《全球政治经济学:解读国际经济秩序》,杨宇光等译,上海人民出版社2013年版,第83~84页。
② [美]罗伯特·吉尔平:《国际关系政治经济学》,杨宇光等译,上海人民出版社2011年版,第86~87页。
③ Robert Gilpin. *The Political Economy of International Relations*, Princeton, N. J.: Princeton University Press, 1987, pp. 92 - 111.
④ [美]罗伯特·吉尔平:《国际关系政治经济学》,杨宇光等译,上海人民出版社2011年版,第111~155页。
⑤ [美]伊曼纽尔·沃勒斯坦:《现代世界体系》(第三卷),庞卓恒等译,高等教育出版社2000年版,第237页。
⑥ [美]伊曼纽尔·沃勒斯坦:《历史资本主义》,路爱国等译,社会科学文献出版社1999年版,第8页。
⑦ [美]伊曼纽尔·沃勒斯坦:《历史资本主义》,路爱国等译,社会科学文献出版社1999年版,第40页。

历史中的体现是社会运动和民族运动。前者比后者更少具有政治权利、经济机会和文化表现的合法形式。[①] 社会运动首先出现在资本主义世界体系的核心地区，主体是城市工人和农村贫民，例如以马克思主义为代表的共产主义运动等；民族运动首先出现在世界体系的边缘、半边缘地区，如反对拿破仑法国的民族主义斗争运动。两种反体系运动的地理运动方向是相反的，民族运动呈边缘向中心的地理结构运行，而社会运动是从中心向外围扩散，最终两者都遍布世界体系。沃勒斯坦整体上不看好自法国大革命以来的反体系运动取得的实际效果，但认为反体系运动的动机不会减弱，反而不断增强来动摇世界体系的根基。

戴尔·科普兰（Dale C. Copeland）分析了经济相互依赖对体系变革的影响，提出了贸易预期理论。他的理论逻辑是：总体商业环境影响A国对未来贸易的预期，而A国经济需求的因果要素影响它对其他国家的经济依赖性；这促使A国形成对其安全环境的评价（尤其是估计衰落程度），导致它的行为发生变化（从强硬到温和的各种表现）；而这反过来影响B国对该国战略意图的评价，使另一国产生对该国的友好型或报复性贸易政策，导致A国面临的贸易—安全困境形势缓和或加剧。而影响两国贸易意愿的具体因素包括：第三方制约因素和压力、A国经济增长水平、B国原料消耗情况、B国内部制约因素等。最终，这种贸易—安全形势的加剧作用于A国对未来贸易的预期，进而导致战争可能性发生变化。[②]

科普兰还研究了1790年以来所有大国冲突的案例，以期从动态视角研究经济相互依赖与战争的问题，论证经济关系在战争与和平的大国政治中扮演的重要角色。他认为，近代大国冲突都是由大体理性的国家发动的，仅仅因为依赖他国和存在脆弱性就发动战争的理论解释具有很大局限性。贸易预期理论认为，关于未来商贸的预期会随着时间而变，取决于各国的

---

① Immanuel Wallerstein, Maurice Aymard and Jacques Revel. *The Politics of the World – Economy: The States, the Movements, and the Civilizations*. Cambridge: Cambridge University Press, 1984, P. 104.
② ［美］戴尔·科普兰：《经济相互依赖与战争》，金宝译，社会科学文献出版社2018年版，第22页。

政治关系。在经济因素起主要作用的情况下，促使各国走向破坏局势稳定的危机，或使各国之间爆发战争的，几乎总是商贸依赖与贸易预期日趋悲观这两方面因素的结合，例如1904年日本进攻俄国、1941年日本袭击美国等。①

综合以上诸多学者的观点，本书将权力转移作为影响国家关系的重要自变量之一（但不能单独决定体系结果），且权力转移变量不等同于权力转移理论，后者能够通过权力转移直接作用于大国关系与体系结果。权力转移从领域上可分成四类：经济权力，对大国的经济互动和国际经济体系产生重要影响；军事权力，对大国之间军事上的攻防平衡和国际军事体系产生重要影响；潜在权力，即一个国家所有可能转化为经济力量并最终转化为用于战争的军事力量的资源，如人口、国土面积、原材料、技术等；制度权力，如联盟、联合国等国际组织与机制。前三类属于国家的内部权力，第四类属于国家在体系中的互动权力。对美国而言，它的军事权力仍然强大，但它担心中国会将崛起的经济和潜在权力最终转化为挑战美国的军事权力，以及动摇美国在"二战"后确立的制度霸权。从地缘政治角度，可以划分为：海权权力转移（17世纪英国与荷兰的三次战争）、陆权权力转移（陆上大国权力转移所引起的国际冲突比率要明显高于海上大国的权力转移）、海权与陆权权力的双重转移。从时间跨度上，可以划分为：短期权力转移，通常意味着重大国际危机或战争变革（如希波战争、布匿战争、英法百年战争、三十年战争、奥斯斯堡反法战争、西班牙王位继承战争、七年战争、克里米亚战争、"一战"、"二战"等）；中长期权力转移（相对和平的权力转移）（20世纪初美苏相对于英国的崛起；"冷战"期间的美苏）。从是否可逆，可以划分为：不可逆转趋势（大多数的权力转移一经发生，很难逆转，除非自身出现了重大战略失误，或陷入大规模战争）；可以逆转趋势（崛起国与霸权国战略塑造能力的差异过大可能导致

---

① ［美］戴尔·科普兰：《经济相互依赖与战争》，金宝译，社会科学文献出版社2018年版，第1~64页。

逆转)。

从地理范围上也可以对权力转移类型做出区分:一是整个国际体系层面的权力转移,如国际体系结构从多极向两极转移、从两极向单极转移等("二战"期间,从英法德苏美日多极向美苏两极格局转型;苏联解体后,从美苏两极转型为美国单极)。二是地区层面的权力转移,如地区体系的"极"的数量发生变化(2008年后,东亚地区由传统的美国单极向中美两极化趋势演进)。根据国家类型,可以划分为:崛起国与霸权守城国的权力转移(黎塞留法国与哈布斯堡帝国;路易十四法国与英国;20世纪初的美英、英德、英日;21世纪的中美);崛起国之间的权力转移(拿破仑三世法国与亚历山大二世俄国;"一战"前的德俄;"二战"前和"二战"期间的苏德;21世纪的中俄)。从权力转移的效果可以划分为:促进国际体系的均势与稳定;导致体系变革与战争;没有对全球或地区体系结构造成重大影响。尤其是当大国间具有高度不对称的敏感性或脆弱性相互依赖(interdependence)时,权力转移能对国家的战略认知和体系效果发挥更大作用。例如:1940~1941年,美国利用日本经济的脆弱性,对其进行经济禁运,日本对此进行军事反击,突袭珍珠港和菲律宾。

权力转移的类型、权力的变化趋势能够塑造国家对国家利益的认知。通常而言,经济领域比安全或军事领域的收益要更少引起对相对收益的关切。如果经济领域的相对收益事关国家博弈的战略资源比重,则此假设不成立。此外,制度(包括联盟、地区安全机制等)层面的收益作为可能增加国家外部制衡的手段或能力,可能比有助于内部制衡能力增加的相对收益更容易引起他国关切。尤其是考虑到国家内部能力的增长可能出现双赢,而外部联盟能力的可获性在一定时间内基本上是零和博弈。工业和现代化、政府组织效率、国内政权合法性很高的国家,其对相对收益的资源汲取和战略动员能力就很强;要比一个工业、技术、管理、政权脆弱的国家,更容易实现对相对收益的利用率,即把比对手多获得的那部分收益转换为伤害对手或与对手竞争的实力。两个实力差距很大的国家,基本上不太会关注谁获益更多,尤其考虑到在构建制度霸权的过程中,霸权国会为了锁定宪政秩序的长远收益而让渡或牺牲更多的眼前利益。而实力差距不大的国家，尤其是崛起国与霸权守成国，更容易担心相对收益的份额（即使在非重要领域也可能出于争夺影响力或防止多米诺骨牌效应而担心）。权力转移的态势会影响国家对相对收益的前景预期，尤其是当本国处于相对衰落阶段而对手在相对收益中多于本国时，则更容易引发对获益多少的关切。

全球的国力发展情况遵循的并不是与主权国分布情况相一致的模式。准确地说，它是自我中心的设计，就任一特定的国家或国家集团而言，国力的强弱取决于可以和有利于发展及保持国力的各种特殊条件。现仅就一般原则来说，国力结构就牵涉到由一特定的中心所提供的地理、经济、人口要素以及依据这些要素而决定的战略要素。由这样一个力量重心区积聚起来的力量是外交政策的主要原动力——实力越强，发挥的作用越大。讨论国力的自我中心分布要基于两个基本概念，这两个基本概念都以中心在世界所处的位置为转移，它们是：（1）拥有的资源和条件；（2）与其他所有实力中心构成的相对位置。因此对权力中心地位的变化和不同大国的权力对比必须考察相关的地理因素才能有更大的参考价值。

（二）地理因素

地理因素的作用可以体现在系统与单元两个维度，前者更偏重相对于其他强国的地理位置、地缘距离和威胁来源；后者更强调国家的地理资源禀赋。地理因素作为推动战略转型的结构性调节因素，只有通过大国之间的地缘互动才能实现。国家的军事、政治和经济活动都要依托一定的地理空间展开，海权的扩展与海上安全和经济利益有重要关联，离开世界政治经济形势的变迁和全球化的影响，就难以对国家的战略转型动机做出全面解释。地理互动主要包括地缘政治和地缘经济层面的互动，提供了国家从陆权向海权转型的安全和经济动机。从地理互动的媒介来看，海陆相对位置、地理距离和通达度起核心作用。如陆上安全环境的形势、海上和陆上工业技术的发展、海岸线和出海口的地理特征、国家所掌握的海军基地、战略通道、关键海区等，这些军事地理、政治地理和经济地理要素，塑造着决策者的精神地图，对国家的战略互动发挥了重要影响。

世界地理的基本特征使地表系统分为大陆环境与海洋环境，是人类探索地下空间、下层空间与外层空间的核心地理支撑。"海洋环境和大陆环境的差异为完全不同的地缘政治结构的发展提供了场所，在这两种环境中演进的文明、文化和政治制度是根本不同的。"[①] 从海陆相对位置来看，陆海复合型国家地处"陆海结合部"，是海权与陆权交互作用的活跃地带，面临海上与陆上经济利益的双重诱惑。海洋经济比大陆经济更具外向性和开放性，国家从陆权到海权的转型，通常会受到海洋地理互动的利诱，这种利益涉及海底石油、渔业资源、海外贸易和航道安全等。地理大发现后，随着全球经济重心的不断转移，国家的战略取向也在发生变化。19 世纪末美国的战略转型，是在全球垄断资本主义盛行、帝国主义掀起瓜分海外殖民地的狂潮，以及经济全球化全面展开的背景下发起的，美国受到海外消费市场、投资场所、原料产地的经济利益诱惑，其随之提出的"门户开放"、利益均沾，以及 1898 年美西战争后对古巴、菲律宾、波多黎各等重要海上要地的占领，对巴拿马运河的控制，都有强烈的海外经济获益动机，也为马汉的海权学说传播提供了经济理由支撑。

就地缘距离的邻近程度而言，只有在陆上邻国相对友好、缺少强敌环伺或海洋赋予天生"护城河"优势时，才能具备向海洋转型的足够动机。地缘距离的邻近性决定了邻国彼此战略投射的倍增效应，形成邻国效应。如果一个对本国友好的国家，会因为与本国的地缘毗邻使战略效益倍增；而一个对本国敌对的国家，会因为它是邻国而使战略损耗倍增。友好的邻国哪怕是海上邻国都可以成为本国的战略缓冲地带，降低守卫本土的国防成本；而敌对邻国的存在，尤其是与敌对邻国有漫长边境线的情况下，则使本国要倾注巨量的海上或陆上资源进行防御。中苏结盟与分裂、中俄关

[①] Saul Bernard Cohen. *Geopolitics of the world system*, Lanham: Rowman & Littlefield, 2003, P. 34.

系起伏，对两国从陆权向海权转型的战略成本产生了重大影响；美国在基本解决了加拿大和墨西哥潜在的陆上威胁后，得以加速向海权转型。这都足以证明邻国效应对大国发展海权战略的重要作用。

地理通达度会影响上文提到的海陆相对位置和邻国效应。邻国作用与距离磨损不是单纯的反比例关系，因为要受到地理通达度这一干预变量的影响。通达性是从某一地域到达或攻击另一地域的难易程度，涉及地理障碍物、交通运输系统的发达程度、战略补给点的多寡等方面。当两国缺少天然地缘屏障（如高大山脉、沙漠等）、交通运输通达度很高、战略要地充足时，这种战略收益或损耗都会成几何倍数增长。随着荷兰、葡萄牙、西班牙和英国先后崛起，导致地中海地区的拜占庭、威尼斯和后来的奥斯曼帝国要关注与这些新兴大国的战略通道价值，尤其是大西洋和环非洲贸易航海线路的开通削弱了奥斯曼帝国在地中海的战略杠杆作用，使奥斯曼帝国无法分享地理大发现带来的红利，新兴的战略通道促使奥斯曼帝国将战略利益延伸至地中海、红海和印度洋，加速了奥斯曼制海权能力的发展。① 历史上，俄国长期缺乏温暖港湾，海岸利用率低、出海通道受阻、海岸分散不易协调，影响了俄国的战略转型和总体力量的发挥。② 总之，海陆相对位置、地理距离的邻近程度和地理通达程度，会对战略转型所面临的经济机遇和安全威胁产生倍增或衰减效应。

（三）攻防平衡

战争史为牛顿的物理根本法则提出了一个必然的军事结论：提供军事优势的每一项成功的技术或战术革新，最终都会产生与之相抵消的反应，并且将优势转移到敌对的一方。③ 在吉尔平看来，军事技术上的相对优势

---

① Palmira Brummett. The Overrated Adversary: Rhodes and Ottoman Naval Power. *The Historical Journal*, 1993, 36 (3): 540.
② 陆俊元：《海权论与俄罗斯海权地理不利性评析》，载于《世界地理研究》1998 年第 1 期，第 40~44 页。
③ ［美］罗伯特·斯格尔思：《未来战争：美国陆军军事学院最新理论》，薛国安等译，国防大学出版社 2000 年版。

第二章 体系变革、战略塑造与战略转型

地位不会长久不变。军事革新影响了进攻与防御的关系，它往往有利于进攻者而不是防御者，刺激了帝国或者列强的领土扩张以及国际体系的政治统一。秦统一六国也是由于取得了对防御者的优势。像纯种马和帆船这种提高军队及其舰队的机动性和活动距离的革新促进了势力扩张和征服行为。在防御工事和重装甲方面的革新，则有利于防御者而不是进攻者。它往往能阻止征服活动、维持领土现状、稳定国际体系。筑垒术的进步提升了拜占庭帝国的防御优势，进而稳固了统治；中世纪欧洲四分五裂的封建结构的存续也得益于此。此外，吉尔平强调的关键点是：进攻与防御的优势和劣势评判，必须从经济角度来理解。当谈到有利于进攻或防御变化的条件时，必须对进攻/防御方为战胜另一方必须付出的人力、物力、财力进行综合评估。如果征服成本小于领土价值，进攻一方是占优的，反之则防御方占优。

自公元前1400年以来，铁的出现、熔解矿砂为金属的新技术的发展，影响着武器制造。16世纪中叶，重型军械铸造技术的发展，为以后两个半世纪的火炮制造奠定了基础。到了14世纪，黑色火药和火炮的发明，使进攻能力再度占据上风，并产生了新的政治组织形式——民族国家。18、19世纪，由于科研兴趣扩大，人们的化学物理知识大为增长，新发明刺激着工业发展，但尚未致力于将新知识用来改进武器。18世纪90年代法国革命政府运用科学保卫国家，重点是改进方法提高生产力，而不是制造较好的具有更大杀伤力的武器。火炮、滑膛枪、火药、弹药与已经用了一些时候的旧品相同或者几乎相似。直到19世纪中叶，科学大踏步前进时，才开始认真应用科学知识解决战场上的问题。

18世纪后半叶，英国海军霸权引起的政治、经济后果使全欧洲各国领导人明白了海上力量的重要性。打破了海军战术枷锁的霍雷肖·纳尔逊对海军战略思想有巨大影响，犹如拿破仑对陆战的影响。但是，凭借纳尔逊以及对海战艺术的实践，就当时的技术条件而言，已达到了最高限度。工业革命的到来，使海军摆脱了对风力、原始而粗糙的舰炮的依赖，以至于最后摆脱了旗语的严重束缚。从特拉法加到汉普顿战役的56年间，海战发生了变革,其变化速度比过去的三个世纪要快,比随之而来的一个世纪的变化也毫不逊色。纳尔逊于1805年10月21日在特拉法加用以击败法国海军上将皮埃尔·维莱努夫的战舰与两个世纪以前霍华德和德雷克在英国海峡击败梅迪纳·西多尼亚的战舰并无多少差别。1862年3月9日,在汉普顿作战的不论哪艘船都能够单独消灭纳尔逊和维莱努夫的联合舰队。

从近代史初期开始到拿破仑时代,防御与进攻的平衡一直摇摆不定。拿破仑的军事革命赋予了进攻一方优势,而"一战"中机关枪、铁丝网、战壕的新发明,使防御一方重新获得优势地位。而从战略地理的角度看,海权领域的技术革命往往有利于海洋大国,导致海外殖民主义者的殖民扩张,如蒸汽船的发明有利于英国;陆权领域的技术革命会对陆上大国有利,例如铁路的发明让德国占有优势。军事革新改变了国家权力的经济基础重要性,一项武器的革新有可能减少武器的成本,削弱维持军事实力所必需的经济基础的重要性。例如中亚草原游牧民族与较为富裕的农耕民族长达1300年的冲突,正是源于马匹的驯养。尽管游牧民族相对贫穷,但流动性的进攻优势却能够建立一个不断扩张的帝国,征服文明更为先进的农耕帝国。当然,从近代来看,军事革新越来越有利于增加军事实力的单位成本,例如,民族国家取代帝国和城邦成为最具军事动员能力的政治组织形式。而当军事实力的成本提高到一定程度时,就有可能阻止政治扩张和变革,拿破仑和希特勒对欧洲征服的失败和欧洲协调的反复出现足以证明。军事革新还能导致规模经济的出现,发展军事实力的单位成本下降了,而权力范围则扩大了,美国、俄国(苏联)、中国这样的具有洲际规模、庞大资源和人口的国家具有更大的规模优势来发展军事革新。[①]

在接近19世纪中叶时,出现了铁路,它成了新武器得力的后勤输送手段,因而军队很快就利用铁路以迅速运送人员及装备。在1859年的意大利战争中,法军于三个月内用铁路输送了604000名士兵和129000匹马。美

[①] [美]罗伯特·吉尔平:《世界政治中的战争与变革》,宋新宁等译,上海人民出版社2019年版,第47~52页。

国内战表明，保证军队在战场上能够长期坚持，铁路起到了主要作用。毛奇透彻地研究了这种新运输方式的潜在作用。在他的鼓励下，普鲁士军队在 1866 年，后来又在 1870~1871 年广泛地利用了铁路。19 世纪末，铁路已日益显示其重要性。19、20 世纪交替之际，各国都动用了大量军队，如果没有铁路，就无法动员、机动及保证供应。

美国内战以后的 80 年中，海战变革的剧烈程度与 19 世纪前 55 年几乎相同。海战连续变化的关键是 1862 年约翰·埃里克森的"班长号"战舰的出现。该舰装有旋转装甲炮台。19 世纪末，这艘战舰是海上霸王，但不久，约翰·费希尔的"无畏"号及其后继者却发挥了最大的潜力。这几十年中，蒸汽动力已成为国家大战略计划需要考虑的紧要问题。加煤站地点不只是殖民扩张方向和扩张程度的限制性因素，而且是直接的决定性因素。西班牙—美国战争中，有两个典型的例子可以说明。由于缺乏加煤站，海军上将乔治·杜威靠现场购买英国运煤船上的煤炭，他的舰船中队才得以从中国香港开到了马尼拉。美国军舰"俄勒冈号"从旧金山绕过合恩角到古巴海域，与那里的舰队会师，这次长途巡航约 13000 海里，使美国后来获得了巴拿马地区，开凿了巴拿马运河。与舰船设计和蒸汽推力装置的革命性发展并驾齐驱，武器装备也经历着急剧的变革。

随着工业生产的兴起，特别是 19 世纪中叶的膛线枪炮那样精确的战争武器的出现，技术开始左右战争变化的规律。小型枪膛连发枪、机枪和速射野战火炮扩大了杀伤区域，使冲击出发阵地到敌军防御前沿的距离从拿破仑时代的 150 米扩大到了美国内战结束时的 1000 多米。杀伤区域增大了差不多 10 倍，穿越火力控制区域的危险进一步成倍增长，这是精确武器的高精度射击性能以及连发武器广泛运用于战场所造成的。因此，这一时期的技术对防御者有利。第一次世界大战时可怕的大屠杀场面证明，这种主要依靠杀伤力决定胜负的作战方法使人类付出了沉重的代价。

在屠杀终止之前，交战双方都力图解决由于战场上的火力控制而引起的战术和战役难题。战术难题是部队怎样以较少的伤亡穿越火力控制区。战役难题则是怎样使成功地穿越火力控制区在战局中具有决定性意义。一旦成功穿越火力控制区，一支部队就要深入敌阵，集中兵力并迅猛攻击，以破坏并最终瓦解敌方部队的秩序和完整。

1918年德国人最先发现了解决这一问题的思路：以短促而猛烈的火力为突击作准备；以小股部队利用火力的窒息效应以渗透并绕过敌人的抵抗中心；以主力部队穿越防军已经暴露的薄弱地点并向其纵深挺进。虽然德国人有了这条思路，但是他们缺乏将理论变为有效行动的手段。战后，内燃发动机的研制提供了这种手段。应用科学移植到战场在战争中引起新一轮革新，从而第二次改变了战争周期，并使攻击方又占了上风。机械化装甲车辆使得士兵们穿越火力控制区时得到保护，并且行进速度加快。现在大部队也能快速深入敌纵深，去攻击其首脑机关并避免敌人强有力的反扑。闪电战的目的在于摧毁敌人抵抗的意志。交战的胜利主要是通过部队机动以引发敌人心理上的崩溃所致，而不是通过大规模使用火力进行野蛮屠杀来取得的。

第二次世界大战后，西方大国面临战术和战役的另一个难题——如何制止横跨德国北部平原的苏联式闪电战。战术部队需要防御性的杀伤力以抵御苏联装甲部队的初期攻击，并守住自己的防御阵地。破解战役难题的方法是用远距离火力向纵深攻击，以便迟缓敌军后续装甲部队进入战场的速度。上百亿美元的资金投入和一代英才的集体智慧成功地开发了一系列非同凡响的技术，使精确制导、远程打击的武器可以制止机械化进攻。微电子技术提供了扩展火力杀伤区域和使目标更容易被发现、跟踪和消灭的必要手段。①

预示着防御将再次占据上风的一些征兆最早是在越南战争即将结束时出现的，这可能第三次改变战争的周期。几个激光制导炸弹摧毁了以前要用成百个炸弹才能摧毁的目标。第二次世界大战中，800码的距离内摧毁一辆坦克平均需要18发炮弹。1973年阿以战争时，1200码以内平均需要

---

① ［美］罗伯特·斯格尔思：《未来战争：美国陆军军事学院最新理论》，薛国安等译，国防大学出版社2000年版。

2发炮弹。到沙漠风暴时，2400码的距离只要一发炮弹。

使用地面和空中平台用以观察和纵深打击的能力极大地扩展了战场。过去一个野战集团军的战区现在成了一个师或一个军的战区。就像在1914年那样，一支每小时行进两公里的部队无法通过由远距离、快速射击的膛线武器控制的杀伤区。因此，在一场双方力量大体相等或相称的冲突中，事实令人信服地表明，优势倒向了防御者的一方。随着后工业时代开始让位于信息时代，我们仍然自以为是地认为未来战争将继续依靠杀伤效率越来越高的武器。

武器方面除上述发展以外，第一次世界大战中还出现了三种很有意义的新武器，即飞机、毒气和坦克。不过毒气和坦克都未能成为赢得战争的决定因素，因为技术不完善、数量不足，使用时又没有适当战术，而且因为缺乏预备队，武器首次使用时获得的短暂优势，未能加以充分利用并扩大这种优势。而飞机对于军事行动的指挥具有重要意义。1915年末，飞机已成为侦察的主要手段。因为自北海延伸到瑞士，都挖有战壕，地面侦察的效果受到了限制，而飞机用作炮兵观察和远程骚扰轰炸则很有用。1918年，飞机对地面部队进行直接支援，成了地面战斗的重要参加者。

第一次世界大战后的20年间，各国军队都乘机将战争中出现的武器方面的进步加以吸收，尤其注重坦克和军用飞机。吸收的方式就是以1918年德国人的战术革新为基础的原则，有人称之为20世纪战斗队。这原则就是火力队和实施机动的突击群相结合，每个战斗群相互之间和总的作战计划之间互有关联。1939年的装甲师、空中突击队、英美登陆队都是火力队和实施机动的突击群相结合的例子。这是充分发挥空运、战斗航空兵、装甲车辆、登陆艇、海军火炮等各种军事装备和军事手段作用的一种方式。联合勤务特混部队的组成就是企图将海、陆、空部队的进攻能力和支援能力相结合，以执行单一的任务。

在第二次世界大战的严峻考验中，技术上出现了惊人的发明和改进。例如无线电引信、"锥形装药"、火箭筒（反坦克火箭的原型）、无后坐力炮、火箭（消失了一个世纪，又回来了）以及伴随出现的炮火瞄准和控制方面的改良。机动军用器材、快速坦克、自行反坦克火炮和其他越野车辆的广泛改进，结合在一起就以前所未有的速度增强了机动作战的能力。

第二次世界大战期间，核能正在发展为实用的动力能源。世界各国海军面临着新能源的应用问题。这种新能源的潜力，远远胜过前两次能源的转变。前两次是从划船奴隶向风帆转变，又从风帆向蒸汽转变，这种转变推动了海战的革命。这样，不到一个世纪，海军舰船的动力就从风帆转变为由煤、油烧出的蒸汽，又转变到由核裂变产生的蒸汽。世界上海军武器装备的变化大于陆军，因为冶金学、重型机械发展了，就有可能将木船换成厚装甲舰，舰上安装的大口径大威力火炮，在陆地上不易操纵。但是，19世纪海军战术变化不大，而陆战的战术变革比海战普遍，这很可能是由于从出现装甲舰的美国内战到该世纪末缺乏海战机会所致。海军战术家准备作战，舰队模拟打仗，研究两栖作战、侦察、封锁以及舰队作战时各型舰艇的协同等，这些事情在第一次世界大战之前是很少进行的，实践就更少了。总之，从1860年到1914年，重要的舰队作战只发生过两次。

在海上，由于核动力技术和火箭技术的紧密结合，推动了舰船动力装置及其武器系统的迅速发展，迫使舰船结构也同样急速发展变化。核动力水面、水下舰艇，如果能定期从流动的补给站及时补充军需物资和军火，则无须添加燃料，也能长时间航行，担负着海上作战任务。核动力航空母舰特混舰队仍然是海上武力的王牌。虽然某些观察家对其在海上核战争中的生存能力持怀疑态度，但装备有潜射弹道导弹的核动力潜艇，却空前增强了其对陆地目标攻击的能力。对许多海军人员而言，核动力导弹潜艇是未来主力舰船的典型。通常认为：一旦大战爆发，常规登陆作战必将被核武器所挫败。对于使用常规武器的小规模两栖作战，利用直升机似乎是一种作战手段，这主要是指以垂直攻击来代替地面纵深攻击，但直升机又有易遭击毁的弱点。所以，在当代战争中，掌握制空权，成了比在第二次世界大战中更为迫切的问题。

第二章　体系变革、战略塑造与战略转型

战略转型会受到攻防平衡[①]态势变化的驱动，后者为前者提供了军事技术层面的战略环境，补充了前文中总体权力和地理关系所不能解释的范畴。进攻—防御平衡态势可能受到军事、地理、国内社会和政治因素以及外交性质的影响。[②] 尽管攻防平衡的相关理论解释涵盖众多，但这里仅把海权与陆权技术层面的攻防平衡关系作为分析重点。特定的权力对比类型相比较现实主义通常强调的总体能力的分配，更有助于完善对国家所面临的外部战略环境性质（约束性/包容性）的评估。但当下文提到的战略学说所反映的攻防平衡认知与现实攻防平衡技术条件差异过大时，则该结构性调节因素就不如次单元层面的战略学说对转型的作用程度大。

军事技术领域的攻防平衡，作为特定和精细的权力结构，能对处于战略转型的崛起国家，提供脆弱性或机遇"窗口"。军事技术作为结构性调节因素，能够很好地补充总体权力结构所不能解释的战略转型的某些内容，毕竟战略转型的核心还是军事安全领域的转型。有些学者认为军事技术的攻防平衡变化，能够潜在地影响体系中的所有大国，落实到特定国家的战略转型，有一些攻防平衡态势确实会作用于整个体系结构，进而对单元的预期行为有均衡的影响。但有些攻防平衡因素的影响力仅限于体系内的特定区域，只有在特定的两个国家或两组国家（如美苏或北约与华约）之间，或在特定地理区域内，军事技术上的攻防平衡才会对国家间战略关系的安全困境或其螺旋升级产生充分的效应。"一战"前，德国与英国开展"无畏"级战列舰的海军军备竞赛，就是为了借助崛起的国力迅速转化

---

① 这里主要涉及海陆攻防技术的对比。关于攻防平衡的理论论述，具体可参见：Robert Jervis. "Cooperation Under the Security Dilemma", *World Politics*, 1978, 30（2）: 170 – 191; Robert Jervis. *System Effects: Complexity in Political and Social Life*, Princeton, New Jersey, Princeton University Press, 1997, pp. 137 – 139; Fareed Zakara. "Realism and Domestic Politics: A Review Essay", *International Security*, 1992, 17（1）: 191 – 192; Dale C. Copeland, *The Origins of Major War*, Cornell University Press, Copyright 2000, P. 127; Robert Jervis. "Realism, Game Theory, and Cooperation", *World Politics*, 1988, 40（3）: 317.

② ［美］斯蒂芬·范·埃弗拉:《战争的原因：权力与冲突的根源》，何曜译，上海人民出版社 2014 年版，第 176～181 页。

为海权力量，进而实现对英国的反超，改变不利于德国的海上攻防平衡态势。实际上，当时德国海军已经仅次于英国位居世界第二，但只有把军事技术的攻防平衡关系放到英德两国，才更具参考价值。此外，也正是当时海权领域攻方占优的趋势，才迫使德国加紧建造"无畏舰"。

宏观地讲，陆权比海权领域的军事技术更具天然的威胁性，即便是近代海权大发展时代，很多国家依然认为，对本国战略安全的最大威胁是来自能穿过领土边界的陆上力量，这种力量可以控制和占领领土、掠夺或摧毁资源、废黜政治领导人、强加新的政治结构和社会体制。陆权强国致力于陆权的稳固和扩张，其他大国通常会结成防御性联盟。而单纯的海洋强国只有较小规模的陆军，很少会具备陆权扩张的能力和动机。[①] 因此，崛起大国，由于已经拥有快速增长的庞大的战略力量，在发展海权的进程中，会招致更多的体系制衡压力，尤其是对像俄罗斯和中国这种掌握洲际陆上战略资源的国家更是如此。

对崛起大国而言，尤其是一旦陆权技术暂时达到了发展上限，短期内不足以改变与其他海陆强国的攻防平衡关系时，也会由于军事技术攻防平衡所提供的潜在威胁和机遇"窗口"，开展海上武器技术的研发和投入使用。当这种威胁和机遇非常迫切时，就为国家预设了约束性战略环境，使国家加快战略转型的速度。"冷战"中期，苏联暂时达到了陆上军事技术对美战略威慑效果的极限，为了挑战美国的海上霸权地位，开始发展大型水面舰艇、核潜艇等海基威慑力量，为的就是在海上武器技术领域改变与美国的攻防平衡关系。但当这种技术领域的攻防平衡相对平稳或改变成本过高，即威胁和机遇的迫切性较低时，则攻防平衡因素在国家战略转型中所起的动力作用就相对降低。

对于纯粹海上或陆上技术领域的攻防对比，学界普遍认为海权和陆权都只是某一个或几个阶段处于优势地位，受到工业化进程、交通技术进步

[①] Jack S. Levy and William R. Thompson. "Balancing on Land and at Sea: Do States Ally against the Leading Global Power?", *International Security*, 2010, 35（1）: 16.

第二章　体系变革、战略塑造与战略转型

等因素的影响。在国家推进地缘战略的过程中，会受到技术条件变化的影响，技术通过两个途径发挥对地缘战略的影响机制：

一是技术可以改变战略转型活动空间的维度、广度和意义。

人类对风力、帆船、蒸汽动力的应用提升了航海技术，促进了各国对全球海洋公地的竞争性开发，对海上战略通道、海外贸易、海军、制海权等海权要素的强调被推向极致，1588年英国击败西班牙无敌舰队可以部分归功于新式战舰技术的作用，蒸汽动力的广泛应用为缔造不列颠治下的欧陆均势和全球海洋霸权秩序提供了重要的技术支撑。19世纪末兴起的内燃机、铁路和公路网等陆上运输和动力技术的研发，使陆上地面的机动性优势开始动摇海权的传统优势，英帝国的相对衰落和德俄陆上强权的崛起与之不无关系。机关枪、速射炮和其他防御型技术的普遍应用，使"一战"的欧陆战场成了不利于机动性进攻的堑壕战。

飞机技术的发展使传统的二维平面地缘战略空间转变为三维立体空间，制空权的迅速发展很大程度上克服了地表复杂地形的阻隔效应，削弱了陆上国土纵深防御的战略意义。坦克和装甲车等陆上进攻性技术装备的出现打破了之前防御有利的军事攻防对比态势，使陆权的进攻性优势得到了升华，"二战"前期德国对欧洲闪电战的成功得益于此。航空母舰的产生使国家的远洋战略投射能力大幅提升，减少了水体阻遏力量的影响，引出了"二战"太平洋战场的美日航母大决战。

潜射弹道导弹与核潜艇的研发则使具有二次核打击能力的海权威慑作用重新提升，为苏联建立海上核威慑力量来制衡美国海上霸权奠定基础。激光武器技术的发明，对传统的海陆空攻防技术构成了巨大挑战，使未来的攻防对比呈剧烈波动态势。随着卫星、航天飞机、飞船、太空站等外层空间飞行技术的发展，使地缘政治空间从三维变为四维，为美国的"星球大战计划"提供了技术条件。而在地球引力场之外的外太空技术的革新，出现了关于外层空间地缘政治区域边界划定的观念——太空政治，太空中的潜在资源极其丰富，任何一个国家如果能够有效控制它，这个国家就能支配地球上所有政府的政治、军事和经济命脉。① 从地表到最低失重轨道的大气层,是地表地缘政治和太空政治的过渡区域,加上从最低失重轨道到地球同步轨道的地球空间,这两块区域是太空政治争夺的重要传输媒介,尤其对地球引力场以内空间的控制,关系到对月球空间(从地球同步轨道到月球轨道的区域)、太阳空间(包括月球轨道范围外的全部太阳系)乃至更远空间的潜在战略利益。全球互联网和信息高速公路的发展,则开辟了地缘战略博弈的第五维虚拟空间。

二是技术通过对转型国与其他大国的地缘政治经济关系的影响间接促进战略转型的动机和意图。

科技进步带来了产业革命、国际分工,改变了国际经济市场的供求关系,使商品、人员、劳务、文化、资本等要素自由流动,对全球或地区地缘经济结构的变迁发挥巨大作用,导致地缘政治、地缘文化、地缘军事也随之革新,造就新的地缘结构和秩序。历次科技革命与全球地缘格局的变迁的时间点都近乎重合,如第一次科技革命与英国海上主导权的兴起、第二次科技革命在几个大国的同时发展与美德日等新兴强国的争霸、第三次科技革命与美苏两极海陆对抗的形成、20世纪末开始的第四次科技革命与两极格局的瓦解和中国崛起。技术进步使人类发展或变革具体的地缘战略态势或学说,但并未改变地理—政治有机体的本质属性,一是技术进步不能完全超越地理条件限制,二是不同地缘战略体掌握的技术差异具有地区和国别的不平衡性,这种不平衡性为全球、地区和双边地缘战略关系的演绎注入了重要变量。

总之,海陆战略和技术层面的攻防平衡关系的变化,推动了战略转型的维度不断扩展:陆权地缘政治—海权地缘政治—空权地缘政治—太空权、信息权地缘政治。通过改变军事战略层面的攻防平衡态势和国际政治经济关系,进而作用于海陆一体的地缘格局,并对国家的地缘战略模式选

---

① Everett C. Dolman. *Astropolitics*: *Classical Geopolitics in the Space Age*, London: Frank Cass Publishers, 2002, P. 68.

择带来影响。

第五节
中介变量分析：战略塑造能力

不论是民主国家、威权国家、极权国家还是过去的封建制国家，也不论是集体决策还是依托关键人物的"一己之力"，整体上，任何国家的决策者，在关键时刻的抉择，都是通过外部体系和国内体系之间的结构性互动完成的。全面系统了解这种互动的结构及其在不同时段的特点，对研究崛起大国的战略转型及其与霸权国的冲突化解/升级方式至关重要。崛起国推行战略转型需要培养和运用一定的战略塑造能力，可以选择合适的战略对手，避免陷入损害本国利益的危机或战争中。地缘格局的体系变革只是为崛起国的战略选择提供了程度不同的机遇与威胁，而如何将外部环境所提供的机遇效果最大化、威胁损失最小化，就需要依靠战略塑造能力。考察影响外交决策或战略决策的相关变量，对战略塑造能力基本可以通约，包括国际体系、国家权力、国家利益、观念、认知、个性等。[1] 而对崛起国的战略转型与霸权国的地缘冲突变量考察，又可以综合危机决策理论的相关界定，包括决策管理者因素、组织因素及外部因素。国家在危机中做出决策的阶段与战略塑造阶段相似，包括分析当前局势→明确自身目标→讨论对策→作出决定。[2]

国家的战略塑造要平衡国内与国外两个大局，这符合普特南的双层博弈模式：（1）国家总是在国际和国内两个层次进行博弈的过程中进行决策的；（2）在国际层次上，就像理性行为模式一样，国家总是极力争取获利最大化、损失最小化；（3）在国家层次上，就像组织行为模式、政府政治

---

[1] 潘忠岐：《国际政治学理论解析》，上海人民出版社2015年版，第73页。
[2] 王帆、姜鹏主编：《揭秘国际危机决策案例分析》，人民日报出版社2017年版，第18~26页。

模式和多元模式那样，政府必须赢得国内主要政府机构、利益集团和民众的支持；（4）国际和国内层次都会通过各种方式向政府施压，决策者同时面临两方面的谈判对象；（5）外交决策的行为必须符合两个条件：一方面让其他国家能够接受，另一方面能够获得国内选民的同意。

这里的战略塑造能力意指善于塑造符合国家利益的战略文化、灵活的战略思维、理性与合理地塑造战略对手、实现战略手段与战略目标的匹配最大化。本节讨论的战略塑造能力包括政策制定者、政府政治、国内政治、国家特性与国家角色这四个维度。[1] 战略塑造不可能有确定的或唯一正确的行为逻辑，它是在存在着不确定性因素的备选方案中做出选择的行为，包括政策设计和政策选择。从制定者到国家角色，逻辑性从高到低，实际影响力则从低到高；越偏向个人的逻辑性越强，但其贯彻和应用要受其他三个层次的过滤影响，因此影响能力相对较低。[2] 当然，不同决策机制和政体类型的国家又略有差异，但整体上呈现这种阶梯状规律。而下面所提到的这四个变量则是综合考量四个维度的理论提炼。

一、战略文化与战略思维

大国崛起、衰落对于文明发展、历史兴衰的作用是一贯的、持续的。历史上，各个时期的大国都曾对人类文明进程产生过深刻影响，这种影响甚至在其消失千年以后仍可留存。大国之"大"，已非单纯的幅员辽阔、人口众多，更多是一种无形的影响力之大，包括了经济、政治、科技、军事、文化、思想等众多方面，而在文明发展的经纬网上，文化与思想的力量显然支撑着核心的结点。[3]

---

[1] 张清敏：《对外政策分析》，北京大学出版社2019年版，第45~231页。
[2] 牛军主编：《战略的魔咒：冷战时期的美国大战略研究》，上海人民出版社2009年版，第397~399页。
[3] 姚有志、阎启英主编：《大国雄魂：世界大国战略文化》，解放军出版社2011年版，序言第1页。

第二章　体系变革、战略塑造与战略转型

无论文化是否能够决定行动，它都足以影响态度和行为。[1] 战略文化与战略思维两者相互区别又相互联系，因此，下面将把两者结合探讨。文化是战略之母，战略服从和服务于国家政治，但战略又深刻地反映一个国家和民族的历史文化与传统。不同国家和民族的生存环境与历史发展的差异，决定其社会结构、文化心理特点的区别，从而也决定了战略文化的不同。战略学的任务主要是揭示规律而不是做出决定，对文化与思维的研究更是如此，它们本身并不能直接让决策者做出重大决定，但能发挥潜移默化的影响，让国家在进行战略决策时受到观念结构的制约和诱导作用。政治决定民族立场，经济决定民族利益，文化决定民族情感，国防决定民族生存。战略文化与战略思维都是对这四者的历史性与实践性的综合反映，是实践的产物而非思辨的产物。它们从根本上影响国家战略的五个基本要素：动机、目标、能力、手段和效果。

国家的战略认知和战略偏好主要取决于战略文化和战略思维两个要素。战略文化是一个民族或国家的战略思想、战略原则和战略决策中所沉淀的文化传统、哲学思维和社会观念，是制定现实战略或进行战略选择的潜在意识和历史文化情结，是那些对战略思维、战略取向、战略意图产生影响的深层次文化因素。战略文化是长期的、潜移默化的塑造战略偏好，相对于更为微观的心理因素而言，文化是较为宏观的集体心理的沉淀。[2] 不同的人际关系状态也会体现出不同的对外关系特点，进而使不同国家在较长历史时期内，呈现相对稳定的战略反应模式。但战略文化的稳定性不代表不需要或不会发生变革，因为影响战略文化生成的文明形态、地缘环境和人口构成等要素会发生变化。而战略思维中的知觉与错误知觉则是塑造战略偏好的直接原因。战略文化通常能解释国家周期性的战略行动（如中国古代的长城防御情结），战略思维则能分析国家应对国际危机、战争

---

[1] ［美］罗杰·W. 巴尼特：《海军的战略和文化：海军所想所为什么不一样》，吴东风等译，中国市场出版社2014年版，第20页。
[2] 尚会鹏、游国龙：《心理文化学：许烺光学说的研究与应用》，南天书局2010年版，第400~401页。

211

等重大事件时的决策个案（如古巴导弹危机）。战略思维对战略行为的塑造是不确定的，因事而异，国家间战略互动的结构因此是复合多元的。战略思维反映的是一种优于博弈论的对弈逻辑理论（the logic of gaming theory）或对弈论（the gaming theory），战略思维既是一种理论概念，也是分析方法。是国家战略层次互动形成的。①

西方学界对战略文化的研究可分为三个阶段：强调历史经验、地理、社会结构、军事制度等宏观环境因素对战略文化的偏好起决定性作用；精英集团对国家战略进行合法性辩护的霸权工具；对现实政治和军事经验的观念探讨。② 亚历山大·温特认为，霍布斯文化可以向洛克文化和康德文化演变，驱动变量包括：相互依存、共同命运、同质性与自我约束。③ 由此推论：无政府文化可能导致国家形成进攻性、防御性或合作性的战略文化。江忆恩将战略文化定义为一整套符号体系（诸如因果原则、语言、类推、比喻等）。这套体系创造了广泛持久的战略偏好，包含两个部分：战争在人类事务中扮演的角色、对手及其威胁的本质、使用武力的效用；什么样的战略选择能够最有效地处理中心范式所定义的威胁环境。④ 科林·格雷对战略文化进行了定义：一种社会化的构成，包括一系列古老的先验假定、思维习惯、战略传统以及行为的偏好，从而形成了建立在地缘基础上的安全共同体认知。⑤ 战略文化体现的是思维与行为的惯例，反映一国对外部战略环境和应对安全威胁的最根本认知。托马斯·博格提出了"政治军事文化"的概念，类似于"战略文化"，他认为政治军事文化是影响

---

① 潘忠岐：《针锋未必相对：战略思维与中美互动的对弈逻辑》，上海人民出版社 2018 年版，第 41 页。

② Alastair Iain Johnston. "Thinking about Strategic Culture", *International Security*, 1995, 19(4): 32–64.

③ ［美］亚历山大·温特：《国际政治的社会理论》，秦亚青译，上海人民出版社 2008 年版，第 244～352 页。

④ ［德］彼得·卡赞斯坦主编：《国家安全的文化：世界政治中的规范与认同》，宋伟等译，北京大学出版社 2009 年版，第 211～212 页。

⑤ Colin S. Gray. "National Style in Strategy: the American Example", *International Security*, 1981, 6(2): 35.

一定的社会成员如何看待国家安全，对外使用武力的文化信仰和价值观念偏好。①

相对稳定的战略文化会塑造领导人的战略观念，这让国家对结构性调节因素的反应方面起着关键的作用，有时甚至是有害的作用。通常，"客观"的攻防平衡与文职和军事领导人对此的看法大相径庭。② 决策者在制定军事学说时经常借鉴"历史的教训"，或者无视其他国家的安全需求。③ 最常被引用的例子是第一次世界大战前欧洲大国对"进攻优势"的盲目崇拜。④ 战略文化体现的是思维与行为的惯例，反映一国对外部战略环境和应对安全威胁的最根本认知，这与地缘政治研究有异曲同工之处。修昔底德对斯巴达的陆权战略文化偏好与雅典的海权战略文化偏好进行了细致阐述。⑤ 斯巴达的陆权主导型战略文化使其海上霸权目标没有得到精英阶层的大力支持，缺乏牢固的基础。⑥ 雅库布·格利吉尔认为战略文化是影响一国能否成长为海权大国的重要变量。⑦ 马汉、麦金德都探讨了农耕文明与海洋文明的民族性格对国家发展海权与陆权的重要影响。⑧ 詹姆斯·普理查德将法国在近代历史中的三次海洋战略转型的失败，归咎于法国对欧

---

① Thomas Berger. "Norms, Identity, and National Security in Germany and Japan", in Peter Katzanstein ed., *The Culture of National Security: Norms and Identity in World Politics*, New York: Columbia University Press, 1996, pp. 325 – 326.

② Davis and Van Evera. "Correspondence: Taking Offense at Offense – Defense Theory", *International Security*, 1999, 23 (3): 179 – 182, 195 – 200.

③ Barry R. Posen, *Sources of Military Doctrine*, Cornell University Press, 1986, pp. 67 – 69.

④ Stephen Van Evera. "The Cult of the Offensive and the Origins of the First World War", *International Security*, 1984, 9 (1): 58 – 107; Van Evera. *Causes of War*, Cornell University Press, 2001, pp. 193 – 239; Christensen, "Perceptions and Alliances", *International Organization*, 1997, pp. 82 – 83.

⑤ ［古希腊］修昔底德：《伯罗奔尼撒战争史》，谢德风译，商务印书馆1960年版，第772页。

⑥ ［美］安德鲁·S. 埃里克森等主编：《中国走向海洋》，董绍峰等译，海军出版社2015年版，第50～77页。

⑦ 张海文、彼德·达顿、陆伯彬等：《21世纪海洋大国》，张沱生译，社会科学文献出版社2014年版，第21页。

⑧ ［美］阿尔弗雷德·塞耶·马汉：《海权论》，萧伟中、梅然译，中国言实出版社1997年版；［英］麦金德：《历史的地理枢纽》，林尔蔚、陈江译，商务印书馆1985年版，第1页；J. Mackinder. *Democratic Ideals and Reality*, NewYork: Henry Holtabnd Company, 1942, P. 62.

洲大陆领土的兴趣要高于对海外殖民的关注。① 沃尔夫冈·韦格纳认为，"一战"前，传统的大陆主义战略文化阻碍了德国追求进攻性海洋权力和给英国制造风险的决心。② 同西方的海洋文明相比较，中国缺乏海洋意识，明代海上贸易以及海权的衰落并不是技术落后，而是由于不重视海洋战略的传统战略文化阻隔了海洋崛起的机会。③

"战略思维是指研究和处理战略问题的思维方式和基本观念，是国家行为体在制定和实施战略决策过程中所持的主流认知与偏好。理解战略思维，有助于形成国家行为体在与他国交往时对战略目标、战略威胁、战略手段、战略原则、战略关键和战略禁忌的主体性思考。战略思维对战略行为的塑造并不是一成不变的。国家实力和利益的变化也会让战略思维对战略行为产生不同影响。一国战略思维决定战略行为的过程是在与他国互动的过程中进行的。"④ 罗伯特·杰维斯对国家间的战略思维互动进行了研究，认为决策者的心理活动是导致安全困境的重要因素。决策者对进攻和防御的认知、对其他国家合作与否的判断，都是产生安全困境的条件。他认为，决策者在不确定的国际条件下，容易发生错误知觉，夸大对方的敌意，将对方国家视为具有冲突意图的对手。随着双方错误知觉的螺旋上升，冲突概率开始增大。而这里的错误知觉也蕴含着夸大外部威胁的战略思维偏好。影响错误知觉的生成机制包括：认知相符现象、诱发定势、历史类比、愿望思维、文化差异。⑤

---

① ［美］安德鲁·S. 埃里克森等主编：《中国走向海洋》，董绍峰等译，海军出版社2015年版，第131~149页。

② ［德］沃尔夫冈·韦格纳：《世界大战中的海军战略》，罗群芳译，社会科学文献出版社2019年版，第1~61页。

③ 朱锋：《21世纪的海权：历史经验与中国课题》，世界知识出版社2015年版，第197~210页。

④ 潘忠岐：《针锋未必相对：战略思维与中美互动的对弈逻辑》，上海人民出版社2018年版，第41~44页。

⑤ ［美］罗伯特·杰维斯：《国际政治中的知觉与错误知觉》，秦亚青译，上海人民出版社2015年版，第127~318页。

第二章　体系变革、战略塑造与战略转型

　　从战略思维出发，认知变量在权力的快速增长时变得尤为重要。① 在非危机时期和权力分配相对稳定的时期，它们也发挥着重要作用。本杰明·米勒认为，对手的良性意象、制衡信念和意识形态上的相似性，以及多极化和对革命的共同恐惧，是大国协调出现的必要条件。② 巴里·波森把军事组织对进攻性战略的偏好和军事组织的功能需求联系起来，这些功能需求包括控制资源、不受文官干涉的自主性和提高军官的社会声望。③

　　还有学者总结了错误战略思维处理信息的心理机制，如表2–16所示。

表2–16　　　　　　　　　　用于处理信息的心理机制

心理机制	解释	例子
认知一致	倾向于接受与先前已接受事物相容的信息，经常忽略不一致的信息。希望看法前后一贯	就在日本偷袭珍珠港之前，美国军事警戒雷达看到没有标识的飞机接近夏威夷。但美军因为不相信迹象而忽略了入侵
诱发定势	在当前情况下寻找那些与从过去情况下收集到的信息相似的细节。使人得出跟过去相似的结论	越南战争期间美国决策者把朝鲜战争看作先例，尽管期间存在着严重的不同
镜像反映	倾向于把对手的特性看作自己的对立面。把对手看作不友善的与不和解的，而把自己看作友善的与和解的	"冷战"期间美国精英和大众以他们自己的镜像反映看待苏联；美国友善、苏联不友善
集团思维	小集团倾向于形成共识，抵制对其核心立场的批判，通常不考虑矛盾的信息	1961年美国计划对古巴采取猪湾行动期间，反对者被逐出计划小组
知足常乐	集团倾向于寻求"足够好"的，而不是最优的解决方案（最优未必最好）	1999年北约决定轰炸科索沃，而不愿派遣地面部队，试图以此阻止针对阿尔巴尼亚裔科索沃人的种族清洗

　　资料来源：[美]卡伦·明斯特、伊万·阿雷奎恩—托夫特：《国际关系精要》（第7版），上海人民出版社2018年版，第189页。

---

① Christensen. "Perceptions and Alliances", *International Organization*, 1997, P. 92; Walt. *Revolution and War*, Cornell University Press, 1996, chap. 2.
② Benjamin Miller. *When Opponents Cooperate*, University of Michigan Press, 1995, pp. 110–119.
③ Barry R. Posen. *The Sources of Military Doctrine: France, Britain, and Germany Between the World Wars*, Ithaca: Cornell University Press, 1984; Jack Snyder. *The Ideology of the Offensive: Military Decision Making and the Disasters of 1914*, Ithaca: Cornell University Press, 1984.

修昔底德的《伯罗奔尼撒战争史》，包含了对斯巴达与雅典双方的政治文化、社会心理、帝国主义的行为特征、海权与陆权的战略偏好等要素的阐述。① 克劳塞维茨将战略视为物质力量与精神力量的检验。② 马汉、麦金德分别以海权、陆权使大战略加入了地缘因素的考察，并且都探讨了民族性、国家的大陆/海洋属性、决策者的战略偏好。③ 詹姆斯·普理查德将法国在近代历史中的三次海洋战略转型的失败，归咎于在寻求海洋帝国的战略地位时还承担了过度的大陆承诺，法国对欧洲大陆领土的兴趣要高于对海外殖民的关注。④ 沃尔夫冈·韦格纳在《世界大战中的海军战略》一书中，指出了在"一战"中德国公海舰队的悲剧，是由于陆战思维影响了德国的海战思维，提尔皮茨的风险理论明确不包括这种进攻带来的威胁，风险理论缺乏的是战略性进攻的决心，缺乏追求海洋权力和给对手制造风险的决心。当国家缺乏战略意图和追求海洋权力的决心时，德国的舰队对英国就不构成威胁。其实质是大陆主义战略文化传统阻碍了德国海军战略和海权战略的进一步创新。⑤

利德尔·哈特在《战略论》一书中，提出精神文化对战争和战略具有重要意义。⑥ 约翰·柯林斯在《大战略》一书中将民族特性与态度作为影响大战略决策与执行的重要变量。⑦ 由威廉森·默里主编的《缔造战略：统治者、国家与战争》，对军政领导人在回应外部挑战时逐渐形成和明确

---

① ［古希腊］修昔底德：《伯罗奔尼撒战争史》，谢德风译，商务印书馆1960年版，第1～772页。

② ［德］克劳塞维茨：《战争论》（第一卷），中国人民解放军军事科学院译，商务印书馆1997年版，第900页。

③ ［美］阿尔弗雷德·塞耶·马汉：《海权论》，萧伟中、梅然译，中国言实出版社1997年版；［英］麦金德：《历史的地理枢纽》，林尔蔚、陈江译，商务印书馆1985年版，第1页；J. Mackinder. *Democratic Ideals and Reality*, NewYork: Henry Holtabnd Company, 1942, P. 62.

④ ［美］安德鲁·S. 埃里克森等主编：《中国走向海洋》，董绍峰等译，海军出版社2015年版，第131～149页。

⑤ ［德］沃尔夫冈·韦格纳：《世界大战中的海军战略》，罗群芳译，社会科学文献出版社2019年版，第1～61页。

⑥ 吴春秋：《论大战略和世界战争史》，解放军出版社2002年版，第29～30页。

⑦ ［美］约翰·柯林斯：《大战略》，中国人民解放军军事科学院译，中国人民解放军战士出版社1978年版，第388～401页。

第二章 体系变革、战略塑造与战略转型

表达战略的方式进行了历史的考察,强调历史经验教训、意识形态和文化、战略领导素质等要素的错综复杂影响。该书强调研习战略史对战略运筹、制定、执行和调整的重大意义。① 而对战略史的重视,也就是对国家过去历史行为的总结与提炼,属于一种战略文化层面的解析。1977 年,杰克·斯奈德在《苏联的战略文化:有限核行为的含义》中,提出了"战略文化"概念,认为苏联的军事战略中先发制人、主动进攻性的特质都源于苏联不安全的地缘环境与专制统治的历史。② 伊丽莎白·基尔探究法国军事理论演变中组织文化的重要性。③ 斯蒂芬·罗森对印度文化在塑造该国战略时的核心作用进行了考察。④ 杰弗里·帕克的《腓力二世的大战略》一书,突出了战略文化、领袖特质以及不确定性等变量,提出三项塑造战略文化的因素:实现战略目标的手段;汇聚关于现行威胁信息的通信和情报网络;影响其战略轻重缓急次序选择的前提假设强调了战略史对缔造现实战略的重要作用。⑤

实际上,除了中国是在原生文化上延续数千年之外,再无其他国家可以维持文化传统的连续一惯性而经久不衰。然而,参差不齐的文化变迁和思想传统是研究国家战略的重要参照系。从战略文化反思一国战略历程,对于洞悉该国战略选择的特点和规律具有重要作用。例如:意大利的浪漫、缤纷与时尚气息;大英帝国的荣耀;德意志的深邃、雄健;俄罗斯的广袤、战斗精神;高卢雄鸡法兰西的激情、理想与革命精神。一般来说,国家惯性特征的思维方式生成,需要经过历史沉淀,但更多发端于生存竞

---

① [美] 威廉森·默里:《缔造战略:统治者、国家与战争》,时殷弘等译,世界知识出版社 2004 年版,第 3 页。

② Jack Snyder. *The Soviet Strategic Culture:Implications for Limited Nuclear Operation*, Santa Monica: Rand press, 1977, P. 8.

③ Elizabeth Kier. "Culture and Military Doctrine: France between the Wars", *International Security*, 1995, 19 (4): 65–93.

④ Stephen Peter Rosen. *Societies and Military Power:India and its Armies*, Ithaca, N. Y. Cornell University Press, 1996.

⑤ [美] 杰弗里·帕克:《腓力二世的大战略》,时殷弘等译,商务印书馆 2010 年版,第 35~114 页。

217

争、对外交往等重大机遇或危急时刻。因此，也得以理解英国在近代几百年间始终提防欧洲大陆的潜在霸权、德国主宰欧洲大陆的雄心始终无法抑制、中国的农耕文明在古代历史中相对淡化海外进取、日本的岛国战略思维对东亚大陆的权力整合恐惧、俄罗斯的"第三罗马帝国"和不安全感的持续扩张、美国对欧亚大陆事务的孤立主义与国际主义情怀……这些都体现出国家战略文化的地理基础、历史差异、自我认知、外在威胁等方面的巨大差距。但是，战略文化也有其共识和一致的部分，比如中国历史与世界历史上的崛起大国，大多充满了锐意进取、兼容并蓄、善于学习的积极战略文化；而衰落的大国则大多持有保守性、排外的消极战略文化。

战略学说与战略思维、战略文化也有密切关联。在大战略特别是军事理论的发展中，军事思想（学说）发挥了重要作用，而该学说的生成通常都体现一国主导性的战略文化偏好。近年来，专家们开始认识到军事思想的作用。即使军事思想不一定以现实主义的理由被充分证明是正确的，但仍然可以作为对国家外交政策产生深远影响的学说。[1] 虽然各国的军事理论经常反映技术和武器方面的真正变化，但它们也可能偏离这一现实，就像第一次世界大战前欧洲国家所做的那样。欧洲战略界预计"进攻"将优于"防守"，但战争变成了防御性僵局。事实上，各国在制定政策时往往遵循流行的军事学说。例如，如果不考虑阿尔弗雷德·塞耶·马汉的影响，就不可能理解德皇威廉二世关于公海舰队的必要性的毫无根据的信念。[2] 美国针对

---

[1] Robert Jervis. "Cooperation under the Security Dilemma", *World Politics*, 1978, 30: 167 – 214; Stephen Van Evera. "The Cult of the Offensive and the Origins of the First World War", *International Security*, 1984, 9: 58 –107; John Mearsheimer, *Conventional Deterrence*, Ithaca: Cornell University Press, 1983; Jack Snyder, *The Ideology of the Offensive: Military Decision – Making and the Disasters of 1914*, Ithaca: Cornell University Press, 1984; Barry R. Posen, *The Sources of Military Doctrine*, Ithaca: Cornell University Press, 1986. For an early review see Jack Levy. "The Offensive/Defensive Balance of Military Technology: A Theoretical and Historical Analysis", *International Studies*, 1984, 28 (2): 219 – 238.

[2] David Reynolds. "Churchill and the British 'Decision' to Fight on in 1940: Right Policy, Wrong Reasons", in Diplomacy and Intelligence during the Second World War, ed., *Richard Langhorne*, Cambridge: Cambridge University Press, 1985, pp. 147 – 67, and Eliot Cohen. "Churchill and Coalition Strategy in World War II", in Kennedy, *Grand Strategies*, pp. 43 – 67.

第二章　体系变革、战略塑造与战略转型

中苏联盟的"冷战"战略，也超过了基本的权力竞争，是带着意识形态的动机。还有学者分析了中国的地缘战略文化传统，认为同西方的海洋文明相比较，中国缺乏海洋意识，明代海上贸易以及海权的衰落并不是技术落后，而是由于不重视经略海洋的传统战略文化阻隔了海洋崛起的机会。[①] 陆伯彬提出了"海军民族主义"的概念，这属于地缘战略文化的范畴，它认为19世纪五六十年代法国的海军报复所引发的英法海军军备竞赛、"德国"在一战前的海军雄心和英德军备竞赛，以及美国海军雄心与美国崛起，都是受到了海军民族主义的刺激，使这些国家从非战略利益出发进行军备发展，并最终诱发损害国家安全的不必要的、代价高昂的大国冲突甚至战争。[②]（作者认为美国的崛起只是因为地理和战略条件得天独厚，而不是海军民族主义的功劳。）

二、战略对手的塑造

战略对手的界定是国家战略决策的关键内容，关系到国家的联盟战略、对局部战争的应对、国际危机管理、大规模对外军事援助、全面战备、国家安全战略转变、均势战略形成等。崛起国对战略对手的塑造，可以是以体系中实力最强大的国家作为参照物，也可将体系中对本国威胁最大的国家塑造为假想敌，还可以把战略对手的塑造容纳到如何汲取和动员国内资源来实现国家利益最大化的逻辑。这三种塑造路径分别对应"权力制衡""威胁制衡""利益制衡"理论。此外，战略对手的塑造是否具有可替代性，比如原有威胁的下降和新近威胁的崛起，因此，对手塑造会受到时空环境和决策集团自身的利益考量等层面的影响。"分析国家战略塑造能力的关键是明确战略对手，并判断战略对手的类别和行动。分析战略对

[①] 朱锋：《21世纪的海权：历史经验与中国课题》，世界知识出版社2015年版，第197~210页。
[②] 张海文主编：《21世纪海洋大国：海上合作与冲突管理》，社会科学文献出版社2014年版，第70~89页。

手可以从战略目标、战略判断、战略图谋和战略能力四个方面进行。"① 崛起国的战略转型都会参照特定的战略对手进行进攻性或防御性的转型部署，这在历史上是常态。正如威廉二世德国在从大陆向海洋转型的进程中是以英国为主要对手，海权力量的配置也是参照英国进行军备竞赛；日本在太平洋战争前，也完全是以美国作为首要假想敌进行海上战略资源的调配。

首先，对国家特定时期塑造的战略对手进行掌握，就能理解该国对国际战略环境的基本认知。因为一国确立对手都会综合考量自身所处的自然环境、人口与资源的关系、地缘环境；还会考量国际格局、国家之间的互动进程；此外，也会对特定领域战略环境进行分析，包括在核领域、空间领域、网络领域、海洋等层面，以及这些特定领域在国家安全中的地位和作用。一定时期内，崛起大国界定的战略对手未必是战争对象，但可以作为沃尔兹语境下的向体系的主导者进行学习和效仿的过程。理论上讲，崛起大国对战略对手的塑造，可以是当前的友好国家，战略的不确定性要求决策者必须以避免最坏情况发生作为塑造对手的背景。其次，战略对手的塑造也能反映一国内部环境的概况。国家内部环境涉及核心能力分析（创新能力、技术能力、战略管理能力、战略文化）、价值链分析（国家发挥资源、能力和核心能力的渠道）。战略的精髓是保持目标与手段的均衡，而战略对手选择的不恰当，可能让国家陷入目标与手段不匹配的尴尬境地。"要想思考明天的战略问题，必须重视未来战略环境的评估。"②

对于战略对手的塑造，很难回避的一个要素是崛起国与霸权国是否存在安全困境（它甚至可以作为国际关系理论、地缘政治学和大战略理论共同关切的核心问题）。"安全困境"（security dilemma）这一概念首先由约

---

① 周丕启：《大战略评估：战略环境分析与判断》，时事出版社2019年版，第56页。
② 钮先钟：《战略研究》，广西师范大学出版社2003年版，第179页。

翰·赫兹①（John Herz）提出，罗伯特·杰维斯对其进行了详尽的解释②。无政府状态下的安全困境问题，是对国家战略的外部环境因素分析的常用变量。国际无政府状态下，一个国家增强自我安全的行动必然会削弱其他国家的安全感。国家往往通过增强军备减弱自我的不安全感。但是，这样做只能使其他国家以同样的方式加强自己的军备。结果就会出现国家之间不断升级的军备竞赛，最后的结果是所有国家都因为增强了军备而感到更不安全。由于没有一个国家能够知道其他国家的权力积累是否仅仅是出于防御目的，因此每个国家都必须假定它可能是为了攻击。结果是每个国家的权力增长都与其他国家相匹配，都没有比恶性竞争开始前感到更安全，而获得和维持权力的成本与风险也同比增加。安全困境既可能发生在对手之间，也可能形成于同盟内部。它被部分理论视为诱发大国战争和体系变革的源动力，是国际关系三大主义的立论起点。

罗伯特·杰维斯认为：安全困境起源于国际体系结构；指国家对其他国家现在和未来意图的不确定性和恐惧；它是由防御性行动引发的，因而是非故意的；它倾向于产生无意的和自我挫败的结果，降低了自身的安全；它倾向于产生无意的和悲剧的结果，如战争；安全困境能引发战争，但它并非所有战争的原因；安全困境的动力是自我增强的，并看起来像一个螺旋。此外，罗伯特·杰维斯指出，安全困境的严重程度既可以通过物质/物理因素（例如技术、地理）又可以通过心理/知觉因素（例如错误知觉）加以调节。③ 在摩根索的理论中，人性是安全竞争的深层原因，而在沃尔兹理论中，是无政府状态在扮演这一角色。在沃尔兹看来，战争没有深刻的原因，战争主要是由不确定性和误判引发的，如果国家更清楚了解国家权势对比和战略形势，就不会发动战争。

决策者具有认知局限（cognitive limitation），对战略对手的塑造和认

---

① John Herz. *In His Political Realism and Political Idealism*. Chicago：University of Chicago Press，1951.

②③ Robert Jervis. "Cooperation under the Security Dilemma"，*World Politics*，1978，pp. 167 – 214.

知，很容易陷入错误知觉，并且大多数这样的错误知觉是夸大对方的敌意，将对方国家视为具有冲突意图的对手。由于互动的双方都趋于发生这样的错误知觉，冲突的概率就可能明显地大于合作的概率。国家决策者的错误知觉可能加剧国家之间的冲突，甚至导致国家之间的战争。错误知觉具有三种生成机制：认知相符现象（cogintive consistency）（接受的新信息倾向于与自己原有认识保持一致）；诱发定势现象（evoked set）（以自己当时集中关注和考虑的问题为定势来解读接收到的信息）；历史包袱（机械地将现实与历史对比）。决策者经常发生四种错误知觉：第一，将对手塑造为内部团结一致、令行禁止的行为体。第二，高估自身影响力和对手被影响的程度，出现有利的结果认为是自己影响所致，出现不利结果认为是对方恶意图谋、与己方行为无关。第三，愿望思维（wishful thinking）。接收信息时有选择性的过滤，趋利避害。第四，认知失调（cognitive dissonance）。为了保持自己的认知相符，寻找理由来自圆其说。①

建构主义理论对理解崛起国与霸权国对彼此身份、利益和威胁认知的塑造也有很多参考价值：与规范理论（normative theory）、女性主义理论（feminist theory）、批判理论（critical theory）、历史社会学（historical sociology）、后现代主义理论（post-modernism）不同，亚历山大·温特（alexander wendt）没有否认理性与物质结构的作用，他的认识论偏向理性主义（rationalism），本体论偏向反思主义（reflexive theories），包含了物质结构与观念结构，属于弱势的物质主义理论，尤其强调建构作用，即个体和结构的关系不是互动关系，而是"互构"（mutual constitution）关系。② 他将身份分成四种类型：个人或团体身份、类属身份、角色身份和集体身份。

---

① ［美］罗伯特·杰维斯：《国际政治中的知觉与错误知觉》，秦亚青译，上海人民出版社2015年版，第127~447页。
② ［美］亚历山大·温特：《国际政治的社会理论》，秦亚青译，上海人民出版社2008年版，第161~173页。

身份的形成受到三个因素的影响：结构背景、体系进程和战略行为。[1] 即结构建构身份、身份建构利益，互动使行为体的共有观念发生变化，促成结构的转变。他提出了三种无政府文化：霍布斯文化、洛克文化、康德文化。[2] 每一种文化的内化等级分为武力、代价、合法性。武力是指行为体在受到胁迫的情况下才遵循的规范；代价是出于利己的动机而遵循的规范；合法性指行为体真正承认了规范的存在与功能，并自觉遵守。

温特参考了新自由制度主义（neoliberal institutionalism）对相互依存的敏感性和脆弱性的论述，认为相互依存在敌人之间和朋友之间都可以存在。他对共同命运的描述是：每个人的生存、健康、幸福取决于整个群体的状况。同质性也称相似性，即形成团体身份（例如国家）和类别身份（例如政权类型的不同：民主制、威权制、极权制等）。自我约束意味着创造信任，消除行为体所担忧的是否能够"把别人的需求置于同自己的需求同等重要的地位"。让行为体坚信自己的个体性不会被群体所淹没或为群体所牺牲。建构主义是进化理论，在承认国际体系结构可以变更的同时，又强调可能比新现实主义（neorealism）的国际结构更难发生变化，因为建构主义的结构是观念的分配。文化具有自我实现、自我加强的性质，不断通过行为体间的实践活动加强。[3]

三、战略学说的吸收和运用

要确定战略学说直接影响政策和行动的程度是困难的，同样，要确定

---

[1] Alexander Wendt. "Collective Identity Formation and the International State", *American Political Science Review*, 1994, 88 (2): 384 – 396.

[2] 现实主义的无政府逻辑是霍布斯无政府文化的逻辑，即以相互敌视、相互残杀为特征的无政府状态，这是国家互存敌意、互为敌人的无政府文化。国家行为特征是力图改变现状。在洛克文化中，国家不再相互视为仇敌，不再以消灭敌人为基本目的，承认相互的生存权利和财产权利，典型的标志就是威斯特伐利亚体系对主权的确认。国家间关系的特征是维持现状。康德文化则是以国家之间互为朋友为基本特征的体系文化，国家不会使用暴力解决冲突，形成类似安全共同体的关系。国家行为特征是非暴力和互助。

[3] ［美］亚历山大·温特：《国际政治的社会理论》，秦亚青译，上海人民出版社2008年版，第244~352页。

这类思想是否仅仅反映了时代的基调，也是困难的。决心之闪念是否来自理论，而理论是否只是使统治者的怪想合理化，这并非总是清楚的。但是，有充分理由怀疑，有关地理学一般概念的文字材料和有力的表述，确实滋长了政治选择方面的某些倾向，进而转化成暴力行动。当"一战"使德国陷入困境的1917年之时，契伦的著作及所提出的地缘政治一词由于译成德文在莱比锡出版而传入德国。契伦当时所用的"经济独立自助"（autarky）一词对德国地缘政治学的泛区理论产生起了作用。"一战"结束后，契伦著作中的思想被德国一些政治学家、地理学家及民族学家所接受。卡尔·豪斯霍弗是其突出代表。他们使新的自然进化论的权威满足旧德国政治哲学的需要，使之成为德国恢复为世界强国的喻世箴言。这套东西不仅在德国，而且在具有同样政治狂热与扩张野心的意大利和日本受到膜拜。

马汉视海权为国家权势增长的自变量和唯一动因，只要英国控制了海洋，它在强国间的优势地位就无可动摇。而麦金德却将海权作为国家财富增长的因变量，认为它的作用会不断下降。建立在经济基础上的英国海上力量面对其他国家在资源、人力上的优势将不会保持昔日的领先地位，因此海权也将让位于陆权。[①] 马汉强调海权优于陆权，科贝特则支持海陆均衡；马汉认为海权的核心是绝对制海权，科贝特则认识到了制海权的相对性；在海军战略和建设等方面，马汉建议建设进攻性舰队，强调海上决战，科贝特主张建设攻防兼备的均衡舰队，并阐释了有限战争思想；马汉的海权思想对当时世界各国海洋战略产生了深远的影响并持续到现在，科贝特海权思想对战后美国海军转型和当下美国的海洋战略产生了重要影响。[②]

从马汉提出海权地理战略的理论至今，科技进步使世界发生了重大的变化。发达的铁路、公路运输使陆军机动性大大增强，海权国家陆上基地

---

① Paul Kennedy. *The Rise and Fall of British Naval Mastery*, New York: Scribner's, 1976, P. 48.
② 刘新华、王立坚：《马汉与科贝特海权思想比较研究》，载于《亚太安全与海洋研究》2018年第1期，第70~87页。

的安全受到威胁，特别是"二战"以来潜艇、飞机的使用，更使岛国传统的安全观念产生了动摇，海军作战也越来越需要依赖空中保障。这些变化使马汉海权战略的世界观点影响相对减弱。此外，马汉的理论忽略了旧大陆地理和陆权的重要性。尽管如此，马汉海权理论的历史贡献依然深远。马汉的理论后来虽然被作了某些修改，但经过一个世纪的考验，其基本思想仍被完整地保留了下来，特别是随着弹道导弹核潜艇的开发和核动力水面舰只续航能力的增强，其理论的影响回升，并重新受到海洋大国的重视，对一些国家的战略决策起着影响。富兰克林·罗斯福总统承认，自己曾是马汉的"热心学生与信奉者"。他早年曾钻研过马汉的海权理论，并曾是美国地理协会理事。他深信，了解地理学对世界事务有重要作用，竭力克制美国潜伏的孤立主义。"二战"伊始，他先后提出了从"租借计划""大西洋宪章"到"北大西洋三角"的军政方略，证明了马汉海权论对他的影响是何等重要。美国前总统肯尼迪曾说：控制海洋就意味着胜利；80年代中期美国军方宣布了其必须控制的16条世界海上航道的咽喉地段。这些事例从侧面体现了马汉海权论的影响。

在本书研究的维度里，战略学说可以定义为：决策者、智囊集团、国内其他利益团体、著名学者和战略家等对战略转型认知的主流性汇集，是在该国起主导作用的战略学说、信仰和信念。按照地理属性可以分类为陆权学说/海权学说；按攻防偏好可分为进攻性学说/防御性学说。

（一）陆权学说/海权学说

从地理属性来看，大国有着基本的战略学说选取偏好：位于中心位置的欧亚陆权国家向外扩展，位于外缘的海洋国家则向内包围、挤压。这种模式至少自拿破仑时代起就已存在，已成为大国战略转型决策的一种默认背景。对于陆权主导国而言，其战略学说的意象很难把遭受入侵和包围的场景放在一旁，也不会轻易放弃寻求地缘政治缓冲区和重商主义的经济堡垒。任何采用大陆模式学说的国家都面临着扩张限度与何时止步的固有难题。在古代，对本土安全的需求演变为建立帝国，如果一个陆权国成功地在其周围建立起缓冲区，那么它该如何去保护这些缓冲区呢？以古罗马为例，缓冲区之外还需要缓冲区，最终就是统治全世界。拿破仑与希特勒也一样无法容忍一个强大的俄国（苏联）潜伏在东方，最后都走向了侵略。对于海权主导国来说，其战略学说也会估算陆权国实力不断增长所带来的威胁，试图对陆上强国采取制衡战略。在不受到明显海上威胁的情况下，大陆强国即使有漫长的海岸线、优良的港口、便利的出海通道、强大的舰队，也可能采取大陆式的战略学说。陆权国也关注通向海洋的权利，但更多的则是试图建立各种支点来保障其通向海洋的通道，防止对手进犯，本质还是海洋服务于大陆战略目标。总之，大陆模式与海洋模式的战略学说具有天生的排他性，都是为了限制和削弱竞争对手，一方的获益往往以另一方受损为代价。

（二）进攻性学说/防御性学说

从进攻和防御的信条来看，相信攻方占优的历史案例有很多。"国际结构经常是良性的，但关于权力结构的认知往往是恶性的。"[1] 一个大国拥有军事上的优势并且预见其相对军事力量开始达到顶峰，就容易采取更大的风险行动。[2] "进攻占据优势地位在历史中是相当少见的……认为进攻占据优势地位的观念却是相当普遍的。"[3] 陆上强国更能认可陆权占优且防御有利的博弈局面，而不那么愿意接受海权占优且防御有利的现实。奥斯曼帝国的地理位置限制了扩张，它漫长的陆地边境，以及匈牙利、波兰、俄罗斯等国对它的边境压力，都需要持续的战略资源投入。在西班牙、荷兰、英国等国海权崛起的背景下，本应采取防御性战略取向，但却在地中海、印度洋、中东和欧洲地区同时追求进攻性政策，1683年进攻维也纳的失败标志奥斯曼帝国的彻底衰落。

---

[1] Stephen Van Evera. *Causes of War: Power and the Roots of Conflict*, Ithaca: Cornell University Press, 1999, P.6.

[2] Dale C. Copeland. *The Origins of Major War*, Ithaca: Cornell University Press, 2000, P.127.

[3] ［美］斯蒂芬·范·埃弗拉：《战争的原因：权力与冲突的根源》，何曜译，上海人民出版社2014年版，第144~145页。

进攻性与防御性的军事学说发挥了重要作用,而该学说的生成通常都体现一国所面临的主要地缘政治形态。① 虽然各国的军事学说可能反映技术和武器方面的客观变化,但它们也可能偏离这一现实。"一战"前欧洲战略界基于普法战争的速胜经验、西欧和中欧的平坦开阔地形认为有助于机动性作战与灵活部署,预计军事进攻将优于防御,但战争变成了防御性僵局。此外,各国在制定政策时往往遵循流行的地缘学说。如果不考虑马汉的海权论影响,就不能理解德皇威廉二世关于公海舰队的必要性的毫无根据的信念。② 美国在西欧、东亚和波斯湾地区对苏联的战略围堵,也符合斯拜克曼的边缘地带论对美国开出的战略处方。

领导人会关注与其他海陆强国的动态攻防平衡对比,并在某些问题领域采取进攻性政策。尤其是当这种对己方进攻占优的憧憬或防御弱点的担忧升级时,就会形成大战略制定和执行过程中的"机会窗口"与"脆弱性窗口"。前者是一种正在减弱的进攻性机会,而后者是一种正在成长的防御性弱点。③ 自从19世纪90年代以来,相信进攻占优的思想急剧增加,并在临近1914年时扩展到非常大的程度,然而,客观现实是防御优势在1914年达到高峰,发动进攻性的征服行动会承受防御优势的巨大折损,能比第一次世界大战期间的进攻劣势更为明显的场景是:"冷战"以来的大国核战引发战略报复的毁灭性效果。德国的军方采用了进攻性的军事学

---

① Robert Jervis. "Cooperation under the Security Dilemma", *World Politics*, 1978, 30: 167 – 214; Stephen Van Evera, "The Cult of the Offensive and the Origins of the First World War", *International Security*, 1984, 9: 58 – 107; John Mearsheimer. *Conventional Deterrence*, Ithaca: Cornell University Press, 1983; Jack Snyder. *The Ideology of the Offensive: Military Decision – Making and the Disasters of 1914*, Ithaca: Cornell University Press, 1984; Barry R. Posen. *The Sources of Military Doctrine*, Ithaca: Cornell University Press, 1986. For an early review see Jack Levy. "The Offensive/Defensive Balance of Military Technology: A Theoretical and Historical Analysis", *International Studies*, 1984, 28 (2): 219 – 238.

② David Reynolds. "Churchill and the British 'Decision' to Fight on in 1940: Right Policy, Wrong Reasons", in Diplomacy and Intelligence during the Second World War, ed., *Richard Langhorne*, Cambridge: Cambridge University Press, 1985, pp. 147 – 167, and Eliot Cohen. "Churchill and Coalition Strategy in World War Ⅱ", in Kennedy, *Grand Strategies*, pp. 43 – 67.

③ [美]斯蒂芬·范·埃弗拉:《战争的原因:权力与冲突的根源》,何曜译,上海人民出版社2014年版,第89页。

说，文官精英也认为进攻在战时占有优势，而且未来的战争将是短暂而有决定性的。对进攻或防御的偏好，使国家的战略转型呈现出截然不同的影响。德国的施里芬计划和提尔皮茨的"风险舰队"论，都是建立在进攻性力量更具优势的假设下提出的，"第一次世界大战是出于对进攻优势幻想而发动的，然后又被实际的防御优势现实所拖延"①。因此当从技术或地理层面上促使陆权更占优势且有助于进攻行动展开时，国家面对海上威胁会更具进攻性，这种进攻有利的不安全感促使国家积极防御并进行战略扩张。防御占优的战略学说有助于国家相对和平的战略转型进程，但如果采取的是消极防御学说，则不利于本国的战略安全利益。

四、战略匹配

战略匹配应考虑到本国的政策和战略目标与他国的相容程度，进而在战略行为输出时可能产生的体系结果，即不仅要考虑到本国目前的手段与目标是否平衡，还要动态的考虑他国对本国的战略决策和战略执行的系统反馈。政策制定必须考虑政策实施的可行性，政策实施必须关照政策的制定用意。分析国家的对外行为以及国家间互动，通常政策制定比政策实施更为重要。参考摩根索的战略逻辑，在战略匹配过程中应该注意：评估本国实际和潜在的可用于追求崛起战略转型的权力，从而制定本国目标；评估霸主国的目标，以及他国实际和潜在可用于追求霸权目标的权力；确定本国崛起目标与霸主国的霸权目标在多大程度上是相容的；选择适用于追求本国战略转型的手段，如说服、妥协和武力威胁。实际上，按照摩根索的理解，在对外战略的制定和执行中，应该放弃十字军精神；根据国家利益和权力界定目标；以其他国家的观点注视政治舞台；愿意在一切并非至关紧要的问题上妥协。崛起国在战略转型进程中与霸权国的博弈不太容易

---

① ［美］乔治·H. 奎斯特：《国际体系中的进攻与防御》，孙建中译，上海人民出版社2008年版，第10页。

实现全胜，所以应该学会以权力界定利益的逻辑来权衡取舍。摩根索还告诫国家在战略目标与战略手段的运用上应该避免的局面：为了实质性的真正利益放弃毫无价值的虚幻权利；永远不要把自己置于一种既不能失面子而后退、又不能不冒严重风险而前进的境地；永远不允许一个虚弱的盟国为你做决定；武装部队是外交政策的工具而不是它的主人；政府是舆论的领袖而不是它的奴隶。

保罗·肯尼迪认为，大战略的核心在于政策，即在于国家领导人为了维持和增进国家长期的（即在战时与平时的）最佳利益而将军事和非军事的所有要素集合在一起的能力。这样一种努力充满着不可估计之事和无法预料的"摩擦"。它是一种难以把握的艺术，因为它在政治、战略、作战和战术这几个不同层次上运作，它们全都互相作用，推进（或阻碍）主要目的的实现。[1] 加迪斯（John Lewis Gaddis）认为，目标与能力的平衡是战略的基本要义，这种平衡不是一成不变，而是动态的和不断变化的，因为在战略的制定和执行过程中，外部的影响因素随时都在发生变化，目标与能力需要互相适应和平配合。[2] 好的战略要考虑到制约条件，限定行为范围。战略目标有时未必是争取更大的利益，而是减少损失。因此，即使面对重大诱惑，战略的考虑仍需要把成本计算进去，否则可能会在更宏观的盘点中失分。在实施战略的过程中有许多变数，条件复杂多变，受益还是受损也并非一眼就能看清楚。而当目标远远超出自身能力时，更容易出现矛盾激化的情况，导致不得不选择战争。

战略匹配（strategic match/strategic alignment）的本质就是战略需求与战略资源的有机结合。[3] 关于战略匹配的基本分析方法包括"SWOT"（将战略取向分为机会—劣势、机会—优势、威胁—劣势、威胁—优势四种类型）、"SPACE"（分为进取取向、保守取向、防御取向和竞争取向四种类

---

[1] ［美］保罗·肯尼迪编：《战争与和平的大战略》，时殷弘等译，世界知识出版社2005年版，第5页。
[2] ［美］约翰·刘易斯·加迪斯：《论大战略》，臧博等译，中信出版社2019年版，第205~238页。
[3] 周丕启：《大战略评估：战略环境分析与判断》，时事出版社2019年版，第119页。

型)、"BCG"(明星、问题、主导和衰退四种类型)、"GE 矩阵"(包括从谨慎投入到有限收获等九种战略取向)、"大战略矩阵"(包括维持、进取、防御、扩展四种战略取向)。① 如何在不断变动的环境中长时间确保战略目标的一致性并不断合理地调整不同目标之间的轻重缓急,是决策者在每次重大决策中都面临的严峻挑战。正是他们管理战略目标的质量——包括确定战略目标的轻重缓急并根据不断变动的条件加以控制和调整,在根本上决定了决策的质量甚至成败。

如果国家决策者与国内关键利益团体、普通大众的关系良好,则有助于国家按照结构现实主义逻辑进行转型的资源分配与国内动员。然而历史和现实中的国家战略转型,作为一种大战略调整,本身就意味着要改变过去的惯性战略模式,很难在国内制约较少的情况下推进,国家—社会的和谐程度很难达到理想状态。因此,战略决策可能为了迎合一部分国内政治联盟的利益诉求而牺牲一些对外安全战略上的利益,即战略转型的资源汲取和战略动员,通常意味着是恩格斯所说的"平行四边形合力的效果"。清朝的陆上实力羸弱,在海上和陆上都缺乏稳定的同盟体系,后期的两次海防大筹议,限于海陆双重羸弱的局面,且没有建设现代化的财政体系和官僚体制,作为农业帝国的资源汲取能力严重不足,海防、陆防并举的双重性格局很难落实,缺少稳定的陆上安全环境和强大的国力来保障持续有效的战略转型。② 日俄战争后沙俄强化海权尝试的失败,以及苏联成立初期海权发展的停滞甚至倒退,也都与国内资源汲取和动员能力羸弱有关。路易十四法国尽管建立了强大的海军,实现了欧陆半霸主地位,但受制于海上战争和大陆扩张的实力有限导致的战略资源内耗,最终归于失败。对法兰西第二帝国崛起产生决定性影响的,不是它极力扩张的殖民地和海外势力范围,更多的是工业化和铁路等国内陆权建设。③

资源汲取和动员能力往往集中体现在军力构成、技术研发、军费开

---

① 周丕启:《大战略评估:战略环境分析与判断》,时事出版社 2019 年版,第 150~153 页。
② 左立平:《中国海军史》,华中科技大学出版社 2015 年版,第 18~27 页。
③ 张芝联主编:《法国通史》,北京大学出版社 2009 年版,第 357~360 页。

支、军事规模等要素,它能折射出国家如何利用崛起的地缘权力的意图。在军力构成和技术研发上,不挑战霸权国军事领域中最具优势层面的实力或技术,是向霸权国释放善意信号的重要因素。特定的海上力量构成则能够比较明确地反映出一国总体的战略取向,主导性海洋强国也可以根据一国的海上力量构成来判断对自己的威胁程度。[①] 但即使国家的军力构成和技术研发不持明显的挑战霸权动机,如果军费开支和军事规模呈过快速度增长,那么也可能引发其他海陆强国的权力制衡。对海上力量持不同观点的统治者继位会影响决策层对军事战略和力量的偏好程度,进而决定是优先经济建设还是军事准备,优先发展陆军还是海军,优先发展战列舰、航母还是小型舰艇。"一个国家的战略处境归根结底取决于自身的战略实力与其他方战略实力之间的对比关系。"[②] 即使面对同样的威胁,国家动员国内资源进行防御的能力也存在差异。[③]

  崛起大国在战略转型进程中,之所以频繁陷入过度扩张和卷入体系大战,重要根源之一是国内扩张主义集团的三大优势:第一,由于帝国主义受益者的利益相对紧密和集中,尽管军方或许并不想要战争本身,但是其在机构发展、财富、威望和自主性方面所拥有的利益,却常常是通过那些易于导致战争的观念和政策来实现的,战争有时是一种部门利益诉求的"副产品"。成本在绝大多数情况下通过税收而得到分担,很少有紧密集团在反对扩张方面拥有重大利益,进而带来组织和动机上的优势。第二,对有关帝国主义成本及收益信息的部分垄断。赞成军国主义和过度扩张的自利集团经常享有信息垄断权,这些集团利用它们拥有专业知识的声誉,以普遍的国家利益为其自利政策正名。宣传战中的胜利不仅要依靠信息垄断,还要依靠拥有组织及物质资源来支持受人欢迎的政治家、收买记者、资助大众组织和思想库。第三,和国家的密切联系。狭隘的帝国主义集团

---

  ① 吴征宇:《论陆海复合型国家的战略地位——理论机理与政策选择》,载于《教学与研究》2010年第5期,第70页。
  ② 周丕启:《大战略分析》,上海人民出版社2009年版,第164~165页。
  ③ 陈志瑞、刘丰主编:《国际体系与国内政治:新古典现实主义的探索》,北京大学出版社2015年版,第104页。

常常在掌握合法国家权力的最高机构中拥有过多的代表权。

不同的利益集团和部门可能形成互助式的过度扩张：复合扩张（multiple expansion）和攻势缓和（offensive detente）。复合扩张是指若干帝国主义方案，每一种都能带来过度扩张的较小风险，但由于没有一个集团强大到足以阻止其他集团的计划，也没有任何一个集团愿意牺牲自己高度集中的利益，来使国家政策在整体上能够得以维持。最终不同互相矛盾的方案结合在一起时，透支国家有限的战略资源，会造成无法收拾的战略上的过度承诺与自我包围的状况。攻势缓和意味着帝国的和反帝国的利益在处于统治地位的卡特尔中都有自己的代表。总之，互助式的过度扩张导致特定部门和利益集团，在考虑到自身没落的前景时顾不上权衡此类政策的长期代价与风险。

正如世界经济变迁在大国地理互动中发挥了重要作用一样，国内经济转型对国家战略向海洋推进也起到关键作用。国内经济转型会受到全球化等世界经济形势的影响，也只有国内经济的外向型取向抬升，才能为国家向海洋转型提供经济利益动机，并为国家汲取和动员必要的转型资源提供基础。国内经济转型主要通过两种方式来影响战略转型，一是国家通过向海洋转型来倒逼国内经济体制改革和转型，实现产业结构的优化升级；二是转型中的国内经济对海外市场、资源、能源、投资地、港口、关键水道等方面的利益诉求，驱使国家推动战略转型。中国不断融入国际秩序、走向海洋，就与国内经济规模的不断壮大有关，经济体量的增大需要更多的海外经济区来解决国内经济崛起的产能富余，而不断实现对外开放、推广外向型经济发展、融入和修正既有的海洋经济规则，则有助于促进国内经济向更具海洋性和开放性的方向转型。

不论决策层受到哪些因素影响，战略转型都需要决策者一锤定音。虽然情报系统、智囊系统、规则系统[①]等机构也很重要，但"决策系统是大战略决策和战略规划体制的核心，是整个大战略规划活动的领导者、组织

---

① 规则系统是保障战略规划平稳高效运行的法律、制度的总称，是战略规划体制四项构成要素中唯一一项软要素，可分为关于要素功能的规则和决策监督规则。具体参见周丕启：《大战略分析》，上海人民出版社2009年版，第101~102页。

者和决断者,也是大战略方案的最终决定者,由最高决策者和基本决策者组成"①。尤其是当政治制度不稳定、不成熟、处于危机或崩溃状态时,个体领袖能够带来强有力的影响。有时候伟人的诞生需要三个条件:伟大的事件、伟大的国家、伟大的人(即时代呼唤)、大国出身、个人能力,缺一不可。国家的缔造者,如美国的华盛顿、印度的甘地、俄国的列宁或南非的曼德拉,他们在各自国家的建国初期,在制度和常规得以创建的时候,居于领导地位,发挥了领导作用。希特勒、罗斯福、戈尔巴乔夫和普京具有较大影响力,恰恰是因为他们在位时其国家处于经济危机之中。当个人只受很少的制度制约时,他们也能影响事件的进程。

在独裁或高度集权的政体中,高层领袖相对来说不受国内因素如社会要求和政治反对派的制约,因此他们得以相对无拘无束地制定路线和推行外交政策。在民主国家中,最高决策者有时也能戏剧性地改变政策。例如,美国总统理查德·尼克松1972年能够在对中国关系方面策动一次彻底的外交政策大转折,派遣基辛格秘密访华,鉴于尼克松的共和党人身份和先前的反共记录,这些举动是出人意料的改变。2015年美国总统奥巴马也宣布了一项出人意料的政策逆转,在差不多50年之后重开与古巴的对话,而且奥巴马政府还在几乎40年没有接触之后同伊朗达成框架核协议。2018年以来的三次"金特会",也是美国总统特朗普以个人决策极大影响了美朝关系。具体情况的具体细节也决定个人发挥重要作用的程度。当面临的问题是边缘性的而不是核心性的,当问题是非常规的——标准的操作程序并不存在,或当情况模糊、信息不明确的时候,决策者的个性能够对事件的结果产生更大的影响。尤其是在信息严重不足、标准操作程序不适用的危机情况下,危机会激发解决方案,而在这个过程中,决策者的个性最为至关重要。比如古巴导弹危机期间肯尼迪和赫鲁晓夫的战略互动以和平方式解决。

强有力的政治领导对于克服转型过程中遇到的政治、官僚和文化方面的阻碍是至关重要的,波斯和罗马成功的海上转型得益于此,而斯巴达的

---

① 周丕启:《大战略分析》,上海人民出版社2009年版,第98页。

领导层缺乏战略共识,使海权转型只取得短暂成功。拿破仑三世的错误决策也导致法国的战略转型付出了巨大代价,克里米亚战争之后,法国陆军预算停滞不前,在欧陆的防御性力量受到削弱,反而不断增长海军军费,但英国的海上预算和造船计划适中,也没有部署在法国周边海域;[①] 19世纪50年代法美贸易在法国对外贸易的比重有所下降,法国贸易集中于欧陆,经济安全也不是它的战略诉求。[②] 路易·波拿巴主要是出于将海权力量发展作为国内统治合法性的工具,以及海军民族主义所带来的国家荣耀。[③] 但最终未能提升法国的海上安全和大国地位,反而陷入与英国的海军军备竞赛。到19世纪60年代中期,法国无奈的默认英国的海上优势,英法的军费开支回到了军备竞赛之前的相对均势水平。[④] 路易·波拿巴忽视了利用他的统治权威来推进陆权现代化和陆军训练、征兵等方面的改革[⑤],为后来普法战争中陆战的全面失败埋下伏笔。

第六节
因变量分析:战略转型

一、战略转型的内涵

战略转型是指崛起中的大国,将安全、军事和经济等领域的发展重心

[①] Paul M. Kennedy. *The Rise and Fall of British Naval Mastery*, Atlantic Highlands, NJ: Ashfield Press, 1986, pp. 172 – 173.

[②] B. R. Mitchell. *European Historical Statistics*, 1750 – 1975, New York: Facts on File, 1981, pp. 510 – 543.

[③] Theodore Ropp. *The Development of a Modern Navy: French Naval Policy*, 1871 – 1904, Annapolis: Naval Institute Press, 1987, P. 6.

[④] C. I. Hamilton. *Anglo – French Naval Rivalry*, 840 – 1870, Oxford: Oxford University Press, 1993, pp. 83 – 90.

[⑤] Albert Guerard. *Napoleon* III, Cambridge, MA: Harvard University Press, 1943, pp. 224 – 225.

第二章 体系变革、战略塑造与战略转型

从陆权向海权转移，地理性质并不代表国家必然选择的战略选项，一个地理意义上的陆海复合型国家/岛国/内陆国，在地理属性没有发生根本变化的情况下，受到不断变动的国际战略环境和国内政治因素的影响，其战略重心会呈现出陆主海从、陆海并重和海主陆从三种表现形式。古罗马帝国传统上的主要军事武器是重步兵军团，而不是战舰。在三次布匿战争期间，古罗马部署强大的作战舰队与迦太基争夺地中海西部的制海权，逐渐从一个陆地强国变成陆海两栖强国。[①] 自从1898年德国颁布海军法案，至1912年德国重新加大陆权资源投入前，威廉德国的战略重心逐渐从俾斯麦德国的大陆守城转型为陆海并重，淡化了普鲁士陆军至上和老毛奇防御性战略思想的传统，在陆上与法俄交恶，推行进攻性十足的施里芬计划，在海上与英国开展以"无畏"级战列舰为主的海军军备竞赛，推行野心勃勃的提尔皮茨计划，推进陆海并重甚至是优先发展海权的决策。

但地理属性也会发挥长期的结构性影响，国家的战略调适可能最终会回到地理约束的轨道上来，除非国家有着极强的战略塑造能力、技术革命的巨大进步且体系环境相对优越，不然从长久来看，很难摆脱地理所赋予的优势和劣势。"一战"后德国的战略重心是陆主海从，1933年希特勒上台后的征服战略也是"先大陆、后海洋"，在战略重心上与魏玛政权无明显不同，因此，即便德国在海陆两方面都逐渐由防御性战略向进攻性战略转型，仍然是陆主海从的战略取向。1962年古巴导弹危机后的苏联，开始从依靠核威慑转型为建立全面均衡、包括大型水面舰艇在内的海上力量，推行戈尔什科夫的国家海上威力论，将苏联的海权战略目标从近海防卫转型为远洋作战，并建立了诸多海外军事基地，但苏联的海上力量仍然主要服务于陆上安全的拱卫，其本质仍是陆权战略的延伸。内陆国或海岛国意图转型为陆海两栖强国，都试图改变其传统的、内在的地缘战略属性本

---

① John S. Morrison and John F. Coates, *Greek and Roman Oared Warships*, Oxford: Oxbow Books, 1996, P. 352; Evelyn V. Hansen. *The Attalids of Pergamum*, Ithaca, NY: Cornell Universtiy Press, 1971, pp. 76 - 85; J. H. Thiel: *Studies on the History of Roman Seapower in Republican Times*, Amsterdam: North Holland Publishing Co., 1946, P. 31.

质。美国在完成西进运动后，在1890~1923年，从陆权大国直接转型为海上霸主，尽管美国在地理上仍是陆海复合型国家，但在战略观念上逐渐将自身定义成巨型的海岛国，实现了成功的战略转型。彼得大帝俄国获取波罗的海出海口的斗争，英国在工业革命前对欧洲大陆的两次领土扩张尝试，以及明治维新后日本在东亚大陆和太平洋地区的扩张等，都意图根本改变自身的地缘属性。内陆国和海岛国要想扩展为陆海两栖强国，就需要在地理和战略实力的双重层面上改变原有的单一地缘属性，而地理上的陆海复合型国家已经具备了天然的地理禀赋。相比较内陆国而言，海岛国要想扩展为陆海两栖国家难度更大。内陆国向海洋方向扩张仍旧是陆上本土的延伸，海岛国向大陆的跨海扩张则需要在物质上承受更多的投射力量成本、在民族精神上需要更多的凝聚力、在战略谋划上保持更高的决心和意志、在时间上有更多的损耗。英国为了在欧洲大陆实现领土扩张，先后发动了两次针对法国的百年战争，但未能成功；日本自明治维新以来，在东亚大陆的征服行动持续近80年，在失败后交出了领土侵吞的胜利果实。

战略转型属于国家大战略的有机组成部分，它的战略手段以国防力量为主导，还涉及经济、政治、文化手段等。转型的目标包括海权格局和海洋秩序的改良或变迁，海上交通线的护航，海洋领土的防卫，海洋经济、海洋科考、海洋文化的推进等。如何平衡战略手段与目标、海权与陆权格局，正是国家在战略转型中最为关注的问题。战略转型主要表现为五个交互影响的要素：战略目标、战略目的、战略途径、战略手段和战略布局。战略目标是国家战略转型方向和进程的总体规划，即转型的总体目标"是什么"；战略目的是规定国家在具体的转型步骤中"做什么"；战略途径是解决"怎样做"，"何处""何时"动用力量；战略手段是解决"动用何种力量去做"；战略布局是对上述四个方面的操作，是战略转型在地理空间上的实践。

战略目标：是关于战略转型的方向和所要达到的水平的规划，由国家的战略利益所决定。尽管战略目标还要受到战略观念和战略手段的制约，但战略行为体本身的利益诉求是战略转型目标确定的出发点。崛起国在开始转型时，所界定的主要战略目标就是从陆权到海权转型的方向和程度。

战略目的：它是国家为了实现整体转型目标而规划的国家转型所要达成的不同层级的次一级目标。总体转型目标界定的是国家建立大陆或海洋的均势/霸权，而战略目的则是在建立均势/霸权的进程中，具体应该达成哪些具体指标和条件。如军种比例、军事规模、军费开支、技术研发、经济与国防的协调、政府动员、资源汲取、海外利益等具体层面的量化指标或效果预期等。战略目的的提出和落实依托总体转型目标，同时又会受到战略途径和战略手段的限制和规约，战略目的不能脱离这些要素而单独对国家转型发挥作用。

战略途径：也叫战略方针，是国家为实现战略转型目标的基本行动准则。从地理层面讲，应该在地域分析、位置确定、方向选择三个方面进行细致研究论证。地域分析包括两点：对转型涉及地区的地缘战略力量分布态势，以及它们之间的互动关系进行综合性评估；对地域范围内的各种自然和人文地理环境要素对战略转型可能带来的影响作出判断。位置确定是指战略力量的空间布局样式，如战略重心选择、核心和边缘利益区的划分、国防工业布局、军力部署，以及战略基地、潜在战场和陆上与海上战略通道的选择。方向选择主要指国家地缘战略转型进程中面临的地理距离、邻国效应与地理通达程度的影响问题，即战略力量的投送地点、路线如何才能最大程度削弱地理的阻遏作用，发挥对本国有利的地理优势。

战略手段：是国家战略转型的前提和物质基础，反映了"以权力界定利益"的政治现实主义法则。战略手段的核心分类是海权和陆权手段，尤其是对海军和陆军的侧重与关注度是反映国家战略转型的重要风向标。地理要素直接或间接构成了战略手段的主要组成部分，如相对位置、地缘距离、国土幅员和结构特征、气候、资源和能源分布、国防工业和经济布局、人口数量及分布特征、民族特性、交通运输等。对崛起大国而言，尤其需要聚集更为庞大的战略手段才能有助于推动战略转型的顺利进行，避免轻易受到其他大国的制衡而中断，而国家的分裂或诸侯城邦割据则不利于国家的汲取和动员能力的提升。古希腊之所以没有建成最强大的海上帝国，主要是由于希腊王国没有统一，各独立城邦——雅典、斯巴达、科林斯、第比斯等相互博弈，没有形成大帝国，权力的分散使古希腊诸国的地缘战略转型都难以持续推进。推动转型进程的手段，从纵向层面看涉及军事/政治/经济/文化等。从地缘关系上，也可以分为联盟、准同盟、伙伴关系、不结盟、非结盟等手段。国家采纳的手段是由整体实力的限度和目标内容决定的。如果手段与实力、目标不相匹配，可能增加外部制衡的可能性，或导致内部实力的自耗。而当战略手段的使用不超过实力和目标限度时，则可能缓解外部制衡，实现国力增长。

战略布局：首先，明确地缘利益排序，是国家权力在空间中展开的基础。根据地理空间重要性的分析，将众多具有不同层级重要性的空间进行战略排序，确定战地空间、关键空间、重要空间等不同级别。其次，锁定具体的阶段性策略目标。该目标应具备地理和技术上的可行性，必须充分考虑该地理空间的人口、种族、经济、宗教、文化、传统、政治倾向等因素，要选取在战略价值上并不存在重大排斥的地理空间作为锁定目标，否则即使转型的进程在该空间展开，也会遭遇制衡和反抗，转而成为转型的战略负资产。当然，技术可行性标准应高于政治可行性考虑，对战略全局具有生死攸关的利益区，可以允许承担更高程度的制衡压力。历史上诸多大国的战略转型，往往缺少对地理技术和政治属性的战略调适与平衡性考量。如希特勒德国和日本军国主义对欧亚国家的侵略，更多的是从地理和攻防技术角度出发，而相对忽略了反法西斯国家的结盟和反击。最后，不同的总体战略目标、策略和目标空间，决定了战略安排层级的重大差异。

战略转型从维度上包含经济地理、战略地理、军事地理等层面，都是为了谋划国家的总体安全利益，是以对外安全为目标的大战略在地理层面的反映。涉及地理与战略的互动如何对转型的方向与进程发挥作用，通常涉及三个层次的转型，即国际战略、国防战略和军事战略的转型。其中，国防战略和军事战略的转型起先导性作用，并要反映国际战略转型的基本诉求，而国际战略的转型则要兼顾国防、军事与非军事安全战略资源的平衡。具体来看，国际战略可以视为最高层次的地缘战略，是海权和陆权战略的有机组成，国防战略和军事战略则专指地缘战略的军事安全层面。

二、崛起路径

崛起路径在宏观上为战略转型规范了大致的方向和程度，崛起路径与战略转型是一种共生关系。崛起大国的路径选项可分为孤立式崛起、进取式崛起、挑战式崛起和融入式崛起。

孤立式崛起。主要适用于在地缘格局上处于体系侧翼的大国，远离地缘政治对抗中心，可以开展较为独立的崛起和战略转型进程，较少受到其他海陆强国的制衡，具备从陆权强国直接发展为海上主导国的跨越式条件。孤立式崛起的典型是美国，19世纪末20世纪初，美国在门罗主义和门户开放的方针指引下，凭借远离欧亚大陆事务中心的地利条件，以及成功的外交策略，得以全面推进海权转型。

进取式崛起。一国处于地缘格局对抗的核心地带，难以实现融入式或孤立式崛起，而又不想陷入与其他大国的全面对抗，只能通过合纵连横、轴辐式联盟策略来努力营造一种有利于自身崛起的战略环境，进取式崛起具有防御性倾向，尽量不诉诸战争改变地缘格局现状。国家并不试图采取陆海并重或海主陆从的转型模式，而是维持陆主海从的防御性战略取向，最大可能的通过非战争手段实现体系内"非正式霸主"的战略地位。进取式崛起的典型案例是俾斯麦治下的德意志第二帝国。德国地处欧洲心脏地带，一旦崛起将改变整个欧洲的地缘格局，为了避免在大陆和海洋出现强大的反德同盟，俾斯麦德国在从陆权向海权转型的进程中非常注意避免与海上霸权国的冲突，并在海上和陆上都秉持防御性战略，不断推进德国的经济性崛起，构建了大陆联盟体系，实现了制度性崛起，德国稳固的成长为欧陆第一军事强国则标志着军事性崛起的推进。

挑战式崛起。与进取式崛起一样，选择挑战式崛起路径的国家通常处于体系对抗的中心地带，但会带有进攻性战略取向，甚至不惜以大规模战争来表达对现状的不满。可能采取进攻性的陆海并举的方式，对大陆和海洋强国同时采取挑战性的战略姿态，并在战略转型中尤其偏好军事性崛起所发挥的决定性作用。历史中不乏成功的案例，如古罗马在建立大陆霸权后，击败迦太基，称霸地中海。但是随着国际体系和攻防平衡相关技术的演化发展，其挑战成本越来越高。威廉二世德国是挑战式崛起的代表，为了同时成为陆上和海上的双料霸权国，不惜与当时体系中主要的海陆强国发生全面对抗，招致反德大同盟的组建，其陆海并重的战略转型尽管不能直接成为"一战"失败的根源，但它分散了德国的战略资源，使陆权力量发展受限。戈尔什科夫时期的苏联逐渐从大陆转向海洋，尽管仍然维持陆主海从的战略传统，但其海权更多是作为维护陆上霸权的手段，不断扩展海外势力范围，寻求美苏在海上和陆上的全面对抗，最终由于国内汲取资源和动员能力的过度自耗，到戈尔巴乔夫时期开始进行战略收缩，战略转型戛然而止。

融入式崛起。有助于大陆强国在向海洋转型进程中避免与海上霸权国的直接冲突与对抗，并不试图发展出与海上霸权国对等的海上力量，而是坚持陆主海从和防御性战略取向。通过加入现存的大陆和海洋秩序中，不去激烈改变地缘格局现状，而是融入既有霸权国的地缘秩序下，尽可能降低自己的战略转型成本。21世纪的中国是最为典型的案例，由于中国并不想直接挑战霸权国主导的权力格局和秩序规则，但也不意味着全然接受既有的地缘格局和秩序中的不合理部分，而是通过渐进的防御性战略转型，在不挑战美国海上霸权的情形下，逐步通过战略转型来实现崛起资源的优化配置，依托持续的崛起来反哺战略转型所需资源和能力，用相对和平的手段对现有国际秩序进行合理的修正和完善。

三、战略转型的分类

根据国家对海权与陆权的偏好，以及在崛起路径的选项上对海上霸权的现状偏好/修正主义偏好（孤立式崛起最具现状偏好，融入式崛起次之，进取式崛起带有修正主义倾向，挑战式崛起最具修正主义意图），可以将国家的战略转型分成6种类型。

1. 陆主海从的进攻性战略取向

希特勒德国改变了威廉二世德国的陆海并重的地缘取向，采取先大陆、后海洋的方针，信奉闪电战、潜艇战这样的进攻性战略学说。路易十四统治下的法国不惜牺牲其"殖民地和商务"来追求一种"错误的大陆扩张政策"。[①] 依赖重步兵军团的古罗马享有针对迦太基的绝对陆权优势，它的战略转型持续了近三个世纪，尤其在公元前168～70年的大约一个世纪里，由于海上威胁的缺失，没有重要的海上布局，更没有形成永久性的海上文化传统。一旦出现明显的海上威胁，就会因其对海权国家的制衡倾向而快速实现战略转型，并在海陆两个大战略方向都容易表现出极强的进攻性姿态。古代地中海世界属于霍布斯定义的纯粹"自然状态"，古罗马与凯尔特人、希腊王国、迦太基等一样持进攻有利的偏好。[②] 一旦迦太基对古罗马的海上安全构成威胁，古罗马很快就在布匿战争期间寻求海洋变革。公元前264年，古罗马还没有任何海战经验，但到公元前256年时，古罗马已经用其庞大的五层桨战船舰队控制了西西里岛的水域。[③] 德国在陆权方面制定的施里芬计划，以及提尔皮茨的"风险舰队"理论，都是建立在进攻性力量更具优势的假设下提出的，"第一次世界大战是出于对进攻优势幻想而发动的，然后又被实际的防御优势现实所拖延"[④]。因此当从技术或地理层面上促使陆权更占优势且有助于进攻行动展开时，国家面对海上威胁会更具进攻性，这种进攻有利的不安全感促使国家积极防御并进行战略扩张。

---

① [美]安德鲁·S. 埃里克森、莱尔·J. 戈尔茨坦、卡恩斯·洛德主编：《中国走向海洋》，董绍峰、姜代超译，海洋出版社2015年版，第174页。

② Fareed Zakara. "Realism and Domestic Politics: A Reviewo Essay", *International Security*, 1992, 17（1）: 191-192.

③ [美]安德鲁·S. 埃里克森、莱尔·J. 戈尔茨坦、卡恩斯·洛德主编：《中国走向海洋》，董绍峰、姜代超译，海洋出版社2015年版，第87页。

④ [美]乔治·H. 奎斯特：《国际体系中的进攻与防御》，孙建中译，上海人民出版社2008年版，第10页。

2. 陆主海从的防御性战略取向

如俾斯麦时期的德国，以老毛奇为代表的军事战略家信奉陆权占优且两线防御作战更为有利，德国在这期间实行陆主海从的防御性战略转型，在扩大包括殖民地、市场、贸易、海上交通线等海外利益的同时，没有削弱自身的陆权优势，也没有加剧其他大国对德国的制衡倾向。古巴导弹危机后，核恐怖平衡强化了大国的防御性倾向，苏联开始注重发展大型水面舰艇等常规军事力量，逐渐弱化了对美国本土进行大规模核打击的战略意图。1996年台海危机后，出于维护主权等防御性战略目标，中国逐渐向海权转型。洋务运动后的清政府信奉海守陆攻的作战原则，更倾向陆权占优情势，强调海军的防御性功能，实行近岸防御，以海防应对海权，使中国的地缘战略环境完全塌缩。[1]

3. 陆海并重的进攻性战略取向

容易遭受诸多强国激烈的体系性制衡，但如果是位于体系中的侧翼大国且战略塑造能力极高，则可能在较少受到制衡威胁的外部条件下得以实现崛起和转型的并举。公元前550~490年，波斯成为一流海洋强国的战略转型，可以追溯至康比斯国王最初当政时期。波斯海上力量的发展得益于帝国行政管理能力的提高，以及贡赋、皇家礼物和货币收入的增加；得益于海上贸易和交通工具的发展，也得益于执政方式的改良和对公平正义的信仰。直到公元前479年薛西斯远征失败后，波斯帝国的重大战略才从扩张转变为遏制。波斯海军开创了"海上合股公司"的先例。在转型期间，波斯迅速构建大型舰队，大批招募和培养船长、陆战队员、海员和桨手，大量征集造船材料、给养、劳工和资金并重新进行分配。波斯国王和他们的顾问以及高级指挥官们在其独特的宗教和文化背景所允许的范围内表现出了颇有远见又务实的领导能力，直率地寻求并倾听其帝国内外各领域专家们的意见和建议。这场海洋变革并没有引起广大波斯民众的关注，占波

---

[1] 鞠海龙：《晚清海防与近代日本海权之战略比较》，载于《中州学刊》2008年第1期，第206~210页。

斯帝国人口主体的农民继续生产微薄的盈余，这有助于保证辖地制度的实行，而且他们保留了以陆地为基础的传统和习俗。① 但这种转型也有明显的失败案例：查理五世和菲力二世时期的西班牙实现了对陆海复合型强国的转型，拥有世界第一的陆军和海军，并在北非、意大利、美洲、荷兰等地，与英国、荷兰等国展开海权和陆权的大博弈，导致了帝国的过度扩张，最终失去了霸权地位。

4. 海主陆从的进攻性战略取向

崛起大国在战略转型中可能主动发起对海权主导国的挑战，以便积累有效的防御性力量来维护本国安全，实行海主陆从式转型。"进攻占据优势地位在历史中是相当少见的……认为进攻占据优势地位的观念却是相当普遍的。"② 陆上强国更能认可陆权占优且防御有利的博弈局面，而不那么愿意接受海权占优且防御有利的现实。奥斯曼帝国的地理位置限制了扩张，它漫长的陆地边境，以及匈牙利、波兰、俄罗斯、萨菲等国对它的边境压力，都需要持续的战略资源投入。在西班牙、荷兰、英国等国海权崛起的背景下，本应采取防御性战略取向，但却在地中海、印度洋、中东和欧洲地区同时追求进攻性政策，1683 年进攻维也纳的失败标志着帝国的彻底衰落。

5. 海主陆从的防御性战略取向

实际上美国到 1917 年介入"一战"之前，所秉持的基本上是该战略，尽管马汉的学说鼓励舰队决战和海上扩张，但美国实际上在西奥多·罗斯福总统以后海军实力甚至有所下降，没有完全遵循马汉的信条。没有采取太多的进攻性行动来挑衅大英帝国的海上霸权。

6. 陆海并重的防御性战略取向

清朝末期的"塞防"与"海防"并重，在很大程度上就是陆海并重的

---

① ［美］安德鲁·S. 埃里克森、莱尔·J. 戈尔茨坦、卡恩斯·洛德主编：《中国走向海洋》，董绍峰、姜代超译，海洋出版社 2015 年版，第 24~48 页。

② ［美］斯蒂芬·范·埃弗拉：《战争的原因：权力与冲突的根源》，何曜译，上海人民出版社 2014 年版，第 144~145 页。

体现,但是仅求抵御外敌入侵,并没有试图进行战略扩张。

四、崛起国与霸权国的战略关系

崛起国即使不是以霸权国为主要对手,至少也要效仿霸权国的崛起模式或将霸权国作为崛起进程中的首要战略考量。崛起国的战略转型所塑造的体系效果或系统变革,在很大程度上是由崛起国与霸权国的战略关系决定的,这里可以通约。关于崛起国与霸权国结构性冲突、国际后果与体系效应已有一些学者做了详尽的论述。

系统的结构和互动的单元是肯尼斯·沃尔兹（Kenneth Waltz）研究的两个核心要素。结构是系统中一系列约束条件,通过奖励或惩罚某些行为来实现选择。尽管沃尔兹更多的是将结构作为原因,较少将其作为因变量来考察导致结构发生变化的自变量。但是他提出了结构变化的三种动力：首先,结构根据系统的排列原则来界定。如果一种排列原则被另一种原则所替代,就意味着系统发生了变化。其次,结构根据不同单元的特定功能来界定。如果功能的定义和分配发生变化,那么等级制系统也随之变化。最后,结构根据单元间能力的分配来界定。无论是等级制的还是无政府性质的系统,能力分配的变化就是系统的变化。[1] 他强调,只有结构的变革才能改变国际体系的无政府状态。[2] 但是他对体系变革的整体认知是一种均势思维的循环模式,即均势一旦遭到破坏,就会以这种或那种方式重建起来。[3]

传统上对国际体系的管控模式主要分为单极主导、两极分治和多极协调。[4] 在多极体系理论视角下,大国主要通过外部联盟的方式来实行制衡,如果体系结构从多极向两极或单极转变,则意味着体系变革的战争方式概

---

[1] [美]肯尼斯·华尔兹：《国际政治理论》,信强译,上海人民出版社 2008 年版,第 106 页。
[2] James E. Dougherty and Robert L. Pfaltzgraff, Jr.. *Contending Theories of International Relations*, New York: Longman, 2000, P. 5.
[3] [美]肯尼斯·华尔兹：《国际政治理论》,信强译,上海人民出版社 2008 年版,第 136 页。
[4] 刘丰：《均势生成机制的类型与变迁》,载于《欧洲研究》2009 年第 4 期。

率大增;在沃尔兹和米尔斯海默的两极体系理论中,则流行大国之间通过军备竞赛进行内部制衡,如果体系结构变为多极则会加剧战争变革的风险;在单极体系论中,大国主要依靠权力中心的自然成长实现对非霸权国的制衡,如果单极开始瓦解,则体系的不稳定因素急剧攀升。

罗伯特·吉尔平(Robert Gilpin)关于国际政治变革的基本逻辑是:处于均衡状态的体系,由于权力增长的差异,促进了体系权力的重新分配,导致体系出现了失衡,而体系危机的解决,又会导致体系从变革到重塑的周而复始。① 他列举了三种国际体系结构类型:帝国主义或霸权主义结构(如波斯帝国、罗马帝国等);二元结构(类似美苏两极格局);均势结构(19世纪的欧洲协调)。在吉尔平看来,国际体系的变革类型有三种:体系的变更(行为者的性质:帝国、城邦、民族国家等);系统性变革(出现世界帝国对体系的统治);互动的变化(国家间作用过程)。② 他按照变革的方式和目标区分了渐进性变革与革命性变革:前者的主要方式是国家间的谈判,主要目标是对国际体系的微量调整;后者的主要方式是霸权战争,主要目标是体系的统治方式。他提出了影响变革的环境因素:交通与通信、军事技能与技术、经济因素等。

吉尔平提出了假设:一个国家将通过领土、政治和经济扩张的方式来谋求国际体系的变革,只有进一步变革所付出的边际成本等于或大于边际收益时才会停止。如果国际体系中的失衡没有得到解决,那么体系将发生变革,一个反映权力重新分配的新的平衡将被建立起来。他认为,符合体系变革的霸权战争包括:雅典与斯巴达的伯罗奔尼撒战争、迦太基和罗马的第二次布匿战争、三十年战争(1618~1648年)、路易十四的战争(1667~1713年)、法国大革命和拿破仑战争(1792~1814年)、第一次世界大战和第二次世界大战(1914~1918年,1939~1945年)。霸权战争在

---

① [美]罗伯特·吉尔平:《世界政治中的战争与变革》,宋新宁等译,上海人民出版社2019年版,第9页。
② [美]罗伯特·吉尔平:《世界政治中的战争与变革》,宋新宁等译,上海人民出版社2019年版,第30页。

历史上一直是国际体系变革的基本机制。

戴尔·科普兰认为，古典现实主义和新现实主义恰当地强调了力量差异与极性的重要性，这两种理论的某些版本也考虑到相对力量的动态变化趋势，尤其是陷入衰退的列强及其发动预防性战争的动机问题，然而两极相对于多极体系中的力量消长所造成的影响差异却尚未得到充分的研究。不仅如此，古典现实主义与新现实主义的某些更动态化的版本并未能充分地说明衰退会将国家引向战争、和平或两者之间的某种状态的条件。霸权稳定理论把握住了力量变化趋势的重要性，但是，由于过分关注那些正在崛起的国家，这一理论却忽视了一个基本的逻辑：尽管处于上升时期的国家正在强盛起来，但它们却希望尽量避免战争，因为只要等待下去，它们在未来就能有更多的力量投入战争。

科普兰提出的动态差异理论（dynamic differentials theories）——将力量差异、极性和力量衰退趋势融为一体，形成一个严密的逻辑体系。认为大战主要是由那些处于优势地位的军事列强发动的。他还解释了国家为何要采取战争之外的手段，例如引发危机或采取强硬的遏制政策，从而大大增加无意间造成事态升级而引发大战的风险。

科普兰指出，大多数理论认为，国家可以进行二分选择：或者发动大战，或者不发动大战。这种方法限制了以上理论对花费巨大的现代战事的适用性。特别是当战争双方拥有核武器时，各国并不希望发动精心策划的大战，因为它们自己的社会也很有可能在战争过程中遭遇灭顶之灾。然而，各国领导人都十分清楚，为了能在一场危机中先发制人或为了维护自己的声誉，他们仍然可能会陷入战争。为了使一种关于大战的理论能够适用于核子时代以及前核子时代，必须弄清楚国家为什么宁愿舍弃和平而追求一种不稳定的"冷战竞赛"，或从这样一种竞赛进一步迈向危机（如古巴导弹危机中潜藏的那种危险）的深渊。

科普兰认为大国间的权力互动主要有三种类型。第一种形式：相对于其他国家而言，某个国家因经济、技术和社会基础全面恶化而引起的衰退（例如：1618～1619年，长达20年的经济停滞迫使西班牙采取行动，使德国发生的局部冲突升级为一场"三十年战争"浩劫)。第二种形式:当某个国家在相对军事力量上非常强大,而在其他两种力量——经济力量和潜在力量上却处于劣势时,就会出现衰退(这是德国在20世纪两次对俄国发动战争的原因)。第三种形式:力量的波动问题,即其他国家的军备竞赛和结盟政策获得的短期的相对成功,引起本国在军事和地缘政治方面发生衰退(如"冷战"早期的柏林危机和古巴导弹危机)。在多极和两极体系中,正是那些正在衰退的国家会发动战争。无论属于两极还是多极体系,如果一个国家在军事力量占有优势但却正在衰退,而在其他两种力量上占有优势且正在增长,它就不大可能为衰退感到担忧。如果一个国家的经济和潜在力量非常强大并处于上升期,它应该仅仅通过加大军费的投入就能够抑制军事力量的下滑趋势。

但是,一个在军事力量上拥有优势而在经济尤其是潜在力量方面处于劣势的国家更可能相信,一旦其军事力量出现衰退,进一步的衰退就是不可避免的,并且还会加剧。处于霸权地位的军事大国往往会对未来感到悲观,因而更有可能发动大战。当一个国家拥有绝对优势的地位后,或许由于政府或领导层的更替,或许仅仅是因为其强势地位,其意图都有可能随之发生变化。在多极体系中,一个国家只需要不到整个体系军事力量的50%,就可以利用对手结盟时在协调其军事行动过程中所面临的困难,从而有一定的把握在谋求霸权方面获得成功。结盟的力量要小于各国力量的总和。①

赫德利·布尔(Hedley Bull)认为,均势、国际法、外交、战争、大国是维持当代国际体系中的秩序的主要动力,也即这五大非正式制度的退化将会导致国际体系与国际社会的倒退和衰落,更多倒向霍布斯状态。此外,布尔还提出了国家体系未来改革的动力和路径选择:第一,大国一致(great power concert):"基辛格模式"。建立一个和平结构(structure of peace),维护的是大国之间的和平而不是世界和平,发挥核心作用的是大

---

① [美]戴尔·科普兰:《大战的起源》,黄福武译,北京大学出版社2008年版,第1~74页。

国，但会相对忽略贫穷国家的话语权。第二，全球中心主义：激进的救世主义模式。对全球事务进行集中化管理，形成"宇宙飞船时代的地球"（spaceship earth），发挥首要作用的是全球性的国际组织，但不符合当今国际社会财富、资源、权力分配不公正的现状。第三，地区主义：第三世界模式。让介于国家和全球性组织的地区性组织发挥更大作用，按照地区界线重组世界政治，有时被看作是把世界划分为大国势力范围或者责任范围。第四，革命：马克思主义模式。发动世界无产阶级革命，以消除国家内部以及国家之间的人剥削人现象。但是没有解决如何维持和增强独立政治共同体之间的秩序问题。第五，世界文化模式。包括共同的理念、价值观念，使当今国际社会具有过去地理范围较小和文化较为单一的社会所具有的那种观念基础。世界性文化只有吸收更多非西方成分，才能真正具有普世性。①

亚当·沃森（Adam Watson）将体系中的国家间关系分为五种类型：独立国家（independent states）、霸权（hegemony）、宗主权（suzerainty）、自治领（dominion）和帝国（empire）。② 对此，他提出了"钟摆模型"（pendulum model），帝国和独立国家作为钟摆幅度的两个端点，而钟摆受重力作用的最低点位于霸权和自治领之间的区域。争夺霸权和争取自治这两种方向相反的"作用力"最终的结果都是将偏离钟摆中点的体系拖向钟摆的中点，也就是霸权和自治领的区域。他又通过对古代国际体系、欧洲国际社会③和全球国际社会的形成进行历史分析，总结了规律：第一，霸权是国际体系和国际社会的一种常态或潜在的演进趋势。第二，合法性在一定程度上决定了国际体系和国际社会的稳定程度。第三，国家主权具有相对性，取决于国际社会中霸权控制力的强弱。第四，同源文化对于体系

---

① ［英］赫德利·布尔：《无政府社会：世界政治中的秩序研究》，张小明译，上海人民出版社2015年版，第89~269页。

② Adam Watson. *The Evolution of International Society: A Historical Comparative Analysis*, London: Routledge, 1992, pp. 15–120.

③ Hedley Bull & Adam Watson, eds.. *The Expansion of International Society*, Oxford: The Clarendon Press, 1984, Introduction, P. 2.

和社会的形成发挥重要作用。第五，国际社会演进具有继承性，共享的文化、共同的价值观念有助于形成国际社会。霸权形成之后，霸权权威维护国际社会的秩序，反霸权力量出于争夺霸权或争取独立等不同原因与霸权相抗衡，从而导致国际社会的形态在钟摆的摆幅内不断进行调整。

约翰·伊肯伯里（G. John Ikenberry）提出了与吉尔平类似的国际秩序的治理变革（governance change），并区分了三种国际秩序：均势秩序、霸权秩序、宪政秩序。对均势秩序而言，如果实力平衡和反制联盟没有发挥足够作用，则均势条件下的无政府状态和国际秩序陷入崩溃；对霸权秩序来讲，如果霸权国的实力优势没有得到保障，则霸权治下和平的等级制体系就会出现变革；关于宪政秩序，如果缺少对主导国或其他崛起大国的战略性的制度约束，没有足够限制权力扩张和挑战既有制度的回报率，那么宪政秩序接近国内法治管理的合法性就会受到削弱，发生变革。他对 1815 年拿破仑战后的维也纳体系与英国治下的和平、1919 年"一战"后的凡尔赛体系缺少主导国的情况、1945 年制度化程度更高的雅尔塔体系与美国治下的和平等案例，进行了秩序与制度变迁的历史梳理。最终验证他的结论：缺少战略约束（strategic restraint）、弱国和次要国家的默许、主导国的自我约束等条件，那么制度和秩序的战争或冲突性变革迟早发生。[①] 实际上，伊肯伯里对历次体系性大战战后的秩序安排的分析，也等于间接默认了近代国际体系转型或变革的重要源动力是大国战争。

"修昔底德陷阱"（Thucydides's Trap）并非格雷厄姆·艾利森（Graham Allison）首创。早在 1980 年，美国作家赫尔曼·沃克（Herman Wouk）就曾用"修昔底德陷阱"这个概念来警告美苏之间的"冷战"。[②] 艾里森将其套用到中美关系的讨论中，描述历史上崛起大国和守成大国之

[①] [美] 约翰·伊肯伯里:《大战胜利之后：制度、战略约束与战后秩序重建》，门洪华译，北京大学出版社 2008 年版，第 18~235 页。

[②] Wouk H. Sadness and Hope: Some Thoughts on Modern Warfare: A lecture given on 16 April 1980 at the Naval~War College. *Naval War College Review*, 1980, pp. 4-12.

间必然发生冲突的规律。① 他将雅典和斯巴达的战争列为修昔底德的典型案例，列举了 16 个历史案例，有 12 个最后都陷入崛起国与守成国的战争互动进程中。其中，4 个没发生战争的案例包括：15 世纪后期的葡萄牙与西班牙、20 世纪早期的英国与美国、20 世纪 40～80 年代的美国与苏联、以及 20 世纪 90 年代至今的英法与德国。他指出背后的动因是"崛起国综合征"与"守成国综合征"。前者主要是崛起国自我意识不断增强，要求增加自己利益以获得更大承认和尊重；后者基本上就是前者的镜像，是指既有大国面临衰落的威胁时，恐惧感和不安全感不断被放大。

艾里森列出了通往体系和平、减少战争变革的 12 种方法：（1）更高的权威可以在不发生战争的情况下帮助解决对抗；（2）国家可以被内嵌在更大的经济、政治和安全制度中，这些制度约束了历史上所定义的"正常"行为；（3）精明的政治家做应该做的事情，并能区分需求和欲望；（4）时机至关重要；（5）文化的共性有助于防止冲突；（6）除了核武器之外，太阳底下没有新的东西；（7）相互确保摧毁（MAD）使全面战争变得疯狂；（8）超级核大国之间的热战不再是一个可行的选项；（9）超级核大国的领导人仍然必须冒着打一场他们可能不会赢的战争的风险；（10）紧密的经济相互依赖加剧了战争的成本、降低了战争的可能性；（11）联盟可能是致命的吸引力；（12）国内的绩效表现是决定性的。② 实际上，"修昔底德陷阱"更多是一种强加的话语体系，艾林森对中美关系与"一战"前英德关系的类比。这种理论视角有助于理解体系变革的战争动力来源，但在分析 21 世纪的中国战略转型环境时，应该避免陷入简单的、模式化的历史类比。

总之，如果崛起国的战略转型没有明显激化与霸权国的矛盾（哪怕是通过转型增进权力体量后与霸权国维持之前的现状关系，对崛起国也是有

---

① Allison G. *Destined for War: Can America and China Escape Thucydides's Trap?* Houghton Mifflin Harcourt, 2017, pp. 1 – 384.
② ［美］格雷厄姆·艾利森：《注定一战：中美能避免修昔底德陷阱吗?》，陈定定等译，上海人民出版社 2019 年版，第 255 ~ 291 页。

利的,因为实力上升但霸权国没有升级制衡手段,等于崛起国的外部战略环境变得更加良性),甚至两国是联盟或友好国家,那么在彼此之间很少有战略误判、保持善意的情况下,不太容易关切相对的战略收益,对国际体系、制度和秩序的分配不会陷入体系大战("热战"或"冷战")。如果崛起国的战略转型令霸权国感受到了明显威胁,两国的安全困境或螺旋冲突不断恶化,这两个竞争冲突非常激烈的国家,很容易关切谁获益更多。但是如果战略获益更多的一方是维持现状国家,并且释放出善意的战略信号,那么就不太容易诱发获益较少的一方对其疑虑;如果获益更多的是修正主义国家,并且获益较少一方感知到对方的伤害意图,那么就会引发对相对收益的强烈关切。

第三章
海权、陆权与崛起大战略

第一节
地理要素的构成与作用

　　本节将重点为读者提供笔者对核心地理要素和特征的归纳和提炼，理解海权与陆权的基础是地理视角，尽管前面章节已经有所涉猎，但还是有必要进行集中梳理。由"文化决定论"[①]衍生而来的"地理作用虚无论"，和以拉采尔思想为首的"地理环境决定论"都在地缘政治理论中占有一定的位置，但前者把地理因素视为地缘战略制定和执行的唯一选择，后者夸大了人定胜天的作用，无视地理环境的客观性作用。除了金融市场之外，实际上有形商品、个人服务都受限制于距离因素，地理空间让不同群体形成文化距离，而文化距离则抗拒同质化。此外，军事全球主义和环境领域也受到距离变化的影响。总之，地理环境对人类社会存在和发展、生产方式、民族性格和民族传统等方面的持久性影响，也必然是国家地缘战略方向选择的重要变量，而人类对自然和人文地理环境的主观能动作用程度和可能性，则不断通过社会生产力水平的提高、生产关系的优化和科技进步得以实现。地缘战略关系的演变可能使既有的地理环境要素的内涵和作用

---
① 王恩涌等：《人文地理学》，高等教育出版社2000年版，第41页。

也发生变化，如 19 世纪欧洲五强均势格局、"一战"前的两大地缘对抗型同盟、"二战"的轴心国与反法西斯同盟、"冷战"期间的美苏两极格局、"冷战"后从单极格局逐渐向两极格局转化等，这些地缘格局的变迁，都对相关地缘环境的塑造和意义有重大影响，反映了国际战略对地理环境的能动作用。但地理环境不能被无休止修改，人类施政理念和实践的错误会受到地理惩罚并最终妥协，人类活动与自然环境不断互动，共同组成对立统一的地缘政治系统，这是科学"人地关系论"的体现。

地理因素使抽象的政治权力互动转化为具有客观物质形态的现实政治，地理属性起到了中介转化作用。地理属性塑造了地缘政治空间，地缘空间不等同于地理空间。地理空间涉及山脉、平原、海岸线、海峡等自然地理要素，具有相对稳定性。而地缘政治的空间区域以地理空间区域为基础，受到地缘战略力量的消长变化和排列组合影响，呈现出极强的可变性和灵活性。"专门的地缘政治区域并不是由恒定不变的地形所规定的地理区域，而是一方面由地理所决定，另一方面由实力中心的动态转移所决定的一些区域。"[①] 对国家战略思维与实践的研究，不能回避对其所处地缘政治空间的物质化思考，这也是一些摒弃地理属性的国际关系理论所面临的"空中楼阁"困境。

一、地理位置

地理环境说明国家的安全利益主要是"海洋的"还是"陆地的"。它能够影响国家估算自身需要多少军力才能确保核心利益，这一判断反过来又影响其他国家对崛起国战略部署的应对方式。俾斯麦德国选择陆上崛起和守成战略根植于对地理环境的深刻透析，尽管激化了与法俄的矛盾，但没有引发英国的警觉；而威廉二世德国对海外利益的追求和海军的大力投入，使英德矛盾最终通过战争解决。因此，地理环境因素只能提供参考而

---

① [美]尼古拉斯·斯皮克曼：《和平地理学》，刘愈之译，商务印书馆 1965 年版，第 15 页。

非决定国家的必然战略选项。技术革新可以改变地理因素的影响，"冷战"期间的新技术和新的政治利益意味着美国不仅关注海上力量的转移，还要兼顾对苏联获取远程空中、导弹和核力量对美国本土及海外安全带来的最可怕威胁。地理距离仍然是最好的防御，力量投送能力随着距离的延伸而递减。距离遥远可以增加预警时间。国家的领土面积与地理位置决定着它是集中军事力量来维护国家利益，还是分散力量来覆盖广泛的意外事故。

地理位置具有综合性、确定性、层次性和历史性特点。（1）综合性：它不能单独列出一个国家来表述，而是对两个以上国家的空间关系予以描述，即相对地理位置。具体分为自然地理位置、天文地理位置、军事地理位置、经济地理位置和政治地理位置。自然地理位置是指地表事物与山川、河流、平原、湖海等自然条件的相互关系。天文地理位置又称数理地理位置，是指对地球事物所在的经纬度定位。经济地理位置是指某一事物与具有经济意义的其他事物的空间关系。政治地理位置和军事地理位置是指某一事物与具有政治、军事意义的其他事物的空间关系。（2）确定性：对国家最简化的地理位置描述是方位和距离，一旦方位和距离被确定下来，在特定的时间里该地点的事物是唯一对应的。在某一特定的方位和距离交汇处，形成地理位置的确定性。（3）层次性：客观事物的距离范围是无穷的，用最小尺度研究位置，这种地理位置可称为地址；用比较近的距离范围研究位置，可称之为小位置；从比较远的距离范围研究位置，可称之为大位置，这就是层次性的体现。（4）历史性：受自然发展规律支配的自然地理位置、天文地理位置，其变化性较为缓慢；而受社会发展规律支配的经济地理位置、政治地理位置和军事地理位置则变化速度更快，因此具有历史性特点。具体如图 3-1 所示。

根据地理位置可以将国家粗略分为海权国与陆权国，又可细划为濒海国家、群岛国家、海岛和半岛国家、内陆国家、海湾国家、大陆和大陆岛国家等。从地缘战略的理论与历史来看，边缘地带国家通常很难单一专注海权或陆权战略取向，岛国或陆上地理较为封闭的半岛国家通常更为倾向海权战略，大陆心脏地带国家通常则坚持陆权至上。从进程和结果上看，尽管一些国家的地缘战略谋划可能试图超脱这种地理限制，但大多以失败告终。如威廉二世德国作为陆海两栖国家，对海权的过度投入、相对忽略陆上战略力量的稳固；英国作为岛国，在11~16世纪对欧洲大陆的扩张；日本从明治维新后对东亚大陆的侵略野心和行动；19世纪俄国作为心脏地带强国的海陆扩张所招致的克里米亚战争失败。诸如此类案例，国家的地缘战略方向最终都受到了地理和战略制衡的双重阻隔，使地缘格局要么回到战略转型之前的常态，要么缔造超出战略预期范畴的新地缘格局。

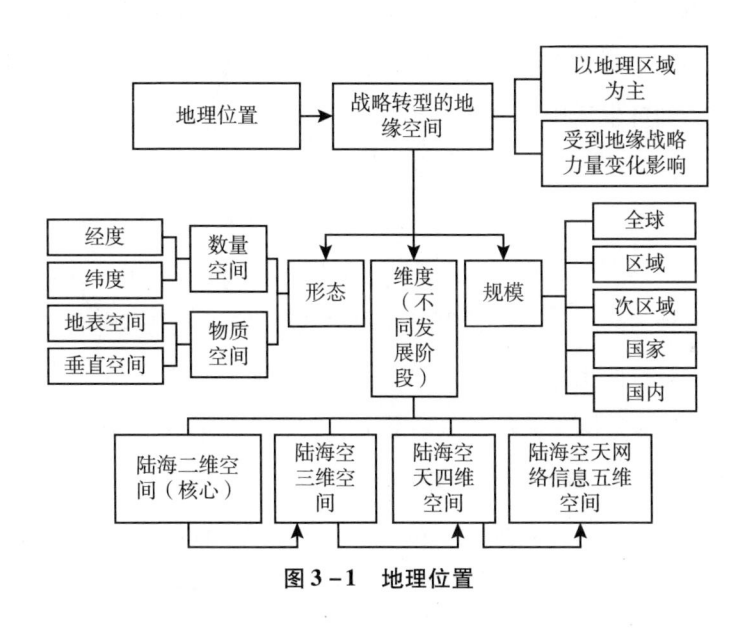

图 3-1 地理位置

地理位置对于国家的战略转型具有重大战略价值。海陆位置不同的国家，在武装力量建设上侧重点不同，岛国注重发展海、空军，内陆国一般偏重陆军和空军，陆海复合型国家通常建立陆、海、空军；在国防准备上也各不相同，岛国和陆海两栖国家需要做好海上防卫和抗登陆准备，内陆国家仅需做好陆、空防卫准备。四面环海的国家，在技术装备尚未高度发展的条件下，利于凭借海洋组织防卫，确保国家安全。

无论是地理上的岛国还是陆上大国，都很难长期成为陆海两栖强国，陆上大国在由陆权到海权的战略转型中，要同时面临来自其他陆上和海上大国联合制衡的风险，面临海陆双重战略挤压。始终面临海上与陆上战略的两难选择、服务于国家战略目标的海陆资源分配分散化、广阔陆上领土和漫长海岸线的防守难题等，处于边缘地带与体系中心位置重合的陆海复合型国家力图拥有应对两条以上地缘战略防线的安全力量，但又因此加剧邻国的恐惧，转而承受更大的制衡压力，促使本国追求更大的力量来维护国家安全。只有在陆上安全维稳的前提下，才能有效进行海权建设。

尽管俄国（苏联）这样的国家海岸线很长，但无论从历史还是地理层面看，都更偏向大陆性国家。因为苏联的海岸线主要在北冰洋沿岸，长年封冻不便通航，其他出海口又被他国控制，陆上威胁众多，海上对外联系在国家政治经济生活中不占主导地位。这决定了其常备军的五大军种为：战略火箭军、陆军、防空军、空军和海军，陆权至上的战略传统与现实环境，使其把海军置于军种的末位。美国的海岸线长度优于大陆疆界线，陆上威胁羸弱，具有外向型经济发展传统，为其缔造海洋国家奠定了基础，故常备军军种为陆军、海军、空军和海军陆战队。由于中国推进的战略转型，是海洋维权向统筹兼顾型转变。[1] 考虑到陆上邻国众多和漫长的陆疆线，故仍然会维持陆主海从的战略导向，常备军由陆军、海军、空军和第二炮兵组成，在发展海洋经济的同时强化陆上贸易纽带。

地理位置是天赋和不易改变的，除非发生颠覆性的自然灾害或大规模领土兼并等，只有把地缘战略结构与地理位置联系起来综合分析，才能对地理环境的限制作用产生动态认知。地理位置分布的地域差异带来了地缘战略权力对比的失衡。如果国家处于强国环伺的地理位置，则对国防和地缘战略选择提出了更高的要求，不允许像地理位置较有安全保障的国家那样拥有很多战略试错和战略纠错的机遇。

陆上安全环境的形势，海上和陆上工业技术的发展，海岸线和出海口的地理特征，国家所掌握的海军基地、战略通道、关键海区等，都对大陆

---

[1] 胡志勇：《积极构建中国的国家海洋治理体系》，载于《太平洋学报》2018年第4期，第15~24页。

或海洋战略文化的形成产生复合性影响，塑造着决策者的精神地图。

常备军的构成比例从某种意义上可以说完全是由国家所处的海陆地理位置所决定的。如苏联作为拥有漫长陆上和海上边界线的国家，决定了常备军的五大军种为：战略火箭军、陆军、防空军、空军和海军，而陆权至上的战略传统与现实环境，则使其把海军置于军种的末位。美国尽管是陆海复合型国家，但其陆上地理环境优越，侧重海权建设，故常备军军种为陆军、海军、空军和海军陆战队。中国也是陆海两栖国，常备军由陆军、海军、空军和第二炮兵组成。

二、领土结构

国家领土幅员的大小是构成国力的一项最常见的地理指标。在和平时期，国家的空间大，国土辽阔，便于合理地分散配置工业（尤其是国防工业）、战略原料、武装力量、海空军基地、核导弹基地、后方基地和各种国防设施。帕克认为，领土面积的极大差异在任何时候和任何地方都具有指导国家战略行为上的含义，大国的行为很可能不同于小国行为的某些特征。[1]尽管国土幅员大小并不能完全决定一个国家的战略行为维度，但从国际关系史的演绎逻辑看，从最初地中海的威尼斯霸权、西班牙和葡萄牙的本初子午线分割势力范围，到荷兰的海上马车夫地位、英法百年争霸和德国崛起，再到具有洲际领土规模资源的美苏争霸，及至21世纪雄踞东亚大陆的中国崛起，制度和技术差异可以随着全球化进程而降低代差，但地理幅员的多寡在很大程度上决定了一国地缘战略的天赋上限。尽管在现代技术条件下，距离的迟滞作用已大不如从前，但地域辽阔的国家在核打击承受能力方面仍较国土狭小的国家有更大的优势，这赋予国土幅员广阔的国家在核威慑与核讹诈面前更多的底气。到了战争时期，辽阔的国土对防御方来说使其军队有较大的回旋余地，兵力兵器便于机动，便于持久作

---

[1] Geoffrey Parker. *Geopolitics*：*Past*，*Present and Future*，London：Pinter，1998，P. 73.

战。此外，国土幅员的大小与国家战争潜力有密切联系。国土形状也是构成国力的重要地理要素，量化国土形状特征的重要指标是紧凑度和规则度，即对于给定研究的国家领土，如果面积是一定值，其边界越短，形状则越紧凑，最紧凑和最规则的二维国土形状是圆形。

从地理上讲，军种比例主要是由国家的海陆度决定的，海陆度是一个分析概念，是用来描述一个国家是海洋国家还是大陆国家的程度分析数值。最简单的海陆度测算方法是将一个国家的海岸线（或海上疆界线）长度比上大陆疆界线长度。数值越大（即海陆度值越大），则这个国家的海洋性越强，越偏向海洋国家；反之数值越小，则越接近大陆国家。但在实际情况中则不会这么简化，一些如西南非洲的国家，其海岸线也不算短，但缺乏良港，而且地理位置不在世界主要航线上，因此海上联系并不重要。即使具备了良港和漫长的海岸线，如果国家的战略和经济重心不在沿海而是内陆，能够自给自足，那么也很难算是海洋性国家。因此，对海陆度值的测算，应该在国家的海上国土面积与陆上国土面积的比值基础上，考虑修正系数（有无良港、战略和经济重心的分布位置、是否地处国际海上交通线、有无加入国际经济大循环、国家的海洋政策等因素）的非线性影响。

三、资源禀赋

资源禀赋的地理分布也会对国家战略转型的资源汲取能力构成重大限制，并塑造了国家的战略转型目标、方向和程度。权力与地理直接关联，地理环境塑造了地缘战略形态，利益则可具体呈现在分布于一定地缘空间的地理要素中，如领土、边界划分、石油、淡水、海峡、航道、海港、陆上战略要地等。国家追求的地缘战略利益的重要组成部分是特定地理范围内的资源禀赋，具有特定属性：客观存在性、相对稳定性、稀缺性和不均衡性。

客观存在性。地缘战略利益决定了国家追求的地缘目标是实然存在的

第三章　海权、陆权与崛起大战略

地理目标，而不是抽象的利益目标，可以分为领土地缘政治（夺取和控制领土、基地边界等陆地空间）；资源地缘政治、石油地缘政治和水资源地缘政治（这三者为了夺取或掌控石油、天然气、矿产、水源等及其海陆运输安全）；海洋地缘政治（夺取和控制大陆架、经济区、岛礁、海洋资源、海上战略通道等）、环境地缘政治（对自然和人文环境进行科技、制度、观念治理）、太空地缘政治（对外层空间的制天权竞争）、网络地缘政治（对网络安全等方面的预防与合作、对网络规则的话语权之争）、X地缘政治（对未知领域的利益争夺）。而这种实体化地缘目标的诉求则引领着国家之间的地缘战略关系，即地缘战略利益→地缘战略目标→地缘战略关系。

　　相对稳定性。自然地理环境的缓慢变迁决定了地缘战略利益的相对稳定性，国家的地缘位置、国土幅员、领土结构、地形地貌、资源和能源分布、海岸线长度、出海口条件、陆上天然疆界等自然地理特征在较长时间内不会发生明显变化，塑造了国家战略利益和目标中近乎不变的部分。尽管不同时代的生产力、生产方式、技术条件、经济形态截然不同，从农业社会、工业社会到后工业社会的演化，使国家的地缘战略利益发生阶段性重构，但即使近代历次科技革命相对于历史其他时期的变革周期缩短，导致地缘战略利益的内容和排序发生变化，相对瞬息万变的其他层面的国家利益而言，这种数十年上百年才会出现地缘战略利益重大变革的周期足够相对稳定了。

　　稀缺性和不均衡性。地表地理要素的有限性决定地缘战略利益的稀缺性，随着生产力水平的提升，对稀缺地理要素的需求量急剧提升。从空间尺度来看，不同地域的地理环境，其地缘战略利益的分布、类型和多寡截然不同。分布在不同地理区域的国家对地理要素的利用能力也存在巨大差异。这种空间分布的不均衡性加上地理要素的稀缺性共同决定了地缘战略关系的竞争性本质。如印巴为克什米尔的领土之争、尼罗河上下游国家的水资源之争、中印藏南领土之争、诸大国在中东地带的石油之争、中美和中日在西太平洋水域的岛屿和海上航道竞争等。地缘战略利益的稀缺性和分布不均衡性，导致不同国家和国家集团的战略利益差异很大，从而形成了国家地缘战略内容和目标的空间差异。

四、地理距离

地理距离具有磨损效应。地缘战略转型是国家在特定空间内的战略布局和与其他大国战略博弈的结果，是各战略力量之间在投射力量与承受力量投射的力量结构关系。尽管所有战略行为体都既接受力量投射也越过地理障碍向外投射力量，但由于战略行为体的力量本身差异和空间位置不同所带来的距离不均衡，导致不同战略体的力量投射的巨大差异，使一些强大的战略行为体更多表现为发力方，而弱小的行为体则呈现出被动接受方的地位。这共同塑造了各战略力量之间在特定地缘战略空间中的作用力与反作用力。特定的地缘战略空间可以被看作一个地理场，哈维认为，在一个各向同性的地理空间平面上，任何一个力量源都处在该地理场中的一个特定位置上，它的影响，无论是有益的还是有害的，都会随着离开源的距离而发生有规律的变化，将它的影响向周围地域传播。① 博尔丁提出"力量梯度损失"概念，解释实力随距离增加而削弱，距离的摩擦损耗侵蚀实力的强度。②

地理距离的磨损效应增加了国家在物质力量的投入和精神层面的战略关注。在物质方面，距离的增加提升了对交通运输力量和通信能力的要求，并增加了对时间的额外要求；从精神方面，距离的增加极大影响了战略行为体的精神意志。总之，对于国家而言，如果其战略转型的地域方向和重点离本国越近，它战略转型所进行的权力投射成本越低，反之，则力量的损耗、时间的投入和精神的损耗共同提高了远距离投放权力影响的成本。拿破仑和希特勒对俄国（苏联）远征、日本侵华战争、美国陷入朝鲜

---

① 左大康主编：《现代地理学辞典》，商务印书馆1990年版，第33~34页。
② ［英］奥沙利文：《地理政治论——国际间的竞争与合作》，李亦鸣译，国际文化出版公司1991年版，第11~12页。

战争和越南战争的泥潭、1962年中国对印度自卫反击战大获全胜却迅速撤回、苏联在古巴导弹危机的妥协等历史案例，说明即使是战略体量很大的行为体，其有效应对突发事件时，取决于国内能够被动员起来的那部分力量是否足够（而不是全部的战略实力），哪怕通过技术和强大的权力在很大程度上克服了物质损耗障碍，也要面临战略决心的考量——力量的远距离损耗是否符合战略利益，尤其是在离本国距离遥远且战略利益有限的地点实行力量投射尤为受到这种距离产生的阻遏效应影响。而对受力方而言，地缘距离也提供了一定的保护作用，从军事角度来讲，距离仍然是最好的防御。[①]

五、邻国效应

邻国效应是对地缘距离磨损原理和地理通达性两个要素的延伸，陆海复合型国家只有在陆上邻国相对友好或缺少强敌环伺时，才能具备向海洋转型的足够动机。地缘距离的邻近性决定了邻国彼此战略投射的倍增效应，一个对本国友好的国家，会因为与本国的地缘毗邻使战略效益倍增；一个对本国敌对的国家，会因为它是邻国而使战略损耗倍增。邻国作用与距离磨损不是单纯的反比例关系，因为要受到地理通达性这一干预变量的影响，通达性是从某一地域到达或攻击另一地域的难易程度，涉及地理障碍物、交通运输系统的发达程度、战略补给点的多寡等方面，当两国缺少天然地缘屏障（如高大山脉、沙漠等）、交通运输通达度很高、战略要地充足时，这种战略收益或损耗都会成几何倍数增长。友好的邻国哪怕是海上邻国都可以成为本国的战略缓冲地带，降低守卫本土的国防成本，而敌对邻国的存在，尤其是与敌对邻国有漫长边境线的情况下，则使本国要倾注巨量的海上或陆上资源进行防御，中苏结盟与分裂、中俄关系起伏对两

---

① ［英］奥沙利文：《地理政治论——国际间的竞争与合作》，李亦鸣译，国际文化出版公司1991年版，第11页。

国边防的重大影响,以及美国与加拿大的复合相互依赖因邻国效应而实现战略和经济利益倍增,都足以证明邻国效应通过地理通达度和地缘距离磨损效应对邻国间地缘战略关系的重大影响。

六、地理通达性

空间网络为力量中心的联系提供了媒介,是行为体互动的前提,单元之间的空间连接关系到力量中心之间相互作用的模式、进程和效果。在地缘格局中,单元之间的连接是通过地理空间实现的,这种网络空间可以粗略分为陆地环境/海洋环境,具体涉及岛链、海峡、航道、地峡、陆上地形构造、战略缓冲区等,连接网络空间的核心地理媒介就是陆上和海上的战略通道。对于研究崛起大国由陆向海转型,需要把握空间网络媒介的核心——海上战略通道。

海上战略通道包括自然地理和战略层面的双重内涵。海上战略通道是对国家战略安全、发展和崛起有重要意义的海上航线、咽喉要道和关键海域的总称。主要包含三部分:一是对战略价值重要的海峡、水道和运河的特指;二是指海峡、狭窄水道等海上交通线附近的重要航行和补给枢纽,如岛国和岛屿;三是指具有战略意义的海上交通线所必经的有特定地理空间限制的重要海域。总之,海上战略通道是国家海上通航的必经之路,具有重要的战略价值;也是海外贸易等运输使用率极高的地方,具有经济价值;还是大国海权博弈的海上必争之地,具有军事价值。它既包括自然形成的海峡水道,如英吉利海峡、黑海海峡、曼德海峡、马六甲海峡、霍尔木兹海峡等,也包括人工开凿的海上通道,如苏伊士运河、巴拿马运河、北海—波罗的海运河(基尔运河)、科林斯运河等。它也可以按照航运价值大小进行划分,公认的航运价值大、使用率高、位置重要的战略通道包括:英吉利和多佛尔海峡、直布罗陀海峡、霍尔木兹海峡、波罗的海诸海峡、马六甲海峡、曼德海峡、苏伊士运河、巴拿马运河等。它的使用功能可以按照是否具有可替代性作为指标,如北大西洋、北太平洋、北印度洋是最重要的三大战略水道，而巴拿马、苏伊士和马六甲海峡等，通过地理和技术层面的努力，可以寻找或开凿通道附近的可替代海峡。

海上战略通道具有地理位置的稳定性与地缘因素的非选择性，是海洋强国争夺的焦点，使用频率高，易遭封锁与破坏，安全难以保障。它对国家的地缘战略模式选择有强制性影响，如果转型中的国家缺少毗连或可控、安全的水道，尤其是那种具有唯一性、不可替代的战略通道，那么国家在进行转型谋划时，主观选择的空间和余地较小。如威廉二世德国面临的英吉利海峡封锁、马汉视野下墨西哥湾和加勒比海对美国的战略意义、中国的南海自由通航等。在和平时期，海上通道是政治、经济、军事、贸易联系的通道；在战时，是调动军事力量的通道，扼守咽喉要道对大国的地缘博弈具有重要意义。而如果失去对战略通道的控制和利用，就会制约国家的地缘战略模式选择和迟滞转型进程，难以实现有效的海上运输和物资补给等目的，国内经济失去与海外联系而陷入凋敝、海上战略的机动性大打折扣、陷入国家大战略的被动甚至失败的境地。海上战略通道是大国利益对冲的焦点，如果航线对诸多大国都有很大利益，就强化了海上战略通道的地缘战略意义。

此外，与地理通达性极为相关的海外利益，其集散会影响国家的地缘战略选择，但它不会单独发挥作用，而是适用于摩根索"以权力界定利益"的现实主义逻辑，通过战略实力对比的消长变化来不断调整对潜在海外利益规模和重要程度的判定。对海外战略通道、海外基地、战略据点、港口、海湾、关键海区、海外贸易和投资的诉求，都可能成为地缘战略转型的重要动机。如战略通道是指世界主要大国之间进行战略联合或对抗而采用的，用于运送军事物资与战略物资的通道。[1] 随着荷兰、葡萄牙、西班牙和英国先后崛起，导致地中海地区的拜占庭、威尼斯和后来的奥斯曼帝国要关注与这些新兴大国的战略通道价值，尤其是大西洋和环非洲贸易航线的开通削弱了奥斯曼帝国在地中海的战略杠杆作用，使奥斯曼帝国无

---

[1] 陆卓明：《世界经济地理结构》，北京大学出版社2010年版，第192页。

法分享地理大发现带来的红利,新兴的战略通道促使奥斯曼帝国将战略利益延伸至地中海、红海和印度洋,加速了奥斯曼制海权能力的发展。[1]

第二节
地缘政治、地缘经济与地缘文化

如果从狭义的角度讲,地缘政治通常涉及军事和政治权力的直接投射,比如我们可以认为一个主权完整的国家,对领土范围内的地缘政治控制是高度等级制的,而一个大国,特别是军事领域的强国,其地缘政治所能投射的权势范围会超过领土之内和周边地区,尤其是美国这样的全球性大国,它遍布全球的海外军事基地、同盟体系,使它的"安全边界"(可以理解为本国能有效实现战略控制的国家和区域,不局限于本国领土)远远超出"边界安全"(就可以当作是国家主权的地理范围内的安全)的概念,即能够巩固本国陆疆与海疆安全的战略缓冲区非常广阔,再加上其"东西两大洋、南北皆弱邻"的有利地理位置,我们可以认为美国的地缘政治权力的投射能力与影响力遍布全球(尤其是欧亚沿海地区,而对内陆心脏地带——参考中亚国家——的渗透则相对较差)。

地缘经济,可以简单理解为本国经济状况和经济政策对其他国家经济的影响,有些类似于自由主义所经常提及的"不对称经济相互依赖是权力的来源",比如中国的"一带一路"倡议,可以理解为地缘经济投射能力的扩展;或者仍以美国为例,它可以在"二战"后和"冷战"后分别主导关税及贸易总协定和世界贸易组织,还有"马歇尔计划""第四点援助计划"等,我们可以认为作为霸权国,它对国际公共产品的提供证明其地缘经济的影响力也是全球性的。

---

[1] Palmira Brummett. "The Overrated Adversary: Rhodes and Ottoman Naval Power", *The Historical Journal*, 1993, 36 (3): 540.

地缘文化是一个相对抽象的概念，我们认为亨廷顿的"文明冲突论"，所描绘的美洲文明、基督教文明、伊斯兰文明、儒家文明等，可以普遍看作是地缘文化的分类，也可以认为是一个国家在长期的历史及其与他国战略博弈中所形成的地缘战略文化，总之这可以是一个很灵活的概念。而如果将其理解为一国的战略文化，有助于我们接下来的学习和认识。比如中国虽然有漫长的海岸线，但农耕文明、大陆腹地资源广阔让我们缺少海洋文明的属性，尽管不乏郑和下西洋的壮举，但中国的大陆传统是居于主导地位的。而西方的雅典、荷兰、英国、美国等，都是典型的海洋国家，依赖于海外贸易、开辟航线、殖民地或海外经济区等。大陆文化与海洋文化可以视为基本的地缘文化的体现，尽管不够全面。正如第一次世界大战前的英德海权竞争：对德国而言，海权不过是国家崛起和战略扩张的"奢侈品"，但对英国而言，海权事关国家生死攸关利益。

地缘政治、地缘经济与地缘文化的交互作用使这三个变量之间具有复杂的互动关系，三者所涵盖的内容分别趋近于现实主义、自由主义和建构主义。我们可以进行如下分析：

第一，如果从权力投射的影响力度来看，地缘政治＞地缘经济＞地缘文化。三者互相作用，但整体上地缘政治对后两者的作用程度更大。

从投射的权力属性来看，地缘政治的权力投射主要是硬实力（军事为主），地缘经济的权力投射相对缓和（以经济贸易为主），地缘文化的投射主要是软实力（例如美国对苏联的"和平演变"）。地缘政治影响通常立竿见影；地缘经济次之；地缘文化见效最慢，但不代表不重要。

从美国的同盟体系就能看出来，地缘政治同盟的稳定性要超过地缘经济的贸易合作伙伴，正如我们说东亚很多国家经济上依靠中国，安全和政治上依靠美国，但是整体来看，与美国有同盟关系的国家，在关键问题的"站队"上还是偏向美国。中日建交得益于中美关系的缓和，日本作为美国的盟国，跟进美国的战略；而中日关系的恶化也与中美关系存在相关性。这说明美日的地缘政治同盟对中日关系具有冲击性。

我们所熟知的中美贸易摩擦，基本就是地缘经济竞争，但其背后却是崛起国与霸权国地缘政治冲突的溢出效应产物。而当两国地缘政治和地缘经济陷入冲突时，地缘文化也会受到负面影响，比如近年来美国对中国的带有意识形态和种族主义的"妖魔化"声音可以视为文化或文明的冲突，但其根本还是安全、政治和经济动机在起作用。地缘经济和地缘文化会受到地缘政治的强烈冲击，我们可以说，尽管地缘文化、地缘经济也会对地缘政治起到反作用，比如意识形态冲突对美苏"冷战"的影响，但是地缘政治对后两者的影响力度更大。

以"一战"中的英德为例。英国与德国在地缘经济的相互依赖、盎格鲁·撒克逊文化的认同层面为两国合作提供了一定条件，尽管在这两个领域也有冲突，但远远没有达到"注定一战"的程度；但英德的海权竞争、德国在欧陆的扩张企图，让英国看到一旦德国整合整个欧陆的战略资源、从大陆强国转型为陆海双料霸权，就会威胁到英国的战略安全。尽管英德卷入"一战"不能说完全是两国地缘政治对抗的必然产物，但是地缘政治冲突对双方的战略心理产生了巨大冲击，两国对彼此战略行为和战略决策的负面认知或错误知觉，实际上极大地增加了冲突升级的概率。

再以中日关系为例。中日的竞争，实际上让中日"政冷经热"的关系在2010年之后逐渐转为"政冷经冷"，即使到今天，尽管外交友好的论调不乏存在，但中日关系整体上缺乏战略互信，两国地缘经济的合作利益与地缘文化的认同感最终没有抵住地缘政治的冲突，随着中国持续崛起，日本对中国的地缘政治防范影响了经济和文化领域，加上日本修改教科书、参拜靖国神社加剧了两国地缘文化层面的冲突。

反观中俄关系，两国历史上的合作，基本都是地缘政治利益先行。从"三国干涉还辽"的中俄不平等合作，到"冷战"时期的中苏同盟，再到"冷战"后中俄关系的持续推进，实际上都是为了应对外部的战略威胁。当今中俄的战略合作，其核心就是为了抵消美国在欧亚地区的进攻性地缘战略，尤其是美国退出《中导条约》后中俄关于维持战略稳定的声明。因此，共同的战略竞争对手塑造了两国合作的地缘政治空间。

第二，从权力投射的地理范围来看，地缘文化 > 地缘经济 > 地缘政治。

第三章　海权、陆权与崛起大战略

地缘政治受博尔丁所说的地理距离的损失梯度影响最大，地缘经济次之，地缘文化相对不那么受到地理距离的影响。这里面的地理距离，包括字面意义上的地理距离远近，以及将地理的自然障碍物或水体阻遏力量作为附加变量。

即使是美国这样的全球性大国，它在地缘政治的战略决策中，追求"以海制海"和"以海制陆"，但也无法动摇中俄在欧亚大陆的陆权优势。同样，自彼得大帝以来的俄国不断寻求"陆域蚕食"加"水域开拓"，但至多是在国家周边的陆上地域内"战无不胜"，但对遥远国度的远征或海战基本是以惨败告终。对于崛起的大国而言，地缘经济的影响很容易超越其所在区域，比如"金砖国家"（中国、俄罗斯、印度、南非、巴西）。地缘文化的传播相对更容易。

第三，从国家的战略中心来看，地缘政治 > 地缘经济 > 地缘文化，但战略重心可以适当"悖离"战略中心。

生存和安全是第一位的，只有确保安全才能促进经济繁荣和文化传承。但是战略中心和战略重心是两回事，国家的生存确实始终是第一位的，但对于国家安全能够得到有效保证的国家，尤其是大国而言，一定时期的战略重心可以关注地缘经济和地缘文化，因为并非时刻都面临亡国的危机。比如中国，大陆安全和经济发展处于首要地位不容置疑，这也是中国崛起和参与国际竞争的基础，但是当陆上边界安全得到基本保证时，战略中心仍然是陆主海从，但是战略重心可以适度的变为陆海并举或海主陆从，这并不代表放弃陆权利益，只是我们可能过去海权发展不足、"欠账过多"。因此在战略中心不变的情况下，国家的地缘政治、经济和文化层面的重心可以根据具体的时空条件和国家战略发展需要进行适当调整。

第四，在战略选项上，地缘政治、经济和文化并非非此即彼的关系。一个好的地缘政治决策和战略行为，必须充分考虑地缘经济、地缘文化等方面的正面和负面影响机制。

图3-2反映了上面提到的地缘政治、地缘经济与地缘文化三者之间的关系：三个变量互相影响，地缘政治居于国家战略的顶层设计，最为重

要；地缘经济重要性程度略低，但是影响的地理范围超过地缘政治；地缘文化相对重要性最低，但是影响的地理范围最大，最能发挥潜移默化的效应。而且从深层次来看，国家有什么样的地缘政治战略会受到地缘经济与地缘文化结构的长期塑造。

图 3-2 地缘政治、地缘经济、地缘文化三者之间的关系

资料来源：笔者自制。

尽管我们反复强调地缘政治至关重要，但不代表要完全放弃地缘经济和文化利益而专心地缘政治，这是不现实的。在三者的战略决策和战略行为上，我们做的不是单选题，而是如何平衡三者在国家战略利益中的排序，甚至是国家对不同的对象，其优先顺序也会有差异，比如对于地缘政治冲突比较大的国家，我们更可能的是选择管控地缘政治危机，增加地缘经济和地缘文化的契合程度，实现更积极的作用。而对地缘政治利益较为一致的国家，我们应该以巩固地缘政治合作作为中心，但也应注重地缘经济和地缘文化合作所带来的倍增效应。

本书参照层次分析法，将地缘政治的相关知识体系，分成体系结构（地缘政治格局）、体系进程（相对地理位置、海权与陆权的战略博弈）、国家战略层面（如资源、人口、地形、国土规模等）、地缘学说的观念指导（如海权论、陆权论、边缘地带论等）、国家的地缘经济潜力和地缘文化（与战略文化接近）、地缘战略决策与偏好等，对特定历史时期的国家战略和对外政策进行多元化的变量分析。

第三节
"地缘战略"的概念界定

德国学者在20世纪30年代首次提出"地缘战略"概念。"二战"后，学界进一步扩展地缘战略的含义，扬弃了地缘战略中的侵略扩张思想，强调对地理因素与国家战略的互动关系进行研究，促进国家安全的维护和国际合作。布热津斯基认为，地缘战略就是"战略考虑与地缘政治考虑之结合"或"对地缘政治利益作战略上的掌管"。① 为了避免将地缘战略概念与纳粹德国地缘战略思想混淆，中国采用"战略地理学"替代"地缘战略学"，并将战略地理学划分为两大分支：大战略地理学和军事战略地理学，前者就等同于地缘战略学。雷杰认为，"大战略地理学是在大战略领域内，研究地理环境对国际政治格局、经济格局、军事格局的影响，揭示出同地缘政治学可能有关联的国家力量之间的一种动态关系，使决策者了解制定国家战略的有利和不利因素，从而正确选择战略目标，制定正确的政策"②。沈伟烈的定义是，"地缘战略理论是由地缘政治发展而来的一种战略理论。它以地缘政治为基础，着重研究地理环境对战略的影响以及战略的地理特征"③。程广中指出："地缘战略是利用地缘关系及其作用法则谋取和维护国家利益的方略。"④

地缘战略学讨论的问题可以分为两个部分，即"地理的战略问题"和"战略的地理问题"。前者是指从地理角度去研究战略，包括确定战略的地

---

① ［美］兹比格涅夫·布热津斯基：《大棋局：美国的首要地位及其地缘战略》，中国国际问题研究所译，上海人民出版社1998年版，第2页。
② 雷杰：《战略地理学概论》，解放军出版社1990年版，第2页。
③ 沈伟烈：《国家安全地理》，时事出版社1995年版，第10页。
④ 程广中：《地缘战略论》，国防大学出版社1999年版，第23页。

理方向和布局等；后者是指从战略角度研究地理环境，即影响战略制定和实施的地理要素规律。主权国家（尤其是大国）是地缘战略的行为主体，对外安全与发展利益是地缘战略研究的基本着眼点。地缘政治学提供的估量国家力量的方法，对外交活动和国家政策的制定发挥了作用。它赋予政治行动以现实的地理依据。由于地缘政治学直接接触物质世界，因此有助于使抽象的战略概念变得清晰明朗起来。地缘政治学在实际运用中，为了厘清互相冲突的国家利益和国家目标而对国力要素、通达性、地理位置和环境条件的分析，看来是运用地理学来制定政策的一种手段。因此，我们可以把地缘政治学看作运用地理学为政治目的寻求指导方针的艺术或科学。可以这样说，地缘政治学是军事地理、战略和外交的交叉学科。

地缘战略是国家在特定阶段、以地缘安全领域为主导的战略行为。它会对国家所处的地缘环境产生重大影响：（1）促进地缘战略格局或态势的形成和变化，形成主要地缘战略力量间分化与组合的变化，必然导致战略力量在地理空间分布的不均衡和差异性，进而形成不同类型的地缘战略格局，研究格局在政治、军事、经济等方面的分布特征和力量组合方式，对正确分析国家地缘安全环境、预测战略态势发展趋势、选择正确的战略转型时机与方向，都有积极的导向作用。（2）由转型带来的军备竞赛，以及权势、制度、秩序的修正或重构，大国权力对比、利益竞争、观念分歧等变化，使国家间的战争、和平和发展出现重大变化，导致"热战""冷战""凉战"的可能前景。（3）战略行为体在转型进程中可能会塑造特定的地缘战略区，涉及本土、周边国家、海外地区等，而对地缘战略区的判定和具体研究，有助于国家战略转型的进程和方向不至于脱轨，降低投入成本。我们有必要对地缘战略及其演化动力进行理论透析，为分析战略转型的历史案例做理论铺垫。

所谓地缘战略，是国际行为体（尤其是大国）在既有地缘格局的规约下，通过占据和控制地理要素来寻求权力、安全和利益，形成有利于本国的地缘战略空间，借助空间产生对抗、竞争、合作、和谐的地缘博弈模式，对地缘政治结构产生反作用，形成地理与战略的互动。地缘战略学就是从国家安全的需要出发，以人地关系的理论为基础，研究战略力量布局条件及特点的规律性和方法论的科学。它的核心就是研究国家生存和安全的相对独立的领域。

透过权力政治视角，空间关系可以粗略分为对抗型、妥协型、合作型、和谐型。从现实层面看，这四种形态既可以互相转化，也可以在特定时空范围内出现两种以上类型的并存。对战略转型研究的关注点是动态的政治活动，即转型作为一种战略结果的地理原因。随着19世纪末全球地理大发现在地表空间维度的基本完成，以及地下和外层空间的技术条件制约，使得全球地缘战略关系呈现出封闭性特征。由于不同国家所占有的地理要素不尽相同，核恐怖平衡和其他大规模杀伤性武器的毁灭性前景也限制了传统的领土扩张模式，使地缘政治空间资源的稀缺性问题愈发明显。由于国际体系处于无政府状态，国家自助始终是首要选项，权力格局决定利益分配，进而影响规则与秩序的建构。国际关系行为主体尤其是主权国家，是以一定的自然和人文地理环境为权力载体，国家所寻求的保持权力、扩张权力和国家威望，都直接或间接反映在客观存在的地缘政治空间中，如大陆和海洋空间的石油、天然气、煤炭、钢铁、粮食、淡水、战略通道、港口、基地等，由于地缘政治空间的相对有限性，尽管全球化、一体化、共同体等国际合作组织、规则、秩序、共识如雨后春笋般蓬勃兴起，但"一方之所得即为另一方之所失"的地缘政治零和博弈也在诸多领域屡见不鲜（见图3-3）。

我们不能陷入豪斯霍弗所提出的带有地理决定论或宿命论的"生存空间"学说中，也不能认为随着技术革命的进步就可以忽略地理因素。对地缘政治的历史研究、现状评估和未来预测，其重要内容之一，是研究陆上崛起国与海上霸权国的地缘竞争与合作问题。如何化解海陆冲突是摆在21世纪中美关系面前的结构性难题。地缘政治学实际上可以作为沟通国际政治理论和对外政策理论的桥梁，从宏观上讲，地缘政治学本身就与马克思主义、现实主义理论存有交集；从中观层面看，地缘政治学与大战略理论之间存在诸多重叠领域，大战略在很大程度上就是一种地缘战略；从微观层面看，地缘政治学又与战略偏好理论密切相关，地缘政治既涵盖对物质权力的地理分配考察，也涉及对地缘战略文化的透析。

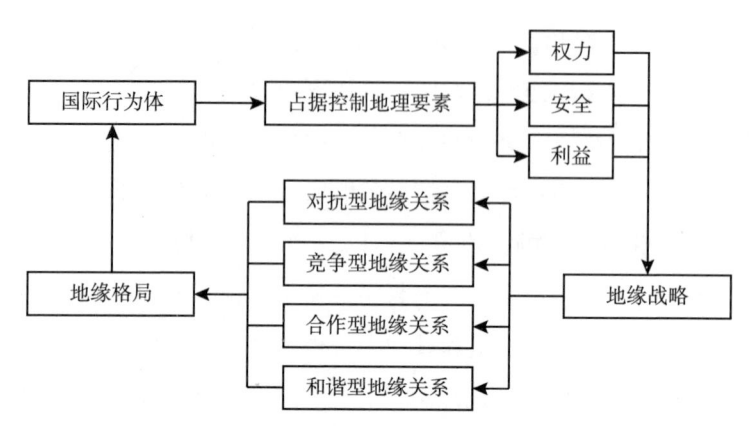

图 3-3　地缘格局与地缘战略互动影响的因果机制

第四节
崛起国的两难选择：海权与陆权

一、对"权力"的概念解读

海权与陆权作为地缘政治的两个核心变量，应当将权力放在特定地理要素与国家战略的互动角度进行分析。我们需要借助政治学与国际关系中的"权力"概念来理解海权与陆权。

马克思·韦伯（Max Weber）的定义是：权力意味着在一种社会关系中哪怕遇到反对也能贯彻自己意志的可能性。[1] 拥有权力的一方支配没有

---

[1] ［德］马克思·韦伯：《经济与社会》（上卷），商务印书馆1997年版，第81页。

权力的另一方。权力是一种社会关系；权力是一种不对等的支配关系；权力是一种制度化的、相对稳定的支配关系。[1]

夏夫利（W. Phillips Shively）认为：权力是一个人通过某种手段促使另一个人按照其意愿行动的能力。权力可以作为一种威压（coercion）手段（强迫一个人做其不愿意做的事情）、规劝（persuasion）手段（说服他人真心去做一件事情）、动机建构（construction of incentives）（使他人相信其他选择没有吸引力、只剩下唯一的合理选择）。他将权力分类为隐性权力（implicit power）和显性权力（manifest power）。显性权力基于能看得见的行动，即 A 让 B 做 A 想做的事情。隐性权力是指 B 做了 A 要求做的事情，但 A 并没有通过语言或行动明确要求 B 做这件事，而是由于 B 感觉到 A 想让 B 做这件事，或是基于某些原因，B 希望做 A 想做的事。[2]

海伍德（Andrew Heywood）将权力视为一种关系，也就是以非他人选择的方式对其施加影响的能力。权力可与惩罚和奖励相联系，近于强制或操纵。他对权力的使用方式做了区分：作为决策的权力，指以某种方式影响决定内容的有意识行动；作为议程设置的权力，即阻止决定作出的能力或曰"非决策"（non-decision-making）能力，这要求有能力确定或控制政治议程，一开始就能阻止某一议题或方案的公开；作为思想控制的权力，塑造他人的思想、欲望或需求，从而对其施加影响的能力，这种权力表现为意识形态灌输或心理控制。[3]

希尔斯曼（Roger Hilsman）对权力的来源作了概括：权力来自暴力或军事力量、财富、社会地位、组织制度、专门知识和社会舆论等多种途径。[4] 政治权力可以分为主观要素和客观要素。客观要素是指政治权力形

---

[1] 孙关宏等主编：《政治学概论》（第二版），复旦大学出版社 2017 年版，第 35 页。
[2] ［美］W. 菲利普斯·夏夫利：《权力与选择：政治科学导论》，孟维瞻译，世界图书出版公司北京公司 2014 年版，第 7 页。
[3] ［美］安德鲁·海伍德：《政治学的思维方式》，张立鹏译，中国人民大学出版社 2014 年版，第 14~15 页。
[4] ［美］罗杰·希尔斯曼：《美国是如何治理的》，曹大鹏译，商务印书馆 1995 年版，第 21~23 页。

成过程中，外在于政治权力主体的促成因素和条件，包括：生产资料、物质财富、暴力、自然资源、地理条件、文化传统、有利的形势变化和时机、政治权力客体的服从心理等。主观构成要素包括：能力素质、身份资格、理论与策略、组织等。对政治权力的分类还可以依据权力本身的性质分为物质资源（刚性的）和精神资源（柔性的），物质要素包括：物质财富（wealth）、组织和规则（organization&norms）、社会地位（social status）、暴力（violence）；精神要素包括：意识形态（ideology）、社会舆论（consensus）、专业知识（knowledge）、道德（moral）。政治权力的实施方式有三种：动用武力（use force）、交易（make deals）、服从义务形成（create obligations）。[1]

摩根索认为，权力是指人支配他人的意志和行动的力量。他对权力概念的辨析是：权力与影响力、权力与武力、可用权力与不可用权力、合法权力与非法权力、权力是相对的（与他国权力的比较）。他认为权力包括九个要素：地理、自然资源、工业能力、军事准备、人口、民族性格、国民士气、外交质量和政府质量。他对权力的定义涵盖了有形权力与无形权力，国家权力包括物质资源和非物质资源。他指出国家寻求权力的三种政策：现状政策（policy of the status quo）：保持权力；帝国主义政策（imperialism）：增加权力；威望政策（policy of prestige）：展示权力。摩根索提出国家追求权力是根植于人性的客观法则，即人天生具有权力欲；权力既是手段也是目标；权力总是国际政治终极目标追求中的直接目标。

沃尔兹对权力进行了界定：获得预期结果的能力；权力不等于控制力（强国并不能凭借军事力量为所欲为，但它们能做军事力量虚弱的国家不能做的事情）（无力对他国实施政治上的控制并不意味着军事上的软弱，例如拿破仑、美国对伊拉克）；权力是相对的，与国家间能力分配有关（权力需要参照同类单位、在国际体系结构中的相对地位）。具体包括：人口、领土、资源禀赋、经济实力、军事实力、政治稳定及能力。他更强调

---

[1] 燕继荣：《政治学十五讲》（第二版），北京大学出版社2013年版，第114~119页。

物质性有形权力的来源，强调权力不可分割：国家的经济、军事及其他能力不能被分割开来加以衡量；国家在自助体系中运用的是综合实力来维护国家利益。如果某个行为体对其他行为体的影响大于其他行为体对它的影响，就是强大的。沃尔兹和米尔斯海默指出国家追求权力的动力：不是根植于权力欲，而是国际体系的结构使然；沃尔兹强调权力是手段：体系鼓励国家追求的目标是安全，权力的增加也许会、也许不会有助于这一目标的实现。

米尔斯海默对权力的定义是：权力不等同于结果，因而反对唯结果论（即韦伯和达尔式的观点）（冲突之前无法评判双方的力量对比；冲突中弱势一方有时也能战胜强势一方，如美国参与越战）；侧重权力资源，即以物质力量为基础，尤其是军事实力；强调权力对比，认为一国实际权力最终取决于其军事力量以及它与对手军事实力对比的情况。米尔斯海默比沃尔兹更重视物质性权力来源，他认为潜在权力是构筑军事权力的社会经济要素，以国家财富和人口规模为基础；而军事权力的衡量标准包括：一国的陆军规模、陆战实力以及与之相匹配的海空力量为基础，陆军是军事权力的核心，即使核时代也是如此。财富不等同于军事权力，不同国家对财富转换为军事权力的效率和水平存在差异。米尔斯海默强调权力是目标：国际体系迫使大国最大化地扩充它们的相对权力，因为这是获得最大安全的最佳途径，最终目标是获得地区性霸权（水体阻遏力量）。

鲍德温指出，权力是一种关系概念。基欧汉和奈指出了权力使用的三种方式：胁迫、奖励和吸引力，将权力界定为：某行为体促使其他行为体做其原本不会去做的事情（其代价为前者可以接受）；对资源的控制和对结果的影响（两者很少一一对应，涉及权力转换比率问题）。他们将权力分为硬权力与软权力：前者通过改变他者行为获得预期结果；后者通过改变他者想法获得预期结果，文化、价值观、意识形态、对外政策和制度等因素构成国家软权力。国际政治的实质除了对军事优势和政治统治争夺外，也是对人们思想的争夺——人心之争。非对称性相互依赖是权力的来源；敏感性与脆弱性较小的一方可以迫使敏感性与脆弱性较大的一方依从己方的意志。苏珊·斯特兰奇提出了结构性权力论——分为联系性权力与结构性权力。联系性权力是让对方做原本不愿意做的事情的权力；结构性权力则是形成和决定全球各种政治经济结构的权力，安全、生产、金融和知识结构是结构性权力的来源。结构性权力的四个要素形成系统效应，不会单独发挥作用。

地缘政治结构蕴含的力量可以用资源和经济潜力来表示。而资源和经济潜力可以大体上被看作人力资源包含的诸要素，如年龄、性别、受教育程度、就业状况、社会结构和心理特征的一种表现，而且也可以被看作资源可利用性和资源开发能力的一种表现。所以，地缘政治的主要实力中心同居民中心、生产中心或商业中心是一致的，并且主要的实力中心也构成防务机构的中心。这些实力中心的重要程度取决于它们拥有的有利条件的多寡和对外施加影响的速度与范围。支撑一国防务的国民经济总体能力体现在国民生产总值的概略数值上。在这一级地缘政治分析中，不必把军事实力同经济实力或政治实力分开，因为所有的实力中心都可能成为敌国的目标。这样，一切实力中心都会产生一种朦胧的威胁感，或是觉得被敌国紧紧地盯上了，或者只是隐隐约约地感到就在敌国的视线之内。

地缘政治学的核心概念是：一国的相对力量规定着它达成国际目标的能力。但是，在同一复杂的概念中，也包含着这样的意思，即国力随着实力中心的对外通达性而异。因此，一国的力量决定着它通过外交手段来强行解决问题的深度。在现代实际生活中，增强国际政治力量的办法是通过若干国家结成同盟或国际组织，即俗称的"实力集团"。这些实力集团具有"超级国家"的某些特征。总之，接下来所讨论的海权与陆权，可以从权力维度理解为相互作用的三层含义：第一，以海军和陆军为主体的国家军事战争与国防威慑能力；第二，对陆上与海上战略的塑造能力、对大陆与海洋的权力投射范围；第三，与其他海陆强国的战略关系所带来的海权与陆权权力的"加成"或"削弱"，即其他强国在多大程度上支持或制衡本国的海权与陆权崛起。

二、海权与陆权的作用比较

地缘战略的核心是海权战略与陆权战略。海权特指国家运用军事力量来实现对一定海洋区域的主导性掌控；陆权则是国家运用军事力量取得对一定陆地空间的控制和利用。研究中涉及的海权和陆权战略则是指一个国家在军事上执行海洋、陆地利益方面既定的经济、外交和政治方针的规划。[1] 海权战略和陆权战略作为地缘战略的核心组成部分，既对战略取向、战略手段和战略目标等方面有重大导向性作用，又不能超越大战略对国家的重要性，而是服从和服务于国家大战略。历史上陆海复合型国家在战略转型期间，很大程度上就是权衡海权和陆权战略在大战略中的比重问题，也就是海权与陆权之间的攻防平衡关系，即何者在大战略的手段与目标中更居主导地位。

马汉认为海权更具优势，"陆权的使用受离海洋远近的影响；与此相对应，在任何海陆交汇之处，陆上环境也制约着海权的使用，使其不再是一个独立的因素，而在性质上受制于陆权的大小强弱"[2]。鉴于海陆关系对欧亚的地缘政治形势会产生根本的影响，欧亚大陆问题的和平与永久解决的两个条件之一，是取得陆权和海权之间某种均衡的趋近态势。[3] 尽管马汉意识到来自陆权的危险，但他似乎毫不怀疑海权在获得世界权力方面的终极效用。[4] 马汉对海权和陆权关系持对立统一的认知：陆上强国也需要推进至海边以利用海洋为自己服务，而海上强国也必须以陆地为依托并控

---

[1] 倪乐雄：《中国海权战略的当代转型与威慑作用》，载于《国际观察》2012年第4期，第23~28页。
[2] [美] 阿尔弗雷德·塞耶·马汉：《海权论》，萧伟中、梅然译，中国言实出版社1997年版，第222~223页。
[3] [美] 阿尔弗雷德·塞耶·马汉：《海权论》，萧伟中、梅然译，中国言实出版社1997年版，第227~228页。
[4] [美] 杰弗里·帕克：《地缘政治学：过去、现在和未来》，刘从德译，新华出版社2003年版，第129页。

制其上的居民。[①]

马汉坚信海权对陆权享有优势，其原因建立在两个理论假设基础上，即海洋经济是决定国家经济繁荣的关键动力；技术进步不会从根本上动摇海权相对于陆权的战略优势。[②] 乔治·莫德尔斯基等人认为，"海军取得主导性优势，不仅有助于确保海上交通线的安全，还能使过去通过战争确立的优势地位得到护持。国家要想成长为全球性的主导强国，虽然拥有海军并不能完全保证成功，但强大的海军却是前提条件"[③]。

麦金德强调陆权力量的主导地位，在《民主的理想与现实》中他认为，欧亚大陆的心脏地带对全球的地缘政治起主导性作用。[④] 朱利安·科贝特（Julian Corbett）也认为陆权相对海权更具优势和重要性，"由于人们是生活在陆上而不是大海中，因此除了极少数特例外，国家间爆发的战争和冲突，真正决定成败的要素有两点：要么陆军可以直接针对敌国的领土和国民生活产生决定性影响，要么取决于海军能够为陆军的行动创造什么样的战略条件，从而促使敌方感受到足够的威胁"[⑤]。

约翰·米尔斯海默强调陆权力量更具进攻性和威胁性。军事力量的投射能力一般随着距离，尤其是水上距离的增加而逐渐衰减，国家要想通过在一国边境集结军事力量或是威胁要对一国边境进行战略动员和部队集结，只有通过庞大的陆上力量才能达成。一旦国家具备这种陆上力量投射时，就会对陆上邻国构成极大的威胁，这种威胁是依靠强大经济实力和海军力量所无法做到的。陆上强国与邻近国家，以及陆上强国之间总是会对

---

① ［美］阿尔弗雷德·塞耶·马汉：《海权论》，萧伟中、梅然译，中国言实出版社1997年版，第234页。

② Paul M. Kennedy. *The Rise and Fall of British Naval Mastery*, London: Macmillan, 1983, P. 7.

③ George Modelski and William R. Thompson. *Seapower in Global Politics*, 1949~1993, Seattle: University of Washington Press, 1988, pp. 3–26.

④ ［英］麦金德：《历史的地理枢纽》，林尔蔚、陈江译，商务印书馆1985年版，第1页；J. Mackinder. *Democratic Ideals and Reality*, NewYork: Henry Holtabnd Company, 1942, P. 62.

⑤ Julian Corbett. *Some Principles of Maritime Strategy: With an Introduction and Notes by Eric J*, Grove, Annapolis: Naval Institute Press, 1988 reprinted, Classics of Sea Power, P. 16.

彼此的主权独立和领土完整构成生存威胁。①

路德维希·德约（Ludwig Dehio）的《不牢靠的平衡》糅合了三种地缘政治关系理念，即海权对抗陆权、海外霸权优势对抗欧洲陆上均势、传统中等列强对抗体系侧翼大国，说明了四个世纪以来现代欧洲国际权势斗争的海陆博弈的历史性规律。② 德约揭示的16世纪后近四百年的国际体系机理和模式可以用两对概念来概括：欧陆均势与海外优势，欧陆均势与侧翼大国。单纯的海权与陆权对抗只是特定历史时期中出现的地缘权势冲突模式，只有当边缘地带国家处于相对羸弱状态时，心脏地带强国和海权主导国的战略对抗和冲突才会成为主要模式，因此，传统的海陆对抗并非是历史或地理原因生成的。③

斯拜克曼很大程度上遵循了德约的逻辑，他没有否认海权与陆权国家对抗的历史性案例存在，但他认为这种对抗冲突并不是一个压倒性的历史主题，因为在国际关系史中，从来没有发生过单纯的海权和陆权的战略对抗。他揭示了另外两个地缘博弈规律，即历史上的同盟阵营总是某些边缘地带国家和英国一起来对抗另一些边缘地带国家和俄国；或是英国与俄国这两个侧翼大国一起来对抗某个边缘地带强国的崛起和扩张。斯拜克曼揭示了大国战略史上反复出现的两种地缘冲突模式：一是海权与陆权的对抗；二是海上国家与心脏地带国家联手来对抗和遏制某个或某些边缘地带国家的扩张，至于哪种模式占据阶段性主导地位，则主要取决于该历史时期边缘地带内部的权势分布状况。④

德国海军史学者H. 帕姆塞尔认为："希波战争是世界上第一次由于

---

① 关于陆军和海军这两种不同类型的军事力量在"进攻"和"防御"方面的根本差别，参见John J. Mearsheimer. *The Tragedy of Great Power Politics*, Chapter 4.

② Ludwig Dehio. *The Precarious Balance: Four Centuries of the European Power Struggle*. New York, 1962.

③ LeoS. Amery. "The Geographical Pivot of History: Discussion", *The Geographical Journal*, 1904, 23（4）：440.

④ Nicholas J. Spykman. *The Geography of Peace*, New York: Harcourt Brace & Co., 1944, pp. 43–45.

海上作战而影响了历史进程。"[1] 修昔底德认为,在伯罗奔尼撒战争中,斯巴达单凭陆权优势不能战胜雅典,借助波斯的支持,斯巴达建立了强大的海军,经几次海上交锋,最后在伊哥斯波塔米海战中彻底毁灭了雅典海军,雅典被迫投降。[2] 阿里安认为,马其顿亚历山大征服波斯的战争,亚历山大深知制海权对他远征的重要性,他曾对部下说:"只要波斯仍然掌握着制海权,我就看不出我们怎么能够安全地进军埃及。"[3] 马汉通过对布匿战争的深入研究后得出重要结论,他认为海军对那个时代的历史所起的巨大的决定性影响以及对世界历史所产生的影响都被忽视了。[4]

保罗·肯尼迪认为:"在1660~1815年这一时期取得最决定性进展,最终把法国从最强大国家之一的地位上赶下来的,是海上大国大不列颠,而不是这些陆上大国。"[5] 卡尔·邓尼茨写道,英国的蒙哥马利元帅于1962年7月11日在英国上院发表演说时总结道:"历史的重大教训是,对方实行陆战战略是注定要以失败而告终。第二次世界大战从根本上看,是一场争夺海上航道控制的斗争。"戴尔·科普兰认为,"一战"爆发的重要根源之一,是德国对俄国陆上优势的崛起恐惧,随着俄国陆权机动性和实现洲际陆权战略资源调动,德国对俄作战成功的可能性将越来越低,德俄攻防平衡态势正在向不利于德国的方向发展。[6] 科普兰借此证明此时陆权比海权的战略投射能力更具优势地位,能给国家带来更大的地缘威胁。

---

[1] [德] H. 帕姆塞尔:《世界海战简史》,屠苏等译,海洋出版社1986年版,第14页。
[2] [古希腊] 修昔底德:《伯罗奔尼撒战争史》,谢德风译,商务印书馆1960年版,第657页。
[3] [古罗马] 阿里安:《亚历山大远征记》,李活译,商务印书馆1979年版,第78页。
[4] [美] 阿尔弗雷德·塞耶·马汉:《海权对历史的影响(1660 – 1783)》,安常容、成忠勤译,解放军出版社1998年版,第21页。
[5] [美] 保罗·肯尼迪:《大国的兴衰》,王保存等译,求实出版社1988年版,第113页。
[6] Dale C. Copeland. *The Origins of Major War*, New York: Cornell University Press, 2000, pp. 61 – 63.

三、近代历史中的大陆均势与海洋霸权

近代国际关系史中存在两个大国体系，一个是基于欧洲的，另一个是涵盖世界的，然而主导权力是重叠的。体系内部的权力基础、权力结构以及大国战略交互影响的方式并不相同。一种体系中满意现状的国家不一定满意另一种体系。在没有明确某一体系的地缘范围和权力基础的情况下，试图谈论国际体系的主导、权力的分配或者权力的转移都是没有意义的。

1945年前的欧洲体系主要基于陆权主导，而全球体系则基于海权与支撑庞大海上帝国的经济财富。许多欧洲中心主义的均势理论家倾向于把19世纪作为均势的"黄金时代"，而以全球视角的权力转移则把这段历史称作"不列颠治下的和平"（Pax Britannica）。全球体系中的权力集中一般来讲要比欧洲体系的权力集中大很多，而且在过去5个世纪中几乎没有形成过针对全球主导权力的军事联盟。欧洲体系内始终没有形成一个持续的霸权，16世纪菲力二世统治的西班牙、17世纪晚期路易十四治下的法国、19世纪初的拿破仑法国、德意志第二帝国和第三帝国等，都最终被其他国家的结盟制衡消除了威胁。

在近代欧陆地缘格局的演进中，主流的战略取向是国家选择结盟反对区域陆权主导国。17世纪荷兰居于首位的贸易、金融和海军实力，具备全球领导力量，但随着路易十四法国的崛起，英国结束了同荷兰的战略竞争并与荷兰结盟数次以与法国交战。法国大革命后，其他国家形成了针对法国而非英国的均势联盟；20世纪早期又形成了针对德国而非英国或美国的联盟；"二战"后的结盟则是针对苏联而非美国。500年来的世界体系中几乎没有任何针对全球主导国的均势联盟出现，针对美国的均势联盟的缺失不仅仅是一些学者提出的特例。

实际上单纯的无政府状态并不能均衡描述某一个历史阶段整个世界的全部图景，对于海洋格局而言，自西班牙与葡萄牙的新航路开辟以来，其无政府色彩要远远低于均势制衡下的欧洲大陆。尤其是英国与美国先后海

上霸权的崛起，将全球海洋秩序变得更加具有等级制偏好。美国又是近代国际关系史上第一个既是本地区（美洲）霸权又是超地区霸权的国家。只有通过海权与陆权的区分，才能避免陷入均势理论与霸权理论的自相矛盾中。莱恩（Christopher Layne）对陆上大国与海上大国进行了战略比较，如表3-1所示。

表3-1　　　　　　　　陆上大国与海上大国的战略比较

	相对安全/ 不安全	相对安全/ 不安全的原因	所适用的大战略
陆上大国	非常易受攻击	在地理上与陆上大国对手相毗邻	霸权战略：通过消灭对手或成为唯一大国来获取安全
隔岸平衡手（海上大国）	相对易受攻击	在地理上与大国对手相距较远且自身具备军事能力	隔岸平衡战略：利用多极优势将阻止新霸主的任务"推"给其他国家

资料来源：[美]克里斯托弗·莱恩：《和平的幻想：1940年以来的美国大战略》，孙建中译，上海人民出版社2009年版，第30页。

　　按照进攻性现实主义逻辑，陆上大国由于强敌环伺，有更强烈的动机成为体系霸权来维护自身安全，但由于近代欧陆的多极均势状态加上域外大国的频繁介入，导致陆上称霸行动始终未能完全成功；海上大国由于距离加上军事实力的强大，能够具有更强烈的安全感，使得攻防平衡向自己一方倾斜。但正因为海上霸权可获性较高、战略成本较低，加上大陆均势对海洋强国隔岸平衡和关键介入的诉求，使海上大国具有超然的战略地位，即使海洋大国原有的称霸动机不够强烈，也会因为实现霸权目标的巨大收益前景和承担风险较低的诱惑，而最终选择走向海上霸权，甚至实现以海制陆。

　　此外，莱恩还揭示了海上大国（隔岸平衡者）在攻防平衡领域巨大的地缘优势，如表3-2所示。

表 3-2　　　　　　海上大国在攻防平衡领域的地缘优势

欧洲大陆均势	攻/防平衡	威胁
健全的多极	海洋障碍：信心十足 海上大国能力：强大	很低
失败的多极	海洋障碍：信心不足 海上大国能力：弱小	很高
地区霸主	海洋障碍：信心不足 海上大国能力：弱小	极高
地区霸主	海洋障碍：信心十足 海上大国能力：强大	低
失败的多极	海洋障碍：信心十足 海上大国能力：强大	低

资料来源：［美］克里斯托弗·莱恩：《和平的幻想：1940年以来的美国大战略》，孙建中译，上海人民出版社2009年版，第34页。

在笔者看来，海上霸主国维持自身战略安全的两个路径是自身的实力强大和限制对手，即海上大国的安全感通常与陆上大国的安全感成反比，这也是为什么历史上反复出现海权与陆权的对抗模式。尤其是对于陆上崛起大国而言，如何在发展海权转型的同时不过度刺激海上霸权国的安全担忧；或者说海上大国如何在保障自身安全的情况下默许陆上大国的战略崛起；这是经典而复杂的问题，也是本书对崛起国战略转型问题研究的核心关切点。

四、海权、陆权与战略研究维度

关于海权的定义主要可以分为两类，一类是形成海权的关键要素，另一类是海权的外在形态。[1] 马汉提出海权六要素包括：地理位置、自然结

---

[1] 师小芹：《论海权与中美关系》，军事科学出版社2012年版，第4页。

构（包括与此相关的大自然的产物和气候）、领土范围、人口、民族特点、政府的性质（包括国家机构）。① 杰弗里·提尔将海权分为直接要素和间接要素，认为海军实力及其相关技术是直接要素，而海洋地理、资源、海洋经济、人口、社会与政府等其他手段是间接要素。强调这些间接要素的互动，和它们与海军等直接要素的输入—输出关系，共同构成现实的海权。② 此外，海权的理解应该超越海洋，只要这种力量的使用是作为执行海权战略的手段，无论是陆基、空基还是天基武器，都可以是海权的一部分。③ 海权不仅包括国家的内部手段，也包括外部的联盟手段，如英美在欧亚大陆践行联盟战略来实现霸权护持。海权还应该是一种国际关系理论中权力范畴的概念，包括与海权相关的战略管控能力。总之，海权可以被界定为一国综合运用本国和盟国的军事和非军事手段，护卫本国海疆和陆上安全、执行远洋作战、保护海上交通线和海外贸易、投射海外战略据点、对陆上事务施加影响的能力。

关于陆权，麦金德注重心脏地带的重要性④，而将海陆结合部视为次要战略地位的内新月形地带；斯拜克曼强调边缘地带的战略价值，认为陆海复合型强国具有对心脏地带国家和海权主导国的双重威胁。麦金德将世界地理范围划为心脏地区、内新月形地区和外新月形地区，并赋予了东欧

---

① [美]阿尔弗雷德·塞耶·马汉：《海权的力量》，付佳译，人民日报出版社2016年版，第5页。

② Georffrey Till. *Seapower*: *A Guide for the Twenty - First Century*, Portland, OR.: Frank Cass Publishers, 2004, P. 79.

③ Bernard Brodie. *A Layman's Guide to Naval Strategy*, Princeton: Princeton University Press, 1943, P. 4.

④ 1905年日俄战争之前，麦金德认为，俄国不易受到海上力量的攻击，拥有丰富的人力和战略资源，一旦发展出促进战略资源调配的高效铁路网，这种陆权的崛起会成为英国最大的地缘威胁，故"枢纽地区"基本涵盖了俄国的主要版图。而随着1905年俄国的战败，德国不断推行"世界政策"和海军军备竞赛，加之德国高效的官僚机构、强大的武装力量、先进的军工产业和现代化的铁路网，麦金德认为德国已经取代俄国成为英国最大的战略威胁，所以将"枢纽地区"的地理范围扩大，将波罗的海、东欧等地囊括其中，形成心脏地带。详情可参见：金雁：《苏俄现代化与改革研究》，广东教育出版社1999年版，第221~222页；[英]哈·麦金德：《历史的地理枢纽》，林尔薇等译，商务印书馆1985年版，第6页；James R. Holmes, "Mahan, a 'Place in the Sun,' and Germany's Quest for Sea Power", *Comparative Strategy*, 2004, 23: 27.

非常重要的战略定位，为了防止德国在"一战"后东山再起，提出要在德国与俄国之间保留一些缓冲国家①，使东欧始终处于破碎地带并能得到其他大国的支撑和保护，避免单一的陆权大国统一东欧这一心脏地带。随着苏联的崛起和纳粹德国的战败，麦金德不再过分突出东欧地缘政治上的重要性，而是将之大致限定在苏联版图之内。② 在斯拜克曼看来，自 16 世纪以来，欧亚大陆的陆海结合部在很大程度上一直是地缘合作与冲突的核心地带，不仅由于这里是地理大发现的起源地，而且世界上主要的人口、资源、工业基础、重要经济区和战略要地都在该地区，此外，边缘地区的权力分布与心脏地带强国的扩张程度、海权主导国对大陆的战略关注度有重大关联。霸权的挑战者基本都属于陆海复合型强国，如路易十四和拿破仑法国与威廉二世和希特勒德国。③ 在麦金德看来，地缘政治冲突的主要逻辑就是海权和陆权的冲突，而在斯拜克曼看来，海权和陆权的冲突并不居于近代地缘政治现象的主旋律，历史上很少发生单纯的海权和陆权的对抗，更常见到的两种地缘冲突机理是海权主导国和心脏地带强国联手对抗边缘地带强国，或海权主导国与陆权主导国各自拉拢一部分边缘地带国家进行战略对抗。至于斯拜克曼揭示的两种机理何种占优，则在很大程度取决于边缘地带的权力分布状况。④

"战略讲述的是组织如何实现其目的或目标的方法。军事战略讲述的是在各种方法中选择如何运用军队实现军事目的，从而实现政治目的。"⑤当战略研究在 20 世纪五六十年代获得重视时，人们并未立即认识到战略研究其实源自国际关系，甚至认为"国际关系的战略研究进路"更像是国际

---

① 正是这些缓冲国家，使德国摆脱了被侧翼大国海陆夹击的历史宿命，最终导致希特勒德国能够与苏联签订划分东欧的协议，在"二战"初始阶段有效避免了两线作战。
② 崔建树：《哈尔福德·麦金德的地缘政治思想研究》，载于《国际政治研究》2010 年第 4 期，第 96 页。
③ 吴征宇：《海权与陆海复合型强国》，载于《世界经济与政治》2012 年第 2 期，第 42 页。
④ Michael P. Gerace. Between Mackinder and Spykman, Comparative Strategy, Vol. 10, No. 4, 1991, P. 354.
⑤ [美] 罗杰·W. 巴尼特：《海军的战略和文化：海军所想所为什么不一样》，吴东风等译，北京：中国市场出版社 2014 年版，第 44 页。

关系的母体，而非后代。战略研究与国际关系以及国际关系学科中的安全研究有着错综复杂的关系。正如赫德利·布尔所说：将战略研究从国际关系的广泛研究中分离出来是不可取的。战略研究自身具有高度的政治性质，也有学者认为战略研究实际上应被视为政治科学中与国际关系并列的一个分支。如安全困境就可以视为战略研究与安全研究之间的相互作用的关系。[①] 战略研究重点关注的是武力在国际政治中的作用，战争与和平的问题在国际关系成为成熟的学科之前，便占据了中心地位。战略研究关注对国际体系提出最严峻挑战的问题，即可能对国际体系主要单元或体系整体造成威胁的武装冲突，因此国际关系无法忽视战略研究。近年来，战略研究将对行为体之间的互动关注，还聚焦到力图理解全球恐怖主义、核扩散及失能国家时代的所谓新挑战。[②] 大战略可以作为地缘政治在国家层次分析的理论基础与分析方法。"战略"传统上指的是规划和使用军事资源，以赢得对敌人的重大战役或取得战争本身的胜利。[③]

对战略的研究通常会与克劳塞维茨（Carl von Clausewitz）对于战争的永久性政治本质的论述相联系，克劳塞维茨认为对武力的运用从属于政策利益，他的"目的—手段论"可以应用于除拿破仑时代基于陆地的战争以外的各类环境。[④] 受到"一战"教训的影响，利德尔·哈特（Liddell Hart）在军事胜利的基础上，拓宽了对战略概念的界定，如果战争结果让国家在新的冲突中，在外部威胁面前更加弱小、国家内部更加脆弱性，那么军事胜利就不能满足有效"战略"的所有要求，发动战争的同时必须关注对和

[①] [澳] 克里斯蒂安·罗伊·斯米特、[英] 邓肯·斯尼达尔编：《牛津国际关系手册》，方芳译，译林出版社2019年版，第620~622页。

[②] [澳] 克里斯蒂安·罗伊·斯米特、[英] 邓肯·斯尼达尔编：《牛津国际关系手册》，方芳译，译林出版社2019年版，第606~607页。

[③] Karl von Clausewitz. *On War*, ed. *Michael Howard and Peter Paret*, Princeton: Princeton University Press, 1976; Edward Mead Earle, ed., *Makers of Modern Strategy*, Princeton: Princeton University Press, 1943; B. H. Liddell Hart. *Strategy*, 2d rev. ed. New York: Praeger, 1972; B. H. Liddell Hart. *The British Way in Warfare*, New York: Penguin, 1942, chap. 1.

[④] [澳] 克里斯蒂安·罗伊·斯米特、[英] 邓肯·斯尼达尔编：《牛津国际关系手册》，方芳译，译林出版社2019年版，第607页。

平的期望。这符合克劳塞维茨的战争逻辑,"战争是政治继续的另一种手段——必须始终由大规模毁灭性武器来确保政策从战争到和平时期的延续"①。"二战"后,美国的核战略专家将威慑或制止战争视为战略的内涵。② 在和平时期建立一支永久动员和坚不可摧的核力量,甚至可以阻止最强大敌人的攻击。③

利德尔·哈特认为,"正如战术是军事战略在较低一级的运用一样,军事战略是大战略在较低一级的运用"。哈特指出,"大战略不仅把各种手段结合起来,而且协调运用,以免有损于未来稳定和繁荣的和平状态"④。戴维·阿布希尔的观点是,大战略还必须包含更多的内容,它必须包括政治、外交、技术,甚至还有文化和道德。必须综合处理国家力量中的各个组成部分。⑤ 约翰·柯林斯对大战略下的定义是,"在各种情况下运用国家力量的一门艺术和科学,以便通过威胁、武力、间接压力、外交、诡计以及其他可以想到的手段,对敌方实施所需要的各种程度和各种样式的控制,以实现国家安全的利益和目标"⑥。柯林斯把维护国内安全也作为大战略的目标。鉴于本书讨论的主要是陆海复合型强国对外部威胁的战略谋划,故可将大战略定义为:国家根据地区和全球范围内的权力分布,以自身的权力限度和外部安全环境来界定战略利益和外部威胁,综合运用政治、军事、经济等手段,促进陆海战略资源的高效调动、分配、投送和运用,有效应对外部威胁,实现国家安全等利益。大战略的基本原则包括"战略全局原则、战略重心原则、目标与手段运用之间保持协调的原则、

---

① B. H. Liddell Hart. *Strategy*, 2d rev. ed. New York:Praeger, 1972, P. 366.

② Bernard Brodie. *The Absolute Weapon*, New York:Harcourt, Brace, and Co. , 1946;Brodie. *Strategy in the Missile Age*, Princeton:Princeton University Press, 1939.

③ Albert Wohlstetter. The Delicate Balance of Terror. *Foreign Affairs*, 1939, 37:211 – 234;Thomas Schelling. The Reciprocal Fear of Surprise Attack, in his The Strategy of Conflict, Cambridge:Harvard University Press, 1960.

④ [英]利德尔·哈特:《历史上的决定性战争》,解放军出版社 2002 年版,第 29~30 页。

⑤ [美]戴维·阿布希尔:《防止第三次世界大战:现实大战略》,军事科学院外国军事部译,军事科学出版社 1991 年版,第 26 页。

⑥ [美]约翰·柯林斯:《大战略》,中国人民解放军军事科学院译,战士出版社 1978 年版,第 43 页。

夺取和把握主动权原则、不战而胜原则等"。大战略的手段众说纷纭，约翰·柯林斯提出了四对战略手段："连续战略和积累战略、直接战略和间接战略、威慑战略和实战战略、打击军事实力战略和打击社会财富战略"①；在肯尼斯·华尔兹看来，主要的战略手段分为两大类："一是内部手段（增强经济能力和军事力量，实行明智的战略），二是外部手段（加强和扩大同盟，或是削弱和缩小敌对同盟的力量）。"② 若米尼强调进攻手段，"为争取主动权而实施进攻，那么进攻总是有利的，尤其是在战略方面"③；利德尔·哈特强调"间接路线"，即"从战略方面来说，最远和最弯曲的路线，常常也就是一条真正的捷径"④；大战略的目标可以具体分为三个方面："防止外部威胁的发生，控制外部威胁的升级和蔓延，化解外部威胁。"⑤

在博弗尔（Andre Beaufre）看来，战略的本质就是一种抽象的相互作用。用斐迪南·福煦（Ferdinand Foch）的说法，战略是两个对立意志使用力量解决其争执时所用的辩证法艺术。这里所说的"力量"是指政治、外交、经济、心理等各种力量。他十分推崇"间接战略"，即使用军事胜利以外方式取得某一结果。⑥ 战略是一种艺术，它使一个人不管使用何种技术，都能驾驭任何意志冲突所产生的各种问题，其结果也就能使技术的使用发挥最高的效率。战略的目的就是对于所能动用的资源做最好的利用，以达到政策所拟定的目标。这个目标又可以有各种不同的性质，或者是进攻性的（例如胁迫对方接受某种不利的条件），或者是防御性的（例如保护某些地区或利益），也可能只是维持政治现状而已。战略必须有一整套可用的手段，包括从核轰炸到宣传鼓动或贸易协定这个范围的所有的物质

---

① ［美］约翰·柯林斯：《大战略》，中国人民解放军军事科学院译，战士出版社1978年版，第44~47页。
② ［美］肯尼思·华尔兹：《国际政治理论》，信强译，上海人民出版社2008年版，第125页。
③ ［瑞士］A. H. 若米尼：《战争艺术概论》，刘聪等译，解放军出版社2007年版，第111页。
④ ［英］李德尔·哈特：《战略论：间接路线》，钮先钟译，上海人民出版社2010年版，第5页。
⑤ 周丕启：《大战略分析》，上海人民出版社2009年版，第19页。
⑥ Krause J. Ferdinand Foch and the scientific battle. *The RUSI Journal*, 2014, 159 (4): 66–74.

和精神手段。战略的艺术就是要从所有可供使用的手段中,选择最合适的手段,并且配合使用,使敌人产生一种心理上的压力,足以达到所要求的精神效果。对于每一个拟议中的行动,都必须计算敌方可能的反应,并做好防范的准备。敌人的反应可能是国际性的或国内性的,是心理上的、政治上的、经济上的或军事上的。所计划的每一个连续性行动和对于敌人反应的对策,应综合成为一个相关的整体,其目的是确保执行计划的能力,而不受敌人抵抗的影响。[1] "大战略" 是更广泛的概念,它不仅包括战争中的军事领导或维持和平的威慑战略,还包括在使用或威胁使用军事力量的同时,结合经济、政治和心理等政策手段的综合运用。[2] 大战略意味着调整国内和国际资源以实现国家安全。[3] 总之,大战略就是综合考虑国家可支配的所有资源(不仅仅是军事资源),并试图有效地安排这些资源,以实现和平与战争中的安全。

大战略的研究和实践充满了挑战和机遇,其对未来预测的不确定性,既是其被批评的论据,也是大战略研究者所不断追求的目标。埃利奥特·A. 科恩认为大战略在很大程度上是一种永远也无法实现的理想,在他看来:尝试在1910年往后推想数十年后的事情。那一年的政治家不会预测到,在1920年,他们或者他们的继任者不得不去重建一个分崩离析的世界,那时两个横跨多国的庞大帝国被从地图上抹去。在1920年,谁能想到法国、英国和德国后来会和解,谁又会想到1930年发生席卷世界的经济大萧条?1930年时,难道有人能确切预测到,在之后10年时间里希特勒会崛起,德国能重振军事力量,以及1940年法国会沦陷?而在这历史上最黑暗的1940年,1950年的世界几乎是无法相信的——"二战"战败中的德

---

[1] [法] 安德烈·博福尔:《战略入门》,军事科学院外国军事研究部译,军事科学出版社1989年版,第1~142页。

[2] B. H. Liddell Hart. *Strategy*, 2d rev. ed. New York: Praeger, 1972, P. 31.

[3] Paul Kennedy, ed. . *Grand Strategies in War and Peace*, New Haven: Yale University Press, 1991; Michael Howard. August 1941 – September 1943, Vol. 4 of James Ramsay Montagu, ed. , Grand Strategy, London: HMSO, 1936 – 1976; Edward Luttwak. The Grand Strategy of the Roman Empire, *From the First Century AD to the Third*, Baltimore: Johns Hopkins University Press, 1976.

国和日本武装部队却与美军在朝鲜半岛并肩作战，此外还有核武器的发展。同样地，1950年的人也想不到，世界在1960年进入相当平稳的时期，欧洲走在复苏的道路上，而日本也没有落后太多。此后10年到1970年，嗅觉敏锐的观察家可能感觉到，受越南战争、种族问题和青年叛逆导致的社会分裂影响，在1960年时实力在这个星球上首屈一指的美国巨人似乎开始没落。然而到了1980年，美国又开始重赋活力。但即使是当年最乐观的战略家也不敢预测，"冷战"会在1990年结束，也不能预测2000年的世界，这时苏联已经消失，并分裂成十多个独立国家，而中国则开始崛起为影响巨大的国家。到2010年，美国因2001年本土遭遇恐怖袭击发动了几场战争，这也是人们不可能提前预知的。①

海权和陆权理论都是经典地理政治学中的重要组成部分，正统的海权论和陆权论都拒斥陷入地理决定论、孤立的考虑陆上或海上战略问题，无论是海权国还是陆权国，所提出的经典地缘政治理论都是从海陆互动的宏观视角来进行理论综述，海权和陆权应作为大战略的重要手段，因而海权和陆权战略应该从属于国家大战略谋划，不能让大战略逆向顺应海权或陆权的战略目标。崛起大国的大战略塑造基本都与从陆权到海权的战略转型有关。格雷戈里·吉尔伯特（Gregory Gilbert）分析了公元前550～前490年波斯为了征服或遏制希腊，转型为一流海洋强国。② 拜里·斯特劳斯（Bailey Strauss）研究了斯巴达从公元前431～前404年从大陆向海权转型的时代，驱动斯巴达进行战略转型的主要目标是取代雅典成为希腊海上霸主。③ 阿瑟·M. 埃克斯坦（Arthur M. Eckstein）分析了古罗马从陆地强国变成海上强国的发展历程，认为与迦太基的地中海争霸是转型的核心动力。④

---

① ［美］埃利奥特·A. 科恩：《大棒：软实力的局限和军事力量的必要性》，刘白云等译，新华出版社2018年版，第209页。
② ［美］安德鲁·S. 埃里克森、莱尔·J. 戈尔茨坦、卡恩斯·洛德主编：《中国走向海洋》，董绍峰、姜代超译，海洋出版社2015年版，第24～48页。
③ ［美］安德鲁·S. 埃里克森、莱尔·J. 戈尔茨坦、卡恩斯·洛德主编：《中国走向海洋》，董绍峰、姜代超译，海洋出版社2015年版，第51～76页。
④ ［美］安德鲁·S. 埃里克森、莱尔·J. 戈尔茨坦、卡恩斯·洛德主编：《中国走向海洋》，董绍峰、姜代超译，海洋出版社2015年版，第78～103页。

阿尔弗雷德·赛耶·马汉（Alfred Thayer Mahan）列出了美国走向海权的驱动因素：扩展海外利益、保护海上交通线、应对其他大国海外军事基地的威胁。[1] 哈尔福德·麦金德（Halford John Mackinder）认为陆上大国向边缘地带扩张时，会为了建立世界帝国而发展强大的海权。[2] 例如，德国领导人对自己成长为海权强国的希望所可能产生的后果的恐惧，孕育了"哥本哈根情结"，进一步加剧了德国与英国海军军备竞赛的紧迫性。[3] 杰克·斯奈德（Jack Snyder）认为只顾自身利益的帝国主义集团"劫持了国家"，把国家安全利益扭曲为对其狭隘利益的追求，从而导致了德意志第二帝国和苏联时期在海上与陆上的过度扩张。[4] 有学者认为，勃列日涅夫时期苏联发展海权的终极目标就是与美国争霸。[5] 苏联想成为海上超级大国，从而取得经济、军事和政治利益。[6] 潘尼迦（Kavalam Madhava Panikkar）提出印度战略转型的短期目标是建设一支区域性海军，确保孟加拉湾和阿拉伯海的自由航运安全，长期目标是称霸印度洋、主宰地区相关海洋事务。

第五节
战略转型与争霸战争的历史探讨

诸多大国崛起之前都有了深厚的积累，不能将战争视为崛起的必然手

---

[1] 朱听昌：《西方地缘战略理论》，陕西师范大学出版社2005年版，第33页。
[2] ［英］哈尔福德·麦金德：《历史的地理枢纽》，林尔蔚、陈江译，商务印书馆1985年版，第61~62页。
[3] Steinberg J, "The Copenhagen Complex", *Journal of Contemporary History*, 1966, 3 (1): 23–46.
[4] ［美］杰克·斯奈德：《帝国的迷思：国内政治与对外扩张》，于铁军译，北京大学出版社2007年版，第23~64、70~116、227~268页。
[5] ［美］詹姆斯·西伯奇：《苏联在加勒比海地区的海上力量》，复旦大学历史系拉丁美洲研究室译，上海人民出版社1975年版。
[6] ［英］戴维·费尔霍尔：《俄国觊觎海洋》，复旦大学历史系拉丁美洲研究室译，上海人民出版社1974年版。

段，也不能认为是战略转型导致了争霸战争。例如，"一战"前的英德矛盾与德俄矛盾。很多时候，崛起国之间的冲突强度可能高于崛起国与霸权守成国。在世界历史上，崛起国与霸权守成国的结构性冲突和战争方式的权力转移比比皆是。而崛起国为了降低战略成本、有效应对霸权国的打压、营造良性的崛起环境，会基于自身的地缘政治特点，进行战略转型与决策调整。这对地处体系中心位置的陆海复合型国家而言尤其如此。研究崛起国发生战略转型的动机、进程与效果，可以有助于回答以下问题：崛起国与霸权守成国，以及崛起国之间的结构性冲突能否得到有效管控？崛起与战略转型的辩证关系是什么？权力转移在崛起国与霸权国的互动中发挥着怎样的变量作用？崛起国的战略转型受到哪些要素影响？对历史上的相关案例分析能够给我们哪些启示？

一、海陆制衡与伯罗奔尼撒战争

雅典权力的繁荣增长与传统霸权斯巴达的衰落，导致伯罗奔尼撒同盟的聚合度急剧下降，雅典作为新兴的权力中心正在主导一个新的联盟崛起，几乎所有城邦都在此国际秩序中被重新分配与组合。公元前431~前404年，地中海文明世界分裂成以陆上强权斯巴达与海上霸主雅典为首的两大阵营，双方的海陆对抗点燃了希腊"世界大战"。在战争的战略准备、进程等阶段，雅典与斯巴达展开了海权与陆权的战略博弈，从战略目标来看包括帝国战略或霸权战略，也包括小国战略。"伯罗奔尼撒战争是一场希腊人打希腊人的战争，双方的武器和掌握的技术都大致相当，而其所不同的是一为海上优势，一为享有同等实力的陆上优势。他们各自都拥有伟大的政治家、伟大的军事指挥官。而他们所实施的战略却如此不同。"[1] 当伯罗奔尼撒战争爆发时，斯巴达领导着在很大程度上以陆地为主的军事联

---

[1] Hans Delbruck. *Warfare in Antiquity*, in *History of the Art of War*, Lincoln and London: University of Nebraska Press, 1990, P. 135. 转引自李柟：《现当代西方大战略理论探究》，世界知识出版社2010年版，第54页。

盟。到公元前404年战争结束时，斯巴达已经取代雅典成为希腊海上霸主。但在公元前394年，斯巴达舰队遭受沉重打击，尽管仍是海上强国，但其海上帝国时代结束了。在斯巴达，海上霸权缺乏精英阶层的支持。对其而言，海军是一个奢侈品，但也是诱惑品。斯巴达舰队的命运主要掌控在其创始人莱山得一人身上。造船资金和船员工资的最重要来源是波斯，波斯人决定出巨资打造一支新海军，以与雅典决战。为了获得波斯的帮助，斯巴达放弃了小亚细亚半岛沿岸的一些希腊城邦。斯巴达战略转型的主要目标是摧毁雅典的海上实力，在短期内，它可以通过与波斯的合作来实现此目标，但从长期看，联盟都是脆弱的。斯巴达文化中有强烈的实用主义倾向，在战略转型的实践中容易转化为机会主义，这对其海上扩张既是一个刺激因素又是一个阻碍因素。①

二、陆海两栖霸权与"迦太基必须毁灭"

罗马人本来是陆军起家，最终将地中海变为内海也是陆权力量扩展的使然，但不能忽略的是，为了实现对迦太基的征服，罗马发展了强大的海军并试图将海战变为陆战。每次罗马元老院开会时，都会高呼"迦太基必须毁灭"。作为一个霸权，这种与对手竞斗的气势、不惜远征的权力投射决心，是罗马帝国精神的体现。古罗马从陆地强国变成海上强国有着漫长的历史进程。古罗马从地理位置上看是一个大陆强国，而且在台伯河以南的古罗马中心地带拉丁姆，土地非常肥沃，能支持大量人口，农业是他们的基本生活方式。古罗马所处的地中海世界是一种残酷和多极的无政府状态，所有政体，无论是大的、中等的还是小的，无论是君主国家、共和国家、民主国家，还是联邦国家，都是好战和富有侵略性的。古罗马具有融合并吸收其他种族文化的能力，它依靠具有长期的和良好传统的希腊邦国

---

① ［美］安德鲁·S. 埃里克森、莱尔·J. 戈尔茨坦、卡恩斯·洛德主编：《中国走向海洋》，董绍峰、姜代超译，海洋出版社2015年版，第51~76页。

使自己的海上力量倍增。当古罗马与迦太基发生冲突时,古罗马政府很快适应了海战需求,然而这种布匿战争期间的海洋变革只是功能上的,没有渗透到古罗马社会或文化,没有产生永久性文化影响。但古罗马统治者在开发战略思路方面保持了灵活性,并持续坚持对盟友的传统依赖。①

三、横跨欧亚非三洲的奥斯曼帝国

本部分介绍的奥斯曼土耳其帝国原本是纯陆地强国,但在崛起之后也具备建设一支规模庞大和力量强大的海军所需的一般条件。与奥斯曼崛起有关的大的地缘政治环境影响了其决定成为海上强国的时间和原因。与奥斯曼接壤的邻国的地缘政治特点与地中海东部国家大体相符,刺激了奥斯曼帝国的大陆扩张,并限制了奥斯曼帝国对海洋力量的需求和可行性。从16世纪早期开始,地中海就受到因美洲新大陆以及连接大西洋欧洲和亚洲新航路的发现而导致的巨大地缘政治环境变化的影响,地中海的重要性逐渐衰退,奥斯曼海上力量越发被别国忽视。奥斯曼扩张主要有两个海洋区域,即地中海和红海/印度洋,其对前一个区域采取的是防御和巩固策略,而对后一个区域采取的是进攻态势,目的是重新夺回与亚洲的连接通道,而奥斯曼帝国未能使其地中海战术和技术适应印度洋的需要。奥斯曼帝国海军的建立面临着造船技术的挑战、航海技能的提高以及水手能力的培训。漫长陆上边界线以及大量强国(匈牙利、波兰、俄罗斯和萨芬等)对它边境的压力造就了奥斯曼的战略思维,奥斯曼扩张的重点在大陆,这与葡萄牙和威尼斯依赖于广泛散布的港口网络扩张模式形成对比。最容易克服的可能是技术专长、技能以及劳动力,最难克服的是政治条件,如国家的主要威胁和利益是在海洋还是在陆地。从奥斯曼土耳其的历史经验和教训中,可以映射出中国正面临这种挑战,即如何处理它的大陆本质和漫长

---

① [美]安德鲁·S.埃里克森、莱尔·J.戈尔茨坦、卡恩斯·洛德主编:《中国走向海洋》,董绍峰、姜代超译,海洋出版社2015年版,第78~103页。

的边境。①

四、西班牙与荷兰

西班牙可以说是近代史上第一个陆海双料霸权，即使是后来的路易十四太阳王，尽管陆上为王，但海上争霸仍不如西班牙的霸业。1492年哥伦布发现新大陆至西班牙统一伊比利亚半岛前，西班牙一直采取海主陆从的大战略取向；主要在海上采取扩张政策，陆上维持现状，并没有表现出明显的制衡倾向——获取全球航线的控制权、掠夺殖民地财富、扩大跨大西洋贸易额。②1579年的雷班托海战虽然取得胜利，但却让西班牙对传统的"接舷战"和海军建设更为固守。1588年西班牙对英作战失败，在很大程度上就是因为英国采用了新式战舰和新式火炮、海战战术的突破与革新、英国优秀海军将领的指挥、西班牙缺乏后勤补给基地等。③1580～1618年，西班牙仍然采取的是海主陆从的大战略取向，但战略重心开始向陆上倾斜，与英国展开海军、海上航线和殖民地贸易的争夺，同时加大对尼德兰革命的陆上干预，在陆上采取扩张政策，并且开始制衡低地国家的独立和崛起。"三十年战争"到1659年《比利牛斯条约》签订，海陆并举的大战略取向，对海陆强国都采取了强力的制衡行动和扩张性政策，战略资源分配严重分散化，在海陆两个大战略方向上同时与英国、荷兰、法国、土耳其等国交战，耗尽国力，霸权衰败。"西班牙帝国三面受敌，这就像掉在坑里的一头大熊，比任何进攻它的狗都要强大，但是，它终究敌不过所有的对手，结果就是在这个过程中逐渐精疲力竭。"④

世界历史告诉我们，如果你不"持剑经商"，不让海军跟着国家的核心利益走，那么你就好像一块待宰的羔羊，迟早会有其他大国将你瓜分。

---

① ［美］安德鲁·S.埃里克森、莱尔·J.戈尔茨坦、卡恩斯·洛德主编：《中国走向海洋》，董绍峰、姜代超译，海洋出版社2015年版，第105～127页。

②④ ［美］保罗·肯尼迪：《大国的兴衰》，陈景彪等译，国际文化出版公司2006年版，第25页。

③ 聊幸谬、杨耀源：《大国海权兴衰启示录》，人民出版社2014年版，第63页。

荷兰的悲剧在于太有钱，但陆上国防力量太弱，尽管它的金融实力在欧洲登峰造极，但是一旦爆发战争，它对其他国家的投资和信贷反倒成了短板和弱势。后来的英国人就聪明多了，海外贸易开拓到哪里，海军就必须投射到哪里，如果是内陆，那就想办法用投资、贸易和外交来缔结临时同盟瓦解对手。1579 年荷兰共和国成立至 1650 年间，荷兰采取海主陆从的大战略取向。在海权方面采取扩张性政策，在陆上防御西班牙的进攻，联合其他强国制衡西班牙的扩张。凭借金融、工业、商船队、武力征服和控制海外贸易据点建立了海上霸权，并开创了海上自由航行原则。① 囊括了全世界五分之四的海上运输量，殖民地遍及亚非拉和大洋洲。② 1651 年英国颁布《航海条例》至 17 世纪末，荷兰虽想极力维持海主陆从战略，并于 1652～1674 年爆发了三次英荷战争，但随后陷入与路易十四法国的陆战，被迫采取海陆并举的大战略，以防御性的目的来同时制衡海陆两方面的强国，最终招致海上霸权的衰败。

五、法国"天然疆界"的诉求

法国可以说在拿破仑之后再无拿破仑，也就是戴高乐还能算是昙花一现。拿破仑和拿破仑时代以前的法国，绝对是名震天下。无论是黎塞留、马扎然等人在"三十年战争"中的雄才大略和扩展法国天然疆界的"国家理由"，还是太阳王路易十四的"朕即国家"和近乎拿破仑式的欧陆争霸（最主要是得以善终，虽然法国开始衰落，但还能延续近百年才被法国大革命推翻），或者拿破仑的横扫欧洲，使整个欧洲"无人敢称帝"。法国历史上经历了四次重大海洋变革，在每一次变革期间，都没有经受住陆上扩张的诱惑，对大陆天然疆界的追求让法国连年与欧陆大国开战，在陆权与海权的两难选择中稀释了与英国争夺海上霸权的战略潜力。法国的第一次

---

① ［荷］格劳秀斯：《论海洋自由或荷兰参与东印度贸易的权利》，马忠法译，上海人民出版社 2005 年版，第 7 页。

② 王立东：《国家海上利益论》，国防大学出版社 2007 年版，第 49 页。

海洋变革发生于16世纪，私人利益比国家资源发挥了更大的推动作用。第二次也是最大的一次海洋变革发生于17世纪后30年至18世纪前10年，法国打造了世界上最大的海军，但没有将强大的海军力量、活跃的海上贸易和积极的对外政策进行有机结合。采取陆主海从的大战略取向；主要制衡西班牙的陆上扩张，法国在陆上采取了有限扩张的政策，而海权方面采取防御性策略，海军更多是作为一支战略力量存在，作为陆权扩张的辅助性工具，通过"三十年战争"和随后的法西战争，到1659年成功取代西班牙成为欧陆霸主。到1669年后，科尔培主义出台。采取海陆并举的大战略取向，在海上和陆上制衡其他的海权大国、心脏地带强国和陆海复合型强国，海陆两个方向都实行了进攻性政策。在17世纪末建立了欧洲最强大的陆军和在数量上远胜英国的海军，建立了广阔殖民地。但随着奥格斯堡联盟的反法战争、西班牙王位继承战争、奥地利王位继承战争、英法"七年战争"、参与美国独立战争，以及拿破仑战争后，其海上和陆上霸权都陷于衰败。

第三次海洋变革大致发生在1745～1815年，是法国最成功的一次变革，但没有为国家带来任何好处。第四次海洋变革发生于19世纪末和20世纪初，此时法国和法国海军都已进入现代工业时代，为了与几个敌对国家在海上、海军和经济能力上竞争，法国不得不对其政治、技术和经济进行了重大变革，采取陆主海从的大战略取向，在海陆两方向都表现出一定的防御性态势，联合心脏地带强国和海权大国制衡德国，其基本的海权和陆权战略，乃至国家大战略都基本是为防止德国对法国陆权的威胁。但收效甚微，并未显得更成功。对这次的战略转型，可以总结出如下规律：首先，内部民族团结是任何海洋变革成功的先决条件，法国对国内政治权力的长期巩固削弱了海洋变革的效率，没有中央集权，就无法有效协调海外海上行动；成功进行海洋变革的最大挑战是社会、经济、政治和行管。总之，要想使海洋变革成功，必须对海军战略与外交政策和总的国防政策的集成进行充分的评估。① 里夏尔·格里韦尔男爵、泰奥菲勒·奥贝等"青年学派"将技术因素加以极端化,认为运用鱼雷、水雷、潜艇及其他小型舰艇就可以将对手港口封锁而无须追求制海权。法国为了能分别在陆上和海上与德英两国展开竞争,通过商业战争的方式可以最经济和有效的抵消自身的弱势海权。该理论的核心观点是:考虑到敌人(英国)的强大和己方资源的有限,法国应该最大限度地利用技术提供的可能性,建立一支由小型、快速舰种为主力的舰队,创造性、进攻性地使用鱼雷、潜艇等技术,避开敌人大舰队,而打击敌人的商业航线,制造敌国内部的混乱,使敌人最终按有利于法国的条件谈判。② 它主张法国主动放弃建立类似英美海权力量的对称性战略,减少对坚船巨炮的海上战略资源投入,在陆主海从的基础上,通过有限的海上战略转型来实现最大化收益。

六、"陆狼"和"海狼":德国和日本的战略冒进

德国并不乏有着广阔历史视野的战略家,无论是克劳塞维茨、俾斯麦、老毛奇,还是德尔布吕克、兰克、德约等人,都从军事战略为先导塑造了普鲁士的地缘大战略。但是很遗憾,在小毛奇和施里芬时,德国退步到了战略让位于战术,施里芬的精密战术算计没有考虑到德国可能面临的战略障碍。直到"一战"后,德国开始反思,才真正开始重拾大战略传统。

俾斯麦以后的德意志第二帝国,有点算是有战术却缺少战略思维的国家,这么说虽然有点以偏概全,笔者承认有一些理论家和政治家头脑中是有战略思想的,但在战略执行的过程中,所造成的体系结果和系统变迁的方式埋葬了第二帝国,很难说落实了高明的战略规划。威廉二世虽然是个君主,但也算是有民主倾向的"好皇帝",个人虽然有一些精神缺陷和小儿麻痹导致一只胳膊天生残疾,但如果去读一下他的回忆录,他还是有很

---

① [美]安德鲁·S. 埃里克森、莱尔·J. 戈尔茨坦、卡恩斯·洛德主编:《中国走向海洋》,董绍峰、姜代超译,海洋出版社2015年版,第131~145页。
② 师小芹:《论海权与中美关系》,军事科学出版社2012年版,第127页。

多独到的见解的。只不过他太另类,没有继承普鲁士的陆权主义传统,反而迷恋大英帝国的海上霸权,可能觉得海军这个"玩具"比陆军更有意思(说白了就是经费充足,然后看着气派,还能让其他国家对德国侧目)。确实威廉皇帝做到了,包括英国在内的很多国家都认为德国是要称霸整个欧洲,但与威廉皇帝预料的其他国家纷纷倒戈追随德国不同,英国放弃了光荣孤立,分别与法国、美国、日本、俄国改善关系,建立起了欧洲联盟一起对付德国。关于德意志第二帝国的脆弱崛起和从大陆走向海洋的战略转型,以及英德海军军备竞赛和"一战"的根源,21世纪初以来,学术界最偏好于拿这个案例来类比或反思对中美关系的启示或教训。

艾尔·克劳(Sir Eyre Crowe)从维护英国战略利益的视角,阐述了德意志第二帝国试图打破英国海上力量的绝对优势。一旦德国获得了海上绝对优势,那么无论德国的战略意图是什么,都将与英帝国的存续是不相容的。[1] 由于其他列强的存在,德国的扩张步伐不会止步于1871年俾斯麦缔造的战略地位,德国自视的"天定命运"及要求在国际舞台上分割既有的殖民地、势力范围、大国声望等诉求,使德国自俾斯麦下台后,迅速走上追求殖民帝国、舰队建设和世界强国的道路。德国希望在国际体系中发挥的作用超过了它在现有物质权力分配格局中的份额。克劳更为关注的是德国为实现世界强国目标所采取的手段。[2] 德国寻求海权的绝对优势与英帝国对海洋霸主地位的维护是结构性矛盾,德国一旦在陆上和海上成为双料体系性霸权,将对英国的战略利益构成致命威胁。尽管德国并不必然追求用武力推翻英帝国霸权,但其对国家荣耀不切实际的追求还是形成了实然的威胁。英国在欧陆的均势利益考量使之不能以削弱德国为目标,德国海军虽然未必能动摇英国霸权,却足以降低英国干预和调控欧洲均势体系的

---

[1] Dunn J S. *The Crowe Memorandum: Sir Eyre Crowe and Foreign Office Perceptions of Germany*, 1918–1925. Cambridge Scholars Publishing, 2013.

[2] Goschen E. German Memorandum and Documents with Regard to the Outbreak of the War in Europe in 1914. *The American Journal of International Law*, 1914, 8 (4): 372–410.

能力。① 当英德敌意最终被转化为德国与欧洲均势间的敌意时,德国任何突破这种约束的努力,都将被理解成打破欧洲均势的企图,都将产生适得其反的后果,这也是第一次世界大战爆发的根源。②"哥本哈根情结"限制德国对外政策的灵活性,对德国的海权发展施加了决定性但也最恶劣的影响,1904 年秋,海军参谋部已经将"哥本哈根情结"设定为德国海军年度军事演习的预想前提。德国不应该将自身的地位与 1807 年的丹麦相比,因为德国已经获得了大陆霸权地位。德国领导人对自己成长为海权强国的希望所可能产生的后果的恐惧,孕育了"哥本哈根恐惧症"。③

保罗·肯尼迪(Paul Kennedy)指出,提尔皮茨的海军政策确实对英德结盟谈判的失败起到了决定性的消极作用;德国政府的殖民野心加速了这一进程。德国的战略转型和与英国的海军军备竞赛并非是为了与英国开战,德国在发展海上强国的进程中,既不想作为英国的附属国,也不想把英国完全作为对手。德国发展舰队的主要意义是吸引民众的支持和对英国反对德国扩张的手段采取制衡,而英德结盟将消除德国舰队存在的理由。在德国不肯放弃世界政策、与英国并驾齐驱的舰队建设、殖民野心等目标的情况下,英德结盟的可能性愈发降低。④ 杰克·斯奈德通过防御性现实主义的视角,强调利益集团、统治阶级以及它们所提出的战略意识形态的作用,认为只顾自身利益的帝国主义集团"劫持了国家",打着维护国家安全利益的旗号,把国家政策扭曲为对其狭隘利益的追求,从而导致了德意志第二帝国和苏联时期在海上及陆上的过度扩张。⑤

劳伦斯·桑德豪斯(Lawrence Sondhaus)认为,自第一次世界大战以来,有关于德意志帝国海军的历史记述主要集中在 1898~1918 年奉行世界

---

① Jones P D. British Policy Towards German Crimes Against German Jews, 1939 – 1945. *The Leo Baeck Institute Yearbook*, 1991, 36 (1): 339 – 366.
② 吴征宇编译:《〈克劳备忘录〉与英德对抗》,广西师范大学出版社 2014 年版,第 27 页。
③ Steinberg J. The Copenhagen Complex. *Journal of Contemporary History*, 1966, 1 (3): 23 – 46.
④ Kennedy P M. German World Policy and the Alliance Negotiations with England, 1897 – 1900. *The Journal of Modern History*, 1973, 45 (4): 605 – 625.
⑤ [美] 杰克·斯奈德:《帝国的迷思:国内政治与对外扩张》,于铁军译,北京大学出版社 2007 年版,第 23~64、70~116、227~268 页。

强权政策的这段时期，尤其是着重于研究海军上将提尔皮茨在威廉二世的"世界政策"口号下领导的海军发展，而鲜有对19世纪90年代之前海军在人事、政策以及相关工业方面的努力有所介绍。但实际上可以追溯至1848~1849年法兰克福议会期间，在德国连续通过几个里程碑式的海军法案之前，曾尝试组建一支德意志海军。随着普法战争的结束至"大选帝侯"号事件之前，德国海军短暂的崛起为世界第三。俾斯麦于1886年发表了支持海军的声明，之后海军扩张计划受制于"绿水学派"（青年学派）的困扰，使该时期德国的地缘战略转型缓慢进行。[1]

霍尔格·赫维希（Herwig H. H.）分析了提尔皮茨时代（1897~1918年）、雷德尔时代（1928~1945年）德国海权的发展历程。德国面临着地缘战略上的两难选择：要么建立一支能在北海对英国发起挑战的庞大舰队；要么屈从于英国的海权主导地位，转而将战略重心放在应对法俄在欧陆对德国的战略挤压。但提尔皮茨拒绝接受这种战略选择，而是希望德国在海上和陆上成为双料霸权，而忽略了德国要将大部分的人力和财力用于维持在欧陆的准霸权地位，提尔皮茨计划也没有与德国总体的外交能力、军事能力和财政能力相契合。到艾里希·雷德尔期间，德国开始进行第二轮向海权转型的进程。他继承了提尔皮茨有关"风险理论"和"同盟价值"的论断，提出了有很大缺陷的"Z计划"，依然坚持将马汉式的蓝水海军舰队和邓尼茨主张的强大潜艇主导的舰队建设同时进行。笔者认为，舰队规模的不足、地理位置的不利和战略思想的迷思挫败了提尔皮茨和雷德尔。无论1914年还是1939年，德国都有一个明确的选择：要么建立足以挑战英国霸权的海上力量，要么一开始便默认英国的海上霸主地位，即陆主海从或海主陆从的选择。而德国恰恰由于实行进攻性倾向的海陆并重战略取向，导致战略资源分散，走向了帝国瓦解。[2]

---

[1] ［德］劳伦斯·桑德豪斯：《德国海军的崛起：走向海上霸权》，NAVAL+译，北京艺术与科学电子出版社2013年版。

[2] Herwig H. H. The Failure of German Sea Power, 1914–1945: Mahan, Tirpitz, and Raeder Reconsidered. *The International History Review*, 1988, 10（1）：68–105.

日本是一个善于战略冒险的国家，而且喜欢自我催眠，总是用一些"成功学""励志故事"来证明自己可以。以至于"二战"进行到后来，明明被美国在太平洋战争中节节打败，却还能在国内捷报频频，媒体宣传开足了马力说大东亚共荣圈离胜利不远了。话说一个 37 万平方公里的小国，却有鲸吞世界的野心，如果按照日本的逻辑，加上希特勒德国的生存空间计划，两国就算联手统治世界，最终也必有一战。关于明治维新至"二战"以来的日本海权战略转型的研究，国内外已有诸多成果。关于日本海权战略转型的思想缘起与发展，有学者认为，马汉对日本在甲午战争、日俄战争和走向太平洋战争的进程中，扮演了重要角色。[1] 还有人指出，日本近代海权战略形成于明治维新之际，发展于甲午战争和日俄战争之时，发达于两次世界大战期间。[2] 追溯日本海权思想演进中东南亚认知的变迁，自海国思想形成至明治时期，东南亚就以其丰富的自然资源、独特的海上战略地位引起了一些日本学者的重视。[3] 日本固有的武士道精神和扩张主义传统成为日本发展海权的意识形态基础。[4]

关于日本的海权发展最终走向与美国的太平洋战争，学界进行了系统分析：从军事上的攻防平衡讲，英国在华盛顿会议后海权走向衰落，而日本和美国海权的崛起则迅速改变了海战的方式。[5] "舰队决战思想"是日俄战争后日本海军的战略指导思想，直接改变了日本海军的发展轨迹。[6] 日本海军执着于在"二战"前对美国保持 7 成比例的思想是太平洋战争爆发

---

[1] Graham E. From Mahan to Pearl Harbor: The Imperial Japanese Navy and the United States (review). *The Journal of Japanese Studies*, 2008, 34 (2): 517–521.

[2] 李强华：《历史与现实：中日海权战略之比较》，载于《太平洋学报》2012 年第 5 期，第 91~99 页。

[3] 朱晓琦：《日本海权思想演进中东南亚认知的变迁》，载于《日本学刊》2019 年第 S1 期，第 213~214 页。

[4] 梅秀庭：《近代以来日本海权思想研究》，外交学院博士学位论文，2015 年。

[5] Willmott H P. *The Last Century of Sea Power: From Washington to Tokyo*, 1922–1945. Indiana University Press, 2010.

[6] 陈明：《"舰队决战思想"与日本海军装备建设》，载于《国防科技》2008 年第 2 期，第 81~85 页。

的重要根源。① 日本海军虽然通过偷袭珍珠港占得先机,但由于日美两国工业潜力的差距,日本海军最终不敌美海军。② 也有人从军备竞赛的视角反思了日本的地缘扩张逻辑:日本先后处于对美海军军备优势和对苏陆军军备劣势,这迫使其放弃"北进"转向"南进"。而20世纪30年代后期,日本在对美海军军备竞赛中渐趋劣势,这促使日本发动对美国的太平洋战争。③ 还有学者从战略资源的角度做了分析:受制于资源的不足,以"滚雪球"的方式对外扩张,实施"以战养战"的策略来增加后备力量,也由于日美关系的恶化以及对自身资源匮乏的忧患意识。④ 日美在太平洋战争前充满了对彼此的误解而错失了外交和解的机会。⑤ 还有学者对晚清海防与近代日本海权进行战略比较:由于日本海权目标直指中国领土,而中国仅以沿海为前沿阵地,以海防应对海权的战略错误不但决定了战争结果,而且使中国地缘战略空间完全塌缩。⑥

七、战略转型与地缘争霸的和平案例

通常学界会将美国海权的崛起、美英和平权力转移作为正面案例来讨论崛起国与霸权国和平共处的可能性。

亨德里克斯(Hendrix, H. J.)在《西奥多·罗斯福的海军外交》一书中,追溯了罗斯福主导美国从陆权走向海权的战略、战术和思想的实施

---

① 刘景瑜:《近代日本海军对美7成比例问题探析》,载于《社会科学战线》2018年第7期,第105~110页。
② 王鹏飞:《近代日本海军对美作战构想的演进与航空母舰建设》,载于《军事历史研究》2018年第1期,第24~36页。
③ 徐传博:《军备竞赛与太平洋战争的起源》,载于《历史教学》(下半月刊),2019年第10期,第44~51页。
④ 董学荣、王书明、赵宗金:《从资源的角度看日本的太平洋战争》,载于《中国海洋社会学研究》2018年第0期,第117~124页。
⑤ Mauch P. A bolt from the blue?: new evidence on the Japanese Navy and the Draft Understanding between Japan and the United States, April 1941. *Pacific Historical Review*, 2009, 78 (1): 55-79.
⑥ 鞠海龙:《晚清海防与近代日本海权之战略比较》,载于《中州学刊》2008年第1期,第206~210页。

过程。该书将罗斯福对于海权力量的使用，与他保障美国本土及海外利益的各项政策联系起来。这种联系在充满争议的委内瑞拉危机（1902～1903年）、巴拿马独立运动（1903年）、摩洛哥帕迪卡利斯人质事件（1904年），以及日俄战争后，选择朴次茅斯海军码头作为日俄双方谈判地点，成功促成日俄达成停战协定等历史事件中，均有所体现。作者论述了罗斯福任内大白舰队的环球航向，以及罗斯福利用科技进步对美国海上力量的改造，为这些历史事件提供了新的史料证据。关于1902年12月罗斯福是否曾向英德两国政府呈递了最后通牒，将美国推到与世界两大强国同时开战的战争边缘，作者做出了历史性结论。此外，该书揭示了美军的一项绝密作战计划，该计划是在巴拿马独立运动期间制订的，该方案假设美国海军陆战队为了保卫新生的巴拿马政权而入侵哥伦比亚。同时，该书对于罗斯福在20世纪初美国海权和海军崛起所发挥的作用提出了新的见解。[①]

哈罗德·斯普雷特和玛格丽特·斯普雷特在《美国海军的崛起》一书中，以宽广的历史视角分析了美国海军军舰的建造历史、美国海军战略形成的原因，并通过独立战争和第一次世界大战对美国的海军战略进行评估。论述了在美国地理和政治经济扩张的各个阶段，不同人物、群体、阶层、地区对海军防御的认识。回顾了关于海军在平时和战时作用的性质与范围的延续至今的争论。总结了海军战略和战争观念的演变逻辑，以及海军体制和技术发展进步的战略和政治意义。对美国海权崛起产生的国际影响做了评估。[②]

《美国海权百年：1890–1990年的美国海军》的作者乔治·贝尔，系统介绍了美国通往海权巅峰的100年历程。他认为，海军是一个国家海上力量的主要工具，用来做什么事情，坚持什么原则，舰船如何布置，如何进行战争，都取决于现实的政治需要和军事选择。国家目的、对威胁的感

[①] ［美］亨利·J. 亨德里克斯：《西奥多·罗斯福的海军外交：美国海军与美国世纪的诞生》，王小可等译，海洋出版社2015年版。

[②] ［美］哈罗德·斯普雷特、玛格丽特·斯普雷特：《美国海军的崛起》，王忠奎等译，上海交通大学出版社2015年版。

知、海洋空间、技术能力、已有经验、海上服务的方式等都对海军有重要影响。①

美国学者詹姆斯·西伯奇主编的《苏联在加勒比海地区的海上力量》，追溯了勃列日涅夫上台以来苏联发展海上力量的进程与动机，研究了苏联在加勒比海地区进行海上扩张的战略目标，以及苏联如何使用其海上力量的各种成分，如海军、商船队、渔船队、海洋学研究和情报搜集船舶，并认为苏联的终极战略转型目标是为了与美国争霸。② 英国学者戴维·费尔霍尔对苏联海上力量扩张进行了分析研究，认为苏联的目的是想成为海上超级大国，从而取得经济、军事和政治利益。③ 戴维·R.斯通论述了从恐怖伊凡到车臣战争期间的俄罗斯军事史，包括彼得大帝推动俄国从内陆国向陆海兼备型强国的转型，海军在巩固战果方面的作用；叶卡捷琳娜二世充分利用政府管理机构实现对俄国人口和战略资源的汲取，壮大了俄国海军，并在俄土战争中扮演重要角色；在勃列日涅夫时期放宽了对军费开支的控制，使戈尔什科夫按照自己的意愿扩充海军的规模和实力。④ 苏联时期的海军元帅伊·马·卡皮塔涅茨在总结 20 世纪下半叶局部战争经验的基础上，通过对俄罗斯军事政治局势、物质条件、科学技术潜力和局部战争经验的综合分析，论证了海运在 21 世纪可能爆发的未来战争中的作用，卡皮塔涅茨从海军运用理论的高度论证了海军在海战和"非接触战争"中的地位和作用，列出了俄罗斯国家安全面临的潜在海上威胁，意图推动俄罗斯大规模重启从陆权到海权的地缘战略转型。

卡塔尔济娜·齐斯科认为，俄国面临的主要是内部安全挑战和来自邻近地区的威胁，核威慑在俄罗斯军事战略中仍起着根本性作用，海基核力

---

① ［美］乔治·贝尔:《美国海权百年》，吴征宇译，人民出版社 2014 年版。
② ［美］詹姆斯·西伯奇:《苏联在加勒比海地区的海上力量》，复旦大学历史系拉丁美洲研究室译，上海人民出版社 1975 年版。
③ ［英］戴维·费尔霍尔:《俄国觊觎海洋》，上海市"五·七"干校六连翻译组译，上海人民出版社 1974 年版。
④ ［美］戴维·R.斯通:《俄罗斯军事史：从恐怖伊凡到车臣战争》，牛立伟等译，解放军出版社 2015 年版。

量的发展是海军最优先的项目。"冷战"以后的俄国发展海权的不利条件包括：有限的国家经济潜力、军工复合体内部的结构性矛盾都约束着海军现代化。俄国顺利的战略转型依赖于适宜的政治经济形势、对国际声望和影响的追求、不时改变的威胁认知等。而战略转型的迟滞或失败则受到如下因素推动：地理条件、战略文化传统、缺少需求，以及有限的经济和资源潜力。① 还有学者指出，全球气候变暖，使海冰范围持续、加速缩减，对构成俄国海权的不同组成部分造成了或消或长的影响。②

印度这个国家一直在中国主流战略视野关注的边缘，印度已经将中国列为很重要的战略对手（还是某些问题的合作者）时，我们对印度相对忽略。但是从地缘政治的角度而言，中国、俄罗斯和印度互为犄角，互相背靠背，中国推进海洋战略和"一带一路"倡议，绝不能容许印度对中国造成太大的地缘威胁，但是从近些年的局势和印度自身的战略雄心来看，中国崛起和印度同样作为崛起国家的冲突，丝毫不亚于崛起国与霸权国的结构性冲突。可以想想"一战"之前德国和俄国同为崛起国家，德国对俄国陆权增长的恐慌和"一战"爆发的关联，德国选择了预防性战争。尽管中印还没有到这个地步，但我们不能容许让印度成为美国制衡中国的"地缘棋子"，如果印度彻底倒向美国，对中国来说就会更加依赖俄国，一旦俄国与美国联手（尽管现在看来不可能，但是战略假设不是不可以做），中国就彻底陷入了类似威廉二世德国的战略包围，所以失去印度，至少会增加中国对俄国的依赖。对印度，还是应该增加对彼此战略认知的系统了解。

作为印度海权思想的奠基人，潘尼迦（Kavalam Madhava Panikkar）指出，印度缺少像中国或波斯那样的陆地观，也没有像日本那样的海洋观。③印度具有半岛国家与大陆国家的双重地理身份，尽管属于边缘地带国家，

---

① 张海文、彼德·达顿、陆伯彬等：《21世纪海洋大国》，张沱生译，社会科学文献出版社2014年版，第148~167页。

② 汪乾：《北冰洋海冰范围缩减与俄罗斯海权消长》，载于《俄罗斯学刊》2018年第3期，第137~152页。

③ Holmes J R, Winner A C, Yoshihara T. *Indian Naval Strategy in the Twenty-first Century*. Routledge, 2009. P. 22.

第三章　海权、陆权与崛起大战略

但与大陆的联系相对来说无足轻重，印度只是欧亚大陆的毗连地区。[①] 受到高山阻遏，使陆上发展受限，印度必须与海洋国家结盟。"印度是一个具有半岛特点的国家，它的贸易主要依赖海上交通，这就使得海洋对其命运具有极大的影响。"[②] 印度洋对印度的安全和经济利益至关重要，印度应追求成为海权大国。他强调美国、中国等域外大国进入印度洋对印度的潜在威胁，并对马汉理论采取批判式运用。潘尼迦认识到了印度存在的陆海双重易受伤害性的地缘战略困境，西北和东北的陆疆安全仍是印度战略防卫的重点区域，他集中批评了印度国防政策中的轻视海洋的战略倾向。潘尼迦特别强调强化海军的群众基础，培养印度民众的海洋性格。他提出印度战略转型的短期目标是建设一支区域性海军，确保孟加拉湾和阿拉伯海的自由航运安全，长期目标是称霸印度洋、主宰地区相关海洋事务。他主张海主陆从的战略转型模式，"印度的前途不取决于陆地的边境，而取决于从三面环绕印度的广阔海洋"[③]。阿伦·普拉卡什认为，印度已经培育了在本国所在区域内强制实行"门罗主义"的潜在野心，影响印度战略转型的要素包括：棘手的邻居巴基斯坦和中国要素、能源安全、打击海盗等多国海上行动、中国脆弱的海上交通线所带来的对印度有利的战略上的攻防平衡态势。他强调军舰建设、至少建造3艘航空母舰、提升核潜艇自主研发生产能力、对航空力量和海底威慑力的关注。同时，认为印度仍然是一个典型的守成大国，其利益最大化将得益于地区和平、宁静和稳定，以便尽快完成发展和消除贫困的重要目标。[④]

总之，对于大国崛起和地缘战略转型，大多数人不会直接参与到战略决策中，所以了解历史就显得格外重要。直接经验本来就很有限，不

[①] ［印］K. M. 潘尼迦：《印度和印度洋，略论海权对印度历史的影响》，德隆、望蜀译，世界知识出版社1965年版，第89页。

[②] ［印］K. M. 潘尼迦：《印度和印度洋，略论海权对印度历史的影响》，德隆、望蜀译，世界知识出版社1965年版，第8~9页。

[③] ［印］K. M. 潘尼迦：《印度和印度洋，略论海权对印度历史的影响》，德隆、望蜀译，世界知识出版社1965年版，第9页。

[④] 张海文、彼德·达顿、陆伯彬等：《21世纪海洋大国》，张沱生译，社会科学文献出版社2014年版，第117~144页。

足以作为理论或应用的基础，它充其量产生一种氛围而已。这种氛围的价值过于榨干、僵化思维结构。而间接经验的巨大价值在于它的多样性和广度。因此从下面的章节笔者会对有代表性的历史案例进行过程追踪与规律性探究。选择德国、美国、日本、俄国这四个案例，原因在于四者分别在地理上分属边缘地带国家、大陆岛国家、海岛国、心脏地带国家，这四国在近代地缘政治构局的变迁中都发挥了重要作用，都出现了崛起进程与战略转型交互影响的局面，既有成功的经验，也有失败的教训可以借鉴。它们所采取的大战略，包括陆主海从、陆海并举、海主陆从三种地缘取向。尽管本书的核心变量机制是体系变革→国家战略塑造→崛起国的战略转型，但考虑到历史发展进程存在很多偶然性与特殊性，笔者对核心变量机制的简化，就是为了避免过度复杂的变量会掩盖历史事件的本质和原貌。理论的简约程度通常与理论的历史解释范围呈反比，笔者力求在适应这四个案例各自独特性的同时，尽量保持逻辑自洽，并对每一个案例进行历史时段的划分，实现系统分析与单元内部变量有选择性地展开。比起人为要求所有案例整齐划一的解释机制，本书更强调对不同案例进行适度的个性化变量分析。

第四章

案例一：德意志第二帝国的战略转型
（1871～1914年）

本章的研究议题是德国的海权战略通过什么样的变量机制增加了英德地缘竞争的强度，以及德国的崛起困境和战略透支。对德意志第二帝国的历史案例分析遵循过程追踪法，据此提出批判性观点：德国海权崛起并不必然导致英德陷入"修昔底德陷阱"；无论俾斯麦是否延续执政，德国都可能与英国陷入海权竞争，但可以管控危机；俾斯麦德国与威廉二世寻求殖民地扩张都有充分的战略考量而非权宜之计；英德贸易的高度相互依赖在两国走向冲突进程中没有起到"压舱石"作用；对未来的战略损失预期而非对现有权力和利益结构的判断才是主导英德海上冲突升级的关键变量；即使没有马汉的"海权论"，德国也会推进海权战略扩张。海上霸权国与陆上崛起国并非"必有一战"。影响大国地缘政治对抗的并非是麦金德所揭示的海权与陆权国家必然走向冲突的历史规律，国家间的地缘战略博弈是基于权力转移引发的安全困境、对相互依赖的认知、对攻防平衡的判断等方面塑造的。

"伯罗奔尼撒战争是一场希腊人打希腊人的战争，双方的武器和掌握的技术都大致相当，而其所不同的是一为海上优势，一为享有同等实力的陆上优势。"[①] 雅典与斯巴达的海陆制衡在大国战略史中一再重演。19世纪末20世纪初的英德海军竞赛与战略对抗，被学界视为"修昔底德陷阱"的翻版。作为传统上的陆权国家，德意志第二帝国拥有欧洲第一的陆军，但先天地理位置缺陷，出海口狭窄，进入大西洋只能经过北海，缺乏大国所需的行动自由。威廉二世上台后，在英国海军占据统治权的年代一度奋起挑战，试图走向海洋。德国的海权野心旨在建设一支足以挑战当时世界第一海军（英国）的海上力量。回顾德国追逐海权与英德冲突的历史关联具有重要价值。

崛起与守城、海陆地缘冲突是一种结构性矛盾，的确增加了英德陷入战争的可能性，但德国从俾斯麦执政以来就在持续崛起并开垦殖民地，却没有引发英国明显的制衡意图。如果没有英国的中立，德国在19世纪90年代不会在殖民地和欧洲取得飞跃式发展。[②] 自威廉二世掌权以来，欧洲爆发的重大国际危机并没有以英德为两方主角：1898年的法绍达危机是英法在西非的殖民地冲突；1905年和1911年的摩洛哥危机是法德争端；1908年的波斯尼亚危机是俄奥在巴尔干问题的冲突。代理人战争或大国直接介入战争也没有英德兵戎相见的案例，在1899年英国对布尔人的战争、1898年的美西战争、1904年的日俄战争、1911年的意土战争、1912~1913年的两次巴尔干战争中，只有英布战争中的克鲁格电报间接诱发了英德冲突加剧。当然大部分国际危机都体现出了德国的进攻性意图（至少是虚张声势），这让英国被迫与欧洲其他国家联合起来制衡德国崛起。即便如此，英德尽管都评估了彼此战争的可能性，但德国却在"一战"前夕停止了对英国海权挑战的战略冒险。

"一战"前夕，尤其是1905年以前，英德冲突升级为战争的可能性远远不如英法、英俄、法德、德俄之间的矛盾隐患。英德两国在"一战"前

[①] Hans Delbruck. Warfare in Antiquity, in History of the Art of War, Lincoln and London：University of Nebraska Press, 1990, P. 135. 转引自李枏：《现当代西方大战略理论探究》，世界知识出版社2010年版，第54页。

[②] ［美］史蒂文·奥兹门特：《德国史》，邢来顺等译，中国大百科全书出版社2009年版，第220页。

第四章 案例一：德意志第二帝国的战略转型（1871～1914 年）

的大部分历史时期中并没有将对方视为首要假想敌。七月危机爆发后，德国参战的重要理由也是认为英国不会介入战争，如果德国没有侵略低地国家，英国也未必会直接宣战。德意志第二帝国作为陆上崛起国，在"一战"前的大部分时间里面临来自法俄两国的陆上和海上威胁更为明显，但为什么要以对欧洲并无领土诉求的英国作为海军竞赛的对象，进而陷入与英国这一海上霸权守成国的激烈竞争？

战略家和史学家的研究可谓汗牛充栋。自修昔底德以来，对战争原因的分析可以归类为：深层原因（underlying causes）和直接原因（immediate causes）。[1] 前者是增大战争爆发概率的结构性原因，后者是让战争的时间地点从可能性变为必然性。德国与英国针对彼此的战略透支（尤其是海军军备竞赛），最终卷入战争，传统的深层原因与直接原因都不能对这一历史进程做出足够有信服力的说明。钮先钟指出：远因和近因有复杂的互动关系而难以硬性划分。[2] 本书对德意志第二帝国的战略论述也将遵循这种复杂的系统效应原理。

英国最终判断德国挑战意图的最重要信号是德国赶超皇家海军所展现出的"无知之勇"：这是一场德国没有取胜机会的竞争。[3] 德国在一个不放弃欧陆安全就很难赢的海权领域，以战略透支（更多体现在对国家战略关系的损耗）的方式与英国全面对抗。为了拆散英法联盟，德国宰相比洛（Bernard von Bulow）希望通过第一次摩洛哥危机来激化德法矛盾，让法国看到英国不会履行保护承诺，结果却强化了英法合作关系。[4] 早在 1907 年，英国外交官宣称，德国"明显地要统治欧洲"。[5] 到 1909 年，英德两

---

[1] Thucydides. History of Peloponnesian War, trans. Rex Warner, Harmondsworth: Penguin, 1972, pp. 124 – 136.
[2] 钮先钟：《历史与战略》，文汇出版社 2018 年版，第 280 页。
[3] Kitchen M. The Cambridge illustrated history of Germany. Cambridge University Press, 1996, pp. 220 – 223.
[4] ［美］理查德·内德·勒博：《和平与战争之间：国际危机的性质》，赵静芳译，北京大学出版社 2018 年版，第 70～72 页。
[5] ［美］史蒂文·奥茨门特：《德国史》，邢来顺等译，中国大百科全书出版社 2009 年版，第 235 页。

国在全球层面陷入激烈的商业竞争和对抗,两国外交部门和高层都开始怀揣安全担忧讨论未来前景。[1]

1912年德国中止了与英国的海军军备竞赛,但是根据海军上将穆勒(Admiral Von Muller)的日记,德国海军首脑们在叫停军备竞赛的同时却要求与英国开战。[2] 德国的海权战略究竟如何诱发了英德海军竞赛?后者是否可以被视为英德冲突的根源?笔者并不试图解释英德冲突升级的全部原因,而是着重分析德国的海权战略转型如何发生了战略透支,这种透支又最终如何导致与英国的地缘竞争陷入螺旋冲突模式,即本书只是解释英德冲突的海权维度,尽管会不可避免地涉及其他影响变量,但核心逻辑就是德国海权转型→战略透支→英德冲突加剧。德国试图达到损人(英国)利己,甚至一度想实现利己利人(英德双赢),但最终的结局是损人不利己(英国霸权衰落、德意志第二帝国覆灭)。

第一节
体系变革与德国崛起的外部环境

一、权力转移与德国崛起的安全困境

德国是陆权(而非霸权)大国的传统观点是基于它的军队规模、效率和领导力量。而如果按照权力转移理论的路径,那么到1913年,德国的国内生产总值只有英国的56.1%,人均国内生产总值只有英国的77.9%。无论是国内生产总值还是人均生产总值都没有赋予德国足够的能力在欧洲体系内施加影响。但是,1870~1890年这段时期通常被描述为"俾斯麦体

---

[1] Avner Offer. The First World War: An Agrarian Interpretation, Oxford, 1989, pp. 4–5.
[2] [英]克里斯托弗·科克尔:《大国冲突的逻辑:中美之间如何避免战争》,卿松竹译,新华出版社2016年版,第148页。

第四章 案例一：德意志第二帝国的战略转型（1871～1914年）

系"，作为全球体系领袖的英国，在欧洲体系中是一个重要的参与者，但并没有领导或操控欧洲体系，因此，欧洲大国并没有把英国看作自身利益的主要威胁。在"一战"前，担忧未来的主要国家不是英国而是德国，俄国陆权的崛起，使德国在某种程度上成了满意现状的大国，至少在欧洲，德国主要想维护欧洲和国内现状、反对变革压力，倾向于采取预防性战争来消除俄国崛起的威胁。

到威廉二世德国初期，德国已经成长为欧洲地缘格局中的最具主导性的力量中心，使俾斯麦时期较为平衡的多极地缘格局转变为权力失衡状态下的多极地缘格局。德国为了扩大它在海上和陆上的战略投射力量，扩大本国控制的空间网络范围，实行了陆海并重的战略举措。在与其他大国的互动中愈发加剧其主观认定的地缘威胁、利益和进攻有利的攻防态势。俾斯麦时期德国在推行渐进式的战略转型时，是以当时地缘格局基本稳定的情况为前提的，且其转型的初始动机也是为了巩固和塑造有利于德国战略安全的大陆联盟体系。威廉二世德国则意图通过战略转型来扭转对现实地缘格局的不满，使德国从俾斯麦时期德国的半霸主地位成为正式的海陆双料霸权。俾斯麦更倾向将地缘格局的稳定作为战略转型的目标和动力，而威廉二世时期德国则希冀利用转型来打破地缘格局的现状，前者是维持现状偏好，后者则是修正主义倾向。整体来看，德意志第二帝国所面临的地缘格局呈现不稳定多极、邻近分布的强大战略力量诸多、对德国的崛起和战略转型形成先天的阻遏效应。在俾斯麦之后，再无人可以操纵德国主导下的欧洲地缘格局，因此，可以说正是失序的地缘格局最终在德国从陆主海从转型为陆海并举发挥了体系结构上的作用。

德国所处的特定地缘格局，决定其无论如何推进战略转型，都只能将转型选择的核心地缘战略区域邻近于本土，即使是威廉二世时期德国后来的风险舰队计划，也主要是以邻近德国的英国北海舰队作为参照对手设定的。德国作为当时欧洲最为核心的地缘战略力量中心，其一举一动会对整个地缘格局的生成和演化产生重大的反作用，而地缘格局的动态结构变化最终也为德国的战略行为发挥制约作用。当时德国与英国分别主导海陆二分格局，英国则利用欧陆其他大国作为遏制德国称霸的平衡杠杆，而德国作为陆海两栖强国，只有权衡海陆力量博弈的地缘格局，才能做出特定的战略选项，无论最终结果是有利于国家崛起还是对国家前途的毁灭，都可以视作是德国决策层对地缘格局的认知以及实际地缘格局共同发挥了作用，当对地缘格局及其动态变化趋势的认知与实际情形差距越大时，则国家的战略转型模式越可能脱离实际的战略诉求，不利于本国崛起成果的维护和进一步提升。

德意志第二帝国自统一后，战略实力的崛起速度超过英法等国。到1870年时，德意志已拥有世界工业产量的13%，国民生产总值和钢产量与法国基本持平，建立了克虏伯钢铁和兵器联合体这样的大企业，拥有发达的铁路网、高效的军事动员能力、欧陆第一陆军、世界一流的初等和技术教育、大学和科学设施，以及化学实验室和科研机构。[①] 从当时的外交环境看，尽管多数欧洲列强不满现状，但缺少挑战德国现有地位的实力和意志。崛起的国力和有利的外交环境，俾斯麦灵活利用这些有利条件，推行维持现状并较少受到国内外势力反对的地缘战略。俾斯麦时期德国在军力构成上一直维持相对羸弱的海上力量，避免引起英国的制衡和猜忌，同时，没有在军费开支和军力规模上增长过快，在军事技术研发上也没有试图改变既有的海陆攻防平衡态势。

权力转移被视为安全困境和螺旋冲突模式生成的重要原因，也可以视为国家冲突、战争和国际危机的结果。奥根斯基的权力转移理论和吉尔平的霸权稳定论强调崛起国不满；戴尔·科普兰的动态差异理论更偏好霸权国首先发难。英德权力转移，可以分成内部权力转移（大国的自然生长、军备建设和经济发展差异缩小）和外部权力转移（联盟、反联盟能力的接近），这两者都在英德针对彼此的战略调整中发挥重要作用。

从内部的权力转移来看，威廉二世继承了比俾斯麦更加强大的德国。

[①] [英] 保罗·肯尼迪：《大国的兴衰：1500~2000年的经济变迁与军事冲突》，陈景彪等译，国际文化出版公司2006年版，第181~184页。

第四章 案例一：德意志第二帝国的战略转型（1871～1914年）

德国人口在1871～1914年增长了60%（达6700万人），而英国和法国的人口增长则保持停滞。1890～1913年，德国城市化水平从11.3%变为21.0%，人均工业化水平从相当于英国的25%涨为85%。煤产量从1890年的8900万吨上升到1914年的2.77亿吨，钢产量从410万吨上升为1760万吨，1914年德国钢产量高于英法俄三国的产量总和，在全球仅次于美国。1890～1913年，德国的能源消耗从7100万吨涨为1.87亿吨。而1880～1913年，德国的工业潜力从相当于英国的27.4%增长到137.7%，在世界制造业产量中所占的相对份额从8.5%增长到14.8%。1880～1914年，陆海军人数从42.6万上升为89.1万，战舰吨位从8.8万吨变为130.5万吨。① 从1890年到1913年，德国出口增加两倍，接近英国，它的制造业份额比英国高13.6%，是法国的1.5倍。② 从两国海权领域来看，德国拒绝了丘吉尔于1913年提出的"海军假日"③ 建议。从1900年到1914年，德国的大海军建设，使海军实力从世界第五位上升到第二位。④ 到"一战"前夕，德国的公海舰队由13艘"无畏"级战列舰、16艘旧式战列舰和5艘战列巡洋舰组成，迫使英国海军部逐渐把驻扎在海外的主力舰队撤往北海，德国海军力量足以威慑法俄的海上联合舰队。

从外部的权力转移看，随着法俄同盟的形成，德国开始面临两线作战的地缘风险。英德在1904年前还进行了三次结盟尝试，英国和德国都分别与法俄有重要矛盾，两国并没有试图针对彼此进行联盟对抗。在英国放弃光荣孤立前，德国的大陆联盟体系相对英国而言居于暂时优势。但当英国看到内部的权力制衡难以遏制德国扩张企图时，分别于1904年和1907年改善与法俄的关系，导致俾斯麦所担心的反德联盟的梦魇成为了现实。德

---

① ［英］保罗·肯尼迪：《大国的兴衰：1500～2000年的经济变迁与军事冲突》，陈景彪等译，国际文化出版公司2006年版，第194～198页。
② ［英］保罗·肯尼迪：《大国的兴衰：1500～2000年的经济变迁与军事冲突》，陈景彪等译，国际文化出版公司2006年版，第204～205页。
③ 英德双方在一年时间内都不建造主力舰。
④ ［英］保罗·肯尼迪：《大国的兴衰：1500～2000年的经济变迁与军事冲突》，王保存译，中国经济出版社1988年版，第247页。

国除了继续增加对奥匈帝国的同盟支持外，没有任何成功的战略举措。

对国家有利的权力转移应该是在保持崛起的同时，不明显增加体系的制衡压力，这样才能有权力的盈余来提升本国的战略潜力和塑造有利的外部战略环境。而德国的权力崛起，却忽略了失去俄国盟友的危害，在引发英国与其进行毫无胜算的海军军备竞赛的过程中，又进一步透支了崛起的权力。内部与外部的权力转移都呈现互相抵消而非互相促进的局面，这是德国的地缘政治悲剧。反之，如果英国在保持海权优势的同时，能够更加接纳两国间的权力转移，也可以从德国崛起中获取巨大收益。与绥靖政策推动了"二战"爆发的案例相反，英国与德国走向"一战"，很大程度上是英国对德国也进行了过度制衡，让德国的权力增长没有带来更多的安全感。

俾斯麦时期德国更多的是把军事、战略上的转型作为促进海外市场开拓、拉动本国进一步崛起的手段，其所设定的崛起路径对战略资源的汲取和国内动员都相对有限，没有影响德国正常的经济增长，为后来威廉二世时期德国打下了非常丰厚的崛起资产。俾斯麦时期德国推行的战略学说偏好防御，因此，对转型所需的实力汲取也并非无节制。威廉二世时期德国为了寻求海陆的全面扩张，在崛起路径上从俾斯麦的进取式崛起转为挑战式崛起，在海上和陆上的军事与战略层面则寻求进攻性的战略学说和行为。不同的崛起路径和战略学说选择，使德国汲取资源和国内动员的能力有较大差异，所发展的战略实力类型也迥然不同。由崛起路径和战略学说决定的战略实力发展方向与类别，则规划了德国战略转型的方向、程度和范围。19世纪末德国的崛起路径和战略学说的剧变，使其在军力构成、技术研发、军费开支、军事规模、战略对手的塑造等方面都截然不同，威廉二世时期德国的资源汲取和国内动员倾向都集中反映了与其他海上和陆上强国的争霸企图，最终从防御性的陆主海从，转为进攻性的陆海并举的战略模式。

德国战略实力的自然生长，以及与其他强国的战略实力比较，影响着德国决策层对战略实力的认知和运用。影响战略实力高低的两个重要指标是国内动员和资源汲取能力、政府或政权的脆弱程度。由于俾斯麦时期德国的政权脆弱程度较低,且没有过度进行国内动员和消耗资源汲取能力,故利用强盛的战略实力,形成了颇具创新的大陆联盟体系,开创了有序渐进的战略转型。应当说,威廉二世时期德国的政权脆弱程度本来就较高,这种陆海并重的战略取向又耗尽了国内动员和资源汲取能力,加剧了国内政权合法性的不稳定。

二、海陆两难、技术变革与误判的攻防平衡态势

德国位于欧洲中部,被称为欧洲的走廊,是东西欧之间和斯堪的纳维亚与地中海之间的交通枢纽,其间水、陆、空道路条条通过德国。自古以来,德国地处四战之地,强国林立,无险可守。德国所具备的地理优势为其提供了向海洋转型的基础,而其先天劣势则对其战略选择的模式与转型程度产生了深远影响。作为地处体系中心的陆海复合型国家,容易遭受海陆强国的制衡性包围,与其他海陆强国相对邻近的地理距离,还有周边不乏敌对大国的邻国效应,使德国需要同时做好海上防卫和抗登陆准备。其位于欧洲体系枢纽地带,在相对立的东西两翼和海陆两大地缘方向上,分别受到英、法、俄等诸多强国的包围。不像英、美、俄等侧翼强国那样较少受到体系性制衡,也不具备它们在欧陆结盟的天然可获性。这种四面邻国的中心位置,决定它面对欧陆危机时很难置身事外,一旦崛起之后,更容易受到海陆强国的联合制衡和战略包围,面临海权与陆权战略的两难选择、有限战略资源分配分散化。俾斯麦认为,德国处于中心和无屏障的地理位置,国防线伸向四面八方,反德联盟很容易形成。[①]

当德国积弱时,需要担忧别国的陆上入侵,而当其崛起后,由于海陆两栖属性,又容易受到陆上领土扩张和海外殖民的诱惑。历史上,德国(普鲁士)多次面临其他强国的制衡。黎塞留时期的法国通过威斯特伐利

---

① [德] 奥托·冯·俾斯麦:《思考与回忆》,杨德友、同鸿印译,东方出版社1985年版,第205页。

亚体系，使德国的统一迟滞了两百年；1740～1748年的奥地利王位继承战争，德国选择与陆权强大的法国结盟，但受到了英奥等国的海陆双重制衡；而七年战争期间，德国转而与海上霸主英国联合，但随着俄、法、奥等国结成考尼茨同盟，使腓特烈大帝领导下的普鲁士面临陆上三面包围；拿破仑战争期间，普鲁士也被多次横扫；德国统一后，法国对收回阿尔萨斯和洛林的觊觎、对普法战争失败的复仇心理，以及法国提前偿清五十万法郎赔款所折射出的复兴能力，使其他任何与德国交恶的大国都是法国潜在的反德盟友。德国一直对来自法、奥、俄等国的"联盟梦魇"有强烈的和本能的不安全感。德国只有在陆上安全维稳的情形下，才能将更多的精力投入到海上力量、势力和利益范围的建设中。

德国具有海陆兼备的地理特性，其海陆度值要求要么同时兼顾大陆与海洋，要么承认英国的海洋霸权，专注陆上安全事务，这对德国转型进程中的军队构成和军种比例有重要影响。德国具有漫长的陆上边界和一定的海上边界，陆上防卫压力是德国陆主海从传统的最重要根源。从地缘政治传统看，海权，对德国来说本质上是一种奢侈品，而陆权却是维持其生存的核心前提。从德国的海陆度值来看，德国的海岸线长度要远远小于大陆疆界线长度，不像法国那样是三面邻海的地理构造，因此德国更接近大陆国家。虽然德国是陆海复合型国家，但因被法俄奥等强国包围，而且其国土整体上易攻难守，缺少法国那样的天然疆界，故德国在传统上并不重视海上权力和权益的扩展。而且德国的三次王朝战争都是通过陆军实现的，德国（普鲁士）陆军在本国有着崇高的政治和军事地位，德意志帝国议会也压制和剥夺海军崛起的战略资源。陆军是德国（普鲁士）军事组织高效的象征，在政府的宏观统筹下，使社会各领域都有与之匹配的指导性管理机构。从地缘经济传统而言，尽管德国自维京人、汉萨同盟甚至是大选帝侯腓特烈大帝时期就有海外扩张传统，但德国的主要海外贸易来自欧陆，缺少海外扩展的商业动机。

从战略转型所要求的资源禀赋和地理的通达性来看，德国在海上战略通道、深水港、海岸线、出海口等领域均缺少发展强大海权的先天条件。

第四章 案例一：德意志第二帝国的战略转型（1871～1914年）

在1871年德意志第二帝国建立前，由于德国的海岸线一直分属普鲁士、汉诺威等诸多邦国，使海岸线和港口资源处于分散状态，缺少发展强大海军的地理条件。德国缺少轻易进出公海的海上战略通道，临近的英吉利海峡和多佛尔海峡的一侧便是英国本土，在英国的海岸线上还有两个主要的海军基地。在苏格兰以北的另外一侧，海域的宽度至多只有四百英里，依照19世纪末的国际法，没有任何德国船只能够安全地从这片海域通过。英国人只需在距离德国不到四百英里的英国港口建立海军基地，就能封锁住德国在北海的出海口。因此，德国对海外领土、战略要点、资源和能源、市场等可以提升其资源禀赋的海外利益非常关注，由于这些资源禀赋的稀缺性和分布不均衡性，加之其客观存在性和相对稳定性的特点，使德国一旦开始推行战略转型，这些海外利益诱惑将始终是转型的动机之一。

德国在波罗的海的入海口更不容易被英国封锁，但从大西洋抵达这里必须要经过宽度不到100英里的斯拉格拉克海峡，而德国通往大西洋和其他大洋的所有航线都经过大不列颠岛，英国可凭借英吉利海峡、多佛尔海峡及本土的港口基地完全封锁北海，困住德国。德国的自然构造决定了其缺少众多的深水港口，尤其是那些充当"可通航河流的出口"且其通道很容易防卫的港口。尽管易北河与威悉河、汉堡港与不莱梅港及堡垒化的赫尔果兰岛屏障提供了一定的条件，但基尔港并没有位于大河的出口处，威廉港的使用则受到严格限制，因为整支舰队穿过易北河与威悉河的水坝从而进入北海需要有两道高水位。

不过，德国国内陆路和水路交通发达，并获得了具备海权战略意义的赫尔果兰岛，具备发展海权的一些条件。连接北海和波罗的海的基尔运河的防御意义在于，当北海的出海口被封锁的情况下，可以让汉堡和不莱梅的船只从波罗的海出入。德国的陆路和水路是畅通发达的，可以通过陆路的边界完成贸易的交换，其内陆水系主要包括多瑙河、威悉河、易北河、奥德河、维斯瓦河，而且还有一条航运能力很强的莱茵河。德国和俄国接壤的边界，又为德国的粮食进口提供了非常好的方便条件。德国濒临波罗的海和北海，运河将内陆河道相互连接彼此沟通，构成了一个完整的国内水运系统。而这个水运系统的出海口，波罗的海和北海两者必选其一。这两个海洋上的出海口就成了德国海上商业贸易的必要通道，大不列颠群岛的地理位置，对德国这条海上的通道就具有很重要的军事价值。1890年7月1日，英德签订《赫尔果兰—桑给巴尔条约》，德国取得了赫尔果兰岛，虽然赫尔果兰岛的海岸只有30海里，但却具备鱼雷防御、海军基地等战略意义。因为它扼守德国两条最重要河流（易北河和威悉河）的入海口，因而控制着德国两个最重要海港（汉堡和不莱梅）的航路，它也横跨在未来北海—波罗的海运河的出入口，这就是德国想开掘的穿越日德兰半岛的基尔运河。

在俾斯麦时期，德国整体上在军事技术和地缘战略层面上遵循防御占优的原则，而到了威廉二世时期，尽管其决策层不乏对进攻占优的疑虑，但为了能够实现国家的战略扩张，开始蓄意抬升进攻有利的战略和战术思想。

诸多的地理要素为德国与其他海陆强国的战略互动提供了有利或不利条件，而如何能做到趋利避害则取决于德国决策层对既有地缘格局的认知，实现力量中心（大国）之间在空间网络传导下形成相互作用，这种大国间的地缘战略上的攻防态势在很大程度上决定了战略转型的程度。俾斯麦认为，对德国而言，无论是从军事还是地缘格局层面来看都是防御占优；威廉二世时期德国则恰恰相反，更偏好主动和先发制人的进攻所带来的地缘优势，认为敌国的防御优势正在提高，而己方的机会窗口正在缩小。

欧陆中心的地理位置，赋予了德国军事和外交上的防御性优势，却不利于德国陆上开展两线作战或在海上挑战英国霸权。正如路易十四时期的奥格斯堡联盟和拿破仑一世时期的反法联盟那样，如果德国招致其他强国的军事进攻或威胁，地处中欧的德国可以快速实现陆军的内线调动，同时对两条以上的战线进行防卫，最大化的集中优势兵力，通过多线防御性作战为外交谈判提供战略筹码，老毛奇的两线防御战略就反映了这种地缘政治逻辑的精髓。从外交而言，可以将德国本身的战略实力和位置作为维持欧陆和平均势的砝码，利用周边各国的矛盾冲突，左右逢源，待价而沽，

第四章 案例一：德意志第二帝国的战略转型（1871～1914年）

使各国争相拉拢，实现利益最大化，俾斯麦时期德国的大陆联盟体系和希特勒德国1939年以前的"和平扩张"正得力于此。但威廉二世时期德国反而在陆权战略上坚信进攻有利的信念，忽略了客观上德国陆权的防御性优势。

对攻防平衡态势的误判，使威廉二世时期德国树立了过多的潜在大国威胁。威廉二世时期德国战略实力的崛起没有增加统治者的安全感，潜在的不利于德国的权力转移趋势使德国决策者的战略心理发生变化，从维持欧陆现状转向全球扩张。不太有利于本国的权力转移趋势正在德俄间加速进行（至少德方决策层这样认为），这与俾斯麦时期德国对大国权力对比的预期有所不同。德国预计，俄国的军事权力在1914～1917年将迅速扩张，由于俄国拥有更多的人口、领土等战略资源，最终将超越德国。[①] 对德国暂时的进攻占优和未来权力对比的负面预期，催生了德国抓住机会窗口对俄先发制人的动机。

德国同时应对来自陆地和海洋的威胁，且德国濒临的海洋并不是一个开阔水域，在海军的前行方向上存在海峡、岛链等自然障碍，战时很容易被敌方海军实施封锁。速射大炮和机枪使军队不可能打运动战，并且使部队进入堑壕，依靠远程火炮和大批步兵进攻也无法解决问题。德国对即将爆发的海战认识有误，它只准备进行海上的舰队决战，但没有正确认识北海和地中海的地理环境。同时英国发现，在水雷、鱼雷等武器迅速发展的情况下，传统的近岸封锁会付出相当大的代价。到1912年，英国海军决定放弃近岸封锁，而是发展远离海岸线的封锁方式。水雷、鱼雷和潜艇等新式武器使舰队实在难以再用传统的作战方式。无论海上还是陆上，由于技术上的原因，速战是不可能的。

面对类似的攻防平衡态势，俾斯麦时期德国没有强行更改发展海权的先天条件，而是实行陆主海从的战略取向，对既有的空间地理因素进行战略调配上的合理利用。但为了打造以"无畏"级战列舰为主体的大海军，改变与英国在海权领域的攻防平衡差距，威廉二世时期德国耗费巨资改造

---

① Lieven D C B. *Russia and the Origins of the First World War*. Macmillan, 1983, P.111.

相对不利的地理因素，却收效甚微。从地理技术上看，建造"无畏"舰要求对德国原有的运河、港口和造船厂都进行一番全面改造，投入巨大。1906年，德国国会通过海军"补充法案"，对运河、港口、船坞等专门拨款进行相应改建。到1909年德国还需要对运河、港口、船坞等基础设施进行大规模改建，使其符合"无畏"舰的建造和使用需要。整个改建工程从1909～1914年"一战"前夕，总共花费1.148亿马克。但这些改建的海权设施在"一战"中却并没有发挥应有作用，而这些战略资源本可以投入更为重要的陆上战争中。

包括德国在内的很多大国都低估了潜艇对海军战争的影响。1914年的第一次世界大战爆发之前的10年，英国和德国之间的海军军备竞赛愈演愈烈。在此次竞赛中，战列舰的体积增大了60%，英国最后在其战列舰上安装了可发射1920磅重炮弹的口径为15英寸的火炮。但这一竞赛还不包括可潜入水下的鱼雷艇或称潜艇。这种舰艇可通过将水灌入水柜而沉入水下，通过压缩空气将水排出便可浮出水面。虽然最初是法国对这种潜艇给予了很大的重视，因为它给英国的封锁分舰队构成了严重威胁，但各国海军都竞相建造自己的潜艇。为了与它们要建立最强大的海军的政策相一致，英国拥有的潜艇数量最多，法国紧随其后。

潜艇到1914年时已经发展得很完善了，一艘潜艇的排水量可达几百吨，可携带十几枚鱼雷，可向瞄准的军舰同时发射4枚鱼雷。它还配有一门口径为3～4英寸的火炮。由柴油发动机推进在水面上航行，最快时速为12节，在水下时由蓄电池推进，最快可以9节的速度航行很短一段时间，当在水面上时蓄电池由柴油发动机充电。潜艇可下潜至200英尺深的水下，但在作战时则必须上升至水面附近，以便于使用潜望镜发现目标并用鱼雷瞄准。

尽管各国海军对如何攻击潜入水下的潜艇一筹莫展，但他们也不知道如何有效地使用潜艇，虽然改进型的潜艇在第一次世界大战开始时可以在水面上进行较长时间（两个星期）的巡逻。潜艇的战术是在水面上巡逻时发现目标，之后潜入水中发起攻击。但由于它在潜入水下后速度会更慢，

第四章 案例一：德意志第二帝国的战略转型（1871~1914年）

而且从被攻击的军舰上可以看到来袭的鱼雷，此时军舰可以改变航线，所以大部分国家的海军当局都认为，潜艇不会发挥太大作用。[①]

1906年2月10日，英国"无畏"号下水，这是一艘具有厚重装甲、安装了12门同类大口径（12英寸）火炮且能全向射击的战舰。相比之下，以前建造的所有战舰都显得陈旧了。结果大国都被迫陷入海军军备竞赛。海军舰船设计家们力求将火力和机动相结合，很快制造出了战斗巡洋舰，装备的火炮与"无畏"号不相上下，但缺乏装甲保护层——做出这点牺牲以获得较快的速度。战斗巡洋舰和大多数混合舰只在1916年的日德兰半岛战斗中证明效果不佳，随即在世界海军中消失了。日德兰半岛海战标志着海战中一个时代的结束。这是一次敌对双方在目视距离之内恶斗的最后一次大型舰队战。数量众多的英国舰队利落地打败了顽强灵巧的德国人——虽然不是决定性胜利。若不是英国杰利科上将较为谨慎，德国人可能被消灭。像陆战一样，海上敌对双方直接接触，战力不相上下，则往往以兵力数量多寡来决定胜负。但指挥的英明与否往往决定胜利成果的大小。

20世纪初期，海战中意义重大的发展是出现了改良型潜艇，作为封锁反封锁武器加以使用。英国海上霸权只受到过一次挑战（在日德兰半岛），且未受严重危害，但在1917年，德国"U"型潜艇进攻英国商船后，几乎使英国屈膝投降。潜艇击沉商船，企图使英国挨饿而降，后来成立了配备有美国驱逐舰的护航队，才使英国摆脱危机。协约国对德国的海上封锁，虽不像德国潜艇封锁英国那样壮观，但更具有决定性意义。对德国经济的慢性扼杀，在战争的最后年月很有意义。引起厌战情绪的德国人民要求和平，而协约国拒绝与德皇政府谈判，是为了推翻君主政府达成停战。继续封锁就迫使德国政府和饥饿的人民接受了《凡尔赛和约》的条款。

[①] [美] 阿彻·琼斯：《西方战争艺术》（下），刘克俭等译，海南出版社2018年版，第449~498页。

第二节
战略塑造能力与德国海权发展路径分析

德国具有悠久的大陆主义传统，三次王朝战争都是通过陆军实现的，德国（普鲁士）陆军在本国有着崇高的政治和军事地位，德意志帝国议会也压制和剥夺海军崛起的战略资源。陆军是德国（普鲁士）军事组织高效的象征，在政府的宏观统筹下，使社会各领域都有与之匹配的指导性管理机构。

重陆轻海的传统，在塑造俾斯麦时期德国的地缘战略取向上发挥了一定作用。统一后德国的两任海军部长都是陆军将军——施托施和卡普里维。提尔皮茨上台前德国的海权基本以建立一支近海防御力量而不是远洋作战力量为主。俾斯麦选择了创造性继承陆主海从等方面的地缘战略传统，并在此基础上，实现了从陆权到海权的和平战略转型；而威廉二世时期德国则吸取了战略文化传统中的军国主义等进攻性学说元素，试图为其陆海并重和发展大海军的战略规划提供思想基础。尽管威廉二世时期德国在短期内暂时改变了这种地理因素所决定的不得已的战略传统，但在"一战"前，德国迫于法俄同盟的陆上压力，又重新实行陆主海从的战略取向，这也侧面反映了地理要素的规范性影响，国家的转型决策和进程尽管可以暂时超越地理要素的限制，但从长远来看，要么遵从地理规律，要么付出失败甚至毁灭性代价。

德国复杂的地理条件对民族特点和政府决策倾向也发挥了关键作用。德国崛起于拿破仑战争，并受到俾斯麦的影响，它的官僚机构、武装力量和学校之间有密切关系，构成了德国制度的精华和倔强的力量。德国有一个在议会辅助下的独立政府，比起不同政党轮换执政的政治制度，更有助于实现决策的连贯性和执行力。德国的社会法规、教育制度以及兵役制度，对国家社会的稳定和国民生活的保障起到很大作用。德国的义务兵役制和全民义务教育相提并举，在普鲁士，主要已不是为求知识而求知识，而是达到一个目的的一种手段，其目的就是要使曾遭受大苦大难的国家取得胜利。[①] 德国满足了马汉对"机械艺术上的领导能力"的要求，因为德国拥有无与伦比的高等技术学校和理工大学体系。麦金德（Halford J. Mackinder）列出了德国战略转型的地缘政治传统：每一个受过教育的德国人都是地理学家，德国人的现实政治思想，存在于其心中的一张精神地图之上，德国的高中和大学都很严肃地教授地理，这是自耶拿战役后，由亚历山大·冯·洪保、伯格豪斯、卡尔·李特尔和史蒂勒等人系统建立起来的。[②] 从民族特点来看，德国继承了罗马帝国的征服欲望，它的国民的个人意志从属于国家的民族性格，国家利益高于一切。德国国民在税收方面对政府的服从，表现了他们的普遍素质。

科恩（Saul Bernard Cohen）揭示了德国具有一定的海外贸易传统：德意志商人早在11世纪就在伦敦开办了贸易商行，并于1226年成立了由北部城市组成的汉萨同盟。[③] 劳伦斯·桑德豪斯（Lawrence Sondhaus）指出：大部分研究者将德国的海权战略发展聚焦于1898～1918年奉行世界强权政策的这段时期；相对忽略了从1848～1849年法兰克福议会至俾斯麦时期德国数次体现出拥有一支强大海军舰队的渴望，这种海权发展传统对后来提尔皮茨计划产生了复杂的深远影响。[④]

一、战略对手敌意的合理化

德国作为体系中心强国，其崛起必定会带来其他大国的警惕，但不同

[①] [英] 麦金德：《民主的理想与现实》，武原译，商务印书馆1965年版，第28页。
[②] [英] H. J. 麦金德：《陆权论：重新构建之政治学研究》，徐枫译，群言出版社2015年版，第17～20页。
[③] [美] 索尔·科恩：《地缘政治学：国际关系的地理学》，严春松译，上海社会科学院出版社2011年版，第180～181页。
[④] [美] 劳伦斯·桑德豪斯：《德国海军的崛起：走向海上霸权》，黎艺译，北京艺术与科学电子出版社2013年版，第1页。

的战略决策者对其他大国的战略防范所采取的不同态度和战略取向,则会对外部脆弱性影响产生中介过滤作用。尽管俾斯麦时期德国通过三次王朝战争实现了国家的统一,为后来的战略崛起奠定了基础,但其整体崛起路径是和平主导的,只是将有限战争作为手段,战争从属于政治的需要;威廉二世时期德国偏好军国主义思想,主要依托战争主导的崛起路径,即便不是完全蓄意挑起第一次世界大战,也是极为希望尽早爆发大战。德国的持续崛起,需要不断平衡本国经济发展与军事力量构成之间的关系,在大陆国家与海洋国家之间维持某种均势。德国当时所处的体系结构使其很难实现孤立式或融入式崛起,俾斯麦时期德国与威廉二世时期德国分别选择了进取式和挑战式崛起路径。俾斯麦时期德国为了避免形成海上和陆上的反德联盟,防止德国卷入不必要的大战,以及维持德国主导下的欧陆半霸主地位,追求的是有利于德国周遭地缘环境稳定的大陆均势和海上均势,并取得了成效。威廉二世时期德国则寻求大陆与海洋的全面霸权,推行进攻性的战略观念和政策行动,对与英法俄等大国爆发的体系性大战前景,即便不是蓄意挑起也是乐见其成,最终陷入了过度扩张,招致衰败。

　　从崛起的威胁塑造维度分析,俾斯麦的崛起路径并不寻求绝对意义上的安全,而是意图建立德国主导下的均势安全。威廉二世时期德国的挑战式崛起路径则要求其追求绝对层面的安全,试图在海上和陆上都挑战强国的权力和利益。不同的崛起路径对威胁的认知和塑造有本质的不同。俾斯麦认为德国的威胁主要来自欧陆,尤其是法国,其崛起路径有效防止了地缘威胁的升级、蔓延,并化解了英国的疑虑。俾斯麦时期德国并不执着的追求绝对意义上的安全,而是建立和巩固联奥、拉俄、亲英、反法的大陆联盟体系,利用1885年的保加利亚危机、1887年的两次《地中海协定》,实现了大国之间的战略平衡和德国的相对安全。俾斯麦深知德国在地缘格局中处于中心型强国,如果国家的威胁认知是海权型或海陆双缘型,那么会使国家透支有限的战略资源来应对可能虚假的威胁,英国与德国的地缘矛盾并非不可调节。因此,该时期德国塑造的是单一的陆权型威胁认知,并对陆上威胁也留有一定的战略回旋余地,避免冲突升级。

第四章 案例一：德意志第二帝国的战略转型（1871～1914年）

而到威廉二世时期德国，则试图追求国家的绝对安全，认为德国必须效仿英国或法国来获取全球帝国的地位，否则，德国最终不可避免地变为另一个荷兰或瑞典，其安全和利益将总受到更强大国家的威胁。威廉二世时期德国的决策层一直对外部敌对性同盟的包围和进攻有着近乎偏执的过度疑虑，军方参谋人员总是以全部的邻国同时进攻作为战备的依据，德国的进攻性同盟战略也充分体现了"绝对安全"的思路，而对绝对安全的追求反而造成了绝对的不安全感。[①] 作为陆军世界第一的德国，进一步追求强大海军无疑会引起英国、法国、俄国的担心，促成反德联盟形成。羞辱大国却未同时削弱其实力向来是很危险的游戏，这正是俾斯麦所极力避免而威廉二世所不断挑战的底线。威廉二世时期德国更偏重于依靠自身强大的战略实力，威慑地缘对手成为盟友，认为其他大国更倾向于追随而不是制衡最强大或最具威胁的国家。

从崛起的利益诉求维度而言，俾斯麦时期德国试图限制海外利益的过度扩张，威廉二世时期德国则力图全面扩张海外利益，甚至不惜与英国等殖民大国为敌。

俾斯麦时期德国限制海外利益诉求。如果一个国家既不靠陆路保卫自己，也不靠陆路扩张领土，而完全把目标指向海洋，那么这个国家就比以大陆为界的国家具有更有利的地理位置。按照马汉对适合海权崛起的国家的地理条件论述，德国面临很大的地缘劣势。在俾斯麦看来，德国获取殖民地的政治经济成本过高，而收益甚微。殖民地增加了德国的弱点，因为殖民地只能由强大的海军保护，而德国作为陆海复合型国家，不适合在拥有世界第一陆军的情况下，同时发展强大的海军。而只要德国避免海权偏执，就可以在地缘策略分析中忽视英国，俾斯麦使柏林成为了"国际关系焦点"。

俾斯麦在殖民问题上保持了足够的灵活性，自1873年以来的经济危机引发了长时期的经济萧条，持续到19世纪80年代，因此，俾斯麦想让尽

---

① ［美］亨利·基辛格：《大外交》，顾淑馨等译，海南出版社1998年版，第165页。

可能多的殖民地对德国经济企业保持开放。[1] 但俾斯麦并没有像威廉二世那样被推着走,也没有与之僵硬对抗,而是通过抢先于潮流的方式来限制它,即在这些势力形成完整的政治诉求之前就果断给予其可能要求的结果,从而实现控制和驾驭的目的。

威廉二世时期德国全力扩张海外利益。到19世纪90年代后期,德国的海外利益进一步扩展,德国保护海外利益的动机提升。1873~1895年,德国商船的总吨位数已经增加了150%,海外出口总额已经增加了200%以上,食品供应严重依赖进口,德国海外贸易总额位居世界第二,但1895年德国舰队的总吨位还不如意大利。[2] 然而直到1895年,德国对外贸易的60%是与欧洲邻国进行,其余大部分海外贸易也主要是和美国进行,而与其他海外殖民地的贸易可忽略不计。[3]

"被包围"认知的自我强化。1906年阿尔黑西拉斯会议后,德国"被包围"的说法开始流行。宰相比洛在帝国议会演讲中,第一次公开使用"被包围"这个词。[4] 1907年的英俄协定进一步强化了德国对被包围的疑虑。1906年英国开始下水第一艘"无畏"级全重炮战列舰,德国公布了第二个补充法案预案,决心大规模建造能与英国相媲美的新型战列舰,其试图挑战英国海上霸权的战略意图暴露无遗,提尔皮茨计划中关于低调建设海军的设想荡然无存。战略上"被包围"基本已经成为德国决策层的共识。

随着英德关系恶化,德国认为有必要增加海军力量,为本国海外利益提供保护。[5] 德国将海军建设与海外利益挂钩,将海外利益与大国地位联

---

[1] Rich N. *Great Power Diplomacy*, 1814 – 1914. McGraw – Hill Humanities/Social Sciences/Languages, 1992, P. 237.

[2] Rich N. *Great Power Diplomacy*, 1814 – 1914. McGraw – Hill Humanities/Social Sciences/Languages, 1992, P. 372.

[3] Mitchell Brian R., ed. *European historical statistics*, 1750 – 1970. Springer, 1975, pp. 511 – 547.

[4] Geiss I. *German Foreign Policy*, 1871 – 1914. London: Routledge and Kegan Paul, 1976, P. 121.

[5] Lambi I. N. *The Navy and German Power Politics*, 1862 – 1914. London, 1984, P. 156.

系在一起。美西战争中西班牙的失败刺激了德国人:"我们必须避免让自己在英国那里遭受到西班牙在美国那里遭受的命运。"① 1900 年,英国皇家海军在对南非布尔人进行封锁时扣押了没有违禁品的德国邮轮,刺激德国进一步提升海权实力。1914 年霍尔维格拟定了"九月计划",预想创造一个横跨大西洋、印度洋、非洲大陆的殖民帝国。海外扩张所带来的不利影响则被很大程度上有意忽略。向拉丁美洲冒险只能以与美国进行战争为代价;在中国扩张受到了俄国、英国、日本、法国等国的排挤;建造巴格达铁路使英俄都惊恐不安;想夺取葡萄牙殖民地遭到英国阻拦;非洲的绝大部分战略和经济要地都被英法等国瓜分完毕。德国缺少日本那样的远离列强中心的侧翼孤立式崛起环境,威廉二世时期德国过度的海外殖民战略倾向只会加剧英国的敌意。

二、"国家有机体"与"海权至上主义"学说的推动

从德意志第二帝国到第三帝国,所吸取和实践反映出来的主要地缘思想包括拉采尔的国家有机体论、马汉的海权论、麦金德的心脏地带论、豪斯霍弗的生存空间论。尤其是拉采尔的思想,贯穿于整个德意志帝国的扩张进程中。对于拉采尔而言,国家间竞争是他关注的重要政治议题,一个国家的领土在任何时间点都只是"本质上变化的有机体的一个静止过渡阶段",通过领土兼并的方式,世界政治版图将随着新的大国的崛起而不断变化。② 空间动因是历史的驱动力,以伟大的文明为根据推动民众自然扩张,德国人居住在什么地方,什么地方的弱小民族就要在经济上支持和服务于德国人,德国的文化要为其他文化土壤提供肥料。当然,拉采尔的空间概念并非公然具有侵略性,只是简单地理论化为"强大民族向弱小民族

---

① Langer W. *The Diplomacy of Imperialism*: 1890 – 1902. 1 (1935). Knopf, 1935, P. 656.
② [美] 科林·弗林特等:《政治地理学"世界—经济、民族—国家与地方"》,刘云刚译,商务印书馆 2016 年版,第 3 页。

控制的地区自然扩张"①。拉采尔的理论影响了美国的森普尔、瑞典的契伦、德国的豪斯霍弗。拉采尔是豪斯霍弗父亲的朋友,豪斯霍弗将拉采尔的海权与陆权划分的思想纳入自己的理论,认为只有一个国家同时兼备海权优势和陆权优势才能克服海、陆冲突。他认为国家的边界基本上没有太大意义,特别是当一个国家应当与周边民族处于频繁搏斗状态的时候。其思想延伸了拉采尔的空间概念,成为德国地缘政治学的核心内容。② 尽管纳粹德国的地缘扩张不是本书讨论的重点,但是其对德国地缘崛起的学说吸收和运用,可以作为第二帝国战略转型的历史与思想影响去分析。

麦金德在1905年日俄战争后,认为德国而非俄国才是挑战英国海上霸权的最大陆上威胁的论断,实际上可以看成是英德海陆对抗的地缘反思。麦金德的逻辑揭示的是英国如何避免德国与俄国之间的大陆力量和解。大陆心脏地带的说法,被德国地缘政治学派所吸收,为此,麦金德经常批判纳粹德国的地缘学界非法利用了他的思想。③ 但真正对德意志第二帝国战略转型的理论与实践有直接借鉴作用的则是马汉的海权论。这里需要提醒的是,战略学说对国家战略决策和转型进程的影响并非具有决定意义,只有当战略学说所主张的思想内容符合决策偏好时,才有可能被借用,即便如此,这种吸收和运用也会经过各种变量的过滤,对其主张进行选择性屏蔽与有筛选的采纳。比如马汉对德国发展海权不利因素的告诫,就被威廉二世和提尔皮茨忽略了;豪斯霍弗对德国与苏联联手所产生的地缘政治效能的呼吁也被希特勒彻底否决;只有当战略决策尚没有形成高度的认知闭合时,战略学说才能发挥多元化影响。例如威廉二世自幼就对大英帝国的海上霸权非常向往,而此时还没有马汉的海权学说对其产生影响,是威廉二世先有了发展海权的战略野心与偏好,才能让马汉学说对其进行思想洗礼。

---

① 蔡运龙等编著:《地理学思想经典解读》,商务印书馆2011年版,第7页。
② [美]科林·弗林特等:《政治地理学"世界—经济、民族—国家与地方"》,刘云刚译,商务印书馆2016年版,第13页。
③ 蔡运龙等编著:《地理学思想经典解读》,商务印书馆2011年版,第37页。

第四章 案例一：德意志第二帝国的战略转型（1871~1914年）

俾斯麦时期德国的地缘战略主要受到主张"陆权占优且防御有利"的学说主导，在该学说的指导下，德国推进了目标有限的渐进式转型，维持陆主海从的战略重心。威廉二世时期德国在海上和陆上战略都推行进攻性学说，且信奉马汉式海权理论的提尔皮茨（只是类似马汉，但提尔皮茨本人对马汉学说了解多少，以及在多大程度上认可与采纳，存在争议）等人在德国战略转型中的作用长期高于陆权战略学说，威廉二世本人也偏好海权和大海军的战略意义，认为海权更具优势。由于该学说会树立诸多的海陆地缘威胁，因此对海洋利益与大陆利益、海权与陆权、海军与陆军的扩展采取齐头并进的方式。

俾斯麦时期的陆权、海权和国家整体的大战略取向都是防御性和维持现状的，而威廉二世时期德国在大战略缺位的情况下，在海权和陆权方面都推行进攻性的战略学说。

从陆上战略来看，1890年以前德国信奉防御性战略学说，老毛奇认为应在西线采用防御态势而在东线采取有限进攻，对法俄两国取得有限胜利，留待外交来决定是否具备达成和平解决方案的条件。但随着德国的战略转型，被施里芬修改为由西到东保持连续进攻的进攻性战略学说，使德国一旦与他国开战，就是总体战的对抗强度，没有为妥协与和平留下空间。从军事技术上分析，1890年之后，防御通过五方面的革新获得了一种重大而且不断增加的优势：精确的连发枪、机关枪、带刺铁丝网、精心构造的堑壕以及铁路。但是决策者相信进攻占优，忽略了美国内战、1877~1878年俄土战争、布尔战争以及日俄战争所提供的教训，这些战争显示了新的防御技术的力量。施里芬、伯恩哈迪、赫尔穆特·约翰内斯·路德维希·冯·毛奇（以下简称"小毛奇"）和奥古斯特·冯·凯姆将军都认为，进攻相比防御而言更能确保胜利，现代战争条件下进攻优势比以前更大。[1]

---

[1] Ritter G. *The Schlieffen Plan*: *Critique of a Myth*, trans. Andrew and Eva Wilson, London: Oswald Wolff, 1958; reprint ed., Westport, CT. 1979, P. 100; Von Bernhardi F. *How Germany Makes War*. GH Doran Company, 1914, pp. 153-155; *The Outbreak of the First World War*: *Selected Documents*. Batsford, 1967, P. 357.

法国的"青年学派"理论对德国海权发展构成冲击，客观上迟滞了德国挑战英国海权的进度。"青年学派"又被称为"绿水学派"，"绿水学派"理论提倡巡洋舰作战，同时也指出雷击舰应该在数量上超过铁甲作战舰队，当奥步成为法国海军部部长之后，"绿水学派"于1886~1887年在法国迎来了鼎盛时期。因此，卡普里维一边对大型战舰采取观望的态度，一边紧锣密鼓地建造雷击舰并编入舰队。"绿水学派"战略扰乱了德国海军的战舰建造计划，在卡普里维任期内，德国海军在欧洲的地位开始下降，当卡普里维刚接任海军部部长时，德国所拥有的现役装甲战舰的总吨位数仅次于英国和法国，1885年，意大利的现役装甲战舰总吨位数超过了德国，到卡普里维任期末时，其装甲战舰实力与其总吨位数分别保持在欧洲第四和第五。1872~1888年，德国海军部领导人都放弃了贸易"自由"传统是德国海上力量存在的理由，而且都在寻求能够满足国家战略性需求并以"陆军"模式重塑的海军。

到威廉二世德国期间，对进攻性战略学说的推崇已经压倒了对防御性战略学说有效性的认知，起主导作用的陆权和海权学说分别是施利芬和提尔皮茨提出的规划。

施里芬计划形成的第二个阶段是从1898年到1904年，该阶段强化了第一阶段的想法。施里芬有关进攻的各种计划主要不是采取备忘录这种相对系统、完整的形式，而是体现在各种各样的参谋作业、兵棋推演和年度作战计划中。他认为，"德国必须在抵挡一个敌人的同时打垮另一个敌人。一旦其中的一个敌人被征服，德国就必须利用铁路将主力部队运送到另一个战场，从而打垮另一个敌人。这样，第一次打击就必须尽可能地集中全力，必须进行一次决定性会战，我们需要一次色当战役，或者至少是一次柯尼希格莱茨战役"[1]。该阶段的施里芬计划与后来相比，还没有完全寄希望于一次大纵深、大范围的大迂回包围，相反，这些演习和计划的作战企

---

[1] Jehuda L. Wallach. The Dogma of the Battle of Annihilation: The Theories of Clausewitz and Schlieffen and Their Impact on the German Conduct of Two World War, Westport, Connecticut: Greenwood Press, 1986, P. 55.

第四章 案例一：德意志第二帝国的战略转型（1871～1914年）

图相对有限，态度也比较谨慎，甚至警告德军进行包抄的部队不能穿插太深，在战略目标的设定上也比较灵活，属于相对有限的歼灭战，其合围的目标主要是固守法德边界防线北部的法军部队。到1896年，施里芬干脆中止了与奥匈总参谋部的对话，此后两国就开始自顾自地制订作战计划。[①]

1905年是施里芬计划形成的第三阶段。由于俄国在日俄战争的惨败和国力衰弱，施里芬修改了作战计划。而所谓的施里芬计划，就是指1905年底至1906年初在施里芬领导下普鲁士总参谋部完成的对法作战备忘录。认为法国在一场与德国的战争中很可能保持守势，而且防御体系又很难从正面攻破，因此，卢森堡、比利时和荷兰的中立地位必须被破坏。[②] 德军的胜利要靠从侧后包抄法军主力来实现，应该加强右翼部队。在施里芬计划中，两线战争实际上变成先后进行两次一条战线战争，即西线排在顺序的首位，而东线则在取得西线进攻胜利后再挥师东进。退役后，施里芬还在告诫他的继任者，称德国东部诸省的命运将在法国的塞纳河上决定，而不是在德国东部的维斯瓦河上。普鲁士传统的作战计划模式非常关注战争中的不确定性，即克劳塞维茨所说的那种难以预测的"战争的阻力"。[③] 而施里芬计划将一个非常周全、非常严密的计划强加于敌人，幻想敌人只能被动地应付。[④] 计划没有考虑兵力对比上的基本态势，基本不考虑法军的反击及其后果，没有考虑如此大范围迂回包围的难度，基本没有考虑后勤问题。并且，施里芬计划只立足于最坏情况下的军事战略，使德军在面临国际危机时，要么完全无所作为，要么孤注一掷地打一场全面战争。

施利芬曾主动设想未来战争可能是一场长期的消耗战，这点很有意义。施里芬害怕战争僵局，主张在东线用少量部队抵挡动员缓慢的俄国

[①] Gunther E. Rothenberg. The Army of Francis Joseph, W. Lafayette: Purdue University Press, 1976, pp. 112 – 117.

[②] Robert T. Foley (trans), Alfred von Schlieffen's Military Writings, P. 165.

[③] 克劳塞维茨：《战争论》，中国人民解放军军事科学院译第一卷，商务印书馆1995年版，第96页。

[④] Showalter D E. Total War for Limited Objectives: An Interpretation of German Grand Strategy. *Grand Strategies in War and Peace*, 1991: 105 – 123, P. 112.

人,用德军主力横扫低地国家和法国北部,以便包围粉碎法军。施利芬相信用这个办法可以防止出现僵局。但由于小毛奇对施利芬原来的原则修改不当,加上体现上述原则的战术与新武器并不适应,所以德国计划失败了,第一次世界大战形成了施利芬曾想竭力避免的长期血腥的僵持局面。

少年时便是海军迷的威廉二世皇帝读到马汉的《海权论》时狂喜不已。1894年5月,他致电《纽约先驱报》的波尔特尼·比格洛:"我眼下不是在阅读,而是贪婪地啃着马汉上校的书;我在试图用心记住它。这是一部上乘之作,所有问题上的经典。在我的每一艘舰船上都摆着这本书,被我的舰长和军官们不断引用。"提尔皮茨在形成风险舰队理论时,可能没有读过马汉的著作。他在1919年撰写的回忆录中坚持说,他关于战列舰部署的战术信条是独立于马汉而形成的,而且当他后来读到这位美国上校的著作时,他对他们的观点仅"极为一致"大感惊讶。[①] 不过,海军上将蒂尔皮茨仍然欢迎德国殖民协会印发2000本《海权对历史的影响》,作为他的宣传运动的一部分,这一运动是要说服帝国议会授权建造一支战列舰舰队。由此而来的1898年《海军法》是四个海军法令中的第一个,它们点燃了后果众所周知的英德海军竞赛。但是,马汉在整个这一过程中的作用只有边际意义,而查尔斯·韦伯斯特爵士所言(如果杰拉尔德·格雷厄姆的记忆正确的话)——"马汉是第一次世界大战的缘由之一"只能理解为夸张。

随着提尔皮茨上任,于1894年出台了《第九号备忘录》,并提出了风险舰队理论,"我们的世界政策是通过北海这根杠杆,无须直接卷入其他地区即可影响全球局势"[②]。马汉和提尔皮茨的海权战略学说,迟滞了德国陆权建设,还将海上力量的发展提高到了历史哲学层面,使海上力量与国家的兴衰紧密地结合起来,形成了一种抽象的、带有普遍性的模式,同

[①] Gordon A. Craig, Germany 1866 – 1945, Oxford and New York, 1978, 307; Grand Admiral Alfred von Tirpitz, My Memoirs, 2 Vols., New York, 1919, 1: 72.

[②] Paul M. Kennedy. *Strategy and Diplomacy*, 1870 – 1945, Boston: George Allen & Unwin, 1983, P. 133.

时，英国、法国、俄国、美国等大国都掀起了扩建海军的浪潮。1890~1897年，德国采取逐渐有限地扩充陆军政策，目的在于跟上法俄两国的综合实力。而1897~1911年，出现了陆军发展的停滞，三项小规模的陆军法案仅增加3.5万人。1911年提尔皮茨承认，风险舰队不过是一个便于向大众宣传的口号——到1918~1920年，德国能有一支不少于60艘战列舰的舰队，至少与英国在北海处于战略均势。[1] 因此，提尔皮茨的风险舰队口号只是一个海权战略转型的过渡或说是幌子，真正的目标是要动摇甚至瓜分英国的海上霸权，属于纯粹的进攻性战略。

1897年，提尔皮茨出任德国海军国务秘书。提尔皮茨还争取了许多学术界的著名人物，据统计有270名著名的大学教授直接为海军的宣传提供过支持，其中包括汉斯·德尔布吕克、马克思·韦伯等世界级学者。[2] 1898年他支持成立了民间组织"海军协会"，成员从1898年的78652人增加到1914年的1108106人。[3] 1897年6月，提尔皮茨向德皇提交了著名的"提尔皮茨备忘录"，认为："当前德国最危险的海上敌人就是英国，德国急需一定规模的海军力量来作为一种政治权力因素。"[4] "在下个世纪德国必然会与英国在地球的某个地方发生冲突，不管它是经济竞争还是殖民地争夺引起的。"[5]

随着德国进攻性战略学说的确立、海权学说与力量作用的提升，使战略学说对德国转型产生了空前的影响。一是"海军至上主义"的泛滥。马汉的海权三部曲不仅提出了一套以主力舰和夺取制海权为核心的海军战略理论，还将海上力量的发展提高到了历史哲学层面，使海上力量与国家的

---

[1] Rich N. Great power diplomacy, 1814 – 1914. McGraw – Hill Humanities/Social Sciences/Languages, 1992, pp. 374 – 375.

[2] Jonathan Steinberg. Yesterday's Deterrent: Tirpitz and the Birth of the German Battle Fleet, P. 41.

[3] Holger H. Herwig, "Luxury" Fleet: The Imperial German Navy 1888 – 1918, P. 40.

[4] Jonathan Steinberg. Yesterday's Deterrent: Tirpitz and the Birth of the German Battle Fleet, P. 209.

[5] Ivo Nikolai lambi. The Navy and German Power Politics 1862 – 1914, Boston: Allen & Unwin, 1984, P. 142.

兴衰紧密地结合起来，形成了一种抽象的、带有普遍性的模式。二是适应德国社会需求。海军在军官的录用方面打破了门第之规，几乎完全向中产阶级敞开大门。1899~1918年，海军参谋部的10任参谋长中只有一名是有头衔的贵族，同期担任参谋部领导的48名军官中，5名是贵族出身，其中只有两名是真正有头衔的贵族。[①] 所以，海军的迅速扩大符合德国中低阶层要求改变政治地位的需要，很容易形成强大的社会基础。三是安全判断的变化。到19世纪90年代后期，德国的海外利益进一步扩展。从1873年到1895年，德国的商船总吨位增长了150%，海外进出口贸易增长了200%，更重要的是德国开始部分地依赖海外的食物供应。随着英德关系恶化，德国开始担心英国会切断其海上交通线。四是决策者的个人影响。德皇威廉二世外号"舰队皇帝"。除了"德意志帝国海军元帅"这一头衔外，他还是俄罗斯帝国海军、英国皇家海军、瑞典、挪威、丹麦的海军上将，也是希腊皇家海军的荣誉海军上将。1897年3月，威廉二世就把德国未能有效向希腊施加压力归因为海军实力不足；把英德贸易谈判（商贸条约）失败也归因于海军实力不足。当1914年夏第一次世界大战爆发时，欧洲六强中的五个强国（法国、英国、俄国、德国和奥匈帝国）作为协约国和同盟国成员，都把它们长期准备的作战动员计划付诸实施（意大利保持中立。它是钻了同盟国条约的空子，拒绝与德国和奥匈帝国联合，否则必须对英国宣战）。这些计划没有进行一场长期消耗战的设想。

总之，俾斯麦时期德国采纳的是防御性的且认为陆权占优的战略学说，有效地实现了渐进式的战略转型；到威廉二世德国时期，更多的偏好于海权占优且进攻性的战略学说，认为自身陆权的强盛对海权具有抵消优势，可以在陆权第一的同时发展强大的海上力量挑战英国海上主导权。因此推行了陆海并重的突变式战略转型。德国战略学说的推行在很大程度上受到国内压力维度的影响。俾斯麦巧妙化解国内政治压力并进行疏导，作

[①] Jonathan Steinberg, "The Kaiser's Navy and German Society", *In Past and present*, 1964, 28: 105–106.

为战略转型的手段；而威廉二世时期德国则将满足国内诸多政治势力诉求本身作为战略转型的目标之一，使国家的战略目标不能恰当匹配海权和陆权战略手段。威廉二世时期德国对民众的战略动员在转型后期束缚了从海权向陆权扭转重心的举措，正是国内各阶层和势力对风险舰队理论的全力支持和进攻性学说倾向的盲从，使德国在"一战"爆发前的任何一次防御性妥协都可能被视为政府软弱的表现，反而阻止了威廉二世时期德国在战略转型进程中的自我纠错能力。

三、陆海双料霸权与战略匹配的失衡

俾斯麦时期德国所寻求的总体战略目标具有现状和防御性倾向，威廉二世时期德国则具有明显的修正主义和进攻性倾向，这从根本上界定了两者从陆权到海权转型的方向和程度截然不同，也决定了两个时期德国寻求的具体战略目的截然不同：在军种比例上从陆军主导到海军至上主义，在军事规模上从相对有限的军费开支转为海上和陆上的过度消耗，在技术研发上从防御向进攻性技术倾斜，在经济与国防上从比例协调到失衡，在政府动员和资源汲取上不断加大力度，在海外利益追求上从不挑战海上霸权到争夺海上霸权。从战略转型的途径来看，德国逐渐在地域重点上从东欧转向西欧，在核心战略位置的确定上逐渐从以陆制海到以海制陆，在方向选择上从大陆方向转向海洋方向。从战略手段而言，德国逐渐从依托陆权和陆军等要素转为以海权和海军手段为主导。从战略布局上讲，从清晰的大陆联盟体系转为促成同盟国与协约国的僵化两极对抗。

从崛起的权力维度来看，作为进取式崛起路径的代表，俾斯麦时期德国的总体战略目标反映在其口授的《巴特基辛根备忘录》中，体现出放弃领土占领、舰队建设和全球帝国的战略取向，追求有利于德国的欧陆均势，并避免与海权强国的直接对抗。而威廉二世时期德国虽然提出了雄心勃勃的世界政策，但却缺少大战略目标，而代之以具体的海权和陆权等更为军事层面的战略目标。具体来看，这两个时期的德国在应对地缘威胁、海外利益、国家威望、军事偏好等具体目标时，呈现出截然不同的战略取向。德尔布吕克认为，威廉德国设定的自我目标不是获取广阔的殖民地，而是谋求一个地位，即在欧洲大陆之外的国家和人民中，德国的影响、资本、商业、工业和聪明才智，都可以和其他欧洲强国保持平等，能进行平等公平的竞争。①

1898~1911 年，海军的预算规模从相对于陆军的 20% 上涨为接近 50%；1901~1909 年，海军预算几乎与德国的全部预算赤字持平，并一直增长。② 1911 年和 1912 年的国际紧张局势导致柏林决定大规模发展其陆军，从 1910 年到 1914 年，其陆军的预算从 2.04 亿美元增至 4.42 亿美元，而德国的陆军开支只占国民收入的 4.6%，德国比其他欧洲任何国家更容易承受"武装的重负"。③

德国海军司令部翻译了马汉的战略学说，提尔皮茨授意帝国海军部宣传，德国义务教育体系的海权理念灌输、让知识分子宣扬海权学说、成立"德国海军协会"，促成了 1898 年海军法案的通过（远比 1897 年的海军拨款议案更加雄心勃勃）。德国海军的服役门槛打破了贵族垄断，中产阶级也可以加入海军并攀升到高级军官的位置，得到了民众广泛支持，有助于高效汲取所需人力资源。到 1899 年秋，提尔皮茨从威廉二世那里争取到了严格的审查制度，从而更加有效地压制了海军军官团内的不同意见。④

德国享有一定的权力优势，拥有良好的国内交通线、快速的动员体制、优良的参谋训练、先进的技术等不能用数量来表达的因素，本有机会在陆上取得决定性胜利，"当 1914 年战争爆发时，德国的无畏舰都停泊在港湾里毫无用处；如果德国人把造军舰的钢铁用来铸造重炮和搞军事化运

---

① 马汉：《图解大国海权》，北京理工大学出版社 2014 年版，第 142 页。
② Sweet P. R. The Great Naval Race：The Anglo–German Naval Rivalry, 1900–1914；Padfield, Peter；New York：David McKay Co. 382, Publication Date：October 25, 1974. History：Reviews of New Books, 1975, 3 (4)：104, 234.
③ [美] 保罗·肯尼迪：《大国的兴衰》，陈景彪译，国际文化出版公司 2016 年版，第 206 页。
④ Ivo Nikolai lambi. The Navy and German Power Politics 1862–1914, Boston：Allen & Unwin, 1984, P. 166.

第四章 案例一：德意志第二帝国的战略转型（1871～1914年）

输，那么，他们在陆上战争中就可能稳操胜券"①。但德国却将有限的战略实力透支到军事技术研发和军费开支、扩大军事规模上，并在军力构成上加大对海权力量的建设，削弱了陆权力量的发展，最终招致战略转型严重失败。

国内政治压力使俾斯麦从拒绝殖民扩张转为有限的海外殖民。1873～1896年大萧条刺激下形成的铁麦联盟，很大程度上塑造了德国整体的外交政策。随着民主政治不断盛行，加速了民族主义和帝国主义在德国的传播和影响。尤其是帝国主义的支持者，普遍鼓吹德国迫切需要海外殖民地，在德意志殖民联合会、德意志殖民协会等组织的反复宣传下，殖民主义成为德国社会的主要意识形态之一，其背后则是部分轻工业和制造业的资本家和汉堡与不莱梅等地的商业资产阶级组成的利益集团，对俾斯麦政府构成了一定的决策压力。但俾斯麦依然保持着对国内政治局势的宏观把控，并成功将国内政治压力作为有益的手段，促使德国进行渐进式的战略转型。

俾斯麦之后的德国则不断迎合国内各种政治舆论的诉求，并将满足这些诉求作为目标本身。威廉二世本人倾慕自由主义的英国，讨厌专制主义的俄国，符合了德国国内多数政治势力的口味，自由派的左翼、社会民主党、天主教的中央党都表示支持。保持英德关系的紧张有助于要求更多的海军军费，符合海权派的利益。海军在军官的录用方面打破了门第之规，几乎完全向中产阶级敞开大门。所以，海军的迅速扩大符合德国中低阶层要求改变政治地位的需要，很容易形成强大的社会基础。

后来德国试图扭转这种海主陆从的战略重心时，发现面临严峻的国内阻力。海军扩建在德国已经成为一项全国性行动，无论是民众的情感，还是王室的威望，都不允许就此罢休。而且海军扩建还造成一大批既得利益者，尤其是重工业集团。德国海军办公厅在1912～1913年的统计表明，海军的订单占克虏伯公司总产量的12%，总额为5300万马克。② 还涉及一大

---

① 泰勒、沈苏儒：《争夺欧洲霸权的斗争：1848－1918》，商务印书馆1987年版，第512页。
② Jack Snyder. *Myths of Empire: Domestic Politics and International Ambition*, Ithaca and London: Cornell University Press, 1991, P. 108.

批产业工人的就业。德国军队和政府完全分开，军队内部陆海军之间也是各自为政，作为政府首脑的宰相和其他文官无权干预海军事务，陆军也不可能对海军施加任何直接影响，身处最高权力的威廉二世大力支持海军扩建，以及海军国务秘书提尔皮茨和海军内阁长官冯·缪勒在德国政界的影响力又极大，决定反对海军扩建的政治力量很难发挥作用。

在俾斯麦德国时期，外交与军事实现了有机协调，整体上保障了防御性战略学说的主导性地位。在这一时期，德国能够在陆上采取保守的现状政策，没有受到陆上扩张的诱惑，也与德国此时的军事战略有很大关联。但德国的陆军部、总参谋部、陆军内阁始终处于紧张关系，军队的独立性文化很强。正如威廉·李卜克内西所言：德国，特别是普鲁士，是一个倒立着的金字塔。牢牢埋在地里的塔尖是普鲁士士兵头盔顶上的尖铁。一切都是由它托着的。①

在1875年的"战争在望"和1877~1878年的保加利亚危机期间，军方与俾斯麦之间的冲突主要体现在发动"预防性战争"的问题上。但此时军方总参谋长老毛奇与俾斯麦就军事战略和计划通常会进行密切沟通。而且由于普遍征兵制、总参谋部和动员机制在各国的流行，加之1879年德奥同盟的确立为德国在东线实施战略进攻提供更加有利的条件，老毛奇逐渐将在东西两线采取攻势防御的军事计划变为东攻西守，即着眼于争取有利的和平条件而不是全面胜利，对法防御，对俄进攻，在打败俄国后再回师西线，迫使法国退出战争，形成与对外政策的有机协调，没有将军事战略完全立足于类似施里芬计划那样的"最极端情况"。在德国战略决策体制存在严重缺陷的情况下，俾斯麦的外交策略与老毛奇的军事战略还是形成了大战略的基本模式，使德国快速崛起的国力没有受到外交和军事上的过度反弹。

1877年的《巴特基辛根备忘录》认为法国既没有接受1870年的失败，也没有接受整个阿尔萨斯和部分洛林的丢失，此外，法国还经常用"联盟噩梦"来奚落德国。保持英俄平衡，使两国对现状满意；防止俄奥法"考尼茨

---

① 科佩尔·S.平森：《德国近现代史》，范德一译，商务印书馆1987年版，第418~419页。

第四章 案例一：德意志第二帝国的战略转型（1871~1914年）

同盟"的重现；利用东方危机推动俄奥对抗重心东移；通过埃及和地中海问题保持英法分裂。这些有助于使各大国彼此关系要弱于它们与德国的关系。

在俾斯麦看来，殖民地给德国带来巨大的经济和政治成本而收效甚微；国内统一民族意识的缺乏，使殖民地——宗主国的民族情感难以克服民族分立主义，不宜追求海外殖民地；获取殖民地增加了德国的弱点，因为殖民地只能由强大的舰队来保护，而德国的地理位置并不适合发展成一个一流的海军强国。

自1873年以来的经济危机引发了长时期的经济萧条，一直持续到19世纪80年代，因此，俾斯麦想让尽可能多的殖民地对德国经济企业保持开放。[1] 但俾斯麦并没有像威廉二世那样被推着走，也没有与之僵硬对抗，而是通过抢先于潮流的方式来限制它，即在这些势力形成完整的政治诉求之前就果断给予其可能要求的结果，从而实现控制和驾驭的目的。

而到威廉二世德国期间，外交、军事与国内其他部门机构的分歧日渐扩大，德国的转型目标缺少统一规划，呈现出空有"世界政策"口号，却无任何具体明确目标方向的局面。德意志帝国从来没有一个总的军事规划机构，类似于英国的帝国防务委员会和法国的最高战争委员会。军事政策的制订归德皇掌管，由他交由多个机构负责，包括普鲁士陆军部、军务内阁、参谋本部、海军部、海军参谋部和宰相府。在第二帝国内始终大致缺乏各军种联合规划。

德意志帝国的政治体制是俾斯麦一手设计的，其主要思路是在确保普鲁士王室统治地位的前提下，使普鲁士王室、诸侯和人民之间保持某种平衡，在决策体制上，俾斯麦让军事与政治两个体系相互分离，确保德皇成为唯一有权力协调两大体系的人，因而也是帝国无可争议的权力中心，使各主要部门之间的协调变得非常困难。俾斯麦下台后，无人可以协调两大体系，德国出现了多个权力中心。[2] 威廉二世不仅本人的能力不足以对这

---

[1] Rich N. *Great Power Diplomacy*: 1814–1914. 1992, P. 237.
[2] Wehler H U. The German Empire, 1871–1918, trans. Kim Traynor, Leamington Spa: Berg, 1985, P. 62.

两大体系进行协调，而且更加突出自己的"个人统治"，导致决策权更加分散，全局性的协调也更加不可能。他取消了俾斯麦时期的"内阁指令"，使每一个普鲁士大臣都可以绕开首相直接与皇帝接触，首相的协调作用实际上被取消了。威廉二世缺乏政策的连续性，"只限于对部级职责进行偶然的、不连贯的干预"[1]。威廉二世为了进一步将权力集中到皇帝自己手中，于 1897 年取消了"本土防务委员会"，使德军失去了唯一负责协调陆海军事务的机构。1904 年英法协约形成后，一部分海军将领呼吁成立由皇帝牵头、陆海军主要负责人和宰相参见的战略委员会，以便协调对英法的作战计划，但被威廉二世否决。1889 年解散帝国海军部、成立海军内阁和 1899 年成立海军参谋部，这两次海军重组行动严重破坏了德国海军 1871 年订下的"统一指挥"的原则，只有皇帝一人才能统管海军。而 1899 年第二次海军重组后，提尔皮茨也向威廉二世作出保证，"现在陛下可以当您的海军统帅了"[2]。

威廉二世从 1888 年到 1918 年，统治德国长达 30 年之久，尽管对他是否有大战略规划存有争议，但集中反映他的战略目标和战略思维的是《德皇雄途秘著》，原名是《朕之作战》，其战略构想包括征服欧洲战略和征服世界战略，并提出了黄祸论、人种优越论、帝权神授论等。然而从政治、经济和心理层面看，德国在战略目标与战略手段的匹配度上，无法支撑一场旷日持久的战争。德国在历史上经常以漂亮迅捷的行动赢得战争速胜，然而，单纯依靠战争突然性、"闪电战"等速胜方式，并不能保证将战争初期的优势坚持到战争结束，也并不能在战略目标以成为陆海双料霸权为准则的条件下，无限制的透支有限的战略资源。

---

[1] 博恩、张载扬：《德意志史》（第三卷），引自《从法国革命到第一次世界大战：1789－1914》上，商务印书馆 1991 年版，第 413 页。

[2] Rahn W. German Naval Power in First and Second World Wars//*Naval Power in the Twentieth Century*. Palgrave Macmillan, London, 1996, pp. 88–100.

第三节
德国战略转型的历史进程与英德海权对抗的根源

一、历史进程

赫尔维格（Herwig, Holger H.）比较了俾斯麦时期与威廉二世时期德国的战略差异：俾斯麦放弃了追求欧陆霸权的扩张主义军事政策、拒绝殖民帝国、放弃反英的海军建设历程。提尔皮茨的做法是先打造舰队，后设计战略。从来没有将他的海洋变革与地面部队的战略规划（如阻止预期的英国穿过海峡的部队和后勤运输）相协调。英国认为德国单方的海上挑衅就是对英国生存的威胁，于是消解了与法俄在殖民地的对抗，促成德国实现了被包围的"联盟梦魇"。[1]

俾斯麦时期德国的海外殖民扩张：通过有限度的殖民地争夺形成与英国的相互依赖关系，在涉及英国核心利益的埃及问题上退居二线、让法国打头阵。而威廉二世时期德国则将海权扩张引向英德全面对抗，加深了结构性矛盾。[2]

从俾斯麦时期到威廉二世时期的德意志第二帝国，实际上经历了两次截然不同的战略转型。俾斯麦时期德国从最初的大陆主义至上传统，在不挑战英国海上霸权的情况下逐渐有限的扩展海军、海权和海外势力范围，实现了相对和平的战略转型。威廉二世时期德国则从俾斯麦时期德国的陆主海从式的战略转型，发展为在陆上和海上都表现出咄咄逼人态势的陆海

---

[1] ［美］霍尔格·H. 赫尔维格：《中国走向海洋. 第二部分. 德意志帝国：大陆巨头，全球梦想》，董绍峰等译，海洋出版社2015年版，第175~193页。

[2] 杨洁勉等：《大国崛起的理论准备》，时事出版社2014年版，第116页。

并举的进攻性地缘战略。这两次战略转型可以具体分为如下阶段。

(一) 俾斯麦时期德国的进取式转型

第一阶段（1871~1876年）：管控英德矛盾，拒绝海外殖民扩张，限制海权发展规模。

俾斯麦时期德国试图减少其他大国对德国崛起的疑虑，并逐渐改变普鲁士的弱国外交传统，使地缘战略逐渐符合德国的欧陆大国地位，同时拒绝海外殖民，管控德国海军崛起的进度。德国作为欧陆强国的崛起，打破了英国在欧陆的传统地缘均势政策。英国首相迪斯雷里将俾斯麦时期德国等同于拿破仑一世时期法国，主张英俄结盟反对德国。[①] 而俾斯麦则利用历史上的英德结盟传统[②]来缓解英国的疑虑。1870年11月，英国驻德大使罗素就"德国支持俄国破坏1856年《巴黎条约》中有关黑海条款的规定"提出抗议，对此，俾斯麦回复：如果英国愿意重建与德国（普鲁士）的结盟传统，德国可能放弃对俄国的支持。得到俾斯麦授意，普鲁士驻伦敦大使提醒英国人注意法国破坏欧洲和平与均势秩序的企图，即使德国放弃对法国的割地赔款而撤军，也不会平息法国对德的复仇心理。[③]

1870年普法战争后，俾斯麦拒绝向法国索要海外殖民地，但也将普法战争的一部分赔款划拨给海军。虽然萨摩亚群岛是德国在南太平洋主要的海外经济区，但在1871年，汉堡的歌德弗洛伊公司试图将萨摩亚群岛设置为德国的海外保护领地，遭到了俾斯麦阻止。1871年4月，德国颁布的《宪法》第53条赋予了海军的帝国地位，北德意志邦联海军正式升级为德意志帝国海军。1872年，威廉一世授予帝国海军部对海军军事行动的指挥权。该时期德国的海军建设从属于陆军需要，强调陆权防卫至上的战略取向，俾斯麦任命陆军中将阿尔布雷希特·冯·施托施为海军部部长。施托

[①] Monypenny W F, Buckle G E. *The Life of Benjamin Disraeli*, Earl of Beaconsfield. The Macmillan company, 1920, pp. 421 – 422.

[②] 如七年战争中英普结盟反对法奥，拿破仑战争中的反法同盟等。

[③] Rich N. *Great Power Diplomacy*, 1814 – 1914. McGraw – Hill Humanities/Social Sciences/Languages, 1992, P. 216.

第四章 案例一：德意志第二帝国的战略转型（1871~1914 年）

施认为海军在维护德国的次要利益时才具备威慑能力，不具备挑衅欧洲列强的力量，对德国权势投射影响最大的是陆军而不是海军。不过，施托施也努力使德国海军减少对国外船舶等相关建造商和供应商的依赖性。在建立海军学院、宣布对海军行政管理进行重组等方面，施托施没有与俾斯麦协调。到 1875 年 12 月，俾斯麦与施托施两人就是否向帝国议会申请海军预算发生了严重争执，迟滞了德国海权的崛起。

第二阶段（1877~1883 年）：维护欧陆均势，规避海权对抗，有限的"炮舰外交"和海军发展。

《巴特基辛根备忘录》反映了德国整体的地缘战略取向，在陆上试图通过恢复保守的梅特涅秩序，在海上避免英德对抗，使德国的海权发展立足于欧陆战略安全的根本点，彻底摆脱普鲁士的弱国外交传统，开始塑造符合欧陆第一强国身份的地缘战略格局。俾斯麦拒绝了国内关于向非洲等海外地区派遣陆军和海军的请求，规避了德国与英国等其他海上强国可能发生的海权对抗。

在不触及列强核心利益、避免形成海陆全面对抗的前提下，俾斯麦时期德国也进行了有限的海外扩张，为海外利益保驾护航和实行"炮舰外交"。在南太平洋群岛、西太平洋群岛、加洛林群岛、萨摩亚群岛等太平洋地区，以及尼加拉瓜等加勒比和拉丁美洲地区，德国的海外利益日益凸显，但在贸易、投资、资源开发等领域受到美国、英国、法国、西班牙等列强的限制，因此，俾斯麦要求施托施立即派出战舰保护海外利益，向列强展示德国的态度。德国借其领事在尼加拉瓜遭受不友好对待为由，通过海军封锁进行战略威慑，索要赔款 3 万美元。此外，克虏伯公司向中国出售了大量的武器装备，包括"定远"号、"镇远"号、"经远"号、"来远"号、"济远"号等，赚取了巨额利润。

海军规模的缩减和海军工业基础的夯实。1878 年 5 月"大选帝侯"号铁甲舰事件触发了德国海军历史上最受争议的政治斗争，并至少持续到了提尔皮茨时期，使接下来的十年间缺少海军战略和长远规划，德国缩减海军拨款，1878~1883 年，德国的海军经费从 5880 万马克下降到 4060 万马克。不过该时期德国海军的相对实力还是持续增长，1872~1882年，德国海军从欧洲海上列强最末位上升到欧洲第三，仅次于英法。在海军技术锻造上，也从最初装甲板、发动机乃至整艘军舰仍然依赖向英国等进口，自主发展出能满足德国海军需求的轧钢厂、机械工厂以及众多造船厂，创造了德国海军工业复合的基础，为后来德国海军的崛起提供了条件。

第三阶段（1884~1890年）：推动"海上均势"，调控海外扩张进度。

俾斯麦时期德国开始进行有节制的海外殖民扩张，并借助欧陆各国联合实现对英国的海上均势，巩固大陆联盟体系，管控地区危机升级，抑制国内及盟国的进攻性政策，使德国主导的欧陆平衡和与海上主导国的和平相处成为新常态。

1884年俾斯麦提出"海上均势"的观念，倡议德法牵头组建海上同盟来制衡英国。俄国波罗的海舰队在1886年进行了扩张，加之法国介入的可能性，使德国开始针对自身与法俄两国陆海军的整体实力对比，制定全方位的防御性战略。卡普里维治下的德国海军，并不片面追求一支庞大的舰队，认为德国的战略资源分配应该在符合地缘战略目标的条件下，武装尽可能小规模的舰队，将更多的资源倾斜到陆军建设。

主动塑造有利于调控的海外殖民扩张进度，是该时期大战略的一部分，服从并服务于德国的欧洲大陆政策。虽然德国的殖民扩张受到了国内政治势力的推动，但俾斯麦本人始终主导着殖民进程。1884年，俾斯麦向英国索要赫尔果兰岛，并要求英国承认德国对一些海外殖民地的权益，表明德国对殖民问题的政策转型。到1885年，德国已经成功获得了东非、西南非洲、喀麦隆等殖民地，并得到国际承认，总面积达一百多万平方公里，约占"一战"前德国殖民地总数的90%。[①] 1885年中法战争后，热衷殖民扩张的茹尔·费里内阁倒台，通过殖民事务来改善法德关系的希望渺茫，此时俾斯麦就开始停止殖民扩张。1889年，俾斯麦就提到殖民利益无关紧要，希望把德属西南非洲转交给英国。通过殖民政策，可以削弱王储

---

① 徐弃郁：《脆弱的崛起：大战略与德意志帝国的命运》，新华出版社2011年版，第91页。

和王妃的地位（他们具有亲英倾向）。1884年9月，在与沙皇的会晤中，俾斯麦表明殖民政策的唯一目的，就是在王储与英国之间打下一个楔子。①

当然，该时期的一些战略失误也为后来德国进攻性和扩张性的战略转型进程埋下了伏笔。例如，铁麦联盟要求对俄国采取一种更具进攻性的政策。其中，容克地主要求提升进口俄国的谷物关税，而工业集团要求俄国降低进口德国制成品的关税。1887年11月，俾斯麦决定对俄关闭柏林货币市场，加剧了两国彼此的敌意，针对俄国的贸易战，为防御性外交在俾斯麦的后继者手中崩溃创造了条件。在这场斗争中，德国试图利用金融和关税压力迫使沙皇单方面接受高农业关税和低工业关税，为后来法俄同盟的形成奠定了基础。这也迫使德国寻求与英国结盟的可能性，促使索尔兹伯里政府于1889年5月出台了《海上防务法案》，即针对法俄的"两强标准"，从而间接刺激了19世纪90年代后期德国海军至上主义的兴起。

（二）威廉二世时期德国的挑战式转型

鲁道夫·契伦（Rudolf Kjellen）指出德国成长为大国是合理的，理应统治波罗的海国家、东欧和巴尔干。②他号召德国在主宰欧陆霸权后，应当主动挑战英国的海权霸主地位，建立世界权力的中心。③陆伯彬（Robert S. Ross）认为：英国海权的威胁、殖民地与海外利益的扩展都不是威廉二世时期德国海上扩张的根源，而是德皇威廉二世致力于发展挑战英国海上力量的民族主义承诺，以及德国政权为维护国内统治合法性对民族主义不断加深的依赖。④

徐弃郁提出，德皇威廉二世对马汉学说的推崇推动了提尔皮茨计划

---

① Rich N. *Great Power Diplomacy*, 1814 – 1914. McGraw – Hill Humanities/Social Sciences/Languages, 1992, pp. 235 – 236.
② ［美］索尔·科恩：《地缘政治学：国际关系的地理学》，严春松译，上海社会科学院出版社2011年版，第23页。
③ 罗肇鸿、王怀宁主编：《资本主义大辞典》，人民出版社1995年版，第466页。
④ 张海滨等主编：《21世纪海洋大国：海上合作与冲突管理》，社会科学文献出版社2014年版，第79页。

(Tirpitz Plan)和日德兰海战。德国贸易增长对英国掌控的海上交通线的脆弱性依赖,让德国宰相霍恩洛厄亲王(Prince of Hohenlohe – Schillingsfurst)呼吁海外利益扩展需要强大的海军力量。正是马汉海权论的影响、德国海外利益扩大这两个变量逐渐让英德海军竞赛陷入安全困境。① 有学者将德国的海陆扩张归结为扩张主义和军国主义的战略文化传统。普鲁士学派特赖奇克教授(Heinrich Gotthard von Treitschk)宣称铁血道路和军国主义,"我们的时代是战争的时代,是铁和血的时代,如果强者征服了弱者,那只是一种无可非议的生存竞争的规律"②。戴耀先认为:特殊的地缘条件让德国的海权崛起选择以攻代守,张伯伦鼓吹的"如果德国不统治世界,那么就会从地球上消失",也对德国追求海上霸权提供了思想依据。③

科佩尔·平森(Koppel S. Pinson)认为,为了让海外利益不受其他海上强国的影响,推动了1898年和1900年德国议会先后通过了两个"海军法案"。④ 米尔斯海默(John J. Mearsheimer)描绘了进攻性现实主义逻辑下的德国行为:到1903年时,德国控制了大部分的欧洲工业力量,德国陆军是世界首强,有能力考虑开始进攻以获取更多的权力成为一个世界大国。德国开始寻求建立一支强大的海军,以挑战英国对世界海洋的控制,引发了英德海军军备竞赛。⑤

根据《从财富到权力》一书中对德意志帝国的阐述,可以推断出扎卡利亚(Eareed Zakaria)对德国海权扩张的政府中心型现实主义的解释逻辑:1870年后,德意志帝国强化了对欧洲强国体系的主导,工业实力无与伦比,随着德国国内海洋战略意识的动员开展,威廉二世等人意识到政府对发展海权的资源汲取能力得到提升时,开始加快推进海军建设、殖民地

---

① 张海滨等主编:《21世纪海洋大国:海上合作与冲突管理》,社会科学文献出版社2014年版,第48~58页。
② 丁建宏、李霞:《普鲁士的精神和文化》,浙江人民出版社1993年版,第433页。
③ 邓宝国主编:《强国之路:战略文化卷》,解放军出版社2014年版,第153~157页。
④ [美]科佩尔·S. 平森:《德国近现代史》(上册),范德一译,北京:商务印书馆1987年版,第402~406页。
⑤ [美]约翰·米尔斯海默:《大国政治的悲剧》,王义桅等译,上海人民出版社2008年版,第203页。

第四章 案例一：德意志第二帝国的战略转型（1871～1914 年）

扩张和挑战英国海上霸权。①

戴尔·科普兰（Dale C. Copeland）认为，德国的海权战略迟早会出现扩大化：无论是俾斯麦时期德国还是威廉二世时期德国，出于对未来经济环境的预期、对陷入与英国的贸易—安全困境的担忧，都会因为考虑到德国在非对称的脆弱性贸易相互依赖的地位而选择更具扩张性的海军、贸易和殖民地政策。② 丹尼斯·肖特瓦克（Dennis schottwack）认为：德国对外政策的内在矛盾，加上德国国内政治的不稳定，给德国军方施加了巨大的压力。它的传统、结构和基本性质，都侧重于赢得迅速和决定性的胜利，以此作为谈判的前奏。海军对德国而言是奢侈品，即使在提尔皮茨之前，德国海军规划就存在不合乎普鲁士传统、否认有仅与一个强国作战的任何可能，带有总体战思维。舰队的存在本身营造了不现实的气氛，对德国大战略一无是处。③

威廉二世时期德国的挑战式转型可分为三个阶段。

第一阶段（1890～1897 年）：侧重陆权力量建设，开始转向海外扩张，从联英制俄到联俄反英。

从侧重陆军建设、强化欧陆经贸关系转向海外扩张。1891 年施里芬出任总参谋长后，逐渐从老毛奇东攻西守、先东后西、有限军事胜利目标的战略，转变为以优先进攻法国为核心的西攻东守、全面军事胜利目标的战略。④ 帝国议会通过了德国统一后规模最大的扩军行动。⑤ 施里芬将赢得军事胜利作为压倒一切的优先考虑："旨在包围凡尔登的进攻不应对破坏比

---

① [美] 法利德·扎卡利亚：《从财富到权力》，门洪华等译，新华出版社 2001 年版，第 3 页。
② [美] 戴尔·科普兰：《经济相互依赖与战争》，金宝译，社会科学文献出版社 2018 年版，第 440～495 页。
③ [美] 保罗·肯尼迪主编：《战争与和平的大战略》，时殷弘等译，世界知识出版社 2005 年版，第 102～106 页。
④ Gerhard Ritter. *The Schlieffen Plan*: *Critique of a Myth*, New York: Frederick A. Praeger, 1958, P. 22.
⑤ [德] 卡尔·艾利希·博恩等：《德意志史，第三卷，从法国革命到第一次世界大战（1789－1914）》（上册），张载扬译，商务印书馆 1991 年版，第 421～422 页。

利时和卢森堡的中立有所顾虑。"① 卡普里维先效仿俾斯麦将欧陆作为战略重点,通过强化陆军和扩展欧陆大国间的经贸关系,以此巩固德国在欧洲的半霸主地位。1891~1894 年,德国与奥匈帝国、意大利、瑞典和俄国等国签订了为期 12 年的经贸协定,相互承诺维持低关税政策。② 到了卡普里维执政末期,德国开始转向海外扩张,在刚果、摩洛哥等问题上都与英国发生摩擦,其标志性事件是 1895 年的"三国干涉还辽"和 1896 年的"克鲁格电报"。

从联英制俄回归到俾斯麦时期的联俄政策。以联英为主要目标的"新路线"策略推行了 3 年,尽管 1894 年英国提出与三国同盟达成某种类型的牢固协议,但德国对英国的大陆均势政策高度疑虑,认为一旦法俄夹击德国,英国很可能推卸责任,因此,德国以协议僵化、狭隘和双方权益不对称为由拒绝。1895 年,保守派代表索尔兹伯里再度出任英国首相,德国仍然放弃与英国结盟的机遇。而 1896 年的克鲁格电报掀起了"一战"前英国最狂热的反德浪潮,"德国威胁论"迅速在英国蔓延。

第二阶段(1897~1904 年):出台提尔皮茨计划,挑战英国海上霸权,完善施里芬计划,提升欧陆进攻能力。

提尔皮茨计划的出台。伯恩哈特·冯·比洛被任命为德国外交大臣,以及海军上将阿尔弗雷德·冯·提尔皮茨被任命为海军大臣③,加速了德国从陆权到海权的战略转型。1897 年的帝国国会辩论上,比洛公开声称德国要争取"阳光下的地盘",视英国为主要对手。同年 11 月,借口两个传教士被杀,德国强占中国胶州湾,推进了海外扩张的步伐。1898 年,提尔皮茨的第一个海军法案在帝国议会通过。

英德结盟尝试的失败。为了发展大海军,德国在 1898~1902 年屡次错失了与英国的结盟尝试。尽管德国建设大海军的初衷之一是逼迫英国与德

---

① Ritter G. *The Schlieffen Plan*:*Critique of a Myth*. Praeger,1958,P. 80.
② Geiss I. *German Foreign Policy*,1871 – 1914. London:Routledge and Kegan Paul,1976,P. 75.
③ Rich N. *Great Power Diplomacy*,1814 – 1914. McGraw – Hill Humanities/Social Sciences/Languages,1992,P. 373.

第四章 案例一：德意志第二帝国的战略转型（1871~1914年）

国结盟，但英国对德结盟的政策取向却与之无关，而是出于本身的全球大国地位使然。1898年，英国的贝尔福、张伯伦等人主动提出两国协商解决殖民地争端，并与德国结盟。① 但德国最终拒绝，原因有三点：英德矛盾不易化解；结盟面临法俄敌意；与英国存有殖民地争议有助于国内支持扩建海军。1899年，张伯伦向德国游说："天然的同盟纽带存系于大英帝国与德意志帝国之间。"② 但德国海军的扩建是以应对英国威胁为主要目标，英德结盟不利于帝国议会通过第二次海军法案。比洛声明英德未来的关系是否和平尚未可知，逼迫张伯伦成为仇德分子。③ 1900年8月，在与英国威尔士亲王的会晤中，威廉二世声称，只要英国确保"门户开放"政策的落实，德国将支持英国，随后，两国签订《英德扬子协定》，但在中国问题上，德国拒绝与英国联手制衡俄国，故结盟失败。

1900年10月，英国提出与德国缔结非正式协定（与1904年英法达成的"友好条约"极其类似），由于此时德国把说服议会同意大规模发展海军作为优先目标，更在意民意而不是地缘政治的前景，故拒绝英国提议，并声称除非英国正式加入三国同盟，否则不会终止海军扩建计划。索尔兹伯里也不接受德国最后通牒式的要求，遂宣告结盟尝试破产。1901年，张伯伦提出愿意推动英德结盟或加入三国同盟，但德国坚持认为，英国与法俄不会达成谅解，德国可以保持中间路线，逼迫英国对德做出更大妥协。这一举动却导致英国选择与日本结盟，在战略上不再需要借助德国。

挑战英国海上霸权。德国的两次海军法案加剧了英国对德国海权崛起的担忧。随着德国舰队的扩大，英国首席海军大臣约翰·费舍尔开始考虑对德进行一次哥本哈根式的行动。为了践行马汉和提尔皮茨的舰队决战思想，德国高度重视发展主力舰，忽视了其他舰种的功能。宣称潜艇部队只

---

① Langer W. *The Diplomacy of Imperialism*：1890–1902.1. Knopf, 1935, P.499.
② Langer W. *The Diplomacy of Imperialism*：1890–1902.1. Knopf, 1935, P.659.
③ Rich N. *Great Power Diplomacy*, 1814–1914. McGraw–Hill Humanities/Social Sciences/Languages, 1992, P.386.

适合局部地区微不足道的海上小型战争,是"二等武器"。① 到 1902～1903 年,德国公海舰队的航程和结构表现出强烈针对英国的战略倾向。提尔皮茨、比洛等人认为,德国海军处于弱势,扩充海军军备时应尽量低调,在战略上必须谨慎保持英德关系的稳定,就像在蜕变成蝴蝶之前的毛虫一样。② 决策层认为,德国强大的舰队有助于逼迫英国与德国结盟。

施里芬计划体现在多样化的兵棋推演、年度计划和参谋作业中,而不是相对系统完整的备忘录中。"德国必须在防御一国军队的同时进攻歼灭另一国部队。一旦其中一个敌人被彻底打败,德国就必须利用发达的铁路网将主力部队调配到另一个战场,从而打垮另一个敌人。因此,第一次打击就必须尽可能地集中全力,开展类似色当战役或柯尼希格莱茨战役那样的决定性会战。"③ 该阶段,德国还没有完全寄希望于纯粹大迂回包围的总体战,作战企图相对有限,态度也比较谨慎,甚至警告德军进行包抄的部队不能穿插太深,属于目标有限的进攻性军事战略,其合围的战略目标主要是固守德法边防北部的法军。1896 年,施里芬干脆中止了与奥匈帝国总参谋部的军事磋商交流,两国开始互不沟通的单独制订作战计划。

第三阶段(1904～1914 年):从升级英德海军竞赛到重新重视陆权力量和战略。

德国继续在海军、海外贸易、海上交通线和殖民地等问题上与英国展开竞赛和对抗,在陆上寻求恢复大陆联盟体系未果。在陆权和海权战略上偏重进攻性和纯军事性,尽管"一战"前夕回归到陆主海从,但整体的地缘战略取向陷入对进攻有利、军事优先、先发制人、绝对安全的迷思。

施利芬计划的最终完成。由于日俄战争中俄国的惨败和衰弱,施里芬及普鲁士总参部修改了作战计划,在 1905 年底至 1906 年初完成了对法作

---

① Herwig H H. "Luxury" Fleet: (RLE The First World War): The Imperial German Navy 1888 - 1918. Routledge, 2014, pp. 17 - 33.

② Briggs W D, Kennedy P. Strategy and Diplomacy 1870 - 1945. Politik, 1985, 19 (1): 132, 165.

③ Wallach J L. The Dogma of the Battle of Annihilation: The Theories of Clausewitz and SchlieŸen and Their Impact on the German Conduct of Two World Wars. Westport, Conn, 1986, P. 55.

战备忘录。认为法国很可能在与德国的作战中保持防御态势，而法国的防线又很难从正面突破，因此，必须破坏比利时、荷兰和卢森堡的中立地位。德军的胜利要靠从侧后包抄法军主力来实现，应该加强右翼部队。

重新重视陆权力量建设。德国意识到应将战略资源集中于陆军军备以便主宰欧陆，只需实行有限的反封锁战略来保障海上贸易通道的畅通。[①]到1908年，比洛要求提尔皮茨放缓海军扩建的步伐，以便缓和英德矛盾。波斯尼亚危机后，德国决策层开始试图与英国达成某种海军协议以缓和两国关系，专心对付法俄威胁。从比洛执政后期到贝特曼·霍尔维格时期，加强陆军都是反对过分扩建海军的主要理由，霍尔维格甚至还将加强陆军作为同意扩建海军的条件。1911年第二次摩洛哥危机后，决策层认为战争迫在眉睫，而德国是一个陆海复合型国家，陆上战争的成败决定国家命运。土耳其在1912年巴尔干战争中失败后，国内要求大规模扩建陆军的压力迅速增加。陆军在1911~1913年重新获得了优先地位，扩军17.5万人，约增加了32%。[②] 海军军费开支比例受到压缩，1911~1913年，从占陆军开支的54.8%下降到32.7%。[③] 而到1912~1914年，德国才重新采取陆主海从的地缘战略取向，与法俄同盟开展陆上军备竞赛，却为时已晚。即使在德奥两国军队扩充后，法俄两国的常备军数量仍大约是德奥两国常备军数量的两倍。从战略层面讲，大海军建设使欧洲各大力量之间的分化组合迅速向着不利于德国的方向变化，特别是根本性地改变了英德关系的基本态势。

在提尔皮茨的"风险舰队"战略理论引领下，德国以英国为海战的首要假想敌，呈现同英国争夺海洋霸权的架势（至少英国这样解读），创建了一支仅次于英国、具备远洋作战能力的大型水面舰队；但整个"一战"

[①] Hobson R. *Imperialism at Sea*: *Naval Strategic Thought, the Ideology of Sea Power, and the Tirpitz Plan*, 1875–1914. Brill, 2002, pp. 123–127.

[②] ［苏］赫沃斯托夫编：《外交史》（第二卷，下），高长荣等译，三联书店1979年版，第1058页。

[③] Herwig H H. "Luxury" Fleet: (RLE The First World War): The Imperial German Navy 1888–1918. Routledge, 2014, pp. 36–82.

期间，很明显是德国的陆军和战前有些被忽略了的潜艇部队，让德国坚持了四年战争并差点获胜。德国与英国分属同盟国与协约国的主角，在海上却只爆发了一场连突破性战役都算不上的日德兰海战。德皇威廉二世视为宝贝的"豪华舰队"，显得"雷声大、雨点小"，最终沦为德国海岸的"防卫力量"。

二、德国挑战英国海权失败的根源

（一）地理要素、观念认知与战略目标

大陆与海洋地理位置的战略影响差异：陆上地势多变、战略选择灵活多样；海上策略受海岸线形态和航线的地理位置影响，选择有限、空间限制较小、不受历史进程中国家边境线变化的影响。地理位置无论有利与否，都属于战略的范畴，争取地理位置的任务是需要舰队作为战略武器来完成的。德国从来没有对英国的战略位置构成过威胁，而德国由于地理位置不利受到了战略上的强制。

海洋战略是一门关于地理位置的学说。一个战略据点的重要性不在于其是否连接通商要道，而在于这一通商要道对于自身或敌人是否意义重大。战略据点等同于地理位置，据此可以开始海上交通枢纽的争夺战。战略据点和作战计划都受制于自然地理因素的影响，德国海权的最终战略进攻目标是实现战略地理位置的势均力敌。沙俄时期的海洋权力仅限于黑海，没能扩张到地中海，缺失了这个本可供它们发挥作用的战略据点。海军舰队与战略据点决定着海洋权力，舰队属于战术条件，战略据点则是地理条件，两者需要一个连接点，即战略意图，它通过战略作战计划将舰队带入战略据点。

谁拥有了通商要道，谁就拥有了制海权，只有大西洋以及所有的入海口，从地理位置来看，才具有真正海战的价值。每一场海战都事关己方船只的航海自由；人们无法改变地理情况。在战役中失去的，只能通过战役

第四章 案例一：德意志第二帝国的战略转型（1871～1914年）

赢回来；而在地理上失去的，只能在地理上赢回来。军舰是根据作战的地理环境开战的工具。地理情况决定了战役的等级，战役的战略意图与地理状况有关。

只有在狭小的海防领域按兵不动的海军海岸防护部队才不需要战略目标。"战略防守＝战术进攻"是海岸线保卫战领域的公式，但在考虑战略据点和争夺商路之战的战略领域并不适用。战略性进攻以改变战略据点为目的，而战略性防守则以维护和保持战略据点不变为目的，即战术进攻与战略进攻不能混为一谈，战术要服从于战略安排。[①]

战略据点的进攻与防御都是为了夺取制海权，即控制海上通商道路。战役是实现战略目标的手段，战术部分是行为，战略部分则是作用；战役"自体"是一场偶然之战，没有动机、对象、目标，它并不是战略的必然要求。海军的使用不是舰队主帅在战争伊始接到的作战计划的执行问题，而是整个国家总作战计划的问题；它不是战术的问题，而是重大战略问题。

观念因素很重要，不应片面强调物质实力的决定性意义。一场海战受制于两个因素：一是舰队，二是战略形势。缺少其中一个就会导致海战停止。在面临不同的战略形势时，同样的动机可以诱发完全不同的结果。无论哪一种战略方式，对海上霸权的争夺或战略进攻战，海岸保卫战或者是存在舰队，都有其自身的心理学因素，并在敌我之间相互影响着。我们不会为了拥有战略思维而去发动战争，战略思维是我们必须提前独立拥有的。基于战略形势的心理影响是作战计划的结果而不是原因。

几个世纪以来，英国的世界政策就是进攻型海洋战略，表现出对海洋权力的战略意图。在陆上，战略与战术都作用于同一媒介——陆地，且两者没有清晰的界限。海战中战术作用于水上，战略及战略据点位于陆上。因此，陆战中战略开始于战斗，而海战中战略与战术分离，可能开始于战前。海洋战略是军人与政治家的共同任务，贯穿于和平与战争两个时期。

---

① ［德］沃尔夫冈·魏格纳：《世界大战中的海洋战略》，罗群芳译，社会科学文献出版社2019年版，第1～27页。

《华盛顿条约》里的整个"海上停战协议"就是在战前与日本展开的对盎格鲁—撒克逊战略据点的争夺。

海洋战略有双重目标：一方面要随着对海洋权力的日益渴望而提高其政治重要性；另一方面如果战争爆发，要说服海军将领尽可能避免一开始就去攻占战略据点。任何一个据点的攻占都意味着巨大的战争成本，占领战略据点并不是战争的最终目的。世界政策必须适应海洋战略，海洋权力赋予了战略扩张的属性。将海军与世界政策联系在一起的纽带是谋求海洋权力的战略意图。

在德国看来，为了向对手表达对和平的追求而放弃了海洋权力，无论以何种形式、带着何种目的，都是一种危险政策。克伦威尔有意识地将英国舰队培养成为海上霸主，而德国的舰队只是为了应付北海的防卫战。德国必须追求海洋权力，重新踏上通往世界强国及海洋强国的道路。"一战"前的大陆构想会将德国置于死地，德国需要海洋权力，而不是成为海洋强国。

德国海军在"一战"中只是坚守德意志湾的战略据点，但对英国而言，攻占德意志湾缺少战略价值。而英国掌控的战略据点值得德国进攻，因此英国坚决对这些地区进行战略防御。德国在整个"一战"中，一直试图寻求以德国的战略据点为诱饵，吸引英国主动发起战略性进攻，形成英德海军的战略决战。在此期间，英国通过封锁贝尔特海峡将丹麦这一战略据点纳入势力范围，而德国没有识别出封锁贝尔特海峡和延伸封锁线两者之间的关系。如果德国不是对英国主动进攻过度偏执，并且实现北海与波罗的海作战策略的统一（笔者认为德国—瑞典商道算是比较重要的战略据点），打破贝尔特海峡的英国封锁，并利用松德海峡和贝尔特海峡保护波罗的海，那么德国海军舰队就可以采取战略进攻的作战方式，在卡特加特海峡立足，进而达到改善战略据点的目的。

基于对英德战略据点的比较，不论是政治上还是战略上，德国只想防御而不是进攻英国。英国的战略任务是把德国海军赶出大西洋，并加以封锁；德国的战略任务是不管在哪都要打破这一封锁并且开辟一条通往大西

第四章 案例一：德意志第二帝国的战略转型（1871~1914年）

洋的道路。"一战"前，德国战略界深信英国会主动向德国海军发起战略性进攻，且相信英国"大舰队"有压倒性优势，并以这两个假设在1914年构建了海上封锁的军事战略计划——随时提防英国舰队出现在赫尔戈兰岛。但"一战"爆发后，在物质装备上占优势的英国舰队没有凭借主动进攻来迫使德国接受贸易条款。

"对英国人的进攻精神深信不疑，将陆军进攻战略意识自然而然地照搬到海军战略中。"① 对英国主动进攻的设想源于德国的陆权战略传统，正如克劳塞维茨在《战争论》中揭示的：两军在陆上对峙时，力量较强的一方为了掌握主动权，会立即发动攻势。英国缺少在海上主动进攻的战略动机，其在战争伊始就拥有有利的战略优势，控制着海上贸易的战略大动脉——大西洋，可以轻易通过英吉利海峡切断德国的海上贸易通道，让北海沦为死海。英国不需要攻占新的战略据点来获取制海权和保护本国的海上商道，从一开始便呈现出对战略防御的偏好，不会因为英德海军实力对比的变化而变化。故较强一方必须采取战略性进攻这一原则并不总是适用于海战。

和平的保证不在于放弃战略进攻，而在于权力政治。在后俾斯麦时代，没有对权力进行正确理解。一个大陆国家无法成为海洋强国，除非将地理边界向前推移至大海。后俾斯麦时期的德意志帝国，主要任务是为了成为海上强国而实行海上强权政策和联盟政策，然而没有考虑到与英国对立是否可行。错误估计了自己的海洋强国意愿，没有为其舰队制定任何具体的政治目标。

俾斯麦领导下的德国是一个安于现状的国家，他的历史性手腕是将民族本能有意识地引导到政治上，实现政治扩张。在后俾斯麦时代，该民族在经济方面的意愿要求积极进攻，而国家坚持防御政策。一方面是对成为世界强国和海洋强国的渴望，另一方面是通过"风险舰队"理论表明对身

---

① ［德］沃尔夫冈·魏格纳：《世界大战中的海洋战略》，罗群芳译，社会科学文献出版社2019年版，第34~61页。

为大陆国家的心满意足。

陆战思维影响了德国的海战思维。用对陆地权力的理解方式去理解海洋权力，将海军舰队等同于海洋权力是错误的。陆战中防御的是领土、堡垒或者战壕，海上防御的是海岸、通商要道等，在海上的无人之境，缺少一个所有物。因此，在海上没有绝对的防御战，绝对防御是陆战的军事思想。德国完全在卡普里维时代的海岸线保卫战想法中停滞不前，使海军力量与作战能力之间的不平衡变得十分明显。

战争总指挥决定着整个战争的走势，为所有部门设定目标和任务，包括政界、陆军和海军。正如从当时的大陆战场看，在马恩河战役之后，问题已经不再是"我们是否应该先战胜俄国，再战胜法国"而是采取什么军事手段来进攻它们；此时海洋战争也呈现了陆地化特点："和英国的海战应该在水下还是在水面进行？是否应该重新通过法国隧道和大西洋海港与国外建立联系？是否应该在苏格兰附近冲破封锁呢？"这种转变赋予了舰队在战争中防御的任务，让德国舰队被封锁在北海，而英国人成了"看门人"。

德国的陆地总作战计划扼杀了自己的舰队并且使其在地缘上不能施加影响。包括日德兰海战在内的舰队所有作战行动，都像西线的阵地战和防御战一样是纯粹的战术行动。作为新型武器而开辟了一条通道的潜艇，对英战略防御战的远程战术影响做了错误的估计。

德国海军不应在没有计划和目标的前提下，随意地为了打仗而打仗，继而根据胜利成果是否够大来判断其战略是否正确。实际上，建立殖民帝国的"九月计划"，也只是在"一战"爆发之后，德国为战争临时寻求一个动机，而并非是战前既定的战略目标。所谓"北海战役"缺乏的正是战略目标。在北海战场处于防御的局势下运用潜艇来抵御敌军是没有胜算的，在战略进攻战中可能还有机会。无论战争还是和平年代，国家应该居安思危，德国没有能够制订出包含政治以及陆海军在内的总行动计划。

德国采取战略性防守源自对自身处于劣势地位的感知，即使在舰队强大之后仍然没有消失。德国并不是要组建一支强大到足以对英军产生进攻威胁的军舰，但它必须强大到让有巨大优势的英国舰队认为与德国交锋存

第四章 案例一：德意志第二帝国的战略转型（1871~1914年）

在一定风险。因此，提尔皮茨认为最佳方式是进行北海防御战，在战略上采取防守姿态，而战术上拥有交战的意愿。最终形成的战略偏执是：德意志湾的地理形势迫使德国无论在任何情况下都只能采取战略性防守。这种劣势感在持续的防守行动中以心理学的方式得到了强化。

每一种权力对于对手而言都意味着风险，但应注意权力是以何种方式引发风险的。危险在于对对手的进攻性的威胁，而不是保护性的防御战。提尔皮茨的风险理论明确不包括这种进攻带来的威胁，风险理论缺乏的是战略性进攻的决心，缺乏追求海洋权力和给对手制造风险的决心。当国家缺乏战略意图和追求海洋权力的决心时，德国的舰队对英国就不构成威胁。

德国没有注意进行海洋战略的宣传教育工作。德国传统上带有大陆性质的战略思维，应该避免陆军是"一把手"，而海军是陆军的附属品的局面；德国可能不会与法国修好，德国必须在大西洋而不是北海建立风险舰队，实现在大西洋战略据点的支配权力，使舰队趋于政治化，彰显海洋权力；德意志第二帝国海军建设的功能之一，是为了培养德国人民的海洋意识。但不应因人民偏好威廉二世时期的"豪华舰队"，就让德国的海权战略停滞不前，应该不断革新超越对手。

阻碍德国海军在"一战"中采取足够的进攻计划的有两个因素：缺乏地理目标；资源放弃战略进攻，将劣势战略据点转为防守状态。德国在战略取向上遵从了进攻性现实主义的逻辑，即追求海权权力最大化带来德国的战略安全最大化。但是，德国作为一个陆海复合型国家，在拥有世界顶级陆军力量的同时，其他大国不会坐视德国继续享有能够挑战英国海上霸权的海军力量。即便德国拥有明确的战略地理目标，采取进攻性姿态，也可能因为体系内其他强国的制衡而面临失败风险。

俾斯麦主导德国统一后，之所以能够实现较为和平方式的崛起，一个很重要的原因是不刺激英国对海上霸权的担忧，避免英德直接对抗；而俾斯麦之后的德国，为了追求陆权和海权权力的快速崛起，不惜让外交和国内经济发展来适应军事战略，提尔皮茨的"风险舰队"论和陆军的"施里芬计划"绑架了德国的外交和内政，让德国陷入大战略缺位的阶段。正是威廉二世时期德国的"修正主义偏好"，加速了欧洲战争的到来。"一战"后德国战略界渗透着深刻的对凡尔赛体系的不满，实际上，魏玛共和国并非是对德国的军国主义思想进行剖析和反省，而只是主张采取不那么刺激其他大国的方式修正凡尔赛体系对德国军备的限制。两次世界大战期间的德国从来没有否认与英国开战的错误，只是强调在战略和战术上应该更加高明，即追求海权的目标没有本质变化，只是认为"一战"中德国的手段不够高明。

（二）战略转型对德国崛起进程的影响

路德维希·德约（Ludwig Dehio）指出：德国建造图谋在英国近岸海域决战的战列舰队，构成对英国本土的直接威胁。德国经济的崛起让英国相信德国有能力开展海军竞赛。这让英国下决心以德国为首要敌人，英国通过与法国、俄国、美国、日本等国缓和关系或结盟来遏制德国的海权崛起。[①] 施米特（Carl Schmitt）指出，地理因素并不必然决定一个国家的战略取向是大陆还是海洋。他担心德国陆海并举的战略，会在海上和陆上分别受到英法俄的遏制而陷入过度扩张变得羸弱不堪。[②] 在弗里茨·费希尔（Fritz Fischer）看来，德国寻求世界霸权和挑战英国的行为，就是德国精英试图把人们的注意力从德国社会内部融合程度低这个问题上转移开的一种举动。[③]

斯拜克曼（Nicholas Spykman）认为：英国制海权受到大陆威胁时，放弃了孤立政策，首先对德国开展绥靖政策，尝试与德国结成非正式同盟来接受与英国的海军力量差距。在德国决心挑战英国后，英国开始加入大陆的反霸联盟，削弱德国海军力量并扩大自己的军舰规模。[④] 摩根索（Hans J. Morgenthau）以英德海军竞赛作为案例，得出结论：军备竞赛必然导致

---

① ［德］路德维希·德约：《脆弱的平衡：欧洲四个世纪的权势斗争》，时殷弘译，人民出版社 2016 年版，第 170~171 页。
② ［德］卡尔·施米特：《大地的法》，刘毅等译，上海人民出版社 2017 年版，第 165 页。
③ Fritz Fischer. *Germany's Aims in the First World War*, New York：W. W. Norton, 1967.
④ ［美］尼古拉斯·斯皮克曼：《世界政治中的美国战略》，王珊等译，上海人民出版社 2018 年版，第 100~107 页。

第四章 案例一：德意志第二帝国的战略转型（1871~1914年）

军事负担的不断增加、吞噬国家预算，带来恐惧、猜疑和不安全感。① 奥茨门特（Steven Ozment）提出：德国对英国的挑战是崛起失败的重要根源，因为德国的生存和欧洲均势有赖于英国的信任和中立。②

斯蒂芬·埃弗拉（Stephen Van Evera）指出，1914年的"九月计划"表达了战前在德国广泛流行的扩张主义思想。包括德国总理贝特曼·霍尔维格、海军元帅提尔皮茨等人认为，德国新的海军将使英国在一场未来的欧洲战争中保持中立。英德两国对彼此的军事和政治的保密行动，让英国直到德国对法宣战才确认德国的战略，而德国发动对法战争没有预料到英国会介入，本来两国未必兵戎相见。③ 在杰克·斯奈德（Jack Snyder）看来，德国后发但快速发展的模式使许多形形色色的社会集团在同一时间聚集在一起。这些集团无法就各自狭隘界定的利益达成妥协，包括军国主义和帝国主义。这些集团只有通过互助和迷思制造来调解它们之间的利益冲突，互助使每个集团得到它最想得到的利益，而迷思制造则模糊了因互助而带来的过度扩张的后果。但英国和其他大国对德国国内政治结构的影响并非无能为力，英德并非必然陷入针对彼此的战略透支行为怪圈中。④

在陆伯彬（Robert S. Ross）看来：如果德国能够聚焦更为有限的海军实力发展、专注于陆军建设，那么德国就能避免"一战"惨败和君主制终结。⑤ 郭树勇认为，威廉二世对德国军事力量及其国力增长前景抱有过分的自信、幻想甚至迷信，对殖民地、人口、资源和领土、大炮过分追求，没有牢记俾斯麦的守成之道，在崛起速度与崛起的方式上背离了国际社会

---

① [美] 汉斯·摩根索：《国家间政治：权力斗争与和平》，徐昕等译，北京大学出版社2006年版，第218页。
② [美] 史蒂文·奥茨门特：《德国史》，邢来顺等译，中国大百科全书出版社2009年版，第220页。
③ [美] 斯蒂芬·范·埃弗拉：《战争的原因：权力与冲突的根源》，何曜译，上海人民出版社2014年版，第239~260页。
④ [美] 杰克·斯奈德：《帝国的迷思：国内政治与对外扩张》，于铁军译，北京大学出版社2007年版，第70~120页。
⑤ 张海滨等主编：《21世纪海洋大国：海上合作与冲突管理》，社会科学文献出版社2014年版，第82页。

的法则。① 唐世平解析了英德陷入海军扩张竞赛的现实主义根源："一战"前的英国和德国都是进攻性现实主义国家，它们之间是不存在安全困境的，冲突是由它们扩张主义的战略利益所驱动的。德国为了获取强大的权力地位，愿意承受挑战英国的巨大风险。②

姜鹏用"威廉困境"来形容德国战略转型的两难选择。德皇威廉二世既支持"庞大海军计划"，同时也支持扩充陆军的"两线作战计划"，使自身陷入了联盟梦魇和与英国的海上军备竞赛。③ 赵光锐认为，俾斯麦时期德国的海权战略证明，由于英国与法国、俄国之间的深刻矛盾以及传统的大陆均势政策，英德依然有坚实的基础来保持非敌对性关系。当英德两国进入海军军备竞赛的恶性循环以后，德国总体的外交战略实际上就被海军计划所绑架，德国外交失去了运作的战略空间。④

梅然指出：英德开战的根源在于德国与法俄的矛盾，尤其是德俄两个崛起大国的矛盾，还有明显的偶然性，而不是"修昔底德陷阱"。⑤ 顾全提出的研究议题是：德国作为大陆强国（land power）选择扩张海上军事实力来制衡英国这个头等海洋强国（leading sea power）的机制是什么。对此，他提出了德国发起对英国海上制衡的理论假说：英国在德国附近局部水域的战略弱点越明显、英德利益冲突越高、德国进攻性海军主战派的支配程度越高、德国政府文职部门对军方压力的敏感程度越高时，海上制衡就越有可能发生，反之则越不可能。⑥

---

① 郭树勇：《大国成长的逻辑：西方大国崛起的国际政治社会学分析》，北京大学出版社 2006 年版，第 186 页。
② 唐世平：《我们时代的安全战略理论：防御性现实主义》，林民旺等译，北京大学出版社 2016 年版，第 140~141 页。
③ 姜鹏：《海陆复合型大国崛起的"腓力陷阱"与战略透支》，载于《当代亚太》2018 年第 1 期，第 4~29 页。
④ 朱峰主编：《21 世纪的海权：历史经验与中国课题》，世界知识出版社 2015 年版，第 123~127 页。
⑤ 梅然：《战争、帝国与国际政治变迁：世界史阅读札记》，山西人民出版社 2017 年版，第 127~134 页。
⑥ 顾全：《大陆强国与海上制衡：1898—1914 年德国的海军扩张》，上海人民出版社 2020 年版，第 1、443 页。

第四章 案例一：德意志第二帝国的战略转型（1871~1914年）

詹姆斯·斯塔夫里迪斯（James Stavridis）的理解是：德国全力打造舰队是引起英国人怀疑和担忧的一个因素，如果考虑到英国海上战略的悠久历史，就能发现英国的这种反应是合乎逻辑的。德国大多数战舰的巡航范围都相当有限，这进一步使英国人确信德国舰队的攻击目标是英国，且将为入侵英国的德国部队提供掩护。①

迈克尔·霍华德（Michael Howard）认为：英德的海军竞赛并不必然产生冲突，不是"一战"的核心原因。近代史上持续时间最长，或许也是最激烈的军备竞赛是1815年以后英法两国海军之间长达90年的较量，但那次竞赛不是以战争，而是以《英法协约》的方式结束的。②亚瑟·马德尔（Arthur J. Marder）的研究表明，英国之所以放弃"光荣孤立"，陷入与德国的紧张关系，是因为德国同时挑战了英国安全战略的三条密切相关的原则：维持绝对优势的海军；维持低地国家的独立；维持欧洲的力量均衡。③

查尔斯·S.梅尔（Charles S. Maier）从"修昔底德陷阱"的角度讨论了英德针对彼此的错误认知：德国无法消除英国的猜疑，英国也无法消除德国统治阶层中许多人的错误观念（被包围）。英国决策者认为，如果德国继续在海上扩张，英国注定会沦为二流国家。然而，一直到战争即将发生前，德国都不认为英国是现实威胁。④格雷厄姆·艾利森（Graham Allison）认为：在英国不断衰落这一认知的激励下，威廉二世越来越坚定地要确保德国在阳光下的应有地位。虽然德国日益增长的经济挑战并没有使两国之间的战略竞争不可避免（或阻止英国精英们将德国视为可能的盟友），但德国海军的发展及其接近英国的地理位置对英国构成了一种特有的生存

---

① ［美］詹姆斯·斯塔夫里迪斯：《海洋帝国与今日世界》，蒋宗强译，中信出版社2019年版，第71页。
② Michael Howard. *Empires*, *Nations and Wars*, Stroud, UK: Spellmount, 2007, pp. 5–6.
③ ［美］亚瑟·雅各布·马德尔：《英国皇家海军，从无畏舰到斯卡帕湾.第一卷，通往战争之路：1904—1914》，杨坚译，吉林文史出版社2019年版，第2~3页。
④ ［美］理查德·罗斯克兰斯、史蒂文·米勒主编：《下一次大战？"一战"的根源及对中美关系的启示》，陈鑫等译，新华出版社2016年版，第153~154页。

威胁。英国人对德国海军计划的不信任和担忧促使将德国视为敌人。英国在竞赛中的获胜并没有减轻英国对德国威胁的担忧。①

已有文献对德国海权发展的历史跟进、理论分析、战略透视和案例比较已经非常成熟，但在德国海权战略与英德地缘对抗的因果机制中，缺少更简化的分析变量将两者联系起来，在研究过程中缺乏对地缘政治和大战略的有机结合。克里斯托弗·科克尔（Christopher Coker）认为：大战略与地缘政治有深刻的联系，因为前者的基础是评估哪些利益至关重要，哪些利益不是，而这些评估通常又以一国的地缘政治考量为基础。② 一些文献研究存在六个认知误区：(1) 德国海权崛起必然会导致英德陷入"修昔底德陷阱"；(2) 只要俾斯麦延续执政，德国就不会出现海权扩张；(3) 俾斯麦时期德国寻求殖民地扩张只是权宜之计，与威廉二世的全球殖民帝国计划完全不同；(4) 英德贸易相互依赖是两国缓和关系的"压舱石"；(5) 现有权力和利益结构而不是对未来的预期才是分析英德海上竞争的有效变量。(6) 如果没有马汉的"海权论"，德国就不会发展大海军。笔者接下来会通过理论框架建构与历史案例分析来纠正这些误区。

从俾斯麦时期到威廉二世时期德国的战略转型产生了截然不同的影响：

首先，俾斯麦时期德国促进欧洲地缘格局和海陆力量态势的稳定，形成英法德俄等主要地缘战略力量间分化与组合的和平变更，形成有利于德国安全与发展、德国主导下的地缘格局。威廉二世时期德国的转型导致所处地缘格局的两极化趋势，形成了海陆力量的对抗性局面，使大国间的力量组合经历了充满冲突与危机的变更，使德国失去了对地缘格局的掌控能力。

其次，俾斯麦时期德国没有引发大规模的军备竞赛，在逐渐上升权势的同时，较为和平的与既有大国分享制度、秩序和规则的决定权，使不同大国的利益、观念等分歧没有因为权力对比的变动而出现不利于现状维持

---

① ［美］格雷厄姆·艾利森：《注定一战：中美能避免修昔底德陷阱吗?》，陈定定等译，上海人民出版社2018年版，第86~118页。
② ［英］克里斯托弗·科克尔：《大国冲突的逻辑：中美之间如何避免战争》，卿松竹译，新华出版社2016年版，第104页。

第四章 案例一：德意志第二帝国的战略转型（1871～1914 年）

的结果，德国与主要大国间没有爆发激烈的"热战"或"冷战"。相反，威廉二世时期德国的转型带来了激烈的英德海军军备竞赛和与法俄的陆上军备竞赛，并试图以进攻性现实主义的态度来修正或重构权力、制度、秩序的失衡。升级了大国因权力对比变化所引起的利益竞争和观念分歧等，使德国与主要大国的战争前景愈发明显，和平难以为继。

最后，俾斯麦时期德国在转型进程中寻求了有限的海外扩展，塑造了一些海外利益区，但没有让这些海外利益区的扩大阻碍德国对事关本国生死攸关的欧洲地缘战略区的经营。威廉二世时期德国则将视野投射到海外利益区，甚至为了保护海外利益区，不惜牺牲本可用于谋划本土所处地缘战略区域的战略资源，为了遥远的海外势力范围和殖民地争夺，相对忽视了德国在欧陆的安全和经济事务，使国家战略转型的进程和方向发生了脱轨，在提升转型成本的同时却没有达到哪怕维持现状的效果。

总体来看，俾斯麦时期德国逐渐从普鲁士时期的欧陆韬光养晦和对英国的追随政策，过渡到在欧洲和海外事务中有节制的有所作为，不被其他大国左右，呈现出保守而渐进的大陆守成战略。尽管也存在无法将其对外政策制度化、在内政上无法提供后继者可遵循的蓝图、对俄德同盟没有续约要负部分责任等缺陷，但整体上促进了德国的陆权稳固和海权崛起，呈现出三个相互影响的有益效果：第一，由陆向海的地缘战略转型与构建稳定的大国关系并行不悖；第二，对地缘格局变动审时度势，使海权和陆权战略从属于国家大战略；第三，构筑的大陆联盟呈现出防御性和非分裂性特点。

威廉二世时期德国的地缘战略转型存在着严重的不足和失误：第一，海权和陆权战略取代了国家大战略，类似《巴特基辛根备忘录》那样的大战略谋划，在俾斯麦之后完全绝迹，取而代之的是施里芬和提尔皮茨的军事规划；第二，缺乏外交与军事的有机协调；第三，对地缘威胁的夸大，使其成为自我实现的预言；第四，夸大了德国对海外殖民地和海外贸易的依赖性；第五，海陆战略资源分配分散化；第六，地缘联盟战略充满了进攻性和僵化特征；第七，坚信进攻优于防御和军事计划确定性观念。

英国的海上霸权体系与威廉二世时期德国意图构建的大陆霸权体系，在"一战"前形成了围堵与反围堵的地缘态势。英国加入法俄一方与德国主导的同盟国集团陷入僵化对抗，丧失了19世纪欧洲灵活的多极平衡机制，东方问题的久拖不决和巴尔干地区等局部热点持续紧张。陷入零和博弈的地缘政治形态成为英德战略互动的外部环境。按照麦金德的陆权心脏地带理论，对海陆关系进行战略思考，"枢纽地带"是英国霸权主要防范的区域，它的地理范围大致包括西伯利亚、中亚地区、蒙古高原、中国新疆、东欧平原的东部以及伊朗高原（阿富汗和伊朗内陆地区）。[1]"枢纽地带"被称作"心脏地带"，除上述区域外麦金德又将青藏高原划了进去。[2]在日俄战争、威廉二世时期德国加快海权转型后，麦金德将德国而不是俄国划为对英国海上霸权最具威胁的心脏地带国家。一旦枢纽地带国家（或后来论述的心脏地带国家）占据陆上权势资源的优势，并在内新月地带建立一系列海外基地和战略据点，那么该陆权强国就可以同时建立具有压倒性优势的海权力量，征服外新月地区的海权强国。"枢纽国家向欧亚大陆边缘地区的扩张，使力量对比转过来对它有利，这将使它能够利用巨大的大陆资源来建立舰队，那时这个世界帝国也就在望了。"[3]"英国的目标就是防止整个欧亚大陆的军事—工业潜力集中于一个对世界岛屿和大陆构成威胁的大国之手。"[4]

德国率先推进了从陆权到海权的战略转型，不惜以降低本国的陆权发展能力为代价。英国为了赢得与德国的海权竞争，也进行了海权的战略转型，将自身的海上力量纷纷从大西洋、地中海、亚洲水域撤回到北海附近，将英国在全球的海上霸主地位拱手分散给了日本、美国等后起的海上

---

[1] H. J. Mackinder, "The Geographical Pivot of History", *The Geographical Journal*, 1904, 23 (4): 435.

[2] H. J. Mackinder. *Democratic Ideals and Reality*, National Defense University, this text is copyright 1942, Constable Publishers, London, P. 59.

[3] ［英］哈尔福德·麦金德：《历史的地理枢纽》，林尔蔚、陈江译，商务印书馆1985年版，第61~62页。

[4] W. H. Parker. Mackinder: *Geography As An Aid to Statecraft*, Oxford: Clarendon Press, 1982, P. 192.

第四章 案例一：德意志第二帝国的战略转型（1871～1914 年）

强国。在英国看来，德国的战略转型具有进攻性现实主义逻辑。艾尔·克劳从维护英国战略利益的视角，阐述了德意志第二帝国试图打破英国海上力量的绝对优势。一旦德国获得了海上绝对优势，那么无论德国的战略意图是什么，都将与英帝国的存续是不相容的。[1] 由于其他列强的存在，德国的扩张步伐不会止步于 1871 年俾斯麦缔造的战略地位，德国自视的"天定命运"及在国际舞台上分割既有的殖民地、势力范围、大国声望等诉求，使德国自俾斯麦下台后，迅速走上追求殖民帝国、舰队建设和世界强国的道路。德国希望在国际体系中发挥的作用超过了它在现有物质权力分配格局中的份额。克劳更为关注的是德国为实现世界强国目标时所采取的手段。[2]

德国寻求海权的绝对优势与英帝国对海洋霸主地位的维护是结构性矛盾的，德国一旦在陆上和海上成为双料体系性霸权国家，将对英国的战略利益构成致命威胁。尽管德国并不必然追求用武力推翻英帝国霸权，但其对国家荣耀不切实际的追求还是形成了实然的威胁。英国在欧陆的均势利益考量使之不能以削弱德国为目标，德国海军虽然未必能动摇英国霸权，却足以降低英国干预和调控欧洲均势体系的能力。[3] 当英德敌意最终被转化为德国与欧洲均势间的敌意时，德国任何突破这种约束的努力，都将被理解成打破欧洲均势的企图，都将产生适得其反的后果，这也是第一次世界大战爆发的根源。[4]

提尔皮茨的海军政策对英德结盟谈判的失败起到了决定性的消极作用；德国政府的殖民野心加速了这一进程。德国的战略转型和与英国的海军军备竞赛并非是为了与英国开战，德国在发展海上强国的进程中，既不

---

[1] Dunn J S. *The Crowe Memorandum: Sir Eyre Crowe and Foreign Office Perceptions of Germany*, 1918 – 1925, Cambridge Scholars Publishing, 2013.

[2] Goschen E., "German Memorandum and Documents with Regard to the Outbreak of the War in Europe in 1914", *The American Journal of International Law*, 1914, 8 (4): 372 – 410.

[3] Jones P D., "British Policy Towards German Crimes Against German Jews, 1939 – 1945", *The Leo Baeck Institute Yearbook*, 1999, 36 (1): 339 – 366.

[4] 吴征宇编译，《〈克劳备忘录〉与英德对抗》，广西师范大学出版社 2014 年版，第 27 页。

想作为英国的附属国，也不想把英国完全作为对手。德国舰队的主要意义是吸引民众的支持和对英国反对德国扩张的手段采取制衡，而英德结盟将消除德国舰队的存在理由。在德国不肯放弃世界政策、与英国并驾齐驱的舰队建设、殖民野心等目标的情况下，英德结盟的可能性愈发降低。①

德国的战略转型最初导致了更大程度的扩张（正反馈）；接着产生了来自英国的反制力量延缓或逆转其扩张（负反馈）；在"一战"爆发前的最后阶段，尽管德国向英国妥协、放弃了海军竞赛，但退却削弱了帝国的权力，导致了它的崩溃，并加速了其他强国（如美国）的崛起（正反馈）。

重陆轻海的战略文化传统，加上对地缘政治的敏感性，使德国尽管在战略决策上是进攻性的，但在对英国的海战准备上却是防御性的，时刻担心英国的进攻而不是主动出击。"哥本哈根情结"限制德国对外政策的灵活性，对德国的海权发展施加了决定性但也最恶劣的影响，1904年秋，海军参谋部已经将"哥本哈根情结"设定为德国海军年度军事演习的预想前提。德国不应该将自身的地位与1807年的丹麦相比，因为德国已经获得了大陆霸权地位。德国领导人对自己成长为海权强国的希望所可能产生的后果的恐惧，孕育了哥本哈根恐惧症。②

德国只想防御而不是进攻英国。英国的战略任务是把德国海军赶出大西洋，并加以封锁；德国的任务是不管在哪都要打破这一封锁并且开辟一条通往大西洋的道路。在"一战"前，德国战略界深信英国会主动向德国海军发起战略性进攻，并相信英国"大舰队"有压倒性优势，并以这两个假设在1914年构建了海上封锁的军事战略计划——随时提防英国舰队出现在赫尔戈兰岛。但"一战"爆发后，在物质装备上占优势的英国舰队没有凭借主动进攻来迫使德国接受贸易条款。

总之，英德两国所面临的地缘政治形态和权力转移趋势具有高度的零

---

① Kennedy P M., "German World Policy and the Alliance Negotiations with England", 1897 – 1900, *The Journal of Modern History*, 1973, 45（4）：605 – 625.
② Steinberg J., "The Copenhagen Complex", *Journal of Contemporary History*, 1966, 3（1）：23 – 46.

第四章 案例一：德意志第二帝国的战略转型（1871～1914年）

和博弈特征，这种物质性结构的形成大大加剧了英德地缘对抗升级的可能性。德国具有进攻性和扩张性的陆主海从战略转型，以及英国针锋相对的增强北海海权威慑体系和放弃"光荣孤立"政策，使两国在缺少战略示善的情况下，进一步恶化了结构性的地缘冲突。而德国重陆轻海的战略文化、海战思维的陆战化、"被包围"认知的自我强化，则导致其在"一战"中挑战英国海上霸权的彻底失败。

两次世界大战期间，关于德国作为陆海复合型国家如何发展海权的问题，出现了一些不同于"一战"前提尔皮茨"风险舰队"论的战略学说。奥托·格罗斯、沃尔夫冈·魏格纳、恩斯特·威廉·克鲁泽等人主张德国首要关注的应是控制海上交通线，而不是与英国舰队的海上决战。在海战中，舰队决战以及其他针对敌方军事目标的行动不再是首要目标，海战更多的是一个经济事务。[1] 这种新蓝水海军学派的观点推翻了马汉的信条：经济目标取代了军事目标；敌人的崩溃性胜过敌人的毁灭；力量不再必须集中，而是必须分散；巡洋舰取代战列舰成为舰队的主力。[2]

战后的德国对于其在第一次世界大战中的失败曾作彻底的检讨，其中以韦格纳中将（Vice Admiral Wolfgang Wegener）在1926年所写的《世界大战中的海洋战略》（*Seestrategie des Weltkrieges*）一书最为著名。韦格纳强烈批评德国公海舰队不敢出港求战，遂把一切利益都拱手送给英国人。他认为任何其他的战略都会比让德国舰队困守在港内更好。德国的舰队付出了极大的成本才建造完成，在战前也曾对它寄以莫大的希望，结果却是令人完全失望。韦格纳主张德国舰队应不顾一切冲出其樊笼，应不惜付出一切代价以求到达大西洋。这样才能有较大的空间来采取攻势行动，并乘机与英国大舰队决一胜负。韦格纳的主要观念为劣势的舰队仍应也仍能采取攻势，所以对于半海洋性的国家，海权也仍然还是一项重要的战略工具。此种观念在那个时代的确曾经产生相当大的号召力，而且对第二次世界大

---

[1] Rosinski H. *The development of Naval Thought: essays.* Newport, RI: Naval War College Press, 1977, P. 14.
[2] 师小芹:《论海权与中美关系》，军事科学出版社2012年版，第140页。

战初期的德国海洋战略也曾产生某种程度的影响。不过，与韦格纳同一时代，以后由于逃避纳粹迫害而流亡美国的罗辛斯基（Dr. Herbert Rosinski）则对韦格纳作了下述的批评：

因为缺乏真正明确的了解，所以其对于战略形势的评价未免太高。他对于德国舰队在战争中获胜的机会持有过分乐观的看法，过分强调战略地位的重要性，而对于物质力量则予以忽视。[①] 由韦格纳的著作所发动的德国海军思想革命在纳粹统治的初期开始成熟。当时德国已经着手重建其海军，也就迫切需要新的思想指导，所以遂必须发展一套适当的战略观念。这种新观念实际上在1935～1936年开始发展，很快就变成德国海军思想的主流。其最完整的说明即为华德叶哈兹上校（Captain von Waldeyer‐Hartz）所著的论文，其命题为《明日的海战》（*Naval Warfare of Tomorrow*）。那也是此种观念首次得到广泛传播。华德叶哈兹认为：

未来海军战略家不再根据纯粹军事考虑来拟定其作战计划。相反地，他将准备用其所指挥的部队从事经济战。假使此种意见已证明是正确的（有许多迹象显示的确如此），则贸易战将成为明日海战的主要形式。接着他又说：今日的"蓝水学派"（Blue‐water School）已经变得与帆船时代的"蓝水学派"完全不同。作战的目标不再是敌方的武装部队而是其经济资源。换言之，海上的作战和战斗将成为贸易战的后果，而在过去则构成一切战略措施的最终目的。今天"蓝水学派"的意义即为贸易战，而且还是一种极端形式的贸易战。[②] 这种终于为纳粹德国海军所接受的新观念，实际上，就是反对四百年来的传统海权思想，那也正是马汉和科尔培尔等人所提倡的理论。概括言之，在两次世界大战之间的阶段中，海军战略思想领域中虽有若干新著作出现，但并不足以开创一种新境界，而仍然只是战前思想的延续或反动而已。

---

① Herbert Rosinski, "German Theories of Sea Warfare", The Development of Naval Thought, ed., by B. M. S Ⅲ, U. S. Naval war College Press, 1977, pp. 60 – 61.

② Herbert Rosinski, "German Theories of Sea Warfare", The Development of Naval Thought, ed., B. N. Simpson Ⅲ, U. S. Naval War College Press, 1977, P. 64.

第四章　案例一：德意志第二帝国的战略转型（1871～1914年）

（三）战略启示

在罗斯克兰斯（Richard N. Rosecrance）看来，如果俾斯麦一直在台上的话，就不会犯1890年后德皇威廉二世挑战英国海上霸权的错误，在约瑟夫·张伯伦（Joseph Chamberlain）的影响下，英国在1899～1901年恢复了与德国的友好关系，但德国首相伯恩哈德·冯·比洛在"自由之手"[①] 理论的驱动下选择冷落英国。[②] 马汉（Alfred Thayer Mahan）列出了英德敌对的根源：大不列颠岛之于德国，就像古巴对美国的战略意义一样。德国不会任由英国凭借其地理位置控制德国的商业贸易。英德两国财富充足、商业体制完善有效，英国的海运和德国的陆军都是体系中最强大的力量，形成了近乎于两极对抗（其他国家追随一方）的局面，这使英德敌对不可避免。[③] 汉斯·德尔布吕克（Hans Delbruck）的判断是：英德角逐是必然结果、不可避免。不过，这场竞争并不一定引发战争。[④] 本书的论点是：德国崛起和海权扩张必然会带来英德冲突的升级，但如果战略操作得当，未必会陷入战略冒险和两国针对彼此的战略透支。

国家寻求权力、安全、经济繁荣等领域的平衡点。在历史和现实中，大部分国家不会为了追求军事安全而完全忽略经济繁荣，也不会为了追求霸主地位而完全放弃已有的安全现状。为了使权力最大化而放弃安全最大化不符合战略理性的逻辑。国家的战略决策选项，不是安全、经济、文化、政治的"单选题"，而是在"多选题"的基础上权衡不同议题领域所应该投入的战略关注比重。无论是海上大国还是陆上大国，不会完全以丧失海权的代价来追求陆权，也不会为了陆上安全不理会海上威胁，即使是

[①] 笔者注："自由之手"理论认为，德国不必与英国结盟来防止其与法俄结盟，因为法国总是在殖民地政策上与英国发生矛盾。
[②] 理查德·罗斯克兰斯、史蒂文·米勒主编：《下一次大战？"一战"的根源及对中美关系的启示》，陈鑫等译，新华出版社2016年版，第31、92～93页。
[③] 理查德·罗斯克兰斯、史蒂文·米勒主编：《下一次大战？"一战"的根源及对中美关系的启示》，陈鑫等译，新华出版社2016年版，第135～141页。
[④] 马汉：《图解大国海权》，何黎萍编译，北京理工大学出版社，第141～142页。

从陆权向海权转型的国家,也只是一段时期内更偏重海权的发展,而不是以牺牲陆上安全为代价。

战略克制应是国家在任何时期都不能放弃的。为了扩大崛起效益推行海上战略进取是正当的,战略进取是在某些议题领域或特定时期事件的具体应对,在战略进取中通过秉持总体的战略克制原则来防止战略冒险是必要的。崛起国发展海权的目标应是促进和营造国家崛起的和平战略环境与国内政治经济的良性发展。陆上崛起国的地缘战略转型,应注意评估本国实际和潜在的可用于追求海上战略转型的权力资源,从而制定本国目标;评估海上霸主国的目标,以及该国实际和潜在可用于追求海上霸权目标的权力资源;确定本国的海上战略目标与霸主国的海上霸权目标在多大程度上是相容的;选择适用于追求本国战略转型的可用手段,在战略进取中避免为了对沉没成本进行止损而陷入战略冒险。

基于对德国的案例分析,得出如下结论:

第一,尽管崛起国在战略克制的进程中仍然受益,但当崛起国认为战略克制对未来的崛起影响是悲观的(收益递减),而战略进取能够塑造崛起的积极前景时,崛起国会转向战略进取(也可能陷入非本意的战略冒险)。如本书案例展示——德国尽管仍然从英国海上主导权和自由贸易体系中受益,但德国基于损失框架的战略预期是未来这些机会窗口都会缩小,德国面临外部封锁和制裁的脆弱性窗口正在扩大,所以德国在仍然从体系现状受益的情况下选择对英国海权发起挑战。

第二,当制定的战略目标和选用的手段并非国家当前紧缺的利益诉求和显性的安全威胁,但崛起国却投入大量战略资源时,很容易被海上霸权国视为一种战略冒险,崛起国在面对其他海陆国家的战略疑虑时,要避免不顾对手核心利益而针锋相对,这样很容易陷入战略透支。正确的做法是提高冲突升级的门槛、发出善意的战略信号,建立战略奖惩机制,当对方善意回馈时,给予战略保证;当对方恶意反馈时,有节制地对它的战略利益发出威慑信号。

第三,国家秉持战略理性,崛起国与霸权国的权力转移和战略互动充

第四章　案例一：德意志第二帝国的战略转型（1871～1914 年）

满着不确定性。战略（strategic）行为相比理性（rational）行为更为宽泛，因为战略行为涉及互动过程中对方的反馈和己方的回应，事实上，没有完全理性的可能。"赌徒心态"在历史上的大国战争中比比皆是，战略的不确定性在分析英德海权竞争过程中的作用不可忽略，也可在其他历史案例的类比中进行研究。

第四，对崛起国的海上战略冒进具有某种滞后效应，这会导致崛起国未能及时止损。比如德国的海权崛起至少可以追溯到1898年的第一次海军法，但英国直到1902年才开始逐渐达成对德国威胁的共识。

第五，当霸权国与崛起国都处于损失预期框架时，不太可能通过军事威慑阻止对方的"螺旋冲突动机"。但崛起国的海上战略冒险及其与霸权国的冲突和战争并非不可避免，在对手不侵害本国核心利益的情况下，崛起国不予以针锋相对的回应能避免战略透支。俾斯麦是否延续执政并不影响德国扩张海权，可以预料的是德国无论谁掌权都会优先推动海权发展来确保国家利益的维系与扩展；英国会因为德国的海权崛起而增加制衡偏好，英德的海上冲突是两国战略调整的必然。但英德海上冲突的强度和负面影响范围是可以通过战略控制的。俾斯麦影响的不是德国走向海洋的趋势，而是防止出现战略冒险和战略透支。德国有多个战略临界点可以及时止损而维持扩张性收益现状。比如不与英国开展"无畏舰"竞赛、第一次摩洛哥危机后避免之后采取进攻性战略行为、主动倡议英德海军军备控制等。

第六，对国家有利的权力转移应该是在保持崛起的同时，不明显增加体系的制衡压力，这样才能有权力的盈余来提升本国的战略潜力和塑造有利的外部战略环境。而德国的权力崛起，却忽略了失去俄国盟友的危害，在引发英国与其进行毫无胜算的海军军备竞赛的过程中，又进一步透支了崛起的权力。内部与外部的权力转移都呈现互相抵消而非互相促进的局面，这是德国的地缘政治悲剧。同理，如果英国在保持海权优势的同时，能够更加接纳两国间的权力转移，也可以从德国崛起中获取巨大收益。与绥靖政策推动了"二战"爆发的案例相反，英国与德国走向"一战"，很大程度上是英国对德国也进行了过度制衡，让德国的权力增长没有带来更多的安全感。

第七，马汉的海权论虽然影响深远，但首先是德国具备了海权战略的预期规划、利益诉求和崛起路径选项后，马汉的思想才能影响德国决策层，而不是相反。无论是否有马汉学说，德国都会推进海权战略并可能陷入与英国的地缘对抗，马汉影响的是德国海权战略的具体操作步骤。

第八，陆上崛起国在海上战略转型时，如何平衡海权与陆权的两难选择，应当遵循国家大战略的整体框架，军事战略要考虑可能产生的政治和经济影响，要有外交等手段来相辅相成。文官应对军事作战有基本理解，军方也要对国家战略和外交方针有清晰认知，不然就会出现"一战"前德国的海军部与其他决策部门对英国的战略判断分歧。

第九，崛起国与霸权国出现安全困境是正常的，但如果安全困境长期加剧，就会出现安全困境失效、"螺旋冲突模式"取而代之，即从不确定威胁性质和程度到视为难以和解的战略威胁认知，这时崛起国与霸权国的战略威慑都只会加剧冲突的正反馈而不会形成威慑逻辑的负反馈。因此，要对安全困境进行全方位的战略稳定机制建设。

第十，陆上崛起国的海权战略应考虑到与霸权国的相互依赖关系，除了经济层面外，还应注意两国在地缘政治（尤其是地理结构）上的相互依赖关系。尽管提尔皮茨计划失败，但当该计划的执行环境是崛起国与霸权国有着广阔的地理缓冲地带（尤其是水体的阻遏力量），那么崛起国在涉及自身核心利益的周边水域展示类似"风险舰队"的战略决心，在注意战略克制的条件下，能够阻止霸权国对自身利益的进一步挑战，也能够促进本国海权的和平崛起。

总之，海上霸主国维持自身战略安全的两个路径是自身权力的维系和对潜在对手的平衡，陆上崛起国一旦统一所在区域的陆地后，就可能由于战略冒险而利用洲际战略资源挑战海洋霸权。这一点在后哥伦布时代所带来的陆权复兴条件下，变得格外明显。像英国那样依赖水体阻遏力量、海军优势地位、全球贸易和金融霸权、广阔殖民地的传统海上帝国难以为继，导致海上大国的安全感与陆上大国的安全感呈现反比效应。麦金德的

第四章 案例一：德意志第二帝国的战略转型（1871~1914年）

陆权优势论和马汉的海权优势论难言谁更胜一筹，国家更应该思考如何通过高明的战略，防止陷入海权与陆权的两难选择，在海上战略转型过程中不要陷入战略冒险导致的战略透支，避免历史上反复出现的陆上崛起国与海上霸权国的地缘冲突悲剧。对于陆上崛起国而言，如何在发展海权转型的同时不过度刺激海上霸权国的安全担忧，或者说海上大国如何在保障自身安全的情况下默许陆上大国的战略崛起[①]，这是崛起国能否实现与霸权国的和平权力转移、塑造战略稳定机制、促进地缘格局缓和的关键。

[①] ［美］克里斯托弗·莱恩：《和平的幻想：1940年以来的美国大战略》，孙建中译，上海人民出版社2009年版，第30~34页。

第五章

案例二：美国的战略转型（1890～2015年）

极少有陆权大国将发展海权、促进崛起、维护国家安全等方面完美契合。像拿破仑三世时期法国、威廉二世时期德国、苏联等陆权大国的海权战略，都受到了其他海陆强国的制衡，被迫卷入"热战"或"冷战"。美国在19世纪90年代以前，主要专注于西进运动等陆上扩张，属于典型的大陆强国。而自19世纪90年代至"二战"结束，美国经历了深刻而富有成效的地缘战略转型，实现了从陆权大国到海洋霸主、从经济导向的海洋战略转变为军事与经济并重的海权战略的转变，使美国从区域强国崛起为全球性霸权，并在制衡欧亚其他海陆强国的同时，没有受到联盟包围的困扰，避免了与既有海上霸主的全面冲突，构建了英美特殊关系，实现了两国的和平权力转移。该阶段美国的海权至上主义和海洋文化属性的锻造，对"冷战"和后"冷战"时代的美国地缘战略演进都产生了深远影响，为美国成为全球霸主奠定了重要基础。对思考21世纪的中美海权和陆权战略的竞合，以及亚太地缘政治格局的走向，也具有理论和现实的参考意义。

第一节
体系变革与美国崛起的外部环境

美国由于远离地缘政治对抗中心，因此得以具备实现孤立式崛起的结构性条件。从崛起的维度来看，美国主要是权力和利益导向型的，缺少明显的地缘威胁和国内压力现象。美国意图通过战略转型实现国家权力的扩张，打破国际体系和秩序的现状，提升国际威望和地缘投射能力，将不断崛起的经济实力转变为军事安全等其他层面的战略力量，进而取代英国成长为海上霸主。美国为此改变了陆军占主导地位的军力构成，加强了对海军（海空）等相关技术的研发，增加了军费开支总量和扩大了军事规模（尤其是海军）。尽管美国的转型明显对英国的海上霸权地位构成了挑战，但由于美国远离欧洲事务中心，且当时处于主要大国的群体性崛起（如德国、日本等）时期，故没有引发其他海陆强国的政治和军事制衡。[1] 美国按照马汉学说的指示，对巴拿马运河、加勒比海、墨西哥湾、菲律宾、夏威夷等海上要地或战略通道进行控制，海外利益是美国地缘战略转型的重要推动力，其主要诉求包括：谋求稳定的海上安全格局和诸多海外基地；维护航行自由；摄取广泛的海洋经济利益。这些海外利益成了美国转型的重要动力。在缺少明显现实的地缘威胁的情况下，美国也树立了一些假想敌，但更多的是为权力扩张和海外利益索取服务。[2] 在19世纪末20世纪初，美国的转型在很大程度上是受到西奥多·罗斯福的实践操作和马汉的理论内容所指导的。精英主导了美国的转型进程，自罗斯福之后的美国历任总统，都对美国的海权地位和利益有着基本的共识，极少由于国内的政治压力而被全盘否定。

随着美国的持续崛起，其地缘影响力不断提升，作为地缘格局中的力量中心，借助不断扩大的空间网络活动范围，与其他大国展开地缘互动，在攻防力量对比、海外利益等方面发生了重大变化。从力量极的多寡、横向地域分布和纵向要素的三层次地缘格局视角来看，美国当时所处的地缘格局是不稳定的多极格局，其战略辐射能力逐渐从地区性向全球性地缘格局演变，而对纵向要素的冲击和影响则从地缘经济格局向地缘政治和军事

---

[1] 崔德龙：《"大白舰队"与美国海权兴起的再思考》，载于《黑龙江史志》2015年第1期，第175~176页。

[2] 贾保磊：《美国崛起中的海权因素探析》，载于《新西部》2020年第15期，第161~162页。

格局外溢。海权与陆权力量的博弈和消长变化贯穿这三个维度互动的始终。而多极力量格局和地缘投射空间导致美国与其他大国的战略力量均衡状态发生变动，纵向要素则影响美国与其他大国地缘战略关系的发展趋势，即逐渐趋向力量失衡。这种结构和进程性影响构成了力量中心在空间网络中进行的互动结果——推动国家选择新的地缘战略模式。

从美国国力水平来看，1894年美国工业产值首次超过英国，居世界首位。1899年，美国生铁产量约占世界生铁总产量的1/3，钢产量也达到世界钢产总量的43%。[1] 1859~1909年，美国加工工业产值增加了约10倍，19世纪80年代初跃居世界第一。美国在世界工业中的比重由1870年的23%上升到1913年的36%。到1898年，美国国土面积已达937万平方公里，是最初的11.2倍多。美国在完成陆上扩张后，所掌握的洲际战略资源足以支撑战略转型，美国之所以没有在19世纪80年代或更早转型，很重要的原因是，缺少明显外部威胁和海外利益诉求、海权导向的战略学说还没有被国家高层采纳，国内的政治环境阻碍了发展海权的资源汲取能力。而一旦出现诱发因素，则美国会抓住战略机遇迅速实现从陆权到海权的战略转型。[2]

自1865年以来的一百多年中，美国一直享有一种真正的国家财富——它的工业基础。但到了20世纪80年代初期，由于在维护这个工业基础方面忽视投资或投资不当，美国正面临困境。与其他一些国家相比，美国工业生产率已显著下降，并逐渐失去了它在国际、国内市场上的竞争能力。在美国，最现代化和生产效率最高的企业再也见不到了。其他一些工业国一直在增加对研究和发展的投资，其结果是，到了20世纪60年代后期，它们开始在基础性生产方面与美国进行有效的竞争。[3]

---

[1] [美] 吉尔伯特·C. 菲特、吉姆·E. 里斯:《美国经济史》，司徒淳等译，辽宁人民出版社1981年版，第450页。

[2] 杨震、蔡亮:《海权视域下的美国海军战略转型与航空母舰的作用》，载于《中国海洋大学学报》（社会科学版）2019年第6期，第66~74页。

[3] 龙春生:《西奥多·罗斯福的海军强制外交政策研究》，上海师范大学硕士学位论文，2018年。

第五章　案例二：美国的战略转型（1890～2015年）

20世纪80年代美国工业能力的下降程度显而易见，因此，美国工业在其后的10～15年里在世界经济中丧失了竞争力。即使在20世纪60年代，欧洲和日本的经济重建之后，美国产品的输出量仍占工业国家输出总量的1/4强，并占有本国市场的98%。但从那以后，美国不仅在国内外市场上所占份额逐渐缩小，而且这种下降趋势还在加速发展。70年代，美国丧失了它在世界市场中所占份额的23%，而60年代则只下降了16%。国内市场的情况也大致如此。[1]

在美国工业能力下降的过程中，几乎没有哪一个工业部门能够幸免于难，甚至那些有大量产品出口的产业到了20世纪80年代也减少了它们在世界市场中所占的份额，其中包括那些属于研究创新和技术上充当"开路先锋"的工业部门，如电子工业，化学工业，机器制造工业等。美国其他一些高技术公司，如制药、飞机制造等的竞争力也开始减弱。1962年，美国药品占有世界市场的27.6%，而到1930年只剩下15%。虽然美国的飞机制造业仍有较强的竞争力，但在20世纪70年代，它在世界市场上所占的份额仍从66%跌到了58%。飞机制造业是美国得以保持国防系统技术优势的主要支柱之一，也是其国防工业基础的核心部分。市场份额的不断丢失对国家安全有着重大的潜在影响，因为丧失市场同时意味着一个国家在处于紧急状态时丧失所需的各种生产能力、能量和技术。

机械进出口方面的贸易顺差仍给人以深刻的印象，1979年达到了创纪录的167亿美元。然而只有计算机工业仍然保持了近二十年来的地位。即使在这方面，美国也感受到了日本的强大压力。曾经是美国出口的一张王牌的纺织机械工业，现在却进入贸易赤字的行列。美国在世界纺织机械总出口量中所占份额已不到7%，而1962年则占到15%以上。1980年，美国厂商只给国内市场提供了54%的纺织机械，与其形成鲜明对照的是，1962年此份额是93%。所以，可以不无讽刺地说，虽然纺织工业仍是能够

---

[1] 韩拓、贾庆国：《美国崛起时是如何规避"修昔底德陷阱"的？》，载于《国际观察》2019年第2期，第45～71页。

成功地对竞争压力作出反应的少数几个工业部门之一,但是,它的技术现代化却主要是使用外国的设备来完成的。

与德国不同,在地理位置上美国处于体系侧翼大国的位置,远离权势斗争中心。在地理距离上,尽管技术和交通运输的持续进步在逐渐弱化两大洋对美国的护城河作用,但距离在任何时期都会产生结构性影响。从1812年美英第二次独立战争以来,除了日本偷袭珍珠港之外,在传统安全领域,美国始终没有遭受其他强国的入侵,只是"9·11"事件这一非传统安全的打击动摇了美国对本土安全的信念。在领土结构上较为紧凑,便于集中调动资源和人力。在邻国效应上,不像德国那样强邻环伺,在资源禀赋上拥有丰富的矿产、水力、能源等。在地理通达性上拥有相对发达、较少受到封锁危险的、开阔性的战略通道。[①]

美国作为一个大陆国家,其北部和南部都有邻国,并非英国或者日本那样的岛屿国家,美国的岛屿身份是想象认知的身份,而非一种事实身份,最初是马汉在观念层面构建了美国的岛屿身份。马汉认为,美国位于欧洲与亚洲之间,这样一种地理位置使美国在全球地理空间中处于一个海洋中心岛的位置,美国应该是一个岛屿国家,不过不是邻近欧洲的小岛屿,而是位于全球海洋中心的大陆岛。但美国与英国的地缘位置有着本质的不同,英国与欧洲大陆之间仅隔着狭窄海域,可以轻易影响欧洲大陆事务,甚至使英国成为欧洲大陆事务的控制中心,而美国与欧亚大陆之间隔着太平洋和大西洋,大大削弱了美国对欧亚事务施加影响的能力,马汉所倡导的加勒比地峡——巴拿马运河,其国际政治、军事重要性也远远不能与多佛尔海峡、北海、苏伊士运河、马六甲海峡、直布罗陀海峡等咽喉水道相比,因为巴拿马运河只对美国人有意义,美国对巴拿马运河的修筑、管理和控制有助于解决两洋舰队的灵活调配问题。而其他大国在巴拿马没有巨大的战略利益和风险,控制巴拿马运河并不能影响大国之间的力量对

[①] 宋涛、陆大道和梁宜:《大国崛起的地缘政治战略演化——以美国为例》,载于《地理研究》2017年第2期,第215~225页。

第五章 案例二：美国的战略转型（1890~2015年）

比。在太平洋地区，美国的地理位置也难以与英国对北海的位置相提并论，第一次世界大战中英国海军成功地把德国公海舰队围堵在北海，不仅仅因为英国海军享有对德优势，而且还得益于北海的范围和形状。[①]

在20世纪初，罗斯福极力主张通过迅速的技术进步带来军事上的变革，这影响了美国海军的发展方向。在这方面与罗斯福相近的现代美国总统只有一位，即罗纳德·里根。里根大力主张通过天基导弹防御系统（space-based missile defense systems）来激发改变战局的潜力。这确实改变了美国国防战略的重心，但即使是里根，也功亏一篑。罗斯福在公开和私下场合都提倡技术变革。这一点超过了马汉，罗斯福是自学成才的技术专家。[②] 最终他让美国造出了现代"无畏"式战列舰（modern Dreadnought-style battleships），并让美国一跃成为仅次于英国皇家海军的强大军队。罗斯福的私人信件、专业文章与公开声明，在技术、海军、外交三者之间建立了联系，并且证明他全身心投入，为美国军队，尤其是海军带来变革。这类努力在罗斯福执政的晚期达到顶峰，当时他作为美军总司令，终于有能力击败海军将官、造船工程师和议员们的联手抵制。

罗斯福使用海军力量的理念，与他对于海运资产（seaborne assets）的支持，以最具破坏性，也是最有效的形式结合在一起，为此后数十年间美国的海军政策与外交政策指明了方向。现代的军用机群、潜艇和驱逐舰编队，追根究底，都是在罗斯福的支持下起源。他通过一种标准的方式，为这些军事装备的发展提供了支持。他发现了海军一系列的能力缺陷，并采取行动予以弥补。而罗斯福对于这些军事装备的技术发展给予了特殊的关注，并付诸行动。到任期结束之际，罗斯福已经克服了教条主义和官僚主义的阻力，围绕着全重型火炮战列舰这一战略核心，打造出来一支现代海军。"怀俄明"级战列舰的式样，即在军舰的中心线上安装12门同样口

[①] Corey A B. The Rise of American Naval Power, 1776 - 1918 by Harold, Margaret Sprout. *The Canadian Historical Review*, 1939, 20 (3): 327 - 328.

[②] 王鲁科：《美国海军战略转变与战列舰发展（1890—1922）》，黑龙江大学硕士学位论文，2017年。

径、刻有膛线的大型火炮，同时为军舰安装1.5英尺厚的侧线装甲（belt armor）和蒸汽涡轮发动机，原封不动地保持了近80年之久。火炮口径会有所增加，涡轮发动机的效率会有所提高，战舰航速将会加快，但基本设计样式不会改变。罗斯福致力于建造最精良、最高效、最强有力的战舰，以此作为他整体作战战略的支撑。①

但除了相对于英国的这些劣势外，美国的地缘优势同样明显。美国占据着北美大陆纬度最为适宜的中间地带，东部有大西洋发挥水体的阻遏力量，使欧洲列强所投送的战略力量衰减，在19世纪的大部分时间里有效隔离于欧洲均势斗争。西部的太平洋也使美国与亚洲东部国家有了广阔的战略缓冲，如"二战"时期日本的太平洋作战半径远离美国本土。墨西哥湾和加勒比海为美国提供了丰富的矿产油气资源和潜在的贸易航路。②

美国平原面积广布，河道南北纵横、水运发达，东西部则有山脉林立，这样的国土构成为其提供了用于发展农业、工业、制造业的丰富自然资源，自给自足能力极强，也为美国提供了宽阔的战略纵深。南北只与墨西哥和加拿大两国接壤，陆上关系单一，加拿大地理纬度较高，冻土居多、资源开发成本高，人口稀少且多集中在与美国紧邻的南部狭长地区，在国家规模、发展潜力等方面都无法与美国匹敌；而南部的墨西哥虽然人口稠密，但政治上考迪罗体制盛行，社会发展程度落后、动荡不安，无法与美国对抗。此种南北近邻皆弱旅的特点，意味着在西进运动推进到西海岸后，美国可以既不受陆上扩张的诱惑，也免除庞大的陆上防卫开支，避免了其他陆海复合型国家所面临的海权与陆权、海缘与陆缘威胁的两难选择困境。海陆度值明显偏向海洋型国家，国家崛起的海洋指向性非常明确，从陆权到海权的战略转型几乎成了自然选择。美国地理幅员的广阔空间决定了其地缘战略的天赋上限极高，衡量国土形状特征的重要指标（紧

---

① ［美］亨利·J.亨德里克斯：《西奥多·罗斯福的海军外交：美国海军与美国世纪的诞生》，王小可等译，海洋出版社2015年版，第183~208页。

② 王子健：《美国海权理论在夺取巴拿马运河中的应用》，载于《洛阳师范学院学报》2017年第7期，第56~60页。

凑度和规则度）也非常有利于国家战略资源的调动、经济军事潜力的开发和海陆防卫，使海军（海空军）在转型期间和转型后的军队构成和军种比例中占据主导性地位。

在美国逐步从重陆轻海转型为陆海并重的地缘战略进程中，美国对世界重要的海峡、航道、重要水域、运河等海上战略通道的关注度越发提高，从最初关注巴拿马运河，到逐渐扩散到对全球重要水道的战略投入，意图使极端重要的世界性水道可以保持有利于美国的自由通航。威尔逊"十四点原则"就涉及自由通航的有关条文，反映了美国成为海上强国后的战略诉求。在美国看来，控制海上通道是保障国家进行海外扩张、掠夺海外资源、进行海外贸易、扩大国家版图、成为海上霸权的重要前提。[1] 在美国真正崛起为体系性霸权后，对其极端重要的海上战略通道包括：马六甲海峡、霍尔木兹海峡、直布罗陀海峡、苏伊士运河、巴拿马运河、曼德海峡、黑海海峡等。美国在"二战"中进一步加强对战略通道和岛屿的占领，第一次有效控制了太平洋、印度洋和大西洋，为其有效控制欧亚大陆的边缘地带打下基础。

为了加强对海上战略通道的控制和利用，海外基地的重要性不言而喻。对海外军事基地的诉求既是美国战略转型的原动力之一，也随着转型的进程而不断扩大海外基地的数量和范围。本杰明·哈里森总统（1889～1893年）与夏威夷达成一项吞并条约；与英国和德国谈判而分割萨摩亚，赋予美国在帕果—帕果海港的重大影响力；针对多米尼加共和国一处海军基地而谈判，但未果。格罗弗·克利夫兰总统（1885～1889年）向萨摩亚派遣战舰以威胁德国，反对德国在该群岛建立一个事实上的保护国。威廉·麦金莱总统（1897～1901年）期间，美国吞并西班牙的波多黎各、关岛和威克岛；取得对古巴关塔那摩湾的控制；吞并夏威夷和东萨摩亚；说服英国拒绝《克莱顿—布尔沃条约》。西奥多·罗斯福（1901～1909年）试图从丹麦购买西维尔京群岛；帮助巴拿马省脱离哥伦比亚，获得十英里

---

[1] 戴博元：《第二次世界大战时期美国海军发展研究》，西北师范大学硕士学位论文，2019年。

运河区的事实主权。威廉·H. 塔夫脱总统（1909～1913年）商谈在尼加拉瓜建设运河、获得海军基地的专有权。伍德罗·威尔逊总统（1913～1917年）接受尼加拉瓜的建议，将其变成一个事实上的保护国；从丹麦购买西维尔京群岛。乃至到转型基本完成后，美国依然关注通过海外基地实现对关键性战略通道的控制。如赫伯特·胡佛总统（1929～1933年）否决承认菲律宾独立的法案。富兰克林·罗斯福总统（1933～1941年）声称控制南太平洋若干小岛以便建立夏威夷和澳大利亚之间的航空路线；借助《租借法案》等援助反法西斯国家的条约协议，获得纽芬兰等诸多海外军事基地。"冷战"时期和"冷战"后，美国对全球16个主要战略通道予以划定、关注和控制。

美国的海陆度值、海陆位置、资源禀赋、与其他大陆强国的地理距离，以及海陆交通的通达性等有利要素，使得美国可以在大陆扩张基本完成后，专注于海外势力范围、海洋经济、海权和海军的建设，而不必像威廉二世时期德国那样在转型海权的进程中还要担心陆上地缘威胁的加剧。地理上的优势使美国一旦具备了崛起和转型的基本资源和认知基础后，更容易承受战略上的容错率。结合当时的大国权力对比、军事安全和经济两个横向层面视角、海权与陆权技术等要素引发的地缘投射力量的变化，有助于解析地缘互动对美国转型决策的影响。尽管美国远离其他主要地缘力量中心，但由于当时地缘格局的联动效应，如果欧亚大陆的地缘力量组合发生重大变化，也会对美国的海权扩展、海外经济和本土战略安全产生结构性的重要影响。

"技术革命的扩散，使各国在开发和利用自身战略资源的机会上更为均等化。从长期来看，它剥夺了人口和资源禀赋较小的海岛国家的海权优势，反过来赋予了庞大的陆基强国更多的战略潜力和崛起支撑。"[1] 随着美国、苏联（俄国）这样拥有陆权洲际规模优势的地理大国兴起，使得英国

---

[1] Kennedy. *The Realities Behind Diplomacy*, London: Allen and Unwin, 1981, P. 23. 关于工业化与地缘政治变迁的关系，特别见 Kennedy. *Strategy and Diplomacy*, pp. 48–56; idem. *The Rise of Anglo–German Antagonism*, 1860–1914, chapter 6.

这样的岛国，或其他规模较小的如荷兰这样的中等国家在战略地位和发展潜力上急剧衰落。

在美国开始从陆权向海权转型时，海权影响陆权的方式已经与英国海权治下的和平时代有所不同，海洋的畅通无阻，在世界大洋上自由通航（包括飞越和潜行），而不是相对于大陆的优越地理位置成为美国建立海上霸权的前提。第一次世界大战中，英美陆上盟友在德国的进攻面前无能为力，传统的小规模登陆联合作战已经不能实现阻止德国的目标，边缘干涉不得不让位于中心打击，海权从大陆边缘介入转向直接干涉关键的中心地区，从一个投机工具转为决定性军事行动的承担者。

工业革命所带来的技术进步，与宏观的海陆地理环境形成了互动作用，改变了海权主导国相对于大陆国家在技术领域的攻防平衡态势，使国家大战略谋划的外部环境发生了技术性而非地理性的变化。[1] 工业革命和技术在各国的推广使海权与陆权力量的攻防对比正在朝着不利于前者的方向发展。[2] 工业革命后，各国经济对进口的依赖加大，海军实行的后勤战略更为重要。例如，在欧洲，石油和铜的矿藏资源的供应在数量上远不能满足一场大规模战争的需要，而这两种矿物在 20 世纪的冲突中扮演着重要的角色。在对像英国和日本这样的岛国的战争中，实行后勤战略对它们进行全面封锁，可以造成被封锁国工业生产萎缩，不得不将资源用于农业以保证粮食自给，实施封锁的国家可以因此取得战争的胜利。

飞机和潜艇为海军力量较弱的国家实行袭击战略，对付海军力量占优势一方的海上贸易提供了新的手段。由于水面舰艇的发动机依赖燃料，并且被袭击商船可以通过无线电报告它们的位置，所以使用水面舰艇袭击商船十分困难。然而，虽然飞机和潜艇是新的袭击手段，但和其他海上战争中的进攻和防御样式一样，并没有改变海军战略的基本目标，也没有改变交战国按照海军战略行动的方式。海洋经济对国家的经济繁荣不再起决定性作用，因为

---

[1] Sprout H. Geopolitical hypotheses in technological perspective. *World Politics*, 1963, 15 (2): 194.

[2] Colin S. Gray, "In Defense of the Heartland", *Comparative Strategy*, 2004, 23 (1): 19.

技术进步使生产更有利于规模庞大的陆上国家；铁路等陆上交通运输工具的革新则彻底改变了海运相对陆上运输的传统优势；海外殖民贸易也不再是促进国家财富增长的重要源动力。而这些从根本上说也就意味着，现代世界中的海权与促进国家经济繁荣的因果机制不再是马汉的逻辑，而是国家的总体经济实力决定了国家海权的兴衰和发展程度。[1] 海权对国际事务已经不再有曾经的主导性战略影响力了。[2] 美国海权的崛起，恰恰是19世纪以西进运动为主导的陆权积淀，为其向海权转型提供了庞大的陆上战略潜力。

战略学的研究者们经常将陆战和海战严格地区分开，有时还声称某种因素和其他因素相比起主导作用。但海战和陆战的相似性要比差异性多得多。在海战和陆战中都会运用袭击战略或持久战略以控制某一特定的地区。在海战中，基本的后勤目标就是战略目标，即剥夺敌人对海上交通线的运用和确保它们为己方军队所利用。控制了海洋就拥有了自由机动部队和补给陆地部队的能力。这样可以得到特别的利益，因为即使是在发生了后勤革命后的19世纪和20世纪，水上运输仍是最便宜的运输方式。另外，海军可以通过在敌人没有预见到的地点或战略要点实施登陆，以有效地和陆军协同作战。然而由于陆军的装备越来越多，使运输一支摩托化部队登陆所需要的船只数量巨大，相应地增加了运输部队进行海外远征任务的复杂程度。[3]

尽管"美国海军界人士始终认为，美国自美西战争以来所取得的历次重大战争胜利以及美国登上世界政治舞台并成为世界超级大国，都应归功于马汉和马汉所创立的海权论"[4]，但风帆时代的海军可以较少依赖战略补给，作战半径范围很大，而随着蒸汽机船的普遍应用，如果缺少沿途的补给基地（如加煤站等），则会严重限制其远洋能力，加之铁路等陆上交通技术的发展强化了陆权战略资源的调动能力，因此，美国在由陆权到海权

---

[1] George Modelski. *Long Cycles in World Politics*, London：Macmillan Press，1987，P. 223.

[2] Paul M. Kennedy. *The Rise and Fall of British Naval Mastery*, London：Macmillan，1983，P. 178. Paul M. Kennedy. *The Realities behind Diplomacy*, Glasgow：Fontana，1981，P. 34.

[3] ［美］阿彻·琼斯：《西方战争艺术》（下），刘克俭等译，海南出版社2018年版，第699~805页。

[4] 谢钢主编：《影响历史的10大军事名著》，解放军出版社1996年版，第121页。

的地缘战略转型中，更要求具备以海制陆的能力，而不再是英国式的战争方式（即外围作战、海上封锁、经济支援陆上盟国等）。

在第二次世界大战中，飞机所起的远距离火炮的作用影响着海军战术，使脆弱的航空母舰在地中海和大西洋具有了和战列舰同等重要的地位，而在太平洋，航空母舰的地位更是超过了战列舰。由于陆基飞机的航程远超过岸防炮的射程，如果没有来自航母或邻近陆上基地飞机的空中优势，舰队就不可能在敌对的海岸外作稍长时间的游弋。无论是以陆地还是以海上为基地的飞机，都像有无线电装备的蒸汽船一样，进一步增大了兵力空间比，虽然军舰的数量减少了，但至少和帆船海军的时期相比如此。不列颠之战提供了一个证明陆基飞机能够控制英吉利海峡的机会，但英国空军的规模和效率都很高使得陆基空军和海基空军的对抗没有机会成为现实。在海战中，导弹取代了航空母舰上飞机的地位，这也许是因为导弹提供了一种不太昂贵的远射程火炮的作用，但其射程更远、精确度更大和威力不断扩大这一从16世纪就开始了的趋势还在继续发展。[1]

从第二次世界大战爆发起，经历了一个新式武器和武器改良快速发展的时期，各国政府发起并慷慨地资助武器发展的系统研究。现在大多数的武器系统都源于第二次世界大战以前或期间的这些研究工作。比较成熟的武器系统变化较小，例如火炮、军舰和坦克虽然在性能上大幅提高，但并没有质的变化。但核动力潜艇是个例外，由于核动力发动机取代了内燃机发动机，改变了潜艇需要不断浮上水面来补充空气的情况，潜艇可以在水下全力前进，从而获得更高的速度。大量的水下试验使船舶建筑师们得以设计出能获得最高水下速度的潜艇。当然，由于核燃料可持续使用数年，也大大增加了其航程，核潜艇还可以为其船员携带足够多的氧气以增长潜航时间。早期的核潜艇已完成过在北极冰层下的巡航，显示了其卓越的性能。[2]

---

[1] ［美］阿彻·琼斯：《西方战争艺术》（下），刘克俭等译，海南出版社2018年版，第699~805页。

[2] ［美］阿彻·琼斯：《西方战争艺术》（下），刘克俭等译，海南出版社2018年版，第679~692页。

航空母舰还改变了主力舰种的防护性质。英国的航空母舰尽管装有装甲飞行甲板，但同美国非装甲航空母舰一样主要靠高炮实施主动防御，而不像战列舰那样靠装甲板，或像早期战船那样靠厚厚的侧甲板。由于缺少装甲的被动防护，航空母舰还是很脆弱，必须依靠其他战舰的支援而获得防御能力。驱逐舰上的防空武器，原是打算用于同水面鱼雷艇作战的，但它同巡洋舰载防空武器一样，都能为航空母舰提供对空掩护。英国和美国的海军甚至还有高射炮巡洋舰。此外，航空母舰载有战斗机，也能对航空母舰和其他舰艇提供防卫，使其免受来自对方舰载飞机的攻击。[①]

1942年底，在太平洋战场上，美军使用飞机侦察和雷达哨站扩大了侦察范围，信息共享技术的发展突飞猛进，战斗情报中心成为舰上活动中枢，专注于外部环境。这些发展是网络化的雏形，在战争后期为美国抵御日本神风特攻队的攻击提供了重要帮助，当时没有一艘主力战舰因为神风攻击而沉没。

在20世纪后半叶，军舰推进力、飞机、导弹、爆炸物、计算机和信息化技术方面的发展，已经彻底变更了以舰队行动为战略中心的整个环境。在更大的水面舰只寻找岸上主要目标的同时，潜艇、飞机和导弹成了这些舰只的危险的敌人。对陆地的轰炸曾是海军最低级的任务之一，现在却成了规模更大的海军的首要关注点——在战略上是从潜艇发射导弹，在战术上则是以舰载飞机作战。[②] 武器系统的更远射程和更高速度增加了远程打击威胁，相应增大了信息超载和智慧控制系统瘫痪的可能性，对分散决策的依赖与日俱增——逐渐将作战行动的指挥权下放给下级。这使当代战场空间在效果上是非线性的：因环境及其反馈机制不同，同样的输入也可能产生不同的结果。对此，美国海军提出了"网络中心战"（NCW）和"网络中心行动"（NGO）。[③]

网络中心行动通过情报源、传感器、决策者以及射手网络化而互通有

---

① ［美］阿彻·琼斯：《西方战争艺术》（下），刘克俭等译，海南出版社2018年版，第588~670页。
② Martin, L. W. *The Sea in Modern Strategy* (Vol. 11). Praeger, 1967, P. 10.
③ 高婧杰：《美国网络空间军事化发展动向及特点》，载于《人民邮电》2020年7月7日，第3版。

无,提高了指挥速度,加快了行动节奏,通过火力分配而增强打击威力。网络中心行动适用于各个战争层级:战略、战役和战术,因为它在任务、部队规模和组成以及地理方面都是近乎透明的。因网络中心行动对作战环境不是很敏感,它可作为一种可以增强技术和系统的手段或综合性工具,有助于实现其远征、前沿部署、机动作战、主动进攻、自我保障和适应能力的目标。[1] 美国的海权战略演进从一开始就和技术的发展密切相关,经过不断进化,顺利地过渡到21世纪的作战环境。通过试验、演习和实战,力求最好地利用这些全新、全面、灵活的手段的知识和经验。

第二节
战略塑造能力与美国海权发展路径分析

一、进攻性战略认知与对手塑造逻辑

有学者对与美国海权战略转型相关的现实政治传统做出过总结,如表5-1所示。

表5-1　　　　与美国海权战略转型相关的现实政治传统

	"现实政治"哲学	美利坚民族主义	个人及时代特色
亚历山大·汉密尔顿	"必需"、制度美德	财富、荣耀与民族精神	地缘政治意识、国家利益学说
亚伯拉罕·林肯	"必需"、制度美德	自由与邦联一体	道义现实主义
西奥多·罗斯福	国家品格、命运	美利坚主义	道义自负的"现实政治"、帝国主义

资料来源:刘飞涛:《美国"现实政治"传统的缔造:亚历山大·汉密尔顿、亚伯拉罕·林肯、西奥多·罗斯福的外交及战略思想》,世界知识出版社2015年版,第262页。

---

[1] 兰顺正:《网络战,不断加快的步伐》,载于《解放军报》2019年9月2日,第4版。

这三大传统思想来源分别对应美国历史三大时期：美利坚合众国的缔造、美国内战和美国勃然崛起为世界大国期间的"现实政治"思想及其实践。现实主义或现实政治，它主导了美国作为国际权势政治中的"传统"大国的对外政策。

美国的大战略取向可以分为自由主义大战略与现实主义大战略，前者可概括为"杰克逊主义"或"好斗的美国主义"，它主导了少有虚势地单边追逐美国安全和"国家伟大"的极端民族主义对外政策；后者可界定为"理想性自由主义"，它主导了缔造美国式理想世界秩序的新型"普遍主义"对外政策。现实主义大战略最突出地与华盛顿、约翰·亚当斯和尼克松三任总统及汉密尔顿、凯南和基辛格等人的名字连在一起，自由主义大战略在美国内战前大陆扩张高峰时期之后以里根和小布什为最大代表，第三类形态的典型则有"杰斐逊世界主义"、威尔逊主义、富兰克林·罗斯福的战后世界理想、杜勒斯型的理想性自由国际主义以及肯尼迪和克林顿行政当局的对外政策核心理念。[①]

在1869~1881年期间，历届共和党总统严重忽视了舰队建设，致使海军仅能在内河和沿海行动。19世纪80年代后，无论是民主党还是共和党，在支持美国从陆权到海权的转型上保持了惊人的连续性和趋同性。1881~1897年，共和党和民主党的战略偏好都转向加强海军，认识到海军是实力政治战略最基本的结构单位，缺少了海军，美国几乎没有胁迫其他大国的能力。1897~1917年，共和党总统依然不懈地努力加强美国武装力量，打造了世界上仅次于英国的强大舰队，麦金莱、西奥多·罗斯福（以下简称"老罗斯福"）和塔夫脱都谋求增加海军开支。[②] 而这期间唯一的一位民主党总统伍德罗·威尔逊也认为，国家如果想在海外扩张贸易，就必须建立一支强大的海军，并在任内通过了1916年《大海军法案》。

---

① 刘飞涛：《美国"现实政治"传统的缔造：亚历山大·汉密尔顿、亚伯拉罕·林肯、西奥多·罗斯福的外交及战略思想》，世界知识出版社2015年版，第1~2页。
② George T. Davis. A Navy Second to None: The Development of Modern American Navil Policy, New York: Harcourt, Brace, 1940, P. 107, 168 – 173.

第五章 案例二：美国的战略转型（1890～2015 年）

无论是增长的安全关切还是扩大的海外经济利益，都无法解释美国耗资巨大的国防政策转型。在国际安全方面，美国海军力量的快速发展恰恰发生在美国历史上最安全的时期。自 1776 年起，欧洲在西半球的军事存在及其对美国领土安全的潜在威胁曾一直令美国忧心忡忡，但在老罗斯福执政时，所有欧洲强国已经撤走了它们在西半球的军事存在，海军力量撤回本国海域，以应对紧迫的欧洲安全关切。[①] 1895 年，英国、委内瑞拉领土争议的结果是美国在西大西洋建立支配地位的转折点，英国最终承认了门罗主义的价值，并认可美国有权在拉丁美洲国家发生争议时进行干预。

到 1902 年，英国开始从西半球实行战略撤退，它承认美国海军的优势，不久后又对美国修建巴拿马运河及在西太平洋发展殖民存在的扩张行动表示欢迎。德国对美国安全的威胁同样遥远而有限，它在西大西洋没有海军基地，在欧洲大陆面临多重挑战，并与英国进行海上军备竞赛。在 1901 年德委领土争议中，德国在对委内瑞拉实行封锁之后，马上就接受了美国的调停，从而与英国一样认可美国在拉丁美洲的干涉权。[②] 而 1890 年日本海军弱于美国海军，太平洋对它的力量投送能力而言更是重大障碍。美国也不需要一支强大的远洋海军来保护它的海外贸易与国际投资。海军兴起时，美国并不是一个贸易国，美国商用舰队的规模很小，其对外贸易主要由外籍船只进行运输，老罗斯福也并没有用经济利益来为美国的海上扩张辩护。[③]

美国的海军抱负出于与 19 世纪五六十年代拿破仑三世统治时期的法国海军政策以及第一次世界大战之前的德国海军政策类似的根源。老罗斯福总统对海军舰船的个人兴趣、对海上强国的民族主义承诺，以及美国公众民族主义情绪对国防政策的影响，促成了美国的海军转型。老罗斯福亲自

[①] 刘博庆：《为海洋自由而战：美国早期三场战争动因再探》，渤海大学硕士学位论文，2016 年。

[②] 薛晨：《美国海权研究：成因与变迁》，复旦大学博士学位论文，2011 年。

[③] 崔书梦：《〈美西战争纪实——为古巴自由而战〉（第 23～28 章）翻译项目报告》，安徽大学硕士学位论文，2019 年。

参与国会对海军拨款法案的决策过程，并利用个人的政治声望和政治魄力迫使国会支持他的政策。① 老罗斯福以及马汉、亨利·卡波特·洛奇——都是被至高无上的美国国家荣誉感所驱动的强烈的民族主义者，这源于罗斯福对盎格鲁—美国民族的优越性以及对天生领导力的深信不疑。

在美国经历了19世纪90年代严重的经济衰退、天定扩张论终于在东西海岸间得以实现、美国的西部开发也走到终点的情况下，美国民众容易受到重振国家自豪感的冲动影响。1895年委内瑞拉危机的结果鼓励美国进一步寻求军事支持下的民族主义成果，民众的强大的民族主义导致美国在1898年吞并夏威夷，并同西班牙开战。威廉·麦金利总统试图通过与西班牙谈判解决在古巴的冲突的努力使他在国会和美国人民中越来越孤立。② 尽管西班牙的古巴政策对美国利益影响甚微，但国会和选民要求战争，推动麦金利政府对西班牙宣战。而美国对西班牙的速胜引发了广泛而高涨的国家荣耀感，国会在一年的战争期间内，通过了包括拨款建造5艘战列舰和多种其他舰船的法案。1903年成立的美国海军协会支持了罗斯福的海军法案。1907年罗斯福派遣大西洋舰队进行环球航行，更多地是反映他最终成功利用民族主义情绪的支持与国会对抗并迫使后者通过"无畏"舰的法案的努力，而不是为了获得国际上尤其是日本对美国大国地位的尊敬。

"一战"后，尽管两位共和党候选人哈定和柯立芝试图节约军费开支、裁减海军，但也支持了有利于提升美国海权地位的举措，包括华盛顿体系的建立，以及在1927年日内瓦海军会议上将华盛顿会议海军军备的限制范围扩大到主力舰之外的各类战舰。只是到了胡佛时期，美国开始消减舰艇建造预算，在1930年的伦敦会议中主张美英日达成各种舰船的吨位限制，1934年日内瓦裁军谈判会议上，他提出进一步缩减军备，但也采取总体上

---

① 徐瑞：《〈美西战争纪实——为古巴自由而战〉（第十八章至第二十二章）翻译项目报告》，安徽大学硕士学位论文，2019年。

② Michael Burns. In the Shadows of Victory II: America's Forgotten Military Leaders, the Spanish-American War to World War II. *The Journal of Military History*, 2020, 84（1）.

有利于维护美国海外利益的战略取向,只是策略手段上起到了对美国地缘战略转型的客观阻碍作用。而民主党领导人富兰克林·罗斯福则通过《中立法案》《租借法案》等战略举措,在符合美国战略转型诉求和国家政治经济利益的情况下,参与"二战"并获得胜利,一步步把美国置于有利于实现海洋霸主的情势。[①]

海上安全是陆上安全的扩展和延续,是国防安全的重要组成部分。对海洋安全利益的维护不仅促进了美国的独立和统一,而且对保障国家安全发挥了重要作用。在独立战争期间,掌握大西洋制海权的英国对美国实施了严密的海上封锁,在美国独立后,也时刻面临着原宗主国英国的海上入侵,第二次独立战争让美国认识到了海上安全防御的重要性,美国海军开始在沿海一线建立大量防御体系,随时应对列强的海上入侵。巴拿马运河的开通和运河管理权的获得,使美国得以实现对两大洋海军力量的灵活调动,可以实施两洋政策。[②] 美国将海军分为大西洋舰队和太平洋舰队,也主要是为了应对欧洲和东亚海上强国的威胁。美国在"一战"前将主要战舰集中在大西洋,是考虑到英国和德国是美国最大的安全威胁;"一战"后,德国海军战败,英国海军受到重创,美国海军开始把大量兵力集中部署在太平洋一侧来对付日本。通过彩虹计划在"二战"中的实践,美国成功转型为海洋霸主,塑造了美国的全球海上安全格局。

关于海权的法律方面,美国长期认为在领海以外的地方都应施行航海自由原则,没有国家能单边行使对海域的完全主权。它认为所有国家都可以自由、公开地进入海洋航行和通行、捕鱼和在海底铺设海底电缆。罗纳德·里根总统最简明扼要地阐述了自由航行权的核心重要性:"自由航行权是我们国家的生命线。因此,我们的海军必须保持全世界海上交通线的畅通……我们的海上优势是必须的。在紧急时刻,我们必须敢于置身险

[①] 胡冬敏:《大国崛起:美国百年对外贸易史》,载于《文史天地》2019年第3期,第87~91页。

[②] 王子健:《美国海权理论在夺取巴拿马运河中的应用》,载于《洛阳师范学院学报》2017年第7期,第56~60页。

境，控制空中、海面和海下区域，以保证能通达世界上的全部海洋。"①

军事和安全层面的战略文化是我们参考的重点，这里的战略文化由军事或准军事机构的成员在军事力量运用上形成的共同信仰、价值和习惯构成，是为实现特定安全战略目标而采取特定军事手段的方式。② 对于美国陆军而言，战争层次是按冲突的地域范围划定的：战略＝洲际；战役或战区＝洲内；战术＝战场。对于空军战略家来说，战争等级表示了冲突的强度：战略＝核战争；战役和战术是两个较低层次的非核冲突，按规模大小区分。海军战略学家则倾向按目标定义战争层次：以赢得战争为目标的战斗是战略性的，与战役有关的战斗是战役性的，寻求赢得战场的战斗是战术性的。按照陆军的说法，战略武器是指洲际武器；对于空军来说，是指核导弹或轰炸机；而海军则认为只要能够打击重要目标、主宰战争胜负就是战略武器。自美国建国以来，海军的战略文化就更多的与大战略和政治目标相关联，因而最能体现美国人的文化与思维。东西两大洋、南北皆弱邻的地缘政治格局，塑造了美国地理上的海洋隔离性，促成美国战略界思维活跃、注重技术变革、战术应用、战略灵活的特点。当美国卷入武装冲突时，美国战略要求海军处于优势地位，寄希望于美国海军在全球各地为盟国海军提供支援并协同作战。充当进攻角色的海军不仅仅是为了与其他海军交锋或震慑他们，其作用是从根本上影响陆地上的进程。③ 海军整体性地运用军事力量、有针对性地运用海军力量的独特思维方式，自美国建国之初就开始了思想与实践酝酿。海军打击北非巴巴里海盗的行动是美国军队首次迈出西半球的远征军事行动。

从历史上看，美国海军战略文化的原型形成于从海上发起的打击巴巴

---

① 罗纳德·里根总统在美国海军"新泽西"号和"长滩"号再服役仪式上的讲话摘录，加州，1982年12月28日（白宫新闻秘书办公室，1982年12月29日）。转引自：[美] 罗杰·W. 巴尼特：《海军的战略和文化：海军所想所为为什么不一样》，吴东风等译，中国市场出版社2014年版，第38页。

② [美] 罗杰·W. 巴尼特：《海军的战略和文化：海军所想所为为什么不一样》，吴东风等译，中国市场出版社2014年版，第9页。

③ [美] 罗杰·W. 巴尼特：《海军的战略和文化：海军所想所为为什么不一样》，吴东风等译，中国市场出版社2014年版，第6页。

里海盗的进攻行动时期：海军封锁、舰炮支援、特种作战和两栖攻击。[1] 从杰斐逊的"炮艇海军"的谷底到墨西哥战争、美国内战再到美西战争的顶峰，冲突的升级、工业革命中的技术变革、海战的理论形成——从马汉到科贝特等人，都对海军战略文化的形成做出了贡献。美国的战略思维传统是：海军是"为设备而配置人员"，而陆军是"为人员配备装备"。在五角大楼的讨论中，当有人谈及"兵力结构"时，海军想到的是舰船和飞机，而陆军想到的是整师的官兵。[2] 海军战略文化应被视为长期奋斗在天空、水面、水下的海军的副产物。它反映在海军军官解决问题的方式中，也反映他们如何应用从历史、训练和经验中汲取的知识。[3] 陆地战场的大小受到政治因素的制约。海上战场的范围可以是全球的，整个舰队编队在一天内的移动距离是陆战中不能想象的。在传统的陆战中，人们普遍认为威胁的强弱是从一个重心起呈线性变化，但海上不存在类似情况。海军几乎可以无缝地从和平过渡到战争：环境没有变化，行动——除了公开的敌对行为外——也不会发生太大变化。[4] "将在外，君命有所不受"的传统深深扎根于海军文化中。富兰克林·罗斯福总统曾经说道："想让海军有点变化就像抽打一块羽绒床垫。你左右开弓地抽打它，直到精疲力竭才发现，那个该死的床垫还是原来的样子，一点没变。"[5]

在地缘政治上，美国的门罗主义、杜鲁门主义、卡特和里根主义、布什主义、奥巴马的亚太再平衡战略和特朗普的印太战略，实际上都在重复一个原则：让对手或潜在对手尽可能远离美国海岸的强烈愿望。在很大程

---

[1] ［美］罗杰·W. 巴尼特：《海军的战略和文化：海军所想所为为什么不一样》，吴东风等译，中国市场出版社2014年版，第59页。

[2] ［美］罗杰·W. 巴尼特：《海军的战略和文化：海军所想所为为什么不一样》，吴东风等译，中国市场出版社2014年版，第17页。

[3] ［美］罗杰·W. 巴尼特：《海军的战略和文化：海军所想所为为什么不一样》，吴东风等译，中国市场出版社2014年版，第20页。

[4] ［美］罗杰·W. 巴尼特：《海军的战略和文化：海军所想所为为什么不一样》，吴东风等译，中国市场出版社2014年版，第40～41页。

[5] ［美］罗杰·W. 巴尼特：《海军的战略和文化：海军所想所为为什么不一样》，吴东风等译，中国市场出版社2014年版，第82页。

度上，美国海军的前沿行动都是在执行这些地缘战略政策。1986 年，时任美国海军部长的约翰·F. 莱曼在《美国战略》一文中指出苏联是美国主要关注的对手。而美国前海军部长唐纳德·C. 温特曾告诫说：美国"并未远离、削弱或因任何方式放弃赢得战争或首先阻止战争爆发的那些强硬实力因素"①。但"冷战"后的很长一段时期里，美国缺少明确的传统大国对手，在目标不确定的条件下，美国认为，每个国家都有机会参与这个过程，没有国家能被排除在外。只有那些决定主动挑战或破坏合作进程的国家和次国家行为体才可能会成为对现有秩序的一种威胁。

1992 年 10 月，美国海军提出了"从海上……"的构想，对 1986 年的"海上战略"进行了战略重点方面的全面调整，开始从重点对付苏联的全球性威胁，转变为重点对付地区性挑战；从以远洋外海作战为主，转变为以对沿海远征作战为主；从以海军对海军作战为主，转变为以从海上向陆地展开联合作战为主。②

在制定 2007 年版的战略时，美国海军理论界面对的是国际反恐和新兴国家快速崛起的新形势，因此，美国海洋战略转型依然值得研究。亚太地区是美国部署海军的首要关切区域，所以继续维护其优越的国际权力和单边行动能力。在美国看来，中国正在海洋领域展示大国力量，尤其是南海；外层空间和网络空间已经成为各方展开战略竞争的新制高点；"圣战"恐怖活动在无管制区域肆虐；伊朗、俄罗斯和朝鲜都在利用网络空间开展间谍和破坏活动。③

二、马汉及其他战略学说的影响

纵观美国海军战略的发展过程，其海军战略基本上以第二次世界大战

---

① ［美］安德鲁·S. 埃里克森等主编：《中国、美国与 21 世纪海权》，徐胜等译，海洋出版社 2014 年版，第 335 页。
② 尹卓：《美国最新海上战略》，解放军出版社 2015 年版，第 71 页。
③ ［美］埃利奥特·A. 科恩：《大棒：软实力的局限和军事力量的必要性》，刘白云等译，新华出版社 2018 年版，第 200 页。

为分水岭，分为战前和战后两大部分，又可称为核时代以前的海军战略和核时代的海军战略。第二次世界大战之前，美国不分国家战略和军事战略，有关的问题统称为战略，除了沿袭欧洲各军事强国的作战原则外，美国没有形成自己系统的军事理论，只有马汉的海上力量和海军战略学说自成体系，是美国自己的独创。战后，美国掀起了研究战略的热潮，国家战略与军事战略相继出现，并不断得到修正和完善。海军作为国家武装力量的一个军种，开始严格依据国家军事战略制定自己的战略规划。[1]

美国的海权战略和具体的海军战略，强调主动进攻。进攻性行动不仅要针对岸上目标，还要针对海上目标。在陆战原则中，防御威力至少比进攻要强三倍，才能确保进攻的胜利。但是在海战中，主动进攻是一种强有力的战争形式，因为相对于进攻来说，在海上不存在那些可以用于加强防御的各种条件，例如，大量的兵力、防御工事、天然屏障和避险地。从"源头上"攻击敌人和在海上"先发制人"的主动进攻思想对海军作战的成功至关重要，美国海军从成立之初就秉持这样的"信条"。[2] 美国海军在转型进程中，所采纳的战略学说主要是霸权和利益导向的海洋国家学说，侧重安全和经济领域。主要包括特纳的边疆说、马汉的海权论、科贝特的海军战略理论。由于美国推动的是假设海权占优且进攻性的战略学说，加之陆上和海上威胁的缺位，推动国家寻求海主陆从的颠覆式战略转型。

历史学家佛雷德里克·特纳宣称：美国要在两大洋之间开辟运河，恢复其制海权，要求把美国的势力伸向本土以外的岛屿和邻近的国家。[3] 特纳认为，美国的发展存在着一条不断西移的边疆地带，它对美国民族特性和民主制度起到重要推动作用，边疆消失带来了一些问题，使美国不再有一片广阔的自由土地来吸纳美国人的能量，导致美国社会一个重要的安全阀消失了。"边疆说"强调了美国历史进程的自身特性，激发了美国人作

---

[1] 尹卓：《美国最新海上战略》，解放军出版社2015年版，第39页。
[2] 王玮、晋文超、鲁利：《美国海军2030年典型作战概念及舰队体系结构研究》，载于《舰船科学技术》2020年第13期，第170～173页。
[3] Tuner. *The Significance of the Frontier in American History*, Marlborough, England: Adam Matthew Digital, 2007, pp. 37–38.

为一个国家群体的自我意识；指出了美国19世纪90年代以后面临危机的根源，即西部自由土地的消失；使美国越来越有意识地把继续扩张作为摆脱危机的基本思路。①

亨利·L. 史汀生痛心地回想起"海军部的特殊心理，那往往似乎从逻辑王国退入朦胧的宗教世界，其中海神便是上帝，马汉即其先知，而美国海军就是唯一正统的教会"②。玛格丽特·斯普劳特毫不含糊地说："没有哪个人像阿尔弗雷德·塞耶·马汉那般直接和深刻地影响了海权理论和海军战略。他促发和引导了一场美国海军政策方面长期悬而未决的革命。"

自都铎王朝时期起的英国各届政府都靠外交和军事手段谋求一贯的地理目标。他们力图保住莱茵河河口（该河口与他们隔着北海并遥望毗连欧洲的大西洋），摆脱陆地大国的控制，不管是西班牙、法国还是德国。为达此目的而凭借的军事手段是海军，它可以对付它们中的任意两个潜在对手。海军的部署以能控制进出欧洲的海路为前提。美国海外帝国主义的起始和向全球扩张，这些都受到马汉的极大影响，马汉对英国海上强国在历史上的影响进行了研究。马汉指出：英国霸权依靠皇家海军控制欧亚力量的平衡。美国获得安全和强大的最佳机会，在于用主力舰队和靠前部署海军基地支援英国，控制太平洋。美国实现这一目标中的必然竞争者是日本。在整个19世纪90年代，马汉竭力宣扬必须从古巴穿过巴拿马（当时这里正在开凿运河）到夏威夷建立一系列基地网。③ 马汉的思想引起了统治阶级成员，如亨利·卡伯特·洛奇和老罗斯福的注意，他们随后成为他的学说的拥护者和鼓吹者。从更广一点说，新的市场和新的传教天地的前景吸引了商业界和宗教界并获得了他们的支持。促使他们行动的导火线

---

① 韩世楠、李洋：《浅析特纳"边疆学说"》，载于《学理论》2012年第21期，第122～123页。

② Stimson H L, Bundy M G. On Active Service in Peace and War, New York, 1948, P. 506. This third-person study, in which Stimson was an active collaborator, is essentially a memoir. It should be checked against the Hoover memoirs for some evidence on their variant points of view, and against his Diary and the works of scholars in the interest of obtaining a complete picture, 1944.

③ 吴征宇：《海权的影响及其限度——阿尔弗雷德·塞耶·马汉的海权思想》，载于《国际政治研究》2008年第2期，第97～107页。

第五章 案例二：美国的战略转型（1890~2015年）

是1895年古巴发生的反抗西班牙的起义。扩张主义者把马汉的视界扩大到包括菲律宾（这得到马汉的赞许），要求派遣一支远征军把星条旗插在菲律宾的土地上。

首先，在美国为什么要发展海军的论述上，马汉主张，贸易立国的国家必须掌握制海权，具备一支强大的海上力量，这支海上力量是一个统一的体系，它包括商船队、海运、海军和基地体系，它们之间是相互作用的，是经济因素和军事因素的综合体。美国应该放弃孤立主义政策，以适应由国内发展所产生的海外商业和军事扩张的需要，美英有着天然的亲缘关系和相同的价值观，可以联合控制海洋。马汉将巴拿马运河比作苏伊士运河那样的战略水道，美国必须有足够的海军力量来主导巴拿马运河的开凿和控制。如果美国控制夏威夷，能直接促进美国的商业安全和对海洋的控制能力，还能防止该地区被其他强国占据而造成威胁。[1]"美国海军深深地打上了马汉思想的烙印。"[2] 马汉认为美国必须走英国的道路，大力发展海外贸易，开拓殖民地。美国建立强大的海上力量可以实现两个目标：确保海上贸易航线畅通无阻；在遥远的陆上夺取贸易中转站、殖民地和基地。

其次，在如何建立海上力量方面，马汉指出：一国的地理位置、自然结构、领土范围、人口、民族特点和政府政策是影响国家发展海权的六大基本要素。[3] 美国可以取代英国的海上霸权地位。在海军战略使用方面，马汉引申了约米尼关于中央位置、内线、交通线、集中兵力等原则加以"改进和限制"，制定出成为美国海军战略体系基础的海战原则。他的海军战略体系后来影响到所有海军强国的计划与政策。马汉认为，中央位置无论在海上还是陆上，都能提供同样有利的攻防条件，提供"进攻的内线和

---

[1] 刘从德：《地缘政治学：历史，方法与世界格局》，华中师范大学出版社1998年版，第139~165页。
[2] ［美］罗杰·W. 巴尼特：《海军的战略和文化：海军所想所为什么不一样》，吴东风等译，中国市场出版社2014年版，第19页。
[3] ［美］艾尔弗雷德·塞耶·马汉：《海权对历史的影响（1660—1783年）》，李少彦等译，海洋出版社2013年版，第21~43页。

399

捷径",内线是指占据中央位置的一方,可以比敌人更迅速地向两个相背防线的任何一方实施集中,从而更有效地运用兵力;交通线是指"兵力与它的供应来源之间的运动线","交通线是政治、军事战略中唯一最重要的因素",海上力量能否保证交通线为己所用而不为敌所用直接影响国家活力的根基。另外,集中兵力是海战和陆战通用的原则,中央位置的价值就在于它有利于集中兵力。舰队作战要集中优势兵力,力避两面作战,如果同时与两艘敌舰相遇,应先集中兵力摧毁一艘,然后在可能的情况下再对付另一艘。①

最后,在如何使用海上力量方面,马汉认为海战的首要目标是夺取制海权。夺取制海权的三条作战原则是:集中优势兵力;占领战略位置和基地;通过用来协调行动的有效交通线进行攻势作战和内线作战。夺取制海权的目的是把敌对海军和商船逐出海洋,保护己方交通线畅通无阻和阻止敌人通过。夺取制海权的方式有两种:一是进行舰队决战;二是封锁敌海岸。美国海军应该通过建立战列舰优势舰队来压倒敌人。马汉否定了美国海军战时执行的要塞防御和袭击商船的任务,为其制定远洋进攻战略提供了重要的理论依据。②

"在和平时期作战时准备,对于重商主义的代议制国家来说,是行不通的,因为民众通常对于军事需要或国际问题不会予以充分注意,不易感到必须做好准备的紧迫性。海军军官所能做到的便是使自己深切领会,贸易航运不外是国家的多种对外关系中的一种,并使这一领会成为自己思想的一部分。美国面临的对外问题有:门罗主义、巴拿马运河、夏威夷群岛、中国市场、太平洋海岸的暴露,及其人口稀少、资源尚未充分开发和对待亚洲人的某种狂暴态度。美国认为自身没有侵略意图(国家总是将对手的进攻行为解读为恶意,将自身的进攻看作防御性和善意的),而只求维持其公开宣布的政策,其民众随时准备为此而战,尽管不愿进行准备,

---

① 尹卓:《美国最新海上战略》,解放军出版社2015年版,第40~41页。
② 尹卓:《美国最新海上战略》,解放军出版社2015年版,第41页。

但仍需拥有一支既有数量又有效能的海军,即使不再有一艘商船悬挂美国旗帜。假如我们能够清楚地掌握和领会这些真理,而且深信不疑,我们便能影响那些左右立法的人们。"① 马汉认为:对一名海军军官来说,没有什么比通过研究历史来"制定战争得以进行到获取最大优势的原理和方法"②更为实际了。

英国人对于一个美国作者颂辞横溢地赞美他们国家上升到帝国的伟大辉煌,当然感到高兴,而到马汉的第二本著作《海权对法国大革命和帝国的影响(1793—1812)》于1892年问世时,他们更是如此。海军史学家约翰·诺克斯·劳顿就这两卷本著作写道:全书"从头到尾是对英国勇气、英国忍耐力、英国技巧和英国力量的一番辉煌颂扬"③。1898年,对西班牙的战争爆发时,马汉从一次在意大利的旅游中奉召回国,到海战委员会工作,这是一个新创建的机构,旨在给海军部长和总统提供战略咨询。1899年,他又被任命为出席第一次海牙和平会议的美国代表团顾问。据代表团团长安德鲁·D. 怀特说,马汉的意见在那里起了"极好的规范"作用,防止"误入任何感情用事"。④ 不能说他的著作影响了英国的海军政策轨迹,它们只是确证了已经做出的决策,并且使之更受欢迎。1889年,英国国会通过《海军防卫法案》,确立了皇家海军"至少须等于任何其他两强的海军力量"这一原则。1889年时的威胁是法俄两国的舰队可能在地中海合而为一。到20世纪,面临的威胁是德国。⑤

无论是在战略上还是在战术上,都应当进攻性地使用海军。按照马汉

---

① Karsten P. The Nature of "Influence": Roosevelt, Mahan and the Concept of Sea Power. *American Quarterly*, 1971, 23 (4): 585 - 600.

② Mahan A T. *Naval Administration and Warfare: Some General Principles*, with Other Essays. Boston, Little, Brown, 1908, pp. 251 - 267.

③ Charles Carlisle Taylor. *The Life of Admiral Mahan*, New York, 1920, P. 50.

④ Robert Seager Ⅱ and Doris D. Maguire, eds.. *Letters and Papers of Alfred Thayer Mahan*. 3 Vol., Annapolis, 1975, 1: 411.

⑤ Ronald B. St. John, "European Naval Expansion and Mahan, 1899 - 1906", *Naval War College Review* (March 1971), pp. 76 - 78; Arthur J. Marder. *The Anatomy of British Sea Power*, New York, 1040, pp. 24 - 43.

的理解是,"在海战中,海岸防卫是防御性因素,海军则是进攻性因素"。他引用法拉古海军上将的话说,"对敌人火力的最好防御,是将自己的大炮瞄准敌人开火"。① 18 世纪法国人的大失误,在于有意和不断地"将其舰队用于防御行动"。战术上,这意味着拱手将有利位置送给英国,即在海战中处于下风位置,结果在海战期间半途而废,或者根本规避海战。战略上,这意味着过分依赖于劫掠战(la guerre de course),即"只使用小型战船去毁坏海上贸易,而非派大舰队去攻击敌人"——马汉认为这种做法"等于放弃海上控制的任何企图"。② 在马汉看来,海军是比陆军更好的国家政策工具。它不像陆军那么迟钝,那么多地表露出侵略性意图,同时它具有更大的机动性,因而更能响应政治指引。因而,海军的影响能够"波及陆军无法到达的地方"。对美国来说特别是如此,因为美国"既没有海外侵略传统,也没有海外侵略图谋",但同时有"非常重要的海外利益需要保护"。③

后来美国占领夏威夷、控制巴拿马运河等举措也正是遵循了马汉的战略取向。海权论也深刻影响美国政府对海外基地的认识,美国在菲律宾、关岛、波多黎各、萨摩亚、威克岛、关塔那摩湾、纽芬兰、百慕大、特立尼达等地区广布海外军事基地。马汉的观点还得到了美国海军界的高度认同,在 1890 年马汉的海权理论问世的同一年,美国国会批准了《海军法案》,老罗斯福和参议员亨利·卡伯特·洛奇是马汉思想主要的支持者和推广者。④ 此外,本杰明·特雷西、希拉里·赫伯特、海约翰、雷德、亨利·亚当斯、贝弗里奇也都信奉马汉的海权思想。马汉的海权战略学说对美国影响至今,2005 年颁布的《国家海洋安全战略》和 2007 年出台的

---

① Gough B M. Maritime strategy: The legacies of Mahan and Corbett as philosophers of sea power. *The RUSI Journal*, 1988, 133 (4): 55 – 62.

② Modelski G, Thompson W R. Seapower and Global Politics//*Seapower in Global Politics*, 1494 – 1993. Palgrave Macmillan, London, 1988, pp. 3 – 26.

③ Alfred Thayer Mahan. *Armaments and Arbitration, or the Place of Force in the International Relations of States*, New York and London, 1912, pp. 66 – 67.

④ 史春林:《1900 年以来马汉海权论在中国的译介述评》,载于《边界与海洋研究》2019 年第 3 期,第 94~108 页。

《21世纪海上力量合作战略》就一定程度上契合了马汉的海权论。

当然,也不应将马汉思想的影响过于夸大,实际上,马汉在其早期著作中阐发的所有主要论点和观念,在19世纪80年代就先由学会的投稿者们提出过了。其中最经常性的投稿者是斯蒂芬·B.卢斯。他于1883~1889年发表的文章中有对海军军官进行高等教育的呼吁,有重组海军部的论辩,还有建设一支战列舰为主的海军的强烈主张。显然,在海军内部,马汉表达其海权论的基础已经奠定。他不是在进入无人涉足过的领域,他也不是没有志同道合者。①

尽管马汉的名声愈益增长,但很少有人请他再去担任公职。他的老朋友老罗斯福总统曾任命他参加几个委员会,以促进海军部的重组,但这一努力没有取得任何成果。1906年,一项国会立法将所有在内战服过役的退休海军上校提升为退休海军少将。马汉接受了提升,但仍在他的著作署名中保留"上校"这一头衔。第一次世界大战爆发后,他立即将自己那支写作不断的笔投入英国的事业。1914年8月6日,根据伍德罗·威尔逊总统的命令,所有军官无论现役或已退休,都被要求不就战争发表任何公开评论。马汉向海军部长约瑟夫·丹尼尔斯抱怨道:"从个人角度说,在74岁年纪上,当近35年的特殊追求……或许可被用来服务于公众之际,我却发现自己被封住了嘴。"拉姆齐准将议论说,虽然他也充分赏识马汉上校著作的价值,但"派军官们……(到海战学院)去听马汉的著作似乎很愚蠢"。② 在海军内部,对海战学院的反对甚为强烈,这不一定像马汉猜疑的那样是因为对他个人的恶意,也不必然仅仅出于官僚机构的冥顽不化。在一个技术变化日新月异的时代,许多海军军官认为诸如纳尔逊勋爵在特拉

---

① Robert Seager. II "Ten Years before Mahan: The Unofficial Case for the New Navy, 1880~1890", *Mississippi Valley Historical Review*, 1953, pp. 491-512; Seager. *Alfred Thayer Mahan*, pp. 199-203; Hagan, "Alfred Thayer Mahan", 1: pp. 287-293; Lawrence C. Allin, "The Naval Institute, Mahan, and the Naval Profession", *Naval War College Review*, 1978, pp. 29-48;卢斯文章的概要见 The Writings of Stephen B. *Luce*, edited by Hayes and Hattendoff, pp. 191-206。

② Ronald Spector. *Professors of War: The Naval War College and Development of the Naval Profession*, Newport, R. I., 1977, P. 66.

法加的迂回机动之类的战法已经陈旧无用。在这样一些人看来，马汉对历史的强调是反动，而且更糟糕的是不切实际。

美西战争后美国对菲律宾的占领则与马汉的思想出现了严重背离。1898年7月27日，当美国陆军部队还在马尼拉城外时，他向亨利·卡博特·洛奇建议"只占领拉德隆斯群岛（马里亚纳群岛）和吕宋岛，留下加罗林群岛和菲律宾其余部分以满足西班牙的'面子'及其紧急需要"，那将是一种"明智的妥协"。[1] 他还说，"尽管宁愿是一名扩张主义者"，但他本人"并不全然认同"占领菲律宾的观点。然而没过多久，马汉就适应了，而且像麦金莱总统那样，将兼并视为上帝的意志。他以一种更为随俗的方式，为美国获取整个菲律宾群岛辩护，把这当作对马尼拉港海军基地的一种便利的支持。不过对马汉来说，或许像对他的大多数同代人一样，正是美西战争激发了美国统治西太平洋的观念，而不是反过来。正如他承认的，直到那时为止，他的视野也同其他海权倡导者和扩张主义者一样，"没有超出夏威夷"。[2]

西奥多·罗斯福总统本人的海军主义超过了马汉。罗斯福强烈要求建造可以同新型的英国"无畏"舰媲美的全置大口径火炮战列舰，排水量达1.8万吨，装备一组12英寸整体重炮。相反，马汉一贯怀疑新技术，因而提倡投资建造更多较小的战舰。他在《海军学会会刊》上就此与一位才华出众的年轻海军少校威廉·S. 西姆斯辩论。罗斯福站在后者一边。由于不敌其对手优越的技术知识，马汉退出了辩论。在67岁的年纪，海军的这位最卓著战略家不得不承认"我太老太忙，跟不上形势了"[3]。这一事件显

---

[1] Allen S. The elements of seapower: Mahan revisited. Ocean Yearbook Online, 1988, 7 (1): 317 - 339.

[2] Letters and Papers of Alfred Thayer Mahan: 1902 - 1914. Letters and Papers of Alfred Thayer Mahan; III. Naval Institute Press, 1975, P. 569; Mahan A T. Retrospect and prospect: Studies in international relations, naval and political. Little, Brown, 1902, pp. 44 - 45; Mahan, A. T. *The problem of Asia and its effect upon international policies*. Boston: Little, Boston, 1900, pp. 7 - 9.

[3] Sprout and Sprout, Rise of American Naval Power, 20；关于罗斯福对马汉的"利用"和反过来马汉对罗斯福的"利用"，见：Karsten, "Nature of Influence," pp. 585 - 600; Michael Corgan, "Mahan and Theodore Roosevelt: The Assessment of Influence," Naval War College Re-view (November - December 1980), pp. 89 - 97; Seager, Alfred Thayer Mahan, pp. 519 - 532；马汉致布弗里厄·F. 克拉克，1907年1月15日，载于 Seager and Maguire, Letters and Papers, 3: 203。

示,第一次世界大战爆发前最后十年里,马汉在海军内部的影响衰减。布雷德利·菲斯克1903年在纽波特完全被马汉的讲授所倾倒,但到1907年已认为马汉"失去了海军头号智囊的地位"。另一位先前的支持者卡斯帕·F. 古德里奇上校说:"我过去惯常赞成马汉,但两三年前改变了想法。"即使卢斯,也在全置大口径火炮战列舰问题上与其昔日的门徒断交。还不止这些。1911年,雷蒙德·P. 罗杰斯海军少将请马汉评论海战学院为打败日本制定的新战略计划(橙色计划),于是他拿出了一个精心构想的方案,内容是从基斯卡岛越过北太平洋进行海军进攻。学院认为这不现实,因而加以拒绝。马汉不失风度地予以接受,但他失去了地位这一点是显而易见的。[①]

后来随着美国加速海外扩张,马汉更多的是让自身的思想来适应美国战略而非相反。在国务卿海约翰向各国发出门户开放照会、中国爆发义和团之际,这位业已退休但仍忙碌不停的上校写了四篇文章,并且以《亚洲问题》为题出版和重印。在他看来,最迫切的"问题"是俄国,它在东亚的扩张主义目标尚需由日本阻止和挫败。马汉承认满洲(中国东北)已经被丢失给这个斯拉夫大国,但建议在四个"海洋国家"——德国、日本、英国和美国——中间建立一种联盟,它"凭借它们在亚洲东部的地位有力地阻止来自北方的推进"。有如他对副总统西奥多·罗斯福解释的,他心里的具体想法尤其在于将海军力量投送到长江流域。放眼更长远的将来,马汉预见到一个甚至比俄国威胁更凶的危险,即中国本身。他写道:"中国如此庞大的4亿人口一旦集中到一个高效的政治组织中去,以现代器具装备起来,并且囿于对它来说已经是狭窄的领土之内:对此很难泰然思之。"对付的办法在于西方列强通过更多地依靠和平的商业渗透,而非显示军事力量,将亚洲人民带入"基督教国家大家庭圈内"。在和平的商业渗透过程中,"我们可以指望他们将遵循基督教的道德和精神观念,超过其拥有在价值分

[①] Seager, Alfred Thayer Mahan, pp. 209 - 210; Livezey, Mahan on Sea Power, pp. 123 - 124, 532 - 533.

量上的物质福利"。至于这种渗透带来的经济利益,"并非没有可能会非常接近仅凭'4亿人口'这几个字提示的那种美妙的贸易前景"。①

正如沃尔特·米利斯断定的那样,"很难以拒绝这么一个印象:马汉的主要冲动仅在于为海军扩充提出论据"。彼得·卡斯滕也认为,马汉"是个彻头彻尾的海军主义者,仅此而已"。威廉·E.利夫齐一样认为,"对他来说,海军是中心,推进他的军种是头号要务"。甚至他以前的良师斯蒂芬·B.卢斯也发现,到1897年时,马汉已经"让一个海军战略家的观点支配了政治经济学家的考虑"。马汉本人在美国海军问题上的谈论使其立场一目了然:"考虑到那些可能反对我们的、不管是在东方还是在加勒比海的力量,我们的舰队必须……足够强大……我们必须既能在太平洋,也能在大西洋行使海军力量,还要记住未来的运河……容易因武力或背叛而中断。"不足为怪,对一个海军军官来说,通过控制海洋来保卫国家是其主要关注。② 第一次世界大战结束后,故去四年的马汉成为美国海军界祭拜的英雄。在安纳波利斯,为了纪念他,一个礼堂以他的名字命名,在海战学院有个图书馆也是如此。不过,他的学说在何种程度上继续影响着海军的思想方式是另一码事,而且是一个不易确定的问题。1918年,海军军校的阿兰·韦斯科特教授出版了一本马汉文摘集,三年时间里所有海军三年级学员在其海军史课程中都必须阅读。不过,1922年以后,该书被弃而不用,由韦斯科特教授与人合著的一本常规性教材取而代之。③

在海战学院,20世纪二三十年代不强调历史研习。马汉的著作虽然见于"必读学程",但不比其他一些海军学者的著作更显赫,他们包括朱利

---

① Seager and Maguire, Letters and Papers, 2: 707; Mahan, Problem of Asia, pp. 88, 154, 163, 34.

② Walter Millis. Arms and Men: A Study of American Military History, New York, 1958, P. 144; Peter Karsten. The Naval Aristocracy: The Golden Age Annapolis and the Emergence of Modern American Navalism, New York, 1972, P. 37; Livezey. Mahan on Sea Power, P. 343; John D. Hayes, The Influence of Modern Sea Power, United States Naval Institute Proceedings, May 1971, P. 279; Mahan. Problem of Asia, pp. 198–199.

③ Allan Wescott, ed.. Mahan on Naval Warfare (Boston, 1918); William O. Stevens and Allan Wescott. A History Sea Power (New York, 1920).

安·科贝特爵士、赫伯特·W. 里奇蒙爵士和拉乌尔·卡斯特克斯海军上将等人。实际上,在两次世界大战期间的纽波特,任何种类的常规学术研习都将优先位置让给了作战演习。学员们年复一年地在作业板上重演日德兰海战。① 撇开传统崇敬不谈,还是少有迹象表明今天的美国海军仍墨守马汉式战略观,将海权捧到凌驾于所有其他军事行动方式的地步,声称海军有权在战争王国占有其自主的地盘,并且将控制海洋等同于胜利。根据1984财政年度海军作战部部长的海军"态势声明","我国海上战略不仅依赖美国海军部队,还有赖于其他美国空、陆资产以及我们盟友的武力的贡献"②。

西奥多·罗斯福总统本人在了解马汉思想之前,就已经深受海洋文化的熏陶。他的两个舅舅詹姆斯·布洛克和欧文·布洛克都在南部邦联海军中服役。年少时期的罗斯福10岁和14岁时在欧洲、非洲及两地之间的名胜进行了两次旅行,每次旅行都是以英国为起点和终点。并且在很小时就阅读了英国皇家海军上校弗雷德里克·莫里亚特的著作《海军候补少尉伊兹先生》,这本小说在罗斯福的自传中引述多次。他的《1812年战争中的海战》和其他著作都具有极高的史学价值和理论素养,而在《1812年战争中的海战》出版时他年仅24岁。这里引用他在《1812年战争中的海战》中的一段话:"1812年时我们的海军和我们现在的海军截然不同,在1882年……我们现在有大量毫无用处的船舰,这些船舰全部都是不入流的,而彼时我们仅有数艘船舰,然而每一艘就其档次而言都是任何外国军舰无可比拟的。要使我们的战舰达到1812年的状态,并不需要(虽然事实上明智又经济)花费比现在更多的资金;与其去修补100艘陈旧的废船,不如用这笔资金去建造十几艘最先进的战舰。"③ 罗斯福的门罗主义推论广为人知:"门罗主义禁

---

① Michael Vlahos, The Blue Sword: The Naval War College and the American Mission, 1919~1941 (Newport, R. I., 1980), pp. 72-73; Spector, Professors of War, pp. 144-148.

② "A Report by Admiral James D. Waikins, U. S. Navy, Chief of Naval Operations on the Posture of the U. S. Navy", *Department of Navy Fiscal Year* 1984 *Report to the Congress*, Washington, D. C., 1983, P. 16.

③ [美] 亨利·J. 亨德里克斯:《西奥多·罗斯福的海军外交:美国海军与美国世纪的诞生》,王小可等译,海洋出版社2015年版,第27页。

止我们以一个州的领土为代价默许欧洲国家在美国土地上进行任何领土扩张……如果我们每次都允许一个欧洲国家自行确定它想要的领土是否属于自己的话,那么门罗主义便没有真正存在……坚持最有力地执行门罗主义;要进一步要求立即准备建造一流的海军。"[①] 20世纪是"美国的世纪",而正是罗斯福为美国的世纪奠定了核心的政策、框架与先例。

科贝特认为海陆联合是实现目标的最佳途径,绝对制海权不应是海权追求的最终目标,应该合理分配海军和陆军资源、功能和角色,形成统一的战争工具。他指出,海洋战略是国家战略的重要组成部分,是大陆战略的延伸而不是彼此对立,应该将国家战略、海洋战略和海军战略有机整合起来。制海权的关键是控制海上交通线,海上作战的目标不是为了占领海洋,而是为了获得海洋以自由地利用海洋。他将制海权分为三个阶段:夺取制海权;保持制海权;使用制海权。科贝特强调慎战理念:第一,优势海军应动员本国和有关国家的力量,有效控制敌国防守薄弱但却赖以生存的海上交通线,形成对敌力量制衡甚至是压倒性优势,迫使对方屈服;第二,在威慑失败后,岛国或被大洋阻隔的大国应尽量采取有限战争模式[②],如需升级,则应通过无限战争下的有限干涉,与陆上大国结盟,采取减少损失的哈特式的"间接路线"。科贝特独创了海上有限战争的观点。克劳塞维茨把战争分为两类:一类是为有限目的而战的战争,一类是旨在全面摧毁敌人抵抗意志的绝对战争。科贝特指出,在克劳塞维茨关注的那种大陆战争中历来都不重视有限战争,因为这种战争不可能割裂出有限目标。而在海上战争中,有限战争却非常重要,因为要在有限战争中取胜,不需要全面摧毁敌军,只需要有能力占领和守住一个足够重要的有限目标,以迫使敌人坐到谈判桌上来。[③] 科贝特对美国的海洋战略影响深远,不仅在美国从陆权到海权的战略转型中发挥巨大作用,21世纪美国海军提出的边

---

① [美]亨利·J.亨德里克斯:《西奥多·罗斯福的海军外交:美国海军与美国世纪的诞生》,王小可等译,海洋出版社2015年版,第26页。
② Corbett J S. Some Principles of Maritime Strategy. Part I, *Theory of War*, 1911, 38: 57.
③ 尹卓:《美国最新海上战略》,解放军出版社2015年版,第43页。

缘性前沿存在思想[①]也得益于此。此外，科贝特的防御思想也影响至今，美国加强海上导弹防御系统就是对科式思想的继承。

支持美国海外扩张和发展海权的思想还包括：社会达尔文主义、新教的加尔文主义、盎格鲁—撒克逊主义、美国的天定命运说等。这些战略学说帮助美国社会完成了一次大规模的心理动员和观念更新，如海外贸易扩张成为解决美国危机和困境的重要选择，成为一种新的天定命运。美国战略决策层的战略学说偏好和认知，直接决定着空间地理因素、海陆攻防对比、战略传统、海外利益、战略学说等如何发挥作用和影响。而美国战略转型的成功，正是高效利用地理、体系结构等诸因素的有利部分，规避体系性制衡等不利因素，实现良性的海权扩展。

"二战"之后至20世纪80年代初，美国海军没有正式提出过由官方阐明、认可的海军战略。海军的战略使用原则、作战指导思想和建军原则，一直作为军事战略的具体内容而存在。这一时期美国海军始终站在执行美国遏制战略的最前沿，执行"显示力量""战略威慑""海上控制"和"兵力投送"四大任务，并按这四大任务要求，积极发展自己的战略威慑和常规力量，为执行"冷战"时期与苏联进行全球大战的军事战略进行物质准备。[②] 到了里根政府"重振军备"时期，在对苏联进行全面遏制的军事战略思想指导下，美国海上战略的基本内容是实力威慑、前沿防御和盟国团结（联合作战），具有制止战争和打赢战争的双重职能。美国海军的主要任务是：海上控制、力量投送、应对危机。美国海上作战的战略总设想分为三个阶段：一是实施威慑和向战争过渡阶段；二是在尽可能远离美国本土的情况下掌握战争的主动权，争取尽早按美国的意志结束战争；三是把战场推向敌方阶段，对敌实施大规模进攻和反攻，支援陆上作战，力争在避免核战争的情况下赢得战争。[③]

[①] Murdock C. A. The Navy in an Antiaccess World. *Globalization and Maritime Power*, 2002, pp. 473 - 485.
[②] 尹卓：《美国最新海上战略》，解放军出版社2015年版，第43～44页。
[③] 尹卓：《美国最新海上战略》，解放军出版社2015年版，第46～50页。

"冷战"结束后,美国将"全球防御战略"调整为"地区防务战略",1992年9月28日,美国海军部长、海军作战部长和陆战队司令签署颁发了海上战略白皮书,提出了"从海上……"(from the sea…)的概念,认为美国应以对付地区性冲突为主要目标,强调依靠海军特有的机动灵活性,在前沿部署舰只的支持下,迅速组成一支具有综合作战能力的海上远征部队奔赴冲突地区,从海上对沿岸设施和纵深内陆目标实施攻击。与"冷战"时期的"海上战略"相比,新的"从海上……"战略有四个大的转变:主要作战对象由苏联海军转变为第三世界国家;主要作战空间由公海转变为沿海地区;主要作战目标由夺取海上控制权转变为夺取陆岸控制权;主要作战样式由海军单军种作战转变为海陆空联合作战。①

21世纪以来,美军增强了对可能出现的新的地缘政治竞争对手的战略准备。提出了美军《2010年联合构想》、美海军2010年发展构想、美海军2020年发展构想、美海军《21世纪海上力量合作战略》,新战略首次提出"预防战争与赢得战争同等重要",要求"海上力量既要致力于决定性地赢得战争,同时又要增强防止战争的能力";"以确保美国免遭直接攻击、确保战略通道安全和保持全球行动自由、巩固现有的和新兴的同盟及伙伴关系并创造良好的安全环境"为战略目标。② 美国在2011年的《国家军事战略》中首次明确将中国列为首要军事战略对手,提出将军事重心转向亚太地区;在2012年1月发布的《国防战略指南》中,美国再次重申将战略重心向亚太转移;美国自2009年6月启动"空海一体战"的概念制定工作以来,不断增强"反介入/区域拒之"环境下的兵力投送能力建设。③

美国海权战略思想及其实践可以分成两大类:进攻性战略(舰队决战、海上封锁、海上力量的对岸投送)和防御性战略(袭击商船、存在舰队、海岸防卫)。拥有强大海权的国家通常偏好进攻性战略,而弱势海权

---

① 尹卓:《美国最新海上战略》,解放军出版社2015年版,第50~51页。
② 尹卓:《美国最新海上战略》,解放军出版社2015年版,第68页。
③ 尹卓:《美国最新海上战略》,解放军出版社2015年版,第71页。

国家则倾向于采取防御性战略。在历史上，美国整体上追求的是进攻性战略，而防御性战略只在美国处于海权弱势和作为进攻性战略的必要补充时才会发挥重要作用。自第二次世界大战以来，世界上最强大的美国海军并未采用防御性海战战略方法，而是直接采用进攻性战略。海军战略文化的中心是"在源头攻击"的基本思想。[①] 在新战略中，"软实力"——人道主义救援和经济援助被提升到与高科技海上战争同等重要的位置。[②]

三、扩张不足与战略透支

亚历山大·汉密尔顿阐述了一项治国方略的基本原则：免遭外部危险是"国家行为的最有力指针"；即便是自由，如果有必要，也必须让位于安全的规定，因为人们为了更加安全，宁愿"冒不那么自由的危险"。[③] 19世纪末形成美国崛起路径的全球战略主要分为三部分：对亚洲（尤其是中国）的门户开放、对欧洲政治均势的孤立主义、对美洲的门罗主义。

1. 门户开放

美国参与地缘经济全球化、与其他国家的互动，刺激了它对海外贸易投资和市场的诉求。19世纪90年代初工业产能过剩的问题加剧了，但是直到1893~1897年的严重经济萧条，寻求新市场的动力才变得日益强烈。[④] 疲软的国内市场被迫转向外国市场，1893~1897年，美国工业制成品出口所占国民收入的比重从1.0%跃升为1.7%。1897~1914年，相对于对欧洲的出口，以工业制成品为主的所有主要各类商品对欧洲以外地区的出口不断增加，1895~1914年对边缘地区（即欧洲以外地区）的工业制成品出口从0.67%跃升到1.55%。海外投资是美国企业越来越依赖边缘地

[①] ［美］罗杰·W. 巴尼特：《海军的战略和文化：海军所想所为为什么不一样》，吴东风等译，中国市场出版社2014年版，第56页。

[②] 尹卓：《美国最新海上战略》，解放军出版社2015年版，第69页。

[③] The Federalist, No. 8, New York, Modern Library edition, 1937, P. 42.

[④] W. Eliot Brownlee. Dynamics of Ascent: A History of the American Economy, 2d ed, New York: Knopf, 1979, P. 288.

区市场的另一个因素，1897~1914年，美国在边缘地区的投资以实际美元计算（1929年）从2.4亿美元增加到17.7亿美元，到1929年，美国在边缘地区的投资增长到106.5亿美元。而对欧洲的工业制成品出口所占国民收入的份额徘徊在0.5%~0.7%，相对边远地区的投资重要性在不断下降，直到20世纪20年代才趋于稳定。① 由于欧洲关税高筑，市场竞争激烈，因此，对美国海外投资者来说，拉美和东亚为其经济扩张提供了机会。自19世纪中叶以来，美国进行诸多层面的商业扩张：与夏威夷、墨西哥、多米尼加共和国、朝鲜、马达加斯加、哥伦比亚、萨尔瓦多、古巴、波多黎各等国家和地区达成贸易互惠协定；向英国、法国、德国、俄国和日本施压，不准歧视其他国家；推行在华门户开放政策；为应对日本占领山东而试图恢复在华的美国铁路财团；将门罗主义纳入《国联盟约》；针对国联监管德国和奥斯曼帝国的前殖民地而谈判。这为美国从大陆孤立主义转型为海外扩张主义提供经济利益诱惑，也从经济层面解释了为何美国会格外重视维护美洲地区的门罗主义和东亚的门户开放政策。

有关新兴全球秩序的既有文献大致分为三类：多极的未来（multipolar future）、多伙伴的未来（multi-partner future）与多元文化的未来（multi-culture future）。这三种叙事都具有一个共同点，即三者都主要关注当前自由主义国际秩序的作用与未来前景，它们都预期了一个由新兴（大国）力量所组成的更具多元化的国际体系。然而，三种叙事在一些重要的问题上存在分歧，尤其是在秩序是如何产生与维持的问题上。这导致了它们对当前自由秩序的未来前景以及对这一秩序的现任领导者美国将扮演的角色有着显著相异的解释。②

秩序对于促进有效和及时的互动至关重要。不同类型的秩序主要取决于全球的权力分配。但自由主义国际秩序只能出现在主导国家是自由民主

---

① [美]凯文·纳里泽尼:《大战略的政治经济学》，白云真等译，上海人民出版社2014年版，第41~47页。
② Trine Flockhart, "The coming multi-order world". *Contemporary Security Policy*, 2016, 37 (1): 3–30, DOI: 10.1080/13523260.2016.1150053.

政体的单极格局中。自第二次世界大战以来，美国领导了两个不同的秩序。"冷战"秩序是一个现实主义有界秩序。它具有与自由秩序一致的某些特征，但这些属性是基于现实主义逻辑的。一是从成员国的范围来说，可以分为包含所有主要国家的国际秩序（international orders）和仅包含部分大国的有界秩序（bounded orders）。二是分为现实主义秩序、意识形态秩序和不可知秩序。现实主义秩序单一的对应着两极和多极格局；而单极格局下的秩序则取决于主导大国的意识形态，自由主义秩序就属于这一类；如果单极不具有普遍主义意识形态，因此不致力于将其政治价值观和管理制度强加于其他国家，那么秩序将是不可知的。三是从国际制度覆盖范围上，将兼具深度和广度的称为"厚秩序"（thick order），反之就是"薄秩序"（thin order）。[①]

美国总统西奥多·罗斯福和伍德罗·威尔逊都是相信"美国特殊使命"（the special mission of the United States）的道德主义者，但他们却分别展示了美国例外论与道德传统的两个截然不同的方面：现实主义与自由主义。[②]

美国作为主导国的支配模式如表 5－2 所示。

表 5－2　　　　　　　　　　美国作为主导国的支配模式

以规则支配（rule through rules）	以关系支配（rule through relationship）
如美欧关系 强调以规则和制度为基础的多边承诺	如美国在东亚的辐辏体系 指按照主—从关系来构建秩序

单极条件往往会诱使主导国选择以关系支配的模式，但随着单极权力的衰落，国际体系和国际制度结构会给主导国依赖多边规则和制度提供"奖励机制"，而对类似特朗普这样的违背权力和制度结构的政策提供"惩

[①] Mearsheimer, J. J., "Bound to Fail: The Rise and Fall of the Liberal International Order". *International Security*, 2019, 43（4）：7-50.
[②] Nye Jr, J. S., "The rise and fall of American hegemony from Wilson to Trump". *International Affairs*, 2019, 95（1）：63-80.

罚机制"。结构原因只能导向国家大致的战略选项，但不能决定必然采取理性决策。

为什么"二战"后美国的外交大战略能持续到后"冷战"时代？早在苏联解体之前，美国就形成了追求"首要性"（primacy），即全球领导权的外交大战略，这一战略构筑了美国战略界历次大辩论的基本框架。战略有四个相互关联的部分：保持军事优势、安抚和遏制盟友、使他国融入美国主导的世界体系和国际市场中，以及防止核武器的扩散。事实证明，这些基本的安全承诺很难改变。学界对这一现象有不同观点：一些人强调国际结构的驱动，认为正是权力优势和单边主义使超级大国超越地区边界来主导国际事务；另一些人则将国内因素和观念的作用考虑在内。也有学者强调是权力与习惯的相互作用使美国外交战略保持稳定。"权力"指的是一个国家相对的经济体量和军事能力；"习惯"指从那些看似不证自明实则未经检验的假设中得到的集体观念。物质力量使美国追逐世界霸权与领先地位，而习惯则使得这一战略具有稳定性。[①]

我们通常用帝国来形容美国，而在一些学者眼里，美国是一个自由霸权（至少在偏重多边合作和权力约束的领导人掌权时是这样的）。对此，结合伊肯伯里的解读我们可以总结如表5-3所示。

表5-3　　　　美国战略界关于帝国与自由主义霸权的比较路径

	帝国	自由主义霸权
制度形式	无边的"轴辐"（可联想国内独裁统治）——单边主义	多边主义的
规则	强加	谈判而得
服从	通过胁迫	通过赢得同意
主权	集中的	分散的

[①] Patrick Porter. Why America's Grand Strategy Has Not Changed: Power, Habit, and the U. S. Foreign Policy Establishment, *International Security*, 2018, 42 (4): 946, https: //www. mit-pressjournals. org/doi/abs/10. 1162/isec_a_00311.

2. 孤立主义

美国的孤立主义主要是远离欧洲均势政治事务，而并非要摆脱与欧洲的其他方面联系，相反，还要不断加大对欧洲的贸易、投资等经济联系。但在19世纪末20世纪初，美国开始在孤立主义的选择上更加灵活和有针对性，而对有利于扩展本国战略影响、成本较低的欧洲安全和政治事务开始增加介入。这种孤立主义在很大程度上定义了美国的孤立式崛起路径，因此使美国可以在战略转型进程中较少受到其他大国的政治和军事制衡，可以专心发展海权力量，而对陆上防务的战略成本保持较低水平，使本就掌握洲际战略资源的美国得以不断赶上并超越英国的海上霸权底蕴和实力。

3. 门罗主义

门罗主义是一种大陆主义的政策，意在把欧洲强国排除在西半球之外。美西战争标志着美国向海洋模式的转变，第一次世界大战进一步推动了这一战略转型。虽然在两次世界大战之间美国公民仍然持有强烈的孤立主义观点，日本偷袭珍珠港却一举将美国推上了海洋模式的道路。后来在"冷战"中，美国对苏联采取的遏制政策可能是这一模式的终极体现。门罗主义及罗斯福推论，共同定义了美国崛起所要达到的战略雄心，美国意图打破未能反映实力现状的现有地缘格局，但采取的崛起路径却是以最小程度受到他国制衡的，在不过度陷入与其他列强军备竞赛的情况下"悄悄地"崛起和实现有效的战略转型。

美国的崛起目标可以概括为大陆均势和海上霸权，对美洲地区的管控也更多的是由安全、资源、市场等利益诉求决定的，但对欧亚大陆则希望维持有利于己的动态地缘均势，而对海洋则维持完全意义上的主导权。

在崛起前，美国的主要地缘目标尽管聚焦于大陆，但在应对一系列的国际事件中，已经逐渐将海洋目标提上日程。美国在20世纪之前主要受大陆主义的束缚，海权战略传统偶有延续，但作用不大。而在海权和陆权战略传统的背后，是美国两大外交战略传统的影响：孤立主义和门罗主义。尽管在第一次独立战争期间，美国就组建了华盛顿海军，专门对付英军运输船，破坏英军海上运输线。[①] 但对英作战的胜利主要依靠陆军的力量，海军只是起到了辅助性作用。独立后，美国在外交政策上主要奉行孤立主义政策，同时追求海外中立贸易政策的执行。力主建立远洋海军的是华盛顿总统的财政部长汉密尔顿，通过与杰斐逊的激烈辩论，美国国会在1794年5月通过了重建美国海军的《海军法》，1798年设置海军部，恢复海军造舰工程。[②] 但海军部成立之初主要负责海洋地质、地形和水文等科研基础调查，对海军实力的提升没有多大帮助，而所建立的第一代防御系统直到1812年第二次美英战争之时也没有完成。[③] 杰斐逊在1784年的《弗吉尼亚记事》中坚决反对为维护美国海洋利益投入过多资源。

由于缺乏海军的保护，美国商船队经常受到英法和其他小国海盗的袭击。1807年2月，杰斐逊提出新的海上防御体系理论，在1807~1808年，杰斐逊总统号召建立第二代海防系统，该系统尽管在1812年尚未完成，但仍在第二次美英战争中起到了一定的防御作用。这种基于海洋防卫的战略在此后的美国总统政策中得到延续，直到南北战争时，美国还奉行这种守土保交的思想。1835年，美国组建了东印度分舰队，保护从中国到阿拉伯半岛的美国商业利益，随后又建立了太平洋分舰队。1846~1848年，美国本土舰队和太平洋舰队参加了对墨西哥的战争并发挥积极作用。1853年和1854年，美国海军准将马修·佩里两次率领黑船舰队入侵日本，胁迫日本德川幕府签订不平等条约，对美开放。南北战争期间，北方凭借一支大约拥有700艘舰船的舰队对叛乱的南方实行了成功的海上封锁。1871年，美国舰队偷袭朝鲜，迫使其签订不平等条约，史称"辛末洋扰"。

从1866年起，美国军人还相继入侵朝鲜。为了更有效地应对海上安全威胁，美国自19世纪中叶以来谋求获取和建立诸多的海外军事基地。安德鲁·约翰逊担任总统期间（1865~1869年），美国试图从丹麦购买圣托马

---

① 王生荣：《海洋大国与海权争夺》，海潮出版社2000年版，第98页。
② 王生荣：《海洋大国与海权争夺》，海潮出版社2000年版，第81页。
③ 孙凯、冯梁：《美国海洋发展的经验与启示》，载于《世界经济与政治论坛》2013年第1期，第12页。

斯岛和圣约翰岛；从西班牙购买库莱布拉、波多黎各；从瑞典购买圣巴塞罗缪；从法国购买马提尼克岛；声称对无人居住的中途岛的所有权；与尼加拉瓜和哥伦比亚针对将来的运河通行权达成一项条约。① 尤利西斯·格兰特总统时期（1869~1877 年），美国与萨摩亚达成排他性享有帕果—帕果海港权利的条约；与哥伦比亚达成独家建造和管理巴拿马运河的条约。拉瑟福德·B. 海斯（1877~1881 年）总统接受与英国和德国达成的一份非正式协议，共享在萨摩亚群岛的势力范围；试图在美国拥有的尼加拉瓜的东西海岸土地上建立海军基地。詹姆斯·A. 加菲尔德任美国总统期间（1881 年），美国平息哥伦比亚试图说服欧洲大国确保其对巴拿马省主权的企图。切斯特·A. 阿瑟总统（1881~1885 年）与尼加拉瓜针对未来运河航路达成条约，威胁废除 1850 年《克莱顿—布尔沃条约》，该条约禁止英美任何一方单独占有运河。

到 19 世纪 80 年代，美国开始重建海军，1883 年国会授权建造海军的 ABCD（即 3 艘护卫巡洋舰和 1 艘通信船）。1884 年，美国成立了海战学院，旨在培养海军人才和理论专家。1885 年开始，国会每年向海军提供造舰经费，海军在数量和现代化方面逐步成长。1889 年，特雷斯、巴特勒等人主张美国应该放弃传统贸易掠夺的海上战略，采取建立远洋舰队作战的现代海上战略。总之，在 1890 年马汉海权论和国会《海军法》颁布前，美国已经具备了一百多年的海权战略传统，尽管不断受到孤立主义的束缚，但是美国的孤立主义主要是不卷入欧陆安全争端，其门罗主义的践行有助于美国地区海权战略的建设，为 19 世纪 90 年代美国从陆权到海权，以及海权战略本身的不断升级换代，提供了坚实基础。亚历山大·汉密尔顿指出：美国商人与航海家天禀的举世无双的进取心本身就是国家财富取之不尽的来源。由于受到西方海洋商业文明的影响，海上对外贸易成为其国家经济活动的重要内容，也是国家实力增长的重要手段。美国曾一度采

---

① 张放：《美国海外军事基地——一种野蛮的殖民主义特权的表现》，载于《世界知识》1965 年第 3 期，第 17~20 页。

取守土保疆的政策,以免受列强侵略。而美国通过购买、兼并、武力占领等方式扩大到美国陆上领土极限后,其大陆主义传统就完全让位于海洋主义传统。

美国海军成立伊始,就试图利用广大的公海在全球积极巡航,承担的职能包括:保护美国的贸易、镇压海盗和贩奴、进行科学探险和考察、保护太平洋广大海域内的捕鲸船、显示美国的海上存在、救助自然灾害的受害者、保护世界各国的美国外交使节。美国对海权优势所带来的力量威慑的诉求要超过对海上作战的实际使用需求。因为海权优势意味着国际声望、在国际磋商中的话语权、在动乱地区中的威信、自由和不受约束的权力、对经济和商业渗透的政治支撑。平时存在的并能有效使用的非暴力力量,可以降低后续使用武力的必要性,即权力投射能力在它不被实际使用的时候,才能以最低成本和风险的战略手段来实现战略目标。

美国发展海权的战略偏好的延续性得益于美国工农业界、学术界、金融界等大都支持海军扩建和备战,美国的海洋扩张战略得到了从政府到国会、从总统到民众上上下下的支持,为美国建设海洋强国奠定了基础。西奥多·罗斯福说:美国人要么选择做二流国家,要么建立一支强大的海军。[1] 参议员亨利·卡波特·洛奇在国会演讲时说:为了我们的商业利益和我国的充分发展,为了取得在太平洋的商业优势,我们应该控制夏威夷岛屿;为了保持我们在萨摩亚的影响力,我们应该在这些岛屿上至少建立一个海军基地。我们应该建立一支强大的海军,足以在地球的各个角落保护美国公民,并使我们的海岸免遭袭击。[2] 海军部长本杰明·特雷西认为,海洋是未来霸主的宝座,像太阳必然要升起那样,我们要确确实实地统治海洋。[3] 支持马汉式的海权论者还包括斯蒂芬·卢斯海军少将、海军特级上将乔治·杜威、海军部长希拉里·赫伯特等。西奥多·罗斯福任内的美

---

[1] William N. Still, Jr. *American Sea Power in the Old World*, Greenwood Press, 1980, P. 137.
[2] 杨生茂等编:《美西战争资料选辑》,上海人民出版社1981年版,第39~49页。
[3] [美]阿伦·米利特等:《美国军事史》,张淑静等译,军事科学出版社1989年版,第225页。

国海军扩展不是紧迫的安全或国际经济关切,美国海军建设反映出的是民族主义领导者个人对发展大国海军实力的承诺,以及美国大众民族主义的国内政治。富兰克林·罗斯福本人是坚定的大海军主义者,曾担任过海军助理部长,对海军事务有着极大的热情以及高度的战略眼光和专业性。

关于美国在 21 世纪的战略手段、战略目标与资源投入的匹配关系,罗伯特·阿特列出了美国的八种战略选项,如表 5-4 所示。[①]

表 5-4　　　　　　　　　美国的八种战略选项

	霸权战略	地区集体安全战略	全球集体安全战略	遏制战略	孤立主义战略	离岸平衡战略	安全合作战略	选择性干预战略
战略目标	改造全世界	维护地区和平	维护世界和平	遏制侵略或新兴霸权	置身于世界事务之外	遏制欧亚大陆新兴霸权	维护世界和平	维持大国和平
目标合理性	不合理	合理	不合理	合理	不合理	合理	不合理	合理
资源投入	超出	高投入	高投入	高投入	闲置	高投入	高投入	适中

而无论采取哪一种大战略,美国对海权和海军战略的重心都会向亚太地区不断倾斜,以应对持续崛起的中国,所不同的是,不同的战略选项对美国海权战略转型所需要的手段、目标与资源投入的比例有程度差异。

第三节
美国战略转型的历史进程与英美和平权力转移的根源

美国独立战争结束时,虚弱的美国中央政府急于解决债务和经济萧条问题,而同时又没有能力征税。因而,国会视美国海军为奢侈的消耗物,

---

[①] 周丕启:《大战略评估:战略环境分析与判断》,时事出版社 2019 年版,第 133 页。

命令其解散。至1785年，所有的美国战舰都被卖掉或挪作他用。赞成建立海军的是由华盛顿总统的财政部长亚历山大·汉密尔顿领导的、主要代表东北部商界利益的联邦党人。他们愿意也急于利用武装力量保护其赚钱的买卖。①

美国独立战争十年之后，为保护美国扩展海上贸易，美国海军诞生了。使之付诸实施的法案——《1794年海军法》——明显地是为了保护美国商船和船员免遭北非海盗船劫掠。但是英法之间战争的爆发及各自封锁美国与另一方贸易的战争直接证明了建立美国海军是正确的。汉密尔顿领导的、代表东部商业利益的联邦党支持建立远洋海军，持反对意见的是杰斐逊领导的、代表南部和西部农业利益的共和党人。②

当与北非国家的麻烦减少时，《1794年海军法》批准的6艘快速帆船的建造工作中断，但作为对英国和法国干涉美国海运业升级的反应，国会批准完成其中3艘。美国与英国签订了《杰伊条约》，但这一条约的唯一效果就是激怒了法国，它侮辱美国代表，并开始没收装运英国货物的美国商船。结果国会于1798年恢复海军的建造工作、成立海军部，将海军投入到一场未宣布的抗击武装法国船的战争——对法准战争（1798~1801年），战斗主要发生在西印度群岛。③

对法准战争的胜利，尤其是吐鲁克斯顿指挥的"星宿"号的胜利，激起了美国公众对新海军的自豪感，保证了海军部的永久存在。但赞成和反对成立海军的两派从这场战争中得出了不同结论。④ 联邦党人认为美国海军的小小胜利是由于英国战舰在海外的胜利将法国和它的殖民地隔离开来才取得的。他们同意海军部长斯托德特的美国需要一支更大的海军的意

---

① 许海君：《美国独立战争——大陆军制胜之新探》，载于《军事文摘》2017年第7期，第48~52页。

② 席康：《美国海军的荣耀 第二次独立战争中的伊利湖之战》，载于《国际展望》2006年第3期，第74~81页。

③ 金海：《〈杰伊条约〉与美国建国初期的美英关系》，载于《世界历史》2019年第1期，第27~38、155~156页。

④ 李龙：《1797—1800年美国与法国准战争探析》，载于《史学集刊》2005年第1期，第106~112页。

见。而以共和党人的观点看，这次战争证明，有一支小的巡航海军就足够了。和约缔结之时掌权的共和党人立即将海军裁减到最低限度。①

的黎波里帕夏的宣战迫使杰斐逊总统几次派海军分舰队去地中海。由于共和党执政的政府的拖延和不适当的节俭，也由于前几次分舰队的指挥官缺乏进取精神，地中海的战争拖延了4年多（1801~1805年）。1803年普雷布尔到达地中海，战争有了起色。在的黎波里人的眼皮底下火烧"费城"号激起了美国公众的热情。在象德卡特这样的热心年轻军官的协助下，普雷布尔在锡腊库扎建立了基地，并于1804年严密封锁了的黎波里，向这座城市、防御工事和舰船发起了一系列进攻。② 终于被刺激采取行动的美国政府最后向地中海派出了足够的海军部队。虽然普雷布尔被别人接替了，但他为签订不再向的黎波里进贡的条约铺平了道路。

的黎波里战争结束时依然掌权的共和党人从这场战争中得出了令人惊诧的结论：与岸上炮兵和防御工事协同作战的炮艇足以保卫美国及其利益。在以后的几年中，所有的海军造船款项都被转来建造越来越多的炮艇。同时，拿破仑正颁布新的政令，英国正施行新的枢密院令，严格地限制中立国船只，以致美国很快被迫卷入一场毫无物质准备的战争。③

然而，尽管共和党人的政策使海军受到损害，它还是保留了两方面的优势：第一，美国海军舰船是世界同型舰中最好的，如著名的"宪法"级快速帆船；第二，拥有一支训练有素的军官队伍，他们满怀职业理想。这些优势使1812年战争中的海军行动成为美国历史上最值得纪念的一页。1815~1860年海军的发展反映了美国和西欧的工业与科学革命。世界各主要海军开始从帆船、木壳、实心弹过渡到轮船、铁甲和装填火药的炮弹。结果，这段时间内军舰的外形、操纵手段及武备的变化比前300年还要大。虽然在此期间也有几次小规模战争，但陌生的各国新型海军没有在海战中

---

① 邹佳辰：《浅析〈杰伊条约〉与汉密尔顿的外交思想》，载于《长江大学学报》（社会科学版）2009年第1期，第185~186页。

② 乔旭童：《美国第一次对外战争——的黎波里战争》，西北大学硕士学位论文，2018年。

③ 李泽源、石可鑫：《美国与1805年〈的黎波里和平友好条约〉探究》，载于《近现代国际关系史研究》2016年第2期，第135~148页。

试验过。①

1815～1860年这段时期，没有大的军事行动。诚然，美国和英国海军浇灭了阿尔及尔的气焰。英国和法国海军都介入了对中国的帝国主义战争。美国海军的太平洋分舰队和本土分舰队参加了1846～1848年的对墨西哥战争。皇家海军和法国海军陆战队在1854～1856年的克里木半岛战争中参加了波罗的海和黑海地区的战斗。② 然而这些战争都不是大规模冲突，没有引起海战。不过这一时期在海军史上仍占重要一页。还没有进行新技术全面改革的各国陆军也为自己找到了一批新式武器。

没人怀疑技术改革将对战争性质产生巨大影响。坐在办公室里的战术家们让他们的理论充斥于军事杂志。但在1860年英国"勇士"号下水时，这些新的武器和新的理论很少得到战斗检验。于是第二年爆发的美国南北战争立刻吸引了世界各地的军事家们。当这场战争发展成大规模冲突的时候，许多政府派了观察家报告新式武器的使用情况。美国南北战争于是成为新的军事技术试验场之一。

在美国内战中，几乎没有舰队与舰队间的战争。若以当前眼光而论，美国内战中的舰队作战应称"滨海作战"（littoral operation）。作战目标旨在控制海港、港口与河流；军事目标则是堡垒。"舰队"作战仅见于南部联邦（confederates）以装甲舰对海岸炮台实施补给时，这些舰艇的实际作用如同装甲坚实与武装良好的海上活动堡垒。南部联邦舰艇虽然很有效率，但其美好时光没有持续太久，因为北方政府（union）经常运用压倒性的兵力来压制打击对手。南方政府无法集中舰队来与北方政府一较长短，他们无法对抗北方海军，他们的目标不曾逾越追击战（guerre de course），或是局部封锁北方政府，他们只有期望英国皇家海军进行干预。③

---

① 范红英：《〈美国海军史〉简介》，载于《海洋开发》1985年第2期，第17页。
② 屈连璧：《论1846—1848年美墨战争的原因及其影响》，载于《包头师专学报》1982年第0期，第62～76页。
③ Buhl L C. Mariners and Machines: Resistance to Technological Change in the American Navy, 1865-1869. *The Journal of American History*, 1974, 61 (3): 703-727.

第五章 案例二：美国的战略转型（1890～2015年）

1883年时，授权建造三艘不带装甲的钢体巡洋舰，即"亚特兰大"号、"波士顿"号和"芝加哥"号，再加上"海豚"号公文递送船（即所谓的"白色舰队"），但它们的吨位均不超过6000吨，而且都带有辅助性风帆。在克利夫兰第一任期（1885～1889年）内，又定购了另外八艘巡洋舰，包括"得克萨斯"号和"缅因"号（有时被称为"二级战列舰"）以及"查尔斯顿"号，第一次完全摆脱了风帆。然而，它们当中没有哪一艘是真正的战列舰，被设计来主要从事封锁或摧毁商业航运，而不是与其他舰队交战。然而，下一届政府（克利夫兰第二任期，1893～1897年）上台时准备削减海军开支。希拉里·赫伯特更是决意撤销海战学院。幸运的是，1893年8月赫伯特在去纽波特的途中，被说服阅读了马汉的《海权对历史的影响》，结果改变了主意。随后他又读了《海权对法国大革命和帝国的影响》，随即决定——如他后来对其作者所解释的那样——"在我即将提出的报告中，使用你在书中提出的资料，来论证我的建造战列舰的要求"。克利夫兰离任之前，赫伯特已成功地说服国会拨款再建造五艘战列舰。他是马汉的第一个重要的信奉者，而且可能是最重要的。[1]

在美国，海军军官既不能制定海军政策，也无权建造新舰船。此类职权属于国会和联邦政府行政部门。因而，"美国海军政策的革命"不是由马汉，而是由海军部长本杰明·富兰克林·特雷西（1889～1893年）及其继任者希拉里·A.赫伯特（1893～1897年）"促发"。然而必须说明，他们都受惠于马汉关于国家急需战列舰的令人印象深刻的论说。在1889年任命马汉重任海战学院院长后，特雷西向马汉征求过意见，并且可能读过他第一部《影响》的手稿，此后即当年11月向本杰明·哈里逊总统提交报告，极力主张建造20艘新的装甲战列舰，组成两支舰队。[2]

1890年，美国国会首次授权建造三艘一级战列舰。1892年，海军部长

---

[1] 卫宇飞：《A·T·马汉的思想对美国早期海军建设的影响》，载于《黑龙江史志》2015年第6期，第51页。

[2] Sprout and Sprout. *Rise of American Naval Power*, pp. 205–213; Richard S. West, Jr.. *Admirals of American Empire*, Indianapolis and New York, 1948, P. 147; Cooling. *Benjamin Franklin Tracy*, pp. 72–74; Walter R. Herrick, Jr.. *The American Naval Revolution*, Baton Rouge, 1966, pp. 3–11.

希拉里·赫伯特完全抛弃装甲巡洋舰和私掠的海军传统防御战略，重组海军部，组织海战学院模拟北大西洋舰队作战方式。1897年，威廉·麦金莱总统任命马汉海权理论的狂热信徒——西奥多·罗斯福为海军部长助理，罗斯福利用美西战争，致力于海军现代化建设、游说国会、推进造舰能力。1901年，罗斯福接任总统后，实行海军扩张政策。西奥多·罗斯福和亨利·卡博特·洛奇虽然没有必要改信海军主义，但是都很高兴自己的观点得到马汉那套看似彻底的研究的支持。洛奇将马汉《夏威夷与我国未来海上力量》一文收入参议院外交委员会报告，并且在参议院发言时经常引用马汉的话。其他亲海军的国会议员也是如此，包括参议员约翰·T.摩根和众议员威廉·麦卡杜。[①]

西奥多·罗斯福把马汉当成他的私人发现。当第一次读了《海权对历史的影响》后，罗斯福便给作者写信："这是我了解的此类著作中最为清晰、最有教益的总论性著作。一本非常好的书——值得赞颂……"他在1890年10月号《大西洋月刊》上发表的书评同样充满溢美之词。当他成为麦金莱的助理海军部长时，他敦促马汉"不时"给他写信。"我非常希望能有机会拜见你"，他补充说，因为"有许多事情我想得到你的建议"。他特别请马汉评论海军部为了行将来临的对西战争制定的计划，而且一收到这些意见就告诉马汉："无疑你比我们所有其他人都站得高、望得远！你给予我们的建议正是我们所需要的。"随后，在离职加入义勇骑兵团时，罗斯福确保马汉替代他担任海军战争委员会成员。[②]

1903年，美国海军部与陆军部共同组建了陆海军联合委员会，为了召开定期会议和特别会议，以协调陆军和海军之间的合作与联合作战。同年，国会和总统否决了杜威领导的海军综合委员会制定的海军建设总体规划，但却成为美国海权理论的重大指导文件，其所建议的1906年前后建成

[①] Livezey. *Mahan on Sea Power*, P.181; George T. Davis. *A Navy Second to None：The Development of Modern American Naval Policy*, New York, 1940, pp.75-76.

[②] Seager. *Alfred Thayer Mahan*, pp.209-210; Livezey. *Mahan on Sea Power*, pp.123-124, 143-144.

战列舰数量仅次于英国的战略目标得到了广泛认同。截止到1905年,罗斯福共批准建造10艘战列舰、4艘装甲巡洋舰、17艘其他不同类型的舰只,总吨位超过15万吨。1905年,国会许可美国未来建造战列舰不再限制其吨位。① 从1901~1905年,海军建设的拨款从占联邦财政支出的11.5%上升到20.7%。②

1908年罗斯福在纽波特召开专门会议,改善了战舰的装甲带厚度问题,提升了防护力和战斗力。③ 1909年,塔夫脱继任美国总统后,延续了罗斯福的海权战略取向。1910年,在海军部机构重组中,将海军部划分为4个部门,并新设立一个海军部长副官职位负责协调各部门。此外,美国提高了海军队伍的素质和数量。截至"一战"前,美国已建成39艘战列舰,排水量已从最初的1万吨发展到了近3万吨,造价也从318万美元增至1400多万美元,舰上的主炮均配有10门以上口径为12~14英寸的大炮。④ 美国现役海军军官人数达到3635人,士兵人数达到了51500人,另外还有9921名海军陆战队士兵。从1890~1914年,美国投入海权和陆权事业的战略资源比例发生了明显变化,海军军费上升6倍多,而陆军军费由1899年的2.29亿美元缩减到1904年的1.65亿美元,比1880年的3.8116亿美元减少52%。⑤

为了实现两大洋的海权扩张,美国意图控制巴拿马运河,实现美国两洋舰队的联通协调。美国于1901年11月与英国签订条约,从中获得了修建、管理和防卫未来巴拿马运河的独占权。由于法国经营的巴拿马运河公司运转艰难,1902年美国国会通过了《斯普纳修正案》,美国借此以4000

---

① Military Policy without Political Guidance:Theodore Roosevelt S Navy. 1962. pp. 18 – 56,421.
② Love Jr. *History of the U. S. Navy*,P. 420.
③ *Theodore Roosevelt and the Rise of the Modern Navy*,Princeton:Princeton University Press,1942,P. 50.
④ 刘娟:《从陆权大国向海权大国的转变——试论美国海权战略的确立与强国地位的初步形成》,载于《武汉大学学报》(人文科学版)2010年第1期,第5~8页。
⑤ 波特:《世界海军史》,李杰等译,解放军出版社1992年版,第363页。

万美元的低价收购了企业的财产和权利。① 由于哥伦比亚反对美国独霸，罗斯福于1903年策动了巴拿马地区的反哥伦比亚政府的政变，迫使哥伦比亚承认巴拿马独立地位。巴拿马运河在1914年正式开通，可以迅速在两大洋之间进行兵力调配，为美国大海军的崛起和两洋战略的扩展发挥了战略枢纽作用，提供了重要的海上战略通道。

在控制加勒比海后，美国将扩张重心转向太平洋。1898年吞并夏威夷。同年，国会批准了美西签署的和平条约，美国正式占领菲律宾，建立在西太平洋的优势地位。吞并夏威夷后，1900年美国海军派新方舟号巡洋舰参加了八国联军，并获得了3200万两白银、势力范围和其他利益。② 美国于1899年、1900年和1905年三次向其他列强发出门户开放照会，以便在拉美和亚太地区的扩张。为了抵消和削弱日本在远东太平洋的战略优势，1903年陆海共同委员会制定了一套防御菲律宾的方案，后来罗斯福要求海军部制订一个与日本作战的"橙色计划"，并于1907年派遣大白舰队环球航行，向日本展示大西洋舰队调度的灵活性和机动能力，但这种威慑没有加剧美日紧张关系，被日本视为常规航行并友好回应，也对美国的全球海洋战略产生了深远影响。在大西洋方向，美国介入欧洲权力均势，逐渐摆脱大陆孤立主义的影响，靠拢英国，孤立最主要的海洋战略对手德国。1905年法德爆发了摩洛哥危机，罗斯福派遣一小支舰队访问英国在直布罗陀的地中海舰队，侧面支持了1904年的《英法协约》，并安排了国际会议调停解决纠纷。而第二次摩洛哥危机中，塔夫脱总统命令北大西洋舰队访问英法两国向协约国示好，并有意取消访问德国基尔港的计划。1910年美国舰队抵达英国格雷夫森德，舰队司令西姆斯也表达了美国坚定站在英法一边，孤立德国对手的决心。③

---

① 王禹：《美国"进步主义时代"威斯康星州共和党内的政治斗争》，载于《史学月刊》2014年第5期，第63~78页。

② 刘芳：《1900年美国对中国领土的觊觎——以美国国家档案馆藏外交、军事档案为中心》，载于《史学集刊》2019年第2期，第74~84页。

③ Parson. *Admiral Sims Mission in Europe*, Unpublished Ph. D Dissertation, Buffalo: State University of New York, 1971, P. 48.

第五章 案例二：美国的战略转型（1890~2015 年）

美国在扩大海外贸易市场的同时实行高关税政策，保护国内市场及提升产品在海上贸易中的竞争力。1897 年麦金莱当选总统后，通过了《丁格利关税法》，是美国历史上登峰造极的保护主义立法。19 世纪末，美国政府开始鼓励雇用外国商船进行近海贸易，减少了投资成本，提升了利润率。美国私人性质的企业还控制了在对外贸易中发挥重要作用的大型商船，包括联合水果公司、标准石油公司等，促进了美国海运业的蓬勃发展。到 19 世纪 90 年代，美国 4 个大的船坞都被改造用于商船的建造，1889 年进行海外贸易的商船中蒸汽船有 6837 艘，到 1914 年达到了 15084 艘。[①] 1889 年美国的商品出口总额为 7.4 亿美元，到 1914 年增长到 26.5 亿美元。[②] 到 1913 年，美国在世界贸易中的比重上升为 11%，超过了法国上升为第二位。

通过庞大的舰船建造计划、依靠技术进步、加强管理体制改革、提高海军数量和质量、加强商船建设、鼓励对外贸易、扩展海外市场、建立军事基地、夺取运河、建立两洋舰队等途径，使美国从传统内向的大陆扩张快速转型为新型外向的海洋扩张。20 世纪初，世界海军力量的对比发生了巨大的变化。1904~1905 年，日本人主要靠更为有效的舰队打败了俄国人，使西方国家大为震惊。德国人为了在北海夺取制海权向英国人发起挑战，实施了一项大规模的造船计划。摧毁了两支西班牙舰队的美国海军开创了一个举足轻重的新时代，它的现代化铁甲舰队在这一时期起了突出的作用。虽然美国海军力量的出现并不像日本或德国海军力量的出现那么令人震惊和富有戏剧性，但却有着更为深远的影响。

20 世纪初，自特拉法加角海战后，被公认为海上霸主的英国发现自己的海上优势受到了三个新兴的海上强国的挑战，它们是：打败了中国和俄国舰队的日本，开始了造船规划以便与英国争夺北海控制权的德国和战胜了西班牙舰队的美国。美国在西奥多·罗斯福总统朝气蓬勃的领导下，开

[①] U. S. Dept. of Commerce. *Statistical Abstract of the U. S.*, Washington, D. C., 1914, P. 298.
[②] U. S. Dept. of Commerce. *Statistical Abstract of the U. S.*, Washington, D. C., 1914, P. 317.

始了一个旨在拥有"仅次于英国的海军"的造船计划。① 海军部长为了保护发展中的美国海军,成立了由高级海军军官组成的海军委员会,并与陆军部一起建立了一个由两个军种高级军官组成的陆海军联合委员会,以保证陆海军的合作,并制定作战计划。

西奥多·罗斯福用"说话要温和,但手中要拿着大棒"这句话申明了一条强硬的外交政策。海军就是他的"大棒"——主要用来对付或保卫加勒比海沿岸的拉丁美洲国家。海军首先被用于使巴拿马脱离哥伦比亚,以便加快签署一项条约,使美国有权在巴拿马挖一条由美国控制的运河。为了防止外国对拉丁美洲国家的干涉(通常是为了讨还拖欠的债款),罗斯福声明,如果有干涉的必要,美国是会出面干涉的。这一政策被称为门罗主义的"罗斯福推论"。② 在实施这种推论时,美国海军和海军陆战队干涉了尼加拉瓜、海地和多米尼加——征收税款还债或恢复秩序。美国坚持要求把普拉特修正案写入古巴宪法。③ 根据这一修正案,美国海军陆战队三次占领古巴。由于墨西哥人拒绝向美国国旗敬礼以表示对错捕一船美国水手的歉意,美国人占领了韦拉克鲁斯港,美国和墨西哥险些交战。

打败西班牙舰队标志着美国已成为第一流的海军强国。但是,后来就施莱在封锁圣地亚哥时的延误和他在塞韦拉舰队出现时错误的转向,以及谁是圣地亚哥战役的胜利者,是桑普森还是施莱等问题上展开了争论。这场争论使两位海军指挥官的形象都为之减色。美国占有了菲律宾后便陷入了远东事务。美国为防止外国势力瓜分中国,宣布了门户开放政策,与其他国家一起打败了义和团,调停了日俄之间的战争。1905年的《朴茨茅斯条约》就是调停的结果,日本人却对此很失望。他们后来又被旧金山学校里对东方孩子的隔离所激怒。在由此引起的外交危机中,美国陆海军联合委

---

① 刘芳:《1900年美国对中国领土的觊觎——以美国国家档案馆藏外交、军事档案为中心》,载于《史学集刊》2019年第2期,第74~84页。
② 李强:《试析"罗斯福推论"》,载于《德州学院学报》(哲学社会科学版)2005年第5期,第23~27页。
③ 喻继如:《从"熟果政策"到"普拉特修正案"》,载于《拉丁美洲研究》1988年第5期,第50~54页。

员会做好准备，防备日本攻击菲律宾，这就是后来的"橙色计划"。① 罗斯福派战列舰舰队作环球巡航，目的之一就是让日本人看看美国的军事力量。

英国通过在美西战争中支持美国，承认美国拥有对巴拿马运河的全部控制权，以及把舰队撤出加勒比海等行动，正在赢得美国的友谊。与此同时，德国人也正通过炮击委内瑞拉海岸，为萨摩亚问题与美国争执，在马尼拉湾无视杜威的封锁命令，大肆发展殖民地，以及攫取处在美国和菲律宾之间的太平洋群岛等行为，引起美国的疑虑和敌意。②

各国海军对无烟火药的采用和对射击技术的改进（在皇家海军中是珀西·斯科特发起的，在美国海军中则是威廉·S. 西姆斯发起的），必然导致了全部装备大口径炮的战列舰的出现，这种战列舰中最早的一艘是英国的"无畏"号。英国和德国，但不包括美国，制造了为提高速度而少用装甲的全部装配大口径炮的战列巡洋舰。③ 美国首先把一艘潜艇"霍兰"号编入现役，其他国家也纷纷效法。所有人都认为潜艇可用于港口和海岸防卫及攻击装甲军舰。没有人预见到它会成为袭击商船的出色武器。美国人发明的飞机被认为可以在战争中用于侦察和远距离火力控制。没有人预见到它巨大的破坏力。然而无线电的一切用途却很快就被认识到，并得到了应用。

"一战"爆发后，美国保持中立借机发展贸易，1914年威尔逊总统表露过自己发展战时贸易的决心。④ 1917年海洋贸易猛增到63.4亿美元，是1914年的三倍左右，贸易顺差的数额大约为36亿美元，是1914年的7倍左右。⑤ 由于与交战国双方进行贸易带来了巨额利润，因此，战争初期美国推行的是严守中立政策。而后，由于英德两大交战集团对大洋的封锁

---

① 冬天：《从"橙色"到"彩虹 X"——二战前美国对日早期军事预案的演进》，载于《坦克装甲车辆》2017年第12期，第57~62页。

② 刘娟：《美国海权战略的演进》，武汉大学博士学位论文，2010年。

③ 梁军、黄正柏：《冲突与合作：霸权转移视野下的现代英美关系考察（1914—1947）》，载于《史学集刊》2011年第6期。

④ Arthur S. Link. *The Papers of Woodrow Wilson*, New Jersey: Princeton University Press, 1979, Vol. 30, P. 251.

⑤ U. S. Dept. of Commerce. *Statistical Abstract of the U. S.*, Washington, D. C., 1914, P. 840.

及其后升级的潜艇战,极大地阻碍了美国的海上贸易和航运自由。美国海军部综合委员会认为,德国的舰队在击败英国海权后的十年内会对门罗主义造成威胁,美国开始改变中立政策,与英法结为联盟,联合打击德国。[①]

借助第一次世界大战的契机,美国扩充海军力量,威尔逊总统提出了比罗斯福时期更强有力的海军发展计划,宣称致力于建立世界上所向无敌的大海军。[②] 海军部提出了一个五年建设计划,但很多民主党派人士反对高额的海军扩建计划。"从日德兰海战来看,美国的确需要建造更多的战列舰。"[③] 加之齐默尔曼电报"要求墨西哥、日本与德国结盟对美国开战"内容的公开,国会在战舰扩建计划方面做出了让步。大海军法案促进了军工业的发展,开辟了扩军的道路,是美国从严守中立转入积极备战的标志,而威尔逊总统在1916年大选中的连任也说明其海军政策得到了民众的认可。美国参战后,由于猎潜舰的严重缺乏,暂停了战列舰的计划,但大力生产驱逐舰、潜艇、水雷等,建立了庞大的护航舰队,并着手组建大规模的海军航空兵队伍。在接下来近两年时间里,海军部用 4~6 英寸大炮、无线电系统及专业海事人员武装了 2570 艘美国的货船、油轮。[④] 到 1918年11月9日,美国海军舰队已经拥有 3.25 万名现役军官和 49.7 万名现役士兵。[⑤] 1917~1918年冬季,美国海军将 56439 枚水雷运输到战区,并布置在北海、奥特朗托海峡、多佛尔海峡等地。[⑥]

美国支持海军陆战队占领海地、尼加拉瓜、多米尼加共和国,完成了对美洲海域的高度控制。为了保持太平洋海权态势,妥协处理与日本的纷

---

① 屈彦辰:《美国削弱英国霸权的外交策略探析(1919—1945)》,外交学院硕士学位论文,2018年。
② *The Papers of Woodrow Wilson*, Prince:Princeton University Press, 1966, Vol. 34, P. 5.
③ 王鲁科:《美国海军战略转变与战列舰发展(1890—1922)》,黑龙江大学硕士学位论文,2017年。
④ Annual Report of the Secretary of the Navy for 1918, P. 34.
⑤ 刘娟:《从陆权大国向海权大国的转变——试论美国海权战略的确立与强国地位的初步形成》,载于《武汉大学学报》(人文科学版)2010年第1期,第5~8页。
⑥ Annual Report of the Secretary of the Navy for 1918, P. 12.

争，提出了太平洋中立化的计划，并于1917年11月2日与日本达成了《兰辛—石井协定》，承认了日本在中国东北、朝鲜等地享有特殊权益。为了支持欧洲战场，美国建立了大西洋护航体系（如巡洋舰和运输武装队、应急船队有限公司、海军海外运输指导中心等），确保军队和物资的运送。[1]"一战"为美国从海权大国转型为海权强国提供了难得的机遇，使经济、军事等领域的海上权力与权益都得到了长足发展，从"一战"爆发到1919年为止，美国的海外投资从之前的36亿美元上涨到后来的72亿美元，美国从债务国变为最大的债权国，成为世界金融中心。在威尔逊的"十四点原则"中，也体现了美国的海权利益诉求，包括"无论平时或战时都要保证公海航行绝对自由""取消贸易壁垒"等。

"一战"结束后，关于重构世界海洋秩序，涉及诸多挑战，如有关战后海军力量平衡问题、海洋自由问题、对德国太平洋岛屿的处理问题、限制海军军备问题等，美国、英国、日本等海上强国存在很大利益冲突，英日海上同盟对美国构成严重威胁，美国也得知英日秘密瓜分了德国在太平洋的岛屿，美国海军部积极升级了"橙色计划"，将以对付日本为目的的太平洋战略作为美国全球海权战略的核心。美国以实力为后盾，争取和英国同等的海权大国地位，对英日掀起了新一轮的海军军备竞赛，美国国会通过了《1919年海军法案》。

为化解英日海军对美的联合制衡、拆散英日同盟，保证远东地区的优势实力，借协商限制海军军备使美国正式合法地建成与英国舰队实力相当的舰队，美国倡议召开了华盛顿海军会议。最终，根据美国海军部库茨的方案[2]，1922年2月6日签订的《限制海军军备条约》规定美英的主力舰

---

[1] 金峰、陈琪、管传靖：《崛起国海军建设的战略选择》，载于《国际政治科学》2015年第4期，第1~41页。

[2] 一艘战列舰在驶离基地每1000英里后，其作战的综合能力就会相应下降10%，"橙色计划"的前提是，美国和日本在菲律宾海域有一场大战，库茨估算日本最近的台湾基地距离作战海域大约是1000多英里，而美国舰队驶离夏威夷的基地到达作战区域有5000多英里，在这种情势下，美国舰队和日本舰队的吨位比例应为10∶6，库茨列出三国主力舰吨位的比例标准为10∶10∶6，即5∶5∶3。

吨位上限为52.5万吨，日本不得超过31.5万吨。而美英两国的航空母舰总吨位不得超过13.5万吨，日本不得超过8.1万吨。各国也对国务卿休斯倡议的10年内暂停战列舰和战列驱逐舰的建造达成共识，单艘的吨位数限定为2.7万吨。海权大国做出了决定，解散英日同盟而代之以《四国条约》，英、美、日、法四国承诺保持在太平洋的现状。[1] 华盛顿会议是美国尚未成为唯一海上霸主的妥协之举，但仍标志着英国海洋霸权的衰落和美国海洋霸权的崛起，正式认可了美国享有和英国平等的海洋大国地位，美国拥有了对抗日本的绝对优势力量，"橙色计划"仍然掌握着战略主动权，通过《九国公约》打击了日本在远东的势力。[2]

1917~1918年在欧洲战场远征之后，美国的全球战略又回到基本上立足于一个洋的旧概念上去了，海军处于停滞不前状态，将其在大西洋的利益留给皇家海军照顾。20世纪20年代初期，军事谋略者们制定了同日本进行海战的"橙色计划"。到30年代中期，美国谋略者们认为，只有付出巨大代价，包括最初放弃菲律宾，才能打败日本。各军种在目标上的分歧，导致1938年制定出了一个最终妥协的计划，这就是把陆军要在阿拉斯加—夏威夷—巴拿马"战略三角"建立集中防御的目标，与海军偏向进攻战，即以航母特混舰队和登陆行动实施跳岛作战通过太平洋的设想结合起来。

这一意图是简单的，但被1939~1944年发生的诸多事件影响了，使美国的注意力从太平洋转向大西洋，引出了一系列所谓"长虹"计划，涉及与敌人、与盟友缠在一起的战争，美国防御战略的地理范围的周边由北美大陆扩大到东半球，设想英国的生存对美国安全至关重要。不管麦克阿瑟怎样抗辩，参谋长马歇尔将军还是断然决定，美国在太平洋应采取纯粹的防御态势，将主力放在大西洋。这一观点被写进了1940年底制定的"大计划"，宣称要在英军的密切协同下在欧洲实施大规模的地面作战。在随

---

[1] 崔斌：《美英两国在重建"一战"后国际秩序中的斗争与合作——兼论美国的世界大国地位》，载于《许昌学院学报》2020年第3期，第93~99页。
[2] 彭菊华：《从"门户开放"照会到〈九国公约〉——1899—1922年美国对华"门户开放"政策研究》，华中师范大学硕士学位论文，2009年。

后发生的各种事件中，条理简单的地缘政治学说在复杂的行动中变得混乱不清。

"冷战"时代到来后，美国海军领导人指出，某些人所鼓吹的以武器及其作用为划分尺度的僵化观点将使海军无法履行它的使命。海军需要成倍地扩大，抑或是空军的极端观点占了上风，两种军事力量要归其他军种指挥，至少也要与之相适应地发展。海军需要一支空中力量，它要在海军的指挥下用于支援海军遂行任务。另一个需求是有一支高速机动部队，按照海陆作战的要求训练，使之能够夺取、保护和守卫海军作战需要的基地，并且保卫美国人在世界动乱地区的生命安全和利益。就这一点而言，海军陆战队早已建立起来，它所取得的成就已经成为美国传统的一部分。"杜鲁门主义"是在警告苏联：美国将支持希腊和土耳其反对共产主义势力在他们国家的扩张。美国政府向土耳其政府提供援助，其中包括军火和军事顾问以对付叛乱。开始于1946年的美国海军对地中海的访问也逐步变为显示力量的一种外交手段。在举国上下都关注和平的时期里，要解决战后海军的安置问题需要相当的创造力和勇气。海军官兵此时的退役速度之快以至于有时都难以使舰艇进港，因为在港里他们就可能被宣布退役。为准备应付将来可能发生的麻烦，美国采取的第一个措施是组建一支强大的预备役舰队和训练有素的预备役部队。一些超龄军舰或其维修费用超过更新费用的舰艇，有的被出售，有的被改装，有的被直接卖给私人，有的被拆毁。有一小部分被作为在马绍尔群岛的比基尼岛进行原子弹实验的目标舰。舰队中大多数有保留价值但因缺乏军费和人员而不得不退役的舰艇被封存起来。

1947年，美国开始实行"遏制"政策，从此这项政策在美国处理与共产主义世界的关系过程中起了支配作用。遏制活动起始于帮助"自由世界"的人民（首先是希腊和意大利）反对侵略的"杜鲁门主义"和为被战争浩劫的欧洲的复兴提供经济援助的"马歇尔计划"，以及使地中海成为美国第6舰队航母活动中心的政策。各军种之间的竞争随着1947年美国空军成为独立兵种以及国防部长取消新型航母转而支持空军轰炸机B-36而加剧。1949年，时任国防部长路易斯·约翰逊曾说，没有理由继续保留海军和海军陆战队。在1947~1971年的25年里，在三个军种中，空军占有最大国防预算份额不少于19次。1972年之后，海军预算连年上升，在各军种中长期占据最大国防预算份额。这主要受到重整舰队的需要（大部分为第二次世界大战期间建造的船只），当1973年美国作战部队全部从越南撤军时，舰队的规模为576艘，接近战后较低的水平，约为朝鲜战争时期的一半。此外，空军制造1000枚洲际弹道导弹即将完成，苏联海军的发展及其在全球活动的大幅增加，也为海军扩张提供了契机。关于各军种在国防预算中所占份额，如表5-5所示。①

表5-5　　　　　各军种在国防预算中所占份额　　　　　单位：次

目标高度	1947~1971年（25年）	1972~1986年（15年）
海军最高	0	13
海军最低	10	0
空军最高	19	2
空军最低	0	0

表5-6可以比较出20世纪80年代主要战舰的实力水平。其他的舰种（如布雷舰、巡逻艇等）是难以比较的，因为它们的吨位、作战能力以及所担负的任务过于庞杂。此外，还应当注意到，尽管"硫磺岛"级（7艘）、"塔拉瓦"级（5艘）和"基辅"级（2艘）战舰都有空战的能力，但美国的军舰在设计上主要是用于两栖作战，而苏联的军舰主要是用于战术活动。苏联的"莫斯科"级战舰装有尾部飞行甲板，但它只能严格地限制于直升机起降，而不适用于垂直短距起降飞机。苏美两国海军主要战舰

---

① ［美］罗杰·W. 巴尼特：《海军的战略和文化：海军所想所为为什么不一样》，吴东风等译，中国市场出版社2014年版，第94页。

实力比较如表 5-6 所示。[①]

表 5-6　　　　　苏美两国海军主要战舰实力比较　　　　　单位：艘

舰种	美国	苏联
航空母舰	13	0
航空母舰（垂直短距起降）	0	2
航空母舰（直升机）	7	2
两栖攻击舰	5	0
常规动力潜艇（多用途）	5	179
核动力潜艇（多用途）	74	87
常规动力潜艇（战略导弹）	0	19
核动力潜艇（战略导弹）	41	71
巡洋舰	28	39
驱逐舰和护卫舰	153	213

为了抵御核进攻，在 20 世纪 60 年代初期美国就开始相信轰炸机、洲际弹道导弹和核动力导弹潜艇三位一体的威慑效果。但是，由于造价昂贵，美国人否定了 B-1 战略轰炸机，而苏联导弹的制导系统却得到了提高（这使美国的固定导弹发射井极易被摧毁），结果使得美国仅剩下了导弹潜艇这一支具有真正威慑力量的武器。因为受到限制战略武器第一阶段会谈和国际关系缓和（以及缺少可靠的情报）的迷惑，美国让苏联在常规武器上超过了自己。到 1980 年，除了航母和主要的两栖战舰外，苏联的各类舰艇数量都超过了美国。[②]

当美国、西欧和日本一度非常依赖于中非和南非的战略资源以及波斯湾的石油时，英国却从它已经统治了几个世纪的印度洋撤走了全部军队。

[①] Waltrup P J, White M E, Zarlingo F, et al. History of US Navy ramjet, scramjet, and mixed-cycle propulsion development. *Journal of propulsion and power*, 2002, 18（1）：14-27.

[②] 郭琳：《卡特政府时期美国核不扩散政策的困境——以维拉事件为例》，天津师范大学硕士学位论文，2020 年。

为了弥补这个真空,美苏两国的海军都开进了印度洋。① 美国海军是为了保卫航运和维护印度洋沿岸国家的稳定,苏联海军是为了利用西方的退缩,同亚洲其他国家达成协议而孤立中国,同时,也是为了控制波斯湾、中非和南非。

为了达到这些目标,苏联运送古巴军队到安哥拉、莫桑比克和埃塞俄比亚建立马克思主义政府,苏联还武装南也门使其成为盟国,并派遣苏联军队占领阿富汗。美国在英属的迪戈加西亚岛建立了海军基地,同时,也依靠伊朗的巴列维政府守卫波斯湾。当巴列维国王被一个反美的政权推翻后,美国在肯尼亚、索马里和阿曼取得了港口和机场的使用权。并且开始向印度洋调遣它的快速反应部队。1981年就任美国总统的罗纳德·里根开始建设美国历史上数量最多、军费开销最大的军事力量。

美国之所以能在其他大国失败的地方取得胜利,是因为其国内环境幸运地遇上了外部大国政治所带来的战略机遇期。美国的海权扩张是在击败墨西哥、征服印第安人、获得阿拉斯加及夏威夷,并且确定了其在太平洋的边界之后形成的,为美国创造了长期稳定的领土安全,这使美国得以安全地投资战略转型,从一个依靠陆军维护安全的陆权国转型为寻求全球影响力的海权国。英国对法国、俄国、德国等国海军崛起的担忧,迫使其不得不默认美国的全球海军抱负,并承认加勒比海为美国的势力范围,使美国得以避免代价高昂的军备竞赛和"哥本哈根综合征"的战略挑战。美国在美洲地区的门罗主义、在亚洲的门户开放政策和在欧洲地区的孤立主义政策,都在不同时期,应对不同安全威胁或利益诱惑时,做出有重大区别的解释,没有让美国的战略传统阻碍战略转型的创新,也没有形成对国际体系、地区、特殊国别的固化认知或战略模式。

美国多任领导人对自身空间地理因素的合理运用、对海权战略传统的创造性继承,以及对美国海外利益的清晰界定、对海权战略学说的合理选择和极具延续性的政策执行,使美国从陆权大国到海洋霸主的战略转型

---

① 夏云:《20世纪70—80年代美印关系调整研究》,云南师范大学硕士学位论文,2017年。

中，避免了缺乏海洋文化积淀的斯巴达式的短暂海上霸权，也没有发生拿破仑三世法国在发展海军问题上最终与英国妥协以失败告终，没有经历德意志第二帝国那样的毁灭性战争，也没有面临苏联发展海权的过度扩张问题，美国的海权战略扩张，也不同于成功实现海权转型、打败海上强国迦太基的古罗马共和国，后者依然坚持陆权至上，而美国则从地缘战略取向、国家战略文化、决策认知、海外利益偏好等诸多层面塑造了全方位的海洋属性，使其战略转型成了一种不可逆转、深入骨髓的趋势，并对"冷战"期间和"后冷战时代"美国的全球战略布局产生决定性影响。

第六章

案例三：日本的战略转型（1868～1945 年）

第一节
体系变革与日本崛起的外部环境

近代日本是指 1868～1945 年的日本。近代日本的东亚战略和政策是国家行为，近代日本的行为主体是天皇制政权；思想来源是日本的"神国观念"，为其征服世界提供合法依据；日本的根本战略目的是企图在东亚建立以日本为主宰的"大日本帝国"。日本的战略发展阶段可概括为："失之欧美取偿于东亚"阶段（1868～1879 年）；"大陆政策"的形成与吞并朝鲜阶段（1878～1910 年）；在中国占据"优势地位"阶段（1911～1933 年）；蚕食华北、建立所谓"大东亚新秩序"阶段（1933～1945 年）。[①]

日本在地理上作为岛国，但在明治维新至"二战"结束这段时期，力图通过战略扩张成为陆海两栖强国，而且日本在很长一段历史时期是以"大陆国家"的地缘类属身份来塑造自身的战略转型，日本的过度扩张，像历史上很多失去基本战略理性的大国一样，并非是在地缘政治形势变得更坏的时候选择透支自身的国力和四面树敌，恰恰是在已经取得了很多扩张性收益，但却因为对进一步扩张引发潜在制衡的担忧而选择提前战略透

---

① 米庆余：《近代日本的东亚战略和政策》，人民出版社 2007 年版，第 47～399 页。

支，先发制人的将自身陷入与其他强国的战略竞争中。近代以来日本的海权战略走向具体受到了两方面因素影响：首先是东亚大陆的地缘政治格局。日本与东亚大陆强国（主要是中国，也包括俄罗斯）存在地缘上的微妙关系。大陆国家的强大总被日本视为威胁，而其羸弱又常刺激日本的扩张野心。其次是全球性海权体制的特征，特别是主导性海洋强国的战略取向。相继主导东亚海域的英美既是日本效仿的对象，是可能的合作伙伴与依附的抓手，又是潜在的对手甚至敌人。日本的发展依赖于海外，需要国际自由贸易体系的顺利运行和海上航行的自由安全，其经济成长很大程度上取决于体系主导国调控下的国际政治经济体系对其的开发程度。但是，自明治维新以来，日本始终难以抵挡大陆与海外扩张的诱惑，在"武力征服"与"经贸立国"左右摇摆，最终导向前者，崛起失败。日本近代化过程中形成的军事至上、谋求霸权的军国主义体制与国家战略是武力扩张型海洋战略的根本动因。"大陆政策"与海洋战略的内在紧张促使日本走向陆海全面扩张的道路，激化了陆海两个方向敌对国家的矛盾，导致日本军国主义灭亡。[1]

这里可以给读者提供一个相关参考，即革命期望率（托克维尔效应）(Tocqueville effect)：革命发生在情况好转时，而不是发生在境况越来越坏时。从坏到更坏，并不总是导致革命。最经常发生的事情是：一个民族可以容忍最具有压迫性的法律却毫无怨言，好像感觉不到它们，负担减轻时却反对这些法律。一个坏政府最危险的时刻通常发生在当它开始改革的时候。对国际关系同理可证：当国家外部战略环境好转时，会激发其对于未来乐观前景的期望，但实际的战略地位的提升速度赶不上战略预期，当两者差距过大时，就会由于不满现状引发战争。

主导国际关系行为体的主要动机有四种：欲望（利益、财富、权力、安全）、精神（自尊、荣誉、美德、地位、自豪、荣耀、威望、优越、认

---

[1] 朱峰主编：《21世纪的海权：历史经验与中国课题》，世界知识出版社2015年版，第129～137页。

同)、理智(幸福、竞争、公正、规则、承诺)、畏惧或恐惧(与生存无保障、地位被否定、本体有焦虑相关)。理智制约欲望和精神。当精神居于主导时,且行为体借助荣誉、地位或自主权来寻求自尊,行为体为了实现某些目标,时常愿意冒险,甚至牺牲自身或其政治单位。行为体甘冒风险的意愿会随动机的不同而改变。动机不仅决定了行为体对损益的界定,而且为行为体辨别损益提供了可能性。如果行为体的主旨是获取利益,那么行为体会选择规避风险;假如行为体的目的是防止利益损失,那么行为体将会选择承担风险。

人们为了减少损失而冒更大风险的意愿要强于为了获利而承受风险。界定损益的基准本质上取决于行为体及主观因素。甘冒风险的意愿会随动机的不同而改变。动机不仅决定了行为体对于损益的界定,而且决定了行为体辨别损益的可能性,这是前景理论的基本要点。国家的战略决策不但衡量可能利益与可能代价,还会考量涉及的机会和风险。即使可能代价总会比可能的利益要高,但是如果代价可能达到足够低的水平,则发动战争仍是可能的选项。从战略心理角度讲,如果完全失败的可能性足够低,那么即使有可能完全失败,也仍然要追求可能的部分胜利。"象征政治"会影响如何使用武力和威胁、在什么情况下使用武力和威胁,以及对谁使用武力和威胁。

在19世纪末20世纪初,美国、德国、日本等新兴列强的群体性崛起,使英国海洋霸权秩序和中国传统的"朝贡体系"开始瓦解,此外,当时大国战争缺少国际法等制度性约束,战争的合法性得到大国的普遍认同,武力即使不是国家解决结构性矛盾的首选,至少也是优先选项之一。国家实现扩张性收益的行动比比皆是,称霸和战争这样的霍布斯文化是国际体系的主流。这让日本频繁借助国际体系革命性变革方式的大背景,寻求战略收益大于战略损失的军备扩张和地缘对抗,而这种冒险最终因树敌过多和四面出击而彻底失败。

从明治维新到1945年日本战败,日本缺少独自推动体系变革的权力地位,只能追随英国或德国进行联盟挑战,权力分配的"不公"构成了日本

第六章 案例三：日本的战略转型（1868~1945年）

战略决策的重要前提条件。日本虽然处于同英国类似的岛国位置，甚至考虑到近代欧洲大陆和东亚大陆的陆上力量对比，日本还处于先天优势。以甲午战争和日俄战争的获胜为标志，日本跻身列强行列，但只能算作地区性大国而非全球性大国。[①] 早在1941年，斯拜克曼（Nicholas Spykman）就认为，战后美国最大的威胁来自中国而不是日本，"天朝大国"拥有比"樱花之国"更多的力量潜能，远程轰炸机就可以对日本的"纸城"构成重大威胁。[②]

按照乔治·莫德尔斯基（George Modelski）的长周期理论，日本既不是霸权国，也算不上最强大的崛起挑战国。[③] 日本在陆军、海军、教育、宪法、交通运输等领域都实现了现代化。但直到"一战"前夕，仍有3/5以上的日本人从事农业、林业和渔业。在工业、金融、技术、资源和资本等领域仍旧落后于英国、美国和德国。截止到1900年，日本制造业份额只占2.4%，远低于美国的23.6%，甚至不如占比8.8%的俄国；1900年日本的工业化水平排名世界第八；日本的人口总数从1890年到1938年一直位居第三，落后于美国和俄国（苏联）；日本的人均工业化水平截止到1938年排名最高世界第六；1938年日本的钢铁产量只有七百万吨，落后于美英德俄（苏）；从1890年到1933年日本的能源消耗一直落后于英美德俄（苏）；1880~1938年各大国的相对工业潜力对比，日本仅排名第五；在1880~1914年，日本陆海军人数总和排名世界第七；到1914年时，日本的战舰吨位仍旧落后于英法美德。[④] 因此，在1905年底与俄国谈判时，日本财政极度脆弱，没有能力攻打任何沙俄的战略要地。日本为这场战争支付了18亿日元，相当于中日甲午战争的9倍，让日本国内的军工复合体

[①] 刘中民：《地缘政治理论中的海权问题（一）——从马汉的海权论到斯皮克曼的边缘地带理论》，载于《海洋世界》2008年第5期，第76~80页。
[②] 刘中民：《地缘政治理论中的海权问题（三）——从马汉的海权论到斯皮克曼的边缘地带理论》，载于《海洋世界》2008年第7期，第68~73页。
[③] George Modelski. *Exploring Long Cycles*, Colorado: Lynne Rienner Pub., 1987, P.4.
[④] ［美］保罗·肯尼迪：《大国的兴衰》，陈景彪等译，国际文化出版公司2005年版，第144~197页。

及武装部队陷入崩溃边缘。

尽管到20世纪30年代后日本加快军国主义步伐,但仍旧难以弥补实力差距。1937年日本的相对战争潜力为3.5%,远低于苏联的14%、德国的14.4%、英国的10.2%和美国的41.7%;到1938年,日本的国防开支也要排在苏联、德国和英国后面;同年日本在世界制造业总产量的占比只有3.8%;1939年日本的飞机产量远低于英国、苏联和德国,还不包括战备不充足但潜能巨大的美国。① 美国之所以在"二战"中采取先欧后亚的战略方针,也是默认日本实力和威胁不如德国的缘故。1941年美国对日本的贸易封锁和资产冻结,使日本陆军和海军当局认识到本国的脆弱性相互依赖,如果不快速夺取东南亚的资源和能源,就会经济崩溃而屈从于美国的外交压力。当然,单纯的数据统计没有考虑领导能力、人员素质、国民士气等难以量化的要素,但如果战争和军备竞赛变得旷日持久,最终获胜的天平会倾向于总体权力和潜力更加强大的国家。

"一战"是日本增强其相对权力地位最为迅速的时段。但是随着战后和平到来,西方国家获得了行动自由,德国海军被摧毁,英美得以将大部分舰队派往太平洋。以两次世界大战期间围绕军备控制争夺规制主导权为例:1922年华盛顿会议上,达成的《关于限制海军军备的条约》规定了美国、英国、日本三国的主力舰总吨位比例是5:5:3。日本被迫放弃了"八八舰队"计划,它接受条约的重要原因是担心被美国的海军军备竞赛拖垮。② 1927年,美国、英国、日本三国的日内瓦海军会议上,日本在辅助舰只方面提升比例的诉求也没有得到落实。1930年的《伦敦海军公约》规定美国、英国、日本三国的战列舰比例是5:5:3,驱逐舰比例为5:5:3.5,潜水艇方面完全平等。这实际上形成了美英双极领导的海上格

---

① [美]保罗·肯尼迪:《大国的兴衰》,陈景彪等译,国际文化出版公司2005年版,第289~335页。
② 刘树良:《浅谈一战后日本的军事改革》,载于《东北亚学刊》2020年第4期,第66~78、149页。

局，日本缺乏打破条约的实力。①

约翰·查尔斯·史乐文（J. Charles Schencking）认为，到20世纪20年代，与美国相比，日本防御能力仍显不足。"一战"清晰暴露了日本工业实力的局限及其对海外自然资源的依赖性。1921年日本海军无法与美国海军进行持久的军备竞赛。日本之所以接受华盛顿会议的条约限制，是因为在国际条约框架内发展海军如果不是唯一至少是最明智的加强日本国防的途径。从狭义上讲，没有任何限制的海军发展可能会提高海军的财力及地位，但无法真正确保整个国家的安全。无限制的海军扩军本身并不是确保国家安全的手段，战争的胜利不仅取决于陆上战场和海上兵力的实力，也取决于经济、工业及民间的综合实力。日本工业生产能力薄弱以及自然资源和钢铁几乎全部依靠进口。

到20世纪30年代，日本对进口石油的依赖性更高。日本海军大臣加藤友三郎认识到，美国无限制的海军扩张会导致美日力量的不均衡，太平洋可能成为美国的"内湖"。如果追求和实现海军扩张目标最终导致与美国无限制海军军备竞赛，那么这样的扩军永远不可能给日本带来军事和政治领袖所期盼的安全。限制海军军备和美国在西太平洋基地的军事存在是确保日本海军及国家安全最稳妥的方法。此时，因消费支出的大幅增长而争取增加预算额再次成为日本海军政治的中心任务，但谋求更多的预算拨款极大地影响了海军的战略重心及军事规划。1934年，当陆军上校铃木贞一询问海军是否认真考虑或计划与美国间的战争时，海军副总长末次信正上将回答道：如果得到必要的预算拨款，即使与美国一战也没什么大不了的。日本在海上及陆上的崛起极大地影响了日本的国内政治并有力地推动了日本发展成为地区强国的进程。与此同时，日本海军也参与塑造了东亚、太平洋地区以及"二战"前最重要对手——美国的现代史。②

---

① 刘景瑜：《近代日本海军对美7成比例问题探析》，载于《社会科学战线》2018年第7期，第105~110页。

② ［美］约翰·查尔斯·史乐文：《"兴风作浪"：政治、宣传与日本帝国海军的崛起（1868~1922）》，刘旭东译，人民出版社2016年版，第237~260页。

为了改变与美国的军力对比劣势，日本透支有限的国力，大力扩充和整编海军兵力。太平洋开战时日本航空母舰的吨位是美国的94%，海军舰只的总吨位是美国的72.5%。在海军航空兵方面，日本有舰载机703架，岸基飞机1469架，教练机932架，合计3100架。而美国陆海军能用于海上作战的飞机共有5500架，其中用于对日作战的约有2600架。因此，这方面兵力对比悬殊也不大。对日美的造船能力是这样估计的：开战时，美国的造船能力比日本大3倍多，战争爆发后差距会迅速拉大，成为日本的4~5倍。估计1943年日本的造船能力将达到美国的50%左右，1944年将降为美国的30%。[1] 即美国的飞机生产能力为日本的10倍。当然，日本陆军飞机的生产能力与海军相差无几，但当时陆军航空兵既不具备海上作战的性能，也没有这方面的训练，几乎不能指望。

日本北隔鄂霍茨克海和宗谷海峡与俄罗斯相望，西临日本海与俄罗斯、朝鲜半岛相望，西南濒东海、黄海与中国遥对，南部琉球群岛与中国台湾岛相濒，东部面向太平洋。海上运输航线和海军，对于明治维新以后快速经济发展的日本而言，格外重要。[2] 日本列岛是太平洋系列岛链的一部分，分割了太平洋和欧亚大陆一系列边缘海，包括鄂霍茨克海、日本海、黄海、东海、南海和菲律宾海。西方列强向远东投射海权有三条战略通道：欧亚大陆、太平洋和印度洋。当日本羸弱时，就成为列强在远东扩张的经济中心。而日本在明治维新初始阶段的当务之急是：保护本国领土免受从这三条战略通道的入侵，而非保护海上贸易线。[3] 日本邻近东亚水域独特的岛国地缘属性，加上它在近代试图通过战略要地的获取、军备竞赛来改变或提升进攻优势，缩小与西方强国在海上力量的不利差距。19世纪末20世纪初，日本面临的军备竞赛压力不仅来自践行马汉海权思想的美

---

[1] 胡德坤、刘潇湘：《一战后的美日海权角逐与太平洋战争的爆发》，载于《武汉大学学报》（人文科学版）2013年第2期，第105~109、129页。

[2] 刘景瑜：《日本海军与国防方针的修订及外交政策选择（1922—1936）》，载于《北华大学学报》（社会科学版）2011年第5期，第65~68页。

[3] 张海文等主编：《21世纪海洋大国：海上合作与冲突管理》，张沱生等译，社会科学文献出版社2014年版，第181页。

国，英国皇家海军同样不断增加拨款并进行宣传造势，提出了"两强标准"原则（英国海军的实力必须相当于仅次于它的两个强国海军实力之和）。德国、法国和意大利也开始了扩军计划。①

日本与英国有着类似的地理位置，但却采取了截然相反的地缘大战略。日本与美国作为两个崛起大国，相对英国而言它们都处于上升期，但很明显，真正招致日本恐惧和选择用不惜一战的方式来挑战美国的重要根源是：日美之间始终存在不利于日本方面的权力转移趋势，不只表现在美国国内的经济实力，还有军事实力和能够转换为军事实力的潜在权力，此外还应考虑美国对东亚地区的隔岸平衡战略的远距离投送能力与日俱增，让日本看到暂时可能获胜的机会窗口在缩小，日本对美国的高度经济依赖和脆弱性窗口越来越大。在发现无法通过和平渠道让美国放弃对东亚主导权的介入后，日本选择了风险承担而非风险规避来处理日美关系。

詹姆斯·斯塔夫里迪斯（James Stavridis）列出日本和英国的地缘政治特点存在的诸多相似之处：都是岛国，早期都经常面临强敌入侵的威胁；两国民族都高傲和有能力、拥有大量军国主义人才；拥有大量航海人才和造船专家；拥有的自然资源比较少；都需要谋求海洋资源。②但英国建立殖民帝国要比日本早得多，日本则先是闭关锁国，继而陷入大陆与海洋的过度扩张和国力透支。在荷马李（Homer Lea）看来，"一战"前日本的强大和美国的虚弱远超出我们今天在美国全球霸权图景下的想象力。因此他在《无知之勇》一书中阐述日本入侵美国本土的可能性，并论证美国需要扶持中国来制衡日本。荷马李否认了日本经济学家金子坚太郎（Baron Kaneko）关于经济相互依赖可以消除美日发生战争可能性的观点。他认为美日战争不可避免，日本军力强大后一定会对外扩张、意图称霸太平洋，侵害美国在东亚的门户开放政策利益。美日两国位置过于有利，以至于欧洲国家都被隔离开无法主导亚太贸易，日美间的敌对会相应增加，直到商

---

① 章毅君：《试论1935年伦敦海军会议》，载于《历史教学》2002年第8期，第15～19页。
② ［美］詹姆斯·斯塔夫里迪斯：《海权》，蒋宗强译，中信出版社2019年版，第18页。

业霸权斗争与基于军事实力的政治霸权斗争合而为一。①

日本试图和德国在"二战"中会师印度洋,从太平洋地区看,美日争霸的路线几乎就是欧洲大国争霸路径在东方的复制;日本以日本岛为中心划圆,占领中国东部沿海地区后,先东袭珍珠港,继而南下占领东南亚地区,首要目的是把美国赶出太平洋,最后锁死马六甲海峡,实现与德国分割印度洋的战略目标。日本在太平洋战争中的战略透支,让它的地缘政治空间被大大压缩,从此彻底失去了在亚太地区再次崛起为地区性大国的基本地缘政治条件。②

日本在1868~1945年一直寻求权力扩张来满足安全动机。俄国、英国和美国对于在1895~1945年制衡日本扮演了关键的角色。美国通过华盛顿会议的三个条约限制了日本在东亚大陆的扩张和海军军备竞赛。相比日本而言,美国在20世纪20年代之后对亚洲地区的态度是防御性现实主义战略逻辑,美国要遏制日本的扩张,日本迫于实力劣势选择妥协。1940年春天法国的沦陷和1941年德国入侵苏联,为日本入侵东南亚和南洋创造了机会。③

卡尔·豪斯霍弗(Karl Haushofer)认为,日本凭借工业及军事中心从外围获取食物和原材料,从而形成与外界交换工业制成品的条件,能够成为泛东亚区的中心。日本吸收了很多德国地缘政治学的基本理念,所谓"大东亚共荣圈"就是日本向德国学习"大空间经济"的结果。④ 在马汉看来,日本在地理上是一个海权国家,对大陆领土的占有欲必须节制,否则会透支有限的资源。日本在地理和文化上是亚洲国家,但通过内外改革,已经获得和保有了国际社会全权成员的地位。因此,日本可以和德

---

① [美]荷马李:《无知之勇》,李世祥译,华东师范大学出版社2018年版,第91~106页。
② 张文木:《论中国海权》(第三版),海洋出版社2014年版,第39~40、48页。
③ [美]约翰·米尔斯海默:《大国政治的悲剧》,王义桅等译,上海人民出版社2008年版,第191~198页。
④ Saul Betnard Cohen. Geopolitics: The Geography of International Relations (second edition), Rowman & Littlefield Publishers, 2009, P. 297.

国、美国、英国展开通力合作。① 列强在日俄战争中更看好俄国获胜，时任日本首相伊藤博文强调日本是"一战赌国运"，海军大臣山本权兵卫认为日本应做好军舰可能沉掉一半的思想准备。但最终日本获胜，这加剧了日本的赌徒心态和对外战略冒险。日俄战争真正确立了日本的强国地位，日本从此开始加强扩张性战略输出。② 索尔·伯纳德·科恩（Saul Betnard Cohen）指出：到珍珠港事件前夕，由于美国对日本进行了石油禁运，南洋地区的石油资源对日本格外重要，加上日本与苏联签订中立条约，是日本袭击珍珠港的主要背后因素。③

尼古拉斯·斯拜克曼（Nicholas Spykman）描述了日本面临的地缘威胁来源：19世纪末，日本海的沿海地区没有缓冲国，只有俄国、中国与日本隔海相望，这些大国威胁着日本的国家安全。日本既是抵抗大陆威胁美国的缓冲力量和均势力量，也是抵抗美国对亚洲大陆威胁的缓冲力量与均势力量。最令日本不安的是距离本土不足1500英里的关岛以及位于亚洲地中海边缘、中国台湾附近的菲律宾。华盛顿会议后，太平洋的距离和不设防协议为日本提供了西太平洋的制海权。但出于民族自尊心，日本要求各国全面海军平等，寻求与美英平起平坐的海军地位。在传统海军力量和制海能力方面，日本在远东的地位是非常强势的，但自1921年以来，西太平洋的战略局面已经因为空中力量发展而发生了根本性变化，现代海权的获得仰赖首先获得制空权。德苏战争为日本向北扩张提供了可能性，但日本准备坐等苏联在欧洲彻底被击败再征服西伯利亚，因此，日本选择南下扩张。但"日本大东亚共荣圈"宣告跨太平洋区域权力平衡的最终破灭，最终会动摇美国在西半球的权力地位。④

---

① ［美］阿尔弗雷德·塞耶·马汉：《图解大国海权》，何黎萍译，北京理工大学出版社2014年版，第214~215页。

② 邵永灵：《战争与大国崛起》，辽宁人民出版社2015年版，第197~213页。

③ Saul Betnard Cohen. *Geopolitics*: *The Geography of International Relations* (second edition), Rowman & Littlefield Publishers, 2009, P. 298.

④ ［美］尼古拉斯·斯皮克曼：《世界政治中的美国战略：美国与权力平衡》，王珊等译，上海人民出版社2018年版，第128~163页。

小谷哲男（Tetsuo Kotani）认为：西方列强到达远东有三条战略通道：印度洋、欧亚大陆和太平洋。日本地缘政治的当务之急是保护本国领土免受从这三条战略通道的入侵，而非保护海上贸易线。华盛顿体系维持了西太平洋的势力均衡，一定程度上改善了美日关系，但让日本放弃了英日同盟，还对日本海军军备进行了限制，使其不能在印度洋和大西洋两条战略通道上为所欲为，并导致经过欧亚大陆到达日本的战略通道门户大开；来自苏联的军事威胁和意识形态威胁，以及中国民族主义的兴起、经济大萧条，加剧了日本从20世纪20年代的战略保守主义转向对外推行军国主义，日本试图通过对中国东北的占领来阻断欧亚大陆通往日本的战略通道。随着军事航空技术的进步以及美英在新加坡和夏威夷的军事基地日益稳固，日本海军认为其过低的主力舰吨位比例妨碍日本舰队在西太平洋的截击能力。日本宣布退出《海军军备限制条约》，着手打造强大的舰队，建造"大和"号战列舰。日本海军对舰队和飞机可能的油料短缺非常担心，因为日本80%的石油、90%的汽油和70%的铁矿砂进口自美国。"二战"初期，德军在欧洲大陆节节胜利，日本认为英国战败指日可待，于1940年9月与德国、意大利签署了《德意日三国同盟条约》，但条约不仅没有切断通往日本的三条战略通道，反而把欧洲战争与太平洋战争联系起来，英美海军对日本在公海上的贸易运输造成极大威胁。最终日本选择南下进攻美国，挑起了太平洋战争。①

在保罗·肯尼迪（Paul Kennedy）看来，明治维新以后的日本，从英国皇家海军请来专家为日本建立一支现代海军出谋划策，从普鲁士总参谋部请来专家帮助它实现陆军的现代化。日本的经济实力和陆海军实力是同步发展的。日本初期的成功扩张得益于三个优势：地理、文化、同盟优势。1902年缔结的英日同盟使日本得以在不受第三国干涉的情况下在自己

---

① 张海文等主编：《21世纪海洋大国：海上合作与冲突管理》，张沱生等译，社会科学文献出版社2014年版，第180~184页。

熟悉的区域里作战。① 第一次世界大战极大地促进了日本1914年以前的工业化进程,部分是因为协约国的军需品订货和对于日本船舶的迫切需求,部分是因为日本的出口商可以打进亚洲市场,而西方已不再能为亚洲市场提供商品了。战争期间日本也像美国一样,从债务国变为债权国,战争对日本制造业产生的刺激比对美国的还大,而1919~1938年生产的持续发展,意味着在总体发展速度方面日本仅次于苏联而居于第二位。

如果日本军事领导人在1937年不发动对中国的战争,如果在1941年不发动更具灾难性的太平洋战争,那么日本也许可以提早几十年实现它于20世纪60年代中期才实现的超过英国制造业和工业产量的目标。20世纪30年代日本政府的决策缺乏稳定性,陆军和海军缺乏适当协调。1938年6月美国实施了航空物资出口的"道义禁运",1939年废除了美日商务条约,1941年7月日本夺取印度支那后,美、英、荷三国联合实施了石油和铁矿禁运,在日本看来只有不惜与美国开战才有可能换来经济安全。但美国人口近乎日本人口的两倍,每年的国民收入是日本的17倍,钢产量是日本的5倍,煤产量是日本的7倍,机动车产量是日本的80倍;美国的工业潜力是日本的7~10倍。② 这是不争的事实。

日本宁愿爆发战争也不愿放弃在亚洲的统治地位,并与美国保持即便不算友好也是恰当的关系;美国宁愿爆发战争也不会允许日本的扩张行为。美国施加的经济压力加速而不是制止了日本的扩张行为,日本与德国结盟不但没有达到威慑美国的预期结果,反而使美国认为,由于日本和美国的主要敌人关系密切,美国采取强硬立场比以往更加重要。但是,妥协政策取得成功的必要条件是存在一个解决方案,双方宁愿接受这个解决方案而不愿爆发战争。地位(standing)是战争的主要动机之一。③ 日本曾经

---

① [美]保罗·肯尼迪:《大国的兴衰》,陈景彪等译,国际文化出版公司2005年版,第200~203页。
② [美]保罗·肯尼迪:《大国的兴衰》,陈景彪等译,国际文化出版公司2005年版,第291~297页。
③ [美]理查德·内德·勒博:《国家为何而战?:过去与未来的战争动机》,陈定定等译,上海人民出版社2014年版,第15页。

是欧洲种族主义和经济剥削的对象,并且日本只是勉强被接受成为一个大国。日本对西方世界的挑战是侵华战争的产物,日本对美国的贸易禁运的预期,以及日本愿意拿本土安全冒巨大风险的意愿,只能用日本武士道激情来理解。[1] 日本试图获取更高的国际地位来实现帝国的荣耀。

交通运输、武器技术的革新给地理与攻防平衡的互动效应带来重大变化,作为结构性调节变量,给日本提供了"机会窗口"(windows of opportunities)和"脆弱性窗口"(windows of vulnerability),前者让日本在中日战争和日俄战争等一系列地缘征服活动中尝到甜头,不断增加扩张野心,后者让日本察觉到无法在与美国的地缘竞争中获胜,随着时间推移只会越来越不利,抢先行动发动了太平洋战争。

当马修·佩里(Matthew Calbraith Perry)制造了日本近代化开端的"黑船来航"(Kurofune raikō)时,东亚没有任何海军力量能够抵抗西方舰队,但让日本决定把经济和技术西方化,建立现代战争机器。20世纪初,在公认的和新兴的海上强国中,日本是独特的,它完全越过了帆船时代。16世纪末丰臣秀吉被击败的舰队主要由单层甲板大帆船组成,而在1894年鸭绿江海战获胜的伊东佑亨舰队和在1905年对马海战中获胜的东乡舰队已由设计最先进的舰船组成。美国海军的佩里准将曾迫使日本开放港口重返工业化世界。佩里的示威及以往的海军对鹿儿岛和马关海峡的炮轰使得日本领导人相信,为了生存他们将不得不与其他国家打交道,至少要获得西方的军事技术。极其精明的日本人不仅吸取了西方三个世纪的海战教训,而且实际上在海军武器和战略战术观念上也超过了西方许多创新者。

日本海上力量的快速崛起,使维持东亚均势的域内力量与域外力量的重要性越来越偏向于前者。马汉认为,日本在亚洲的地缘政治地位与英国之于欧洲类似,日本作为亚洲近海的岛国势力,通过海权可以对亚洲大陆

---

[1] [美]理查德·内德·勒博:《国家为何而战?:过去与未来的战争动机》,陈定定等译,上海人民出版社2014年版,第178页。

事务发挥权力平衡作用。中日甲午战争和日俄战争表明日本成功地将海权转变为亚洲大陆上有效的陆权。20世纪初的大国权力变动根植于深刻的地缘政治逻辑：马汉和麦金德等人一直认为俄国是亚洲势力平衡的最大威胁，由于亚洲缺少强大的陆权制衡俄国的扩张，这就为日英两个海权国家联手对抗俄国提供了天然的地理条件。[1] 美国在亚洲推行门户开放政策，英国和其他欧洲国家在亚洲地区的传统殖民利益，都需要在东亚找到一个地区强国进行合作。

在荷马李看来，日本在日俄战争后，会不断在太平洋地区扩张，日美必有一战是地缘政治的宿命。日本的地缘政治形态使其具备区域性的海上称霸能力，前提是不被大陆扩张的诱惑分散精力。对日本而言，占领菲律宾群岛要比占领朝鲜或满洲更为重要。它有助于日本获得从鄂霍次克海到台湾海峡的亚洲海岸绝对的控制权，建立从堪察加半岛到印度洋的完整岛链，将亚洲和西方分开。[2] 日本实现对马海峡附近水域的控制权，能够有效维护本国的战略安全，1281年蒙古尝试对日本的入侵、1905年俄国的波罗的海舰队都葬送于此。日本海作为一个力量输出口，符拉迪沃斯托克港口就如同俄国在欧洲的圣彼得堡和敖德萨—塞瓦斯托波尔（Odessa - Sewastopol）一样被堵住，使俄国缺少进入大洋的开阔性水道。参照当时的军事技术，日本控制的天然航道的宽度都小于大炮的射程。

日俄战争后签订的条约赋予了日本极大的地理优势，沙俄割让一半的库页岛并被迫放弃向朝鲜扩张的野心。同时，沙俄不得不交出满洲南部的势力范围，仅保留符拉迪沃斯托克作为太平洋的出口。日本的地缘威胁得到了极大减轻。盟友英国促成了此次胜利，法国对沙俄的施压也促进了和平进程。日本的快速崛起和扩张胜利，是因为欧洲从未在任何时候集体与之为敌。[3]

而只要日本不选择攻占亚洲大陆，它邻近大陆的地理位置就像不沉的

---

[1] ［美］尼古拉斯·斯皮克曼：《世界政治中的美国战略》，王珊等译，上海人民出版社2018年版，第141页。

[2] ［美］荷马李：《无知之勇》，李世祥译，华东师范大学出版社2018年版，第109~114页。

[3] 林和坤：《两次世界大战间的帝国主义裁军》，载于《南开史学》1980年第1期，第265~287页。

航空母舰,与域外的海权国家具备联盟基础。在马汉看来,日俄战争后,亚洲问题不再是俄国霸权的威胁,而是有必要在日本、俄国、中国、欧洲强国和美国之间维持权力平衡。美国的门户开放政策就是要在亚洲获得贸易权利、军事力量支撑的安全保障、大国协调的政治协定。

马汉早在1897年就写信给当时还是海军助理部长的罗斯福,认为夏威夷是未来日本和美国冲突的潜在战场,日本是美国在太平洋最大的威胁。[①]在日本侵占中国东北后,豪斯霍弗(Karl Haaushofer)认为,日本在中国的扩张是错误的,东南亚的海岛和半岛可以作为日本有效的权力基地,在进攻与防御上比东亚大陆更具优势。他建议日美应该和平共处,让美国接受东南亚共荣圈(South-East Asia Co-prosperity Sphere)。[②]日本凭借工业及军事中心从外围获取事物和原材料从而与外界交换制成品的条件,能够成为泛东亚区的中心。

就战略和军事上的攻防平衡关系而言,地理因素赋予了日本防御优势。豪斯霍弗认为,由东亚弧状岛屿构成的这个帝国,比起军事扩张,就其军事天性而言更适合在自己的土地上扎根,追求最大限度的防御能力。日本能够将精妙的海岸防御工事链和支援陆海军的重型火炮连接起来,实现在太平洋的两栖生存。[③]但日本一直以海权实力最强大而不是最具威胁的国家作为发展军备和地缘布局的样板,这让日本始终不满于地理与攻防平衡有利的态势。

随着1914年巴拿马运河的开通,美国海军可以迅速从大西洋调配到太平洋。英国也展示了对远东海域的兴趣。美国占据的菲律宾位于亚洲地中海边缘、中国台湾附近,距离关岛不足1500英里。日本担心美国在关岛建造一个大型舰队基地和发展菲律宾的军事设施,这会威胁到日本同南洋地区的自由往来。通过《华盛顿会议》,太平洋的距离、不设防协议和10∶6

---

① Seager and Maguire, eds.. Letters and Papers, Vol. II, P. 506.
② [英]杰弗里·帕克:《二十世纪的西方地理政治思想》,李亦鸣译,解放军出版社1992年版,第83页。
③ [德]卡尔·豪斯霍弗:《太平洋地缘政治学——地理与历史之间关系的研究》,马勇等译,华夏出版社有限公司2020年版,第350~351页。

的比率为日本提供了西太平洋水域的制海权，日本被迫同意了美国远东政策的基本原则。美国的珍珠港和英国的新加坡海军港口都距离日本本土3000多英里，在华盛顿会议的时代超出了英美的军事打击范围。

但是，自1921年以来，西太平洋的战略局面已经因为空中力量发展而发生本质变化。海军胜利的前提是取得制空权，仅拥有海上霸权的制海权不再足以称霸一个地区。这种技术变革，赋予了日本更多的防御优势：在拥有陆基飞机的日本本土水域击败日本舰队变得比以往任何时候更为困难。但也减弱了日本殖民扩张的进攻优势：西方列强捍卫亚洲殖民地变得更加容易，沿岸区域行动的空中力量减小了日本在南洋树立制海权的机会。日本寻求与美国在海军总体实力上维持7：10的最低战略底线，也是考虑到地理因素、进攻与防御力量的对比等复杂因素的综合结果。直到发现无法通过海军军备控制条约来达到目标时，选择发动太平洋战争来避免攻防平衡态势的进一步恶化。

对海战特点和现代舰队组成影响最大的是飞机的发展。在第一次世界大战中，自飞机在北欧战场进行战斗支援以后，对于飞机的能力，尤其飞机能使水面大型舰船丧失战斗力这一点，成了争论的题目。大部分人赞成美国陆军航空兵少将威廉·米切尔的坚定见解，认为飞机出现后，战舰和其他大型舰只再也不能生存。对于飞机炸沉停泊舰只的能力，在1921年和1923年进行过试验。试验后，许多有影响的人士相信米切尔的观点是正确的。然而大型舰只却继续建造，海军战略家们另辟蹊径，把飞机移到海上，以迅速利用飞机击沉舰船的能力。这首先要用大舰装载飞机，然后从舰上把飞机弹射飞出去，把老式的船体改装成发射平台，最后在第二次世界大战中，发展到从巨型航空母舰上派出飞机，航行到远离舰队的前方去攻击敌船，从而使舰对舰的作战编队陈旧过时。

以陆上为基地，或以航空母舰为基地的轰炸机、鱼雷机对水面舰发起攻击，颇有效果。这一点在第二次世界大战一开始就很明显。从而人们很快明白，不论双方水面舰船实力如何，有了空中优势，自然也就有了海上优势。引人注目的中途岛海战的情况表明，上述观点是毋庸置疑的。那次战役中,日本舰队的航空母舰被击沉,才保证了规模较小的美国舰队得以取得胜利。与第一次世界大战中的情况一样,潜艇已成为海上力量的重要组成部分,它的主要任务是打击商船。德国的大西洋潜艇战几乎总是对纳粹有利。在太平洋,日本虽拥有技术上最先进的"长矛"鱼雷,但并不了解潜艇的战略使用,在战术使用上效果也不好,尤其在中途岛战斗中更是如此,所以一直没有形成行之有效的反潜原则。结果,美国潜艇战扼杀了日本海运商船。从这场对抗中,看出了一个合理的前提,即进行潜艇战,无论是攻是防,像当时的所有军事行动一样,都要求官兵具有高度专业水平和远见卓识。

第二节
战略塑造能力与日本海权发展路径分析

一、岛国文化和思维特征

武士道精神作为日本战略文化的精髓,将近代日本变成了疯狂的杀戮机器。岛国根性孕育了极端民族主义:自我封闭的心态、浓厚的排他意识、强烈的危机感、狂傲顽执又不安于现状的性格,塑造了日本追求成为海洋大国的地缘战略思想。日本的联盟战略思维是与强者为伍,具有极强的功利主义国家利益观。[1]

虽然拥有岛国文化的日本民族在认识和开发海洋方面积累了大量独到的经验,但日本国民一直有着"敬畏强者"的心理,历史上长期扮演着学生的角色,当中华文明强大的时候,日本一心向中国学习,其说得上来的

---

[1] 姚有志、阎启英主编:《大国雄魂:世界大国战略文化》,解放军出版社2011年版,289~329页。

所谓的国粹，包括相扑、茶道、宗教思想、围棋、麻将以及文字等，无不是在中华文明最强盛的唐宋时期传入的。鸦片战争后，日本原来心目中的"老师"——中国在与西方列强的殖民侵略对抗的过程中，已处于下风，国家的种种弊病不断暴露出来。这一方面使日本认识到西方国家的强大；另一方面使其开始对近千年来一直模仿中国的行为进行反思，其核心内容就是要废止汉字的使用并引介、学习西方的近代文化，希望通过仿效西方走上富国强兵之路。日本的海洋战略便是受此影响应运而生的。[①]

（一）对东亚大陆的扩张传统

在日本人看来，岛国日本，像岛国英国一样早就是大陆势力扩张的目标。在1274年和1281年，忽必烈汗两次率强大的远征军企图入侵日本。在蒙古人的威胁下，日本人暂时停止了内战，团结起来控制敌人的登陆场。他们成功了，某种程度上，由于神助的台风，使得大多数入侵舰船溃散和沉没。[②]于是"神风"成为日本人爱国传统的一部分。在丰臣秀吉将军的强硬统治下，日本人再一次团结起来，在1592年和1597年他们曾两度以朝鲜为跳板入侵大陆。日本人两次都曾占领了朝鲜半岛的一部分，但最终都被协同作战的中国陆军和朝鲜海军所击败。

（二）不宣而战的战略思维

为与中国交战，日本人未经宣战就袭击了一支中国护航队。在接下来的中日战争（1894~1895年）中，日本人在陆上和海上都取得了胜利。伊东佑亨率领的日本舰队先是在鸭绿江海战中击败了丁汝昌的中国舰队，继而配合陆军攻占旅顺口、在威海卫击溃丁汝昌的余部。和约要求中国从朝鲜撤军，并割让台湾、澎湖列岛和旅顺口给日本。为与俄国交战，日本人在宣战之前袭击了旅顺口的俄国舰队。在随后的日俄战争（1904~1905

---

① 廖兴谬、杨耀源：《大国海权兴衰启示录》，人民出版社2014年版，第119页。
② 张建立：《试析丰臣秀吉的海权意识及其影响》，载于《北京社会科学》2019年第2期，第31~40页。

年）中，日军攻占了旅顺口；日本海军利用其内线位置相继消灭了俄国远东舰队在旅顺口、仁川和符拉迪沃斯托克的舰船。接着，保存好舰船，不断地进行射击和机动演练，使用同一海军力量在俄国波罗的海舰队到达时将其击溃。①

由于战胜中国和俄国，日本在20世纪初以一流海上大国的身份出现了，公认的海上霸主毫不犹豫地与其结盟。但是，日本认为西方掠夺了它的胜利果实，因此继续加强其海军力量以备有朝一日能在远东建立霸权。1941年后期，美国要求日本从中国撤军，否则美国就取消对日本的石油供应。日本做出了第三种选择，它侵占了石油资源丰富的东印度群岛。为了把这次行动的风险降到最低点，它还出动了航母编队突袭了在珍珠港的美国太平洋舰队，接着，又抢占了关岛、菲律宾、中国香港和新加坡。②

二、以中美俄（苏）为主要战略对手

日本自1868年至1941年，先后以中国、俄国（苏联）和美国为主要假想敌，而它在海权力量的发展、地缘战略的转型，也在很大程度上是参照对手设定的。对此，日本国内的精英集团一直有"北进"和"南进"的争论，陆军优先进攻中俄、与海军优先关注美国威胁相互矛盾。甚至是海军内部的"舰队派"和"条约派"，这种战略认知的巨大分歧，使国内不同利益部门的互信掣肘让日本有限的国力限于过度扩张。③ 前两次对日本来说收益颇丰，此时国内尚能就战略层面形成一定共识；而第三次针对美国的战略调整则彻底失败，军事战略彻底取代大战略、文官政治不再能左右日本的军事行动。

---

① 范明辉：《日本海军近代化刍议》，吉林大学硕士学位论文，2007年。
② 王海军：《对马海战与海军技战术的发展》，载于《现代舰船》2005年第7A期，第48~51页。
③ 邱建群：《论太平洋战争前期日本海军作战思想》，载于《辽宁大学学报》（哲学社会科学版）2002年第5期，第67~70页。

第六章 案例三：日本的战略转型（1868~1945年）

（一）明治初年：俄国是首要假想敌

明治初年日本视俄国为假想敌国，在日本看来，俄国的夙愿是将欧亚大陆连成一片，自己独霸，其手法是先近后远，先易后难，逐步扩张领土。故欧洲东部、亚洲北部，凡与其接壤之国，无不受到其侵略。另外，为实现扩张野心，派其海军在亚洲建立基地。俄国曾企图占领土耳其，进入地中海，分割欧亚两洲。由于英法协力反对而未能得逞。又沿黑龙江侵占满洲土地，威胁北海道与朝鲜的安全，损害了日本在中国和朝鲜北部的利益。若俄国势力进入东海，夺取了良港，驻扎了海军，就难以制止其扩张野心。故日本须首先提高警惕，制定对付侵略的作战方针。陆军也将俄国视为头号假想敌国，这样，陆军和海军都以俄国为假想敌。[1] 1871年12月，兵部大辅山县有朋、兵部少辅川村纯义和西乡从道联名呈交了一份题为《海陆军备之建议》的报告书，陈述了征兵制的必要性，其首要防备对象就是俄国，将俄国的严重威胁视为"临于北门之敌"。[2] 但从1883年（明治十五年）朝鲜兵变到中日甲午战争，中国成了日本的假想敌国。即使在此期间，日本国民也强烈地意识到俄国的威胁。

（二）中国取代俄国成为首要威胁

19世纪中叶之前，日本并没有将中国当做实然的威胁，包括蒙古攻打日本都以失败告终。[3] 丰臣秀吉统一日本后，提出要渡海占领中国，建立一个定都北京的"大日本帝国"的构想。[4] 他曾于1592年和1597年两次从朝鲜入侵中国，均被击败。直到19世纪到来，日本逐渐认清清王朝的"外强中干"，开始图谋对中国的侵略。福泽谕吉（Fukuzawa Yukichi）提

---

[1] 徐志民：《近代日本海军史研究——来自中国学界的认知》，载于《福建论坛：人文社会科学版》2018年第9期，第71~80页。
[2] ［日］外山三郎：《日本海军史》，龚建国等译，解放军出版社1988年版，第20~196页。
[3] 1274年和1281年，忽必烈两次意图从朝鲜半岛攻打日本，但途中遇到"神风"，即Kamikaze，蒙古大部分舰只因此沉没。
[4] 箭内健次：《海外交涉史的观点（第2卷）》，日本书籍出版社1976年版，第58~59页。

出：日本应与西方列强协同瓜分中国，若一国独吞中国，必然招致多国谴责甚至干涉，而多国瓜分一国则不会引起麻烦，共同承担责任，道德过错微不足道。① 但在 1868~1872 年，日本政府并没有实施任何海军扩军计划。真正将中国树立为侵略对象，是在 19 世纪 70 年代日本彻底解决国内叛乱之后。日本认为"失之俄美取偿于东亚"，应"大力充实兵备，布国威于海外"。②

但日本缺乏海军传统，尽管萨摩藩的首领们被吸引到海军中担任位高权重的职位，但陆军与长州藩之间业已形成了亲密关系。在 19 世纪 90 年代前，日本并不是一个海军强国。战略上重视陆军扩张而非海军、海军高级官员缺乏应有的政治影响力、财政不足、现代海军人员调配的难度较高。从明治政府成立至日俄战争，海军在和平时期的年预算只有两次超过了陆军，而在 1905~1914 年，只有一次超过陆军。

1883 年日本开始实施最初的大规模造舰计划，是以对清政府作战为预案的第一份海军扩军计划。1884 年中法战争后，中国在李鸿章和左宗棠的提倡下更快速的发展海军③，参考德国模式建立了北洋舰队。④ 1885 年后，中国增加了 2 艘德制战舰："定远"号和"镇远"号。1887 年日本参谋本部出台了《征讨清国策案》，进一步形成了"大陆政策"。1888 年，西乡海相提出第二次海军扩军方案。到 1889 年，拥有 30 艘军舰的中国北方舰队比整个日本海军规模还要庞大，令日本恐慌。日本的陆军上将山县有朋和川上操六都督促增加陆军拨款的同时，也要进行相应的海军扩军，该时期海军与陆军的战略目标并没有明显悖离。⑤ 利用舆论，海军为自己获得了不再隶属于陆军的独立战略地位。1890 年，日本通过了预算高达 530 万

---

① 卜正民、若林主编：《鸦片政权》，弘侠译，黄山书社 2009 年版，第 81~83 页。
② 米庆余：《近代日本的东亚战略和政策》，人民出版社 2007 年版，第 102 页。
③ John L. Rawlinson. *China's Struggle for Naval Development*, Cambridge, Mass.: Harvard University Press, 1967, pp. 129–153.
④ Chia-Chien Wang, "Li Hung-chang and the Peiyang Navy", *Chinese Studies in History*, 1991, 25 (1): 59–60.
⑤ 徐志民：《近代日本海军与侵华战争》，载于《军事历史研究》2018 年第 1 期，第 6~18 页。

第六章　案例三：日本的战略转型（1868～1945年）

日元的造舰计划。

朝鲜问题的对立一直影响中日关系，尽管1885年中日签订了《天津条约》，但随着1893年东学党的起义，让日本加剧了对朝鲜半岛的悲观看法，进而让中日走向敌对。1891年，中国北海舰队造访横滨让整个日本震惊，这只舰队包括大型战列舰"镇远"号。"中国海军实力所带来的视觉冲击远比有关各国海军实力的客观描述、数字和图表更有说服力。"① 这增加了日本对中国海军实力增长的担忧，减少了日本海军扩军的国内反对声音。1893年，日本以击沉清政府北洋舰队的主力舰为目标，建造大型军舰，至甲午战争爆发前，日本海军已拥有31艘军舰、24艘水雷舰。日本不惜降低国民生活水平，甚至打破与陆军军备的平衡基础强行推进造舰计划。此外，日本国内藩阀政府与反对党的斗争已达白热化，为了转嫁国内危机，也是对中国发动战争的理由之一。②

通过甲午战争的胜利，日本海军向国内高层展现了海军实力对于国家安全及保护日本在东亚及太平洋地区利益的重要性，提高了在国内政治的话语权。并通过中国的赔款进一步促进了政治发展和军事扩张，大幅推进了日本的海权战略转型，也增加了部门之间的恶性竞争，这种状态一直延续到"二战"。

（三）对俄国（苏联）与美国的战略摇摆

1640年开始，德川幕府禁止对外贸易，试图消除西方对日本的影响。直到1853年佩里扣关和1854年的日美《神奈川条约》，以及俄国在远东寻求不冻港，使日本意识到西方强国的海上威胁。对日本来说，沙俄东扩不只对其贸易利益构成威胁，还意味着日本海对岸、从黑龙江到朝鲜半岛最北端的整个海岸都面临着可能被沙俄控制的危险。1895～1896年，俄国加强了符拉迪沃斯托克的驻军和战舰配备，延长了西伯利亚铁路建设，再

---

① ［美］史乐文：《"兴风作浪"：政治、宣传与日本帝国海军的崛起：1868—1922》，刘旭东译，人民出版社2016年版，第66页。
② 徐志民：《近代日本海军与侵华战争》，载于《军事历史研究》2018年第1期，第6～18页。

加上三国干涉还辽的影响，让日本担心朝鲜半岛的权益甚至本土安全都会受到俄国威胁。

随着1890年日本国会的诞生，日本政治的多元化与民主化进程加速。特别是政友会在1905年成为国会中的重要势力。海军与政友会逐渐形成了联盟互助。国内民众受教育程度的日益提高、选举权的不断普及以及印刷媒体的出现，海军相关利益团体能够通过多渠道以前所未有的方式去争取及协调社会各方支持本部门的目标。[①] 海军将领们将战争胜利的功绩作为向明治晚期及大正早期索要更多拨款的理由。海军部门成功驾驭了日本政府部门间的官僚政治。在服务于部门自身的同时，促进了议会民主的合法化，显示了大众宣传及海军盛典活动所具有的政治有效性，培育了民族主义情感，从思想及实践上推进了日本帝国向南洋的扩张。

甲午战争后，"海主陆从论"冲击了"大陆政策"，海军急于摆脱对陆军的从属地位。日俄战争后，"海主陆从论"同"大陆政策"矛盾更加凸显。大陆政策的主要制定者山县有朋主张以沙俄为第一假想敌、中国为第二假想敌。以山本权兵卫为代表的海军则认为美国是最大对手。1902年的日英同盟引发了日本国内放慢海军扩军速度的舆论。[②] 1903～1904年初，日俄冲突进一步升级，海军大臣山本认为日本是个海洋国家，不应该卷入亚洲大陆的战争，反对与俄国开战。[③] 但经与俄国外交谈判的一系列失败后，日本对俄宣战。对俄战争的胜利进一步提升了海军的形象，提高了海军财力，海军和陆军部门在领袖人物、战略理念、军事优先地位、预算等方面的竞争也进一步恶化，极大改变了日本国内政治及对外关系。日俄战争后，再次把俄国视为假想敌国。

[①] 姜春洁：《从"帆船"到"汽船"：幕末日本海权意识萌生的器物条件》，载于《世界历史》2017年第3期，第17～28、157页。

[②] 张玉芬：《远东格局变化下英日同盟的成立》，载于《南阳理工学院学报》2016年第5期，第92～97页。

[③] 安善花、张晓东：《调停与求霸：从日俄战争看美国均势战略的设计与进路》，载于《延边大学学报》（社会科学版）2020年第2期，第24～31、140页。

第六章 案例三：日本的战略转型（1868～1945年）

山本权兵卫、斋藤实及加藤友三郎等海军领袖，与伊藤博文、西寺园公望及原敬领导的政友会建立了海军—政友会联盟，并将长州藩的山县—陆军派系视为最危险的政治对手。1907年，日本制定了《帝国国防方针》将"守势国防"转为"攻势国防"，坚持以俄国为主要假想敌。[①] 但日本海军仍旧不断强调向南扩张的地缘政治和地缘经济意义。随着"一战"的结束，远东殖民竞争的主角变为美日两国，突出体现在对华政策和海洋扩张方面。1920年，下院议员以压倒性优势通过了海军的八八舰队计划。

实际上，加藤友三郎深信，美国无限制的海军扩军会导致美日力量不均衡，太平洋很可能成为美国的内湖，而日本不可能赢得与美国的海军军备竞赛。海军在国际体系中发挥的作用是有限的，限制海军军备竞赛和美国在西太平洋基地的军事存在是确保日本海军及国家安全最稳妥的方法。但遭到了以加藤宽治为代表的"舰队派"的反对，认为日本不能赢得对美国的持久战胜利，也不能在战时迅速打造一支舰队，日本必须在和平时期保有庞大的常规舰队，以便在对美战争初期就赢得决定性胜利，而华盛顿体系下的有限制扩军与此逻辑相悖。[②] 随着"一战"后日本军国主义的加速崛起，将海军置于国家大战略方针思考的人士相继被排挤或清洗，日本海权的发展越来越走向追求狭隘的战争胜利和马汉式的经济决定论（不对称相互依赖将导致日本对美宣战）。

1919年第一次修改国防方针时，日本仍将俄国视为假想敌国。1923年，日本第一次修改《帝国国防方针》，把美国作为主要假想敌，俄国、中国次之。到1934年1月第二次修改《帝国国防方针》时，仍旧把美国列为首要假想敌国。尽管华盛顿体系暂时缓和了日美的海洋霸权争夺，但到20世纪30年代，日本相继撕毁《五国海军协定》《伦敦海军协定》，加剧了与美国的海权冲突。到日本昭和初期，海军的崛起使陆军与海军，以

[①] 格至：《"田中奏折"与〈帝国国防方针〉的相关性再考——田中手稿〈帝国国防方针案〉朱批释读》，载于《日本学刊》2017年第6期，第134～157页。
[②] 俞天任：《浩瀚大洋是赌场：细说日本海军史》（中：全本），东方出版社2013年版。

及海军内部派系的对立越发频繁。① 在"二战"前的日本，这种对立不仅涉及宗派纷争及部门间的观念差异，还涉及政府拨款、学术研究及未来发展，甚至有关日本帝国未来扩展的截然不同的理念。日本海军最终放弃了对美开战的抵制，认为只有向海洋扩张才能避免一场对俄战争。如果回避与美国的战争，只会成为陆军抢夺资源的借口。早在1934年，海军大将末次信正就说："如果能为我们带来预算，即使发动对美战争也是可以接受的。"②

虽然日本海军以美国为假想敌推进舰艇制造并制定了作战计划，但实际上并没有把对美战争提上日程。陆军一直以来将对苏联作战作为第一目标，对美作战的计划只是配合海军。之所以日本要向南推进，进而使对英美作战成为可能，是因为想趁机利用德国在欧洲的胜利。与九一八事变和中日全面战争不同，太平洋战争是日本在明确的国家意志决定基础上开始的战争。南进政策的具体化和与美英决定性对立的直接契机，使1940年春德国在欧洲战场上取得胜利。日本进驻法属印度支那北部、缔结德意日军事同盟，导致了美国限制对日出口石油、废铁政策的出台，激化了日美之间的对立。但德国对欧洲的不完全胜利，让日本的南进政策有所迟缓。先不考虑外交和政治因素，一国从事一场生死存亡的战争都会有获胜的估计，但日本在只有初期作战阶段性胜利的估计下，就决定开战了，与中日战争和日俄战争不同，日本只是对战略资源的消耗进行了极其乐观的估计，并始终对借助外力获胜抱有侥幸心理。③

陆军和海军之间的竞争是日本走向战争的重要因素。自明治维新以来，日本对战略对手的塑造和国内动员，让日本战略界形成了对自身地缘政治身份的认知：既是海权国家又是陆权国家。海军与陆军平等的观念逐渐落实，天皇无力干预陆海军的分歧，民主化的议会协调机构反而加剧了

---

① 方镕川：《日本的近代化与侵略扩张——以造船业为例》，载于《环球人文地理》2017年第18期。

② [美]杰克·斯奈德：《帝国的迷思：国内政治与对外扩张》，于铁军等译，北京大学出版社2007年版，第154页。

③ [日]藤原彰：《日本军事史》，张冬译，解放军出版社2015年版，第166~170页。

陆军和海军之间的分歧。海军不能说它不能对抗美国，因为陆军会说没必要把预算和物资给不能打仗的海军。但海军也不能说做好了与美国开战的准备，因为陆军会说海军自己承认了不需要再增加军备。[①] 陆军对付苏联的军备和海军对付美国的军备是完全不相容的。1923年加藤友三郎的去世、1933~1934年的大角清洗摧毁了主和的领导层。日本的海权与陆权战略逐渐陷入失控。

九一八事变让日苏关系再度紧张起来。与此同时，1934年日本宣布退出华盛顿条约，1936年底进入了无军备限制的时代，于是日统帅部便着手修改《帝国国防方针》。1936年6月决定对《帝国国防方针》进行第三次修改，此后再未进行修改。[②] 因此，太平洋战争是根据第三次修改后的《帝国国防方针》进行的。《帝国国防方针》的内容包括如下：

第一，帝国国防的本义是根据日本建国以来之皇谟，始终以大义为本，不断增强国威，保障国利民福之增进。[③] 第二，帝国国防方针是根据帝国国防的本义，充实国力，建立起名副其实的稳定东亚的武装力量，而且外交也要与此相适应，以此确保国家之发展，一旦有事则先机制敌，迅速达成战争之目的。然而鉴于帝国国情，竭力加强战争初期之作战能力至关重要。当然，未来战争也有发展成为长期战争之可能，因而必须有经受得住这种长期战争的精神和物质准备。[④] 第三，鉴于帝国国防之宗旨，帝国将与我发生冲突可能性大、且拥有强大国力和武装力量的美国及俄国作为主要对手，并要防备中国和英国。[⑤] 为此，帝国国防所需兵力，要能满

[①] 刘景瑜：《近代日本海军对美7成比例问题探析》，载于《社会科学战线》2018年第7期，第105~110页。

[②] 丁志强、杨伶：《一战后日本亚太战略的中国因素分析——以日本〈帝国国防方针〉的修改为线索》，载于《日本问题研究》2009年第4期，第38~41页。

[③] 丁锦松：《徘徊在大陆国家与海洋国家之间——试论日本〈帝国国防方针〉的产生与修订（1907—1923）》，苏州科技学院硕士学位论文，2013年。

[④] 刘景瑜：《近代日本帝国国防方针的制定及第一次修改探析》，载于《社科纵横》2012年第8期，第101~104页。

[⑤] 丁锦松：《试论日本〈帝国国防方针〉的出台》，载于《神州》（下旬刊）2012年第10期，第11页。

足帝国国防方针之需要，以控制东亚大陆及西太平洋。在决定国防方针时，最大的争论点是假想敌国的排列顺序问题。海军认为"俄国和美国没有什么区别"，而陆军则坚持将美国排在第一位。决定上述兵力的基本想法是，以"确保对美一国作战有必胜的把握"。当时日本的判断是，美海军将依然坚持大舰巨炮主义，因而将最重视主力舰，其次是努力保持航空母舰的优势。①

由于传统的和历史的原因，日本坚信自己是不可战胜的（日本必胜）——一种从本质上说是由其独特的表达和交流方式以及政治制度造就的心态。日本正处在从传统的封建式武士道精神向现代工业化和作战方法转变的过程中。其政治军事领导层由于更多地是受过去的理论和战绩而不是现实形势的影响，他们明知后果但还是发动了战争。② 正如1941年9月海军总司令山本五十六海军大将对日本首相文磨所说的那样，"如果您坚持要我继续（战争），我可以保证痛打他们（美国人、英国人和荷兰人）一年半，但却不能对此后会发生什么情况有任何保证"。这种表示怀疑的观点在海军总参谋长永野修身海军上将那里得到了充分补充。他对天皇说："政府已经决定，如果没有战争，国家便在劫难逃。即便是有战争，国家也可能毁灭。但是如果一个国家在目前困境中还不进行战争，那么这个国家便失去了其精神，已经是一个注定要灭亡的国家。"③

虽然国家可能愿意接受某些让步以解决问题，但是它担心对方不仅不会做出同样的让步，反而会因此更加紧逼，力图迫使自己做出更大的让步。在极端情况下，寻求自我安全的国家可能会相信进攻和扩张即使不是实现目标的唯一途径，也是达到目的的最佳方式。第二次世界大战前，日本决策者认为如果不加强在亚洲的统治，就必然丧失日本自身的"生存"。罗伯特·布托（Robert Butow）转述了东条英机1941年9月讲话的意思：

---

① 徐传博：《军备竞赛与太平洋战争的起源》，载于《历史教学》（下半月刊）2019年第10期，第44~51页。
② 严双伍、郝春静：《战前日美经贸关系与太平洋战争的爆发》，载于《湖北师范大学学报》（哲学社会科学版）2020年第1期，第41~48页。
③ 张宝权：《山本五十六败亡：宿命还是必然？》，载于《中国国防报》2018年4月19日，第4版。

"美国的真实目的是控制远东。所以,在一个问题上做出让步就会使其提出更多的要求。这样一来,美国对日本的要求就会无休无止。"如果国家需要高度的安全感,或是感到其他强国的存在对它形成了威胁,这个国家对安全的追求也会促使其采取侵略行动。防卫行动导致的这类非本意和不理性的后果构成了所谓的"安全困境"。国家希望增强自我保护能力,结果是增加的实力既太多又太少:太多是因为国家增强的实力能够使它发起侵略;太少则是因为对方感到威胁,于是也就增强自己的实力,又削弱了前者的安全。安全困境不仅会造成冲突和紧张局势,而且会成为引起战争的导火索。如果技术和战略条件具备,使得双方都认为先发制人会给自己带来决定性的优势,即便是一个完全满足于现状的国家也可能发动战争,因为它担心如果自己不首先开战,不但不会维护和平,反而会使对方占尽先机。[1] 即使美国无意进攻日本,但是美国维护在东亚地区的扩展安全利益,就会威胁到日本在东亚的扩张性帝国地位。罗伯特·杰维斯(Robert Jervis)认为:将敌人误认为朋友,代价将是极端惨重的,而将朋友错当成敌人,代价则不会如此之高。在这种情况下,决策者宁肯犯后一种知觉错误也不能因犯前一种知觉错误而招致危险。[2]

从日本人的观点来看,袭击珍珠港的最大成果是打败了他们的主要对手。日本的政府从未想真正征服美国,他们是希望用大量击沉美国舰艇的方式促使美国分崩离析,就像他们在1905年打败俄国人那样,最后同意谈判,把他们夺取的领土让给日本。日本虽然成功袭击了珍珠港,但是,他却立刻使美国人民团结一心。从那时起,他们从未动摇过,决心取得彻底的胜利。[3]

---

[1] [美]罗伯特·杰维斯:《国际政治中的知觉与错误知觉》,秦亚青译,上海人民出版社2015年版,第63~70页。
[2] [美]罗伯特·杰维斯:《国际政治中的知觉与错误知觉》,秦亚青译,上海人民出版社2015年版,第472页。
[3] 刘世龙:《日本军国主义与太平洋战争》,载于《日本学刊》2005年第4期,第146~158页。

三、豪斯霍弗、马汉与日本的陆海并进

战略学说如果与国家大战略的政治目标相整合，既可能促进国家利益的实现，也可能损害国家的安全利益。但战略学说对国家决策产生影响的前提是，该国已经具备了该学说鼓励的战略行为的内外战略环境和利益诉求。早在19世纪末20世纪初，日本便出现了一些翻译介绍拉采尔、马汉以及麦金德观点的著作。1925年，日本《国际法与外交杂志》介绍了鲁道夫·契伦的地缘政治著作。①

麦金德的著作给了豪斯霍弗一种特殊的世界观。本来是向英国发出警报，告诉其统治世界浪潮的地位面临危险，在豪斯霍弗这里却变成了寻求与俄国妥协，击败盎格鲁—撒克逊人的垄断势力（包括处于这个范围内的美国）的邀请。1913年，豪斯霍弗写道，日本、俄国和"中欧帝国"之间利害相通，那是绝对无可争议的。纳粹统治全球的计划是一个谋求两大地缘政治学目标的灵活计划。首先，需要获得对中心地带的控制。② 然后，需要摧毁联合王国和美国的海军实力。③《我的奋斗》预示了这一点，重复了豪斯霍弗使用的麦金德概念。豪斯霍弗为求得同俄国和解而不懈地努力。他认为，1939年3月的"希特勒—斯大林条约"证明了其基本主张是正确的，它提供了一条从莱茵河到阿穆尔河远至日本的轴线。对希特勒来说，该条约是一个稳住俄国的权宜之计，因其当时正攻占波兰。

尽管1941年希特勒撕毁条约后豪斯霍弗撰写的多篇社论合乎爱国精神，但是，显然豪斯霍弗将其看作是一个地缘政治学上的错误，指出拿破仑和法尔肯海因在反对广阔中心地带的作战中遇到了种种困难。麦金德曾

---

① Keiichi Takeuchi, "Japanese Geopolitics in the 1930s and 1940s", in Klaus Dodds, and David Atkinson, eds., *Geopolitical Tranditions*: *A Century of Geopolitical Thought*, London and New York: Routledge, 2000, P. 72.
② 黄靖皓:《地缘政治视角下的日本"战略南进"研究》，国防科学技术大学硕士学位论文，2015年。
③ 方旭:《豪斯霍弗与"地缘政治学的世界"》，载于《读书》2019年第6期，第14~22页。

第六章 案例三：日本的战略转型（1868～1945 年）

担心的和豪斯霍弗所争取的互相兼并的前景，因"巴巴罗萨计划"而彻底破灭了。没有一个地缘政治学家预见到英国和美国的海上力量同俄国的陆上力量联合起来的情形。① 希特勒显然希望避免卷入同英国海上力量作战，他坚持认为，英帝国的继续存在是世界秩序必不可少的一部分。地缘政治学家们预见英帝国要逊位，并预言领导地位将转给美国。显然，希特勒的种族主义压倒了地缘政治学家的影响。如在豪斯霍弗看来，全球的地缘权力曾从地中海转移到大西洋，而到"一战"后，正从大西洋转向太平洋，因此，他本人对太平洋地缘政治非常关注。他的"大空间"（grossraum）、"生存斗争"（daseinsringen）、"优势民族"（herrenvolk）等思想对日本军事和工业领袖影响深远，日本吸收了德国地缘政治学说的很多理念。所谓"大东亚共荣圈"就是日本学习德国的结果。② 它影响了包括小牧实繁、饭本信之、小川琢治在内的日本地缘学者，成为 20 世纪三四十年代日本一系列重大对外战略的理论依据或政策注脚。③《日本时政》《大阪每日新闻》等大众传媒都在 20 世纪 30 年代相继报道了豪斯霍弗的思想。但是，日本没有听从豪斯霍弗不要跟中国发生战争而是要跟它友好的警告，日本的京都学派和地政协会最终都沦为日本对外战争和扩张的理论工具。④

日本海防理论的先驱者是林子平，他在《海国兵谈》一书中强调：海国必须发展海防，这与中国兵法和日本古代军事思想截然不同。⑤ 此外，早期的海权思想家还包括本多利明、佐藤信渊等代表的"经世派"，提出"经略海洋"。⑥ 但彻底唤醒日本海权意识的是马汉的《海权论》。该书一

---

① 方旭：《作为政治客体的生命：德国地缘政治学派的一个视角》，载于《湖北民族学院学报》（哲学社会科学版）2018 年第 5 期，第 125～130 页。
② Hans Weigert. *Generals and Geographers*, New York：Oxford University Press, 1942, pp. 91 - 167.
③ 梅秀庭：《近代以来日本海权思想研究》，外交学院博士学位论文，2015 年。
④ 陈艳云：《豪斯霍费尔对日本传统地缘政治学的影响》，载于《德国研究》2010 年第 3 期，第 49～54、81 页。
⑤ [日] 外山三郎：《日本海军史》，龚建国等译，解放军出版社 1988 年版，第 1 页。
⑥ 葛汉文：《国际政治的地理基础：当代地缘政治思想的发展、特色及国际政治意义》，时事出版社 2016 年版，第 150 页。

经出版立即被译成日文,日本上至天皇和皇太子,下到政府官员、三军军官和学校师生,都争相传阅。马汉在其自传中写道,据他所知,他的著作中译成日文的,比译成其他任何语言的都多。这可能是真的。至少日本对马汉的两部《影响》反响热烈。1897 年,东京的东方协会告知他第一部《影响》已由海军军官俱乐部译出,并且在该会会员中间散布,其中包括1800 名政府大臣、议会成员、文武官员、编辑、银行家和商人。译本还被呈送给日本天皇和皇太子,并且根据天皇敕令发放到日本每一所初中、高中和师范学校。鉴于后来的事态,或许更重要的是《海权对历史的影响》被日本所有海军和陆军学院采用为教科书。[1] 但日本对马汉的盲从,不能单纯归咎于马汉海权思想的魅力,而是与日本实际的战略需要相吻合,正如马汉的舰队决战影响德意志第二帝国和美国一样,威廉二世和罗斯福个人在接触马汉思想之前就已经对海权和海军情有独钟。

麻田贞雄(Sadao Asada)指出:日本的海军至上主义者从马汉的经济和贸易理论中推断出一种经济决定论,那就是资本主义的美国无法抑制自己进军中国的冲动,这样就会威胁到日本的切身利益。随着时间的推移,美国在强大海军支持下对中国的"经济渗透"将会导致日美之间的战争,这成了日本海军界的一个信条。[2] 恰恰是因为日美海军共享了同一种马汉的战略思想——迷信于大舰巨炮和舰队决战——他们走上了一条终点是珍珠港的不归路。[3]"二战"前的日本海军至上主义者们片面的、断章取义地解读了马汉的著作,忽视了日美两国在地缘政治位置上的不同。日本并不具备和美国进行战争所必需的海权要素:一个安全的领土位置;人力资源(人口规模、民族性格等);物质资源(自然资源、工业规模等)。[4]

---

[1] Mahan. *From Sail to Steam*, P. 303; Taylor. *The Life of Admiral Mahan*, pp. 114 – 115; Livezey. *Mahan on Sea Power*, P. 76.

[2] [日]麻田贞雄:《从马汉到珍珠港:日本海军与美国》,朱任东译,新华出版社 2015 年版,第 9 页。

[3] [日]麻田贞雄:《从马汉到珍珠港:日本海军与美国》,朱任东译,新华出版社 2015 年版,第 19~48 页。

[4] [日]麻田贞雄:《从马汉到珍珠港:日本海军与美国》,朱任东译,新华出版社 2015 年版,第 19~50 页。

第六章 案例三：日本的战略转型（1868~1945年）

美国方面，以日本为可能对手的"橙色计划"于1906年开始起草。1907年7月，日本移民危机达到顶点的时候，美国排除了由16艘战列舰组成的舰队到世界各地巡航。在大白舰队造访日本之后，日本海军进行了第一次大规模的以美国为假想敌的演习。1907年得到天皇批准的《帝国国防方针》中，日本海军将美国列为假想敌。1913年，美国加利福尼亚州《外国人土地法》引发了第二次移民危机，该法案禁止日本人拥有土地。当时，日本海军的"威胁"和日本移民的"危险"成为美国针对日本的理由。[①]

日本深受马汉的舰队决战思想影响，这直接决定了日本发动太平洋战争的模式。日本海军大臣大角岑生（Mineo Osumi）在为1935年伦敦海军会议准备的备忘录中指出：马汉为海军确立的主要目标是在一场决定性的会战中摧毁敌人的舰队。日本军令部报道科的富永隈（Tominaga Kengo）少佐说："如果没有马汉，大东亚战争就根本不会发生，至少不会有珍珠港的作战。"[②] 军事史学家罗素·韦格利（Ernest King）说，"美国战胜日本是马汉海权思想的胜利，这种海权因为有了航空兵和两栖作战而变得远为可怖。"美国海军在太平洋上的作战基本上秉承了马汉的海权思想，即作战时首先要保证获得无可争议的制海权。战略层次上的文化交流反而增加了日美战争的风险。

马汉的海权思想直接或间接影响了一大批日本的战略界人士：瓜生外吉、东乡平八郎、小笠原长生、秋山真之、佐藤铁太郎、加藤宽治等人。被称为"日本马汉"的佐藤铁太郎，对马汉的思想加以改造，创立了日本特色的岛屿帝国国防理论，并赢得了甲午海战和对马海战。佐藤铁太郎的海军战略论和秋山真之的海军战术都是马汉海权论与日本海军扩张实践结合的产物。佐藤考察了英国全球海洋霸权的建立与其在欧陆仅求维持均势

---

① ［日］麻田贞雄：《从马汉到珍珠港：日本海军与美国》，朱任东译，新华出版社2015年版，第19~21页。
② ［日］麻田贞雄：《从马汉到珍珠港：日本海军与美国》，朱任东译，新华出版社2015年版，第19~47页。

的战略关系,"如果英国在扩张海洋势力同时,走上征讨大陆扩大版图的道路,未必能建立近日的丰功伟业"①。进而得出结论:日本无力也无必要同时成为陆上大国和海上大国,应专心发展海洋利益和扩展海权。

日本人所遵循的方针同存在舰队学派所坚持的主张的不同之处,就总体而言,在于日本人是对各种可能性进行合理的深谋熟虑之后,尽管就在近旁存在一支强而有力的敌对舰队,仍采取决定性的步骤,必定导致取得成果的步骤;他们并未试想不经冒险便可取胜,而只是遵循拿破仑的名言,即抓住对他们最为有利的战机。假如他们终于失败,这一具体错误或其他错误便可能会归咎于他们;但就主要部分而言,他们的正确性并不少于胜利业已证实的正确性。②假如日本人坚持只有摧毁旅顺口舰队之后才能输送自己的部队,则旅顺口舰队时至今日还会依然是一支存在舰队。它只要停在港内便可达到这一目的。简而言之,依照存在舰队论倡导者的说法,这样一支舰队仅以其自身的存在,只要它本身坚持死守在港内,便可影响敌人使其不敢行动,陷于瘫痪,而无法获得成功的机会。可以毫不夸大地说,假如日本人接受这一理论,便会将登陆作战无限期地推延下去,而听命于敌人是否愿意进行海战。③可以公正地说,有些人赞成这一海军思想路线,但他们提出的结论却较有节制。例如,长期担任英帝国国防委员会秘书长的乔治·克拉克爵士曾经写道:"一支有效的舰队"假定是劣势舰队,"对于海战尤其是对于渡海输送陆军部队来说,具有强大的威慑作用。④"对于这一论述当然无可争议;而对于我们来说,值得关注的问题则是指明这一极端论点的危险性,对于全部因素不加仔细考虑即将军事术语公式化的人便会陷入极端的危险。

---

① 段廷志、陈华、闫雪昆等:《大家精要:佐藤铁太郎》,云南教育出版社2011年版,第68页。
② 冯玮:《从"尊王攘夷"到"尊王扩张"——对日本近代国家战略思想演变轨迹的探析》,载于《日本学刊》2002年第2期,第129~141页。
③ 张瑜:《日本近代海军建设过程中对马汉"海权论"的吸收》,载于《才智》2015年第3期,第269~270页。
④ 吕晓勇:《日本近代海防思想与海军近代化》,载于《军事历史研究》2004年第1期,第122~128页。

但日本并不具备马汉所列出的和美国进行战争的三个海权要素：一个安全的领土位置、人力资源（人口规模、民族性格等）、物质资源（自然资源、工业规模等）。即使是佐藤铁太郎也会经常把日本的区域优势与在全球推行马汉理论的使命相混淆。从日俄战争到太平洋战争的近半个世纪中，日本海军的绝大多数领导人不加批判地秉承马汉的理论（山本五十六对航空兵和制空权对海军重大作用的青睐倒是异类），全神贯注于战列舰、舰队决战、忽视护航的作用，以及由马汉经济决定论推导出的战争宿命论，这种战略学说鼓吹日本海军获得对陆军的预算优先权是灾难性的。[1]到了20世纪30年代，日本帝国海军对马汉理论的认识已经僵化到像宗教信条一样。

对美基本战略成立的前提是日美舰队一定能进行决战，并能在决战中消灭美国舰队。这是1905年的对马海战作战计划的翻版。然而，把截击急忙赶赴海参崴的波罗的海舰队与截击隔着辽阔无垠的太平洋而来的美国舰队看成一个类型是错误的。而且没有看到当时已经难有机会像昔日那样进行以主力舰为中心的舰队决战，没有看到海军战略已发展到新的阶段，思想落后于时代。[2]

四、赌徒心态与战略失衡

在国家战略决策中，少有确定型决策，国家往往能做的是将不确定型决策（存在两种以上的不同选项和潜在影响且概率难以测算）转化为风险型决策（存在两种以上的不同选项和潜在影响且概率可以测算）；而确定型决策则是国家战略塑造的理想情形，通常只在双方权力差距过大、战略决心差异不大、没有第三方介入时，才可能形成。

日本作为东亚大陆的离岸岛屿，周边水域和隔岸大陆事关该国的战略

---

[1] 宋德玲：《日本海军的近代化》，载于《世界历史》1993年第2期，第102~109页。
[2] 周俊：《二战前日本南进政策形成的历史脉络》，载于《长沙理工大学学报》（社会科学版）2016年第6期，第121~128页。

安全、海洋经济利益等方面。日本是东亚国家中唯一获得地区海权霸主的国家，在地缘政治和地缘经济上对东亚大陆高度依附，该国具有地理、战略和经济上的三重脆弱性。对联盟的依赖性既赋予了日本巨大的战略收益，同时也制约了日本独自挑战国际秩序和开展大规模地缘扩张的能力。近代以来，日本的结盟战略思想演变基本可以分为与大陆国家结盟和与海权强国结盟。

从陆权同盟战略来看，早在鸦片战争前，日本就有"日清提携论"的主张，日本作为东亚地区的离岸孤岛，试图联合大陆强国抵御欧美列强的入侵，寻求中国的安全保护，但因中国的积贫积弱，未能阻止佩里扣关和其他列强对日缔结不平等条约。鸦片战争后，日本又涌现出了"日俄同盟论"的基调，希望联合俄国来共同侵吞中国，却又在《马关条约》签署后，由于俄国联合其他列强的施压，而被迫将辽东半岛拱手让出。[1] 在"二战"前和"二战"期间，日本选择与德国结盟，寄希望德国在欧洲的扩张可以给苏联和美国沉重一击，以便日本实现东亚及西太平洋地区的称霸，但日德联盟反倒增加了苏联进攻日本的借口，陷入毁灭性的过度扩张。总之，日本与陆上国家的结盟尝试，要么未能落实而胎死腹中，要么未能实现国家的进一步崛起和战略安全的实现，毁于过度扩张。

日本加入的三国轴心加剧了它的战略透支：英日同盟的主要目标是协助维护英国主导的远东殖民秩序，换取英国对日本在东亚地区扩张的支持；三国同盟战略则是颠覆凡尔赛—华盛顿体系，称霸亚太、瓜分世界。前者的目标主要限于一两个国家，往往保持战略优势；后者则近乎与整个世界为敌，轴心国的联盟势力无法取得优势，而且英日同盟时日本起码保持了自助为主，但三国轴心中，日本将很多不切实际的战略预期寄希望于德意两国的成功。[2] 德日联盟是与盟友互相欺骗、步调不一致的战略，日本企图邀请苏联加入三国公约时，德国则在准备对苏战争；当德陷入对苏

---

[1] 叶文郁：《论近代日俄对我国辽东地区的争夺》，载于《广州大学学报》（综合版）2000年第6期，第1~7页。

[2] 段廷志：《日本结盟战略与实践研究》，军事科学出版社2013年版，第35~36页。

第六章 案例三：日本的战略转型（1868～1945年）

的消耗战不能自拔时，日本最终放弃北上合围苏联，转而南下进攻美国；日本对德国的陆军预期以及德国对日本的海军预期，都有太多的幻想。爱德华·德瑞（Edward J. Drea）指出：德国发动在欧洲的战争后，日本的主流决策认知是：确信轴心国之间的军事联盟能阻止美国介入亚洲事务。日本1894年对中国运兵船和1905年对驻扎在中国旅顺的海军基地的开战攻击，都是基于一套全面的外交、政治和军事战略的指导下进行的，目标是通过速战速决实现政治和谈、结束战争。但在1941年的偷袭珍珠港事件中，日本的军事计划缺失上述要素。①

而反观日本的海权同盟战略则收获颇丰。"三国干涉还辽"后，日本战略界涌现出了"日英同盟论"的论调，日本在1902年1月30日与英国签署了《日英同盟条约》，直到1921年的华盛顿条约才使同盟"寿终正寝"。日本在英日同盟的护持下，得以实现1904年对俄作战的胜利和顺利推行对外殖民扩张，没有受到其他列强的明显制衡。

自明治维新以来，日本并没有效仿英国成为一个追求贸易自由、间接路线的海权主导国，反而试图成为陆海双料霸权。在战略对手的塑造上徘徊于中俄（苏）与美英；在地缘崛起的方向上同时追求"大陆政策"和"南洋政策"；在战略决策上寻求国家的整体安全与国内部门私利竞争的脆弱平衡。近代日本对外政策的长期特征就是缺乏大战略思维，在很大程度上理想主义支配了现实主义的战略逻辑。1941年，东条英机（Tojo Hideki）对近卫文麿说道："有的时候我们必须闭上眼睛，从清水寺的舞台上纵身跳下。"② 即使所谓的"大东亚共荣圈"也缺少实质性的战略规划，1902年的日英同盟和1922年华盛顿会议的明智妥协只是昙花一现，军事战略逐渐取代大战略运作。赢得战争似乎成为了战略目标本身，"强兵"的重要性压倒了对"富国"的追求。

---

① ［美］爱德华·德瑞：《日本陆军兴亡史：1853～1945》，顾全译，新华出版社2015年版，第308、326页。
② ［美］理查德·J. 塞缪尔斯：《日本大战略与东亚的未来》，刘铁娃译，上海人民出版社2010年版，第1页。

对日本过度扩张的最好解释是：它是迈向现代化所导致的一种结果。军部在日本各利益集团中占据了支配地位，并扼杀了那些本可能对军国主义构成制衡的民主力量的发展。国际事件确实与日本国内的结构相互作用，为军国主义解决方案提供了有利条件。① 日本袭击珍珠港是工业时代帝国主义过度扩张最为极端的例子之一。日本的案例支持了关于过度扩张原因的四个主要结论。

第一，日本人通常将"纸老虎意象"、追随理论、动荡不定的边疆幻觉、机会窗口的逻辑等诸如此类的战略迷思结合起来，来为他们自取失败的战略做辩护。第二，日本追求帝国和自给自足的努力不是一种理性的战略冒险，日本面临的经济萧条和军事威胁并不足以让其除了战争手段外彻底绝望。第三，20 世纪 30 年代后期的过度扩张是因为陆、海军精英之间的互助，以及为自我利益服务的帝国主义意识形态所导致的后坐效应。第四，当日本政治体制的卡特尔化程度最高时，其过度扩张的倾向最为明显，而当政治体制比较单一化或民主化时，这种倾向就趋向于缓和。② 到 20 世纪 30 年代以前，日本的扩张计划是有限的，而且当面临负面反馈时，其扩张政策也是可以逆转的。③ 日本走向过度扩张大战略的主要转折点出现在 1937 年，直到大约 1937 年日本发动对中国大规模战争前，日本帝国战略的成本还未超过其收益，随着日本在军事上陷入中国泥潭，在经济上因重点发展重工业而对轻工业和出口导向部门造成了损害，日本推行自给自足的帝国战略的成本才超过了收益。

第一次世界大战极大地刺激了日本的出口需求，强化了日本的贸易利益，使日本认为自由贸易比军事扩张更为有利可图。当世界大萧条及相伴而生的保护主义使国际环境不再适于采取自由主义政策时，在日本，相对

---

① Jack Snyder. Myth of Empire: Domestic Politics and International Ambition, Cornell University Press, 1991, P. 151.

② Jack Snyder. Myth of Empire: Domestic Politics and International Ambition, Cornell University Press, 1991, pp. 113 - 114.

③ Jack Snyder. Myth of Empire: Domestic Politics and International Ambition, Cornell University Press, 1991, P. 114.

第六章 案例三：日本的战略转型（1868～1945年）

自由的大正体制就让位于猖狂的军国主义了。日本需要在抵抗力量被动员起来之前便发动进攻，事实上，充分利用即将关闭的机会窗口，并以先发制人的方式阻止权力转移，这是日本军国主义的常态。胜负损益被认为会滚雪球似的增长，但其所依靠的机制是不同的。胜利助长了以战养战的乐观预期，同时强调如果日本进行战略收缩，会让其他国家对日本持有更为进攻性的姿态。战略认知的变化通常是由政策变好的变化直接导致的，而非相反。海军最高官员们相信，与德国结盟会触发日美之间敌对情绪的螺旋式上升，并导致战争的爆发，日本必然以失败而告终。但当他们清楚地看到陆军决心不惜一切代价与德国结成同盟时，他们便接受了陆军关于同盟能够威慑美国的观点。[1]

日本领导人认为，美国极富侵略性，以至于日本不得不通过帝国扩张来对付它的侵略；但同时美国又是十分温顺的，所以在日本发动进攻之后它不会在太平洋地区真正地参加战斗。一系列形成性教训让日本精英认识到国际政治实质上是一场零和性的军事竞争，采取进攻性的战略和战术可以收益，而谋求合作则无法获益。

英国历史学家杰弗里·里根（Geoffrey Regan）断定，对马海战导致了预料之外的后果，创造出"一种让日本领导人在40年时间里无法忘怀的神话——战胜了一个世界强权之后，一些日本军人坚信舰船如果更多、更大、更好，就能在整个太平洋赢得相似的胜利。或许没有哪个国家能战胜日本海军，即使英国和美国也不行"[2]。珍珠港事件发生后，日本内务大臣末次信正（Nobumasa Suetsugu）说，珍珠港事件源自1922年："自从《华盛顿和约》规定了10∶6的比例之后，我们在20年时间里进行了难以言说的训练，今天我们必须说，这些训练带来的是完美的结果。此外，我们可

---

[1] Jack Snyder. *Myth of Empire: Domestic Politics and International Ambition*, Cornell University Press, 1991, P. 128.
[2] ［美］克莱格·尼尔森：《珍珠港：1941，现代美国命运的转折》，宋世锋译，中信出版社2019年版，第27页。

以说这一胜利是浔龙河被压抑住的愤恨现在开始爆发而得到的。"①

就在日本感觉受到美国和欧洲列强的蔑视时，它认为自己被欧美殖民地包围了。国家地位的荣耀和地缘威胁加剧了20世纪20年代的日美矛盾。山本五十六于1927年从华盛顿返回东京之后，试图警告国内的法西斯好战分子不要低估美国："任何见过底特律的汽车工厂和得克萨斯的油田的人都知道，日本缺乏与美国进行海军竞赛的国力。"②很多日本领导人并不认为他们的帝国雄心是走德国道路，而是倾慕美国在1823年提出的门罗主义，日本政治学家佐藤信渊（Kondo Hisaku）推出《宇内混同秘策》，"日本是万国之本，亚细亚是亚细亚人的亚细亚，更是日本人的亚细亚"。"二战"时期日本将这一版本的"门罗主义"称为"大东亚共荣圈"，1935年日本外务省主要官员来栖三郎（Saburo Kurusu）指出：日本是东方文明的领袖，美国是西方文明的领袖，这两个世界强权不能发生战争，否则就是"自杀"。③

自从1853年美国海军准将佩里扣关以来，通过"富国强兵"和"殖产兴业"打破"不平等条约"成了日本发展的主要动机。日本陆军成为对竞选有重大影响的势力，政府要想存续下去，取决于陆军对政府的信心。1901年，伊藤博文政府的倒台预示着日本独立的文官政治的终结，山县有朋将军成了日本政治的主宰者。日本帝国主义的动机由畏惧心态和追求地位结合而成，日本对于西方列强在亚洲的势力心存畏惧，日本普遍存有一种共有的信念，即帝国是日本获得大国地位的必要条件，因此日本应当获得殖民地。在日本的扩张过程中，物质回报所发挥的作用并不重要，只是被用来向日本公众舆论宣扬帝国主义而已。④

---

① ［美］克莱格·尼尔森：《珍珠港：1941，现代美国命运的转折》，宋世锋译，中信出版社2019年版，第29页。
② ［美］克莱格·尼尔森：《珍珠港：1941，现代美国命运的转折》，宋世锋译，中信出版社2019年版，第33页。
③ ［美］克莱格·尼尔森：《珍珠港：1941，现代美国命运的转折》，宋世锋译，中信出版社2019年版，第40～41页。
④ Richard Ned Lebow. *A Cultural Theory of International Relations*, Cambridge University Press, 2008, pp. 401–405.

第六章 案例三：日本的战略转型（1868～1945年）

与意大利和德国不同，日本的法西斯主义未能通过群众运动发动革命而掌握政权，而是利用当时现有的政治力量、军事组织和官僚机构。在日本的外交决策中，以扩张主义、国家威望和民族使命为代表的政治价值观逐渐优先于经济价值观。如果日本能够赢得战争，那么世界如何看待日本便无足轻重，获取霸权地位是日本外交政策的动机之一。至1937年7月，日本陆军的力量已经强大到能够对中国发动一场战争，而且无须日本国内政府预先给予支持。在日本于1942年（或1943年）充分备战之前，日本试图避免与苏联和英国发生冲突。在日本对美国和英国开战的问题上，日本陆军是比海军或文职人员更为坚定的支持者。在日军内部，唯有与德国联盟才能建立新秩序已经变成了一种信条。外务大臣松冈洋右极力主张，日本应当利用德国即将取得的胜利在东亚建立新秩序。日美战争前，日本的石油储备约为9400万千升，仅能维持不足2年。虽然美国的禁运增加了日本侵略中国的成本与难度，但也是迫使日本攻击夏威夷、菲律宾、新加坡、印度尼西亚和缅甸的催化剂。①

日本将军被太平洋战争的前景所吸引，也存在文化方面的原因：他们自视为重视勇气、牺牲和忠诚，敢于迎接挑战而不是让步妥协或者落荒而逃的悠久军事传统的代表。近代的日本，随着扩张果实的累积，越发倾向于承担风险。对日本的将军而言，从中国撤军并奉行更为和平的政策是其无法接受的，撤退和投降势必会失去权位。此外，撤军伤害其荣誉感，违背其价值观，并威胁其身份认同，即使在战争中失败，也能维护其荣誉。日本通过谨慎的策略将其获胜几率最大化。②"二战"中，日本只是在陷入侵华战争的持久战，并激起美国对其实施石油及其他战略物资的禁运之后，才表露出对于安全的担忧。试图被接纳为大国的国家总是比现存的大国显得更具侵略性。如果该国的领导或民众曾经遭受过体系内大国的排

---

① Richard Ned Lebow. *A Cultural Theory of International Relations*, Cambridge University Press, 2008, pp. 404–414.

② Richard Ned Lebow. *A Cultural Theory of International Relations*, Cambridge University Press, 2008, pp. 414–418.

斥、冷落或者羞辱，那么它的侵略性会更加凸显。如果说德国的目标是法国和英国，俄国反对的是西欧，日本则反对整个西方列强。一旦荣誉和地位成为核心问题，领导者便愿意承担相当大的风险，旨在规避损失或者获得利益。[1]

日本在军国主义的道路上逐渐走向深渊：1874年进攻中国台湾、1894～1895年的中日甲午战争、1904～1905年的日俄战争、1907～1910年吞并朝鲜、1914年对德宣战、1918～1925年干涉俄（苏）内战、1927～1928年出兵中国山东、1931年侵占中国东北、1937年的中日全面战争、1941年的珍珠港事件与太平洋战争的爆发等[2]，每一次的军事胜利都加剧了日本的"赌徒心态"，刺激日本不断升级国家的崛起和扩张目标，最终陷入了过度扩张。"二战"的失败，让日本从明治以来的"陆主海从"和"陆海并进"转为"海主陆从"，日本的整体战略从进攻性过渡到防御性，成为一个追求商业立国和"专守防卫"的海权国家。

日本历经了与英美海权国家结盟的战略收益，以及与陆权主导的纳粹德国结盟的惨痛教训，在"冷战"期间和"后冷战时代"初期，日本将维护国家安全的大部分成本移交给了美国的霸权护持和延伸威慑。但随着日本修改和平宪法、加快走向军事大国、借助日美同盟制衡中国崛起、右倾化抬头、美化侵略战争，追求商业之剑与军事之盾双管齐下。从"冷战"期间的防卫型海权战略逐渐转为扩张型、先发制人的海权战略，意图打破原有的东亚海权格局态势，对中国的战略安全和崛起态势构成了挑战，加剧了东亚诸大国的海军军备竞赛困境。日本海上战略的核心不会改变，即把亚洲敌对的陆权国家遏制在日本列岛沿海，限制它们进入大洋。[3] 对历史上日本的战略转型和海权竞争逻辑进行研究，有助于对21世纪的日本战略走向提供参考。

---

[1] Richard Ned Lebow. *A Cultural Theory of International Relations*, Cambridge University Press, 2008, pp. 429 – 438.

[2] ［日］藤原彰：《日本军事史》，张冬等译，解放军出版社2015年版，第35～190页。

[3] 张文木等主编：《21世纪海洋大国：海上合作与冲突管理》，张沱生等译，社会科学文献出版社2014年版，第177页。

日本的对外战略一向追求实用主义原则，尽管战略试错的代价惨重，但在国际体系的无政府状态下，日本格外相信国家自助的重要性，聚焦大国权力的地理分布变化，将地缘战略进行相应调整，并对与他国的相互依赖关系持有高度戒心（例如对美国石油的依赖和与珍珠港事件的关联）。国家的战略偏好和政策选择是复杂的系统效应，在进攻与防御、维持现状与修正主义之间徘徊是历史的常态。

第三节
日本战略转型的历史进程与日美太平洋战争的根源

一、日本地缘扩张的进程

（一）中日甲午战争与日俄战争

"修昔底德陷阱"包括"崛起国综合征"与"守成国综合征"。前者主要是指崛起国自我意识不断增强，要求增加自己的利益以及获得更大的承认和尊重；后者基本就是前者的镜像，是指既有大国面临"衰落"的威胁时，恐惧感和不安全感不断被放大。[1] 在日本扩张和战略透支的案例中，同时出现了这两种综合征。近代日本扩张的基本动因包括安全（西方列强的攻势威胁紧迫感）和加入"大国俱乐部"而需要扩张权力的使命感。日本的使命感、焦虑、受害者心态及报复心理加深了对"崛起国综合征"的理解。

如果根据国家的安全、经济利益来界定20世纪30年代日本的对外政

---

[1] ［美］格雷厄姆·艾利森：《注定一战：中美能避免修昔底德陷阱吗？》，陈定定等译，上海人民出版社2018年版，第71页。

策，会发现其越来越失去理性。例如，日军占领中国东北，1933年3月日本退出国际联盟。1936年11月与德国和意大利共同签署《反共产国际协定》，1937年7月进攻中国华北，1941年12月7日袭击美国在夏威夷的舰队，其后攻击菲律宾与英国、荷兰的殖民地，要理解日本的这种战略透支，必须从日本历史中找答案。日本奉行"赶超型帝国主义"，在其自身的中央意识以及日本皇室的影响下，日本不愿从属于任何大国主导的地区秩序，无论是葡萄牙的天主教扩张、英国的自由海洋霸权秩序、美国试图在东亚推进的"门户开放"政策，还是俄国西伯利亚铁路和东进运动带来的陆权秩序，日本如果屈从于任何形式的权威，都会违背这种自我定位。[①]

日本领导人认为，为了保护他们的国家不受大陆邻国的侵扰，他们将不得不占领中国台湾、朝鲜和库页岛。这就预示着必然要相继与中国和俄国交战。为与中国交战，日本未经宣战就袭击了一支中国护航队。在中日甲午战争（1894~1895年）中，日本在陆上和海上都取得了胜利。伊东佑亨率领的日本舰队先是在鸭绿江海战中击败了丁汝昌的中国舰队，继而配合陆军攻占旅顺口、在威海卫击溃丁汝昌的余部。和约要求中国从朝鲜撤军，并割让了台湾、澎湖列岛和旅顺口给日本。[②]

中日甲午战争是近代日本首次进行的对外战争，然而，日本海军取得了未曾预料到的重大胜利，打开了展望未来的大门，加速了充满希望和信心的海军建设，同时也形成了日本海军的传统。在中日甲午战争中日本由于未获得早期制海权而产生的一系列问题，不仅使海军，而且使陆军也深刻地认识到了获得早期制海权的必要性。这一作战思想不仅在日俄战争中得到具体运用，开战伊始就奇袭旅顺口，而且成为日军的传统战略思想。由于联合舰队在中日甲午海战中取得了重大胜利，在其后的编成中便一直

---

① Richard Ned Lebow. *A Cultural Theory of International Relations*, Cambridge University Press, 2008, pp. 397-401.

② 刘岳兵：《甲午战争的日本近代思想史意义》，载于《外国问题研究》2008年第1期，第9~13页。

沿袭了联合舰队的编法,联合舰队也成了使国民感到亲切和信赖的名称。[①]在海军内部也形成了这样一种倾向:联合舰队才是海军中最高的岗位。它成了官兵憧憬的对象,从而形成了舰队至上主义的风尚。海军结构的整个革命和从风帆船到蒸汽、从木质到钢质的转变都是在各主要海军力量的新型军舰没有进行相互交战的情况下发生的。1904~1905年的日俄战争表现出了海上作战中内线作战的决定性影响,当时日军的战略位置使之得以击败比自己强大许多的俄国战列舰舰队。[②]

在冲突刚开始时,俄国除了被限制在黑海的几艘战列舰之外,拥有14艘现代化的主力舰,均装有10英寸或12英寸的火炮。这些设计良好、装甲厚重、数量上占优势的军舰,使俄国对日本拥有决定性的优势。而日本只有6艘军舰,比俄国的军舰要更新一些、速度更快一些、体积也要大一些,并均装配有12英寸火炮。日本在俄国有7艘军舰位于波罗的海、7艘位于其在满洲的基地旅顺港时发动了战争。[③] 俄军这种部署正好将日军舰队置于了俄舰队的两部分主力舰队之间。日军于1904年2月宣战之前突然向位于旅顺港的俄军舰队实施了鱼雷艇攻击之后,立即取得了在远东地区的海上优势。此次攻击的结果是,3艘俄军战列舰暂时失去了作战能力,并使日军可以利用位于日本和朝鲜的邻近的基地封锁俄军的分舰队。[④]

由于能够利用其中央位置以集中兵力对付俄国的亚洲舰队,日本试图在波罗的海的俄国军舰到达之前将其消灭。日本陆军通过运用一种类似于亚历山大对付波斯海军的后勤战略,为完成此项任务提供了主要的手段,且日军所掌握的制海权为日本陆军完成此任务提供了极大的方便。[⑤] 除了

[①] 关捷:《甲午战争前日本的战备及其战略计划——兼驳"甲午战争突发论"》,载于《山东社会科学》2014年第6期,第107~113页。

[②] 刘世龙:《甲午战争,日俄战争与清末政治》,载于《史林》1995年第2期,第38~44页。

[③] 雷颐:《甲午战争、日俄战争与两次世界大战的战后处理》,载于《文史天地》2017年第9期。

[④] 张宪文:《日本侵华图志》第2卷,引自《甲午战争至日俄战争》,山东画报出版社2015年版。

[⑤] 殷欣:《从甲午战争到日俄战争:俄国远东政的嬗变(1895—1904)》,南京大学硕士学位论文,2011年。

确保通过海上提供充足的补给之外，日本海军如同马拉松战役中的波斯舰队，可以为其陆军提供选择登陆地点的主动权，而且丝毫不必担忧俄国人会渡海向位于朝鲜或他们国家岛屿上的日军发起攻击。

波罗的海的俄国舰队直到1905年5月才到达，它完全不是东乡平八郎的那些得到重新修复的军舰和饱经战争洗礼的官兵的对手。另外，在试图加强该分舰队战斗力的一项错误做法指导之下，俄海军部广泛收罗海军"古董"装备的做法反倒加重了其舰队的负担。所以当部分这类"古董"装备加入舰队到达远东时，让一位目击者联想起了"一群猫头鹰被从森林中轰出来后飞入强烈的阳光之下"的情景。另外，派出如此众多的军舰又过分分散了有作战技能的海军的人力资源，致使连其最好的军舰上都有许多未经训练的水兵，因此舰上炮手的操作熟练程度和其他作战技能也就相应地降低了。[1]

马汉对日俄战争做了精彩的评价：当战争发生于两个被海洋隔离的国家之间，显然，入侵别国所占领地的国家必采取攻势，而进攻的工具则是遂行入侵时的武器，这就是陆军。海军则负责维护和确保陆军交通的安全。即使海军可能单独入侵，但却难以使其成为入侵兵力。即使它可能单独发动攻势，但却无法使其成为攻势武装。即使它本身的活动方式具有攻势性质，但却未必能使其在协同作战中构成攻势因素。在联合行动中它采取攻势。在遂行守势任务中，遇有摧毁敌舰的机会，它便不断采取攻势行动，这样并不改变它作战的基本性质。在它的炮火所及范围之处，它以攻势行动进行防御；但它确是在进行防御。这就是日本海军在最近这次战争中所担负的职能。[2]

由于俄国陆军依然强大，加之波罗的海舰队正东渡驰援，已接近远东海域，因而和谈之说不久就烟消云散了。对马海战就是在此后不久发生

---

[1] ［美］阿彻·琼斯：《西方战争艺术》（下），刘克俭等译，海南出版社2018年版，第449~498页。

[2] Yoshihara T, Holmes J R. Japanese maritime thought: if not Mahan, who? *Naval War College Review*, 2006, 59（3）：22-51.

第六章　案例三：日本的战略转型（1868~1945年）

的。在这次海战中，俄国舰队惨败，这强烈冲击了沙俄宫廷。这时，日本政府于1905年5月31日授权驻美公使高平请求美国总统出面斡旋。6月2日，西奥多·罗斯福总统召见俄国驻美大使哈西尼，提出了和谈建议。不久，沙皇表示接受罗斯福的劝告。从1905年8月10日起，在朴次茅斯举行了会谈，经过一番波折后，终于在9月5日签订了媾和条约。① 这一条约是极其克制的，但从对手是陆上兵力依然占优势的俄国这一点来看，应该说已经达到了最高要求。

日本人赋予了对马海战非常重要的历史意义：因为对马海战与公元前480年波斯战争中的萨拉米斯海战、1588年英国与无敌舰队的海战一样，都是通过海战防止了拥有强大陆军的大国的侵略，并迫使其放弃侵略企图。此外，在对马海战中，舰炮击沉包括舰队装甲舰在内的多艘军舰而获胜这一事实，揭示了炮才是海战的支配者的真理。这一真理立即被当时的英国海军大臣费希尔运用到其军备计划中，建造了"无畏"级战列舰。② 并且各国也竞相仿效，从而出现了所谓大舰巨炮主义的时代。从这个意义上说，对马海战也在世界海战史上留下了浓墨重彩的一笔。

日本海军在这场新的攻防战中，站在协约国一方作战，体验了这场战争的重要性和困难性。但是对于这场战争的教训，不论是战争的参加者还是日本海军，几乎都未能加以总结。相反，日本海军首脑却被自己并未亲身参加过的日德兰海战深深地吸引住了。这是因为当时日本正巧要开始建设八八舰队，这个舰队吸取了日德兰海战的教训，采取了所谓"日德兰海战后"的方针。③ 更根本的原因是日本海军当局根本没有注意到潜艇给海战带来的变化，而过高地评价了日德兰海战的意义，认为其意义与日本海

---

① Menning B W. Neither Mahan nor Moltke: Strategy in the Russo-Japanese War. The Russo-Japanese War in Global Perspective, editors: John W. Steinberg, Bruce W. Menning, David Van Der Oye, David Wolff, and Shinji Yokote. Boston: Brill, 2005, pp. 129–156.
② 王海军：《对马海战与海军技战术的发展》，载于《现代舰船》2005年第7A期，第48~51页。
③ 王强、康磊、杨晓东：《战列舰时代的巅峰之战——东乡平八郎与对马海战》，载于《国防科技》2005年第2期，第90~96页。

483

海战一样，甚至还超过了日本海海战。

（二）日美海权军备竞争

19世纪后半叶的日美关系，正处于两国分别克服南北战争和明治维新这种国内事件的考验，获得大幅度成长的时期。美国于1836年、1845年、1851年曾经三次通过特使外交或武力威慑的手段试图让日本"开国"，但都失败。直到1853年和1854年，美国海军准将佩里（Matthew Calbraith Perry）两次通过海军强制外交迫使日本与美国签订了《神奈川条约》。但在"开国"问题上，美国对日本要比英国对中国相对宽容；加之第一任驻日公使哈里斯实现了日美"通商"，签订了《日美修好通商条约》，导致日本国内出现了与美国联合、与英国对抗、打退俄国的观点。美国成功构筑起了和日本的特殊关系，形成了初期友好的局面。[①]日本出现了很多对美国感谢的论述者，美国国内对努力摄取西方文明的日本好感度也有所提高。美国国民对于岩仓使节团的欢迎状态就是例证。

最初，在欧美国家中，对中日甲午战争中中国居于有利地位的预测占有优势。在劝说中国同意停战的立场来看，美国比欧洲列强展现出更多的对日合作姿态。三国干涉还辽后，作为亲日派的代表，美国前国务卿约翰·福斯特（John W. Foster）赶赴北京，强烈劝告清朝政府批准《马关条约》，清政府最终同意以"三国干涉还辽"的结果为条件批准了条约。日本国民有亲美感情，进入明治以后，由于"吉田—埃瓦茨（William Maxwell Evarts）协定"的签订，中日甲午战争期间美国对日本带有好意的对应等，日本亲美的情感进一步积累。

随着美国南北战争后的重建和国内体制的完善，以及1898年美西战争的胜利；日本在中日甲午战争后取得了对俄作战的胜利；美国开始通过"门户开放"政策涉足西太平洋地区，日本不得不面对美国在东亚的重要

---

① ［日］五百旗头真编著：《日美关系史》，周永生译，世界知识出版社2012年版，第2~12页。

第六章 案例三：日本的战略转型（1868～1945年）

利益。美国总统西奥多·罗斯福（Theodore Roosevelt）面对崛起的日本，采取势力均衡（blance of power）的外交原则，以实力为基础调整国家利益，实现了日美两国对彼此立场的尊重，在日俄战争期间给予日本大量的经济支援，通过朴茨茅斯会议让日本终止了已经力不从心的战争，日本承认美国的"门户开放"政策和势力范围，美国也承认日本在朝鲜半岛和在中国东北地区的特殊利益，冷静对待日本在美国增加移民的问题。甚至日本在"二战"期间的"大东亚共荣圈"也是受到了美国"门罗主义"（Monroe Doctrine）的影响。面对日本地缘政治扩张的进程，为了消解美国国内的反日情感，西奥多·罗斯福总统通过"日美君子协定"、大白舰队（Great White Fleet）对日本展开的海军外交、《高平—罗脱协定》加以平衡解决。亨利·J.亨德里克斯（Hendrix, H. J.）指出：1908年，美国派遣"大白舰队"访问日本后，促成日本主动发起日美对话，达成了鲁特–高平小五郎协定（the Root–Takahira agreement），内容是保证日本在中国和朝鲜半岛获取优先利益，日本承诺不侵略菲律宾，美国的这次海军外交很可能让日美冲突延后20年。[①]

由于日本的崛起，日美关系从一直以来的师徒关系发展成为含有战略要素、复合型的多重关系。美国将日本视为威胁、排日移民运动盛行，刺激了日本渴望与列强平起平坐的权力地位诉求。1911年中国的"辛亥革命"、1914年的第一次世界大战、1917年的俄国革命，改变了国际环境的进程；日本领导层看到亚洲地区出现了"权力真空"，增加了在亚洲大陆扩张的野心，违背了美国的隔岸平衡战略；美国缺失像罗斯福总统那样具有高明战略思想的现实主义政治家，塔夫脱（1909～1913年）、威尔逊（1913～1921年）两届政府采取了更具理想主义、原教旨主义（fundamentalism）的政策主张，如"金元外交"试图强行与日本分享在中国东北地区的经济权益等，这些都为日美关系增加了很多战略不确定性和安全困

[①] ［美］亨利·J.亨德里克斯：《西奥多·罗斯福的海军外交：美国海军与美国世纪的诞生》，王小可等译，海洋出版社2015年版，第220～222页。

扰。此后1917年11月签订的《兰辛—石井协定》让日美两国再次确认对彼此战略利益的尊重，但对特殊利益的解释仍有分歧。对1918年8月针对俄国革命出兵西伯利亚的行为，美国反对日本出兵，随着捷克军团在西伯利亚叛乱，美国以"救援捷克军队"的名义实行有限度的共同出兵。但在1920年1月，美国在没有通知日本的情况下突然决定单独从西伯利亚撤军，日本原敬内阁在撤军过程中，遭遇了游击队杀害日本守备部队及移民的"尼港事件"。①

第一次世界大战后，日本、英国、美国三国展开了造舰竞赛，军费开支大增，使遭到战争破坏极大的英国已无法忍受，就连未遭受战祸的美国也感到财政拮据。日本1921年的海军预算占国家岁出的32%，这样下去必然导致财政危机，有识之士也强烈要求裁军。日本政府决定利用华盛顿会议的机会，实现裁军和维持日英同盟这一历来的基本方针，因此便答应出席这次会议。②

1907年，日美海军军备竞赛已经开始。1901年时，日本拥有12艘战列舰和装甲巡洋舰，美国仅有7艘。而到1907年3月，日本拥有25艘，美国则拥有35艘，日本转而处于劣势。为达到美国海军70%的水平，日本海军开始实施雄心勃勃的"八八舰队"计划，即拥有不超过8年舰龄的8艘战列舰和8艘装甲巡洋舰以及全部的辅助舰只。③ 1914年巴拿马运河的开通彻底改变了日美战争的前景，大大方便了美国战列舰从大西洋转移到太平洋。战略距离的急剧减少使日本海军倍感威胁。1918年8月，威尔逊总统宣布美国将在三年内建成10艘"超级无畏舰"和6艘战列巡洋舰的计划，日本海军把它视为对自己的威胁。④

---

① ［日］五百旗头真编著：《日美关系史》，周永生译，世界知识出版社2012年版，第56～76页。

② 祝曙光：《华盛顿会议与日本》，载于《西南大学学报：社会科学版》1987年第S2期，第94～101页。

③ ［日］麻田贞雄：《从马汉到珍珠港：日本海军与美国》，朱任东译，新华出版社2015年版，第19～59页。

④ ［日］麻田贞雄：《从马汉到珍珠港：日本海军与美国》，朱任东译，新华出版社2015年版，第19～63页。

第六章　案例三：日本的战略转型（1868~1945年）

华盛顿会议的直接背景是1920~1921年日本和美国蔓延的战争恐慌。日美之间陷入了海权层次的安全困境：日本认为，一支强大到足以保护菲律宾和"门户开放"的海军是对他们的一种威胁；相反，美国认为日本有一支足够保卫自己并推行其国策的海军是对菲律宾和远东其他国家利益的威胁。[①] 种族冲突加剧了日美的地缘政治对抗：美国担心日本控制和利用中国的人力和资源将使其获得"统一的黄色人种"，进而"横扫世界"，"有色人种的浪潮"将向东席卷太平洋，威胁白人的地位和美国自身的安全。而移民问题让对种族歧视敏感的日本方面愤怒剧增。[②] 华盛顿会议让日美两国建立了一定程度的相互信任和友好关系，海军条约的成功很大程度上是由于它被纳入基于全面政治和解的华盛顿体系之中。在20世纪20年代，支持和反对条约势力的分裂一直困扰着日本海军。[③] 加藤友三郎看重的是广泛的政治和国际因素；加藤宽治痴迷于军事战略和技术的优势。加藤友三郎看到的危机是不断升级的军备竞赛，而加藤宽治看到的危机是日本占比美国60%的海军主力舰吨位比例。

《五国条约》令美国在西太平洋向日本发动可能的攻势作战变得十分困难，在和日本的战争中，美国只能以夏威夷为基地。日本有自保能力却没有跨越太平洋的进攻能力。《四国条约》预先防止了英美海军成为日本的对立面，《五国条约》和它一道，让日本海军成了远东水域的主宰。海军条约的签署以《四国公约》和《九国公约》所缔结的日美合作关系为基础。华盛顿体系有效地用一种共同提高了美国和日本安全感的方法代替了"安全困境"与零和博弈。[④] 日美两国在新条约的限制下都无力在太平洋地区发动一场跨洋攻势。加藤友三郎放弃了1907年《帝国国防方针》的三

---

① ［日］麻田贞雄：《从马汉到珍珠港：日本海军与美国》，朱任东译，新华出版社2015年版，第68页。
② ［日］麻田贞雄：《从马汉到珍珠港：日本海军与美国》，朱任东译，新华出版社2015年版，第69~70页。
③ ［日］麻田贞雄：《从马汉到珍珠港：日本海军与美国》，朱任东译，新华出版社2015年版，第78页。
④ ［日］麻田贞雄：《从马汉到珍珠港：日本海军与美国》，朱任东译，新华出版社2015年版，第107页。

项指导原则：日本占比美国70%的海军主力舰吨位比例、"八八舰队"和把美国作为假想敌，加藤友三郎关于不要和美国开战的思想传承给了米内光政、山本五十六和井上成美这一铁三角，但它们代表的是被孤立的少数派。① 笔者认为，权力的增长应以不明显恶化自身所处的战略环境为前提，不然外部威胁的过度升级会降低权力盈余。

1921年9月27日，日本决定由海军大臣加藤友三郎和贵族院议长德川家达作为日本的全权代表，分别负责裁军谈判和保持日英同盟谈判。10月14日，政府根据内阁会议的决定，又向全权代表下达了总括性的训令。其中的基本方法是提倡国际协调，尤其强调指出："保持日美亲善关系是帝国对外政策之重点，要努力通过本次会议使日美亲善关系更加巩固。"②还对具体细节作了如下明确指示："只要不与英美失去均衡，可以不坚持八八舰队计划；对美绝对需要保持7∶10以上的比例，至于航空母舰，若有限制，要坚持与英美保持相同的数量。"回顾条约的缔结过程可以看出，在日本方面看来，日本为缔结条约，在国家利益允许的范围内作了最大限度的让步。这是因为日本全权代表加藤坚持这样一种国防观点："从经济力量看，日本在造船方面不应与美国进行竞争，况且更要绝对避免与美交战。"③ 如前所述，事实上建设"八八舰队"是日本财力上所负担不了的。

但是，日本与美国未能就海军主力舰吨位达成7∶10的比例，加之英美在会上对日本施加压力的态度，不仅使海军内部，而且使日本国民也对美国产生了反感和敌意。结果与加藤海相的愿望相反，第二次修改《帝国国防方针》时，将头号假想敌国由原来的俄国改为美国，这个方针一直持续到太平洋战争。华盛顿裁军会议只就限制主力舰达成了协议，而对限制

---

① ［日］麻田贞雄：《从马汉到珍珠港：日本海军与美国》，朱任东译，新华出版社2015年版，第109页。
② 李凌云：《论华盛顿会议的历史背景——以日美争夺在华权益为中心》，载于《日本研究》2002年第2期。
③ 姚振文：《日本政府对华盛顿会议的结果持反对态度吗？》，载于《历史学习》2001年第9期。

辅助舰一直未能达成协议。因而在非主力舰的建造上竞争激烈。[①] 有鉴于此，1927年2月10日，美国总统卡尔文·柯立芝照会参加华盛顿会议的日本、英国、法国、意大利四国，提出在日内瓦举行第二次裁军会议。日本派遣海军大将斋藤实和驻美大使石井菊次郎为全权代表出席了会议，但法国、意大利两国一开始就没有参加会议，结果开成了日美英三国会议。然而在这次会议上，美英两国发生对立，以致造成无限期休会。[②]

后来，美英间的对立状态以1928年8月签订的《凯洛格—白里安公约》为转机，迅速得到解决。接着，1929年赫伯特·胡佛就任美国总统，而英国再次由麦克唐纳组阁，两国相互呼应，对正在召开的国际联盟裁军筹备委员会积极配合，掀起了世界裁军的热潮。在日本海军史上，可称为内部分裂的唯一事件是伴随签署《伦敦条约》而产生的侵犯统帅权的问题。这是海军裁军会议给海军带来的最大后患之一。[③] 政友会总裁犬养毅攻击政府说：军令部所反对的海军裁军条约规定的日本海军力量难以保障国防安全，并且谴责此举有侵犯统帅权的嫌疑。从而使此事成为一个政治问题。同时也将海军内部的矛盾暴露给舆论界，强烈地刺激了海军内外。[④]

二、日美走向太平洋战争的根源

日俄战争后日本与在美洲推行门罗主义、对中国实行门户开放政策的美国，围绕中国问题，其对立日益加剧。日本乘第一次世界大战之机，对华提出"二十一条"要求，并出兵西伯利亚。对此，美国通过华盛顿会议加以阻止。1929年的全球经济危机，使得经济集团日趋加强，与此同时，德国、日本、意大利等国企图打破美国、英国独霸资源和殖民地的既定世

---

① 胡德富：《论二十世纪二十年代前日美关系的变化》，载于《剑南文学》（经典教苑）2013年第9期。

②④ 张愿：《美国远东外交与华盛顿体系下的海军军备限制问题》，载于《华中师范大学研究生学报》2007年第4期，第104～109页。

③ 冯昭奎：《战前日本海军的"大舰巨炮主义"及其终结》，载于《日本研究》2016年第4期，第57～63页。

界秩序,以重开国家生路的动向,加之苏联国力增强,致使世界危机四伏。① 日本逆华盛顿体制而动,继满洲事变、退出国际联盟之后,又废除限制德军军备条约,推行华北分治政策,而强行进入中国大陆,最终陷入中国事变的泥潭。美国则欲通过经济压力逼迫日本撤退。

美国对中国的门户开放政策使日本视为对其中国利益的重要威胁。1899年和1900年,美国国务卿向各列强提出外交政策,主要是各国对华通商机会均等,并应保障中国领土完整。1921~1922年在华盛顿会议上,这一主义实质成为国际条约(《九国公约》)的内容,可谓美国外交的一大成功。在处理第一次世界大战的善后问题时,美国倚仗其强大的国力和在国际上强有力的发言权,操纵了华盛顿裁军会议,促成了《九国公约》和《海军裁军条约》的签订。《九国公约》的目的在于,保障中国领土完整,促使中国门户开放,掣肘日本的大陆政策。《海军裁军条约》则迫使日本将主力舰的数量同美英的比例,限制为6∶10。这些都是美国在外交上所取得的明显胜利。但《海军裁军条约》使日本海军对美国产生了敌意,《九国公约》激起关东军发动了九一八事变。日本于1932年退出国际联盟,并相继退出了两个海军裁军会议,从而在国际上完全陷入孤立境地。

1939年9月德国入侵波兰,拉开了第二次世界大战的序幕,而日本正苦于处理中国事变。日本除攻势作战之外,还进行了各种和平工作,并采取了断绝外国对华援助的措施。但是重庆政府由于得到英国、美国、苏联、法国等国的援助,斗志顽强,而日本因诺门坎事件,自感军备不足,加之中国事变的消耗和美、英的经济压力,国力前途暗淡。② 1940年6月,德国的闪击战获巨大成功,法国、比利时、荷兰相继屈服。这对日本来说,如同黑暗中见到一点亮光。英国屈服指日可待。日本感到趁此机会,有可能解决悬案。提倡新体制的近卫文麿被推任首相,制定了《适应世界

---

① [日]桑田悦、前原透:《简明日本战史》,军事科学院外国军事研究部译,军事科学出版社1989年版,第104~115页。

② 蔡翔:《研究美日关系的一部力作——读〈眺望珍珠港:美日从合作走向战争的历史透视〉有感》,载于《全国新书目》2003年第8期,第18页。

局势演变处理时局纲要》；为遏制美国的威胁，日本、德国、意大利三国结成联盟；进驻法属印度支那北部，以切断援华路线。[1]

日本对中国的侵略战争陷入僵局后，便从三个方面进行迂回。其一是建立亲日政权，1940年3月30日，支持建立了汪伪政权。美国发表声明不承认汪伪政权，进一步加强了对中国的援助。其二是切断外国援华通道，即进驻法属印度支那北部，不久又发展为进驻法属印度支那南部。其三是加强与德国的合作，缔结了《德意日三国同盟条约》。[2]

《德意日三国同盟条约》是1940年9月27日缔结的，是一个由6项条款组成的军事同盟。特别引人注目的是，把苏联放在条约的对象之外，并且由德国斡旋，使日苏调整关系。松冈外相在说明缔结该条约的主旨时解释道，通过把苏联拉进该同盟，便可阻止美国参战。可是就在缔结《德意日三国同盟条约》后一年，1941年6月22日，德国就发动了对苏联的进攻。

1940年1月26日，《日美通商航海条约》失效，同年9月23日，日军进驻法属印度支那北部，9月27日，日德意缔结《德意日三国同盟条约》，对此美国作出了一系列强烈的反应，使日美关系极端恶化。松冈外相起用原外相野村吉三郎海军大将为驻美大使。因为野村是罗斯福总统的老朋友，而且在美国有许多至交，因此企图通过他来打开僵局。野村大使于1941年2月11日抵达华盛顿，尔后与美国总统和国务卿进行了多次会谈，不久便达成了《日美谅解方案》。1941年4月，赫尔国务卿表示希望将该方案作为以后日美谈判的基本原则，要求野村大使请示日本政府。

苏德战争开始后，日本则视之为摆脱苏联长期威胁的良机，经研究决定准备南北并进。通过关东军的特别演习，加强了关东军的军备，如远东苏军兵力减少一半，则准备北进，同时，为取得军事基地，经同维希政府

---

[1] 刘咏华：《论太平洋战争前10年的日美关系》，载于《东北师大学报》（哲学社会科学版）2003年第6期，第85~91页。

[2] 王植：《1941年太平洋战争爆发前的日美谈判研究》，黑龙江大学硕士学位论文，2011年。

交涉，于 7 月 24 日进驻法属印度支那南部。美国立即作出反应，冻结日本在美国的财产，而后对日实行了石油禁运。日本政府受到很大冲击，近卫首相建议举行首脑会谈，以打开僵局，但美国不予理睬。9 月 6 日召开御前会议，决定如在 10 月上旬交涉仍无成功希望则开战。交涉结果仍无好转，10 月 16 日近卫内阁总辞职，由东条内阁取代。经天皇授意，重新研究了"9 月 6 日决定"，并制定了同美国的临时协议案，但谈判失败，由于提出赫尔备忘录最终决定 12 月 1 日开战。[①]

在 11 月 5 日的御前会议上，东条首相听了军令部总长的发言后指出："尽管对两年后战局的估计不明，但也要下决心开战。其理由是与其无所作为而自取灭亡，不如打开难局以求光明的将来。"[②] "我确信在两年内能确保南方战略要地。只要竭尽全力努力奋战，就可以使它们成为赢得将来胜利的基地。"[③] 这样，就结束了这场讨论。由此可见，开战时日本的领导人虽然希望有取胜的把握，但是却未找到合理的证据。

三、日本地缘战略的失败原因与历史教训

第二次世界大战前，日本战略家曾猜测美国海军会建造体积有多大和火力有多强的战舰。"任何美国战舰"，他们推测，"都必须能穿越巴拿马运河。马汉有关不要分割舰队的告诫将会强烈影响美国战舰的设计者"。[④] 日本海军认为运河的宽度将决定美国战舰的最大船幅，因此，根据战舰设计的可靠建造原理，最大船幅也决定了它们的长度、排水量以及舰炮的最大规格。因认定美国有这种造船倾向，日本人设计和建造了"武藏"

---

① 李庚辰、赵尚朴：《太平洋战争日本战败秘史（连载之十八）》，载于《环球军事》2002 年第 6 期，第 54～55 页。
② 李庚辰：《太平洋战争日本战败秘史（连载之二）勾心斗角日美外交各打算盘 损人利己谈判双方貌合神离》，载于《环球军事》2001 年第 13 期，第 50～51 页。
③ 李莹：《1941 年日美谈判进程及破裂原因探析》，东北师范大学硕士学位论文，2006 年。
④ Sagan S D. The Origins of the Pacific War. *The Journal of Interdisciplinary History*, 1988, 18 (4): 893–922.

第六章 案例三：日本的战略转型（1868~1945 年）

号和"大和"号战列舰。这是日本历史上吨位最大、火力最猛和装甲最厚的战舰。出于这些考虑，他们认定美国将建造一艘"衣阿华"级战列舰。"武藏"号和"大和"号于 1937 年下水，比"衣阿华"级战列舰早了三年。它装备有 18.1 英寸的舰炮，优于"衣阿华"级的 16 英寸舰炮。但是，它们之间从未发生过舰队交战；在太平洋爆发的唯一的一场关键之战受到了制空权的深刻影响——飞机在最大战舰尚未进入对方的炮火射程内之前就已夺取制空权。[1]

认为用航母编队袭击珍珠港太冒险的绝不仅是华盛顿的官员，日本海军总参谋部也持同样的观点。他们认为南进去夺取石油是必要的，但是，当日本联合舰队总司令山本五十六大将提出要同时袭击珍珠港时，他们都惊呆了。山本五十六坚信，摧毁美国太平洋舰队是日本在太平洋战场中所有军事行动的首要任务。山本以辞职为要挟迫使日本海军总参谋部接受了他的计划。

山本关于可以痛打盟国 18 个月的推断是基于日本的石油储备水平以及在没有得到自己控制的石油来源补充的情况下石油储备在战时减少的速度来得出的。美国在 1940 年 9 月采取的对日本实行经济制裁的积极措施，以及美国与英国在 1941 年 7 月对日本财产的冻结，事实上使日本采取行动夺取荷属东印度和缅甸的生产资源变得更为必要。山本的军事失误在于其坚信仅一次海战大胜便有可能决定一场战争。这种观点是在 1894 年鸭绿江之战日本海军大胜中国舰队和 1905 年在旅顺口歼灭俄国舰队这两个日本海军辉煌战绩之后才引入日本理论中的。要想彻底重演上述辉煌战绩并使美英瘫痪，山本知道对敌人的打击必须是完全出其不意的，而对手的兵力恰巧完全集中并全都部署在最多两个地点上。这是一个极难实现的企图，实际上是拿自己国家的未来命运作赌博。[2] 嗜赌成性的山本（据说围棋，麻将、纸牌和轮盘

---

[1] [美] 罗杰·W. 巴尼特：《海军的战略和文化：海军所想所为什么不一样》，吴东风等译，中国市场出版社 2014 年版，第 47 页。

[2] 任文峰：《偷袭珍珠港与日美海军作战思想和方式的转变》，载于《军事历史研究》2009 年第 3 期，第 165~173 页。

493

赌这类凭运气的游戏对他来说比吃喝更重要）在筹划他对美国进攻的决定性战斗时，没能控制住他本人性格中的这一怪癖。由于日本航母联队接近珍珠港必须保持高度隐蔽性，而又极容易被发现，且几乎全靠空军来实施决定性打击，以及必须在极短时间摧毁所有各类目标，所以袭击珍珠港的计划本身便是一场赌博。① 即使仅考虑气候变化所产生的影响也是如此。

如同日本的大部分重要作战计划一样，对珍珠港的袭击计划也是非常复杂而且极其依赖完美的执行。此外它还依赖于出色的保密和对敌情报——敌人得极其合作地按日本人的假设作出反应。

日本人既没有对美国潜艇的价值给予足够重视，也没有强调海军船坞机械修理厂和石油灌储存场的重要性，而把这些设施降为在战列舰、航母和巡洋舰被击沉之后的第三次攻击的目标。由于害怕据知仍然很强大的敌军陆基和舰载飞机的空袭给日本造成太大的损失，南云海军大将取消了第三次攻击。结果这些设施便完好无损地保留了下来。南云比别人都更积极地推崇战列舰是比航空母舰更有威力的决定海上胜负的武器，因此只要已经摧毁了敌人的战列舰部队，他便很满意了。②

就太平洋战争来看，开战时日美海军力量对比，日本超过了7：10的比例，其中航空母舰的数量双方大致相等。这个力量对比较中日甲午战争以及日俄战争时有利，并且超过了日本海军以前所要求的兵力。而且日本一直把美国作为主要敌人，所以没有理由找不出战胜美国的战略。古语说得好：战略的失败不可能用战术来弥补，只能重复战略上的失败，直到毁灭。③

结合体系变迁和战略塑造能力两个关键的变量，对日本海权战略转型的进程进行透析，有助于扩展地缘政治理论的解释维度，也能进一步剖析日本海权兴衰的经验与教训。日本在崛起进程中的过度扩张，不能仅仅归

---

① 黄子明：《战争赌徒——日本海军大将山本五十六》，载于《海事大观》2005年第3期，第61~63页。

② 高润：《珍珠港事件的策划者——山本五十六》，载于《世界知识》1985年第18期，第24页。

③ 孙文竹：《日本海权崛起与国际体系的冲突：历史与启示》，载于《亚太安全与海洋研究》2016年第1期，第97~115、133页。

答于发动了一场与美国的战争，日本自明治维新以来，尤其是在华盛顿会议之后，国家的战略塑造能力日趋下降。尽管日本海军实力取得了长足进步，但当其他强国对日本的制衡意图与为此投入的战略实力成比例增长时，则崛起的实力并不会缓解体系压力，也不会产生安全盈余。只有提升海权力量的同时，没有明显增加其他大国的制衡压力时，新增的权力才会为国家带来足够的战略收益。随着工业革命和大众政治时代的到来，国家汲取资源和动员的能力极大增强，一个国家的兴衰不再取决于一次或一系列激战的成败，不论从战术层面获胜是多么彻底，都不代表对国家崛起的战略塑造能力成功。国家的海权发展不仅是一种军事现象，而且也是一种工业、经济和社会层面的总动员。如果追求和实现海军扩军目标最终导致与美国的无限制海军军备竞赛，那么永远不会给日本带来战略安全，而是会陷入安全困境或军备竞争的螺旋升级。

海权和陆权战略都必须服从于国家大战略目标，具体的战争战术和军事技术的进步必须以服务于国家安全为最高理由，即"战略为王、战术为仆"。崛起大国的战略转型应权衡其所能产生的国际后果和体系效应，尤其是给本国与其他强国战略关系带来的深远影响。同时，我们也应警惕日本的军国主义复活及其对东亚地缘格局和军备控制的影响。自"后冷战时代"以来，日本借助与美国的海权同盟，不断冲破雅尔塔体系的束缚，试图扩充独立的海权力量。尽管核威慑大大降低了有核国家之间、有核国家与无核国家之间冲突升级的概率，但是如果日本重启进攻性的海权战略路径，会对东北亚诸国的军备竞争构成连锁反应。对于日本战略行为的防范，中国不能依赖美国对日本的同盟管控（尤其是近年来美国明显在给日本的修宪扩军"松绑"）。国家的战略制定和执行都是由人来操作的，但战略决策只能是有限理性而非完美理性，国家之间应该加强安全机制和防御性威慑力量的建设。中国在与日本的战略互动中，应注重释放善意信号和国防建设并举，实现有效应对国际危机和军备竞争的战略稳定机制。

第七章

案例四：俄国（苏联、俄罗斯）的战略转型（1689～2015年）

马克思认为，"对于一种地域性的蚕食体制来说，陆地是足够的；对于一种世界性侵略体制来说，水域就成为不可缺少的了"[①]。俄国作为典型的陆海复合型国家，其间几经沉浮，但没有磨灭追求强大海权的雄心，对陆疆威胁的担忧和受到陆上扩张的诱惑一直分散着俄国发展海权的战略资源，如何权衡陆权与海权战略投入力量的比重，是俄国历任领导人所关注的战略重心。俄国的行为方式很快就被证明与其领域内前任的行为极其相似，尽管其声称它是反资本主义的，但它的行为很快就揭穿了这一谎言。俄国所操纵的地缘政治结构根本上而言是俄帝国时代的地缘政治结构，并未发生实质性的变化。同它的前任一样，其内部地缘政治结构和相应的行为方式都与那些追求支配地位的国家别无二致。[②]

[①] ［德］卡尔·马克思：《18世纪外交史内幕》，中共中央马克思恩格斯列宁斯大林著作编译局译，人民出版社1979年版，第8页。
[②] ［英］杰弗里·帕克：《地缘政治学：过去、现在和未来》，刘从德译，新华出版社2003年版，第131页。

第七章　案例四：俄国（苏联、俄罗斯）的战略转型（1689~2015年）

第一节
体系变革与俄国（苏联）崛起的外部环境

一、脆弱而不平衡的权力转移

对俄国而言，18世纪是一个胜利的时代。在彼得大帝在位（1689~1725年）之前，欧洲精英视俄国人为野蛮人、陌生人和无足轻重之辈。像奥斯曼人一样，他们被当作欧洲的局外人；和奥斯曼人不一样的是，俄国人甚至都无法赢得源自恐惧的勉强尊重。然而，到彼得逝世时，欧洲人的态度已经发生了改变。俄国在北方大战（1700~1721年）中痛击瑞典，取代它成为欧洲东北部最强大的国家。在七年战争（1756~1763年）当中，俄国给欧洲人的头脑里留下了更为巨大的影响。它的军队占领了东普鲁士，多次在交战中击败弗里德里希二世的军队，甚至短暂占领过柏林。是叶卡捷琳娜一世在1762年的逝世和她的继任者彼得三世戏剧性地改变了俄国政策，才使得普鲁士免于毁灭。其后便是叶卡捷琳娜二世在位时期（1762~1796年），在此期间俄国的领土、国力和国际地位都得到了极大提升。大部分波兰联邦领土被并入俄国，此外纳入版图的还有现在被作为乌克兰南部和东部，但当时人称"新俄罗斯"的地方。

对任何国家而言，人力都是最明确的资源。当叶卡捷琳娜二世于1797年逝世时，俄罗斯帝国的人口大约是4000万。与之相比，大革命前夕的法国拥有2900万臣民，同时期的哈布斯堡属地则有大约2200万居民。就算到了1806年，普鲁士人口也只有1070万。联合王国的人口介于普鲁士和更为庞大的欧陆大国之间。包括爱尔兰人在内，1815年的联合王国人口大约是1500万，不过印度的人力也正在成为英国全球力量中的一个因素。因此，俄国的人口数量根据欧洲标准是很庞大的，但它并不比旧制度的对手们大太多，还要远小于拿破仑控制的人力资源。

就国家层面而言，动员俄国人口的优点在于不仅数量庞大，而且花费较少。威灵顿军中列兵的生活与王公相去甚远，但即便俄军以银戈比计饷，英军列兵的年收入也是俄军同行的 11 倍之多。实际上，1812 年的俄军列兵更有可能拿到贬值的纸卢布，其实际价值仅有票面价值的 1/4。准确评估俄国在 18 世纪的地位是很困难的。它的军队人数常常超过法国，而且在重要的工业品生产（纺织、炼铁）方面取得长足的进步。它是任何敌国，至少是来自西部的敌国很难征服，或许根本不可能征服的国家。而俄国作为一个"火药帝国"的地位使它得以打败东方的游牧部落，从而获得更多的人力、原料和可耕地资源，这必然会增加它在列强中的地位。在政府的指导下，俄国显然决心使权力实现现代化，尽管这一政策取得的进展和成就往往被夸大了。

落后的现象仍然比比皆是：惊人的贫困和野蛮、极低的人均收入、闭塞的交通、恶劣的气候、落后的技术和教育，尽管如此，18 世纪时欧洲军事组织和技术的相对停滞使俄国（通过借鉴外国的长处）赶上并超过资源缺乏的国家。俄国人口众多这一原始优势只是到了 19 世纪工业革命改变了战争的规模和速度时才被削弱。在 19 世纪 40 年代之前，尽管有上面提到的种种缺陷，俄国军队有时还是一支强大的进攻力量。

1815 年时欧洲的五强均势已经不同于 1750 年甚至 1789 年的关系了。虽然俄国迅速崛起，但可以说拿破仑垮台后欧洲大陆仍然存在基本的均势。但海洋上毫无均势可言，英国已经建立了享有绝对优势的海权力量，在海军、海外贸易、海外金融体系等方面建立了牢固的霸权。法国大军在 1812 年刚刚被赶出俄国，库图佐夫将军就想让他的大军停止西进。他曾说过，取拿破仑而代之的不会是俄国或任何一个大陆国家，而将是已经控制了海洋的大国。拿破仑战争大大助攻了英国海洋霸权的建立进程。

俄国的相对力量在 1815 年以后国际和平和工业化的大部分时期趋向衰落——虽然直到克里米亚战争期间才完全表现出来。1814 年沙俄进军巴黎，维持欧陆均势的军事杠杆是80万人的俄国军队。尼古拉一世继位后，沙俄的欧洲宪兵作用被夸大了，尤其是在镇压1848年欧洲革命之后。1815~1880年，俄国与其他欧洲强国相比，在经济和技术方面正在惊人地衰败下去。一些政府官员对市场和现代化抱有敌视态度。

到了"冷战"时代，苏联的权力崛起达到了一个巅峰：麦金德认为，一旦苏联充分利用巨大的大陆资源来建立舰队，那么建立世界帝国的前景也就在望了。[1] 正如斯拜克曼所说，一个拥有武装部队并奉行单一外交政策的真正意义上的欧洲超大国，将是美国强有力的竞争对手，甚至可能成为在南美洲南部的"等距离区"占主导地位的外部力量。[2] 尽管其主要出海口相互隔离，但半封闭的海洋地理环境有利于海疆防御，防止敌人从海上登陆入侵本土，实现高效的近海和近岸防御，使俄国即使在国力衰弱或战败的情况下，也绝少受到海洋强国登陆作战的严重威胁。苏联具有东西走向的多层次地理特征且处于侧翼大国的地理位置。[3] 这种东西走向的主要地理结构使苏联形成了欧洲第一的战略观念，乃至对出海口等海洋利益的选择上，也以波罗的海、黑海等欧洲方向为主导。该地理特征加强了苏联与欧洲的亲缘关系，加上苏联作为战略地理结构中的侧翼大国，战略方向比较明确，较少在两个以上的相互对立的方向上出现重大地缘威胁，在一定程度对欧洲均势的缔造发挥出类似英国"离岸平衡手"的作用，使其既能与欧洲展开战略、经济、文化等领域的合作，又能避免形成像德国那样被陆上强国环伺的多线作战局面。

二、进攻、防御与心脏地带的地缘势能

麦金德的陆权论有一个关键论点：海上强国与陆上强国争锋，未必会

---

[1] ［英］哈尔福德·麦金德：《历史的地理枢纽》，林尔蔚、陈江译，商务印书馆2008年版，第61页。

[2] ［美］罗伯特·卡普兰：《即将到来的地缘战争》，涵朴译，广东人民出版社2016年版，第116页。

[3] 姚海主编：《俄罗斯文明与外交》，社会科学文献出版社2016年版，第10页。

取得最后胜利。① 世界岛上若出现一个陆地强权，将击败所有海岛强权，因此，应防止世界岛未来统一于单一势力之下。他将世界岛划分为六大自然分区：心脏地带、撒哈拉沙漠、阿拉伯地区、南心脏地带、欧洲沿海地区和亚洲的沿海季风区。而心脏地带是海上力量无法进入的地区，它对欧洲和阿拉伯的影响巨大。这些依然存在的地理现实，会为陆上强国对抗海上强国提供越来越多的战略机遇。②

俄罗斯地处欧亚文明结合部，受到该地区东西走向为主的多层次地理特征的深远影响，如西起易北河的东欧大平原，东到乌拉尔山脉；经过中欧和东欧诸国的咯尔巴阡山脉的自西向东走势；多瑙河、森林地带也是按东西走向分布。③

广阔的平原和不易防卫的边界使俄国容易受到敌人攻击，使其历史上每次由陆向海转型时都面临严峻的陆上挑战。这引起俄国强烈的不安全感，不断进行陆域和水域的扩张，建立与其他强国的缓冲地带成为俄国传统的地缘战略模式。北部茂密而危险的森林地带加深了俄国人谨慎多疑的认知传统，漫无边际的草原和纵横交错的河流养成了开拓进取的精神。因此，俄国虽几经衰落，但一直没有放弃陆域蚕食和水域开拓，夺取与其他强国的缓冲地带和势力范围是俄国持续性的战略地理目标。然而，俄国境内西伯利亚和远东的河流都是南北纵向分布，阻隔了陆上交通，将国土自然分割成若干部分，难以形成地缘合力，不利于西伯利亚的资源开发和经济发展，也无助于维护远东地区的陆疆和海疆安全。俄罗斯国土的紧凑度和规则度相对德国、美国这样的国家较弱，东西纵深1万多公里，陆上交通只有西伯利亚大铁路，联系十分困难，东西基本处于各自孤立的状态。这不利于发挥陆权强国的交通机动性，难以像德国那样发挥其高效的铁路网，形成内线作战优势。

---

① 刘从德、吴晓波：《不变的公式？——哈尔福德·麦金德对"心脏地带"理论的三次论证》，载于《华中师范大学学报》（人文社会科学版）2001年第5期，第52~56页。
② 刘小枫：《麦金德政治地理学中的两种世界文明史观》，载于《思想战线》2016年第5期，第125~136页。
③ 姚海主编，《俄罗斯文明与外交》，社会科学文献出版社2016年版，第10页。

第七章 案例四：俄国（苏联、俄罗斯）的战略转型（1689~2015年）

参照马汉的海权六要素，俄国（苏联）有海权发展的地理劣势：

第一，地理位置偏北，限制了地缘影响力的辐射，降低了国土战略资源的利用率。俄国的地理位置和国土结构决定了其军队构成和军种比例只能以陆军力量为主导，其海岸线的高纬度分布也降低了海陆度值的有效性，缺乏良港，地理位置不在世界主要航线上，国家的战略和经济重心深居内陆，缺少对国际经济循环的参与。俄国（苏联）的大部分领土位于北纬45度以北，主要属于温带和寒带气候，由于受东部山地的屏障阻隔，太平洋的水气难以进入，降水量偏少，冬季漫长、寒冷，夏季短促、温暖，春秋两季很短，西部土地常年为冰雪覆盖，土地利用率低，主要战略资源分布在亚洲部分，但人口和工业则集中在欧洲地带，制约了资源开发，耕作水平不高、产量地下，不利于开展工业化。偏北的位置使俄国（苏联）难以成为全球地缘环境的主轴，限制了地缘影响力的辐射。俄国的极度高寒，似乎正是这个民族能够承受苦难，普遍具备集体主义精神，甚至愿意为共同利益牺牲个人的原因。俄国（苏联）历史上通常对个人自由的不以为然，与寒冷的地理条件息息相关。开放的边疆以及由此带来的军事负担，促进了俄国（苏联）国家集权。

第二，国内水路交通不便，缺少自然障碍是俄国（苏联）周围环境的基本条件。[①] 广阔的平原和不易防卫的边界使其容易受到敌人攻击，使俄国（苏联）历史上每次由陆向海转型时都面临严峻的陆上挑战。这引起俄国强烈的不安全感，不断进行陆域和水域的扩张，建立与其他强国的缓冲地带成为了俄国传统的地缘战略模式。俄国（苏联）国家力量有其可以保得住且极难撼动的"基线"（baseline），其范围大体是从三个波罗的海国家以东到乌拉尔山以西，南至高加索以北。具体来说就是东经28~60度，北纬40度以北的范围。俄国（苏联）的扩张只是在这个基线上的伸展，其战略收缩的终极底线则不会低于这个基线。这部分是其国家不可撼动的

---

① ［美］亨利·赫坦巴哈：《俄罗斯帝国主义》，吉林师范大学历史系翻译组译，生活·读书·新知三联书店1978年版，第3页。

主权底线，也是国家政治的生存基础。

第三，俄国（苏联）出海口相互隔离且冰冻期长，缺少拥有不冻港的开阔性海洋。尽管近代的俄国不断追求出海口，但是仍旧没有从根本上改变其发展海权的天然劣势。由陆向海的转型，对海上战略通道有一定要求，但俄国（苏联）横跨欧亚大陆的 11 个时区，主要的出海口位于巴伦支海、波罗的海、黑海和日本海，缺少拥有不冻港的开阔性海洋，并不拥有能对全球海权格局产生重大影响的重要水域（如地中海、阿拉伯海、中国的南海、加勒比海等）和战略要地（如直布罗陀和马六甲海峡等），对苏联的航运、贸易和军事部署产生了天然阻碍。唯一可以自由进出的北冰洋公海却有着半年以上的冰冻期，给苏联在北冰洋部署水面舰艇带来不利影响。加之不同海区的地理阻隔，导致苏联海军被分割为北冰洋舰队、波罗的海舰队、太平洋舰队和黑海舰队等。由于不同海区相距较远，海上航线必须经过他国控制的海域、海湾或海峡。通往大洋的咽喉位置经常受到潜在的敌对力量控制（例如波罗的海、黑海、日本海、鄂霍茨克海等没有被苏联完全掌控），使不同舰队的战略调动和战时支援及其困难，出海口易受对手封锁，形成孤军奋战的局面，1904 年对日海战的失败就深受其害。而这种易受封锁的出海口和漫长冰封期的海岸线，迫使后来苏联优先发展隐蔽性好、投入较小的水下舰艇。由于战略通道地理位置的稳定性与地缘因素的非选择性，使苏联在转型进程中面临海上战略通道的缺失困境，故近代以来，俄国（苏联）一直试图获取更多的海上战略通道来实现从陆权到海权的转型。[①] 俄国的统治范围广阔且结成一体，再加上其离开放海域较远，所以它经营亚洲部分的领土，不可避免地要依赖陆地完成大量交通运输和联络任务。即使俄国可以抵达海边，但由于这些点距离欧洲中心地带遥远，它们之间的联系还是经由陆地。在很长一段历史时期内，海上贸易的好处只能让俄国离海岸较近的地方受益，而且达达尼尔海峡和

---

① 陆俊元：《出海通道—俄罗斯海权发展的障碍》，载于《俄罗斯研究》1995 年第 1 期，第 58~60 页。

第七章 案例四：俄国（苏联、俄罗斯）的战略转型（1689~2015年）

波罗的海的出海口经常被敌对势力封堵，使其海洋经济始终没有达到足够的水平。

陆上入侵受到广阔的地理幅员、严酷的气候条件等方面的阻遏，海上入侵则受限于大部分俄国海岸线缺少不冻港且互相隔绝，半封闭的海洋地理环境有利于海疆防御，防止敌人从海上登陆入侵本土，实现高效的近海和近岸防御，使俄国即使在国力衰弱或战败的情况下，也绝少受到海洋强国登陆作战的严重威胁。但这种地理上的防御性优势也使俄国对外军事投射能力大为减弱，在陆上毗连领土之外的地区尤为如此，这也是俄国历史上在邻近领土或本国的防御性战争较为轻易取胜，而其海外进攻性战争则多以失败告终的原因。俄国自彼得大帝以来寻求温暖出海口、向边缘地带扩张的举措，其重要根源之一就是要改变这种地理上不利于向外进攻的攻防平衡态势。

事实上，拿破仑战败后，英国就努力遏制俄国的陆权力量，直到1871年德国崛起。此后，英国就把努力方向转移到德国，这种状况持续到第一次世界大战。[①] 在麦金德看来，第一次世界大战所显示的战略学的最大意义，就是德国几乎成功征服东欧与心脏地带。在各大帝国在心脏地带的纷乱争斗的历史中，有一点是非常明确的，即无论英国与俄国沙皇竞争，还是与德国对抗，其政策的出发点都是一致的，那就是要避免心脏地带落入陆地强权之手。在麦金德看来，俄国现代铁路机动性的充分发展只是一个时间问题，任何可能的社会变革，都不会改变俄国和它生存的巨大地理界线之间的基本关系。[②] 一旦俄国充分利用巨大的大陆资源来建立舰队，那么建立俄罗斯世界帝国的前景也就在望了。[③] 麦金德以叶尼塞河为界，将苏联的领土大致分为心脏地带和有着丰富森林、水力、矿藏资源的勒那地

[①] 邵永灵、时殷弘：《麦金德与盎格鲁—撒克逊民族的恐惧》，载于《欧洲研究》1997年第6期，第4~10页。

[②] 崔建树：《哈尔福德·麦金德的地缘政治思想研究》，载于《国际政治研究》2010年第4期，第81~102页。

[③] ［英］哈尔福德·麦金德：《历史的地理枢纽》，林尔蔚、陈江译，商务印书馆2007年版，第61页。

503

带，勒那地带提升了心脏地带的地理优越性，与北极海岸、阿尔泰山和兴都库什山脉一起构成了极具防御价值的地理屏障。①

苏联自"二战"前和战争期间不断扩展陆上战略缓冲地带，雄踞了整个东欧平原，使心脏地带或者说枢纽地带作为一个统一的战略单位，由于苏联的工业和人口核心区域深居内陆，其东面、南面、西面被广大的新月形边缘地带包围，是海上力量根本无法到达的地方，由海路可以到达的地方仅仅是世界岛的边缘地带。麦金德指出，苏联的领土即相当于心脏地带，广阔的平原可用于纵深防御和战略退却，北冰洋海岸对苏联东部构成了自然堡垒，勒拿河地区的荒野位于叶尼塞河之后，且从阿尔泰山到兴都库什山一线的山的边缘背靠着戈壁、西藏和伊朗的沙漠。苏联拥有全球最强大的陆上力量，而且地处战略最强的防守位置。这是历史上首次心脏地带被一支无论是数量上还是质量上都占优势的军队驻守着。②这赋予了横跨欧亚、占据枢纽地带的苏联挑战海权霸主的某种条件。尤其到了"冷战"中后期，苏联是全球两极地缘格局的一支，作为体系中的核心力量，其权力投射的横向范围具有全球性；在纵向要素上以政治和军事地缘格局的塑造者著称，并借此产生跨领域的影响。陆权与海权对抗的相对优劣变化，加上体系结构中的大国战略力量对比，决定了苏联战略转型的可行性和发展极限，为战略决策层的地缘战略取向认知，提供重要支撑。

从彼得大帝时代伊始，只要其他大国海上和陆上军事技术、战术和战略的发展速度放缓，俄国就对西方国家享有巨大的地缘及攻防平衡的优势，而只要武器技术发展螺旋式上升，更为侧重质量时，俄国的军事优势就消失了。到 19 世纪末 20 世纪初，随着第二次工业革命带来的技术大发展，以及普遍兵役制和参谋本部的推广，促使陆地通信、交通、陆军作战技术和陆权战略得到了革新。尽管工业技术也波及海权力量的发展，但与

---

① H. J. Mackinder, "The Round World of the Peace", *Foreign Affairs*, 1943, 21 (4): 597–603.
② ［英］哈尔福德·麦金德：《图解大国陆权》，何黎萍译，北京理工大学出版社 2014 版，第 201~208 页。

第七章 案例四：俄国（苏联、俄罗斯）的战略转型（1689～2015 年）

风力帆船可以自由远程航行不同，蒸汽机船依赖中途的加煤燃料补给，如果缺少在陆上沿海或关键岛屿的海军基地，会严重削弱作战半径。因此，海权相对于陆权的机动性优势被极大削弱。至少在常规战争中，俄国具有天然的防御性地理优势，条顿骑士团、约翰三世的瑞典、路易十四和拿破仑法国、威廉二世和希特勒德国、英美等国的海上封锁和围剿，都难以真正攻破和灭亡苏联。

赫鲁晓夫时期，核技术与核威慑战略的发展，使美苏爆发大规模战争的可能性在降低，开始消减包括水面舰艇在内的常规军事力量。但苏联时刻面临着西方盟国在其漫长的海岸线上突袭的威胁，随着海上强国美国成为主要竞争者，苏联主要安全威胁的地理来源发生了变化。20 世纪 50 年代，美国和西方国家在核动力航母舰载机、巡航导弹和核动力导弹潜艇方面取得了巨大的技术进步，美国航母用核武器从地中海东部和挪威海南部区域袭击苏联本土的能力被大大提高，为此苏联决定用核潜艇来制衡美国的海权威胁。1954 年苏联高层领导人决定，将过时的水面舰艇转向主要以潜艇为基础的海军。[①] 1962 年的古巴导弹危机，使苏联重新认识到潜艇部署对美国构成的威胁被证明无效以及大型水面舰艇应对美国海军威胁的必要性，由于没有有效手段反制美军的区域封锁，苏联海军被迫接受美国海军的一再盘查，使苏联海军蒙羞。赫鲁晓夫开始反思在海军中出现的兵力结构失衡状况，苏联海军所面临的作战任务才开始真正明晰：战略性轰炸、防御北极星潜艇和航空母舰特混舰队。勃列日涅夫政府认为苏联与美国的差距正在缩小，可以打破美国的海上威胁，这为戈尔什科夫主张海军发展的均衡原则提供了政治市场，苏联试图利用将其崛起的海上力量撤出西半球与美国第六舰队撤出地中海作为交换条件，类似赫鲁晓夫在古巴导弹危机期间曾建议以美国在土耳其撤出导弹与苏联在古巴撤出导弹作为交换条件。

[①] Robert Waring Herrick. *Soviet Naval Strategy*: *Fifty Years of theory and Practice*, Annapolis, MD: Naval Institute Press, 1968, pp. 75 - 76, 93.

第二节
战略塑造能力与俄国海权发展路径分析

一、重陆轻海的地缘传统与帝国荣誉的维系

历史上，俄罗斯的地缘学说传统以在欧亚大陆巩固陆权优势和获得安全可靠的出海口为主要目标。苏联作为第一个社会主义国家，并没有排斥沙皇俄国、莫斯科大公国、基普罗斯的战略传统，相反，在最初列宁发动"世界革命"失败后，苏联就回归到俄国传统的战略模式中。这种战略文化传统萌生于所处的地理空间因素，贯穿于莫斯科大公国、沙皇俄国、苏联、当代俄罗斯等各个时期，具有很强的连续性，成为苏联战略学说来源的重要组成部分。

俄国的战略传统追求安全的绝对化，而绝对安全的需求必然导致一个国家走上征服世界的道路。[1] 俄国的帝国传统源于16世纪的民族神话——第三罗马说，而彼得大帝则回归古罗马帝国传统，认为本国是"古希腊罗马"，彼得一世促使帝国意识取代东正教思想成为全俄罗斯思想，从此俄国走向了征服与侵略的殖民道路。[2] 而叶卡捷琳娜二世在接受西方文明的同时，继承了东方游牧部落的遗产。到19世纪，俄国的帝国认同再度确立了拜占庭和蒙古鞑靼传统，认为俄罗斯是拜占庭和成吉思汗帝国的双料继承人。俄国的帝国扩张传统是在与斯堪的纳维亚、拜占庭、蒙古鞑靼、土耳其、日耳曼等诸多文化类型的互动中形成的，汇合了基督教、拜占庭和

---

[1] 李明滨、郑刚：《苏联概况》，外语教学出版社1986版，第161页。
[2] 赵定东：《俄罗斯社会转型模式研究》，人民出版社2007年版，第60页。

第七章 案例四：俄国（苏联、俄罗斯）的战略转型（1689~2015 年）

伊斯兰三大文明的地缘文化特征，使俄国坚持对外扩张，到苏联时期推广到极致。

俄国面临的绝大多数地缘威胁来自陆地，具有重陆轻海的战略学说传统，将陆权力量建设和陆上领土安全放在第一位，而海军则处于较低的地位，是一个主要以防御为导向的辅助角色。[1] 这一战略文化特征对战略决策过程和军种间的权力分配具有重要作用。此外，俄国作为陆上大国，对海上技术和设备的革新及战略价值缺乏海上强国那样的敏感度，苏联时期也没有扩大海洋文化传统的战略影响。如斯大林时期对战列舰的痴迷和对发展航母的漠然，反映了作为陆权强国的保守性海洋战略。

俄国的陆上作战传统是推崇进攻有利，而在海上的战略传统则偏重防御导向。例如，日俄战争显示出沙俄海军战略是一种消极防御战略，马汉认为，沙俄错误地采用了消极的"要塞舰队"思想，战舰被赋予保卫海岸要塞的任务，使舰队沦落成岸上要塞的附庸。[2] 克拉克·雷诺兹指出，自13 世纪以来的 800 年间，俄罗斯的基本战略态势都是防御性的，从未间断。这种海上战略的防御性传统，使新生的苏联孕育了年轻学派或者说新海军学派。这些战略文化传统对"冷战"期间苏联战略学说的生成、战略转型的推进都产生了强度相关的深远影响。

俄国历史上的第一个帝国，是公元 9 世纪中叶的基辅罗斯，它兴起于第聂伯河最南端的历史文化名城基辅。基辅罗斯可以经常接触南部的拜占庭帝国，对俄罗斯人皈依东正教有极大促进作用。地理决定了基辅罗斯的人口构成，从北方顺流而下的北欧维京海盗和东部的斯拉夫土著都相继加入，由于土壤贫瘠，意味着他们不得不征服大片土地以保证食物供应，两种动态区域势力在此合二为一，即维京海盗和拜占庭人，帝国由此开始形成，并使俄国逐渐成为一种地理和文化概念。1453 年，拜占庭统治下的希

---

[1] Norman Cigar, "The Soviet/Russian Sea Power, Land power Debate in the Era of Perestroyka", *Journal of Slavic Military Studies*, 2009, 22 (4): 463–464.
[2] [美] 阿尔弗雷德·塞耶·马汉：《海军战略》，蔡鸿干、田常吉译，商务印书馆 1996 年版，第 412 页。

腊被奥斯曼土耳其征服，希腊难民从君士坦丁堡逃难到莫斯科以北，给俄国带来了政治、军事和管理经验，这对帝国的建立至关重要。

尽管俄国在16世纪50年代就控制了伏尔加河流域和通向里海的出海口，在18世纪控制了波罗的海和黑海的海岸线，这些扩张成果对俄国实力的增长起到了重要影响。但这三块海域都具有以下特点：要么为陆地所包围（如黑海），要么通向海洋的渠道非常狭窄，很容易被外国船只堵截。俄国作为一个海上和商业大国的地位一直都受到威胁。[1] 由于俄国在地理和文化上都处于边缘地位，边缘的大陆帝国特性使其与近代欧洲其他列强不同，俄国主要向邻近接壤的领土扩张，缺乏欧洲殖民帝国的殖民地和母国的清晰分别，这就对帝国解体后的边境的合法性和稳定性产生重要影响。

俄国真正意义上的帝国思想传统源于16世纪的民族神话——第三罗马说，随着拜占庭帝国被奥斯曼土耳其灭亡，中世纪莫斯科大公国自封为"第三罗马"，是罗马帝国和拜占庭帝国的合法继承者；它解体后的时期号称"乱世"（the Time of Troubles）。但在1613年，米哈伊尔·罗曼诺夫被推为沙皇，开启了近代的俄罗斯帝国篇章。在罗曼诺夫王朝300年的统治中，俄国征服了波兰和立陶宛，摧毁了瑞典，羞辱了拿破仑法国，夺回了乌克兰，并从奥斯曼土耳其手中成功抢到了克里米亚和巴尔干，同时正式实现了对高加索、中亚和西伯利亚的扩张。广阔无阻的地理条件，使俄国在战争中进可攻、退可守，大规模的军事调度成为俄国历史上的主旋律之一。

二、不安全感、欧亚平衡与陆上对手的塑造偏好

俄国（苏联）对战略对手的塑造，一直以地缘政治的不安全感作为动机。俄国追求安全的绝对化，而绝对安全的需求必然导致一个国家走上征服世界的道路。[2] 在俄国看来，边界永远是不安全的，邻国即敌国、边界

---

[1] Dominic Lieven. Empire：The Rise of the Russian Empire and Its Rivals，P. 49.
[2] 李明滨、郑刚：《苏联概况》，外语教学出版社1986年版，第161页。

第七章　案例四：俄国（苏联、俄罗斯）的战略转型（1689~2015 年）

即战场。俄罗斯的"天定命运"推动力就是其不安全感，必须保持进攻，并在各个方向探索，否则自身难保。俄国人既想在历史中寻根，又希望利用历史为自身辩护，这种需求部分源于来自东部平原的不安全感。分散定居的生活方式造成了长期的无政府状态，每一个族群都永远地缺乏安全感，在森林深处防备着草原上潜伏的敌人，这也导致俄国人将东正教作为他们的精神"避难所"。俄罗斯是世界上最独特的陆权大国，从东经 26 度横跨至西经 170 度，几乎占据了地球的一半。主要出海口集中在北部，面临着每年数月的冰冻期。马汉曾指出，俄罗斯作为陆权大国常年处于不安全的地缘局势中。在获得海洋屏障之前，他们要么继续扩张，要么实力不足时坐视别国征服，在地理扩张上永不满足。俄国（苏联）国土平坦广阔，缺少自然边界为其提供国防支撑，因此，其对陆地上的敌人充满了恐惧。俄国（苏联）一直在想办法将边界推到中东欧中间，以阻止拿破仑法国、威廉二世德国和希特勒德国那样的入侵重演。此外，俄国对高加索山脉的作用极为重视，将其视为防御中东地缘政治冲突与宗教纷争蔓延到本国境内；而且高加索地处北纬 43 度附近，气候相对温和。

从远古、中世纪到近代早期，俄国一直受到亚洲草原游牧民族的侵扰，迫于无奈，不得不寻求对外扩张与征服。特别是蒙古人，包括中世纪莫斯科公国附近的金帐汗国和中亚的蓝帐汗国对他们的长期侮辱和侵犯，莫斯科公国四面被围，内陆封锁。东部只有针叶林、草原和蒙古包，南部草原上的匈奴人、蒙古人阻止莫斯科公国出入黑海，西部和西北部则有瑞典人、波兰人、立陶宛人把控着波罗的海。这直接导致俄罗斯错过了文艺复兴，但也赋予他们共性、动力和极强的目的性。正如历史学家 G. 帕特里克·马奇认为，蒙古人的统治造就了俄罗斯人"对暴政的极大容忍"，使他们在遭受困苦的同时，患上了"侵略妄想恐惧症"。可以说，不安全感是俄罗斯典型的民族情感之一。

1941 年希特勒向东侵犯，穿过苏联的欧洲平原部分，直逼莫斯科郊外，直到 1943 年初才被挡在斯大林格勒外面。"二战"结束后，苏联迅速占领了整个欧洲的东半部，建立共产主义卫星国系统，将其帝国延伸至中欧的心脏深处，超过了 1613~1917 年的罗曼诺夫帝国的范畴，以及纳粹与苏联协定互不侵犯的领土；而苏联的亚洲部分已经扩张到日本北部的萨哈林和千岛群岛，毗邻俄罗斯远东地区。作为第二次世界大战的结果，麦金德描述的心脏地带强权最终以苏维埃俄国的形式建立起来，而马汉和斯拜克曼的海上强权则以美国的形式存在，两者形成两极对峙局面。苏联依托心脏地带向四周的蚕食性扩张，使欧洲和中国命运都受到了影响，而大中东和东南亚处于欧亚大陆边缘地带，因此能够感受到美国的海上和空中力量的压力。

在麦金德看来，到20世纪初，人类历史上第一次面临"封闭系统"，在此系统中，"所有陆地的政治所有权"都已经被"瓜分完毕"。① 但即使是一个封闭的系统，内部仍然存在着地理上的分歧。事实上，地理在一个封闭的系统中前所未有的重要，因为不论该系统产生任何倾向性，都会引发明显的后果，即一个遥远地区或国家的地缘政治形态的变更可能会波及全世界，这有些类似罗伯特·杰维斯所强调的系统效应，即地理因素受到国家内部或国家间权力结构的变化而产生的非线性，甚至可能非任何国家意图性的影响，比如两次世界大战很难认为是哪一方有意为之的完全结果。

在1919年发表的《民主的理想与现实》中，麦金德提到了他在1904年发表的《枢纽》一文中忽略的观点："在德国和俄罗斯之间应该有独立国家的阻隔，这一措施必不可少。"② 麦金德在1919年把东欧看作心脏地带的关键，无论是德国还是俄罗斯的陆权都由此派生而来。他提出，可以在东欧建立一系列主权国家，如白俄罗斯、乌克兰、格鲁吉亚、亚美尼亚、阿塞拜疆、塔吉克斯坦等，来挫败俄国布尔什维克设计的政体。

麦金德的《历史的地理枢纽》一文认为，沙俄已经控制了欧亚大陆的核心区域——世界的枢纽区域或心脏地带，海洋国家是无法渗透进这片区

---

① Hafeznia M R., "A new definition of geopolitics", *Quarterly Journal of Geographic Research*, 2000, P. 58.

② Masbod H., "Geopolitical models and their relevance with a focus on heartland concept", 1996.

第七章 案例四：俄国（苏联、俄罗斯）的战略转型（1689~2015 年）

域的。① 麦金德在 1943 年的《环形的世界与赢得和平》一文中，再次重申欧亚大陆的心脏地带是"世界上最大的天然堡垒"②。通过第二次世界大战，苏联获得了对东欧和中欧一部分地区的绝对控制权，并在陆上扩张缓解了不安全感之后渗入了有利于扩展海权的地理区域——东南亚、中东、撒哈拉以南非洲和加勒比海地区。随着欧盟和北约东扩，加上俄罗斯国力衰落，这种不安全感继续深刻影响着它的国策。俄罗斯除了北冰洋和太平洋以外没有明确的地形边界，因此俄罗斯社会"深层次军事化"，并通过建立大陆帝国谋求缓解不安全感。

12 世纪以后鞑靼—蒙古在俄罗斯的统治，使欧洲东西两个部分被截然分开，形成了不同类型的文明。这也导致俄罗斯的文明属性与战略取向不同于其他西方国家或东方国家。欧亚主义在很大程度上属于一种折中主义，或者说是大西洋主义与斯拉夫主义进行论战的妥协产物。因此，我们需要考察跟它相关的另外两种思潮——斯拉夫主义和大西洋主义。俄罗斯在其社会发展和国家战略的选择上，常常受其大西洋主义、欧亚主义和斯拉夫主义等社会思潮的影响，这三大思潮就像钟摆一样，在特定历史时刻俄罗斯会倒向大西洋主义或斯拉夫主义，但整体上还是更偏重居中的欧亚主义。

历史上，俄罗斯以在欧亚大陆巩固陆权优势和获得安全可靠的出海口为主要目标。受到自然地理特征的影响，俄罗斯对陆上威胁的认知更为敏感。③与传统的海权国不同，俄罗斯面临的绝大多数威胁来自陆地，它主要依托强大的陆上军事力量。重陆轻海的特征对战略决策过程和军种间的权力分配具有至关重要的影响。在历史上，地面部队一直在俄罗斯发挥主导作用，并且至今仍在国防机构中占据强势位置；而海军则处于较低的地位，是一个主要以防御为导向的辅助角色。在彼得大帝及其后的时代，扩张俄

---

① Holford Mackinder, "The Geographical Pivot of History", *Geographical Journal*, 1904, 23 (4): 44.

② Halford Mackinder, "The Round World and the Winning of the Peace", *Foreign Affairs*, 1943, 21 (4): 595 – 605.

③ 刘中民：《关于海权与大国崛起问题的若干思考》，载于《世界经济与政治》2007 年第 12 期，第 10~12 页。

国版图、获得自由进出大洋的出海口、寻求海外贸易、保护海上交通线、占据海外战略要地几乎成为俄国不变的战略取向，即陆上扩张的目的之一是为了扩展海权潜力，而海权的崛起则是进一步反哺到陆上霸权的巩固与扩张。

叶卡捷琳娜大帝通过对土耳其的两次战争获得了博斯普鲁斯和达达尼尔海峡，兼并了克里米亚和格鲁吉亚，取得了黑海出海口，建立了黑海舰队。到19世纪，俄国已经扩张到波罗的海、白海、黑海和里海地区。此外，沙俄时期就进行了对拉美地区的染指尝试，这也为后来苏联在加勒比海和墨西哥湾的扩张提供了战略文化传统。1818年沙皇亚历山大一世在神圣同盟中建议派遣一支舰队去拉丁美洲帮助西班牙重新征服它的殖民地，并主持了对美国海域的海外探险；在美国内战期间，俄国舰队也曾到旧金山和纽约进行礼节性访问；日俄战争期间，俄国辅助巡洋舰被迫拘留于旧金山。①

俄国在海上的扩张传统主要有四条路线：通过征服土耳其等国控制黑海及黑海海峡，从而进入地中海；占领高加索，经伊朗进入波斯湾和阿拉伯海；从中亚经阿富汗入侵印度，进而控制印度洋；在日本海等水域突破美日等国的海上封锁，进入太平洋地区。麦金德认为，不管个人成就多么巨大，地理的力量往往会作用于人类文化，并最终取得胜利。以圣彼得堡的例子为证，彼得大帝把俄国的首都建在这个"地理敌人的牙齿"上，其发达的文化背景和具有高度能动性的个人，保证了在此生存从技术层面上是可能的；彼得大帝也因此在短期内连连取胜。尽管通过这种"怪异的方式"——以圣彼得堡作为权力中心统治了俄国境内两百年，但俄罗斯最终还是选中了陆地环绕的莫斯科作为首都，标志着地理的再次胜出，以及人的意志的局限性。②

---

① ［美］詹姆斯·西伯奇编：《苏联在加勒比海地区的海上力量》，复旦大学历史系拉丁美洲研究室译，上海人民出版社1975年版，第47页。

② ［美］罗伯特·D. 卡普兰：《即将到来的地缘战争》，涵朴译，广东人民出版社2013年版，第86页。

第七章 案例四:俄国(苏联、俄罗斯)的战略转型(1689~2015年)

近代以来,拥有全球力量投送能力的海军一直被认为是一流国际强国的先决条件。它不仅是满足国家自我意识的工具,而且是确保俄国(苏联)行动自由的有效的对外政策工具。俄国(苏联)长期不变的一个传统是相信展示力量和让他国认识这一力量与运用力量本身同样重要。俄国(苏联)的战略文化贯穿于帝国、苏联及当代俄罗斯的各个时期,展现出惊人的连续性。

在沙皇时期和直到20世纪50年代初的苏联时期,最终由最高领导人对海军投资做出的决策并不总是与经济条件相关。但通常而言,在经济增长和衰退时期,对海军的投入也会相应增减,这取决于同时出现的多种因素的组合。苏联作为第一个社会主义国家,并没有排斥沙皇俄国、莫斯科大公国、基普罗斯的地缘政治传统,相反,在最初列宁实行"世界革命"理论失败后,苏联就回归到俄国传统的战略模式中了。

因为地理的原因,苏联有意识地向东迁都,从波罗的海之滨的圣彼得堡迁回莫斯科,恢复了亚洲国家的主要身份。从地缘政治角度而言,亚洲是俄罗斯的重中之重。自此,彼得大帝开创的从"西方的窗口"统治俄罗斯的半现代化制度,被克里姆林宫统治的国家取而代之。1929年,苏联动用步兵、骑兵、飞机攻击满洲的西部边缘,夺取了穿过中国领土的铁路控制权。[①] 1935年,苏联提出在中国西部的新疆设虚拟卫星站,并扶植蒙古成立蒙古人民共和国,与其结成同盟。1939年,苏联又在欧洲与纳粹签署条约,允许苏联合并波兰东部、芬兰东部、比萨拉比亚和波罗的海三国立陶宛、拉脱维亚和爱沙尼亚。

苏联解体后不到一个月,时任俄罗斯外长科济列夫在俄罗斯政府公报中说:"我们果断地认为,地缘政治正在取代意识形态。"爱丁堡大学名誉教授约翰·埃里克森认为,"地缘政治在苏联时期一直被妖魔化了,现在

[①] 即中东铁路事件,1929年张学良领导的东北政府以武力收回苏俄在中国东北铁路的特权,双方发生军事冲突。

它又带着复仇回来了,困扰苏联解体后的俄罗斯"[1]。地缘政治作为一门学科在俄罗斯获得平反,不再有人谴责地缘政治是军国主义的工具,麦金德和马汉等人恢复了名誉。

总体来看,受制于空间地理因素的影响,俄罗斯面临的绝大多数地缘威胁来自陆地,具有重陆轻海的战略学说传统。苏联海军司令弗拉基米尔·切尔纳温海军上将曾在1990年指出,海军不过是陆军助手的这种观念现在仍然有拥护者。这一战略文化特征对战略决策过程和军种间的权力分配具有重要作用。此外,俄罗斯作为陆上大国,对海上技术和设备的革新和战略价值缺乏海上强国那样的敏感度,苏联时期也没有扩大海洋文化传统的战略影响。如斯大林时期对战列舰的痴迷和对发展航母的漠然,反映了作为陆权强国的保守性海洋战略。

"冷战"后的俄罗斯的国家安全战略,曾在很长一段时期一反过去的激进模式,转变为防御模式。战略思想和理论方面也有别于以前坚持本国、本民族利益至上的原则。在其战略思想、方法、手段以及战略实践中,都体现出地缘政治的特点。作为地跨欧亚、领土面积最广、接壤国家最多、军事实力靠前、国际影响力强的国家,俄罗斯在制定本国对外政策时需要考虑诸多因素。在外部环境中,独联体是俄罗斯的利益核心区,被其视为自己的势力范围;欧洲是其传统的战略方向,被列为战略重点;亚洲太平洋地区也是其战略考虑的重要部分;美国由于其在世界安全战略格局中的特殊地位,被俄视作安全合作的对象。但随着格鲁吉亚战争、乌克兰危机、伊朗核问题的发酵、美国借助北约对俄国的战略围堵、反导系统与《中导条约》的失效,美俄"新冷战"扑朔迷离,俄国包括北极战略在内的地缘战略调整,都在将美国视为首要假想敌。

---

[1] Sloan G. Sir Halford J. Mackinder: the heartland theory then and now. *The Journal of Strategic Studies*, 1999, 22 (2-3): 15-38.

三、战略学说的吸收和应用

(一) 俄国历史上的三大地缘战略思想取向

俄国有三种地缘战略思想传统：斯拉夫主义、亲西方主义和欧亚主义，成为指导俄罗斯地缘战略选项的重要哲学理念。

第一，与帝国传统密切相关的斯拉夫主义。

斯拉夫主义起源于19世纪中期，强调俄罗斯民族精神以及民族的地位和作用，也被称为"民粹主义"。斯拉夫主义怀疑全人类价值的存在，强调民族因素在社会发展中的首要地位。俄罗斯的历史和文化传统具有独特性，主要表现在俄罗斯的农村公社和劳动组合以及唯一正确的基督教——东正教，因此，俄罗斯应该走不同于西欧的独特的发展道路。在国家的发展模式上，斯拉夫主义主张"帝国"是俄罗斯发展的重要形式。按照斯拉夫主义的观点，所谓的"帝国"传统也是俄罗斯独特民族特点和社会文化传统的一部分。他们认为，世界第一帝国——罗马帝国垮台后没有灭亡，而是在中世纪通过拜占庭复兴为以君士坦丁堡为首都的第二罗马。

拜占庭垮台后，俄罗斯认为自身成为罗马和拜占庭君主自然的接班人，莫斯科就是第三罗马。因此认为"帝国"是历史和地缘政治所决定的俄国的发展形式。"莫斯科就是第三罗马"的思想在15~16世纪之交形成之后，在其后的多个世纪里成为俄罗斯大国意识的基础。他们强烈反对国内外势力对俄罗斯实行"非俄罗斯化"的企图。对俄罗斯而言，阻止俄罗斯、乌克兰和白俄罗斯在政治上重新联合起来；阻止独联体国家重新一体化；鼓励边远民族地区的反俄情绪和分离主义；诋毁俄罗斯的民族意识，针对俄罗斯的民族文化、传统、价值观和东正教进行精神侵略。[1] 这些都

---

[1] Larrabee F S. Russia, Ukraine, and Central Europe: the return of geopolitics. *Journal of international affairs*, 2010, 63 (2): 33-52.

是非俄罗斯化的体现，斯拉夫主义反对完全西化、强调俄罗斯的大国使命。

19世纪的尼古拉·达尼列夫斯基是俄国地缘政治学说的重要奠基人。他提出了著名的人类"文化历史类型"理论。他在1869年出版的《俄国与欧洲》一书中把人类历史上先后出现的重要文明划归成10种历史类型：(1)埃及文明，(2)中国文明，(3)亚述—巴比伦—腓尼基—迦勒底文明，(4)印度文明，(5)伊朗文明，(6)希伯来文明，(7)希腊文明，(8)罗马文明，(9)阿拉伯文明，(10)日耳曼—拉丁文明或欧洲文明。他认为各种文明各有其发生、发展、消亡的历史，互不相干。他把"俄罗斯—斯拉夫文明"看成一种完全不同于欧洲文明的完美的文明。"斯拉夫—俄罗斯文明"因其有东正教的统一性和农村公社的和谐性，有着无限美好的前途，"只有斯拉夫类型是最高的文化历史类型"，其必将取代江河日下的"日尔曼—欧洲文明"。他主张建立一个由俄国领导的强大的"全斯拉夫联盟"的斯拉夫帝国。

第二，亲西方的大西洋主义。[①]

大西洋主义又称"欧洲—大西洋派"或"西欧派"，同斯拉夫主义一样起源于19世纪中期。大西洋主义同斯拉夫主义针锋相对，强调俄国必须走西欧的发展道路。提倡引进类似英国和法国君主立宪的议会民主制，外交上向西欧资本主义国家靠拢，高度评价彼得大帝和亚历山大二世推行的欧洲化政策，反对以"君主专制、东正教和民族性"为特征的国家意识形态。俄罗斯本来就是欧洲的一部分，只是由于鞑靼—蒙古人的入侵和布尔什维克的革命，才使俄罗斯同西方文明分开。"俄罗斯是欧亚国家，这是个地理事实……但是，从历史的倾向、文化优势、价值取向体系和文明的观点来看，俄罗斯民族是欧洲民族。"[②]

---

① 王正泉：《俄罗斯围绕外交构想的三次争论》，载于《国际观察》1998年第2期，第27~30页。

② [俄]尼·科利科夫：《全球变革时代的俄罗斯》，载于《自由思想》1994年第2~3期，第5页。

第七章 案例四：俄国（苏联、俄罗斯）的战略转型（1689～2015 年）

彼得大帝成功地巩固了俄罗斯波罗的海沿岸，并面向欧洲建立了新都，但其试图改变俄罗斯政治文化身份的努力最终归于失败。虽然致力于全方位扩张，俄罗斯在骨子里仍然是一个认同欧洲文化的欧亚国家，其典型性独一无二，即使其地理条件和被侵略（如蒙古）的历史否认这一点，但俄罗斯仍然想方设法成为欧洲国家。

在当代的大西洋主义者中，"休克疗法"的主要执行者叶·盖达尔及其著作《国家与演变》可谓典型代表，他认为，俄罗斯要摆脱落后并赶上西方文明，正确选择是"改变社会经济制度结构本身，努力抖落许多世纪形成的特性层，恢复同欧洲已经中断的在社会和文化上的统一，从东方的道路上转到西方的道路上来"①。在对外政策上，最优先的不是同原来苏联加盟共和国重新联合，而是尽快加入"文明国家大家庭"，在民主化、非意识形态化、非军事化和对外政策的非全球化的标志下，使俄罗斯同西方结成平等"伙伴"和"盟友"。在国家结构问题上，反对泛斯拉夫主义，不赞同恢复沙俄或苏联帝国。大西洋主义尽管在一定时期内影响了俄罗斯国家发展的方向，但没有成为俄罗斯的长期战略决策基础。②

普京当政后没有完全放弃俄罗斯在地理上属于欧洲的维度，俄罗斯试图以乌克兰为支点，在海外周边重新经营势力范围，乌克兰南部毗邻黑海，西部接前东欧卫星国，它若独立将使俄罗斯在很大程度上与欧洲绝缘。然而，乌克兰西部地区奉行希腊和罗马天主教，东部则为东正教，乌克兰自身的宗教地理特点使它具有中东欧之间的边疆作用。正如布热津斯基认为，没有乌克兰的俄罗斯虽然仍是一个帝国，但只能是一个亚洲型为主的帝国，并将进一步卷入与高加索和中亚国家的冲突。

第三，最具影响力的欧亚主义。③

欧亚主义产生于 20 世纪 20 年代，也被称为"欧亚派"。它崇尚以和

---

① ［俄］叶·盖达尔：《国家与演变》，莫斯科欧亚出版社 1995 年版，第 52～53 页。
② 曹志平：《地缘政治与俄罗斯外交》，载于《东欧中亚研究》1998 年第 5 期，第 54～61 页。
③ 夏义善：《俄罗斯的外交走向：大西洋主义，还是欧亚主义》，载于《国际问题研究》2003 第 3 期，第 20～25 页。

谐为基础的东正教，批判欧洲中心主义，比斯拉夫主义更加反对大西洋主义。地理、文化和历史等因素确定了俄罗斯的欧亚特点。与欧洲相比，俄罗斯没有出现过真正的封建主义、文艺复兴、人道主义和宗教改革，其历史包含亚洲的特点。另外，俄罗斯又由于宗教文化同西方联结起来，与以欧洲为中心的基督教世界组合在一起，所以不能完全将俄罗斯看成亚洲国家。而欧亚主义可以分为古典欧亚主义和新欧亚主义。

古典欧亚主义对俄罗斯海权战略转型影响深远，强调东西方平衡外交，在战略投入上兼顾东西，并为"冷战"后俄罗斯的新欧亚主义奠定了思想基础。欧亚主义的历史观认为，蒙古人对罗斯和俄罗斯的政治历史具有重大积极影响，是蒙古人将原本处在地缘政治圈外的东斯拉夫人拖进了地缘政治领域，鞑靼—蒙古人对俄罗斯的入侵实际上是一种幸运，正是鞑靼蒙古人的入侵才使得俄罗斯变成了地跨欧亚两大洲的一个大国，使得俄罗斯将欧亚两洲的优点都集中于一身。欧亚主义的文明观认为，俄罗斯处于东西方文明之间，是东西方文化的汇合点。

伊凡三世时期，通过军事手段和外交手段的灵活运用，在地缘战略上就开始一面摆脱金帐汗国的统治，一面与波兰、立陶宛争夺俄罗斯统治权。伊凡四世开创了莫斯科公国兼顾东西的战略模式，一面在波罗的海地区进行利沃尼亚战争，一面试图征服东方的鞑靼汗国。彼得大帝为了提供向西扩张的便利条件，同清王朝于1689年签订了《尼布楚议界条约》，稳固了东方疆界安全。尽管亚历山大一世、尼古拉一世、亚历山大二世、亚历山大三世到尼古拉二世统治前期，俄国更多的是欧洲第一，亚洲地缘战略只是居于从属地位，但克里米亚战争和日俄战争，却使俄国不断向"双头鹰"战略靠拢，加大对亚洲事务的介入力度。1945年以前的苏联尽管更注重欧洲地缘威胁和利益谋划，但随着两极格局的形成，苏联形成并不断扩展地缘影响和目标，兼顾东西方的地缘政治演化成了必然选择，壮大太平洋舰队、意图染指中国大连和旅顺军港、租借越南金兰湾都反映了它在由陆向海转型进程中的欧亚战略均衡性。

叶夫根尼·萨维茨基是苏俄时期欧亚学派的代表人物。他提出：欧亚

第七章 案例四：俄国（苏联、俄罗斯）的战略转型（1689~2015 年）

大陆不能只划分为欧洲和亚洲两个部分，应当一分为三，即欧洲、亚洲和欧亚世界（欧亚俄罗斯）。欧亚俄罗斯是一个与欧洲和亚洲鼎足而立的特殊发展空间，处于极端重要的地位。俄罗斯是欧洲的森林和亚洲的草原合二为一的载体，它并不是简单地将两类地缘政治体系叠加，而是在此基础上形成了特殊价值体系。俄罗斯是特殊的文明实体。俄罗斯不是欧洲，更不是亚洲的延伸，俄罗斯是独立世界，是独立和特殊的精神历史和地缘政治现实。俄罗斯有更多的理由被称为中央国家。俄罗斯占据整个大陆的中央。作为地理世界，欧亚大陆似乎预感到为建立统一国家而存在。建立欧亚俄罗斯并形成地缘政治整体的基本特点的进程于 19 世纪末完成。俄罗斯是蒙古—鞑靼文化的继承者。产生大规模人类主体的地理环境是不可复制的。社会历史和地理环境具有相互关联性和不可分割性。欧亚俄罗斯是由数个次一级的"发展地"组成的统一完整的大"发展地"。欧亚国家推崇精神原动力，奉行先验论思想，认为地理个性应该高于物质必要性，和麦金德、马汉和斯拜克曼相对立，反对运用商业原则建立国家体制。

防御性欧亚主义认为欧亚主义传统中的"欧亚"与麦金德的"心脏地带"在地理范围上大致相同，赞同海权与陆权的持久对立性，俄罗斯与西方地缘矛盾具有不可调和性，试图恢复苏联在欧亚大陆的传统地理边疆和战略地位。进攻性的欧亚主义强化了陆权对抗海权的观念，俄国作为心脏地带强国理应支配欧亚大陆边缘的内新月形地带，德国、日本和伊朗是俄罗斯将西方海权国家逐出欧亚大陆的天然同盟，并将俄罗斯的地缘势力范围扩展到东欧，中国东北、新疆、西藏，蒙古国，阿富汗和土耳其等国家和地区。反欧亚主义认为，中世纪的莫斯科公国、近代沙俄、苏联和"冷战"后的俄罗斯的领土结构都与心脏地带的界定不符，否认海权与陆权对抗的历史宿命，技术的发展已经改变了海陆机动性和攻防对比的经典论述，新欧亚主义将引导俄罗斯走向过度扩张的陷阱，俄罗斯应该放弃帝国主义传统。总体来看，"冷战"后俄罗斯的地缘学说主流没有打破 20 世纪地缘政治学说的思维逻辑，具有某种地理决定论倾向，批判性地缘政治学的观点处于俄罗斯的地缘学说边缘位置。俄罗斯当代政界、学界、新闻界人士都热衷于提出一些地缘政治思想吸引公众的关注,如杜金带有纳粹生存空间思想的代表性著作,被俄很多高校列为地缘政治课程的教材。新欧亚主义的观点对叶利钦、普京等政府首脑有所启发。①

苏联解体后,俄罗斯丧失了原有的地缘政治优势,新斯拉夫主义有所抬头,但未能成为主流;大西洋主义一度占据优势,但最终俄罗斯在西方碰壁后,还是选择相对折衷的新欧亚主义。俄罗斯的国徽上印有双头鹰,寓意为俄罗斯的外交传统是东西兼顾,在不同时期表现为不同的思想内容,在俄罗斯帝国和苏联时期为古典欧亚主义,而在当今俄罗斯影响较大的则是新欧亚主义。② 新欧亚主义强调,俄罗斯是东西方之间的均衡因素,应以东西方"中介人"身份复兴,在欧亚主权国家的联盟中占中央地位,主张在苏联领土建立以俄罗斯为核心的"欧亚邦联",在巨大的经济和地理空间中,要维持共同的边界和统一的通信、交通、能源供应系统;同时,需要"伟大的欧亚思想"作为意识形态的纽带来巩固"统一的欧亚大厦",欧亚主义逐渐成为俄罗斯地缘政治理论的重要组成部分。③ 当然,欧亚主义并非平均分配,基普罗斯、沙俄、苏联及"冷战"后的俄罗斯在兼顾东西的情况下,一直坚持欧洲第一的战略传统。

"冷战"后俄罗斯战略学说的理论渊源主要包括列夫·古米廖夫的欧亚主义思想和禾·麦金德的心脏地带理论。

第一,列夫·古米廖夫的欧亚思想。

作为俄国(苏联)时期的欧亚学派代表,古米廖夫观点旗帜鲜明、独树一帜、争议颇大。他在去世前不久回答记者的一段话被广为传播,鲜明地表露出他的欧亚主义立场:"让我告诉您一个秘密:只有作为一个欧亚

---

① Laruelle M, "The two faces of contemporary Eurasianism: an imperial version of Russian nationalism", *Nationalities Papers*, 2004, 32 (1): 127.

② 李兴耕:《俄罗斯的新欧亚主义思潮与欧亚党》,载于《俄罗斯研究》2003 第 2 期,第 22~28 页。

③ 陆俊元:《俄罗斯欧亚主义哲学及其对华安全理念——地缘政治视角》,载于《江南社会学院学报》2008 年第 9 期,第 19~22 页。

第七章　案例四：俄国（苏联、俄罗斯）的战略转型（1689～2015年）

大国并且只有通过欧亚主义，俄罗斯才能得救。"他的观点是：就民族而言，从进取精神冲动萌发到恢复新的平衡这样一个周期约需1200～1500年。在这个周期中，进取精神要经历一个从萌动上升到高峰，然后再从高峰下降到消沉的过程，而民族也随之出现发生、发展、统一、分裂和衰败的现象，随后又开始孕育下一个周期。照古米廖夫的说法，俄罗斯进取精神的萌动期出现于13世纪，因此到苏联解体前后，俄罗斯的"年龄"还不到800岁，正值由消沉期向惰性期过渡的最艰难的转换时期。

古米廖夫指出，西欧国家比俄罗斯年长500岁，在15～16世纪之间，他们也经历过类似的转换时期。比如法国15世纪勃艮第战争期间，到处都是被绞死的人。由于这种民族年龄和进取精神水平的巨大差异，古米廖夫认为，无论俄罗斯如何努力，都不可能达到西方现在的福利水平。在这个时期出现离心倾向是很自然的事情。待反向过程开始之后，那些主张民族分裂的人们的子孙又会跑到莫斯科或彼得堡来碰运气。那时，中央的权力又会重新落到外省人的手中，纵观20世纪80～90年代俄罗斯的权势人物，如戈尔巴乔夫、叶利钦、雷日科夫、利加乔夫等都是外省人一样。不过导致俄罗斯"崩溃"的最直接原因，是苏联时期中央所遵循的不是国家民族利益，而是仇视人类的意识形态——强迫印古什人和波罗的海各族人背井离乡迁到西伯利亚，朝鲜人和卡尔梅克人迁到哈萨克，俄罗斯人和乌克兰人迁到波罗的海地区，再加上种种苛捐杂税，加深了边疆地区的离心倾向：它们一有机会就设法摆脱中央的控制。古米廖夫认为，即使是最先要求独立的立陶宛人，若是同意让他们按自己喜欢的方式生活，他们也未必会离开苏联。同样，高加索的内战也未必会爆发。古米廖夫还指名道姓地警告："若是在苏联解体之后俄罗斯也跟着解体，叶利钦就完全可能变成莫斯科州的总统。"[1]

对于苏联解体的原因，当时有各种各样的说法。比较普遍的一种观点

---

[1] 袁勋：《列夫·古米廖夫"民族过程"理论评述》，载于《俄罗斯研究》2017年第6期，第57～112页。

是：俄罗斯作为最后一个殖民帝国，它的解体是不可避免的。要想进入文明社会，它就必须分裂为若干个独立的国家，因为俄罗斯的内部矛盾已经到了无法解决的地步。对于这种解释，古米廖夫持坚决反对的态度。首先，他认为，俄罗斯从来不是西方式的帝国，即使波罗的海、中亚、哈萨克斯坦和高加索等边区共和国也不能看作是它的殖民地：俄罗斯不仅没有掠夺它们，而且给它们带来了极大的福利。其次，国家分裂并不是进入文明大家庭的必需条件。这个所谓的文明大家庭的建立恰好是欧洲对非洲、印度和美洲殖民扩张的结果。总而言之，古米廖夫认为不能用政治和经济的观点来解释俄罗斯大国的"崩溃"，只有用他的"进取精神"学说来考察，才能获得正确的答案。照他的解释，所谓"进取精神"就是一种能量过剩状态。若是一个人的进取精神超过其平静生活的需要，他便是一个富有进取精神者，就会为了自己的理想和追求而献身。与此相反，若是进取精神明显减弱，就会安于现状，过平庸的生活，这样的人就叫做缺乏进取精神者。他们总想不劳而获，依靠别人来满足自己的需要。

第二，麦金德的心脏地带理论。

麦金德对俄罗斯民族特点、陆权战略资源等庞大权势潜力的认识，使当代俄罗斯几乎所有的地缘政治论述都多少受到心脏地带思想的影响。① 2002年豪斯霍弗的著作在俄罗斯首次出版，拉采尔、弗里德里希·瑙曼、施密特等德国地缘政治学说影响了杜金、日里基诺夫斯基等右翼势力的观点，打破了苏联时期对德国地缘政治学的回避，包括"生存空间""有机体"在内的概念和观点开始在俄罗斯学术和政治圈被引用和讨论。②

面对苏联解体后的地缘政治形态，齐姆布尔斯基提出了俄罗斯岛理论。对欧洲区域体系来说，俄罗斯除了客观地理上的"大陆心脏"的作用之外，还是巨大的"俄罗斯岛"。在俄罗斯北部是大洋的边界，俄罗斯西

---

① Wohlforth W. Heartland dreams, "Russian geopolitics and foreign policy", *Perspectives on the Russian State in Transition*, 2006, P. 265.

② Bassin M, Aksenov K E, "Mackinder and the heartland theory in post – Soviet geopolitical discourse", Geopolitics, 2006, 11 (1): 101.

第七章 案例四：俄国（苏联、俄罗斯）的战略转型（1689～2015 年）

部的斯拉夫民族或国家将俄罗斯与欧洲隔离开来，这就是俄罗斯"岛国"的地缘政治地位。苏联解体后的俄罗斯是被罗马—日尔曼文明、西斯拉夫文明、阿拉伯—伊朗文明、印度文明和中华文明的"海"包围的岛屿。从历史的角度来看，欧洲—大西洋与亚洲沿太平洋地区的传统联系向来是绕过"俄罗斯岛"进行的。在齐姆布尔斯基看来，麦金德和欧亚学派的理论都忽视了俄罗斯国家制度中的"岛性"。实际上在 15～17 世纪，由于俄罗斯地缘政治中的岛性的作用，俄罗斯的地缘政治文化和社会生活基本在欧洲体制之外运行。

独联体地区是"俄罗斯岛"的"领土海峡"，该地区把俄罗斯与欧洲—大西洋体系分隔开，形成从朝鲜半岛至芬兰的"边缘大缓冲带"。虽然东欧国家加入了欧洲—大西洋政治体系，但是东欧地区仍然是俄罗斯地缘政治中的"领土海峡"。未来收缩后的俄罗斯有可能再次向"领土海峡"扩张。俄罗斯是欧洲国家的口号，在地缘战略上没有意义，也没有确定国家的发展方向。历史上，欧洲—大西洋与亚洲的联系一直是绕过俄罗斯进行的。俄罗斯是特殊的地缘政治"岛"。"边缘大缓冲带"将俄罗斯与世界上其他力量中心隔开。从文明发展的角度看，俄罗斯不是西欧文明国家，对于欧洲地区体系来说，俄罗斯永远扮演双重角色，不只是充当地理上地球的"心脏"，而且发挥巨大的"俄罗斯岛"的作用。

齐姆布尔斯基提出"边缘大缓冲带"的概念：既是俄罗斯的地缘空间，又属于欧亚文明和其他各种文明的共同地缘空间。"边缘大缓冲带"的发展方向对俄罗斯十分重要，这里也许会成为俄罗斯与其他力量中心——俄罗斯与穆斯林、俄罗斯与印度、俄罗斯与中国对立或联合的地区。由于它覆盖了从波罗的海至朝鲜的广阔地区，形成通向暖洋出海口的西欧文明的边缘地区，所以也是 21 世纪大国角逐的主要地缘政治舞台。控制"边缘大缓冲带"的地缘空间就等于掌握了通向世界新秩序最重要的一把钥匙。俄罗斯的安全战略带是围绕"俄罗斯岛"的领土海峡地区展开的，俄罗斯与西方国家在这一地区的对立会对俄罗斯的安全构成威胁，俄罗斯不可能把该地区当作本国的势力范围，但必须在该地区占有力量优势。如果欧美国家控制了"边缘大缓冲带",实际上就等于俄罗斯陷入了欧美国家的控制之中。所以俄罗斯的任务是,不能让欧美势力在"边缘大缓冲带"占据上风。要解决这一任务,必须保证俄罗斯与中国和伊朗的战略合作,建立俄中伊三国对通往欧洲的交通控制,保证三国在中亚的合作,反对任何破坏该地区稳定的行动。中亚应该成为三国共同的战略后方。

(二)苏联时期的"国家海上威力论"

对苏联战略转型影响较大的战略学说包括新老海军学派和戈尔什科夫的国家海上威力论等。苏联对地缘政治学说做了"伪科学""帝国主义侵略论"等方面的定性,尽管回避了"地缘政治"等相关字眼,但在开展理论、历史和战略研究时,却运用了大量地缘政治视角与方法。对苏联影响最大的外来海权学说包括法国的青年学派理论和马汉的海权学说,在苏联本土演化为传统海军学派(年老学派)和新海军学派(年轻学派),分别属于进攻性和防御性海权战略学说。老海军学派的代表人物包括伏罗希洛夫海军战争学院的热尔韦和彼得罗夫教授等人,赞同用西方的海权观和海军战略来指导苏联红海军的建设,在主要的战略概念,如制海权、战列舰决战等方面仍然继承马汉的传统,但根据苏联特色,提出要保持苏联海军结构的合理比例,建立一支现代化的均衡舰队,客观看待新兴技术的应用,提倡进攻精神。新海军学派重申了法国青年学派海权理论的基本概念,即在潜艇和飞机的时代,近距离封锁不再是有利于强国海军的选择。否定战列舰和舰队决战对现代海军和海战的意义,认为苏联有限的战略资源不适合建设一支大型舰队,苏联的重点任务应是反击敌人两栖登陆作战,崇尚防御战略导向。

戈尔什科夫的国家海上威力学说认为,在存在着相互敌对关系的社会体系下,海军一向居于首位。[①] 同时,强调优先发展核潜艇和海军航空兵,并平衡兵种结构,实现多兵种之间的协同功能。戈尔什科夫将核武器与海

[①] [苏]谢·格·戈尔什科夫:《国家海上威力》,房方译,海洋出版社1985年版,第2页。

第七章 案例四：俄国（苏联、俄罗斯）的战略转型（1689～2015 年）

军的结合，开辟了苏联特色的海权发展模式。即使在海权的黄金时期，苏联国防部的主要领导岗位仍然由并不充分理解海军在武装力量总体系中的地位和作用的人所占据。① 戈尔什科夫在 20 世纪 70 年代初形成的"战略堡垒"观念仍然反映了俄罗斯主要作为陆权国家的陆上军事偏好，强调在各个进出水道上建立层级防御和海上缓冲区，确保弹道导弹核潜艇的生存，从欧洲侧翼支持战区地面作战。

戈尔什科夫的国家海上威力理论，继承和发展了科贝特关于联合使用海陆军力量的观点，提倡统一军事战略，在核时代，海军的主要目标是"保证完成对敌陆地目标作战和保护本国领土免遭敌海军突击"②，他指出，传统的海军大国对海洋的完全支配已结束，苏联应该建设一支能够解决进攻性的战略任务的远洋潜艇和火箭导弹舰队。强调海军的对岸作战功能，这点区别于马汉的制海权理念，强调制海权只是手段而不是目标。提出发展一支苏联式的均衡海军，无论是进攻还是防御目的，水面舰艇和空中力量的支持都是潜艇发挥作用的重要条件，苏联海军的整个结构应该是均衡的，即在主要力量和辅助力量之间保持适当的平衡比例，海军的均衡性不是固定不变的。

苏联的战略学说能否得到贯彻，是与决策层的偏好和国内政治斗争的需要直接挂钩的，在决策层的战略偏好和国内政治考虑等因素的过滤下，诸多地缘学说也得到了提出和实践，对战略转型发挥了理论导向作用。彼得大帝、叶卡捷琳娜和亚历山大三世所建造的舰队衰落，在一定程度上是由于他们的继任者对继续发展海军没有足够的兴趣。对海上力量持不同观点的统治者继位会影响决策层对军事战略和力量的偏好程度，进而决定是优先经济建设还是军事，优先发展陆军还是海军，优先发展战列舰、航母还是小型舰艇。20 世纪 20 年代，苏联决策层关于海军对国家的重要性缺

---

① V. Kuzin and S. Chernyavskii, "Russian Reactions to Reagan's 'Maritime Strategy'", *Journal of Strategic Studies*, 2005, 28（2）: 431.

② ［苏］谢·格·戈尔什科夫：《国家海上威力》，房方译，海洋出版社 1985 年版，第 273 页。

乏理解，是海军发展面临的重大问题。① 领导人将海军看作动摇统治稳定的潜在威胁。② 随着1927年托洛斯基被清除出党和苏联"共产主义学院"军事系的成立，以及苏联发起的批判资产阶级海权理论的运动，老海军学派受到政治打压。而且1921年喀琅施塔的水兵暴动引发决策层对海军的担忧，也导致更加重视陆军轻视海军。加之决策层侧重陆权的思考，决心集中全力于经济建设，在国防建设应该服务于经济建设的总体国家发展方针背景下，实施成本更低、提倡"空潜快"③ 的新海军学派理论胜出。

苏联在20世纪30年代对建造战列舰的偏好是由于，以斯大林为代表的苏联精英对以航母为代表的军事技术革命并没有深刻的认知。"二战"后，斯大林仍旧主张实施大舰巨炮主义，无视新兴的海军航空兵所带来的航母作战平台变革。远程战略轰炸机或导弹携载的原子弹的问世，使人们对进行海战的传统手段，甚至航空母舰的前途产生了怀疑。④ 斯大林死后，苏联高层不重视海军和海权建设，由陆军掌握的军事当权派试图依靠核导弹而抹杀海军的战略意义，国内不同部门利益集团的恶性竞争阻碍了苏联由陆向海转型的进程。

到了赫鲁晓夫时期，认为大型水面舰队成本高昂且用途不大，因为苏联无法在海军军备竞赛中赶上美国。⑤ 开始沉迷于火箭、导弹与核武器，强令175艘水面舰艇退役，中断斯大林的大舰队计划。戈尔什科夫对赫鲁晓夫提出的发展潜艇和导弹技术型海军战略极力推崇，得到了赫鲁晓夫的赏识，于1955年被任命为苏联海军第一副总司令，1956年由于库兹涅佐夫对赫鲁晓夫取消大部分水面舰艇的不满，戈尔什科夫取代库兹涅佐夫成为海军总司令。在赫鲁晓夫看来，此时苏联国力尚弱，如发展大规模的大

---

① Juergen Rohwer and Mikhail S. Monakov. *Stalin's Ocean – Going Fleet*：*Soviet Naval Strategy and Shipbuilding Programmes*，1935 – 1945，London：Frank Cass Publishers，2011，P. 10.

② Eric Morris. *The Russian Navy*：*Myth and Reality*，New York：Stein and Day Publishers，1977，P. 18.

③ "空潜快"为军事术语，是海军航空兵、潜艇和轻型快速水面舰艇的简称。

④ ［美］保罗·肯尼迪：《大国的兴衰》，陈景彪等译，国际文化出版公司2006版，第379页。

⑤ Nikita Khrushchev. Khrushchev Remembers：*The Last Testament*，Beijing：Oriental Press，1988，Chinese edition，pp. 57 – 69.

第七章 案例四：俄国（苏联、俄罗斯）的战略转型（1689～2015年）

型水面舰队会消耗大量战略资源，不利于开展国内经济建设，而且20世纪50年代美国曾多次设想对苏联使用核武器，为了维护本土安全，苏联需要依托核潜艇、导弹和少量的水面舰艇来制衡美国的航母威胁，以及对敌国本土形成有效的核打击能力，并借鉴纳粹海军的"狼群战术"来威胁北约的北大西洋交通线。戈尔什科夫一面践行"导弹小型化舰队"的主张来迎合赫鲁晓夫，一面委婉地向赫鲁晓夫表达他的"平衡海军"战略，但遭到拒绝。苏联海军在戈尔什科夫的灵活策略下曲折发展，到1964年赫鲁晓夫下台前，苏联海军拥有各型舰艇3500多艘，海军飞机800架，潜射导弹120余枚。[1]

对威慑性军事战略学说的推崇，使勃列日涅夫苏联扩大包括海军在内的常规性进攻力量，以便把美军从欧亚大陆板块上驱逐出去。1967年戈尔什科夫被提升为舰队司令，从而在军队的等级制度层面获得了与战略火箭部队和地面部队总司令相同的地位。[2] 苏联的海军和海权战略由近海防御转变为远洋进攻，海军、海外贸易、海外基地等被视为苏联打破西方海上封锁、推进全球扩张的主要手段。因此，戈尔什科夫的海权理论思想中，其核潜艇的要素满足了赫鲁晓夫的核威慑预期，而勃列日涅夫执政后，戈氏的理论也有助于苏联开展与美国的全球争霸。因此，从20世纪50年代到80年代，戈尔什科夫的海权战略思想得到决策层的认可和战略贯彻，对苏联大规模的由陆向海转型发挥了核心作用。到戈尔巴乔夫时期，由于美国在1983年后出现经济复苏，推行战略防御计划，掀起新一轮军备竞赛，而苏联政治领导集团僵化、经济疲软，国力日衰，为了应对外部威胁、摆脱国内危机，收缩了海权扩张的战略态势，逐渐放弃了军事优先的方针，对海军建设的热情也逐渐降温，苏联海军建设重点强调完善兵力结构、缩小数量规模、提升装备质量。

---

[1] 冯梁主编：《海洋战略大师：理论与实践》，南京大学出版社2017年版，第225页。
[2] Bryan Ranft and Geoffrey Till. *The Sea in Soviet Strategy*, Annapolis, MD: Naval Institute Press, 2nd ed., 1989, P. 80.

四、战略调配上的重攻轻防

一些学者认为，俄国在战略资源的调配上倾向于重攻轻防，例如："二战"时期德国对苏联的进攻之所以前期战果丰硕，与苏联将军力部署在苏德边界、缺少纵深防御有很大关系。考察沙皇俄国和苏联的军事历史，就会发现其军事战略具有强烈的进攻性，崇尚武力和推崇进攻是俄罗斯民族几百年来的军事文化传统，从彼得一世"到敌人土地上作战"的军事思想到 A. B. 苏沃洛夫"快速和猛攻是战争的真正灵魂"的作战原则，再到苏联时任国防部长 A. A. 格里奇科关于"苏联军事战略将是坚决的、积极的、进攻的"的论述，以及他在《制胜的科学》中强调，"军事学术之真谛，是从敌人最要害的部位直接进攻敌人，而不是采取间接迂回的方式接敌……只有直接的、勇敢的进攻才能制胜"[1]，都体现了"重攻轻防"的战略思想。

苏军前副总参谋 C. M. 什捷缅科上将甚至宣称："苏联军事学说认为，战略防御在现代战争中是一种不容采取的战略行动。"[2] 1936 年的苏军《基础野战条令（草案）》第一章明确规定："对工农社会主义国家的任何进攻都将被苏联武装力量所击退，苏军将成为一支比以往实施过进攻的一切军队更富有进攻精神的军队……以最具有进攻性的方式来进行敌人强加于他们的战争，以求在短期内打垮敌人。"[3] 无论是在军事学术研究中，还是在苏（俄）军颁发的作战条令、训令、军人手册等法规文件中，都在鼓吹、宣扬进攻精神，防御只是被看作暂时的、辅助的作战类型，主张将其限制在战役或战术范围内，甚至彻底否定。

但历史表明，俄罗斯军队在进行战略防御方面是具有优势的，这不是因为它强盛，而是因为它大而落后。俄罗斯战略防御思想的萌芽可以追溯

---

[1] ［俄］A. B. 苏沃洛夫：《制胜的科学》，李让译，解放军出版社 1986 年版，第 5 页。
[2] ［苏］C. M. 什捷缅科：《军事上的革命问题》，苏联军事出版社 1968 年版。
[3] ［苏］科兹洛夫：《军官手册》，苏联军事出版社 1971 年版。

第七章　案例四：俄国（苏联、俄罗斯）的战略转型（1689~2015年）

到公元9世纪的古罗斯时期，以军事远征与所属领地防御相结合的积极战略防御雏形诞生；封建割据时期（11~15世纪）的战略防御思想萌芽的主要特点是重视提高防御的稳定性，巧妙使用预备役；中央集权时期（16~17世纪）俄军战略防御通常是在次要方向实施，而在主要方向实施坚决的战略进攻；彼得大帝曾成功运用战略防御打败了当时号称欧洲最先进战术家查理十二世的瑞典军队；俄军统帅库图佐夫曾以战略防御挫败了当时在欧洲攻无不克、战无不胜的拿破仑大军；国内革命战争和外国武装干涉时期，新生的苏维埃工农红军曾在察里津、彼得格勒、巴库进行过成功的战略性防御和战略退却；苏联卫国战争期间，苏联红军曾先后组织和实施了一系列战略防御。

到20世纪七八十年代，苏军防御表现出更加积极的性质。苏军认为，战区战略性防御战役将以更多的进攻行动来达成目的，这是因为"陆、海军装备了新式兵器，因而其射击能力、突击能力和机动能力都有了提高，很显然，战略性防御战役的内容自然也要发生重大变化，这首先确定了战略性防御战役要按照积极的样式实施，与过去相比，进攻行动可能占主要地位"[①]。到20世纪80年代末期，苏军防御积极性增加了新的重要内容，提出实施纵深攻击，是指在防御战役中以获利和一定的兵力在进攻之敌的纵深（后方）实施的一种攻势行动。实施纵深攻击的手段是以航空兵、攻击直升机、战役战术导弹和远程火炮对敌战役战术纵深内的重要目标实施火力突击，并支援地面行动，实施纵深攻击的主要行动方法是奔袭。

纵观从1547年沙皇俄国到今天俄罗斯联邦的整部军事史，我们就会察觉俄罗斯军事领域中经常反复出现的"轮回现象"（螺旋现象），仅"冷战"期间，苏联的战略防御思想就经历了全盘否定、部分肯定、完全肯定三个阶段的曲折发展。在处理军事与政治、国防与经济、进攻与防御、陆

[①] 傅全有：《试析苏军战区战略性防御战役的特点》，载于《外国军事学术》1987年第8期，第19~22页。

战与海战、大战与小战、自主与结盟、局部与整体、核力量与常规力量等问题上，俄罗斯没有表现出与拥有几百年军事历史沉淀的大国相符的智慧，思想的绝对化和极端化始终困扰着俄罗斯民族，阻碍其军事研究向正确的方向发展。

俄国的海权兴衰与国家实力的强弱存在显著的相关性，而俄国每一次海权的崛起都在挑战地缘政治现状、意图实现与其他陆海强国的权力转移；领导人的个人决策是否具有政策延续性也在很大程度上影响了俄国海权战略的发展特点。因此，比起单纯划分历史时段，更好的理解俄国海权兴衰历程的路径是，通过俄国海权崛起的关键人物确定其历史分水岭，并通过俄国与其他主要大国的地缘政治对抗来划分不同阶段。可以说，俄国历史上有四次海权发展的高峰期，分别是彼得大帝、叶卡捷琳娜二世、"一战"前、"冷战"中后期的苏联；先后与俄国展开地缘竞争和冲突的核心强国分别是：奥斯曼土耳其帝国、瑞典、英国、法国、日本、美国，围绕这些大国在不同历史时期与俄国的海上权力博弈态势，有助于对俄国海权的历史进程有更清醒的认知。

俄国在某种程度上符合进攻性现实主义的理论论述，即追求权力最大化有助于实现国家安全，在地理、历史和战略观念层面对苏联传统和本能的不安全感进行了塑造，苏联通过推进持续有效的扩张来提升权力地位，获取更高的国家威望，进而缓解地缘压力。当苏联将权力的扩张作为实现国家安全的手段时，也在潜移默化地将权力本身视为目的，这符合摩根索将权力同时看作手段和目的的假设悖论。但同时，苏联在不能轻易取得权力扩张成果之时，也会迫于形势维持基本的权势现状，并非完全无节制地用战争手段增强权力。

苏联的领导人和海权战略规划者相信，一个世界大国的外交利益和国际地位需要一支强大的海军来守卫。对国际声望和形象的追求，为苏联大型蓝水海军的发展提供了强大的动力，蓝水海军被视为有权充分参与世界事务的显赫强国的力量象征。俄国的历史经验是，其国际地位的提升和在世界事务中分量的加大，总与海军的壮大同时发生。虽然如此，为使国防

第七章 案例四：俄国（苏联、俄罗斯）的战略转型（1689～2015 年）

经费的分配有利于海军，其他决定性因素，如经济增长、适宜的战略环境和国内政治环境等也都是需要的。苏联建立之初，意图在较少参与列强争霸的情形下实现孤立式崛起，避免其他海陆强国的联合制衡。最重要的安全关切不是在大洋中与敌国决战并掌握制海权，而是在即将到来的战争中守护帝国的海岸线，防止敌军登陆，所以当时仅重视小规模海战理论，搁置了大海军建设计划。

随后苏联逐渐认识到，在核恐怖平衡的两极世界，要进行海外扩张，海军是不可或缺的。有了海军，一国就可以在远未建立其空军和地面部队基地之前，在一个新地区显示它已存在于这个地区，表达其为同盟者提供援助和保护的良好意愿，确保武器安全送达。而且，由海军舰队护航的船队，受到截击的可能性比一艘私运军火的船只要小得多。对地缘威胁的化解，在苏联看来，通过提升海权实力可以提升自身联盟能力的可获性。在20 世纪60 年代以前，苏联的海上战略主要根植于国家安全的需要，之后苏联开始真正寻求海外扩张和全球霸权，打破了斯大林和沙俄时期只对毗连领土进行大陆扩张的传统政策。苏联在印度洋、地中海和东亚太平洋区域的海上活动尚可以解释为是其主要战略利益所在，而加勒比海地区远离苏联，是美国而不是苏联的核心利益区，苏联对加勒比海和墨西哥湾的海上活动剧增，这超出了安全考虑的范畴。

勃列日涅夫寻求苏联在全球范围内的扩张，实现挑战式崛起的战略目标：大陆霸权/海上均势。其中，大陆霸权是根本，海上均势也是为了更有效的巩固大陆霸权成果，反映了苏联重陆轻海的战略取向。提出准备同时打赢核战争和常规战争的积极进攻战略，加速了苏联的海权转型，建成了北方舰队、波罗的海舰队、黑海舰队、太平洋舰队、地中海分舰队和印度洋分舰队，分别实现了在北欧、南欧、加勒比海、大西洋、太平洋、印度洋等海域的海军战略存在。该时期，苏联还推动了运输舰队（商船队）、渔业、海上科考、船舶制造等国家海上威力的组成部分的均衡发展。到了戈尔巴乔夫时期的苏联，不再追求与美国的全球争霸，因此，在海权战略方面，将远洋进攻转为区域性防御。苏联海军停止介入海上局部战争和武装冲突，减少海外军事基地的数量，减少自身在外的军事存在。

陆海复合型国家更应该着重协调战略手段与目标的关系，避免大战略目标被次级战略目标绑架。苏联的地缘战略主要是维护国家安全和称霸扩张，将海权和陆权战略力量作为实现国家大战略的必要手段。苏联没有将海权和陆权等次一级战略目标绑架大战略目标，不像威廉二世德国那样颠倒手段与目标、主要目标和次级目标的关系。但其对陆上安全的过度敏感和与其他大国的争霸，使有限的资源汲取能力被迫执行过高的战略目标。除了建设远远超出其战略安全的国防力量外，苏联海外援助也耗尽了原本就捉襟见肘的经济储备。到20世纪80年代中期，苏联向发展中国家提供的经济和军事援助总额已经占到其国民生产总值的1.4%，而美国同类援助则不到国民生产总值的0.3%。[①] 陆海复合型国家要想建立强大的海权，就需要在陆上维持安全和稳定，避免受到陆上领土扩张的诱惑，而苏联在建设海洋强国的进程中，不断对周边陆上领土进行扩张，尽管部分侵略成果为海上转型奠定了地理和战略资源基础，但总体来看，不利于将有限的战略资源集中优化配置。在与美国进行海上争霸的过程中，不断践行沙俄的陆域蚕食传统。苏联在发展海权的过程中，本着军事优先的原则，在强调海军重要性的同时，缺乏有效的反哺经济建设和民生改善，其造船、科考等海洋权力的扩展也多是为军事目标服务。海军占有支配性地位本身没有问题，但作为一个拥有庞大商船队、科考队、渔业船队的陆海复合型超级大国，理应在世界贸易、金融等非军事体系中发挥更大作用。

俄国的海权发展在很大程度上依赖领导者的个人偏好，它能决定俄国海权发展的维度和限度。历史上俄国容易遭受海陆强国的联合包围、陷入海陆战略选择的两难困境、面临战略资源分配分散化的危险，这种先天战略地理条件，决定它不能像海权国那样专注于守住海岸线、控制海上交通

---

① 左凤荣：《致命的错误：苏联对外战略的演变与影响》，世界知识出版社2001年版，第223页。

第七章　案例四：俄国（苏联、俄罗斯）的战略转型（1689～2015 年）

线、扩展广阔的海洋缓冲地带，也难以集中全部的战略资源建设海权。在国家的战略转型规划中，决策者应该正确认识到，海权强国所追求的巨舰大炮主义等战略取向是否适应自身的条件，在海主陆从、坚持陆海并举或陆主海从等战略取向选择上，应立足于空间地理因素、攻防实力对比、海外利益等客观现实条件，如苏联逐渐发展出以核潜艇、火箭军等来制衡美国的霸权投射，这种非对称军事制衡的思维有助于陆权国家在海上博弈中削弱海权主导国的相对优势。苏联是世界上第一个在潜艇上安装弹道导弹、反舰艇巡航导弹及潜艇发射弹道导弹的国家，实现了对新技术的创新运用。[①] 有效的继承战略文化传统中合理与实用的一面，诱导国家各层人士正确认识战略转型的必要性和限度，发展出成熟、不偏激的国家海洋战略文化，重视海洋人才培养，如苏联 20 世纪 20 年代重建海军伊始，就选送 1000 人进入海军学校学习。

海军属于知识和技术密集型军种，需要充分尊重地理、战略环境、技术等客观规律。苏联建立之初，其对新海军学派所主张的"空潜快"的践行，符合当时苏联技术落后、资源汲取能力不足的现实。斯大林对战列舰的狂热追求，以及赫鲁晓夫过度强调核主宰、忽视大型水面舰艇的做法，都体现了决策层对先进技术革命缺少关注和敏感性。而一旦国家真正崛起后，应最终发展成具有动态均衡属性的海军，潜艇的隐蔽性和对海权强国的非对称威胁，以及大型水面舰艇在和平时期的海军外交与国家威望的提升都是不可取代的。决策者对地缘战略学说的选取上不应与国内政治斗争、个人主观军事偏好等其他因素过度关联，要完善制度建设，发挥广大海军官兵和专业人士的积极性，允许不同声音存在、讨论和验证，防止"一言堂"的出现。决策者自身对安全威胁的认知、海外利益的重要程度应有清醒意识。

在由陆向海的战略转型中，天然地会引起既有的海权强国的警觉，一

---

① ［德］乔尔根·舒尔茨：《亚洲海洋战略》，鞠海龙、吴艳译，人民出版社 2014 年版，第 139 页。

且在转型过程中没有释放出足够的防御性信号，缺少和平的善意展示，就容易诱发安全困境，引发大国危机乃至战争。一个国家的地缘学说可以具有进攻性或防御性，它对国家的战略取向会产生不确定的相关性影响，因为一个进攻性的战略学说也可以为大战略视域下的防御性目标服务，反之亦然。一个强敌环伺、战略实力处于弱势的陆海复合型大国容易制定出符合本国实际的战略转型规划，而一旦成功崛起后，则更可能对战略地理环境和本国的潜力过度乐观，当陆权国的陆地边境局势比较稳定，经济形势比较有利时，往往会把传统战略视为权宜之计，而难以抵制追求巨舰大炮的诱惑。海军作为大战略的重要手段，被视为战略威慑力量结构的一部分，苏联在海权战略上尽管从近海防御逐渐转向远洋进攻，但所折射出的整体战略目标保持了防御性取向，没有像威廉二世德国那样不惜发动战争来挑战英国的海上霸主地位，所以未能引起美苏在海上的直接战争。[①]

但俄国历史上过度强调军事威慑的毁灭性效果，惯于在对外政策上胁迫他国，这使苏联在国际体系中受到敬畏，但因此也被认定不适合建立长期的可信赖的友好合作关系，成了怀有修正主义目标的"狮型国家"。尽管苏联的海陆扩张都在尽可能避免大国之间的直接冲突，但在有利可图且其他大国相对处于弱势时，会毫不犹豫扩展和侵吞对手的战略利益。苏联能在20世纪六七十年代短短十几年间，发展成陆海两栖强国，是近代陆海复合型国家战略转型中为数不多的例子，勃列日涅夫在实现苏联的海权转型方面，较为具备克劳塞维茨式的战略思维，他将避免战争和准备打仗合为一体，在不太可能爆发美苏大战的第三世界，通过强大的海权力量推动有效的对外政策来重塑国际体系，与海陆大国进行符合自身利益和安全的有限合作，在谨慎扩张权势的同时避免战争。但苏联同时与美国、英国、中国、日本、西德等国的全面对抗，使战略资源分配严重不足，因过度扩

---

① 江新国：《海权对俄罗斯兴衰的历史影响》，载于《当代世界社会主义问题》2013年第4期，第60~80页。

张而衰败解体。①

海权绝不仅仅是一个军事问题,而是事关国家安全与发展的大战略问题。从一个国家大战略的角度来看,不论海权的地位曾经多么显赫,也只是实现大战略的一种手段。用一句话来概括,就是海权服务于战略,而不是战略服务于海权。与其他类型的国家相比,后起的大国应更加冷静客观地对自身能力和条件进行评估,并确立合理的战略目标。海权在国家整体战略中的地位首先取决于此。把握时代脉搏,将未来国际竞争的关键领域作为自己新的"增长点",是决定后起大国发展前途的根本所在。是否追求海权同样应视此而定。充当现有世界拓权国的主要挑战者,是后起大国对外战略中的大忌。对海权的追求必须服从这一全局。后来崛起的大国必然面临各种安全挑战,简单、直接的做法往往会造成"安全困境"升级。在复杂性和整体性不断增强的情况下,改变安全思维、适时参与国际合作越来越成为解决安全问题必然的,甚至可能是唯一的选择。

第三节
俄国战略转型的历史进程与大国争霸

一、彼得大帝时期对土耳其和瑞典的挑战

彼得大帝的父亲阿列克谢·米哈伊洛维奇将俄罗斯的军队改造成符合欧洲标准的新型军团,甚至建造了俄国第一艘西式军舰(但规模很小)。继任后,彼得继续巩固了他的前任在军事领域的改革,而不是与之前的旧秩序彻底决裂。在政治方面,彼得继续发展由他父亲创造的、具有俄国特

---

① 梅然:《中心—侧翼理论:解释大国兴衰的新地缘政治模式》,载于《国际政治研究》2007年第1期,第80~93页。

色的专制主义,同时提高政府的效率和榨取民财的能力,以提高国家实力。彼得大帝对划船和航海的痴迷促使他发展俄国海军。其执政时期主要发动了三场与争夺出海口相关的大战:亚速战役、北方大战、与波斯的战争。

彼得首选的是黑海,发动了对奥斯曼土耳其的战争,其目标是通过征服土耳其进而控制黑海及出海口,掌控博斯普鲁斯和达达尼尔海峡。"谁掌握着这两个海峡谁就可以随意开放和封锁通向地中海的这个遥远角落的道路。"① 1696年亚速的土耳其卫戍部队投降。取得了亚速要塞后,彼得开始了他的西进政策,把扩张重点对准波罗的海。17世纪时,瑞典作为北方强国,俄国在彼得以前无力与之抗衡。但由于瑞典在扩张中占领了爱沙尼亚和因格里亚等地,将俄国与波罗的海的连接切断,要想与瑞典争霸,俄国需要一支适于远航的舰队。1696年,俄国以立法的形式开始了海军力量的建设,这也被认为是俄罗斯帝国海军的元年。俄国与瑞典双方于1709年爆发了波尔塔瓦会战,彼得取得对瑞典的胜利。由于俄国在与土耳其战争中失败,在1710年与土耳其的《普鲁特和约》中,俄国放弃了全部南方领土,俄国第一支黑海舰队也随之终结。②

俄国在1710年以后把欧洲对手排除在黑海以北的整个欧亚大陆外。③到1720年,俄国利用新建立的波罗的海舰队击败了瑞典。1721年6月,哥萨克骑兵不停劫掠斯德哥尔摩郊区,瑞典政府最终接受了《尼斯塔德和约》,俄国获取了波罗的海出海口、芬兰湾、里加湾、爱沙尼亚、拉脱维亚等地。内陆的俄国变成了三面邻海、地跨欧亚两大洲的陆海两栖国家。俄国得到了"通往欧洲的窗口",这些胜利奠定了其作为一个帝国的基础。④

---

① 《马克思恩格斯全集》第九卷,人民出版社2007年版,第16~18、240~241页。
② [美]唐纳德·W.米切尔:《俄国与苏联海上力量史》,朱协译,商务印书馆1983年版,第32页。
③ 尚德君:《试析彼得一世在北方大战前的外交策略》,载于《锦州师范学院学报》(哲学社会科学版)2001年第1期,第23页。
④ [美]尼古拉·梁赞诺夫斯基、[美]马克·斯坦伯格:《俄罗斯史》,杨烨等译,上海人民出版社2007版,第219页。

第七章 案例四：俄国（苏联、俄罗斯）的战略转型（1689~2015 年）

正如马克思对这三场战争的总结所描述的："他对土耳其第一次作战，目的在于征服亚速海；对瑞典作战，目的在于征服波罗的海；对土耳其的第二次开战，剑指黑海。"彼得大帝向西夺取波罗的海出海口只是完成了帝国海上扩张的第一步，最终的目标是通过征服波罗的海，打通通往大西洋的通道，通过夺取黑海出海口，进入地中海；通过控制日本海，进入太平洋；从中亚寻找南下印度和印度洋的通道来建立俄国的海上霸权。①

二、叶卡捷琳娜二世时期的海上权力扩张

叶卡捷琳娜二世上台后，俄国海军发展进入了黄金时代，开始以完成彼得大帝没有完成的遗愿——获取黑海出海口，作为她的扩张目标。②17~19 世纪，为了争夺克里米亚和黑海等地，俄国与土耳其进行了一系列战争，互有胜负，海洋通道的权益和归属也几经易手。由于俄国对波兰宗教事务的干预，引发了 1768~1774 年的俄土战争，最终土耳其大败，奥斯曼帝国沿黑海地区的要塞——从伊兹梅尔到阿卡尔曼再到宾杰里，迅速被俄军攻克。俄国终于打通了黑海出海口，开始成为"黑海沿岸国家"，并于 1783 年将克里米亚并入俄国版图。叶卡捷琳娜在克里米亚半岛上创建了黑海舰队，驻扎在黑海沿岸的要塞地区塞瓦斯托波尔。③

在英法围绕美国独立战争引发的冲突中，1780 年，叶卡捷琳娜二世策划俄国与丹麦、瑞典三国成立武装中立同盟，保护中立国的航运免受英国干扰。她还意图实现俄国在希腊和黑海海峡拥有卫星国。叶卡捷琳娜二世给她的孙子取名康斯坦丁，指定他将来要在君士坦丁堡登基为王。为此，1781 年俄国与奥地利结盟，俄国相应扩充和改装了在亚速海和第聂伯河出海口新建的赫尔松要塞驻扎的舰队。奥斯曼土耳其由于受到来自奥地利和

---

① ［德］卡尔·马克思：《十八世纪外交史内幕》，中共中央马克思恩格斯列宁斯大林著作编译局译，人民出版社 1979 年版，第 80 页。
② 顾照扬：《左右为难的黑海舰队》，载于《现代军事》1997 年第 7 期，第 27~29 页。
③ 刘祖熙：《叶卡特林娜二世和沙皇俄国》，载于《北京大学学报》（哲学社会科学版）1980 年第 1 期，第 61~73 页。

俄国的合力威胁，不情愿地接受了俄国于 1783 年提出的完全吞并克里米亚的要求。

对于俄国的海上扩张，恩格斯认为，"到叶卡捷琳娜逝世的时候，俄国的领地已经超过了甚至最肆无忌惮的民族沙文主义所能要求的一切。俄国不仅得到了出海口，而且在波罗的海和黑海都占领了广阔的濒海地区和许多港湾，受俄国统治的不仅有芬兰人、鞑靼人和蒙古人，而且还有立陶宛人、瑞典人、波兰人和德国人"①。

纵观整个俄国历史，它拥有超过其竞争对手的土地和人口优势。而在叶卡捷琳娜二世的统治下，俄国将这样的优势运用得比历史上任何时期都更加淋漓尽致。她的专制政权将资源转变为实际力量，并运用这种力量将波兰从欧洲地图上抹掉，以及彻底打消奥斯曼帝国试图同俄国平等竞争的幻想。然而，在叶卡捷琳娜二世时期，俄国的优势正逐渐被削弱。

三、尼古拉二世时期的俄日海上争霸

19 世纪 90 年代，马汉的海权论也传播到了俄国，俄国海权理论家尼古拉·克拉多深受影响，认为马汉的理论也适用于俄国，并得到了尼古拉二世的支持。克拉多提出建立远洋舰队的主张，俄国的国家利益必须在远东得到体现。到 19 世纪末，俄国的海军位列全球第三。② 1898 年，俄国拥有 20 艘战列舰、22 艘海防舰、11 艘装甲巡洋舰、2 艘防护巡洋舰、20 艘巡洋舰、9 艘鱼雷炮艇、5 艘驱逐舰、约 75 艘长一百英尺以上的鱼雷快艇以及各种辅助舰。③ 但是俄国海军长期存在的问题没有得到解决，如军舰质量相对低下、军官贿赂现象严重、管理水平不足等。

---

① ［德］恩格斯：《沙皇俄国政府的对外政策》，引自《马克思恩格斯全集》第二十二卷，人民出版社 2007 年版，第 28~29 页。

② 刘中民：《关于海权与大国崛起问题的若干思考》，载于《世界经济与政治》2007 年第 12 期，第 10~12 页。

③ ［美］唐纳德·W. 米切尔：《俄国与苏联海上力量史》，朱协译，商务印书馆 1983 年版，第 223 页。

第七章 案例四：俄国（苏联、俄罗斯）的战略转型（1689～2015年）

从19世纪中叶开始，随着克里米亚战争中俄国的惨败，加上中国的国力虚弱，俄国通过与清政府签订了《中俄瑷珲条约》（1858年5月）、《中俄天津条约》（1858年6月）、《中俄北京条约》（1860年11月）等不平等条约，取得了所有阿穆尔河以北、乌苏里江以东地区的控制权，这一地区延伸到了整个东北亚海岸。割占了中国黑龙江以北、乌苏里江以东100多万平方公里的领土，让俄国在太平洋获取了出海口。总体来说，俄国在远东的扩张是针对太平洋沿岸地区的。俄国在1898年建立了亚瑟港（今旅顺），意图作为中俄的战略联盟以抗击日本，亚瑟港位于中国东北南部辽东半岛的最南端，俯视黄海，是用来保护辽东半岛不受日本人占领威胁的基地。而日本在日俄战争后，掌握了亚瑟港和中国东北南部的控制权，将俄国对该省的影响限制在北部，使得俄国将海军基地移到了海参崴。

日本对辽东半岛的觊觎与俄国试图在该地区寻求不冻港相矛盾。俄国发起三国干涉还辽行动后，日俄在远东地区的冲突不断升级。而英日同盟的缔结，给了日本向俄国开战的底气。日本将中国战败之后的赔款主要用于建设一支强大海军，日本还寻求获得英美的武器技术援助。到日俄战争开始前，日俄在远东的海军兵力对比上，日本居于一定的优势。俄国拥有7艘舰队装甲舰、4艘装甲巡洋舰、7艘巡洋舰、37艘舰队驱逐舰和驱逐舰；而日本方面则有6艘舰队装甲舰、8艘装甲巡洋舰、12艘巡洋舰、47艘舰队驱逐舰和驱逐舰。[①] 俄国没能及时调动在波罗的海和黑海的海军力量来增援太平洋舰队，且在太平洋区域缺乏海军基地。

当1904年8月24日从波罗的海派出的第二支太平洋分舰队同旅顺分舰队会合时，有利于俄国的战争时机已经错过。而当1904年10月5日，由罗热斯特文斯基海军中将带领的第二太平洋舰队，在克服了没有基地停靠进行补给、进行军舰修理的情况下到达了朝鲜海峡时，却被日本迎头重击，经过激烈的对马海战后，沙俄大势已去，在美国的调停下，于1905年

---

① MacKenzie S P. Willpower or Firepower? The Unlearned Military Lessons of the Russo-Japanese War//The Russo-Japanese War in Cultural Perspective, 1904-1905. Palgrave Macmillan, London, 1999: 30-40.

9月5日，日俄两国签署了《朴茨茅斯和约》，俄国不得不将大连、旅顺等港口拱手让给日本，并将库页岛南部及附近岛屿割让出去。

从克里米亚战争开始，到日俄战争结束，俄罗斯海军在这段时期内持续衰落，"从海军角度看，俄国的失败是一场灭顶之灾……俄国海军几乎一夜之间从世界第三位跌到第六位，被美国、德国和日本超过"[①]。在第一次世界大战后和俄罗斯革命后的几年内，俄罗斯海军陷入了历史上的发展最低点。这既有经济原因也有政治原因。例如，1921年喀琅施塔得舰队水兵反对布尔什维克政权的兵变就是海军发展弱势的政治原因之一。

按照马汉的战略解读，俄国人在海权方面陷入了两个极端思想——"要塞舰队"论和"现存舰队"论，两种理论并非完全错误，而是俄国的战略偏执将其推到极致。前者是将全部力量都放在要塞上，使舰队成为要塞的一部分，除护卫要塞的安全外，就无其他生存的理由；后者是完全不用要塞，除非暂时作为舰队补充燃料、修理与休息的地方。总之，一个是以国家的海岸防御，完全依赖要塞；另一个是完全依赖舰队。战争期间，俄国的军舰大部分停泊在基地内，没有进行有效的侦查活动，也没有对日本的海上运输实行阻断。

日俄战争后，随着俄国的太平洋舰队和波罗的海舰队遭受重创，俄国国内统治集团对优先发展海军还是强化陆军展开了争论。例如，外交大臣伊兹伏尔斯认从帝国扩张政策需要出发，提出"俄国作为大国是需要舰队的，没有舰队是不行的"，同时认为，俄国舰队不应"拘泥于某一海域或海峡的防御任务。政策指向哪里，它就应在哪里行动"。[②] 沙皇俄国尽管仍旧致力于发展海军和海权，但是依旧更多着眼于国家声望，而没有从俄国拥有什么样的海上实力以及必要性出发。

[①] [美] 唐纳德·W. 米切尔：《俄国与苏联海上力量史》，朱协译，商务印书馆1983年版，第297页。

[②] Ikenberr G J. The Illusion of Geopolitics：The Enduring Power of the Liberal Order. Foreign Aff.，2014，93：80.

第七章 案例四：俄国（苏联、俄罗斯）的战略转型（1689~2015 年）

四、苏联海权力量的发展与美苏海权争霸

1920 年苏联召开了第十次共产党代表大会，决定恢复和重建现代化海军，实现新式军舰和武器装备的革新，1923~1928 年，海军学校培养了大约 1200 名海军指挥官，并产生了提倡"空潜快"的小规模作战理论，短期内取得了对老海军学派的胜利。斯大林开始逐渐调和新老海军学派的不同主张，提出大海军计划，建设大型水面舰艇成为海军发展的核心，侧重在发展质量上超过外国的战列舰和重型巡洋舰。1936 年英国呼吁苏联参加限制海上军备的伦敦会议，就证明了苏联海军取得的成就。1937 年 12 月成立了海军人民委员部，意图对建设庞大的远洋舰队的一切措施实行集中领导。波罗的海国家加盟苏联后，波罗的海舰队和黑海舰队的基地范围扩大了，波罗的海舰队得以进入波罗的海海面，黑海舰队则可开到多瑙河河口，并新组建了战斗单位：支队和分舰队。到卫国战争前夕，苏联海军已有北方、波罗的海、黑海和太平洋四个联合舰队，还有多瑙河区、里海区、平斯克区和阿穆尔河区舰队。① 海军军舰总吨位和总排水量约处于世界的第六或第七位。②

在整个卫国战争期间，黑海舰队对于防守重要港口和稳定陆上战场的南翼发挥了重大作用，破坏了敌人从克里米亚的撤退，加速了保加利亚、罗马尼亚的解放，并进行了登陆作战；波罗的海舰队在希特勒德国进攻列宁格勒期间，支援了沿海陆军集团，航空兵和海军陆战队参加突破列宁格勒包围圈的作战，在海上交通线上扩大作战区域；北方舰队袭击了进犯摩尔曼斯克的德国军队，运送陆战队登陆作战，并切断敌人的海上运输，为解放贝辰加地区和北挪威做出贡献；内海和内河的亚速海区、多瑙河区等舰队也给地面部队进行直接支援；1945 年 8 月，太平洋、北太平洋和阿穆

---

① 冯梁主编：《海洋战略大师：理论与实践》，南京大学出版社 2017 年版，第 216 页。
② ［苏］谢·格·戈尔什科夫，《战争与和平年代的海军》，生活·读书·新知三联书店 1974 年版，第 133 页。

541

尔河区舰队迅速占领库页岛南部、千岛群岛和朝鲜各港口，为苏军对满洲日本的打击奠定基础。

1950年斯大林重启20世纪30年代末的大舰队计划，设立与军事部平级的海军部，任命库兹涅佐夫为海军上将，制定了发展舰队的"五年计划"，苏联海军开始由近海防御型逐步转向远洋进攻型，坚持大舰巨炮主义。意图在短期内，建成不少于1200艘潜水艇、约200艘护卫舰、200艘驱逐舰、36艘巡洋舰以及4艘战列舰和4艘航空母舰。① 赫鲁晓夫中断了斯大林的大舰队计划，大幅消减常规部队力量和缩小常规武器采购规模，意图通过发展核武器来减少军费开支。② 1957年，苏联海军将总兵力由60万人消减到50万人，将近400艘舰艇退役，许多军舰的生产线转为建造商船，海军的数千架岸基战斗机全部移交给国土防空军，海军位居苏联五个独立军兵种的末位③，同时免去了主张大力发展航空母舰的海军总司令库兹涅佐夫的职务。在古巴导弹危机期间，苏联通过25艘运输船意图进驻古巴，但派往古巴水域的六艘潜艇都属于一般的型号，很容易受到美国海军跟踪，缺乏反制美军区域封锁的手段，遭受美国海军两次盘查，为了避免将危机升级到核武器的程度，被迫撤走了在古巴部署完毕的40枚中程导弹。

"二战"后初期，苏联执行的地缘战略可以视为谨慎的扩张主义，有四个主要目标：伊朗、土耳其、东欧和韩国。这些地区都属于麦金德所界定的内新月型地带，或被斯拜克曼视为边缘地带。而波罗的海和黑海仍是苏联的首选。苏联地理学家尼古拉斯·巴朗斯基对此作出了总结："由于它的地理位置，苏联的波罗的海地区是苏联对外联系中最重要的地区……

---

① 张炜主编：《国家海上安全》，海潮出版社2008年版，第242页。
② [美]代维·R.斯通：《俄罗斯军事史》，牛立伟译，解放军出版社2015年版，第238页。
③ 从1960年起苏联有五个独立的军兵种，按战略地位排列依次为：战略火箭部队、陆军、国土防空军、空军和海军。

第七章 案例四：俄国（苏联、俄罗斯）的战略转型（1689~2015年）

它是服务苏联中部的天然港口。"① 苏联要求得到土耳其境内的军事基地，这样苏联就可以帮助控制连接黑海和地中海的土耳其达达尼尔海峡。但最终美国通过杜鲁门主义的出台，决定阻止苏联在地中海东部的扩张。

赫鲁晓夫提出社会主义国家具备反侵略的物质手段，资本主义国家内部也出现了追求和平的力量，加之核技术与核威慑战略的发展，使美苏爆发大规模战争的可能性在降低，于是开始消减包括水面舰艇在内的常规军事力量。但苏联时刻面临着西方盟国在苏联漫长的海岸线上突袭的威胁，随着海上强国美国成为主要竞争者，苏联主要安全威胁的地理来源发生了变化。20世纪50年代，美国和西方国家在核动力航母舰载机、巡航导弹和核动力导弹潜艇方面取得了巨大的技术进步，美国航母用核武器从地中海东部和挪威海南部区域袭击苏联本土的能力被大大提高，为此苏联决定用核潜艇来制衡美国的海权威胁。1954年，苏联高层领导人决定，过时的水面舰艇转向主要以潜艇为基础的海军。② 到1964年赫鲁晓夫下台前，苏联海军拥有各型舰艇3500多艘，海军飞机800架，潜射导弹120余枚。③

1964年赫鲁晓夫下台后，勃列日涅夫放宽了对军费开支的控制，对军方有求必应。"冷战"中后期的苏联地处两极格局，且是体系中的核心力量；其权力投射的横向范围具有全球性；在纵向要素上以政治和军事地缘格局的塑造者著称，并借此实现跨领域的影响。陆权与海权对抗的相对优劣变化，加上体系结构中的大国战略力量对比，决定了苏联战略转型的可行性和发展极限，为战略决策层的地缘战略取向认知提供了重要支撑。苏联与威廉二世德国都属于挑战式崛起的代表，但苏联在挑战遭到有力制衡时可以轻易退却，而威廉二世德国则不惜冒着陷入世界大战的风险。苏联在"冷战"期间随着自身的持续崛起，越发表露出实现欧亚大陆霸权，并

---

① N. M. Baransky. *Economic Geography of the U. S. S. R.* , Trans. S. Belsky, Moscow, Foreign Languages, 1956, P. 318.
② Robert Waring Herrick, *Soviet Naval Strategy: Fifty Years of theory and Practice*, Annapolis, MD: Naval Institute Press, 1968, pp. 75 – 76, 93.
③ 冯梁主编：《海洋战略大师：理论与实践》，南京大学出版社2017年版，第225页。

在海洋与美国两极分治的态势。

苏联对海权的态度随着与美国争霸意向的明显而愈发依赖。赫鲁晓夫开始反思在海军中出现的兵力结构失衡状况，苏联海军所面临的作战任务才开始真正明晰：战略性轰炸、防御北极星潜艇和航空母舰特混舰队。

勃列日涅夫的上台催生了戈尔什科夫的国家海上威力理论的实践。苏联放宽了对军费开支的控制，海军军费从1963年占国防预算的15%提升到1979年的20%；海军吨位由1963的170万吨增加到1979年的350万吨。[①] 1967~1977年，苏联的海军费用投入高于美国50%，发展出装备有火箭核武器的核潜艇以及海军航空兵。1966年，苏联宣布其核潜艇可以潜水抵达全球范围，1967年宣称核潜艇能够胜任任何进攻性的战略任务。1967年和1968年，苏联分别组建了地中海分舰队和印度洋分舰队。到20世纪70年代中后期，苏联具备了一支进攻型的远洋舰队，到1978年，苏联拥有3艘航空母舰、466艘水面舰艇、58艘核潜艇以及294艘常规潜艇。[②]

勃列日涅夫时期的苏联，认知到的外部威胁加剧了国内压力，进而刺激了权力诉求，权力的追求产生了新的威胁，而国内压力需要权力扩张来疏导。实际上，苏联决策层采纳什么样的海权战略学说，一个重要原因是认为威胁主要来自陆地，苏联在很长一段历史时期相对轻视海权建设，即使在"冷战"中后期海权大发展时期，也更多侧重于用海权维护陆权成果。大国海军军备竞赛的剧烈程度，也会影响一国战略转型的进程快慢，正如1905年以后英德"无畏"级战列舰的军备竞赛就迫使德国加速了战略转型一样，苏联为了应对美国的海上威胁，需要发展对称的海上力量。1950~1955年、1959~1960年苏联军费开支的大幅增加都是担心西方可能的军事进攻，而1955~1957年军费逐渐减少则是因为苏联与西方关系缓和，对西方的进攻威胁不那么担忧。正如乔治·凯南所言，俄国人行为的

[①] 左立平主编：《国家海上威慑论》，时事出版社2012年版，第131页。
[②] ［美］斯蒂芬·豪沃思：《驶向阳光灿烂的大海：美国海军史1775－1991》，王启明译，世界知识出版社1997年版，第631页。

根源是传统的本能和不安全感。[1]

1967 年的第三次中东战争,对苏联的海军扩张起了很大的刺激作用,苏联意识到要想获取世界强国地位、提升海外影响,需要拥有能够在远离本土采取行动和进行干涉的海军力量。[2] 第三次中东战争结束后,苏联使用埃及港口和海空设施,提升了其在地中海的海军活动规模、质量和效率。为了扩大苏联海外势力范围、联络海外盟友、提升实战能力、牵制美国海军行动,苏联不断增加舰队和商船队的数量,并使之在更远的范围内活动。从 20 世纪 50 年代到 80 年代,戈尔什科夫的海权战略思想得到决策层的认可和战略贯彻,对苏联大规模的由陆向海转型发挥了核心作用。军事优先的原则决定着苏联海洋战略的发展进程,"在存在着相互敌对的社会体系下,海军一向居于首位"[3]。1967 年戈尔什科夫被提升为舰队司令,从而在军队的等级制度层面获得了与战略火箭部队和地面部队总司令相同的地位。[4] 并强调优先发展核潜艇和海军航空兵,平衡兵种结构,实现多兵种之间的协同功能。戈尔什科夫将核武器与海军的结合,开辟了苏联特色的海权发展模式。戈尔什科夫在 20 世纪 70 年代初所形成的"战略堡垒"观念仍然反映了俄罗斯主要作为陆权国家的陆上军事偏好,强调在各个进出水道上建立层级防御和海上缓冲区,确保弹道导弹核潜艇的生存,从欧洲侧翼支持战区地面作战。

20 世纪 70 年代中后期,苏联在核潜艇数量上对美具备显著优势,[5] 1986 年,苏联海上核力量在数量上已远超美国[6],注重多兵种协同作战,重视海上力量的全面发展,并突出"海军对陆地"作战,在距本土不远的

---

[1] George Kennan, "The Sources of Soviet Conduct", *Foreign Affairs*, 1947, 25 (4): 566-582.
[2] [美]詹姆斯·西伯奇编:《苏联在加勒比海地区的海上力量》,复旦大学历史系拉丁美洲研究室译,上海人民出版社 1975 年版,第 32 页。
[3] [苏]谢·格·戈尔什科夫:《国家海上威力》,方房译,海洋出版社 1985 年版,第 2 页。
[4] Bryan Ranft and Geoffrey Till, *The Sea in Soviet Strategy*, Annapolis, MD: Naval Institute Press, 2nd ed., 1989, P. 80.
[5] 尤晓航主编:《战后苏联海军装备发展》,海潮出版社 2001 年版,第 52 页。
[6] 刘卓明:《俄、英、日海军战略发展史》,海潮出版社 2010 年版,第 171 页。

一些海域如东地中海，对美国海军形成了相对优势。[1]

在第二次和第三次中东战争中，苏联积极部署海军进入地中海，遏制美国海军的介入。苏联介入加勒比海事务，1969年7月，由七艘舰只组成的苏联小舰队对哈瓦那进行的友好访问，可以视为苏联第一次有意图的在加勒比海地区公开显示海军力量。同年，苏联在地中海部署的海军，有效遏阻了西方对利比亚卡扎菲发动军事政变的可能性干涉。1966年苏联潜艇进行了环球水下航行，此时美国70%以上的工业和人口都在苏联核潜艇的导弹射程之内。[2]

到1979年，太平洋舰队的实力居于苏联海军舰队的第二位，苏联海军在日本海域频繁活动，在南千岛群岛的控制权上，对日本寸土不让。随着美越战争的爆发，苏联以援助越南为由，经常派遣舰队在中国南海集结，进驻越南金兰湾等沿海港口，对中国大陆和美国在菲律宾的军事基地构成严重威胁。苏联在亚非拉地区建立了31个海军基地，加大了对波斯湾海域、红海海域、好望角和马六甲海峡等印度洋地区的战略扩张，成为具备远洋投射能力的全球海洋强国。此外，苏联的运输船队、捕鱼船队、科学考察船队以及国家的船舶工业，尽管执行军事优先的政策，但是在经济等非军事领域都取得了长足进步。

截止到1985年，苏联仍然有能力大规模建造舰艇、海军飞机、装备先进的导弹和电子设备的潜艇、水面舰艇，还是具备远洋进攻能力的海上强国。即使到了1990年，苏联海军仍拥有305艘潜艇、126艘大型水面舰艇，苏联海军的排水量仅比美国少6万吨而已。但从1985年到1990年，戈尔巴乔夫进行了大裁军运动，在军事力量的发展上遵循合理够用的原则，放弃了与美国争霸海洋的目标。随着戈尔什科夫下台，远洋进攻战略被区域性防御战略取代，更加侧重保证苏联海岸线、海上交通枢纽等战略地带的安全。随着苏联的解体，其由陆向海的地缘战略转型也戛然而止。

---

[1] 聊幸谬、杨耀源：《大国海权兴衰启示录》，人民出版社2014年版，第213页。
[2] [美]詹姆斯·西伯奇编：《苏联在加勒比海地区的海上力量》，复旦大学历史系拉丁美洲研究室译，上海人民出版社1975年版，第54页。

第七章　案例四：俄国（苏联、俄罗斯）的战略转型（1689～2015年）

五、"冷战"后俄罗斯重启海权建设与大国博弈的扑朔迷离

苏联的战略转型起源、进程和结果都对"后冷战时代"的俄罗斯造成了深远影响，受到苏联转型模式的理论和历史影响，"冷战"后俄罗斯开始重启地缘战略转型，并在效仿苏联海权发展模式、战略转型推进的同时，也在意图避免苏联转型中的不利。"冷战"的结束在欧亚大陆正中心造成了一个"黑洞"，就好像心脏地带突然从世界地图上被挖走了一样。[①]俄罗斯的出海通道受到钳制：俄国自18世纪以来一直控制波罗的海各国，而波罗的海三国的独立使俄国失去了冬天的不冻港；在黑海只留下狭长的沿岸地带，剩下诺沃罗西斯克和图阿普谢两个港口。由于北约和欧盟的不断东扩，俄罗斯的战略防御纵深大幅缩减。与众多周边国家存在领土纠纷问题：与挪威存在北部水域管辖权问题；与芬兰涉及卡累利阿地区归属问题；与加拿大、丹麦、挪威和美国等北极周边国家对北极的领土和能源的开发存在分歧；与爱沙尼亚存在佩彻里地区的归属问题；与拉脱维亚存在阿布里尼等地区的归属问题；与日本存在北方四岛争端。随着苏联的解体，俄国的海权和陆权都大幅衰落。

普京上台后，采取东西平衡的全方位地缘战略，包括反对北约东扩，确保俄罗斯的固有利益，将中东地区视为俄罗斯的海外核心利益区，尽量避免与欧盟国家的对抗，并加强同独联体国家的合作，将能源作为地缘战略的重要工具，提出将海洋政策分为大西洋、北冰洋、太平洋、里海、印度洋等方向。在尽可能消解苏联解体对陆权优势的损害后，逐渐加快海权战略的扩展。以2001年通过的《2020年前俄联邦海洋学说》为核心，在军事、海洋资源、发展海洋事业方面相继出台了诸多战略报告，俄罗斯形成了海洋战略体系，并于2008年、2010年、2011年和2012年先后四次修

[①] [美]兹比格纽·布热津斯基：《大棋局》，中国国际问题研究所译，上海人民出版社1998年版，第72页。

订1998年的《世界大洋》联邦目标体系。俄罗斯特别重视维护波罗的海、黑海和太平洋出海口的畅通与安全，实施海上核威慑，尤其是黑海被俄国视为四大舰队的联系纽带。

包括梅德韦杰夫、普京在内的最高政治领导人都支持发展老海军学派主张的大型舰队。2007年，俄罗斯提出了再造大型蓝水海军的目标，企图超越戈尔什科夫取得的成就，意图建立世界第二大航母编队，使北方舰队和太平洋舰队在今后20～30年里拥有5～6个航母编队，将亚丁湾中的索科特拉岛、利比亚的的黎波里和叙利亚的塔尔图斯放进海外基地的开设计划。时任俄罗斯国防部长谢尔盖·伊万诺夫强调，"俄罗斯过去、现在和将来永远都是海军大国，俄罗斯海军军旗将一如既往地飘扬在世界海洋上"[①]。2010年12月13日，普京高调宣布未来10年俄罗斯将赤字20万亿卢布更新俄军的武器装备，重点发展核攻击潜艇等装备。

此外，俄罗斯海军计划还包括建设一整套的基地、后勤和社会保障系统，避免戈尔什科夫元帅领导时的困境：缺乏足够的基础设施保障维修和支持数百艘各型舰船的有效使用，以致作战能力下降，机械系统磨损，燃料过度消耗。争取最早在2020年首艘航母可以下水。[②] 核威慑在俄罗斯海洋战略中起着根本性作用，将这种核威慑的堡垒功能与主要针对邻近海域的力量投送及有限的域外作战能力相结合是近年来俄罗斯演练的主要内容，海基核力量的发展都是海军最优先的项目，而在极地环境发射导弹被确定为俄罗斯海军的优先使命。21世纪的俄罗斯向海权转型的目标可以概括为：推进海军转型，坚持近海防御，不放弃远洋向往；开发海洋资源，发展海洋经济，促进海洋战略多元化；发展海洋科技、强化科研与教育，提供人才与智力支持；加强海洋管理、完善相关法律，为海洋战略实施营造良好环境。2017年7月20日，普京签署了俄国防部制定的"2030海军

---

① 李兵：《俄罗斯海上战略通道思想与政策探析》，载于《东北亚论坛》2006年第1期，第94页。

② 张海文、彼得·达顿、陆伯彬：《21世纪海洋大国》，张沱生译，社会科学文献出版社2014年版，第157～167页。

第七章 案例四：俄国（苏联、俄罗斯）的战略转型（1689～2015 年）

发展计划"，该计划将"以美国与其盟友为代表的一系列国家争夺海上霸权"看作俄罗斯国家安全的主要威胁之一，认为"对俄罗斯及其盟友具有重要意义的领土上武装冲突渐增"的趋势不容忽视。计划称，到 2030 年，俄罗斯应该拥有在各个战略方向实力均衡的舰队。此外，俄罗斯海军方面表示，可能于 2025 年签订建造核动力航母的合同，并预计 2030 年接收。

新时期俄罗斯的外交与沙俄和苏联时期虽有区别，如强调海军、海洋产业、海洋研究等方面的共同发展，着眼于国内发展而非向外扩张，但无论如何调整，其战略转型也有相当程度的延续性，并没有磨灭历史上的帝国扩张传统、现实主义战略文化和双头鹰战略传统。俄罗斯人的领导艺术是以地缘政治理论为基础的。[①] 俄罗斯追求强大海军的途径主要在两个海军学派之间摇摆：一个学派渴望发展大型进攻性的海军，另一个学派主张发展较小型以防御为主的海军。如果俄国经济缺乏质的飞越，那么建立和维持大规模海权力量的战略行为难以持续。

[①] 雍杜宁：《向东还是向西：俄罗斯的抉择》，国防大学出版社 2012 年版，第 31 页。

第八章

中国的和平崛起与人类命运共同体建设

中国作为崛起大国,不会重走威廉二世德国和近代日本同时挑战大陆强国和海洋强国的战略透支老路,也不会像俄国那样执着于领土蚕食和军事帝国主义,中国即使成功实现了崛起,也不会效仿美国的称霸路径,我们的和平崛起,不只体现在崛起进程,还会落实到崛起成功后做一个维护和平国际秩序的大国。中国提出和践行的人类命运共同体理念就是典型的例证。

第一节
陆海复合型国家的战略定位:中国应谨防战略透支

所谓"陆海复合型国家",是指背靠较少自然障碍且面临开阔性海洋的国家。[1] 其具有如下独特性:

第一,在地理和战略层面上,陆海复合型国家具有区别于其他地缘类属身份国家(岛国、内陆国等)的特殊性。地理上的陆海兼备,使它不能

---

[1] 邵永灵、时殷弘:《近代欧洲陆海复合型国家命运与当代中国的选择》,载于《世界经济与政治》2000 年第 10 期,第 50 页。

像岛国那样在安全领域优先巩固海权建设、在经贸领域专注海洋经济；也不能像内陆国家那样全力经营陆权国防和陆缘经济；它面临海权与陆权战略的两难选择、海陆资源分配分散化问题、海缘与陆缘威胁的双重易受伤害性等。只有实现陆权与海权战略的统筹协调，才能避免陷入过度扩张或发展不足。

第二，领土面积大小与领土形状影响陆海复合型国家的发展上限。杰弗里·帕克（Geoffrey Parker）认为，领土面积的极大差异在任何时候和任何地方都具有指导国家战略行为上的含义，大国的行为很可能不同于小国行为的某些特征。[①] 从国际关系史的演绎逻辑看，从最初地中海的威尼斯霸权、西班牙和葡萄牙的本初子午线分割势力范围，到荷兰的海上马车夫地位、英法百年争霸和德国崛起，再到具有洲际领土规模资源的美苏争霸，及至21世纪雄踞东亚大陆的中国崛起，制度和技术差异可以随着全球化进程而降低代差，但地理幅员的多广在很大程度上决定了一国崛起和发展的天赋上限。尽管在现代技术条件下，距离的迟滞作用已大不如从前，但地域辽阔的国家在核打击承受能力方面仍较国土狭小的国家有更大的优势，这使国土幅员广阔的国家在核威慑与核讹诈面前有更多底气。总之，国土幅员的大小与国家战争潜力有密切联系。

国土形状也是构成国力的重要地理要素，量化国土形状特征的重要指标是紧凑度和规则度，即对于给定研究的国家领土，如果面积是一定值，其边界越短，形状则越紧凑，最紧凑和最规则的二维国土形状是圆形。菲力二世（Philip of Spain）时期的西班牙，作为中央集权的君主专制国家，有很强的政治权力和动员能力，但地理上的脆弱性较高，"一个由多块不同领土构成的分散的全球性帝国，在与地理上更紧凑的国家的冲突中必定处于不利境地，后者的资源较易得到动员，而且那里的权力集中"[②]。

第三，不同的海陆度值，影响陆海复合型国家的基本国防及经济战略

[①] Geoffrey Parker. *Geopolitics*: *Past*, *Present and Future*, London: Pinter, 1998, P. 73.

[②] Giovanni Botero. *The Reason of State*, translated by P. J. and D. p. Waley, London, 1956, pp. 9 – 12.

定位。从地理上讲，军种比例主要是由国家的海陆度决定的，海陆度值是一个分析概念，是用来描述一个国家是海洋国家还是大陆国家的程度分析数值。最简单的海陆度值的测算方法是将一个国家的海岸线（或海上疆界线）长度比上大陆疆界线长度。数值越大（即海陆度值越大），则这个国家的海洋性越强，越偏向海洋国家；反之数值越小，则越接近大陆国家。但在实际情况中则不会这么简化。如果国家的战略和经济重心不在沿海而是内陆，能够自给自足，那么也很难算是海洋性国家。因此，对海陆度值的测算，应该在国家的海上国土面积与陆上国土面积的比值基础上，考虑修正系数（有无良港、战略和经济重心的分布位置、是否地处国际海上交通线、有无加入国际经济大循环、国家的海洋政策等因素）的非线性影响。

第四，海陆资源分配分散化的风险。它不像主导型海洋强国那样可以专心创制和运用海权理论来制定大战略、调配巨额战略资源发展海权力量，也不像心脏地带强国依托陆权力量和陆权战略就可以贯彻大战略目标，陆海复合型强国一直存在着陆权和海权战略资源分配分散化的困境。如果陆上易于受到攻击，那么一国即使拥有海军，其海权也会被削弱，它的注意力和资源可能需要聚集于陆上。① 对陆疆安全的担忧程度往往与其投入海权的战略资源成反比。

第五，容易陷入过度扩张。无论在国际体系中的相对权力优势多大，都很难长期保持成为陆海两栖强国，因为战略集中是任何国家生存和取胜的前提。② 陆海复合型强国由于处于陆海结合部，一旦所处陆域的其他国家权力羸弱时，便容易受到陆上扩张的诱惑，并深知其整合洲际资源进而发展成为陆海两栖强国的危险情形，也必然会引发海权主导国的制衡，故会试图发展出至少能够对海权主导国执行防御性战略的海权力量，导致其在海陆两个方向投入与实力不成比例的过度扩张。正如保罗·肯尼迪所言，一国不断地投入过多资源用于军事扩张而忽视经济增长，从长久看会

---

① 张海文等主编：《21世纪海洋大国海上合作与冲突管理》，社会科学文献出版社2014年版，第23页。
② 吴征宇：《海权与陆海复合型强国》，载于《世界经济与政治》2012年第2期，第39页。

第八章　中国的和平崛起与人类命运共同体建设

导致该国的衰落。① 查理五世和腓力二世的哈布斯堡帝国，以及路易十四时期的法国，都是陆海两栖强国的代表，在巅峰时期都拥有相对其他大国的陆上和海上权力优势，但都因国力透支而衰退。

第六，双重易受伤害性。总是受到来自海上和陆上两个方向的战略挤压，即一旦确定地缘战略的主要发展方向，就必然要树立现实的或假想的地缘威胁来激励本国的战略转向。如果采取海主陆从，就必然会引起海上既有霸权国的遏制和打压，同时还会由于陆权战略力量的相对羸弱而遭受心脏地带国家和其他邻近边缘地带国家的联合打压。若实行陆主海从，就容易导致与陆权心脏地带国家的战略对抗，而全球海上主导国为了实现霸权护持，也将会动用自身和盟国的力量来维持陆上均势，制衡它在陆上进行的战略扩张。而采取具有战略毁灭意义的海陆并举，则会受到心脏地带国家和海上主导国的全力遏制。陆海复合型强国从地理位置上看基本都属于中心强国，在相对立的两翼或更多方向上与其他陆海强国接壤或对峙，而侧翼强国通常只在较少的大方向上与其他强国接邻，这也是英国、美国等侧翼强国相对德国、法国等中心强国更易规避体系制衡的原因之一。

第七，联盟的可获性和有效性较低。陆海复合型强国有三种联盟选择，即联海制陆、联陆制海、海陆共制，但都受到联盟对象的数量和范围的限制，并面临着"被抛弃"或"被牵连"的风险。与海洋国家结盟来对抗陆上心脏地带或边缘地带的强国，可能由于战略利益不够契合而导致联盟失败，如19世纪末20世纪初威廉二世德国与英国结盟谈判的失败。② 依托金融、海外贸易和海军的海上主导国，由于水土的阻遏力量、海权力量

---

① 孟庆龙：《大国兴衰与更替的密码——〈大国的兴衰〉揭示的世纪性规律》，载于《人民论坛》2019年第16期，第94~97页。

② 从1898年到1902年，英德关系从"克鲁格电报"开始的恶化趋势似乎有所逆转，在英国采取主动的情况下，两国之间断断续续地进行了一些结盟尝试，亲德派的代表张伯伦甚至宣称两国是天然的同盟关系，两国就胶州湾、萨摩亚群岛、非洲等殖民地争端举行会谈，并于1900年签订了《英德扬子协定》，但英国只想在具体某些问题领域与德国联合，而德国却试图与英国缔结全面防御同盟。两国对彼此战略意图的疑虑，加之两国国内的反英情绪和反德舆论战，以及日渐激烈的海军军备竞赛，最终英德关系恶化，结盟失败。详情可参见徐弃郁：《脆弱的崛起：大战略与德意志帝国的命运》，新华出版社2011年版，第200~211页。

对大陆渗透的有限性,使其对陆上国家具有较少威胁性,反观陆海复合型强国却可能由于陆上地缘距离的邻近性和陆权投射力量的有效性[①],使陆上国家对区域性陆权均势波动的敏感程度压倒对全球均势变化的感知,从而更偏好与海上强国结盟来反制陆海复合型强国所带来的陆缘威胁,这就使联陆制海战略容易遭到盟友的抛弃和背叛,如"一战"期间意大利置德国、意大利、奥地利三国同盟于不顾,转而与英国、美国联手进攻德国。还可能导致由于陆上盟友的稀缺性和出于防止同盟背叛的考虑,过多迁就盟友而被弱小的盟国战略绑架,如"一战"期间德国鉴于1879年的德国、奥地利同盟承诺被牵连到奥塞战争中去。若采取海陆共制,即意味着同时与海洋大国和陆上大国结盟制衡海陆两个方向的对手,这非常不利于实现战略手段的集中,在战略目标的选定上也易出现迷思,如"二战"期间的德意日轴心联盟,德国、意大利进攻苏联的同时,日本却对美国发动太平洋战争,使其本就捉襟见肘的战略资源更加分散化,导致战略手段与战略目标出现极度不平衡。

第八,大战略选择的相对有限性。从理论上讲,体系中的强国可以采取孤立主义战略、隔岸平衡战略、选择性干预战略、超地区霸权战略。但是,能够较为自由选择这些战略的往往是主导型海权强国或陆上心脏地带强国,它们通常从地缘战略层面上属于侧翼强国,可以免除很多制衡和避免地缘挑战的风险。即使陆海复合型强国并不追求进攻性或扩张性的战略目标,它的防御性战略本身就可能招致其他扩张性国家的夹击,因为如果追求防御性战略所依托的手段过于弱小,则会引发陆海强国的蚕食瓜分(如八国联军侵华)。而一旦其支撑防御性战略的手段强大时,又会受到其他邻近国家和海上霸权国的权力制衡。陆海复合型强国由于本身就经常处于地缘冲突中,难以像海权主导国那样采取隔岸平衡的战略。又由于前面提到的海陆扩张、战略资源分配分散化、联盟困境等障碍,其很难成为全

---

① 米尔斯海默认为,地面力量居于首要地位,巨大的水体极大地影响地面力量的投送能力,而独立的海上力量和战略空中力量都不具备赢得战争的太大作用。岛屿大国不可能发动针对其他大国的征服战争,国际体系中最危险的国家是拥有庞大陆军的大陆强国。详情可参见米尔斯海默:《大国政治的悲剧》,王义桅译,上海人民出版社2008年版,第93~134页。

球性霸权，故超地区霸权战略无从谈起。因此，在大战略的选择和执行过程中，陆海复合型强国都会面临诸多其他强国干涉和制衡的风险。

总之，由于陆海复合型强国在战略地理结构上的天然劣势，导致容易出现有限的海陆资源分配分散化的问题，这使国家将原本用于经济建设的资金和资源过度投入到海陆力量的建设中，引发过度扩张，并受到来自陆海两个大方向的制衡，形成双重易受伤害性。并由于担心盟国的捆绑和抛弃，加之战略资源分配有限，使其在大战略的选取上受到很大限制。因此，陆海复合型强国必须恰当处理好海权和陆权两种手段在大战略中的相对比重，这就需要对大战略的手段、目标和制约环境有正确的认知，使其海权和陆权手段符合基本的大战略取向，规避或减少影响战略效果的不利因素，充分利用有利条件。

战争与和平时期的大战略是国际关系研究的重要主题，大战略成功的关键在于战略目标与战略手段的匹配度，战略克制与战略透支都是国家战略的效果描述，当目标与手段匹配时，就是战略克制；如果失衡，就会出现战略透支。如果出现和平的权力转移，则容易避免战略透支。

本书研究的主要是陆上崛起国与其他海陆强国正面交锋所产生的战略透支现象，国家崛起有其特定的地缘政治空间，对陆权与海权的选项也是战略目标与战略手段的重要参考。陆上大国在崛起进程中，通常会在陆上安全形势好转时选择从陆权到海权的战略转型，在转型阶段，海上主导国会担忧崛起国海上制衡能力增长的潜在威胁，而陆上崛起国一旦与海上主导国开展海权竞争后，又会由于自身战略资源的有限性导致陆权力量相对不足，再加上海上主导国的离岸平衡战略对其他大陆国家的吸引力，让陆上崛起国同时担心来自陆地与海洋两个方向的地缘威胁。笔者认为，对战略透支的衡量标准应该保持一定的灵活性，其原因如下。

第一，战略进程的复杂性。崛起国在战略思想的酝酿、战略计划的制定和执行、战略行动的初始阶段不太容易界定是否出现了战略透支以及存在潜在影响，这导致历史上很多大国在承受巨大损失后才意识到陷入战略透支，再加上国家战略对抗升级的惯性、国内政治压力、决策者的偏执、孤注一掷的侥幸心理、争取有利谈判地位的拖延政策等，导致对战略透支的纠错能力欠缺和调适不足。崛起国如果采取渐进式的战略能够降低崛起成本，减少透支风险；如果采取激进式的强硬战略，则容易增加透支概率。在这里"时间"发挥了重要的变量作用，以较长时段通过相对温和的方式推动体系变迁的崛起国，更有可能实现与主导国的和平权力转移。

第二，制衡类型的差异性。在国际体系中，并非总是能对崛起国挑战现状的战略行为采取适度的制衡措施，由于国家间安全信息的不透明与战略博弈的复杂性，经常会发生过度制衡、制衡不足和不制衡的现象，而战略透支是在国家互动中产生的，当面临不同的制衡压力时，国家是否出现战略透支以及对透支程度的评判标准是完全不同的。当体系中只有一个明显的崛起大国，崛起国与主导国的实力差距缩小，但两国与其他主要国家的实力差距在不断扩大时，就很可能生成对崛起国的过度制衡现象；如果崛起国以挑战主导国核心利益为目标采取代价高昂的冒险行为，那么主导国会联合其他国家共同制衡崛起国。当崛起国数量众多、主导国实力衰落、崛起国的进攻性意图巧妙隐藏、崛起国采取渐进式的战略进行地区性守成时，那么主导国和其他大国可能采取对崛起国的制衡不足或不制衡的举措。即使崛起国面对明显的制衡压力，如果选择不做出战略回应或采取战略收缩，那么也可以避免战略透支。

第三，成本与收益、手段与目标的平衡问题。国家的战略扩张并非必然带来透支，只有当进一步扩张的边际成本大于边际收益时才表明一项战略得不偿失，但如果成本的投入是在国家所掌控的战略手段合理承受的范围之内，那么即使收益较低，也不能说国家陷入战略透支。此外，还应考虑如果短期内的成本高于收益的代价，能够换来长远战略目标的收益，那么也不能用战略透支来评价这种行为。

第四，战略透支不只适用于霸权国，也适合崛起国的战略分析。崛起国一旦没有摆脱战略透支，就可能出现崛而不起的情况。但崛起国的战略透支具有一定特殊性，由于它的实力在上升，不像正在衰落的霸权国那样缺少战略调适具备的国力基础。如果崛起国能够及时提升战略缔造能力，协调目标与手段的平衡性，就能实现及时止损来避免进一步透支。因此，对战略透支的影响衡量要考虑到国家的战略决策，而不是一旦进入战略透支轨道就必然会衰退。

战略透支的具体情况可以分为四种：一是外部战略环境提供的机遇和威胁使然。如国家看到宽松环境提供的明显扩张机遇，或者面临强敌入侵的现实重大威胁时，这种高清晰度的包容性/约束性战略环境会让崛起国更少受到国内政治变量的影响而增加战略透支风险。二是国家长期的战略思想或战略文化偏好进攻与扩张，这会鼓励国家由于军国主义或追求帝国荣耀倾向于战略透支。三是国家在战略计划的制定过程中没有实现目标与手段的匹配。四是在战略行动中，通过与其他国家的战略互动，出现了收益累积或损失递增的情形，反过来导致国家战略目标扩大化，超出了战略手段的承载能力。

现实主义将战争的原因归结为三个层面：人性的邪恶、国内政治的战略迷思、体系层次的大国政治的悲剧。在修昔底德、马基雅维利（Machiavelli）、汉斯·摩根索（Hans Morgenthau）、亨利·基辛格（Henry Kissinger）看来，国内政治与国际政治的区别在于程度的区别而不是本质的区别，所有政治都是冲突性的，根植于人性层次的权力欲。当帝国主义国家而不是维持现状国家占有军事优势时，最容易爆发战争。约翰·赫兹（John Herz）提出了"安全困境"（security dilemma）的概念，来说明国家信奉暴力不仅仅出于假定的追求权力的欲望，而且出于恐惧。对权力的追求通常是对威胁的反应，而不是威胁的主要原因。国家获取权力以免被其他国家攻击、支配或消灭。对赫兹而言，安全困境有一种"宿命论式的不可避免性"（fatalistic inevitability）。肯尼斯·沃尔兹（Kenneth Waltz）提出国际体系的无政府状态产生了不安全感，以及国家自我武装并为战争做准备的动机。对国际体系行为体的权力和行为体之间的战略关系（联盟、反联盟）的误算是战争的一个重要原因，这主要是缺乏信息所致。约翰·米尔斯海默认为大国有两大战略目标：获得尽可能多的权力以及阻止其他国家取得霸权。

当代现实主义理论大体上属于三种思想流派：进攻、防御和古典现实主义。进攻性现实主义以米尔斯海默为代表。防御性现实主义以斯蒂芬·

范·埃弗拉（Stephen Van Evera）、查尔斯·格拉泽（Charles Glaser）、哈依姆·考夫曼（Chaim Kaufman）、斯蒂芬·沃尔特（Stephen Walt）为代表，假定理性的行为体将安全作为它们的优先目标，这是由国际体系的无政府状态以及由此产生的安全困境导致的。古典现实主义将修昔底德、马基雅维利、克劳塞维茨、赫兹、摩根索作为传统代表，试图发挥规范性指导的功能，并且强调道德标准和成功的外交政策之间的微妙关系。① 根据战略现实主义，罗伯特·鲍威尔（Robert Powerll）认为，国家能力迅速而重大的改变导致了两阶段博弈，在其中和平互动并不总是理性的选择，因为在一些情况下预防性战争对一个国家是有利的。

从历史上看，战争并不是解决大国权力转移问题的有效手段。拿破仑战争、普法战争、日俄战争和两次世界大战都没有解决权力转移引发的问题。战争并不能解决权力转移问题，在核大战打不起来的情况下，大多数战争并不会在很大程度上削弱战败国的基本权力资源：GDP和人口。即使大规模的GDP和人口损失也能很快恢复，苏联在"二战"中牺牲约2500万人，但是它在1956年人口快速反弹超过了战前水平。

第二节
和平发展是符合中国地缘利益的战略选项

中国历史上有过海防与塞防的历史争论。实际上，中国既是大陆国家也是海洋国家，必须从陆海复合型的地缘战略特征来筹划和界定其战略利益与崛起路径。陆地是中国的第一战略空间，海洋是未来中国进一步崛起要开拓的重要发展空间。尽管中国的海洋活动开展比较早，但是海洋战略思维形成很晚。中国早在100多年前就已经引进了马汉的海权思想，但因为近代外敌

---

① ［美］理查德·内德·勒博：《国家为何而战？：过去与未来的战争动机》，陈定定等译，上海：上海人民出版社2014年版，第30~31页。

入侵的影响，一直缺少经略海权的客观条件。直到新中国成立以后，中国在稳固了陆权基础、逐步提升大国外交地位后，才对包括马汉海权论等西方地缘思想的理解不断加深、扩宽和批判，已经从海军战略战术逐渐上升到国家大战略的高度，超越了单纯的海军建设和制海权理解。吴征宇认为马汉的海权理论与麦金德的陆权理论一样，都属于地理战略论而非地理决定论，马汉的海权论是结合海洋和陆地的全球视角提出的综合性理论，与陷入地理环境决定论的生存空间理论完全不同。[1] 海权国的海权理论应该结合陆海复合型国家的地缘属性来综合判断，避免陷入海权与陆权战略的两难选择和过度扩张。鞠海龙对马汉的海权论进行了参照和推演，在探讨中国海上转型思想的时候，着重提出了近海地缘安全架构——以朝鲜半岛、中南半岛，中国台湾、南海来构建陆基双区和海上双支点。然而，这种近海安全的战略布局并非完全基于海权或制海权诉求，而是兼顾了中国自身崛起的战略需求与其所处地缘环境之间的矛盾，对马汉理论视域进行了超越。

中国地缘战略转型的理论建设轨迹基本沿着近岸防御—近海防御—远洋进攻的战略方向迈进。中国从单一引进苏联理论成果到综合引进诸多国家的海权发展成果，从照搬到结合中国特色，理论化程度和理论联系实际的能力越来越强。但中国的海权理论建设还缺少集大成的原创理论，基本还是引进、吸收和转化，任重而道远。总之，中国地缘战略理论的主要内容包括：在立足陆海复合型国家地缘属性的基础上如何有效平衡海权与陆权的辩证关系；对传统海权的"对抗性"思维批判；对海权的经济利益进行阐述；强调海洋通道安全的战略意义；用发展视角分析中国海权；以转换中的亚洲海权地缘格局为时代背景；如何化解海洋霸权的强大压力和有效应对复杂的周边战略环境；如何打破岛链封锁、化解马六甲困局；对历史上其他大国发展海权和如何权衡海陆关系进行案例分析；回溯包括郑和下西洋在内的中国海权发展史；逐渐重视发展远洋进攻能力的海权力量；

---

[1] 吴征宇：《地理政治学与大战略》，中国法制出版社2012年版。吴征宇：《结构理论、地理政治与大战略》，载于《国际观察》2007年第5期，第22~27页。吴征宇：《论陆海复合型国家的战略地位——理论机理与政策选择》，载于《教学与研究》2010年第7期，第65~71页。

强调海权建设与法理依据的有机结合；将海权理论和实践与"一带一路"倡议相结合；提出建设新型海洋秩序等。

中国在维护海洋权益、建设海洋强国的过程中，注重对西方地缘战略转型相关理论和经验的借鉴、引进及研究，从中得出对中国战略转型的经验和教训。

1949年新中国成立后，指派到中国的苏联顾问带来了"年轻学派"的海洋战略，强调由拥有小型水面舰船和潜艇的海军进行近海防御，符合新中国外敌环伺、预算短缺、缺乏工业基础设施、解放台湾以及海疆被敌人的舰队和基地所包围的客观国情。① 此后，由于苏联经验与中国实际的脱节，以及严峻的国内外形势，加速了中国创立本土海权理论的意识。

中国逐渐发展出相对制海权理念，强调非"零和博弈"的海权观。将制海权划分为战略制海权、战役制海权和战术制海权。而在实现近海制海权方面缺少理论创新，没有对强国与弱国海军、防御一方夺取制海权与进攻一方夺取制海权进行区分。20世纪60年代初中国就提出了海上独立战场概念，但由于国家防御方向很快转向陆地，缺少实践。到80年代中期，对于海战场的界定，主要是基于对海外资金、市场、原料和通道的需求，而对海上安全威胁的关切有所下降。80~90年代中期，中国海军在战略思想上已经完全摆脱了附属于陆地和陆军的历史，其海上航空能力稳步提高。

20世纪80年代的南沙海战对舰载航空力量提出了新的要求，学界对海军航空力量在赢得海战的重要性上展开争论，并对是否应该建造航空母舰出现分歧。两派分歧的焦点在于，航空母舰与国防开支、航空母舰与社会制度、航空母舰与侵略扩张的关系。不支持建造航空母舰的人士认为，航空母舰会改变中国国防战略和力量的防御性质，防御战争不需要具备远洋作战能力的航母，航母是西方资本主义制度和海上霸权主义的产物。支持航母的人士认为航母不具有制度属性，其武器本身也不必然是进攻性或

---

① [美]安德鲁·S.埃里克森、莱尔·J.戈尔茨坦、卡恩斯·洛德主编：《中国走向海洋》，董绍峰、姜代超译，海洋出版社2015年版，第294页。

防御性的。

　　自"冷战"中后期以来，国内就翻译了一些马汉、科贝特、戈尔什科夫等西方和苏联的海权理论著作，也介绍了弱势海权国家的著作，如潘尼迦的《印度和印度洋：略论海权对印度历史的影响》[1] 等。1991年，海洋出版社出版了我国第一套"海洋意识"丛书，其中包括张炜和许华所著的《海权与兴衰》[2]，这本书是国内第一本公开出版的关于海权理论与历史的著作。而到2000年以后，系统梳理西方海权理论成果的书籍也越来越多。海潮出版社于2000年隆重推出王生所著《海洋大国与海权争夺》，该书追溯和探讨了马汉的海权论、戈尔什科夫的国家海上威力论、美国莱曼对马汉海权思想的复兴等内容，系统解读了西方和苏联海权领域的经典学说，并论述了西方各国历史上的海权转型和发展历程。[3] 钮先钟的《西方战略思想史》[4]，对法国、德国与英国、美国不同的海权理论进行了比较，一手资料详尽权威。《世界海军军事史概论》[5]《世界海军史》[6]《国家海上安全》[7] 等书，都对世界海权战略思想的演进、历史案例、理论提炼做出一定贡献，但缺少引文注释和一手资料，内容具有不平衡性。师小芹的《论海权与中美关系》[8]，详尽比较了海权国和陆权国的海权理论异同，以及对中国发展海权的借鉴意义。李少彦等人系统翻译了马汉的海权三部曲[9]，是国内目前关于马汉著作介绍最翔实的译作。

---

[1] ［印］K. M. 潘尼迦：《印度和印度洋，略论海权对印度历史的影响》，德隆、望蜀译，世界知识出版社1965年版。
[2] 张炜：《海权与兴衰》，海洋出版社1991年版。
[3] 王生荣：《海洋大国与海权争夺》，海潮出版社2000年版。
[4] 钮先钟：《西方战略思想史》，广西师范大学出版社2003年版。
[5] 史滇生：《世界海军军事史概论》，海潮出版社2003年版。
[6] 丁一平：《世界海军史》，海潮出版社2000年版。
[7] 张炜：《国家海上安全》，海潮出版社2008年版。
[8] 师小芹：《论海权与中美关系》，军事科学出版社2012年版。
[9] ［美］艾尔弗雷德·塞耶·马汉、李少彦等：《海权对历史的影响（1660～1783年）》，李少彦等译，海洋出版社2006年版；［美］艾尔弗雷德·塞耶·马汉、李少彦等：《海权对法国大革命和帝国的影响（1793～1812年）》，李少彦等译，海洋出版社2013年版；［美］艾尔弗雷德·塞耶·马汉、李少彦等：《海权与1812年战争的关系》，李少彦、肖欢等译，海洋出版社2013年版。

关于中国战略转型的目标和范畴，中国学界的思考反映了其和平崛起与战略转型并行不悖的倾向。有学者主张中国应牢记马汉并超越马汉，确立和平合作、开放共赢的海洋理念；保持战略定力，不落入"法治陷阱"，积极进入《联合国海洋法公约》体系，推进中国海洋基本法的制定工作，倡导海洋命运共同体，提升海洋综合实力和叙事能力。[①] 鞠海龙撰文指出，海洋强国是中国实现总体战略发展大系统的一个子系统。子系统的发展本质上从属于大系统。中国总体战略发展的目标是实现中国全体人民对幸福生活的追求。和平发展是中国对自己战略发展过程的承诺。质疑、打压，甚至武力威胁，是中国海洋强国道路上都可能遭遇的。如何在面对老牌海洋强国一贯的海军战略传统和地缘政治手段的环境中不忘初心，坚守自己和平的承诺是对一代中国人最大的考验。[②]

近年来国内学者对中国地缘战略转型的相关研究也取得了诸多成果。[③] 关于中国的地缘战略转型发展趋势，学界主要分为陆权派、海权派和陆海统筹派，基本都属于防御性战略学说，但在海陆战略比重分配上分歧较大。

陆权派认为陆权比海权更具战略意义。叶自成先后发表了《对中国海

---

① 侯昂妤：《超越马汉——关于中国未来海权道路发展的思考》，载于《国防》2017年第3期，第45～54页。
② Hailong Ju. *China's Maritime Power and Strategy: History, National Security and Geopolitics.* Singapore: World Scientific Publishing Co. Pte. Ltd, 2015: 33.
③ 王生荣：《海洋大国与海权争夺》，北京海潮出版社2000年版；丛胜利：《英国海上力量：海权鼻祖》，北京海洋出版社1999年版；鞠海龙：《亚洲海权地缘格局论》，北京中国社会科学出版社2007年版；李明春：《海权论衡》，北京海洋出版社2004年版；张炜：《海权与兴衰》，北京海洋出版社1991年版；王生荣：《海权论鼻祖马汉》，北京军事科学出版社2000年版；张炜：《影响历史的海权论——马汉〈海权对历史的影响（1660－1783）〉浅说》，北京军事科学出版社2000年版。史春林：《九十年代以来关于国外海权问题研究述评》，载于《中国海洋大学学报》（社会科学版）2008年第5期，第6页；倪乐雄：《从陆权到海权的历史必然——兼与叶自成教授商榷》，载于《世界经济与政治》2007年第11期，第23、24页；张文木：《制海权与大国兴衰的启示》，载于《学习月刊》2005年第3期，第21页；张文木：《经济全球化与中国海权》，载于《战略与管理》2003年第1期，第86页；吴征宇：《海权的影响及其限度——阿尔弗雷德·塞耶·马汉的海权思想》，载于《国际政治研究》2008年第2期，第106页；徐弃郁：《海权的误区与反思》，载于《战略与管理》2003年第5期，第16页；竭仁贵：《对海洋霸权与大国均势关系的再探讨》，载于《太平洋学报》2015年第1期，第71页；刘江永：《海陆和合论："一带一路"可持续安全的地缘政治学》，载于《国际安全研究》2015年第5期，第3页。

权发展战略的几点思考》①《中国的和平发展：陆权的回归与发展》②《从大历史观看地缘政治》等论文，重新界定了陆权的定义：主要指一个国家在陆地空间的生存权和发展能力，以及由此产生的影响力。③ 他认为，陆权发展更具持久性，而海洋空间具有流散性、不确定性、不稳定性，海上力量具有不可持久性，聚集得快，消失得也快。海变陆或陆变海的"变脸者"往往以失败告终。④ 叶自成指出，俄罗斯海权扩张的成果早已消失，但它陆权发展和扩张的结果至今仍在发挥作用，在未来也将始终是俄罗斯发挥其世界影响的主要因素。中国能在几千年来的大部分时间里保持国家统一，与中国的大陆属性密切相关。美国的陆权因素远比过去的葡萄牙、西班牙、荷兰、英国等国重要得多，它是长期支撑美国国际影响力的基本力量，陆权发展的好坏直接影响美国在国际上的战略地位。⑤

在海权派看来，得海权者得天下。倪乐雄认为，以希波战争为例，波斯帝国在陆权方面占有压倒性优势，并且轻而易举地占领了雅典城，雅典军民全部撤往萨拉米斯岛，准备举国迁往西西里另建国家，但在萨拉米斯海战中，雅典海军击败波斯海军，控制了爱琴海上的交通线，并形成可在波斯军后方漫长的沿岸补给线任意一点登陆、导致其后勤供应瘫痪的势态，迫使波斯陆军主力撤回亚洲。⑥ 罗马在同迦太基的战争中，走出陆权藩篱来到海上，新建的罗马海军在埃加迪群岛海战中彻底击败迦太基海军，夺得东地中海制海权后，奠定了战争中的优势地位，使得汉尼拔陆上几次辉煌的胜利化为乌有，最终灭亡了迦太基。⑦ 他认为，海权能将不同

---

① 叶自成、慕新海：《对中国海权发展战略的几点思考》，载于《国际政治研究》2005 年第 3 期，第 5 页。
② 叶自成：《中国的和平发展：陆权的回归与发展》，载于《世界经济与政治》2007 年第 2 期，第 23 页。
③⑤ 叶自成：《从大历史观看地缘政治》，载于《现代国际关系》2007 年第 6 期，第 2 页。
④ 叶自成：《从大历史观看地缘政治》，载于《现代国际关系》2007 年第 6 期，第 1 页。
⑥ 倪乐雄：《从陆权到海权的历史必然——兼与叶自成教授商榷》，载于《世界经济与政治》2007 年第 11 期，第 23 页。
⑦ 倪乐雄：《从陆权到海权的历史必然——兼与叶自成教授商榷》，载于《世界经济与政治》2007 年第 11 期，第 24 页。

地区的陆权势力拧成一股绳，因而是陆权的"倍增器"，获得强大海权的陆权帝国的影响力和寿命要远远超过没有海权的陆权帝国。罗马帝国和奥斯曼帝国的现象说明，海权不仅在军事范围内具有战略战术上的支撑陆权作用，而且在政治统治方面，海权具有支撑和凝聚陆权势力的强大功能，强大的陆权国家一旦在海上展开其势力，则如虎添翼，并且会大大延长鼎盛期，延缓衰退。[1] 张文木认为，由于中国和印度及其他东方古国在制海权方面做得不太好，所以古代东方文明在近现代世界中衰落了。[2] "没有一支强大的海军，中国就肯定没有伟大的未来。"[3] 陈彤认为，五百年来逐步形成的国际体系的这个"天下"，是由一个个被海相隔的陆岛所组成的。这个最根本的地缘现实不但决定了国际体系从形成到成熟要依赖于海权的发展，而且也决定了国际体系的主导者也必然是在跨洋联结大陆的能力和意志上具备他国无法超越的地位和实力。[4]

还有一派是陆海统筹派。吴征宇认为，与海洋经济重要性的下降及海权地位的根本变化相一致，工业革命造就的变化趋势同样使现代世界中海权对世界事务已经不再享有以往时代中的那种影响力。[5] 周桂银认为，1815年前海陆攻防平衡的对比态势是：海洋国家在建立霸权方面比大陆国际更具有优势。[6] 徐弃郁认为，在古代，海权与陆权相比并没有多少优势，海洋大国与陆地大国的争夺甚至往往以海洋大国的失败而告终。从公元13世纪以后，海权的功能才变得重要起来。他把斯巴达战胜雅典、罗马战胜迦太基作为陆权战胜海权、海权功能几乎不存在的古代例证。[7] 竭仁贵则

---

[1] 倪乐雄：《从陆权到海权的历史必然——兼与叶自成教授商榷》，载于《世界经济与政治》2007年第11期，第25页。

[2] 张文木：《制海权与大国兴衰的启示》，载于《学习月刊》2005年第3期，第21页。

[3] 张文木：《经济全球化与中国海权》，载于《战略与管理》2003年第1期，第86页。

[4] 陈彤：《回归地理特性 探讨海权本质》，载于《世界经济与政治》2012年第2期，第68页。

[5] 吴征宇：《海权的影响及其限度——阿尔弗雷德·塞耶·马汉的海权思想》，载于《国际政治研究》2008年第2期，第106页。

[6] 周桂银：《欧洲国际体系中的霸权及其限制因素——对1815年前大陆霸权的宏观考察》，载于《史学月刊》1999年第6期，第63页。

[7] 徐弃郁：《海权的误区与反思》，载于《战略与管理》2003年第5期，第16页。

考察了在海洋霸权国国力大于、小于或等于大陆均势中的有关国家的不同情况下，大陆均势可以分为不需要海洋霸权仅凭大陆国家就能形成的大陆均势和需要海洋霸权且支持其中一方才能形成的大陆均势。[1] 有学者提出"海陆合和论"，即海洋国家与陆地国家之间、海洋国家之间、陆地国家之间，全面实现互联互通、和平合作，通过互利共赢，打造结伴不结盟的网络化利益共同体、安全命运共同体。[2]

西方战略转型理论基本都承袭了马汉将海洋权力归功于海军力量和海军攻势战略的观点，继承了马汉在分析地缘政治权力时过高评估地理要素，以及因地理要素的不可替代而过多突出手段的"对抗性"思维特征。从国家战略上考察，这种战略思维本质上带有为了绝对的利益，谋求绝对权力的逻辑特征。他们所提出的海洋强国理论都是一种以狭隘的国家利益及其延伸的范围为出发点，以海洋权力与本国国家利益之间的关系为判断依据，以海军力量为本国国家利益服务为宗旨的理论。[3]

一些学者对中国从陆权到海权的战略转型进行了评估：安德鲁 R. 威尔逊认为，由于存在制度缺陷以及思想和体制上的根本矛盾，明朝的航海领先地位未能长期保持。[4] 卡恩斯·洛德认为，中国的地理位置决定美国根本无法阻止其成为海洋强国，但中国的海洋地理位置始终因为一系列"岛链"存在而处于不利地位。中国陆上疆界的易受伤害性，使其安全政策不得不优先发展陆军而不是海军。域外和国内的民族分离势力对国家完整性形成威胁。中国工业的飞速发展使战略重心进一步从陆疆转向海疆。同时，领导层的作用也不容忽视。中国正在由重点依赖潜艇、陆基飞机、

---

[1] 竭仁贵：《对海洋霸权与大陆均势关系的再探讨》，载于《太平洋学报》2015 年第 1 期，第 71 页。

[2] 刘江永：《海陆和合论："一带一路"可持续安全的地缘政治学》，载于《国际安全研究》2015 年第 5 期，第 3 页。

[3] Hailong Ju. *China's Maritime Power and Strategy：History，National Security and Geopolitics.* Singapore：World Scientific Publishing Co. Pte. Ltd, 2015：31 – 32.

[4] ［美］安德鲁·S. 埃里克森、莱尔·J. 戈尔茨坦、卡恩斯·洛德主编：《中国走向海洋》，董绍峰、姜代超译，海洋出版社 2015 年版，第 230 ~ 256 页。

导弹攻击的战略,逐步转向主要水面作战力量更加均衡的战略。[1]

由此可见,西方传统地缘战略理论仍然支撑着当今世界的海洋霸权体系,影响着各国对海军和海洋强国发展政策的决策过程,我们仍有必要认真对待它们,并将那些具有现实影响的理论与观点视为认识和理解中国海洋强国战略外部环境的重要理论基础。然而,在海权的理论建设和战略选择上,中国却不能重复那一条通往海洋霸权的老路。在这方面,中国的学者已经对历史上形形色色著名的海权理论做出了结合本国国情的解读和运用。学者对戈尔什科夫苏联海权的发展与帝国的过度扩张进行了反思[2];对威廉德国和日本深受马汉大舰巨炮主义影响、提尔皮茨计划、德国走向"一战"、日本发动太平洋战争也做了理论和历史的批判[3];对马汉思想、美国海权的崛起、美国的全球扩张之间的关系也做了详尽解读[4]。

---

[1] [美]安德鲁·S.埃里克森、莱尔·J.戈尔茨坦、卡恩斯·洛德主编:《中国走向海洋》,董绍峰、姜代超译,海洋出版社2015年版,第383~403页。

[2] 杨震、杜彬伟:《论戈尔什科夫的国家海上威力论及其现实意义——以海权理论为视角》,载于《东北亚论坛》2013年第1期,第61~72页。高云、方晓志:《海洋战略视野下的苏联海权兴衰研究》,载于《东北亚论坛》2014年第6期,第58~70页。薄存冰:《苏联海权的兴衰及对中国的启示》,载于《商》2013年第4期,第71页。王生荣:《海权对大国兴衰的历史影响》,海潮出版社2009年版。刘中民:《海权争霸与俄苏的兴衰及其历史反思》,载于《东北亚论坛》2004年第6期,第82~86页。李冠群:《基于巩固陆权之上的海权发展思考——陆海复合型大国崛起过程中的战略合作与国家命运》,载于《当代世界与社会主义》2015年第6期,第125~131页。

[3] 徐弃郁著:《脆弱的崛起:大战略与德意志帝国的命运》,新华出版社2014年版;刘新华:《德国海权思想、历史实践及其对中国的启示》,载于《亚非纵横》2016年第3期,第108~123页;顾全:《再论"提尔皮茨计划":德国海权扩张战略中的缺陷与政治理性》,载于《史学集刊》2015年第5期,第119~128页;秦天:《历史变奏:中国海权的德国前鉴》,载于《世界知识》2010年第6期,第7页;宋大振:《英德海权竞争及其对德国发展的影响》,载于《理论界》2015年第7期,第102~107页;刘南飞:《马汉引领日本海军走向珍珠港》,载于《环球军事》2017年第1期,第142页;张瑜:《日本近代海军建设过程中对马汉"海权论"的吸收》,载于《才智》2015年第3期,第269~270页。

[4] 刘永涛:《马汉及其"海权"理论》,载于《复旦学报》(社会科学版)1996年第4期,第69~73页;贾珺:《美国海军崛起的助推剂——评马汉的海权论》,载于《辽宁师范大学学报》2001年第3期,第105~108页;杨玲、于艳红:《马汉的"海权论"及其对美国海外扩张政策的影响》,载于《湖南行政学院学报》2015年第1期,第110~113页;张晓林:《马汉理论对第二次世界大战中美国海上战略的影响》,载于《军事历史研究》1988年第4期,第156~164页;薛晨:《美国海权研究:成因与变迁》,复旦大学博士学位论文,2011年。

第八章　中国的和平崛起与人类命运共同体建设

中国的地缘战略理论建设吸收了国外先进思想的有益部分，而将其宣扬霸权、扩张和穷兵黩武等不符合中国战略思想与社会制度的负面部分进行批判及扬弃。中国的海权理论内容与国外的海权理论存在交集但并非完全包含，从最初借鉴苏联年轻学派，戈尔什科夫海上威力，马汉、科贝特等海权思想，到逐渐提出符合本国国情的海权理论框架，实现了本土化。中国和国外的海权理论都包含了实现国家战略利益、维护海疆安全、缔造海洋文化、海军—海外贸易—海上交通线、实现国家繁荣等方面，但中国与国外地缘理论的重大不同是放弃了对绝对制海权、海上霸权、海外殖民地、进攻性海军基地、海外势力范围等霸权思想的谋划，中国追求的是合理非强制性的海外经济区、安全可靠公用的海上交通线、防御性的海外补给基地等。

笔者认为，中国具有坚定和平发展的特殊背景：首先，中国执行了较长时段的韬光养晦政策，关注统一和发展成果，倾向地缘战略的防御性和守成性，把海权和陆权力量看作手段而不是终极目标。其次，中国推行构建新型大国关系的融入式崛起路径，且国内产能富余为追求海外利益提供合理诉求。此外，中国由陆向海的转型动机是为了实现经济性、制度性、军事性和道义性的全面崛起，而非历史上诸多大国更在意的军事性崛起，中国的地缘战略转型是防御性目的，不想取代美国的霸主地位。与其他大国的海陆结盟战略不同，中国采取非结盟战略，且中国认为二次核打击能力有助于防御占优，中美大战可以避免。更重要的是，中国对非和平崛起可能引发的大国制衡有清醒认知。

西方学者通常用权力转移的战争悲剧案例来对照当前的中美关系，但中国可以通过构建人类命运共同体来打破这种大国政治的悲剧。从前述的大国争霸的历史案例来看，国家对权力地位的追求造成了国际体系的等级制和权势不均衡，最严重的战争是霸权主导国和不满现状的挑战国之间的战争。主导国和它的支持者不情愿让新兴崛起大国分享它们在体系中的支配地位和利益份额。当满足现状的大国主导国际体系时，和平能够保持；

而当不满现状的挑战国与主导国权力相近时,战争更容易发生。① 权力转移的决定性要素是大国对国际秩序的态度,大国权力的迅速增长对国际秩序会造成潜在的不稳定根源。不满现状的大国持续崛起,就会对现有国际秩序感到不满并重塑。② 当不满现状的挑战国和霸权主导国的权力大致均衡时,战争最有可能发生。"国际结构经常是良性的,但关于权力结构的认知往往是恶性的。"③ 只要中国不断贯彻人类命运共同体、新型国际关系等善意的外交理念,就有希望扭转他国家对中国负面的崛起认知。

中国正由陆权国家向海权国家转型,着力推动海洋维权向统筹兼顾型转变。④ 中国走向海洋,既是一个历史问题的延续,也是现实政治的逻辑结果。第一,基于历史视角,尽管中国在战略传统上偏重陆权战略的谋划和陆上力量的建设,但中国也有悠久的海权发展史。第二,从中国周边地缘环境的动态变化看,中国既有海陆兼备的双重地缘属性,又对大陆和海洋都有重大的现实诉求。第三,就国际体系的战略格局演变而言,"冷战"以来,世界政治中出现的最引人注目的变化之一,是欧亚大陆的地理政治重心正在从西欧向东亚发生明显转移。⑤ 第四,现实主义权力政治信条依然大行其道。从崛起大国与霸权守成国的结构性冲突看,美国认为中国的崛起正在威胁它的霸权秩序,近年来,作为中美关系"压舱石"的经贸领域也频现危机,中美矛盾升级的可能性加大。随着美国将中国确定为主要的战略竞争对手,中美关系的合作基础正在受到重大挑战。

我们可以将新型大国关系作为一种国家良性战略互动进程——进化机

---

① T. V. Paul, James J. Wirtz, and Michel Fortmann. *Balance of Power Theory and Practice in the 21st Century.* Stanford University Press, Stanford, Califonia, 2004, P. 9.

② Amee Patel. *The End of the Unipolar International Order? —Implications of the Recent Thaw in Sino-Indian Relations.* Davidson College, 2006, P. 3.

③ Stephen Van Evera. *Causes of War: Power and the Roots of Conflict*, Ithaca, NY: Cornell University Press, 1999, P. 6.

④ 胡志勇:《积极构建中国的国家海洋治理体系》,载于《太平洋学报》2018 年第 4 期,第 15~24 页。

⑤ 吴征宇:《地理政治变迁与 21 世纪前期的美国大战略》,载于《教学与研究》2011 年第 2 期,第 61 页。

制；同样，我们也不能因为中美没有爆发战争就全盘否定"修昔底德陷阱"的理论逻辑，而是应该把它视为国家战略互动陷入安全困境或冲突的螺旋升级状态——退化机制；如果中美越发远离新型大国关系的美好愿景，就越滑向"修昔底德陷阱"的深渊。随着苏联的解体和"冷战"的结束，中美战略合作的最大基础消失了，但美国却延续了与苏联对抗的"冷战思维"与"零和博弈"战略认知。

正如罗伯特·吉尔平（Robert Gilpin）指出："实质而言，当今的国际政治在本质上与修昔底德所描述的古希腊世界没什么区别。"[1] 中国的战略转型应力求以应对最坏情况的可能发生为基础，而中国周边海陆邻近大国众多，"彼此相邻的大国间的地缘政治结构决定了其天然对手的命运，这是大国政治的普遍规律"[2]。中国的海洋强国战略面临着一定的挑战和机遇，处于重要的战略机遇期，且机遇大于挑战。[3] "一带一路"倡议是中国意图实现海陆平衡发展的体现，既不是恢复明朝的册封体制，也不是中国式的全球化，而是构建人类命运共同体。[4] 对陆海复合型国家战略转型动力机制的考察，有助于对中国的崛起和由陆向海的战略转型提供理论与战略参考。

通常国际政治的铁律是以权力界定利益、以利益界定威胁，而美国则是先确定中国崛起是美国的地缘威胁，然后在确定美国在东亚的利益是维护盟友安全、南海自由航行等，加大在印太的战略部署来强化制衡中国的权力，这让中美的战略对抗层面不断升级。但中美也在核恐怖平衡、全球和地区层面的秩序稳定、在经贸等领域的深度相互依赖、气候变化、反恐、打击海盗等问题上存在利益共识。因此，中美的利益分歧和权力结构矛盾是两国有可能滑向"修昔底德陷阱"的原因，而中美之间在诸多领域的利益契合也是两国可能不断接近新型大国关系的动力。

---

[1] Robert Gilpin. *War and Change in World Politics*, Cambridge University Press, 1981, pp. 227 - 228.

[2] Martin Wight. *Power Politics*, Royay Institute of International Affairs, 1978, P. 158.

[3] 贾宇：《关于海洋强国战略的思考》，载于《太平洋学报》2018年第1期，第1~8页。

[4] 杨国桢、王小东：《"一带一路"倡议的认识误区与理论探索》，载于《太平洋学报》2018年第1期，第75~81页。

从历史层面看,"一战"之前的英德关系虽然保持了经贸领域的深度相互依存,但缺乏军事安全领域的相互依存关系,故没有阻止两国开战。而"二战"之前英德经贸领域的相互依存关系薄弱,最终德国对英宣战。"冷战"期间美苏主要是避免核大战和大规模常规战争的安全相互依存关系,而在非安全领域,则基本上是社会主义和资本主义两个平行世界,缺少依存关系,故美苏之间虽没有爆发热核战争,但实行了代理人战争。当大国只是在经贸领域处于相互依存时,对大国战争的爆发基本没多少制约作用;而当大国在安全领域依存关系极高但在其他领域较弱时,只能避免大国之间的大规模战争和维持"冷战"似的共处模式,不能实现积极的合作关系。而中美是在安全、经济等各领域处于战略性相互依存关系,超越了历史上的传统大国关系,故中美避免正面冲突升级、实现预防性合作的可能性要优于其他大国关系案例,这也为中美新型大国关系提供了重要理论论据。

未来相当一段时期内,美国不会迎合中国要求,不会创造适当的"氛围"或"条件"用于对话。美国会越来越追求结果导向的战略模式。美国认为与中国进行象征性和华丽的合作毫无价值;相反,美国要求取得切实成果和建设性成果。对中国更加注重短期利益、结果导向。美国将愿意付出成本、采取"施压"原则来实现目标。阿里·韦恩(Ali Wyne)指出:美国国内对中国更加强硬的抽象愿望(abstract desire)是可以理解的,但它应当关注两项基本任务:确定美国希望与其首要竞争对手达成什么样的长期相处方式,并明确其为实现该目标可能采取的战略。美国可能夸大了其对中国经济的单边杠杆作用,中等国家可能会继续采用混合方式(hybrid approach)来平衡处理同美国与中国的关系。中美两国之间的权力转移不大可能出现,而且中国的复兴可能不会像苏联的进攻行为那样调动美国的反应。只有将重点放在提升自己的竞争力上(而不是削弱中国的竞争力),美国才能向中等国家表明美国具有更持久的影响力。[①]

---

① Ali Wyne, How to Think about Potentially Decoupling from China, *The Washington Quarterly*, 2020, 43(1): 41-64.

"修昔底德陷阱"尽管存在一些理论和战略的误判，但它并没有说中美注定一战，比起对结果的论断，它的理论意义更多是体现一种进程性，即国家之间不断的战略互动，是不是会形成安全困境或螺旋升级的不可避免，在大国滑向冲突或战争悲剧的历史进程中，其实双方或多方都可以有足够的智慧进行战略调整来避免悲剧。因此，我们可以否认中美一定会陷入"修昔底德陷阱"这一论断，但不应低估中美可能陷入该"陷阱"的可能阴影，只有从理论、历史和战略层面对其进行客观的判断和解读，才有助于我们避免在未来陷入"修昔底德陷阱"。

第三节
人类命运共同体建设与新时代的中国特色海权观

人类命运共同体理念与中国传统"义利观""和合文化""协和万邦""天下大同""亲仁善邻"等思想一脉相承，是中国人天下情怀和整体思维的时代创新，这些理念至今仍然体现在中国的外交工作实践中。中华文明是在中国大地上产生的文明，也是同其他文明不断交流互鉴而形成的文明。"文明因交流而多彩，文明因互鉴而丰富。文明交流互鉴，是推动人类文明进步和世界和平发展的重要动力。"[①]"人类命运共同体，顾名思义，就是每个民族、每个国家的前途命运都紧紧联系在一起，应该风雨同舟，荣辱与共，努力把我们生于斯、长于斯的这个星球建成一个和睦的大家庭，把世界各国人民对美好生活的向往变成现实。"[②]

人类命运共同体不是空洞的口号，而是通过"一带一路"倡议，打造全球互联互通伙伴网络来逐步构建的。"一带一路"的核心思想正是互联

---

① 习近平：《文明交流互鉴是推动人类文明进步和世界和平发展的重要动力》，载于《求是》2019年第9期，第4~12页。
② 习近平：《把世界各国人民对美好生活的向往变成现实》，引自《习近平谈治国理政》（第三卷），外文出版社2020年版，第433页。

互通，将世界功能性连在一起，因为人类命运早已紧密相连，主动谋划命运共同体而非被动地休戚与共，这就是"一带一路"的初衷，目的在于建设一个持久和平、普遍安全、共同繁荣、开放包容、美丽清洁的世界。①

习近平主席的外交思想，是习近平新时代中国特色社会主义思想的重要组成部分，也是新时代中国对外工作的根本遵循和行动指南。作为一个科学的理论体系，习近平外交思想蕴含着辩证唯物主义和历史唯物主义的科学世界观和方法论，彰显了马克思主义哲学的时代光辉与中国哲学智慧。这主要体现在四个方面：第一，运用唯物史观基本原理观察和把握当今时代历史方位与特征的大历史观，这是构成习近平外交思想的重要基础和科学依据。第二，全人类共同价值理念植根于马克思主义实现人的自由而全面的发展和全人类的解放的崇高理想，是构建人类命运共同体的思想理论基础。第三，关于要增强战略思维、历史思维、辩证思维、创新思维、法治思维和底线思维能力的重要论述，为做好外交工作提供了科学的方法论指引。第四，中国特色社会主义道路有其深刻的历史规定性和文化规定性，这决定了中国外交的基本立场和战略。深刻理解习近平外交思想的哲学基础，对于准确把握习近平外交思想具有重要意义。② 习近平外交思想具有丰富的内涵，如构建新型国际关系，构建人类命运共同体，坚持正确义利观，推动"一带一路"建设，"亲诚惠容"的周边外交理念，"真、实、亲、诚"的对非政策理念，新发展观、新安全观、新合作观、新文明观和新型全球治理观等。人类命运共同体作为习近平主席外交思想的重要组成部分，是中国制定和执行地缘发展战略的指导方针。③

人类命运共同体是建立在中华传统思维的基础上但又为国际社会逐渐

---

① 王义桅：《习近平外交思想如何引领中国特色大国外交》，载于《现代国际关系》2020年第11期，第6页。
② 赵剑英：《习近平外交思想的哲学基础探析》，载于《世界经济与政治》2020年第8期，第4～19、154～155页。
③ 赵剑英：《习近平外交思想的哲学基础探析》，载于《世界经济与政治》2020年第8期，第5页。

接受的中国国际关系理论。[1] 人类命运共同体以新中国成立以来的外交实践和外交理论为基础，以中国传统优秀文化、马克思的社会共同体思想和西方国际关系理论为主要来源，因此具有强大的生命力。[2] 构建人类命运共同体是习近平外交思想的重要组成部分，也是中国关于未来理想的国际体系的方案与倡议。人类命运共同体不是凭空臆断的理念，而是长期以来人类通过战争、和平、发展和合作探索出来的世界秩序方案。人类命运共同体是新时代人类不得不将共同利益和共同责任紧紧维系在一起的世界秩序形态，它对国际权威、全球治理与国际合作等都提出了新的较高的政治要求，其实质是建立多文明包容的新型国际体系。[3]

习近平主席认为："和平、发展、公平、正义、民主、自由，是全人类的共同价值，也是联合国的崇高目标。"为了实现这些目标，世界各国要致力于"建立平等相待、互商互谅的伙伴关系"，"营造公道正义、共建共享的安全格局"，"谋求开放创新、包容互惠的发展前景"，"促进和而不同、兼收并蓄的文明交流"，"构筑尊崇自然、绿色发展的生态体系"。[4] 在倡导人类命运共同体的过程中，中国尤其强调主权平等。中国认为，人类命运共同体的构建应以相互尊重国家主权为前提。习近平指出："要坚持国家不分大小、强弱、贫富一律平等，尊重各国人民自主选择发展道路的权利，反对干涉别国内政，维护国际公平正义。"[5]

中国在提出构建人类命运共同体的过程中，既吸收和借鉴了西方国际关系理论的合理因素，又超越和扬弃了其不合时宜的成分。西方国际关系理论涉及很多与人类命运共同体相关的内容，如国家主权原则在国际关系

---

[1] 习近平：《论坚持推动构建人类命运共同体》，中央文献出版社2018年版。
[2] 蒋昌建、潘忠岐：《人类命运共同体理论对西方国际关系理论的扬弃》，载于《浙江学刊》2017年第4期，第11~20页。
[3] 熊杰、石云霞：《论人类命运共同体的思想来源、发展逻辑和理论贡献》，载于《国际观察》2019年第2期，第26页。
[4] 习近平：《携手构建合作共赢新伙伴 同心打造人类命运共同体——在第七十届联合国大会一般性辩论时的讲话》，载于《人民日报》2015年9月29日。
[5] 习近平：《顺应时代前进潮流 促进世界和平发展——习近平在莫斯科国际关系学院的演讲》，载于《人民日报》（海外版）2013年3月25日。

中的运用、国家之间权力分配对于体系稳定的意义、相互依赖对国家间冲突或合作的影响、全球治理的主要价值指向和基本途径、国际社会之所以优于国际体系的重要根源，以及多元安全共同体对共同体意识的强调等。但同时，人类命运共同体又在很多方面超越了西方国际关系理论的局限，强调要在"共商""共建"的基础上建立一个"共享"的世界新秩序，因此在价值指向上是对西方国际关系理论的升华。①

国内学界和战略界的主流认知是中国从大陆向海洋转型具有时代性、必要性和可行性，中国应在战略转型中坚持陆海统筹。② 中国应通过"新型国际关系""人类命运共同体""一带一路"倡议、"亲、诚、惠、荣"周边外交、总体国家安全观、和谐世界、合作共赢等战略理念，努力为中国的崛起和转型营造相对包容性战略环境，降低海陆强国的制衡压力，减少威胁来源，扩大体系提供的机遇窗口，在核威慑和常规威慑领域保持大国的战略平衡，利用自身的地理优势，通过"一带一路"等倡议和政策实现与其他国家在地理空间的良性互动，使体系结构对国家决策和国内政治经济进程产生较为积极的作用。在国家和国内层面，中国应秉持防御性和陆主海从式的战略学说，坚持融入式崛起路径，不称霸、不扩张，在国内资源的汲取和动员上实现经济与国防、国内与国外的统筹协调，避免陷入大国的过度扩张式资源汲取。中国应力求营造有利的外部战略环境，使之对国家和国内决策、政治经济发展产生良性作用，最终形成符合中国和平崛起、合作共赢等理念的战略转型。诸多国外学者将中国与历史上其他崛起大国的战略转型进行盲目对比，进而强化"中国威胁论"的观念，很重要的原因是忽略了中国的转型与历史上的诸多案例有着截然不同的动力机制。所谓动力机制，意指对国家战略转型的生成和演化产生推动或规制作用的变量，涉及体系结构、单元和次单元等多层面要素。地理和权力要素，都不能单独决定陆海复合型国家在崛起之后，必然走向地缘扩张。地

---

①② 蒋昌建、潘忠岐：《人类命运共同体理论对西方国际关系理论的扬弃》，载于《浙江学刊》2017年第4期，第11~20页。

理决定论和权力决定论不符合中国"和平崛起""海洋强国战略"的防御性诉求。

中国提倡的人类命运共同体并非只是一种理想主义的愿景,还是立足于深刻的现实政治基础上:美国遏制中国崛起也会对自身造成严重损失,中美合则两利、斗则两伤。如果说冷战期间,中国与其他大国有低度的依赖关系,使它很难成为一个经济战的目标,那么当今中国巨大的经济规模和与他国的高度相互依赖性,仍旧使它很难成为经济战的目标。在中美之间发生征服性战争不符合两国的根本利益。随着核武器发展到大国之间的相互确保摧毁阶段,中美间的核大战或大规模常规战争的可能性大大降低。对权力转移必然引发大国战争的认知偏执经常成为战争的起因之一。战争很少会解决由权力转移引起的利益冲突问题。[1]

中国应坚持以实现中华民族伟大复兴为使命推进中国特色大国外交,坚持以维护世界和平、促进共同发展为宗旨推动构建人类命运共同体,坚持以中国特色社会主义为根本增强战略自信,坚持以共商共建共享为原则推动"一带一路"建设,坚持以相互尊重、合作共赢为基础走和平发展道路,坚持以深化外交布局为依托打造全球伙伴关系,坚持以公平正义为理念引领全球治理体系改革,坚持以国家核心利益为底线维护国家主权、安全、发展利益,坚持以对外工作优良传统和时代特征相结合为方向塑造中国外交独特风范。我们要全面贯彻落实新时代中国特色社会主义外交思想,不断为实现中华民族伟大复兴的中国梦、推动构建人类命运共同体创造良好外部条件。[2]

我们必须有很强大的战略定力,坚决抵制抛弃社会主义的各种错误主张,自觉纠正超越阶段的错误观念。最重要的,还是要集中精力办好自己的事情,不断壮大我们的综合国力,不断改善我们人民的生活,不断建设

---

[1] Richard Ned Lebow and Benjamin Valentino, "Lost in Transition: A Critical Analysis of Power Transition Theory", *International Relations*, Vol. 23, No. 3, 2009, P. 389.

[2] 习近平:《努力开创中国特色大国外交新局面》,引自《习近平谈治国理政》(第三卷),外文出版社2020年版,第427页。

对资本主义具有优越性的社会主义，不断为我们赢得主动、赢得优势、赢得未来打下更加坚实的基础。① 在人类命运共同体的构建进程中，我们应该对事关中国核心战略利益的议题给予足够关注，坚持底线思维。习近平强调："要善于运用底线思维的方法，凡事从坏处准备，努力争取最好的结果。"② 中国倡导全人类共同价值、主张构建人类命运共同体，但同时中国与其他国家的合作是有底线的：在涉及国家核心利益的问题上，中国始终注重划出红线、亮明底线，把坚决维护国家主权、安全和发展利益作为外交工作的基本出发点和落脚点。③

第一，从顺势、随势到谋势和造势。中国作为陆海两栖国家，先天的地缘战略位置决定其很难实现孤立式崛起，在崛起进程中始终都会伴随与其他海上和陆上强国的复杂战略博弈。在改革开放以来的很长一段历史时期中，中国迫于自身实力所限，更多地顺应外部地缘环境的大势。但在新时代，随着中国持续崛起，从周边地区到全球层面，都给中国带来了巨大的地缘政治和地缘经济压力，从而使中国需要采用更与时俱进的地缘战略来降低崛起成本与风险。中国需要从顺应地缘大势转向更自主地谋取并塑造有利于己方的地缘大势。中国必须破除对外政策的一个严重误区，即经济发展的政治效应可以缓解国家的结构性矛盾，近年来的事实说明，涉及中美核心利益时，经济相互依赖并不能化解冲突。

第二，塑造战略主动权，形成中美在东亚及西太平洋的地缘均势，建设一支具备高水平远洋作战能力与近海防御能力相结合的海军。中国进一步深化改革开放和市场经济、海外利益的扩大、对海上航线依赖性增强，以及能够轻易进入海洋的战略地理特征，都决定了未来中国的崛起与从陆权向海权的转型必须并行不悖，而美国作为霸权守成国，必然会强化对中

---

① 习近平：《关于坚持和发展中国特色社会主义的几个问题》，载于《求是》2019 年第 7 期，第 4~12 页。
② 中共中央宣传部：《习近平系列重要讲话读本》，学习出版社、人民出版社 2016 年版，第 288 页。
③ 赵剑英：《习近平外交思想的哲学基础探析》，载于《世界经济与政治》2020 年第 8 期，第 16 页。

国的岛链封锁与战略围堵。因此，中国必须发展海上军事远投能力、保障海外贸易。中美在西太平洋地区的海权博弈，美国及其盟国非常看重中国邻近水域，比如南中国海属于世界级的战略水道。如果中国在西太平洋的海权力量建设上形成与美日的动态均势，保持足够的威慑能力，提升美日制衡中国海权的门槛，并且能够释放出善意的防御性战略信号，那么就可以削弱美日对中国的进攻性实力与意图，促进东亚海洋秩序的长和平稳定。

第三，战略防御与战术进攻相结合，经济权力与军事权力保持动态平衡。中国为了实现和平发展的大战略目标，应该在军事战略层面保持适度的进攻性力量配置，以军事力量的进攻属性来实现大战略的防御目标。因为，长期的经济权力最大化可能并不总是阻止短期的军事权力最大化。中国已经从近海防御过渡到近海防御与远洋护卫结合的阶段，我们需要更多的远洋作战力量来为中国的海外利益保驾护航。20世纪上半叶的德国没有那么多的海外利益需要维护，海军的崛起主要用于军事作战和大国权力之争，而近年来，中国海军取得了长足的进步，通过发展海军的战术进攻力量来实现安全战略的防御性目标，也为中国经济的发展提供了强大的力量护持，使中国与其他国家在海洋领域增进合作、管控分歧。

第四，遵循三条相互作用的地缘规律。一是地理距离的磨损效应。根据"力量梯度损失"概念，实力随距离增加而削弱强度。[1] 对中国而言，离本国越近，战略转型所进行的权力投射成本就越低；反之，则力量的损耗、时间的投入和精神的损耗共同提高了远距离投放权力影响的成本。从军事角度来讲，距离仍然是最好的防御。[2] 二是保护战略通道。它是指世界主要大国之间进行战略联合或对抗而采用的，用于运送军事物资与战略物资的通道。[3] 以南海为例，它具有地理位置的稳定性与地缘因素的非选

---

[1] 奥沙利文：《地理政治论——国际间的竞争与合作》，李亦鸣译，国际文化出版公司1991年版，第11~12页。

[2] 奥沙利文：《地理政治论——国际间的竞争与合作》，李亦鸣译，国际文化出版公司1991年版，第11页。

[3] 陆卓明：《世界经济地理结构》，北京大学出版社2010年版，第192页。

择性，是海洋强国争夺的焦点，使用频率高，易遭封锁与破坏。中国应谨防中国国内经济失去与海外联系而陷入凋敝、海上战略的机动性大打折扣、陷入国家大战略的被动境地。三是邻国效应。中国只有在陆上邻国相对友好或缺少强敌环伺时，才能具备向海洋转型的足够实力与动机。地缘距离的邻近性决定了邻国彼此战略投射的倍增效应，我们应维护并深化中俄战略合作，促进政治经济融合；在东南亚地区通过"一带一路"等地缘经济合作来增强该地区国家对中国的向心力，通过提供地区公共产品换取在战略层面对中国的支持。

第五，理性看待周边外交。中国经济的迅速增长及相关的市场繁荣虽然为中国扩大在东亚的政治影响力提供了有力杠杆，但是以经济优势谋求政治影响在本质上是有限度的，一旦超出这个限度，就可能会产生适得其反的后果。当今东亚国家（尤其是东南亚国家）在政治和战略上对美国的依赖，某种程度上正是为抵消对中国的经济依赖产生的政治后果，即东亚国家对中国经济的依赖度越强，它们对美国在政治和战略上的依赖度可能也就越深。尽可能避免使中国的周边邻国在中美之间"选边站"，即中国需要给周边邻国（尤其是小国）保持中立留下足够余地，只要它们能够在事关中国核心利益的问题上不公开站到反华立场即可。

第六，依托海权战略与其他战略的有机结合，形成东海、台海、南海的三海联动效应，构建立体的中国海疆防御体系。实现陆权与海权战略的统筹建设，对中国的地缘战略转型和崛起大势而言，两者并非简单的"先大陆、后海洋""海陆并举"或"陆主海从"。随着现代军事技术和战略战术的发展，美国已经可以实现以海制陆，针对中国的"第一岛链"地缘阵线属于东亚大陆的"近海"，中国谋求对东亚近海的安全可控都是崛起的必要条件。第一岛链事关中国东南沿海改革开放成果、中国大陆针对台湾地区的"反分裂"地缘行动的效果。中国应通过缓和朝核问题的"僵局"、化解台海地区的"困局"、破解南海地区的"乱局"、巩固与陆上邻国的"稳局"，在东北亚、东南亚、南亚、中亚等地区实现陆海联动、综合调配。推进安全、政治、经济、人文多维度的动态平衡，东北亚的稳定可控是中国大战略的重要基石,为"一带一路"倡议的实施营造良好的安全格局。

第七,塑造海洋命运共同体。党的十九大报告指出:"人与自然是生命共同体,人类必须尊重自然、顺应自然、保护自然。""人与自然共生共存,伤害自然最终将伤及人类。空气、水、土壤、蓝天等自然资源用之不觉、失之难续。"[1] 海洋命运共同体是人类命运共同体在全球海洋治理领域的延伸,2019 年习近平主席首次提出"海洋命运共同体"理念,指出"我们人类居住的这个蓝色星球,不是被海洋分割成了各个孤岛,而是被海洋联结成了命运共同体,各国人民安危与共"[2]。在世界政治大变局和经济全球化深入发展趋势下,以理念为切入点解构全球海洋治理诸多困境,是寻求破解全球性海洋危机的必由路径。共同体理念因应了多极化时代背景和全人类价值共识,构建海洋命运共同体以人类整体论和共同利益论聚合全球海洋治理共识,遵循和平发展、公平正义、民主自由的人类共同价值,倡导以《联合国宪章》及和平共处五项原则为基础,构筑开放包容的国际海洋秩序,践行人与海洋和谐共生的环境治理路径,助力以蓝色伙伴关系破解全球经济发展壁垒。以构建海洋命运共同体理念回应世界海洋格局变化,将推动建立更加公平、合理和均衡的全球海洋治理体系[3]。

第八,深化相互依赖。在新自由制度主义看来,国际社会已经进入一个相互依赖的时代。相互依赖意味着依赖双方都对对方的政策调整既敏感又脆弱。相互依赖主要体现在经济领域,但同时也广泛存在于政治、军事、外交、社会等其他领域。经济领域的相互依赖被很多自由主义者认为是促进国际和平的重要因素。中国把相互依赖看作当今世界的重要特征,认为正是相互依赖的不断深化使人类命运共同体变得必不可少。但中国认为相互依赖并不会自然导致国家间冲突或和平,而使国家间合作成为必须。世界各国在打造人类命运共同体的过程中必须合作,在竞争中合作,

---

[1] 习近平:《论坚持推动构建人类命运共同体》,中央文献出版社 2018 年版,第 242 页。
[2] 《习近平集体会见出席海军成立 70 周年多国海军活动外方代表团团长》,载于《人民日报》2019 年 4 月 24 日,第 1 版。
[3] 马金星:《全球海洋治理视域下构建"海洋命运共同体"的意涵及路径》,载于《太平洋学报》2020 年第 9 期,第 1~15 页。

在合作中共赢。① 竞争既是国家间主要的互动方式之一，也是国家间关系的一种基本形态，战略竞争则是国家间竞争关系的高级形式。竞争是国际关系的永恒主题，又带有鲜明的时代特点。中美战略竞争是在中国快速发展与美国试图维持其霸权地位的大背景下产生的，竞争在利益目标上具有重大性、在时间上具有长期性、在范围上具有全面性、在影响上具有全局性。在21世纪的时代条件下，中美战略竞争具有不同于以往大国竞争的特征。竞争的性质和形态将对中美两国关系的未来产生决定性影响，并会在很大程度上推动国际政治经济变化，界定新的历史条件下的大国互动方式，进而塑造21世纪的国际体系。随着战略竞争成为中美互动的重要形式，如何正确认识竞争、开展良性竞争和有效管控竞争是两国共同面对的严峻历史课题。②

中国的战略转型与和平发展，应实现理念引领，即构建新型国际关系和构建人类命运共同体，深入引领全球治理体系变革；还要做到原则引领，为独立自主的和平外交方针、和平共处五项原则、推动建立国际政治经济新秩序等传统理念赋予更加鲜明的时代精神，完善不干涉内政原则，树立正确的义利观；进而实现实践引领，坚决捍卫国家主权、安全、发展利益，为改革发展和民族复兴保驾护航。倡导和推进共建"一带一路"，开创新时代全方位对外开放新模式和国际合作新平台，打造全球伙伴关系网络，为解决人类问题贡献中国智慧、中国方案、中国力量。③

---

① 蒋昌建、潘忠岐：《人类命运共同体理论对西方国际关系理论的扬弃》，载于《浙江学刊》2017年第4期，第11~20页。
② 吴心伯：《论中美战略竞争》，载于《世界经济与政治》2020年第5期，第96~130、159页。
③ 王义桅：《习近平外交思想如何引领中国特色大国外交》，载于《现代国际关系》2020年第11期，第1~8、64页。

后 记

本书的主要内容来自我的博士毕业论文，但却经过了大量的修改和扩充，一方面是自己不满意，另一方面是想让读者减少阅读障碍。在教学过程中，面对学生们的发问，也让我在传道授业解惑中不断升华个人的思想认知。在复旦的求学生涯得到了很多专业老师的悉心指导，尤其是要感谢我的导师潘忠岐教授，没有潘老师的帮助我不可能形成本书的思想体系。此外，还要感谢对我的博士论文和后来书稿，给过我启发、提出过修改建议的各位尊者和学术同行们（排名不分先后）：倪世雄教授、唐世平教授、陈志敏教授、苏长和教授、任晓教授、郑宇教授、樊勇明教授、刘新华教授、张文木教授、徐进教授、刘丰教授、陈寒溪教授、胡令远教授、陈志瑞教授、张建新教授、高兰教授、刘军教授、刘中民教授、刘胜湘教授、温冰教授、唐彦林教授、朱杰进教授、祁怀高教授、沈逸教授、陈玉耽副教授、姜鹏副教授、杨原副研究员、冯存万副教授、邢瑞磊副教授、贺平副教授、周建仁副教授等学者。同门师兄弟：朱鸣、杨海森、陈康令、公为明、李彦良、连波等。以及我的同窗院友和学术好友（排名不分先后）：崔文星、钱亚平、沈陈、王婉璐、马萧萧、张嘉明、江天骄、周亦奇、徐若杰、王晓虎、陈楷鑫、张卫华、李红梅、刘青尧、罗艳琦、程子龙、焦健、李笑宇、孟维瞻、朴廷桓、张柏伟、程子龙、孙杨程、郑栋、冀梦晅、张一飞、银培萩、曹文山、胥慧影、于晓强、于海琳、冷春洋、梁峰、王海涛、王越、陈梦丽、王楚、王英良、顾恩泉、陶欣欣、田甲炳、赵卫华、高魏超、陈欢欢、郭仁、唐探奇、张靖昆、张翊梁等。还有我的领导和同事：薛晓芃教授、吕平副教授、房文红副教授，以及王琳、殷思孟、李晓乐等老师。要感谢的人还有很多，未曾提到的尊者和朋友，还望海涵。也要感谢经济科学出版社的诸多工作人员，没有他们的辛勤付出，本书是不能这么快与读者见面的。此外还要感谢我的家人一路以来的耐心陪伴和悉心照料，细节就不一一赘述了。

尽管学术没有占据我生活的全部，但是，即使刚睡醒的一刹那，也会不经意想起未完成的书稿，值此付梓之际，内心非常平静，无喜无悲，因为我知道，这只是我学术生涯的开始，以后还要不断去完善、深化与扩展研究方向和内容。我希望可以为地缘政治和战略研究领域添砖加瓦，起到抛砖引玉的作用，为后来者提供基础性的研究框架，理论的梳理与战略史的考察，可以让我们透过纷繁复杂的时代变局，跨越时空的汲取一些规律性的认识，并能为中国崛起提供战略层面的智力支撑。本书的研究将是我的学术起点，好文章当直奔民族生死存亡、经世致用，好的研究应当能够填补学界既有文献的空白，我认为自身离这种要求还有一定差距，也希望能够与各位读者共勉，真正做到理论＋历史＋战略的有机结合与创造性思考。我对战略理论还有很多新近的思考，希望会在第二本出版的专著中分享给大家。未来会不断把书中的知识体系进行修正、完善和扩展，期待能够写出更多的著述供读者参考。

秦立志

2020 年 2 月 14 日